조직에서 모르는
유지적 몰입의 두 얼굴

감정 없는 몰입과 심리적 사직
– 그 회복을 위한 조직 심리학

최 창 국

2035icck@naver.com

010-5578-2902

2025년 7월

도서출판 조은

프롤로그

Scene 1. '여기보다 나쁘겠어?' - 준비된 이탈

그 일 이후, 회사에 대한 미련은 1도 없다. 내가 더 좋은 결과를 냈다는 건 모두가 알고 있었다. 내가 제안한 업무가 큰 성과를 냈으니까. 그런데 승진은 내가 아니었다. 처음엔 너무 화가 났다. 당장 그만두고 싶었다. 더 열 받는 건, 누구도 아무 말도 하지 않았다는 거다. 소문으로만 들었던 일이 내게도 일어났다. 문득, 선배의 말이 떠올랐다. "일할 곳이 여기밖에 없겠냐. 정말 정내미 떨어진다. 이게 도대체 무슨 경우냐?" 그리고 그 선배는 얼마 지나지 않아 회사를 떠났다. 그땐 잘 몰랐지만, 지금은 너무 잘 안다.

이 회사에 더는 마음을 두고 싶지 않았다. 하지만 그렇다고 지금 당장 사표를 낼 필요는 없다. 감정 하나로 회사를 그만두기엔, 내가 감당해야 할 게 많다. 어차피 나갈 거다. 오늘이든, 내일이든. 아직은 갈 수 있는 데가 있고, 내 경력과 나이라면 시장가치는 있다. 누가 나가라 한 것도 아닌데, 내가 왜 서둘러야 하나. 조금만 더 시간을 두자. 더 좋은 조건, 더 나은 자리를 천천히 찾자. 그러려면 일단은 조용히 있어야 한다. 큰 티 없이, 실수 없이, 너무 튀지 않게. 딱, 지금까지 해오던 대로만. 그렇게 하루하루를 버티면 된다. 그래도 월급은 나오니까. 그리고 보란 듯이 나가자.

Scene 2. '어쩔 수 없잖아' - 떠날 수 없는 현실

A가 총괄 본부장으로 왔다. 대표 친구의 조카이고 대기업에서 근무를 했다고 한다. 나이는 나보다 다섯 살이나 적었고, 경력도 많이 떨어진다. 그런데 그렇게 내 상사가 되었다. 뭐 크게 신경을 쓰지 않는다. 이런 비슷한 일이 한두 번 인가? 그래서 이직을 했고 결국 이 회사에까지 온 것이다. 그러다 보니 이젠 40대 후반이다. 사실 이직이 쉽지 않다는 것도 알고 있다.

요즘 같은 세상에, 40대 후반인 나를 누가 쉽게 데려가겠어. 게다가 여긴 정규직이고, 나름 복지도 있고, 아이 학원비며 대출이자며… 생각하면 할수록 발이 떨어지지 않았다.

이 회사에서는, 진짜 한번 멋지게 해보고 싶었다. 지금까지의 노하우와 내가 아는 모든 인맥을 동원해서라도 멋진 성과를 만들어 보고 싶었다. 직원들과 하나가 되어 만들어지는 성과는 아주 달콤했다. 그리고 본부장으로 승진도 기대를 했었다. 그런데 이런 일이 생겼다. 허탈하다. 그리고 기대를 접었다. 그리고 마음을 먹는다. 내가 할 일만 적당히 하는 거다. 적당한 업무처리, 적당한 회의참여, 제안을 하고 싶은 생각은 전혀 들지 않는다. 티 나지 않게, 실수하지 않게. 불만이 없는 듯.

어쩌면 이제는 그냥 그런 걸 넘겨버리는 법을 배운 듯싶다. 어쩌다 이렇게까지 됐나 싶다가도, 다시 생각한다. 하지만 그렇게 버티면 또 월급은 받는다. 그래 그렇게 버티는 거지. 기대는 접었고, 이제는 그냥 버티는 시간과의 싸움만 남았다.

Scene 3. 월급을 받는 곳이지, 일하는 곳은 아니었다.

보고는 늘 시간 맞춰 올라왔다. 일정은 지켜졌고, 실수는 거의 없었다. 회의도 열렸다. 보고도 있었다. 결재도 돌았다. 그래서 나는 안심했다. 조직이 잘 굴러간다고 믿었다. 그런데 문득, 이런 질문이 들었다. "우리는 지금, 정말 '일'을 하고 있는 걸까?" 아무도 반대하지 않고, 누구도 제안하지 않고, 갈등은 없지만 변화도 없고, 보고는 있는데, 생각은 없었다. 사람들은 여전히 자리에 앉아 있었고, 해야 할 일은 했다.

그런데 그 일은, 더 이상 아무 의미도 없었다. 단지 월급을 받기 위해 버티는 절차가 되어 있었다. 그리고 이제야 깨달았다. 이곳은, 함께 일하는 조직이 아니었다. 그냥, 월급을 받는 사람들이 모여 있는 곳이었다. 나는 그걸 몰입이라 불렀고, 조직의 안정이라 생각했다. 사실은, 아무도 일하고 있지 않았는데. 그저… 다들 자리를 지키고 있을 뿐이었는데.

왜일까?

정말, 왜 아직 나는 이 길 위에 서 있는 걸까? 회사에 불만이 없진 않다. 나와 맞지 않는다는 생각도 했다. 그만두고 싶었던 순간도 있었다. 하지만 선뜻 나설 수 없다. 경력이 쌓인 지금, 이직은 쉽지 않다. 이직시장은 좁고, 나를 특별히 대우해줄 이유도 많지 않다. 익숙한 관계, 익숙한 업무, 예측 가능한 하루. 그 안에서 유지되는 최소한의 안정. 그게 무너지면 손해는 온전히 내 몫이다. 그래서 남는다. 좋아서가 아니라, 떠날 수 없기 때문에. 그게 지금 내 현실이다.

조직심리학자들은 이 상태를 '유지적 몰입(Continuance Commitment)'이라 부른다. 조직에 대한 애정이나 소속감은 없다. 하지만 떠나기엔 리스크가 너무 크다.

그래서 유지적 몰입이라는 가면 속에 버티는 것이다. 그것은 감정이 빠진 몰입, 혹은 감정이 사라진 생존전략이다. 우리는 유지적 몰입 상태에서 점점 자기감정을 닫고, 열정을 낮추고, 결국 '조직의 소음'에 익숙해져 간다. 겉으로는 멀쩡해 보이지만, 속으로는 하루하루 정서적 에너지를 잃어가는 과정이다.

유지적 몰입은 왜 생기는 걸까?

그 출발점은, 바로 조직 불공정성에 대한 인식이다. 성과는 기준 없이 평가되고, 기회는 과정이 아닌 관계에 따라 분배된다. 소통은 선택적으로 일어나고, 누군가는 질문을 허용 받고, 누군가는 침묵을 강요당한다. 이 모든 불공정의 경험은 처음엔 분노로 시작되지만, 시간이 지나면 피로로 바뀌고, 결국 체념으로 굳어진다. 그리고 그 체념이 만들어낸 자리가 바로 유지적 몰입이다.

몰입은 오랫동안 '좋은 직원'과 '건강한 조직'을 상징하는 개념이었다. 몰입한 직원은 성과가 높고, 이직 가능성이 낮으며, 조직에 긍정적 영향을 준다는 사실은 수많은 연구에서 반복적으로 확인되었다(Mathieu & Zajac, 1990; Riketta, 2002). 많은 조직이 이를 근거로, 몰입을 강화하기 위해 평가제도, 리더십, 보상체계, 조직문화에 다양한 전략을 설계해왔다. 하지만 한 가지 질문은 충분히 조명되지 않았다.

"몰입은 항상 바람직한가?"
"그들의 '몰입'은 진짜일까, 아니면 보여주기 위한 생존 전략일까?"

몰입이라는 단어 아래에는 서로 다른 질적 심리상태가 있다. 그중 유지적 몰입은 감정이 빠진 채, 조건과 불안을 이유로 잔류하는 상태다. 이는 때로 조직성과와 무관하거나, 오히려 부정적인 영향을 미치기도 한다(Meyer et al., 2002; Somers, 2010). 심리적 소진, 냉소주의, 정체성 상실로 이어질 수 있다는 점에서 유지적 몰입은 단순한 잔류가 아니라, 위험한 착각이다.

유지적 몰입에 대한 학문적 논의는 지난 30년간 점차 진화해왔다. 1세대 연구(1990년대)는 몰입을 정서적, 규범적, 유지적으로 구분하고, 그 중 정서적 몰입이 가장 바람직하다고 보았다(Meyer & Allen, 1991, 1997). 이어지는 2세대 연구(2000년대)에서는 유지적 몰입도 맥락에 따라 다양하게 작용할 수 있으며, 리더십, 직무만족, 조직문화의 영향을 받는다고 분석했다(Gellatly et al., 2006). 그리고 2010년대의 3세대 연구는 유지적 몰입이 정서적 소진, 냉소주의와 연결될 수 있다는 인과관계를 밝혔고(Stinglhamber et al., 2015), 4세대 연구(2020년대 이후)는 유지적 몰입을 정체성 소외, 조직공정성 침해, 심리적 사직으로 해석하는 새로운 접근을 시도하고 있다(Meyer et al., 2022; Chang, Jiang & Riley, 2021).

그럼에도 많은 조직은 여전히 착각하고 있다. 이직률이 낮고 조용하다는 이유만으로 그들을 '몰입한 인재'로 간주한다. 그러나 자세히 들여다보면, 정서적 애착도, 자기효능감도, 심리적 활력도 없이 그저 조직에 머무는 법만 익숙해진 사람들이 있다. 그들은 이곳이 좋아서가 아니라, 이보다 나은 선택지가 없기 때문에 남아있다.

왜 이 책을 써야 했는가?

많은 리더십 서적과 조직심리학 연구는 '좋은 조직', '성과 높은 팀', '몰입하는 직원'을 이야기한다. 하지만 나는 거꾸로 질문하고 싶었다. "왜 사람들은 공정하지 않은 조직을 알면서도 남아 있는가?", "그들은 무엇을 감내하고, 무엇을 희생하며 그 자리에 머무는가?", "그리고 그런 조직은 어떻게 그들의 에너지를 서서히 고갈시키는가?"

이 책은 바로 이 질문에서 출발했다.

그리고 그 질문은 나 자신의 경험이기도 했다. 이 책이 말하고자 하는 것은 단순한 조직 비판서가 아니다. 또한 퇴사를 부추기거나, 긍정심으로 무장하라는 자기계발서도 아니다. 이 책은 조직 속에서 유지적 몰입 상태에 놓인 사람들이 어떤 심리적 메커니즘 속에 있으며, 그 경험이 어떻게 개인과 조직 모두를 병들게 하는지를 이야기한다. 그리고 동시에, 공정성이 회복될 수 있는 조직의 방향성, 유지적 몰입을 넘어서기 위한 개인의 전략을 함께 제시한다.

어쩌면 당신은 지금 이 책의 첫 페이지를 펼치면서 이미 마음속에 어떤 결정의 조짐을 품고 있을지 모른다. 이 책이 당신의 선택을 돕는 나침반이 되길 바란다. 조직은 단번에 바뀌지 않겠지만, 당신의 시선과 삶은 지금 이 순간부터 달라질 수 있다. 이 책은 당신을 위한 것이다.

- 조직에서 더 이상 기대하지 않지만 쉽게 떠나지 못하는 사람들
- 공정하지 않은 현실 앞에서 스스로를 지키고 싶은 사람들
- 그리고, 조직도 나도 함께 건강해지길 바라는 사람들

이 책은 단순한 분석이 아니다. 정체성을 되찾기 위한 전략이자, 다시 몰입할 수 있는 구조를 만드는 실천적 안내서다.

시작은 질문에서다. "나는 왜 아직 이곳에 남아 있는가?"

그리고 이제는, "그 선택이 나를 어떻게 만들고 있는가?"를 물어야 할 때다.

목 차

PART

1

몰입의 전환
- 마음이 떠나는 구조

몰입도의 변화
(직원 몰입도의 변화 – '정서적 몰입'에서 '유지적 몰입'으로)

출근길, 당신은 한참을 고민한다. "왜 나는 아직 이 회사에 다니고 있을까?"

아마 많은 직장인들이 한 번쯤은 스스로에게 던져봤을 질문일 것이다. 하지만 처음은 달랐다. 이 직장을 선택했을 때, 나는 기대감과 열정으로 가득 차 있었다. 하루하루가 도전처럼 느껴졌고, 작은 성과에도 벅차오르는 감정을 느꼈다. 조직의 비전과 나의 성장방향이 겹쳐 보였고, 나는 이곳에서 더 나아질 수 있다고 믿었다.

그랬었다. 할 수 있다고 생각했고, 나의 발전이 곧 조직의 발전으로 이어질 거라 믿었었다. 그래, 그때 나는 정서적 몰입(Affirmative Commitment)의 상태에 있었던 것이다.

1. 정서적 몰입 – "열정과 자부심으로 가득 찬 시작"

정서적 몰입은 직원이 조직과 감정적으로 연결되어 있는 상태를 말한다. 그는 단지 월급을 받기 위해 일하는 것이 아니라, 그 조직의 방향과 자신의 가치가 맞닿아 있다고 느끼고, 조직의 성공이 곧 자신의 성장이라고 믿는다. 그래서 자발적으로 헌신하게 된다.

김민수 씨는 입사 초기, 사내에 붙어 있던 비전 슬로건을 한참 바라보았다. "같이 일하고 싶은 사람들이 있고, 내가 해보고 싶은 일이 있다."

그는 그런 기대감으로 회의실에 앉았고, 메모를 하며 동료들의 이야기를 경청했다. 업무는 낯설고 벅찼지만, 그 안에서 스스로 의미를 찾고 있었기 때문에 힘들지 않았다. "조직이 가고자 하는 방향과 내가 가고 싶은 방향이 같다는 느낌이 들었어요."

그는 그렇게 말한다. 그 시기의 민수씨는 성과보다 성장과 연결감에 더 큰 동기를 느꼈다.

성과가 생기면 그것이 단순히 일이 잘 풀려서가 아니라, "내가 이 조직에 제대로 기여하고 있다"는 자부심으로 다가왔다.

회사와 함께 성장하고 있다는 감정, 그리고 "나는 지금 잘하고 있다"는 내적 확신이 있었다. 그것이 바로 정서적 몰입(Affirmative Commitment)이다. 감정이 닿아 있고, 의미가 흐르며, '이곳에서 나는 살아 있다' 는 감각이 또렷하게 느껴지는 시간이다.

2. 규범적 몰입 – "책임감으로 이어지는 관계"

하지만 시간이 지나면서, 김민수 씨의 마음에도 조금씩 변화가 생기기 시작했다.

업무는 늘어났고, 프로젝트마다 요구되는 성과기준은 점점 높아졌다. 그에 비해 피드백은 줄었고, 보상도 기대에 미치지 않았다. 상사와의 의견 충돌도 종종 있었지만, 그는 감정을 드러내지 않았다. "그래도 내가 맡은 일은 끝까지 해야지."

그런 생각이 마음 한구석에 자리를 잡았다. 어느새 "하고 싶다"는 마음보다는 "해야 하지 않나"라는 생각이 앞서게 되었고, 그는 자신의 역할에 충실하려 애썼다. "이 조직이 완벽하진 않아도, 나도 이만큼 배웠고 성장했다. 그렇다면 내가 받은 만큼은 돌려줘야 하지 않을까?"

그의 태도는 그렇게 '책임'과 '도리'를 중심으로 재편되고 있었다. 이것이 바로 규범적 몰입(Normative Commitment)이다. 조직에 대한 감정은 희미해졌지만, 적어도 맡은 일에 대해선 책임을 다하려는 마음이 여전히 남아 있는 상태다. 그는 지금, 도덕적 기준과 스스로의 신념을 따라 일하고 있다.

3. 유지적 몰입 – "떠나지 못해 남아 있는 마음"

그리고 어느 순간, 김민수 씨는 조직에 대해 진짜 실망감을 느끼기 시작했다.

성과는 보상으로 이어지지 않았고, 업무는 불공정하게 나뉘었으며, 회의 안에서도 그의 목소리는 점점 작아졌다. 무엇보다 그는 이 조직에 '내 자리가 없다' 는 느낌을 받기 시작했다. 그럼에도 그는 회사를 떠나지 않았다. "여기서 버티면 월급이라도 나오지. 퇴직금도 쌓이고, 경력도 이어지고…"

이제 그의 선택은 더 이상 감정이 아니었다. 남는 이유는 오로지 '남아야 할 이유' 때문이었다. 이것이 바로 유지적 몰입(Continuance Commitment)의 특징이다. 조직에 대한 애착도, 책임감도 사라진 자리에 '이직의 불안, 생계의 압박, 경력 단절에 대한 두려움'이 대신 들어앉는다. 그는 자주 스스로에게 묻는다. "이 나이에 다른 회사에서 내가 받아들여질까?", "지금 그만두면, 도대체 뭘 할 수 있지?", "경력은 이어가야 하고, 퇴직금도 아깝고, 건강보험료도 싸잖아…".

그의 하루는 그렇게 '계산'으로 시작되고, '버팀'으로 마무리된다. 이 시점에서 몰입은 더 이상 정서적 관계가 아니다. '그저 남아 있는 것, 조직 안에 있다는 사실' 그 자체가 유일한 전략이 되어버린 상태다.

많은 직장인들이 이 지점에 있다. 조직이 실망스럽고, 제도는 불공정하며, 몰입은 사라졌지만 그래도 자리를 지킨다. 왜냐하면 그 자리를 떠나는 순간, 모든 것이 불확실해지기 때문이다. 유지적 몰입은 그렇게 만들어진다. '남아서 일하지만, 마음은 이미 떠난 상태.'

겉으로는 별다른 변화가 없다. 보고서는 올리고, 회의에도 참석하고, 일정도 맞춘다. 하지만 내면에서는 서서히 조직으로부터 마음이 멀어지고 있다. 바로 그 점에서 이 상태는 위험하다.

- 상사는 눈치채지 못하고,
- 본인조차도 어느새 익숙해져 버린다.

몰입이 사라졌다는 사실을. 유지적 몰입은 그렇게 만들어진다. 남아서 일하지만, 마음은 이미 떠난 상태. 이때부터 관계는 느슨해지고, 성장은 멈추고, 조직은 그 '정체된 몰입'에 길들여진다. 겉은 멀쩡한데, 안에서부터 조용히 무너지는 상태. 그것이 바로 지금, 많은 조직이 마주한 현실이다.

4. 조직 불공정성의 영향 – "사소한 순간들이 쌓여, 마음은 점점 멀어진다"

김민수 씨는 어느 날 회의에서 자신의 아이디어가 묵살되는 순간을 경험했다. 비슷한 제안을 한 다른 동료의 의견은 그 자리에서 바로 채택되었고, 그는 아무 말 없이 그 장면을 지켜봤다. 처음엔 그럴 수도 있다고 넘겼다. 하지만 그런 일이 두 번, 세 번 반복되면서 그는 점점 말이 줄어들었다. 성과를 낸 동료가 승진에서 누락되고, 부서 이동에 대한 소문은 소수의 사람들 사이에서만 오갔다. 피드백은 제때 받기 어려웠고, 보상 기준은 명확하지 않았다.

그때부터였을 것이다. 그의 몰입은 감정적 애착에서 도리로, 그리고 결국 계산과 체념으로 바뀌어 갔다. 이런 변화는 시간이 지나면 누구나 겪는 자연스러운 감정 소진이 아니다. 직원들이 조직을 '불공정하다'고 인식하는 순간들이 몰입의 질을 바꾸는 결정적인 전환점이 되는 것이다.

- 공정하지 않은 평가와 보상 시스템.
- 의견이 반영되지 않는 의사결정 구조.
- 형식적으로만 반복되는 피드백 회의.

이 모든 경험은 정서적 몰입을 가장 먼저 흔들고, 의무감조차 의문으로 바꾸며,

결국에는 유지적 몰입이라는 상태로 사람들을 밀어넣는다. 그 상태에서 직원은 여전히 출근하고, 일은 한다. 하지만 마음은 점점 멀어진다. 남아 있는 이유는 더 이상 '가치'가 아니라, 떠나면 손해라는 판단뿐이다. 몰입은 그렇게 바뀐다. 그리고 그 시작에는 늘 공정하지 않은 순간 하나가 있다. 그 하나가 반복될 때, 사람은 조직을 사랑하지 않게 된다.

이러한 변화는 단순히 시간이 지나면서 생기는 자연스러운 변화가 아니다. 바로 직원들이 느끼는 조직의 불공정성에 대한 인식이 중요한 역할을 한다. 공정하지 않은 평가와 보상 시스템, 불투명한 의사결정 과정 등이 직원들의 몰입도를 점차적으로 감소시킨다. 초기의 열정적이고 정서적인 몰입은 불공정한 대우와 경험에 의해 서서히 약해지고, 결국 유지적 몰입에 빠지게 된다. 이는 더 이상 조직에 대한 감정적 애착이나 도덕적 책임에서 비롯된 행동이 아니다. 오히려, 조직을 떠나는 것이 자신에게 불리하다는 생각에서 벗어나지 못한 상태가 된다.

5. 몰입의 전환을 극복하려면 - "다시, 그때의 마음으로 돌아갈 수 있을까?"

이 책은 바로 이 몰입의 전환 과정을 다룬다. 왜 사람들은 애정을 가지고 시작한 조직에서 점점 마음을 접고, 결국 '떠나지 못해 남아 있는 상태'에 이르게 되는가.

그 변화는 단순한 개인의 감정 변화가 아니다. 그 이면에는 반복되는 불공정한 경험들, 즉 조직의 '구조적 실패'가 놓여 있다. 하지만 우리는 여기서 멈추지 않는다. 중요한 건, '이 흐름을 되돌릴 수 있는가?' 하는 질문이다. "나는 왜 아직 이곳에 남아 있는가?"

그리고 이제는 그 질문에 이어 "그 선택이, 지금의 나를 어떻게 만들고 있는가?"를 물어야 한다. 몰입은 사라지는 것이 아니다. 상처받고, 눌리고, 왜곡되어 갈 뿐이다. 그렇다면 우리는 다시 회복할 수 있다. 정서적 몰입의 출발점으로 돌아가기 위해 무엇을 바꾸고, 어디서부

터 다시 시작해야 할까?

　이 책은 그 해답을 공정성을 회복하기 위한 '리더십과 직무설계 전략'에서 찾고자 한다. 사람이 다시 조직에 감정을 걸 수 있으려면, 조직도 먼저 감정이 머물 수 있는 환경이 되어야 한다. 그 회복의 길은, 리더의 태도에서 시작되고 일의 구조를 다시 설계하는 데서 완성된다. 하지만 전략을 말하기에 앞서, 우리는 먼저 회복되어야 할 마음의 구조가 무엇이었는지를 되짚어야 한다. 지금 우리가 마주한 문제는 단순한 성과 저하가 아니다. 그보다 더 본질적인 것은, 사람과 조직 사이에 맺어졌던 감정적 연결의 약화다. 그 연결, 즉 직원과 조직 사이를 이어주던 감정의 끈은 애정(정서적 몰입)에서 출발해 책임감(규범적 몰입)으로 이어지고, 끝내 손익 계산(유지적 몰입)만 남긴 채 끊어지고 만다.　조직몰입은 단지 '열심히 일한다'는 말이 아니다.

- 그 안에는 조직에 머물고 싶은 마음.
- 남는 것이 옳다고 믿는 마음.
- 떠나지 못해 머무는 마음까지 포함된다.

　몰입은 감정의 농도와 질에 따라 변한다. 그리고 그 변화는 조직이 사람의 마음을 어떻게 다루었는지를 그대로 드러낸다. 2장부터는, 그 출발점에 있는 '조직몰입'의 개념부터 차근히 짚어간다. 몰입이란 무엇이며, 왜 그것이 문제의 본질이 되는지부터 함께 다시 들여다보자.

조직몰입(Organizational Commitment)의 정의와 이론적 배경

1. 왜 우리는 '몰입'을 이야기하는가?

"이 사람은 왜 아직 이 조직에 남아 있는가?"

이 질문은 단순히 '성과'의 문제가 아니라, 그 사람의 마음이 어디에 머물러 있는지를 묻는 질문이다. 몰입은 보이지 않지만 행동을 결정짓는 내면의 감정이며, 구성원이 조직과 맺는 가장 깊은 심리적 연결이다. Mowday, Steers, & Porter(1979)는 조직몰입을 "조직의 목표를 받아들이고, 그 목표 달성을 위해 헌신하려는 태도"로 정의하며, 몰입이 단순한 직무만족 이상의 의미를 지닌다고 강조했다. 이어 Meyer와 Allen(1991)은 조직몰입이 단일한 감정이 아니라, 세 가지 서로 다른 감정과 동기를 통해 형성된다고 설명하였다.

그렇다면 우리는 왜 이 '몰입'을 제대로 이해해야 하는가? 몰입은 단지 머무르는 이유를 설명하는 것이 아니라, 왜 어떤 직원은 열정을 다해 일하고, 어떤 직원은 묵묵히 버티기만 하는지를 설명해주는 개념이다. 이 장에서는 이러한 '몰입'이라는 개념을 중심으로, 조직에서 일어나는 심리적 충성, 감정적 거리, 그리고 이직 결정의 이유까지 체계적으로 들여다보고자 한다.

2. 조직몰입의 정의 – "조직에 머무는 이유는 하나가 아니다"

조직몰입(Organizational Commitment)이란 한 개인이 특정 조직에 대해 가지는 심리적 애착과 행동적 충성심을 의미한다(Mowday, Steers, & Porter, 1979). 이들은 고전적 연구에서 조직몰입을 "조직의 목표와 가치를 수용하고, 그 목표를 달성하기 위해 노력하려는 심리

상태"로 정의하며, 단순한 직무만족과 구별된 독립적인 변수로 강조하였다. 이후 Meyer와 Allen(1991)은 조직몰입을 하나의 단일한 감정이 아닌, 구성원이 조직에 남는 '이유'에 따라 구분되는 세 가지 차원으로 설명했다.

- **정서적 몰입(Affirmative Commitment)** : 조직에 대한 감정적 애착과 동일시로부터 비롯된 자발적 헌신
- **규범적 몰입(Normative Commitment)** : 조직에 남는 것이 '옳다'고 믿는 도덕적 책임감
- **유지적 몰입(Continuance Commitment)** : 떠날 경우 잃게 될 손해나 비용에 대한 인식

이 세 가지 유형은 단순히 행동의 표면이 아니라, 그 이면의 '마음의 이유(mindset)'를 설명한다는 점에서 중요하다(Meyer & Herscovitch, 2001). 즉, 같은 조직에 머무르는 행동이라도 그 심리적 동기는 전혀 다를 수 있으며, 조직관리자는 이 차이를 명확히 이해해야 구성원의 몰입을 진단하고 회복할 수 있다.

3. 조직몰입의 이론적 기반 – 다양한 심리적 관점에서의 해석

조직몰입은 하나의 개념이지만, 이를 설명하는 관점은 심리학, 경제학, 사회학 등 다양하다. 각각의 이론은 구성원이 조직에 머무르는 이유를 서로 다르게 조명한다. 다음은 대표적인 세 가지 접근이다.

3.1 심리학적 접근 – "조직과 나를 동일시할 수 있는가"

심리학자들은 몰입을 감정적 애착의 관점에서 해석한다. Mowday, Steers, & Porter(1979)는 몰입이란 "구성원이 조직과 자신의 정체성을 동일시하고, 자발적으로 헌신하려는 내적 동기 상태"라고 보았다. 이들은 몰입을 단순한 만족이 아닌, 내면화된 감정적 연결로 정의하며, 특히 정서적 몰입의 핵심 이론적 기반을 제공한다. 또한 Deci & Ryan(1985)의 자기결정이론(Self-Determination Theory)은 구성원이 조직 내에서 자율성, 유능감, 관계성을 느낄 때, 몰입이 강화된다고 본다. 이는 몰입이 외적 보상보다 내적 동기와 자율감에서 더 강하게 형성된다는 점을 강조한다.

3.2 경제학적 접근 – "떠나는 데 드는 비용은 얼마인가"

Becker(1960)의 'Side-Bet Theory'는 몰입을 경제적 교환관계로 본다. 구성원이 조직에 남

아 있을수록, 다양한 자원(예: 연차, 보상, 경력)이 축적되며, 조직을 떠날 경우 손해를 보게 되므로 "남는 편이 이익"이라는 판단이 몰입의 근거가 된다는 것이다. 이는 유지적 몰입의 대표적 설명이론이다. 예를 들어, 장기근속에 따른 퇴직금, 사내 커리어 경로, 연금 자격 등은 모두 'Side-bet'으로 볼 수 있다. 이 투자가 클수록 떠나는 결정은 어려워지고, 몰입은 '감정'이 아니라 '계산'의 문제로 변한다.

3.3 사회학적 접근 – "내가 받은 만큼 돌려줘야 하지 않을까"

사회학자들은 몰입을 규범적 책임감의 차원에서 해석한다. Wiener(1982)는 구성원이 조직으로부터 혜택을 받았다고 느낄 때, 그에 대한 보은의 의무감으로 조직에 남으려 한다고 보았다. 특히, 사회적 규범이나 집단의 기대가 강한 문화에서는 이 같은 규범적 몰입이 강화된다. 예를 들어, 장기근속자에 대한 존경문화, 상사와의 정서적 유대, 과거 조직의 배려 경험 등은 "떠나는 건 예의가 아니다"라는 인식을 형성하고, 이는 행동으로 이어진다. 즉, 몰입은 '이성적'이라기보다 '도덕적' 감각에 가까운 심리구조다.

조직몰입은 감정적 애착, 경제적 손실 회피, 도덕적 책임이라는 세 가지 축이 교차하며 형성되는 복합적 개념이다. 한 사람의 몰입 속에는 이 세 요소가 모두 작동하고 있으며, 그 비율은 시간과 맥락에 따라 달라진다. 따라서 몰입은 단일한 이유로 설명될 수 없고, 다층적인 심리구조로 이해되어야 한다.

4. 몰입유형 간의 관계와 전환 – 몰입은 머무는 감정이 아니라, 움직이는 감정이다

조직몰입의 세 가지 유형, 즉 정서적 몰입, 규범적 몰입, 유지적 몰입은 서로 고립된 상태가 아니다. 이들은 한 개인의 조직 경험 속에서 상호작용하며, 변화하는 환경과 감정에 따라 동적으로 전환된다. 처음엔 자긍심과 의미로 가득했던 정서적 몰입이 시간이 흐르며 점차 규범적 몰입이나 유지적 몰입으로 바뀌는 과정은, 단순한 감정의 쇠퇴가 아니라 조직 경험의 재구성이 반영된 결과다. 이 흐름은 다음과 같은 전환 경로로 설명될 수 있다.

- **정서적 몰입에서 규범적 몰입으로**

직원은 조직에서의 긍정적 경험을 통해 정서적 몰입을 형성한다. 그러나 시간이 흐르면서 반복적인 피로, 리더십의 부재, 불공정한 평가 등으로 인해 감정의 온도가 점차 낮아지면,

그 몰입은 '받은 만큼은 해야 한다'는 책임감 중심의 규범적 몰입으로 전환된다. 이 전환은 Meyer & Herscovitch(2001)의 통합적 몰입 모델에서도 설명된다. 이들은 몰입을 단순한 감정 상태가 아니라, 과거의 조직 경험을 기반으로 형성된 심리적 태도로 보았으며, 정서적 몰입이 약화되더라도 구성원이 조직에 대해 '마땅히 해야 할 일'이라는 책임감을 내면화하고 있다면, 규범적 몰입이 새로운 주된 기반이 될 수 있다고 제시했다.

또한, Gellatly et al.(2006)의 연구에 따르면, 정서적 몰입이 낮아지는 상황에서도 과거에 조직으로부터 받은 혜택이나 신뢰감이 규범적 몰입으로 전이되어, '받은 만큼은 갚아야 한다'는 상호성 규범이 일시적으로 몰입을 유지하는 메커니즘으로 작동할 수 있다고 분석했다.

● 규범적 몰입에서 유지적 몰입으로

의무감으로 버티던 마음조차 흔들릴 때, 구성원은 점점 더 조직으로부터 감정적으로 거리를 두게 된다. "그래도 내가 감당해야지"라는 생각은 반복되는 피로와 인정받지 못하는 경험 속에서 점차 "굳이 이렇게까지 해야 하나?"라는 의문으로 바뀌고, 결국 "여기를 떠나면 더 나은 조건이 있을까?"라는 냉정한 질문 앞에 선다.

이 전환은 단번에 일어나는 것이 아니라, 반복된 실망과 무력감의 누적으로 인해 '책임감의 붕괴'가 발생하며 감정의 문이 닫히는 과정이다. 감정이 사라진 자리에 남는 것은 오직 손익계산이다. 이직은 쉽지 않고, 지금까지 쌓은 연차와 경력을 생각하면 떠나는 것도 손해다. Jaros(1997)와 Panaccio & Vandenberghe(2009)의 연구는 이 전환 과정을 '심리적 기대의 단절'로 설명한다. 그에 따르면 규범적 몰입이 흔들릴 경우, 구성원은 더 이상 조직에 의미를 부여하지 않으며, "몰입의 근거가 감정에서 손실 회피"로 이동한다. 즉, 몰입은 남아 있으나, 마음은 이미 떠난 상태다.

● 정서적 몰입에서 유지적 몰입으로

때로는 중간 단계를 거치지 않고 급격한 전환이 발생한다. 예를 들어, 승진 누락, 상사의 부당한 대우처럼 감정적으로 강한 충격이 있을 경우, 정서적 몰입은 즉시 붕괴되고, 남는 것은 조직을 떠나기 어려운 '현실적 이유'뿐이다. 이는 Affective Events Theory(Weiss & Cropanzano, 1996)의 설명처럼, 감정 사건이 몰입의 구조 자체를 흔들 수 있음을 보여준다. Allen & Meyer(1996) 또한 강한 부정적 경험이 몰입의 질적 전환을 야기할 수 있다고 주장했다.

이처럼 몰입은 정적인 태도가 아니라, 조직 내 경험과 감정의 흐름 속에서 변화하는 살아 있는 감정이다. Meyer, Stanley, & Parfyonova(2012)는 몰입을 단일 요소가 아닌 '몰입 프로파일(commitment profile)'로 이해해야 한다고 강조했다. 즉, 한 개인 안에서 다양한 몰입

유형이 동시에 존재하며, 시간과 맥락에 따라 중심축이 이동할 수 있다는 것이다. 이러한 몰입의 유동성은 우리의 조직이 구성원의 감정 변화에 얼마나 민감하게 반응하고 있는지를 다시 되묻게 한다.

4.1 사례로 보는 몰입의 전환

앞서 우리는 몰입의 세 가지 유형이 서로 고립된 상태가 아니라, 조직 내 경험에 따라 유동적으로 전환된다는 점을 살펴보았다. 하지만 이론만으로는 그 전환이 어떻게 감정 속에서 실제로 작동하는지 충분히 느껴지지 않는다.

몰입은 단지 태도가 아니라 살아 있는 감정의 이동이며, 그 흐름은 일상의 경험 속에서 서서히 혹은 급격히 나타난다. 이제 우리는 서로 다른 전환 흐름을 따라 세 명의 직장인을 만나볼 것이다. 그들은 모두 '같은 자리'에 있었지만, 다른 마음으로 일하고 있었다.

4.1.1 감정이 책임으로 바뀔 때 – 정서적 몰입 → 규범적 몰입

민석은 입사 3년 차, 어느새 팀에서 '버팀목'이라 불리게 된 사원이었다. 프로젝트 초기엔 야근도 마다하지 않았고, 팀장보다 먼저 문제를 찾아내는 일도 많았다. 그는 팀의 성장을 곧 자신의 일처럼 느꼈고, 그만큼 애착도 컸다. 하지만 두 번째 프로젝트에서 예산 문제로 팀 전체가 곤욕을 치르고 난 뒤, 조직은 원인을 '실행단의 리스크 관리 부족'으로 돌렸다. 일에 대한 피드백은 전혀 없었고, 누구도 민석에게 따로 상황을 설명해주지 않았다.

그날 이후, 그는 혼자 남아 야근하지 않았다. 대신 차분하게 팀 규정을 정리했고, 후배들이 실수하지 않도록 매뉴얼을 만들었다. "내가 여기서 느낀 건 많았으니까, 그냥 그 정도는 해두는 게 맞다고 생각했어요."

그에게 몰입은 이제 감정이 아니라 도의적 책임이었다. 자발성과 애착은 사라졌지만, 여전히 그는 팀원으로서 할 일을 하고 있었다. 정서적 몰입은 점차 규범적 몰입으로 전환되고 있었다.

4.1.2 책임감조차 흔들릴 때 – 규범적 몰입 → 유지적 몰입

혜원은 팀장이 되고 나서부터 모든 일정에 '사람'을 먼저 고려해왔다. 후배의 실수도 감쌌고, 성과가 낮은 팀원에겐 직접 1:1 피드백도 했다. 그녀의 몰입은 '내가 여기까지 왔으니, 이 정도는 감당해야 한다'는 일종의 책임감에서 비롯된 것이었 다. 하지만 조직은 그것을 알아주지 않았다.

성과평가에서는 '관리 스타일이 느슨하다'는 피드백이 달렸고, 정작 그녀가 보낸 보고서는 팀장이 아닌 차장 이름으로 올라갔다. 작년 연말, 후배 둘이 승진 명단에 올랐고 그녀는 빠졌다. "그냥… 내가 뭘 더 해도 달라질 건 없을 것 같았어요."

최근 혜원은 더 이상 회의 때 말하지 않는다. 동료들이 실수해도 정리해주지 않는다. 퇴근은 정확히 6시. 그녀는 여전히 그 자리에 있지만, 더 이상 감정도 책임도 남아 있지 않다. 이제 그녀의 몰입은 떠나지 못하는 이유로만 남아 있다.

4.1.3 충격 이후의 잔류 – 정서적 몰입 → 유지적 몰입

주연은 고객 피드백을 분석해 직접 개선안을 만들고, 발표까지 한 사원이었다.

당시 팀원들의 반응도 좋았고, 팀장은 "이거 나중에 대표님께도 보고해보자"고 격려했다. 하지만 두 달 뒤, 별다른 설명 없이 타 부서로 인사 발령이 났고, 그 개선안은 팀장의 이름으로 경영회의에 올라갔다. 주연은 아무런 안내도 받지 못한 채 자리를 옮겼고, 이후엔 어떤 프로젝트에도 주도적으로 나서지 않았다. "여긴 내가 있어도 되는 곳이 아니라는 생각이 들었어요. 그런데… 지금 나가면 손해잖아요. 이직 준비도 안 됐고, 이만큼 쌓은 경력도 아깝고."

그녀는 이제 더 이상 어떤 제안도 하지 않는다. 피드백은 줄었고, 얼굴도 무표정해졌다. 그녀는 정서적 몰입에서 곧장 유지적 몰입으로 이동해 있었다. 자발성과 의미는 떠났고, 남은 건 현실적 조건뿐이었다.

이 세 사례는 한 사람의 몰입이 단일한 감정이 아니라, 조직 경험 속에서 서서히 혹은 순간적으로 다양한 방식으로 전환된다는 사실을 보여준다. 정서적 몰입은 책임이라는 이름으로 남을 수도 있고, 책임조차 흔들리면 손익계산만 남는다. 때로는 설명 없는 부당한 처우가 모든 감정을 단절시킨다. 하지만 중요한 건, 이 전환이 '끝'이 아니라는 점이다. 이 감정의 흐름을 읽고 회복할 수 있는 조건은 분명 존재한다. 이어서 이 몰입의 전환이 되돌릴 수 있는 감정의 흐름이라는 것에 대해 살펴본다.

4.2 몰입의 전환은 감정적이고 비가역적인 과정이 아니다

몰입은 한 번 무너졌다고 해서 다시 돌아올 수 없는 감정은 아니다. 감정은 언제나 맥락 속에서 만들어지고, 회복 또한 그 맥락 속에서 시작된다. 중요한 것은 구성원이 '다시 믿을 수 있는 장치들'을 조직이 제공하는가? 이다.

몰입이 회복되려면 단지 말을 잘 듣는 리더 한 명이 아니라, 신뢰할 수 있는 반응구조가 필요하다. 회의에서 말한 의견이 사라지지 않고 기록되고, 개인의 일정을 배려하는 제도가 실질적으로 운영되며, '이 일이 왜 중요한가'를 함께 성찰할 수 있는 조직 문화가 자리 잡을 때, 사람들은 다시 마음을 연다. 예컨대 앞서 민석이 겪었던 감정의 단절은, 처음엔 회복이 불가능해 보였다. 팀원들의 실망감이 쌓이던 시기, 그는 업무 외의 대화조차 줄였고, 회의에서도 눈에 띄게 말을 아꼈다. 그러던 어느 날, 팀장이 다가와 조용히 말했다. "그때 너한테 미안했어. 우리가 너한테 너무 많이 기대기만 했던 것 같아."

그 말은 변명도, 핑계도 아니었다. 그저 늦은 시간, 말 없이 남아 있던 민석의 자리를 기억하고 있다는, 작은 인정의 언어였다. 그리고 며칠 뒤, 민석이 작성한 팀 매뉴얼이 새로 배정된 신입교육 자료로 사용된다는 소식을 들었다. 누구도 크게 강조하지 않았지만, 그것은 그가 여전히 팀에 의미 있는 존재라는 신호였다. 그는 여전히 말을 아끼고 있었지만, 그날 회의 말미엔 오랜만에 "이 부분은 조금 다르게 접근해보면 어떨까요?"라는 의견을 냈다. 몰입의 회복은 그렇게, 감정을 수용하는 아주 작은 움직임에서 시작되었다.

몰입은 단순한 충성심이 아니다. 그것은 자신이 이 조직에 다시 '의미 있는 존재'로 자리잡을 수 있다는 가능성에 대한 감정적 반응이다. 회복은 말보다 리듬에서 시작된다. 다시 나를 들어줄 수 있을지, 이 조직이 이제는 나의 감정을 받아들일 준비가 되어 있는지를 감지하는 순간, 몰입은 서서히 되살아난다.

몰입은 깨어질 수 있지만, 다시 연결될 수도 있다. 감정은 움직이고, 의미는 회복될 수 있다. 그리고 그 회복의 첫 단서는, 아주 작고 진심 어린 반응에서 시작된다. 감정은 회복될 수 있고, 몰입은 다시 시작될 수 있다. 중요한 건, 조직이 그 회복의 리듬을 어떻게 받아들이고 유지하느냐다. 그렇다면 그렇게 회복된 몰입은 조직 전체에 어떤 영향을 미칠까? 몰입은 단지 한 사람의 감정이 아니라, 조직의 에너지를 바꾸는 촉매가 된다. 이제 우리는 몰입이 회복되었을 때 조직 안에서 어떤 변화가 일어나는지를 살펴볼 것이다.

4.3 몰입 회복의 조건 – 감정은 구조 속에서 움직인다

몰입의 회복은 개인의 감정만으로는 어렵다. 그것은 '감정이 머물 수 있는 구조'를 조직이 설계할 수 있을 때 가능하다. 회복을 위한 조직의 구조적 조건은 다음과 같은 세 가지 흐름에서 시작된다.

- **감정을 표현할 수 있는 심리적 안전감** : 말할 수 있다는 믿음이 있어야 마음도 움직인다.
- **이야기가 사라지지 않는 절차의 공정성** : 어떤 제안도 묻히지 않고 기록되며, 그 흐름이 정당하게 설명되어야 한다.
- **구성원을 '대체 가능한 자원'이 아닌 '고유한 존재'로 대하는 상호작용** : 몰입은 계

산이 아니라 관계에서 살아나는 감정이다.

즉, 몰입의 회복은 결국 신뢰와 감정이 함께 작동하는 조직 설계에서 가능하다.

5. 조직몰입의 긍정적 효과 - 감정이 머물면, 성과는 따라온다

조직몰입은 단지 개인의 태도 문제를 넘어서, 조직 전체의 성과와 문화에 실질적 영향을 미치는 심리적 자산이다. 특히 정서적 몰입은 직원의 자율성과 창의성, 협업 역량을 강화함으로써 다음과 같은 다차원적 효과를 낳는다.

● 혁신성과 창의성 증진

정서적 몰입이 높은 직원은 업무를 '해야만 하는 일'이 아니라 '내 일'로 인식한다. 이들은 개선점을 자발적으로 찾고, 시도하며, 실패를 두려워하지 않는다. Scott & Bruce(1994)는 정서적 몰입이 강한 직원일수록 창의적 문제 해결에 더 적극적이라는 점을 실증적으로 입증했다.

● 팀워크와 조직문화 강화

몰입된 직원은 동료와의 관계에도 더 큰 책임감을 느끼며, 협력의 태도를 보인다. Meyer et al.(2002)은 정서적 몰입이 높은 직원일수록 동료 신뢰 수준과 조직 응집력이 높다는 점을 보고했다. 이는 결국 '함께 일할 수 있는 사람'을 만드는 요인이 된다.

● 이직률 감소와 조직 안정성 향상

몰입은 단순히 '버티는 이유'를 만드는 것이 아니라, '머물고 싶은 이유'를 제공한다. Allen & Meyer(1996)의 연구에 따르면, 정서적 몰입이 높은 직원은 이직 가능성이 현저히 낮고, 위기 상황에서도 조직에 남아 문제 해결을 도모할 가능성이 높다.

● 고객 만족도 및 조직 평판 상승

몰입된 직원은 고객과의 상호작용에서도 긍정적인 태도를 유지하며, 서비스 품질을 높인다. 이는 곧 고객 만족도와 조직 브랜드 신뢰도 향상으로 이어진다. Harter, Schmidt, & Hayes(2002)는 직원 몰입과 고객 만족도, 수익성 간의 유의미한 상관관계를 제시하였다.

● 직무만족도 향상과 소진 감소

조직몰입은 감정적 자원을 고갈시키는 대신, 정체성과 연결된 의미를 부여함으로써 직무 소진(burnout)을 낮춘다. Schaufeli & Bakker(2004)는 몰입된 직원일수록 직무만족도가 높고, 소진 증상이 적다는 점을 확인했다.

몰입된 직원은 리더와의 신뢰관계를 형성하는 데도 긍정적 영향을 미친다. Graen & Uhl-Bien(1995)의 LMX 이론에 따르면, 몰입 수준이 높은 직원은 리더의 의도를 긍정적으로 해석하고, 상호 피드백 루프를 통해 신뢰 기반의 관계를 강화한다. 이처럼 몰입은 리더십 효과성과도 밀접하게 연관된다.

6. 몰입, 조직의 감정적 기반

지금까지 살펴본 것처럼, 조직몰입은 단순히 '회사를 좋아하는 감정'에 머물지 않는다. 그것은 한 사람이 조직과 맺는 감정적, 도덕적, 계산적 관계의 총합이며, 그 관계는 업무의 태도와 행동, 성과에 이르기까지 실질적인 영향을 미친다. 특히 정서적 몰입은 '이 일이 곧 나 자신'이라는 감정의 귀속을 통해 자발성과 창의성, 협력성을 높이고, 조직의 긍정적 문화를 이끄는 핵심 자원이 된다. 반면, 규범적 몰입은 도덕적 의무감에 기대고, 유지적 몰입은 떠날 수 없는 조건에 기반하므로, 몰입의 질적 차이를 분명히 구분해야 한다.

중요한 점은, 조직몰입은 고정된 속성이 아니라, 환경에 따라 변한다는 사실이다. 정서적 몰입으로 출발한 직원도, 반복되는 불공정과 실망, 무시당하는 경험 속에서 점차 의무감으로, 결국은 떠나지 못해 남는 상태로 이행된다. 몰입의 질은 고정되어 있지 않으며, 조직문화와 리더십, 제도에 따라 언제든 변형된다. 그러므로 몰입은 사라지는 감정이 아니라, 다시 회복될 수 있는 감정이다. 정서적 몰입이 유지적 몰입으로 전환되었다 해도, 리더의 공감과 조직의 정비를 통해 다시 자발성과 의미를 회복할 수 있다.

지금의 상태가 영원하지 않다는 것, 그것이 우리가 몰입을 다시 이야기해야 하는 이유다. 하지만 감정은 혼자서 회복되지 않는다. 몰입은 조직이 주는 정서적 신호에 반응하는 감정의 리듬이며, 그 리듬을 가장 먼저 흔드는 요소는 다름 아닌 '공정성'이다. 말할 수 없었던 순간, 설명되지 않았던 기준, 왜곡된 인정 구조 – 이런 작고 반복된 불공정함이 몰입을 바꾸고, 감정을 닫게 만든다. 이제 우리는 묻는다.

"왜 어떤 사람은 점점 몰입을 잃어가는가?"

그리고 그 변화는 언제, 어떤 조건에서 시작되는가? 다음 장에서는 그 질문에 답하기 위해, 조직 공정성의 네 가지 차원을 따라 몰입의 전환이 시작되는 심리적 경로를 살펴보자.

공정성이 무너질 때 몰입은
어떻게 변하는가?

"처음엔 정말 이 회사를 좋아했어요"

현진은 대기업 마케팅팀에 입사한 지 3년 차 되는 직원이다. 입사 초기, 그는 팀에 대한 애정이 남달랐다. 프로젝트마다 자신의 의견이 반영됐고, 선배들은 친절하게 도와주었으며, 성과가 있으면 정당하게 보상받는 분위기였다. "정말 이 회사에서 오래 일하고 싶었어요. 주말에 일할 일이 생겨도 크게 불만 없었고요."

하지만 2년 차에 접어들며 그의 마음에 균열이 생기기 시작했다. 성과평가 시즌이었다. 작년에 맡은 캠페인이 좋은 반응을 얻었고, 매출 기여도도 높았다. 그런데 성과급은 기대보다 적었고, 평가 등급도 B에 머물렀다. 반면, 큰 프로젝트 실적없이 상사와의 관계가 좋았던 동료는 A를 받았다. "내가 뭘 놓쳤지?"

현진은 처음엔 자신의 부족을 의심했다. 며칠 후, 팀장과의 면담에서 이유를 물었다. 팀장은 잠시 말을 멈췄다가 애매하게 답했다. "현진도 잘했는데, 이번엔 회사 전체 방침 때문에 좀 조정된 거야. 그럴 수도 있지 뭐."

구체적인 기준은 끝내 설명되지 않았고, 그가 의견을 말할 기회도 주어지지 않았다. 애매한 기준, 반복되는 누락, 무심한 반응들. 그것들은 하나의 사건이 아니라, 그의 감정을 점차 닫게 만드는 연쇄적 신호였다. "이젠 그냥 시키는 일만 잘하자는 생각이 들어요. 더 기대하지도, 열심히 하려는 마음도 예전 같지 않네요."

현진은 회사를 그만두지 않았다. 경력, 급여, 복지 혜택 등을 고려하면, 쉽게 떠날 수 있는 상황은 아니었기 때문이다. 하지만 그의 마음은 더 이상 조직에 머물러 있지 않았다. 그는 더 이상 좋아서 남아 있는 것이 아니었다. 떠날 수 없기에 머무는 상태, 그것이 지금 그의 위치였다.

몰입의 전환은, 작고 반복된 불공정함에서 시작된다. 현진의 사례는 단순한 평가 불만처럼 보일 수 있다. 하지만 그의 몰입이 무너진 이유는 보다 복합적이다. 성과와 보상이 납득되지 않았고(분배 공정성), 평가기준은 모호했으며(절차 공정성), 상사의 반응은 무심했다(상호작용 공정성). 그리고 무엇보다 중요한 것은, 이런 침해에 대해 조직이 어떤 사후적 설명이나 회복 노력도 하지 않았다는 점이다. 복원적 공정성(Restorative Justice) – 즉, 문제가 발생한 뒤 감정을 다루고 신뢰를 회복하려는 조직의 반응이 전혀 없었기 때문에, 그의 실망은 깊어졌고 감정의 단절은 더욱 견고해졌다.

이처럼 공정성의 네 차원이 동시에 흔들릴 때, 구성원은 조직을 더 이상 '기댈 수 있는 공간'이 아닌 '버텨야 하는 장소'로 인식하게 된다. 그리고 바로 그 지점에서 몰입은 정서적 애착에서 도덕적 의무로, 다시 남을 수밖에 없는 계산적 선택으로 전환된다. 그렇다면, 이 네 가지 공정성은 실제로 구성원의 몰입에 어떤 영향을 미치는가?

이 질문에 대해 수많은 연구가 일관된 결론을 내리고 있다. Colquitt et al.(2001)은 조직 공정성의 네 차원이 각각 정서적 태도에 미치는 영향력을 구조방정식 모델로 분석하였고, 상호작용 공정성과 복원적 공정성의 부재는 정서적 몰입 감소에 가장 큰 영향을 주는 요인으로 확인되었다. 또한, Masterson et al.(2000)의 연구는 상사의 부당한 피드백이 분노와 냉소감을 유발하며, 이러한 감정이 조직몰입을 급격히 약화시킨다는 점을 실증적으로 보여주었다. Gellatly et al.(2006) 역시 절차 공정성이 낮을수록 규범적 몰입은 쉽게 무너지고, 최종적으로 유지적 몰입만 남는 경향을 제시하였다.

즉, 몰입은 개인의 성향 문제가 아니다. 불공정한 조직 시스템과 대응 실패가 구성원의 감정을 단절시키고, 결국 조직에 대한 신뢰와 의미를 잃게 만드는 것이다.

이제 우리는 각 공정성 차원이 어떤 방식으로 몰입을 변화시키는지를 구체적으로 살펴볼 것이다. 그 시작은, 가장 눈에 띄는 공정성의 실패 – 분배 공정성의 침해다.

1. 분배 공정성의 실패 – 노력만큼 보상받지 못할 때, 마음은 멀어진다

"나는 결과를 냈다. 그런데 왜, 아무 일도 없었을까?"

지윤은 해외사업팀의 막내였다. 입사 1년 차부터 무역관련 신규 바이어를 직접 발굴했고,

그가 만든 거래 구조는 팀 전체 실적에 큰 기여를 했다. 상사도 "네가 없었으면 어려웠을 거야"라고 말했지만, 막상 성과급 시즌이 되자 그는 기대했던 보상을 받지 못했다. 공식적인 설명도 없었다. "선배들도 인정해줬고, 팀장도 고맙다고 했는데… 왜 난 아무것도 아닌 것처럼 지나간 거죠?"

그의 몰입은 바로 그 지점에서 꺾였다. 처음엔 인정받고 싶어 밤늦게까지 남았고, 출근길 회의 자료도 직접 챙겼다. 하지만 지금은 "그냥 평균만 하자"는 생각이 들 뿐이다. 그가 말하길, "열심히 해도 달라지는 게 없다는 걸 안 순간, 마음이 식었다"고 했다.

분배 공정성(Distributive Justice)은 구성원이 자신이 기울인 노력, 성과, 기여도에 대해 정당한 보상을 받았다고 느끼는 감정적 판단이다(Adams, 1965). 이는 '성과급이 적다'는 단순한 불만이 아니라, 자신의 존재가 조직 내에서 '정당하게 인정되지 않았다'는 실존적 위기의식으로 이어질 수 있다.

직원들은 늘 조직 전체 맥락을 이해하진 않지만, 자신이 기울인 노력에 비해 돌아오는 결과가 형평에 맞는지는 직관적으로 감지한다. 그리고 그 불일치가 반복될 때, 구성원은 더 이상 자신을 조직에 투자하지 않는다.

Adams의 공정성 이론(Equity Theory, 1965)에 따르면, 사람들은 자신과 타인의 투입(input) 대비 산출(output)을 비교해 공정성을 판단한다. 투입 대비 산출이 불균형할 경우, 그 불균형을 해소하기 위해 행동을 조정하는데, 그중 하나가 몰입 저하다. 또한 Blau(1964)의 사회교환이론(Social Exchange Theory)은 정서적 몰입이 상호보상 관계에 의해 유지된다고 본다. 즉, 조직이 노력에 상응하는 보상을 주지 않으면 구성원도 더 이상 헌신하지 않는다. '공정하지 않은 조직에는 내 마음도 줄 수 없다'는 심리적 방어기제가 작동하는 것이다. 즉, 사회적 교환관계가 성립도지 않는다는 것이다.

- Colquitt et al.(2001)은 분배 공정성이 낮을수록 정서적 몰입과 직무만족도가 유의미하게 감소한다고 밝혔다.

- Tepper(2000)는 분배 공정성 침해가 조직 구성원의 반 생산적 행동과 직결된다고 보고하였다.

- Greenberg(1990)는 동일한 성과에 대해 낮은 보상을 받은 집단이 더 높은 이직의도와 감정적 거리감을 보였음을 실험적으로 증명하였다.

몰입은 "나를 알아봐 주는가?"에 대한 대답이다. 분배 공정성이 침해된다는 건 단지 돈을 덜 받았다는 의미가 아니다. 그것은 자신의 존재와 노력이 조직에서 '제대로 보이지 않고 있다'는 신호로 받아들여지며, 감정은 서서히 조직 밖으로 이탈하기 시작한다.

2. 절차 공정성의 실패 - 기준 없는 과정이 신뢰를 무너뜨릴 때

공정한 결과 못지않게 중요한 것은, 그 결과에 이르는 과정이다. 분배 공정성이 '무엇을 받았는가?'에 대한 질문이라면, 절차 공정성은 '어떻게 결정되었는가?'에 대한 신뢰를 의미한다. 그런데 조직에서 많은 구성원들이 가장 먼저 신뢰를 잃게 되는 순간은, 바로 이 '기준 없는 과정'에서 발생한다.

현진이 평가결과에 실망했던 진짜 이유는 성과급 액수 그 자체가 아니라, 왜 그런 결과가 나왔는지 납득할 수 없었기 때문이다. 그가 묻고 싶었던 것은 "왜 나는 B고, 그는 A인가?"였지만, 조직은 이 질문에 명확히 답하지 않았다. 평가 기준은 애매했고, 사전 고지도 없었으며, 결과에 대한 피드백도 형식적이었다. 그 순간 현진은 단지 '결과'가 아니라 '과정 전체'에서 배제되었다고 느꼈다.

Leventhal(1980)은 절차 공정성의 핵심 요소로 일관성, 정확성, 의견 수렴, 수정 가능성, 윤리성 등을 제시하며, 이러한 기준이 충족되지 않을 때 구성원들은 조직에 대한 신뢰를 급속히 잃는다고 경고했다. 실제로 Colquitt et al.(2001)의 연구에 따르면, 절차가 공정하지 않다고 느낄 경우, 구성원은 분배 결과와 무관하게 조직에 대한 헌신을 낮추며, 회복 불가능한 신뢰 붕괴로 이어질 수 있다고 보고했다.

절차의 불공정함은 단순한 행정 문제처럼 보일 수 있다. 그러나 그것이 반복될 때 구성원은 조직의 기준 자체를 신뢰하지 않게 되고, 이는 몰입의 본질을 뒤흔든다. 의사결정에 참여하지 못하고, 목소리를 낼 기회조차 주어지지 않는 구조 속에서 사람들은 점차 말하기를 포기한다. 이는 단지 '참여의 기회 상실'이 아니라, '자신이 조직 내에서 의미 있는 존재로 여겨지지 않는다'는 경험으로 이어진다.

결국 절차 공정성의 실패는 결과 이상의 상처를 남긴다.
- 그것은 감정을 닫게 만들고,
- 관계를 끊게 하며,
- 몰입을 방어적이고 체념적인 방향으로 밀어넣는다.

"무엇을 해도 바뀌지 않는다"는 감정이 퍼질 때, 조직은 구성원에게 더 이상 정서적 공간이 아니라, 감정을 숨겨야 하는 차가운 제도가 된다.

3. 상호작용 공정성의 실패 – 존중받지 못한 순간, 관계는 멀어진다

사람은 결과나 규정보다, '어떻게 대우받았는가'를 더 오래 기억한다. 조직 내에서 구성원이 느끼는 감정의 온도는 리더와 동료의 말투, 태도, 반응에서 결정되는 경우가 많다. 바로 이 상호작용 공정성이 흔들릴 때, 구성원은 자신의 존재가 존중받고 있는지 의심하게 된다.

현진의 사례에서도 팀장의 무심한 반응은 결정적이었다. 그는 나름대로 성과를 낸 후, 평가 이유를 알고자 조심스럽게 물었다. 그러나 돌아온 답은 "그럴 수도 있지 뭐"였다. 이 말은 단순한 설명 부족이 아니라, 그의 노력을 충분히 대하지 않는 태도로 다가왔다. 말의 내용보다 말의 무게가 가벼웠고, 질문에 진심으로 반응하지 않는 듯한 그 태도는 현진을 한순간에 조직 밖 사람처럼 느끼게 만들었다.

Bies & Moag(1986)에 따르면, 상호작용 공정성은 '정중함, 존중, 정직, 진실한 설명'이라는 네 가지 요소로 구성된다. 이 중 어느 하나라도 무너지면, 구성원은 조직의 판단을 신뢰하지 못하게 되고, 결국 정서적 단절로 이어진다. 특히 상호작용 공정성의 침해는 분노, 실망, 모멸감과 같은 강한 감정을 유발하며, 이는 단지 몰입을 줄이는 것이 아니라 조직 자체를 떠나고 싶게 만드는 직접적 요인이 된다(Skarlicki & Folger, 1997).

구성원에게 있어 리더는 단지 업무 지시자가 아니다. 그 존재는 조직을 상징하는 얼굴이며, 조직의 가치와 문화를 체현하는 대상이다. 따라서 리더의 한마디, 직원에게 대하는 태도는 구성원에게 조직 전체가 자신을 어떻게 대우하는지를 반영하는 신호로 작동한다.

상호작용 공정성의 실패는 곧 관계의 실패다. 아무리 결과가 좋고, 절차가 정당하더라도, 그 과정에서 사람을 존중하지 않는다면 몰입은 서서히 사라진다. 그리고 그 공백 속에 남는 것은 감정이 아닌 거리감이다. 구성원은 조직을 위해 더 이상 애쓰지 않으며, 상처받지 않기 위해 스스로를 보호하는 방어적 태도로 전환한다. 결국, 몰입이란 감정의 반응이고, 그 감정은 인간 대 인간의 만남에서 시작된다. 존중받지 못한 순간, 구성원은 조직에 등을 돌린다. 말 한마디가 마음을 살릴 수도, 꺾을 수도 있다는 사실을 조직은 잊지 말아야 한다.

4. 복원적 공정성의 부재 – 상처받은 마음은 설명을 기다린다

어떤 공정성이든 완벽할 수는 없다. 중요한 것은 침해 이후에 조직이 어떻게 반응하는가다. 실망은 회피보다 설명을 통해, 불신은 무시보다 경청을 통해 회복될 수 있다. 그러나 조직은 종종 가장 중요한 이 마지막 단계를 놓친다. 그리고 그 부재가, 가장 깊은 감정적 단절을 낳는다.

현진은 평가에 실망했고, 기준에 의문을 품었으며, 리더의 반응에 마음이 닫혔다. 하지만 진짜 상처는 그 이후에도 아무 일도 일어나지 않았다는 데 있었다. 그가 느낀 불공정함에 대해 어느 누구도 다시 설명하지 않았고, 그의 감정을 들으려 하지 않았으며, 그 상처가 회복될 수 있는 계기조차 없었다. 그 결과, 현진은 조직을 단순히 차가운 공간으로 느끼게 되었다. 좋아서 남은 것도, 의미가 있어서 머문 것도 아니었다.

복원적 공정성(Restorative Justice)은 잘못된 의사결정이나 절차, 혹은 감정적 상처가 생긴 뒤에 조직이 구성원의 감정과 관계를 회복하기 위해 취하는 사후적 대응을 말한다. 이는 단순히 잘못을 인정하거나 사과하는 것이 아니라, 그 사람이 느꼈던 감정의 온도를 다시 회복시키려는 진심 어린 노력이다.

Tyler & Bies(1990), Cropanzano et al.(2001)의 연구에 따르면, 조직 구성원은 실수를 용서할 준비가 되어 있지만, 그 실수를 회피하거나 무시할 때 더 깊은 감정적 이탈을 겪는다. 구성원은 결과보다 관계를, 정답보다 진심을 원한다. 그리고 이 복원적 공정성이 작동하지 않을 때, 감정은 멈추지 않고, 몰입은 돌아오지 않는다. 몰입의 회복은 말의 회복, 설명의 회복, 관계의 회복에서 시작된다. 그 어느 것도 단번에 해결되지 않지만, 이 모든 것이 조직이 줄 수 있는 심리적 신호다. 침묵은 감정을 멀어지게 하지만, 진심 어린 설명은 다시 마음을 머물게 만든다.

5. 몰입의 전환은, 결국 공정성의 흔들림에서 시작된다

현진의 사례는 단순한 평가 불만이 아니었다.
- 성과에 비례하지 않는 보상(분배 공정성),
- 납득되지 않는 기준과 설명의 부재(절차 공정성),
- 감정을 배려하지 않는 무심한 대응(상호작용 공정성),
- 그리고 무엇보다도 문제 발생 이후 아무도 책임지지 않고 회복하려 하지 않는 태도(복원적 공정성).

그는 조직 안에서 네 가지 공정성 모두가 동시에 흔들리는 경험을 했다. 이러한 복합적 침해는 감정을 지운 채 남아 있는 '유지적 몰입'으로 그를 이끌었다. 처음의 정서적 애착은 '의

무감'으로, 그리고 결국 '계산된 잔류'로 바뀌었다. 조직에 남아 있는 듯 보였지만, 그 마음은 이미 떠나 있었다. 몰입의 전환은 언제나 갑작스러운 퇴사나 반항적 행동으로 나타나지 않는다. 그보다 더 조용하고, 더 깊은 곳에서 시작된다. 말하지 않게 되고, 기대하지 않게 되고, 결국은 감정을 접게 되는 순간. 그 시작에는 항상 공정성의 작고 반복된 침해가 자리한다. 이는 연구에서도 일관되게 확인된다. 분배 공정성이 낮다고 인식한 직원은 조직에 대한 감정적 유대가 약화되며, 그 결과 '정서적 몰입(Affirmative Commitment)'보다 손익 기반의 '유지적 몰입(Continuance Commitment)'이 강화되며(Blais & Brière, 1992; McFarlin & Sweeney, 1992), 절차 공정성이 결여된 환경에서는 조직에 대한 신뢰가 무너지고, 개인은 점차 '내가 속할 만한 곳이 아니다'라는 심리적 거리감을 느낀다(Tyler & Lind, 1992). 또한, 상호작용 공정성이 침해될 경우, 구성원은 리더십에 대한 정당성을 잃고, 몰입뿐 아니라 협력 행동과 조직시민행동(OCB)까지 급격히 저하되는 것을 확인하였다(Cropanzano et al., 2002; Masterson et al., 2000). 그리고 최근 논의되는 복원적 공정성의 부재는 회복의 기회를 놓치게 하며, 감정적 고립과 조직에 대한 심리적 단절을 장기화시킨다(Colquitt et al., 2013; Wenzel et al., 2008).

결국, 공정성은 단지 제도적 기준이 아니다. 그것은 '이 조직이 나를 대하는 방식'에 대한 감정적 평가이며, 그 평가가 긍정적일 때 비로소 몰입은 유지되고, 회복될 수 있다. 다음 장에서는 이 네 가지 공정성 차원이 각각 몰입에 어떤 방식으로 영향을 미치는지를 다룬다. 그리고 더 나아가, 이미 무너진 감정의 다리를 어떻게 다시 놓을 수 있을지를 함께 고민할 것이다. 몰입은 회복될 수 있다. 하지만 그 시작은, 공정성이라는 감정의 문을 다시 여는 일에서부터다.

조직 공정성의 이론과 네 가지 차원
– 누가 나를 지켜보고 있는가?
(공정성은 질문으로 시작된다)

"이번엔 분명히 될 줄 알았어요."

영진은 회의실을 조용히 빠져나왔다. 발표된 승진명단에 그의 이름은 없었다. 지난 분기 동안 맡은 두 프로젝트 모두 KPI를 초과 달성했고, 고객 피드백도 좋았다. 하지만 어떤 설명도 없었다. 팀장은 어색한 표정으로 말했다. "이번엔 부서 전체에서 균형을 맞춰야 해서… 다음엔 반영될 거야." 이유를 묻고 싶었지만, 더 묻지 않았다. 질문은 마음속에서만 반복되었다. '왜 나만 빠졌지?', '그 기준은 도대체 뭘까?', '이 조직은, 정말 공정한가?', 조직 공정성이란게 있기는 한건가?

이런 질문은 보통 큰 목소리로 외쳐지지 않는다. 오히려 아주 조용한 침묵 속에서, 마음 한쪽에 남는다. 그리고 그것이 반복될 때, 사람은 결과보다 구조를 의심하게 된다. 한 번은 실수지만, 세 번이면 시스템이다.

조직 공정성(Organizational Justice)은 구성원이 보상, 의사결정, 대인 관계, 사후 대응 등에서 조직이 자신을 공정하게 대우하고 있는지를 평가하는 심리적 기준이다(Greenberg, 1990). 또한 이는 단일한 감정이 아니라, 서로 다른 네 개의 차원으로 구성된다(Folger & Cropanzano, 1998). 이 네 개의 기준은 다음과 같다:

- 분배 공정성 : 나는 노력한 만큼 인정받았는가?
- 절차 공정성 : 그 결정은 공정한 절차를 거쳤는가?
- 상호작용 공정성 : 리더는 나를 존중하며 설명했는가?
- 복원적 공정성 : 문제가 발생한 뒤, 조직은 감정을 회복하려 했는가?

사람들은 말없이 이 네 가지 질문을 반복한다. 그리고 그 질문에 '아니오'라는 답이 많아질수록, 조직에 대한 신뢰는 서서히 무너진다. 이 장에서는 공정성이라는 '보이지 않는 기준'이 어떻게 구성되고, 어떤 방식으로 몰입에 영향을 미치는지를 살펴본다. 그 시작은, 가장 직관적이면서도 가장 흔히 무너지는 기준 – 분배 공정성이다.

1. 공정성은 네 개의 눈으로 조직을 본다

조직 공정성은 단일한 기준이 아니다. 사람들은 '이 결정이 공정한가?'를 묻기 전, 여러 개의 질문을 동시에 떠올린다. "나는 노력한 만큼 인정받았는가?", "그 결정은 공정한 절차를 거쳤는가?", "리더는 나를 존중하며 설명했는가?", "잘못된 일이 생겼을 때, 조직은 내 감정을 회복하려 했는가?"

이 네 가지 질문은 각기 다른 차원의 공정성을 반영한다. 구성원은 조직을 '한 눈'으로 바라보지 않는다. '분배', '절차', '상호작용', 그리고 '복원'이라는 네 개의 눈으로 조직을 본다. 이제 우리는 이 네 가지 공정성 차원이 각각 어떤 의미를 지니고, 어떤 방식으로 몰입에 영향을 미치는지를 하나씩 살펴보려 한다.

1.1 분배 공정성 – 나는 노력한 만큼 인정받았는가?

성과가 발표되는 날, 사람들은 자신의 성과보다 동료의 결과를 더 많이 살핀다.

"나는 이만큼 했는데, 쟤보다 결과가 왜 낮지?", "이번엔 정말 기대했는데…", "설마 또 인맥으로 결정된 건가?"

이런 속말은 단순한 불평이 아니다. 그건 자신의 가치가 어떻게 평가되었는가에 대한 질문이다. 그리고 이 질문에 대한 납득 가능한 답이 없을 때, 사람들은 조직을 공정하지 않다고 느낀다. 이 감정은 바로 분배 공정성(Distributive Justice)과 관련된다. 이는 성과, 보상, 승진 등 조직의 결과물이 구성원 간에 어떻게 나누어졌는지를 평가하는 기준이다(Greenberg, 1990).

분배 공정성의 이론적 기반은 Adams(1965)의 공정성이론(Equity Theory)에 있다. 이 이론은 사람들이 자신의 '투입(Input)과 산출(Output)'을 타인의 그것과 비교하여 상대적 공정성을 판단한다고 본다. 즉, "나는 얼마나 노력했고, 그에 대한 보상이 얼마나 왔는가'를 스스로 계산하고, 그 결과가 타인보다 적다고 느껴질 때 불공정하다고 인식한다. 여기서 공정성 판단은 절대적이지 않다. 비교를 통해 손해 봤다고 느끼는 순간, 심리적 거리두기가 시작된다.

현실의 조직에서는 다음 세 가지 분배 원칙이 혼재한다.

- **공로기준(Equity Rule)** : 성과와 기여도에 따라 차등 보상, 성과주의 조직에서 가장 널리 쓰임

- **평등기준(Equality Rule)** : 모두에게 동일한 보상, 팀워크나 협업이 중요한 상황에서 강조

- **필요기준(Need Rule)** : 개인의 상황이나 필요에 따라 배려적 분배, 복지 제도나 포용적 조직 운영에서 나타남

하지만 어떤 기준을 적용하든, 문제는 명확하게 설명되지 않을 때' 발생한다.

국내 모 대기업에서는 같은 성과등급을 받은 직원들 중 일부에게만 성과급이 지급되었다. 회사 측은 '부서별 차등 지급'이라는 설명을 덧붙였지만, 기준은 구체적으로 공개되지 않았다. 그해 연말, 내부 설문조사에서 가장 높은 불만족 항목은
"성과에 대한 보상의 투명성"이었다. 구성원들은 말한다. "열심히 한 게 중요한 게 아니라, 누구한테 잘 보였는지가 중요해 보였어요."

이런 감정은 단순한 서운함을 넘어서, 정체성과 동기 자체를 위협한다. 공정성은 단지 '보상을 받았는가?'의 문제가 아니라, '그 보상이 왜 그렇게 되었는지를 설명할 수 있는가?'의 문제다. 사람들은 금액보다 기준을 원한다. 그리고 그 기준이 흐릿해지는 순간, 몰입은 멈춘다.

1.2 절차 공정성 – 그 결정은 공정한 절차를 거쳤는가?

"결과는 받아들이겠어요. 근데 그 결정을 내릴 때, 제 말은 들어봤나요?"

많은 갈등은 결과 때문이 아니다. 그 결과가 '어떻게' 나왔는지를 납득할 수 없을 때 감정은 상한다. 조직에서 평가, 보상, 승진은 늘 희비가 엇갈리는 결정이다.
하지만 어떤 결정은 받아들여지고, 어떤 결정은 거부감과 불신을 남긴다. 그 차이는 단 하나,
"절차는 공정했는가?"라는 질문에서 시작된다.

절차 공정성(Procedural Justice)은 단지 '무엇을 받았는가?'가 아니라, 그 결과가 어떻게 결정되었는가에 대한 평가 기준이다(Thibaut & Walker, 1975; Leventhal, 1980). 구성원은 결정의 내용보다 결정이 내려지는 방식에 더 많은 신뢰를 둔다. 특히 그 과정에 '자신이 참여했는지, 의견을 낼 기회가 있었는지, 그리고 그 절차가 일관되고 공정하게 운영되었는지'를 중

요하게 여긴다.

Leventhal(1980)은 절차 공정성을 아래와 같은 여섯 가지 기준으로 설명했다:

- **일관성(Consistency)** : 시간과 사람에 상관없이 동일한 절차가 적용되는가?
- **중립성(Bias Suppression)** : 의사결정 과정에 편향이나 사적 이해가 개입되지 않았는가?
- **정확성(Accuracy)** : 충분한 정보에 기반한 판단이 이루어졌는가?
- **수정 가능성(Correctability)** : 부당하거나 오류가 있는 경우 이의를 제기할 수 있는가?
- **대표성(Representativeness)** : 다양한 이해관계자의 의견이 반영되었는가?
- **윤리성(Ethicality)** : 절차가 도덕적·윤리적 기준에 부합하는가?

이 기준이 충족될수록, 사람들은 조직의 결정을 공정하다고 받아들이고, 결과에 대한 감정적 수용성도 높아진다.

국내 중견 IT기업 B사는 성과평가 기준을 매년 바꾸지만, 사전에 설명하지 않는다. 작년에는 '목표 달성률'이 중점이었지만, 올해는 '팀워크 기여도'가 평가 기준에 추가되었다. 그 변화는 평가가 끝난 뒤에야 알려졌고, 구성원들은 혼란에 빠졌다. "1년을 일했는데, 뭘 기준으로 평가될지도 몰랐다는 생각이 들었어요.", "기준은 매번 바뀌는데, 그걸 알려주지도 않고 뒤늦게 적용하면 어떻게 하라는 건가요?"

이 조직의 문제는 결과가 나쁘다는 게 아니었다. '과정이 불투명했다'는 사실이 구성원들의 감정을 돌아서게 했다. 절차 공정성은 '결과의 만족보다, 과정에 대한 납득'을 만든다. 사람들은 자신이 존중받았다고 느낄 때, 결과가 기대에 못 미쳐도 받아들인다. 그리고 그 납득은, '설명 가능한 일관성'에서 시작된다.

1.3 상호작용 공정성 – 나는 존중받으며 설명을 들었는가?

"점수를 보니 너무 실망스러운데… 이유를 설명해주실 수 있나요?", "그냥 점수만 나온 거야. 다들 비슷해. 이번엔 그렇게 된 거니까 너무 신경 쓰지 마."

그는 아무 말 없이 자리를 떴다. 그리고 그날 이후, 회의에서 입을 열지 않았다.

상사의 말투는 무례하지 않았지만, 그 말 속에는 배려도, 존중도, 설명도 없었다.

그가 느낀 건 낮은 점수가 아니라, 자신이 투명인간처럼 취급당했다는 감정이었다.

이런 경험은 바로 상호작용 공정성(Interactional Justice)과 관련된다.

상호작용 공정성은 조직 내에서 상사나 동료가 자신을 어떤 태도와 말투로 대했는지에 대한 감정적 평가 기준이다(Bies & Moag, 1986). 절차와 결과가 아무리 공정하더라도, 그 결정이 '어떻게 전달되었는가', 그 과정에서 '나는 존중받았는가', '충분한 설명을 들었는가'가 공정성 인식에 큰 영향을 미친다.

Bies와 Moag는 상호작용 공정성을 다음 두 가지로 구분했다:

- **대인 공정성(Interpersonal Justice)** : 상대방이 나를 예의 있고 존중하는 태도로 대했는가?, 언행, 표정, 말투에서 인간적인 배려를 느꼈는가?

- **정보 공정성(Informational Justice)** : 중요한 결정에 대해 충분하고 솔직한 설명이 주어졌는가?, 불만족스러운 결과라도, 그 배경을 납득할 수 있었는가?

이 두 차원이 모두 충족될 때, 사람은 조직이 자신을 사람으로 대했다고 느낀다.

스타트업 C사에서는 상사가 평가 점수를 이메일로만 전달했다. 그 안에는 수치만 있었고, 어떤 설명도 첨언도 없었다. 직원들은 익명 설문에 이렇게 남겼다:

"좋고 나쁘고를 떠나서, 이유는 알고 싶었어요.", "그 사람이 나를 어떻게 평가하는지, 왜 그렇게 봤는지를 듣고 싶었어요.", "그냥 점수만 보낸다는 건, 나라는 사람은 중요하지 않다는 뜻 같았어요."

이러한 방식은 불만보다 '무관심에 대한 상처'를 남겼다. 사람은 결과보다 관계에서 더 오래 머문다. 상호작용 공정성은 수치가 아닌 존중의 언어로 전달된다. 감정을 담아 말한 피드백은 때로 실망스러운 결과도 받아들일 수 있게 만든다. 그리고 그것이 조직에서 심리적 안전감의 시작이다.

1.4 복원적 공정성 – 문제가 생긴 후, 누가 내 감정을 회복해 주는가?

"잘못된 인사였다는 건 회사도 알았어요. 그런데 그 뒤로 아무도 사과도 대책마련도 없었어요."

그는 잘못된 인사발령을 받았다. 프로젝트 마무리 직전에 갑작스레 부서가 이동됐고, 이유는 "조직 전체의 전략적 재배치"라는 말뿐이었다. 하지만 인사담당자도, 상사도, 누구도 "미안하다", "추후에는 이런일이 없도록 하겠다"는 말을 하지 않았다. 이 일이 있고 몇 달 뒤, 그는 회사를 떠났다. 단지 인사가 부당해서가 아니었다. 그 일이 벌어졌을 때, 조직이 아무 말도 하지 않았기 때문이었다.

복원적 공정성(Restorative Justice)은 조직 내에서 공정성이 침해된 후, 그 감정과 신뢰를 어떻게 회복하려 노력했는지를 평가하는 기준이다(Tyler & Bies, 1990; Cropanzano et al., 2001). 전통적인 공정성은 결정 이전의 구조나 절차에 초점을 맞추지만, 복원적 공정성은

'결정 이후'의 대응과 태도에 주목한다. 조직이 실수했을 때, 어떻게 사과하고 회복하는가?. 그것이 결국 신뢰를 다시 세울 수 있는 유일한 기회가 된다.

복원적 공정성은 다음 네 가지 요소로 구성된다:

- **감정의 인정(Affective Recognition)** : 성원의 감정을 조직이 진지하게 이해하고 공감하는가?, 단순히 "그럴 수도 있다"가 아닌 "당신이 그렇게 느꼈다면, 그건 중요하다"는 메시지
- **사과와 설명(Apology & Explanation)** : 책임을 회피하지 않고 명확하게 설명하고 사과했는가?
- **재발 방지 노력(Corrective Action)** : 제도나 운영방식을 실제로 개선하려는 변화가 있었는가?
- **관계 회복(Relational Repair)** : 상사나 조직이 개인과의 신뢰 관계를 회복하기 위해 행동했는가?

이 네 가지가 하나라도 결여되면, 구성원은 "그 일은 이미 지나갔지만, 나는 아직 그 자리에 남아 있다"는 감정을 갖게 된다.

글로벌 브랜드 S사는 인종차별적 대응을 한 매장을 둘러싸고 사회적 비판을 받았다. 초기에는 조직 차원의 대응이 없었고, 내부 직원들도 상황을 모르고 방치됐다. 며칠 후, 사태가 커지자 CEO가 직접 나섰다. 직접 사과하고, 전국 매장을 임시 휴업하며 전 직원 대상의 민감성 교육을 시행했다. 해당 사건은 조직의 이미지에 타격을 입혔지만, "조직이 뭔가 잘못됐다고 인정하고, 회복하려는 모습을 보였다"는 평가가 나왔다.

반대로, 어떤 기업은 침묵했고, 침묵이 길어지자 직원과 소비자 모두 그 조직에 등을 돌렸다. 실수는 용서할 수 있다. 하지만 외면은, 회복되지 않는다. 복원적 공정성은 감정적 신뢰를 회복하는 유일한 방법이다. 사람은 판단을 받아들일 수 없다기보다, 무시당했다고 느끼는 것을 참지 못한다.

2. 복원적 공정성은 어디서 왔는가? - 전통에서 확장으로 (누락된 감정, 회복되지 않은 신뢰)

조직 공정성에 대한 논의는 오랫동안 세 가지 기준을 중심으로 이루어져 왔다. 성과에 대한 공정한 보상, 공평한 결정 과정, 존중받는 관계. 이 세 가지는 결과, 절차, 대우라는 측면에서 "사전적 정의(justice before the fact)"를 판단하는 핵심 기준이었다. 그러나 현장은

때때로 이 질문을 던진다. "그 일이 있고 나서, 조직은 나에게 어떤 말을 해줬는가?", "그 감정을 누군가는 알아주었는가?", "신뢰는, 다시 회복될 수 있었는가?"

분배, 절차, 상호작용 공정성만으로는 이 질문에 완전한 답을 줄 수 없다. 이제 조직 공정성은 사후적 정의(justice after the fact)로 확장되고 있다. 바로, 복원적 공정성(Restorative Justice)이다.

2.1 전통적 공정성: 구조와 설계의 기준

Folger & Cropanzano(1998)에 따르면, 조직 공정성은 다음 세 차원으로 구성되어 왔다. 분배 공정성(Distributive Justice), 절차 공정성(Procedural Justice), 상호작용 공정성(Interactional Justice)이다. 이 세 가지는 조직이 의사결정을 '어떻게 설계하고 운영하는가?'에 집중하는 사전적 정의(justice before the outcome)의 기준이다. 구성원이 결정에 참여하거나 충분한 설명을 들었다면, 결과가 불만족스럽더라도 수용이 가능하다는 전제가 깔려 있다. 하지만 현실은 다르다. 아무리 절차가 적법하고 설명이 있었더라도, 사람은 때로 "나는 다르게 받아들였어?"라고 느낀다. 그 감정은 제도나 기준이 아닌 관계와 회복의 언어를 요구한다.

2.2 복원적 공정성의 등장: 공정성의 네 번째 차원

Tyler & Bies(1990), Cropanzano et al.(2001)은 공정성 개념의 한계를 지적하며, '복원적 공정성(Restorative Justice)'이라는 개념을 제시했다. 그들은 공정성을 사전적 설계가 아닌 '사후적 대응'까지 확장해야 한다고 보았다. 즉, 어떤 결정이 불만족스럽거나 명백히 부당했을 때, 조직과 리더가 그 구성원의 감정과 신뢰를 어떻게 다루었는가?가 공정성 인식의 결정적 변수가 된다는 것이다. 복원적 공정성은 다음과 같은 네 가지 질문에 기반한다. "그 감정을 조직은 알아주었는가?"(감정의 인정), "그 일에 대해 조직은 말했는가?"(사과와 설명), "다시는 반복되지 않도록 바꿨는가?"(재발 방지 노력), "조직은 나와의 관계를 회복하려 했는가?"(관계 회복).

이것은 단순한 사과 이상의 것이다. 감정의 존재를 인정하고, 신뢰의 끈을 다시 매는 실천의 구조다.

2.3 전통과 복원의 연결: 몰입의 회복 조건

복원적 공정성은 기존 세 차원을 대체하지 않는다. 오히려 그것들이 놓친 감정의 공간을 메우며, 조직이 실수할 수 있는 존재임을 전제로 한 정서적 리더십의 기초를 마련해 준다. 이제 공정성은 다음과 같은 두 흐름으로 나뉜다.

- **전통적 공정성 : 설계와 기준 중심의 정의**
- **복원적 공정성 : 회복과 관계 중심의 정의**

그리고 이 두 흐름이 함께 작동할 때, 구성원은 이렇게 말할 수 있다. "이 조직은 실수할 수도 있지만, 적어도 회복할 줄은 아는 곳이다."

공정성은 완벽한 설계보다, 불완전함 이후의 대응으로 더 오래 기억된다. 복원적 공정성은 감정의 사각지대에 놓인 사람을 다시 조직 안으로 불러들이는 말이다. 그것은 '사과가 아니라, 다시 관계를 시작하겠다는 신호'다.

3. 공정성은 감정을 통해 기억된다

조직은 제도를 설계하고, 기준을 만들고, 절차를 운영한다. 하지만 구성원은 그 모든 것을 기억이 아닌 감정으로 평가한다. 그 감정은 '이 조직은 나를 정당하게 대하고 있는가?'라는 질문에서 시작된다. 이 질문은 하나의 시점이 아니라, 네 가지의 눈으로 이루어진다

- **분배 공정성은 성과에 대한 인정이다** – 공정하지 못한 보상은 단순한 금전 문제가 아니라, 존재의 가치를 평가받지 못했다는 상처를 남긴다.
- **절차 공정성은 결정의 납득성이다** – 기준이 바뀌고, 설명이 없으며, 의견을 들을 기회조차 없을 때, 사람들은 결과보다 과정에 배신감을 느낀다.
- **상호작용 공정성은 사람 대 사람으로 존중받았는가에 대한 감정이다** – 말투, 설명, 말할 수 있는 분위기 자체가 심리적 안전감의 출발점이 된다.
- **복원적 공정성은 문제가 발생한 뒤 어떻게 대응했는가에 대한 평가다** – 조직은 완벽할 수 없다. 하지만 실수 이후의 침묵은 사람을 그 자리에서 가장 외롭게 만든다.

이 네 가지 공정성은 각각 독립된 감정의 조건이기도 하지만, 함께 작동할 때 조직에 대한 총체적 신뢰를 형성한다. 이 신뢰는 단순한 만족감을 넘어서, 몰입의 질을 결정짓는 기초가 된다.

4. 공정성은 회복될 수 있는가?

공정성은 일회성이 아니다. 공정성에 대한 인식은 누적된다. 한 번의 경험이 아니라, 작은 실망들이 반복될 때 감정은 조직에서 멀어진다. 공정성은 감정의 언어로 작동한다. 조직은 숫자로 결정하지만, 구성원은 말의 뉘앙스, 설명의 유무, 침묵의 시간으로 공정성을 느낀다.

공정성 침해는 몰입의 전환을 촉진한다. 정서적 몰입에서 규범적 몰입으로, 그리고 결국 유지적 몰입, 즉 심리적 사직 상태로 이어진다. 복원적 공정성은 유일한 회복의 통로다. '사과, 공감, 재설명, 제도 개선'이 이루어질 때, 신뢰는 다시 살아난다. 감정은 움직일 수 있다. 리더십은 공정성을 실천하는 얼굴이다. 조직의 기준보다 더 빠르게, 더 선명하게 구성원에게 다가오는 것은 리더의 말과 태도다. 공정성은 시스템의 문제가 아니다. 그것은 감정을 다루는 방식의 문제다. 몰입은 지시로 만들어지지 않는다. 몰입은 내가 존중받고 있다는 감정에서 시작된다.

우리는 이 장에서 공정성의 네 차원을 살펴보았다. 그리고 그 모든 기준은 단지 규정된 제도나 절차가 아니라, 구성원이 감정과 신뢰를 통해 인식하는 질문이라는 점을 확인했다. 그런데 여기서 한 가지 의문이 남는다. "이 네 가지 공정성 중, 직원들이 가장 중요하게 여기는 것은 무엇일까?"

단지 돈 때문일까, 아니면 절차 때문일까? 혹은, 말투와 존중의 문제일까? 다음 장에서는 수많은 연구와 실제 직장인의 응답을 통해 가장 큰 몰입의 열쇠가 되는 공정성 차원이 무엇인지, 그 심리적 메커니즘과 조직적 함의를 분석해보고자 한다.

직원이 가장 중요하게 여기는 공정성은 무엇인가? – 나는 어떻게 대우받고 있는가?

(공정성은 결과가 아니라, 태도에서 시작된다)

회의가 끝나고도 자리에 그대로 앉아 있던 그는, 슬그머니 팀장의 말투를 떠올렸다. "좋아요, 일단 그렇게 해보시죠." 그 말에는 '칭찬도, 피드백도, 진심도' 없었다. 그저 '건조하게 내보내는 통과 의례' 같은 말. 그 순간, 그는 이상하게도 '성과'가 아닌 '존중'이 더 중요하다는 걸 알게 됐다. 반대의 장면도 있다. 기대에 못 미치는 결과를 냈음에도, 상사는 따로 불러 이렇게 말했다. "이번 건은 좀 아쉬웠어요. 그런데 지난번에도 고생 많았던 거 알아요. 다음엔 더 잘할 수 있을 거라 믿어요."

그는 그 말에 고개를 끄덕이며 책상으로 돌아갔다. 그리고 다시 마음을 다잡았다.

직원들이 공정성을 느끼는 순간은 의외로 숫자나 절차가 아니라, "그 말을 누구의 목소리로, 어떤 표정으로 들었는가?"에 달려 있다는 것을.

이 장에서는, 조직이 강조하는 '제도적 공정성'과 직원이 체감하는 '정서적 공정성' 사이의 차이를 살펴본다. 그리고 그 차이를 좁히기 위해, 직원들이 가장 민감하게 반응하는 공정성, 즉 '상호작용 공정성'에 대해 이야기하려 한다.

1. 공정성은 모두 같은가? – 감정은 결과보다 태도에 먼저 반응한다

조직은 말한다. "우리는 공정하게 운영되고 있습니다." 성과급은 정해진 기준에 따라 분배되고, 평가는 절차에 따라 이루어지며, 의사결정에는 규칙과 서열이 존재한다. 그러나 직원들은 언제나 다른 질문을 되묻는다. "왜 그 사람은 설명도 없이 그 일을 받았을까?", "나는 왜 아무도 묻지 않고 평가받았을까?", "그 말투는 꼭 그렇게 해야 했을까?"와 같은…

공정성은 단지 제도나 기준의 문제가 아니다. 공정성은, '지금 내가 어떤 대우를 받고 있는가?'라는 감각의 문제다. 직원들은 조직이 만든 '공정의 틀'보다, 그 틀이 '어떻게 자신에게 적용되었는가?'에 더 민감하게 반응한다. 공정한 절차 속에서도 불공정함을 느끼는 순간이 있다. 그건 말의 뉘앙스, 피드백의 방식, 그리고 조직이 나를 대하는 태도에 있다. 앞장에서도 설명한 바와 같이, 공정성은 다음 네 가지로 구분된다.

'분배 공정성 : 나는 정당한 대가를 받고 있는가?', '절차 공정성 : 그 결정은 일관된 기준에 따라 이루어졌는가?', '상호작용 공정성 : 나는 존중과 예의를 바탕으로 대우받고 있는가?', '복원적 공정성 : 불공정한 상황 이후, 조직은 신뢰를 회복하려 했는가?' 이 중 무엇이 가장 중요할까? 많은 연구들은 말한다. '사람은 보상보다 태도에, 절차보다 존중에 먼저 반응한다.'

그리고 그 감정의 출발점에 바로 '상호작용 공정성'이 있다. Colquitt et al.(2001)은 183개의 조직행동 연구를 분석한 메타분석을 통해, 상호작용 공정성이 직무만족, 조직몰입, 이직의도, 조직시민행동 등 거의 모든 지표에 가장 강력한 영향을 준다고 밝혔다. 또한 Greenberg(1993)는 "사람들은 무엇을 받았느냐보다, 어떻게 대우받았느냐에 더 민감하게 반응한다"는 점을 강조했고, Bies & Moag(1986)는 구성원이 받은 정보보다 그 전달 방식, 즉 말투, 태도, 설명의 유무가 공정성 판단의 핵심임을 주장했다. Weiss & Cropanzano(1996)의 정서적 사건 이론(Affective Events Theory)은 공정성 인식이 단지 논리의 결과가 아니라, 감정의 사건에서 비롯된다는 점을 밝혀냈다. 즉, 사람은 제도보다 말에, 기준보다 접촉에 먼저 반응한다. 조직의 공정성은 말하는 방식에서, 몰입은 대우의 감정에서 시작된다.

2. 가장 강한 공정성, 가장 즉각적인 반응 – 상호작용 공정성의 힘은 어디서 오는가?

공정성은 모두 중요하다. 그러나 직원의 감정을 움직이는 순간의 반응을 유도하는 공정성은 단 하나다. 바로 상호작용 공정성이다. 왜일까?

'분배 공정성은 받은 것에 대한 계산이다', '절차 공정성은 기준의 일관성에 대한 평가다', '복원적 공정성은 사후 대처에 대한 신뢰다'.

그러나 상호작용 공정성은 다르다. 그것은 바로 지금, 눈앞의 상대방, 그의 말과 표정, 말투와 시간, 그리고 내가 '존중받고 있다'고 느낄 수 있는 작은 접촉의 방식에 있다. 사람은 말을 기억하지 않는다. 사람은 감정을 기억한다. "그는 내 말을 끝까지 들어주었는가?", "나는 충분히 설명을 들었는가?", "지금 이 피드백은 비난인가, 기대인가?", "그 표정은 나를 향한 신뢰였나, 실망이었나?"

이것은 단순한 커뮤니케이션 문제가 아니다. 이것은 몰입과 이직, 헌신과 회피를 가르는 감정의 기점이다. Greenberg(1993)는 상호작용 공정성을 '존재로서의 존중'에 대한 판단 기준이라 정의했다. 단순히 말의 내용이 아닌, 그 말이 나를 어떻게 대우했는가가 핵심이라는 것이다. Bies & Moag(1986) 역시 공정성 인식의 대부분이 정보 자체가 아니라 '정보가 전달되는 방식'에 달려 있다고 지적했다.

직원이 회의에서 불쾌함을 느끼고도 말하지 않는 이유는, '내용'이 틀렸기 때문이 아니라, '대우'가 무례했기 때문이다. 심리학자들은 이를 정서적 촉발(emotional triggering)이라 부른다. Weiss & Cropanzano(1996)의 정서적 사건 이론은 일상적이고 반복적인 정서 경험이 몰입, 분노, 신뢰, 피로감 등 조직생활의 모든 정서적 결과를 유도한다고 본다. 즉, "공정하게 말하는가?"가 아니라 "공정하게 대우받는다고 느꼈는가?"가 몰입의 분기점이 된다.

특히 한국처럼 관계 중심의 조직문화에서는 이 감정의 경로가 더 강하게 작동한다. 국내 실증연구에서도 같은 결과가 보고되었다. 예를 들어, 송경용(2012)은 상호작용 공정성이 조직몰입과 조직시민행동에 유의한 정(+)의 영향을 미친다고 밝혔으며, 조은경·민경호(2010)는 절차공정성과 상호작용공정성이 조직지원인식을 매개로 이직의도를 낮추는 핵심 요인임을 제시하였다. 이는 단순히 제도적 절차보다, "어떻게 대우받고 설명받는가"가 조직에 머무를지 떠날지를 가르는 중요한 변수임을 보여준다.

직원이 회사를 떠나는 이유는 숫자가 아니라 태도이고, 회사를 떠나지 못하는 이유는 감정이 아니라 돈이다. 공정성은 순간의 감정에서 시작되고, 그 감정은 존중받고 있다는 확신에서 피어난다. 그리고 그 모든 반응의 첫 문, 상호작용 공정성이 열고 닫는다.

3. 공정성은 말투로 기억되고, 감정으로 반응된다

공정성은 숫자로 측정되기 어렵다. 직원들이 조직에서 경험하는 가장 강렬한 불공정은, 때로 보상의 크기보다 말투의 날카로움에서 시작된다. '상사의 한마디, 회의 중의 표정, 피드백의 전달 방식'은 논리보다 훨씬 빠르게 구성원의 감정을 흔든다. 이 감정은 즉각적인 반응을 유도하고, 때로는 장기적인 몰입을 무너뜨린다.

Adams(1965)의 공정성이론(Equity Theory)은 보상의 균형에 초점을 맞췄지만, 이후 연구자들은 공정성 판단이 단지 '무엇을 받았는가?' 보다 '어떻게 받았는가?', 그리고 '그 이후 어떤 대우를 받았는가?'에 의해 결정된다는 점을 밝혀왔다.

Leventhal(1980)은 절차 공정성의 일관성과 투명성을 강조했고, Bies & Moag(1986)는 조직 내 상호작용에서의 예의, 정직, 배려를 독립적인 공정성 요소로 제시하며 상호작용 공정성(interactional justice)의 중요성을 부각시켰다.

특히 Greenberg(1993)는 "설사 결과가 공정하더라도, 그것이 전달되는 방식이 무례하거나 경시적으로 느껴지면 직원은 불공정하다고 인식한다"고 말했다. 이는 공정성이 단지 '사실'이 아닌 '느낌'의 문제임을 강조하는 말이다. 예컨대, 한 직원이 연말 평가 결과를 이메일로 통보받았다고 하자. 등급은 나쁘지 않았지만, 그 결과에 대한 어떤 설명도, 피드백도 없었다. 그 직원은 단지 '받은 점수' 보다, '이 평가가 나에게 어떤 의미였는지'에 대해 아무도 말해주지 않았다는 사실에 더 크게 실망한다.

Weiss & Cropanzano(1996)의 정서적 사건이론(Affective Events Theory)은 이 러한 감정 반응이 단기적 불만에 그치지 않고, 장기적인 조직태도(예: 몰입, 만족, 이직의도)에 영향을 미친다고 보았다. 공정하지 않은 방식으로 피드백이 전달되는 순간, 그것은 단지 '하나의 순간'이 아니라 '관계에 금이 가는 사건'으로 기억된다.

직원은 평가 결과보다 평가를 전하는 말투에 반응한다. 설명의 논리보다 설명을 해주지 않은 침묵에 상처받는다. 즉, 공정성은 객관적인 '사실'로 존재하기 전에, 주관적인 '경험'으로 인식된다. 결국 직원이 기억하는 것은 결과표의 숫자가 아니라, 그것이 전해졌던 말투와 눈빛이다. 조직의 진심은 '어떻게 말했는가'에 숨어 있고, 그 '작은 방식' 하나가 몰입을 지속시키거나 꺼뜨린다.

4. 존중은 몰입의 선행조건이다 – 상호작용 공정성의 실제 작동 방식

"사람은 존중받을 때 몰입하고, 무시당할 때 떠난다"

이 단순한 문장은 상호작용 공정성이 조직몰입에 어떤 방식으로 작동하는지를 명확히 설명한다. 그리고 이 몰입은 단지 성과를 높이는 차원을 넘어, 조직의 지속 가능성을 좌우하는 감정 기반의 핵심조건이다. 상호작용 공정성이 직원에게 미치는 영향은 단순한 감정 반응을 넘어선다. 그것은 자신의 존재가 조직 안에서 어떻게 인식되고 있는지를 판단하게 만들고, 그에 따라 몰입의 방향과 강도를 결정짓는 정체성적 감정이다.

- 존중받는다고 느낄 때, 직원은 '이 조직은 내 편이다'라는 감정적 안전감 속에서 자발적인 몰입을 시작한다.
- 무시당했다고 느낄 때, 조직은 여전히 존재하지만, 마음은 천천히 그 조직을 떠난다. 말은 줄어들고, 질문은 사라지고, 책임은 남지만 의미는 지워진다.

이것은 단지 '불쾌한 기분'이 아니라, 몰입의 구조가 전환되는 심리적 변화다. 상호작용 공정성은 그만큼 강력하게 감정과 태도를 거쳐 몰입의 형태를 촉진하거나 차단한다. 그리고 그 판단은 거창한 제도보다도 훨씬 일상적인 장면에서 만들어진다. 말투 하나, 설명 한 줄, 한 번의 대화가 매일 축적되며 '이 조직은 나를 어떻게 대우하는가?'라는 감각을 형성한다. 이 감각은 다시 '나는 이 조직에 얼마나 더 머물 수 있을까?'라는 질문으로 이어진다.

실제 조직에서는 이 공정성의 작동 방식이 어떻게 나타날까? 다음은 같은 조직, 같은 제도 아래에서 전혀 다른 감정 반응과 몰입 결과를 보인 두 직원의 사례다.

4.1 사례 A – 결과는 최고, 대우는 최악

김대리는 이번 분기 최고 성과를 기록했고, 보너스도 기대 이상이었다. 그러나 팀장은 메일 한 통으로 결과를 통보했고, 별도의 피드백이나 회의는 생략되었다. 축하도, 감사도, 어떤 설명도 없었다. 그 순간, 김대리는 이렇게 느꼈다. "나는 이 조직에 중요한 사람이 아니구나. 결국 숫자 하나일 뿐이야."

성과는 만족스러웠지만, 그는 이직 사이트를 열어보기 시작했다. 몰입은 보상이 아니라 존재의 확인에서 시작된다는 것을 보여주는 장면이었다.

4.2 사례 B – 결과는 실망, 대우는 따뜻함

이대리는 기대보다 적은 보너스를 받았다. 하지만 팀장은 직접 면담을 요청해 결과에 대해 상세히 설명했고, 아쉬움에 공감하며 다음 평가에 반영하겠다는 약속을 남겼다. 이대리는 실망했지만, 이렇게 말했다. "그래도 팀장은 나를 존중해. 말할 수 있다는 게 고맙다."

그는 오히려 팀에 대한 신뢰를 키웠고, 다음 프로젝트에 더 열정적으로 임했다. 존중은 몰입의 지속을 가능하게 하는 심리적 토대임을 보여주는 사례다. 이 두 사례는 우리에게 중요한 질문을 던진다.

"직원이 진짜 원하는 것은 무엇인가?"

그것은 절차도, 보상도 아닌, 존중받는다는 감정의 확신이다. 그리고 이 확신은 말의 내용보다 말의 방식에서 형성된다. Bies와 Moag(1986)는 이를 상호작용 공정성이라 명명하며, "사람은 무엇을 들었는가보다, 어떻게 들었는가를 더 오래 기억한다"고 설명했다. Tyler와 Lind(1992) 역시 조직 내 공정성 판단이 결과보다 절차, 특히 대우 방식에 더 큰 영향을 받는다고 강조했다. 또한 자기결정이론(Self-Determination Theory)에 따르면, 사람은 자신이 존중받는다고 느낄 때, 자율성과 관계성이 회복되고, 이로 인해 몰입이 촉진된다(Deci & Ryan, 1985).

이대리가 실망스러운 결과에도 불구하고 몰입을 유지한 이유는, 바로 이 심리적 관계 욕구가 충족되었기 때문이다. 반대로 김대리는 숫자상의 보상을 받았지만, 자신의 존재가 존중받지 못했다는 느낌 속에서 몰입의 기반 자체가 흔들린 것이다.

Averill(1983)은 불공정한 대우가 분노, 실망, 냉소와 같은 강력한 감정적 반응을 유발한다는 점을 보여주었다. 이러한 감정은 결국 조직에 대한 몰입을 약화시키고, 나아가 이직의도로 이어질 수 있다.

5. 한국 사회와 상호작용 공정성 – 감정의 문화, 관계의 심리학

"무엇을 말했느냐" 보다 "누가, 어떻게 말했느냐"

하나의 장면을 떠올려보자. 같은 메시지라도 누군가가 무표정하게 건네는 것과, 미소를 머금고 어깨를 토닥이며 전하는 것은 완전히 다르게 다가온다. 특히 한국 사회에서는 그 차이가 더욱 크다. 공정성은 단지 기준의 문제가 아니라, 그 기준이 '어떤 관계 속에서', '어떤 말투로' 전달되는가의 문제다.

많은 글로벌 경영 이론이 서구의 제도적 합리성과 규범중심의 문화에서 출발한 반면, 한국 조직은 '사람 중심의 정서적 관계' 위에 운영된다. 이때 상호작용 공정성은 단순한 부가 요소가 아니라, 공정성 전체의 관문이 된다. 즉, 존중은 관계에서 시작되고, 공정성은 말투로 완성된다.

5.1 관계의 질이 기준보다 먼저다

한국 사회는 고맥락 문화(high-context culture)다. 메시지의 내용보다, 말하는 사람의 태도와 분위기, 맥락과 관계에 더 많은 의미가 실린다(Hall, 1976). 따라서 아무리 정교하고 객관적인 평가기준이 마련되어 있어도, 그것이 전해지는 방식이 건조하거나 일방적이라면 직원은 그 결과를 불공정하다고 느낀다. 반대로, 불만족스러운 결과라도 상사가 진심으로 설명하고 존중하는 태도를 보일 때, 감정적 반발은 줄어든다. 이처럼 한국에서는 '결과'보다 '관계'가 먼저 작동한다. 조직 구성원은 '나를 어떻게 대했는가'를 기준으로 조직을 기억하고, 존중받았다고 느끼는 관계에서만 몰입이 가능하다.

5.2 권위에 대한 감수성과 말투의 권력

Hofstede(1980)의 문화차원 이론에 따르면, 한국은 전형적인 고권력거리(Power Distance) 사회다. 상사와 부하 사이의 거리, 말의 위계, 직급에 따라 달라지는 표현 방식이 중요한 의미를 가진다. 따라서 한국 조직에서는 공식 문서나 제도보다 상사의 말 한마디가 구성원에게 훨씬 강하게 다가온다.

심지어 "이번에 승진은 안 됐지만, 잘하고 있어. 나도 고맙게 생각해."라는 한 문장은, 성과급보다 더 오랫동안 직원의 기억에 남는다. 공정성은 여기서 '숫자'가 아니라 '말'로 전달된다.

5.3 실증연구가 말하는 것 – "말투가 남는다"

한국 사회 내 실증연구도 이러한 문화적 특성을 뒷받침한다. 예컨대 이하나 · 허찬영(2014)는 상호작용 공정성이 조직시민행동에 유의미한 영향을 미치며, 이는 조직 신뢰를 통해 매개된다고 설명했다. 또한, 세대별 분석에서도 상호작용 공정성은 몰입과 행동에 지속적인 영향을 미치는 핵심 요인으로 확인되었다. 이러한 연구는, 상호작용 공정성이 감정과 신뢰의 중심축이자 조직 몰입의 출발점이라는 점을 실증적으로 뒷받침한다.

5.4 감정의 안전지대, 존중의 말하기에서 시작된다

Amy Edmondson(1999)의 심리적 안전감(Psychological Safety) 이론은, 사람들이 질문하거나 실수해도 비난받지 않을 것이라는 믿음이 있을 때 몰입과 학습이 가능하다고 말한다. 이 '심리적 안전감'은 특히 위계가 강하고 체면문화가 뿌리 깊은 한국 사회에서 더 큰 의미를 지닌다. 구성원이 말할 수 있으려면, 먼저 '말 걸 수 있는 관계'가 마련되어야 한다. 상호작용 공정성은 그 출발점이다. 존중받고 있다는 느낌, 의견을 말해도 되는 분위기, 실수에 대한 과도한 비난이 없다는 확신이 있을 때, 직원은 침묵을 멈추고 몰입할 수 있다. 관계 속 안전감은 곧 조직에 머무를 이유가 된다.

한국 사회에서 상호작용 공정성은 곧 조직의 진심이다.

한국의 조직문화는 결과보다 과정, 규정보다 관계, 보상보다 말투에 반응한다.

그래서 상호작용 공정성은 단지 예의의 문제가 아니라, 몰입을 가능하게 하는 문화적 인프라다. 공정성은 관계의 언어로 전달될 때 가장 강력하다. 존중받는다고 느끼는 순간, 직원은 다시 말하기 시작하고, 조직 안에 머무를 이유를 되찾는다.

6. 복원적 공정성과의 비교 – 상처의 예방과 회복은 다르다

공정성에는 '상처를 주지 않는 힘'과 '상처를 회복하는 힘'이 있다. 전자는 상호작용 공정성에서, 후자는 복원적 공정성에서 비롯된다. 하지만 이 둘은 역할이 다르다. 직원의 몰입을 유지하기 위해서는 사후적 회복보다 사전적 예방이 훨씬 중요하다.

6.1 상호작용 공정성은 상처를 '막는다'

사람은 감정의 동물이다. 누군가가 무례하게 말했을 때, 상사가 내 얘기를 잘라버렸을 때, 직원은 '그 내용'이 아니라 '그 태도'를 기억한다. 상호작용 공정성은 말투, 경청, 존중의 자세 같은 일상적 상호작용 속에서 감정을 보호하고, 상처를 미연에 방지하는 작용을 한다.

Colquitt et al.(2013)은 183개 연구를 종합한 메타분석에서, 상호작용 공정성이 정서적 소진을 낮추고, 조직에 대한 심리적 몰입을 강화하는 가장 중요한 예측변수 중 하나라고 분석했다. 특히 감정노동이 큰 조직일수록 이 효과는 더욱 뚜렷하게 나타났다.

6.2 복원적 공정성은 상처를 '치유한다'

불공정한 상황은 언제든 발생할 수 있다. 의도하지 않은 실수, 미처 인지하지 못한 차별, 서툰 피드백 등은 신뢰를 무너뜨린다. 이때 필요한 것이 바로 복원적 공정성이다. 실수를 인정하고, 사과하며, 후속 조치를 취하는 과정에서 신뢰는 회복될 수 있다.

복원적 공정성은 실제 조직 현장에서 그 효과가 입증되고 있다. 한 비영리단체에서는 차별 문제로 인해 리더십에 대한 불신이 깊어졌을때, 갈등 해결 과정에서 회복적 대화(restorative dialogue)를 도입해 직원들이 자신의 목소리를 낼 수 있도록 했다. 단순히 보상 여부를 다투는 대신, 서로의 감정과 경험을 공유하는 장을 마련하자 잃어버린 신뢰가 다시 회복되고, 조직 내 협력이 활성화되었다. 비슷하게, IT 기업 Telesign은 내부 갈등 해결에 회복적 실천(restorative practices)을 적용한 결과, 1년 만에 직원 이직률이 약 20% 감소하는 성과를 얻었다. 이러한 사례들은 복원적 정의의 핵심이 '보상'이 아니라 감정적 연결과 공동체 회복에 있음을 보여준다. 결국 직원이 자신의 경험을 솔직히 말하고, 조직이 그것을 경청하며 새로운 신뢰의 장을 마련하는 과정이야말로, 장기적 몰입 회복의 토대가 된다.

6.3 하지만 복원에는 더 많은 자원이 든다

회복은 예방보다 어렵다. 조직이 상처를 무시하면, 직원은 이중의 고통을 받는다. 첫 번째는 불공정 자체에서, 두 번째는 복원이 없다는 사실에서 생긴다. 복원적 공정성은 단기적인 사과를 넘어서, 신뢰 회복의 시간과 진정성, 구조적 보완까지 필요로 한다.

Skarlicki et al.(2008)은 불공정 이후 사과나 보상이 부재한 경우, 직원들이 감정적 거리두기뿐만 아니라 보복적 행동이나 조직무시에 이르는 행동으로까지 반응할 수 있음을 지적했다. 회복의 부재는 곧 이중의 손실로 이어진다.

6.4 두 공정성의 관계: 예방과 회복의 이중 트랙

상호작용 공정성과 복원적 공정성은 경쟁 개념이 아니라, 연결되어 작동하는 이중 트랙이다. 상호작용 공정성은 몰입을 지속시킬 수 있는 감정적 기반을 만들고, 복원적 공정성은 무너진 기반을 회복시키는 복구 장치다. 그렇기에 조직은 상처를 주지 않는 문화를 설계함과 동시에, 회복할 수 있는 시스템도 준비해야 한다.

Colquitt et al.(2013)의 메타분석은 상호작용 공정성이 신뢰와 몰입을 유지하는 핵심 요인임을 보여주었다. 여기에 더해 Skarlicki & Latham(2005)과 Wenzel et al.(2008)의 연구는 불공정 이후 사과와 복원적 대화 절차가 결합될 때, 단순한 보상보다 더 안정적으로 신뢰와 몰입을 회복할 수 있음을 입증했다. 이는 감정의 '예방'과 '회복'을 함께 설계할 때 조직 신뢰가 가장 탄탄하게 유지된다는 사실을 뒷받침한다.

7. 존중은 반복되는 감정의 기억이다 - 설명은 기억되고, 태도는 남는다

몰입은 한순간의 감정이 아니라, 반복된 경험의 누적이다. 사람은 '보상보다 설명을, 제도보다 태도'를 더 오래 기억한다. 상호작용 공정성이 중요한 이유는 바로 여기에 있다. 그것은 결과의 공정성이 아니라, 관계의 경험이기 때문이다. 말 한마디, 피드백 하나, 반응하는 눈빛과 말투. 이 모든 것들이 '존중받는다'는 감정을 만들고, 그 감정은 몰입의 기억으로 조직에 남는다.

많은 조직이 성과를 숫자로 관리하지만, 직원은 감정을 기억한다. 성과평가 점수는 잊어버려도, 평가 당시의 말투는 잊히지 않는다.

- **회의에서 무시당한 순간**
- **칭찬이 빠진 보고**
- **누군가에게만 집중된 관심**

이런 작고 반복적인 경험들이 쌓일 때, 사람은 점점 조직에 마음을 닫는다. 반대로 존중이 쌓이면, 힘든 프로젝트나 실망스러운 결과도 감정적으로 회복될 수 있다. 조직에 대한 몰입은 그렇게 감정의 누적된 기억 위에 형성된다.

상호작용 공정성은 단발적인 사건이 아니라, 일상의 관계 속에서 만들어지는 공정성이다. 그래서 '설명은 기억되고, 태도는 남는다'는 말은 단순한 표현이 아니다. 그것은 조직의 감정구조를 말해주는 문장이다. 리더가 놓치는 한 번의 설명, 조직이 반복하는 무심한 반응 하나가 몰입의 균열을 만든다. 그리고 그 균열은 시간이 흐르며 심리적 사직으로 이어진다. 이제 조직은 물어야 한다. "우리는 설명하고 있는가?", "우리는 존중하고 있는가?", "우리는 그 기억을 매일 만들고 있는가?"

몰입은 결정이 아니라, 관계의 기억으로 남는 감정의 반복이다. 그리고 그 기억은 보상이 아니라, 존중에서 시작된다.

8. 조직은 숫자가 아니라 감정을 기억한다

이 장에서 우리는 네 가지 조직 공정성 중 상호작용 공정성이 직원의 몰입에 가장 즉각적이고 강력한 영향을 미친다는 사실을 확인했다. 사람은 단지 '무엇을 받았는가?'보다, '어떻게 대우 받았는가?'를 더 민감하게 기억한다. 그리고 이 기억은 조직에 대한 감정적 애착, 즉 몰입의 시작과 지속을 결정짓는 심리적 기반이 된다. 상호작용 공정성은 말의 내용이 아니라 말하는 방식, 설명의 태도, 피드백의 온도에서 형성된다. 즉, 그것은 제도의 문제가 아니라 관계의 문화다.

김대리와 이대리의 사례처럼, 같은 조직 안에서도 몰입의 온도는 '대우 방식'에 따라 완전히 달라질 수 있다. 이것은 단순한 감정 문제가 아니다. Tyler & Lind(1992)는 공정성 판단이 결과보다 절차와 상호작용에 크게 영향을 받는다고 보았고, Deci & Ryan(1985)의 자기결정 이론은 자율성과 관계성의 충족이 내적 동기의 핵심이라고 말한다. 이 모든 연구는 한 가지를 말한다. 존중은 몰입을 작동시키는 유일한 감정적 촉매제라는 점이다. 즉, "존중"은 실행 가능한 전략이다.

리더는 매일 '말투'를 통해 몰입을 관리하고 있다. 말의 내용보다, 말의 방식이 감정을 결정한다. 피드백은 숫자가 아니라 관계의 신호다. 조직은 성과보다 먼저, 감정을 측정해야 한다. 몰입은 KPI가 아니라 감정적 기억의 누적이다. 존중받는 기억이 많아질수록 조직에 대한 정서적 충성도는 강해진다. HR은 공정성을 제도화하기 전에, 관계를 리디자인해야 한다. 평가제도를 고치기 전에, 피드백 교육을 먼저 해야 한다. 절차보다 말의 온도가 더 중요하다.

그렇다면 네 가지 공정성은 몰입의 세 유형 – 정서적, 규범적, 유지적 몰입 – 각각에 어떤 영향을 미칠까? 다음 장에서는 각 공정성 차원이 몰입의 형성과 전환에 어떤 방식으로 작동하는지를 이론과 실증연구를 바탕으로 분석한다. 이를 통해 우리는 몰입이 단순히 감정의 문제가 아니라, 공정성을 매개로 구성되는 심리적 구조임을 확인하게 될 것이다.

공정성은 어떻게 몰입을 바꾸는가? – 정서적, 규범적, 유지적 몰입의 감정구조

직원들이 조직에 느끼는 몰입은 처음부터 유지적 몰입은 아니었다. 대부분의 직원은 입사 초기, 조직에 대한 기대와 열정, 그리고 동료들과의 긍정적 관계 속에서 정서적 몰입상태에 도달한다. 하지만 시간이 흐르고, 조직 내에서 보상, 의사결정, 대인관계, 갈등 대응 등 다양한 장면을 마주하게 되면, 그 몰입의 성격은 점차 변화한다. 특히, 직원이 조직을 공정하지 않다고 인식하는 순간부터, 몰입은 점진적으로 약화되거나 유형 자체가 바뀌는 전환점을 맞게 된다.

이 장에서는 이러한 변화의 핵심기제로 작용하는 조직 공정성(Organizational Justice) 개념을 네 가지 하위 영역(분배, 절차, 상호작용, 복원적 공정성)으로 나누어 살펴보고, 각각이 정서적, 규범적, 유지적 몰입에 어떤 방식으로 영향을 미치는지를 분석한다.

공정성에 대한 인식은 단지 조직에 대한 만족감의 문제가 아니다. 그것은 조직에 계속 머물지, 떠날지에 대한 심리적 결정을 유도하고, 때로는 아무리 높은 보상이 주어지더라도 '감정적 이탈'을 만들어낸다. 따라서 조직 공정성이 몰입유형에 미치는 영향은 조직 관리의 중심의제가 되어야 하며, 이 관계를 정확히 이해하는 것이 건강한 몰입의 회복 전략을 마련하는데 필수적이다.

1. 분배 공정성 – 보상의 형평성과 몰입의 감정선

분배 공정성(Distributive Justice)은 조직 구성원이 자신의 노력이나 성과에 비례하여 보상, 승진, 평가 등의 결과물이 공정하게 분배되었다고 인식하는 정도를 의미한다(Adams, 1965). 이는 조직 내 결과의 '형평성'에 초점을 둔 개념으로, 공정성에 대한 인식은 직무만족, 조직신뢰, 그리고 몰입 전반에 강한 영향을 미친다. 직원들은 단지 얼마를 받았는가보다, 그 결과가 정당한가를 따진다. 이 형평성에 대한 감정적 판단은 몰입의 출발점이자, 유형 전환의 핵심 촉매로 작용한다.

1.1 정서적 몰입에 미치는 영향

공정한 보상은 직원의 자존감과 성과에 대한 인정을 동시에 만족시킨다. 특히 입사 초기 단계에서 자신의 기여가 정당하게 보상받는다고 느끼는 경험은, 조직을 '정당하고 가치 있는 공동체'로 인식하게 만들며, 자연스럽게 정서적 몰입의 기반을 형성한다. 즉, 형평성 있는 보상은 단순히 임금을 정당하게 받았다는 의미를 넘어서, '나는 이 조직에서 인정받는 존재'라는 감정의 신호로 받아들여진다. 이때 몰입은 감정의 언어로 시작된다. 초기에 형성된 이 정서적 유대는 조직에 대한 애정, 신뢰, 자긍심으로 이어지며, 몰입의 감정선을 따라 깊이 뿌리내린다. 반대로, 이 시점에서의 공정성 침해는 몰입이 시작되기도 전에 꺾이게 만든다.

Meyer et al.,(2002)는 분배 공정성이 정서적 몰입에 유의미한 정적 영향을 미친다고 보고했으며, 특히 직무성과와 보상이 정렬된 상황에서 몰입 강도가 크게 증가 한다고 분석했으며, Marc Ohana & Maryline Meyer(2016)도 프랑스 비영리조직 연구에서, 보상의 공정성을 인식한 직원일수록 조직에 대한 애정과 소속감이 높게 나타났다고 보고했다. 그리고 Lee & Peccei(2007)의 영국 콜센터 직원을 대상으로 한 연구에서도, 고성과자들이 자신이 충분히 인정받지 못한다고 느낄 때, 정서적 몰입이 급격히 저하된다는 사실을 확인했다. 이들은 성과-보상 간 미스매치를 가장 민감하게 받아들였으며, 이는 보상 불공정 인식이 감정적 이탈로 연결되는 대표적 사례였다.

1.2 규범적 몰입에 미치는 영향

공정한 보상이 반복적으로 이루어질 때, 직원은 조직에 대해 일종의 도덕적 책임감을 느끼게 된다. 이 조직은 나에게 정당한 대우를 해주었기 때문에, 나도 이 조직에 어떤 방식으로든 보답해야 한다는 생각이 내면화된다. 이러한 감정은 '받은 만큼 돌려줘야 한다'는 상호성의 감정으로 작동하며, 결국 조직에 대한 도덕적 헌신으로 발전한다. 이때의 몰입은 단지 감정적 호감이 아니라, 지속적인 공정경험을 통해 구축된 '윤리적 계약'의 결과다. 이는 곧 규범적 몰입의 감정적 뿌리다.

관련된 연구사례를 보면, Wayne et al.(1997)은 장기간 공정한 보상을 경험한 직원들이 그렇지 않은 직원들보다 규범적 몰입이 통계적으로 유의미하게 높다고 밝혔다. 이는 공정성 경험이 일종의 도덕적 계약으로 작용함을 시사한다. Eisenberger et al.(2001)은 직원이 조직으로부터 정당한 보상을 받았다고 인식할 때, 조직에 대한 '상호의무감(perceived obligation)'이 증가하며, 이는 장기적 헌신 행동과 규범적 몰입으로 이어진다고 밝혔다.

1.3 유지적 몰입에 미치는 영향

분배 공정성은 유지적 몰입에도 뚜렷한 영향을 미친다. 직원이 현재 받고있는 보상이 외부 시장보다 경쟁력 있다고 인식하면, 조직에 잔류할 실익이 높아진다. 이는 '이직 시 잃게 될 것들'이 많다는 심리적 계산을 만들어낸다. 그러나 이 효과는 매우 민감하다. 보상이 불공정하다고 느껴지는 순간, 기존의 경제적 유인은 붕괴되고, 남아 있어야 할 이유가 약해진다. 이 과정에서 직원은 '이 정도 보상에 왜 내가 남아 있어야 하지?'라는 생각에 빠지고, 외적으로는 잔류하지만, 내적으로는 몰입이 완전히 꺼진 상태, 즉 '심리적 사직(mental resignation) 이나 조용한 사직(quiet quitting)' 상태로 진입하게 된다. 여기서 중요한 점은, 이 상태는 몰입의 유형 변화가 아니라 몰입의 붕괴라는 것이다.

Allen & Meyer(1990)는 유지적 몰입의 핵심은 '이직 시 손실 비용'에 대한 인식이며, 이 구조에서 분배 공정성은 직원이 인식하는 '경제적 실익'의 토대를 형성한다고 보았으며, Kim & Mauborgne(2003)는 아시아계 기업을 대상으로 한 연구에서, 보상의 불투명성이 높을수록 직원이 조직에 머물면서도 실질적으로는 '이탈한 상태'가 되는 경우가 많다고 분석했다. 이는 유지적 몰입이 단지 잔류의 결과가 아니라, 신뢰의 균열 이후 나타나는 무감정 상태일 수 있음을 시사한다.

분배 공정성은 단순한 임금수준의 문제가 아니라, 구성원이 느끼는 감정의 공정성이다. 조직이 보상의 결과를 어떻게 구성원에게 전달하는지에 따라, 몰입의 유형은 감정적 유대에서 윤리적 헌신으로, 혹은 실익에 따른 잔류로 다양하게 나뉜다. 그러나 이 모든 몰입유형의 바탕에는 하나의 공통된 감정이 있다. 바로 "이 조직은 나를 어떻게 대하고 있는가?"라는 질문에 대한 내면의 응답이다. 형평성을 경험한 직원은 감정적으로 더 깊이 몰입하고, 도덕적으로 헌신하며, 실익을 느끼고 잔류한다. 반대로 형평성이 무너진 순간, 그 몰입은 감정적 신뢰를 상실한 채, 이탈 혹은 침묵의 상태로 기울어간다. 따라서 분배 공정성은 단지 결과의 공정함을 넘어서, 감정선의 시작이자 몰입구조의 촉매로 작용한다. 그러나 공정한 결과만으로는 충분하지 않다. 그 결과에 이르는 '과정'이 공정했는가에 대한 질문은 또 다른 감정선을 건

드린다. 이제 우리는 분배의 다음 단계, 절차 공정성의 감정구조로 넘어가 보자. 공정한 결과만큼이나, 공정한 과정도 중요하다. 절차 공정성은 조직에 대한 심리적 신뢰를 구축하며, 감정적 몰입과 윤리적 충성심의 토대가 된다. 조직은 결정의 '결과'만 관리할 것이 아니라, 그 '과정'이 얼마나 투명하고 일관되었는지를 스스로 점검해야 한다. 절차의 공정성은 보이지 않지만, 몰입의 심층 구조를 지지한다.

2. 절차 공정성 – 과정의 정당성과 조직에 대한 신뢰감

절차 공정성(Procedural Justice)은 조직 내에서 이루어지는 의사결정 과정이 일관성 있고, 중립적이며, 편향 없이 운영된다고 직원이 인식하는 정도를 의미한다(Leventhal, 1980). 이는 단순히 '결과가 공정한가?'를 넘어서, '그 결과가 어떻게 도출되었는가?'에 주목하는 공정성의 차원이다. 절차의 정당성은 조직신뢰, 제도적 신뢰의 핵심이며, 몰입의 기반을 형성하는 보이지 않는 심리적 구조물이다.

2.1 정서적 몰입에 미치는 영향

절차 공정성은 직원에게 조직에 대한 신뢰를 가능하게 한다. 비록 결과가 불리하더라도, 그 결정이 납득 가능한 기준과 공정한 절차를 거쳐 이루어졌다면, 직원은 어느 정도는 수긍할 수 있으며, 조직에 대한 애착과 감정적 유대는 유지된다.

정서적 몰입은 단지 '좋은 결과'에서 오는 것이 아니라, '신뢰할 수 있는 과정'에서 자란다. 조직이 일관되고 투명한 기준을 유지한다는 믿음은, 직원으로 하여금 자신이 통제 가능한 질서 속에 있다는 안정감을 느끼게 한다. 이 안정감이 바로 감정적 유대의 출발점이다. 반대로, 동일한 결과라도 절차가 불투명하거나 자의적이면, 조직에 대한 신뢰는 금세 붕괴되고 몰입은 급속히 식는다.

이와 관련된 연구결과로, Colquitt et al.,(2001)은 절차 공정성이 정서적 몰입의 유의미한 선행요인임을 확인했으며, 조직신뢰가 이 관계를 매개한다고 보고했으며, Pathardikar et al.,(2022)도 인도 기업연구에서, 절차 공정성이 '조직신뢰 → 직무만족 → 정서적 몰입'이라는 심리적 경로를 촉진한다고 밝혔다. 또한 Blader & Tyler(2009)는 구성원이 조직의 절차를 공정하다고 인식할 때, '이 조직은 나를 존중하는 시스템을 갖고 있다'는 인식이 형성되고, 이는 자기존중감과 감정적 몰입 증가로 이어진다고 설명했다.

2.2 규범적 몰입에 미치는 영향

절차 공정성은 직원으로 하여금 조직을 '도덕적으로 정당한 존재'로 인식하게 만든다. 공정한 절차는 직원에게 조직이 공평함, 합리성, 일관성을 추구한다는 신호를 전달하고, 이는 조직과의 윤리적 연대감, 즉 규범적 몰입의 기반을 형성한다.

규범적 몰입은 조직에 대한 신념의 감정이다. 절차가 반복적으로 공정할수록, 직원은 "이 조직은 옳은 방식으로 행동한다"는 판단을 갖게 되고, 이는 "나 역시 이 조직을 지켜야 한다"는 도덕적 감정으로 발전한다. 즉 절차 공정성은 단지 제도의 문제가 아니라, 도덕적 감정의 발화점이다.

Folger & Konovsky(1989)는 공정한 절차가 조직에 대한 도덕적 의무감을 강화하며, 이는 규범적 몰입의 형성과 유지에 직접적인 영향을 준다고 밝혔으며, DeConinck & Stilwell(2004)는 기업 내 관리자–직원 관계를 분석하며, 절차 공정성이 높을수록 관리자에 대한 도덕적 신뢰감과 장기 헌신도가 강해진다고 보고했다.

2.3 유지적 몰입에 미치는 영향

절차 공정성은 유지적 몰입에 직접적인 영향은 약하지만, 그 몰입의 완충요인 또는 안정장치로서 작용한다. 특히 보상, 승진, 징계 등의 결과가 자신에게 불리할 때, 직원은 '절차라도 믿을 수 있는가?'를 판단 기준으로 삼는다.

유지적 몰입은 계산에 기초한 몰입이지만, 그 계산이 일어나는 전제는 '조직이 정당하게 판단하고 있는가?'이다. 절차 공정성이 높으면 직원은 결과를 받아들이는 데 필요한 심리적 납득 조건을 충족하고, 이로 인해 감정적 이탈이나 퇴사 충동이 억제된다. 반대로, 절차가 불투명하거나 불일관하면, 직원은 남아 있는 자신이 무가치하게 느껴지기 시작하며, 이는 유지적 몰입으로 빠르게 무너진다.

관련 연구로 Brockner & Wiesenfeld(1996)는 "결과가 불리하더라도 절차가 공정하면 직원들은 이를 더 수용하고 조직에 남게 되는 경향이 있다"고 강조하며, 이를 '공정한 과정효과(fair process effect)'라고 명명하였으며, McFarlin & Sweeney(1992)는 절차 공정성이 분배 공정성보다도 장기적 조직몰입 예측력에서 더 강한 효과를 갖는 경우가 많다고 보고했다.

절차 공정성은 '신뢰'라는 보이지 않는 감정의 구조물을 통해 몰입을 지탱한다. 공정한 결과가 인정의 감정에서 비롯된다면, 공정한 절차는 납득의 감정에서 시작된다. 이 납득은 단지 감정적 위로가 아니라, '이 조직은 나를 존중하는 방식으로 움직인다'는 존재에 대한 승인이기도 하다. 절차의 정당성은 결과보다 느리게 작동하지만, 더 깊은 몰입을 만든다. 결과는 매번 바뀌지만, 절차는 반복된다. 그래서 직원은 "이번엔 나쁘더라도, 다음은 믿을 수 있다"는 기대를 품게 되고, 그 기대가 정서적 유대와 윤리적 충성으로 이어진다. 반대로, 절차가 무너지면 몰입은 곧 '이 조직은 내 이야기를 듣지 않는다'는 정서적 단절로 전환된다. 즉, 절차 공정성은 몰입을 유지시키는 심리적 뿌리이며, 감정적 수용성과 윤리적 연대감의 토대다.

그러나 과정과 결과를 넘어, 직원이 가장 예민하게 반응하는 공정성의 차원이 있다. 바로 '어떻게 대화하고, 어떻게 대우받았는가?'의 문제. 상호작용 공정성의 영역이다.

3. 상호작용 공정성 – 존중의 경험이 만들어내는 관계의 밀도

상호작용 공정성(Interactional Justice)은 조직 구성원들이 상호작용 과정에서 존중, 배려, 정중함, 진정성 있는 커뮤니케이션을 경험한다고 인식하는 정도를 의미한다(Bies & Moag, 1986). 이는 제도나 절차보다는 일상적 언행과 인간적 태도에 기반한 공정성으로, 조직 내 심리적 안전감과 감정적 유대 형성에 핵심적인 역할을 한다. 조직이라는 제도는 보이지 않지만, 상호작용은 매일 구성원을 흔든다. 이 공정성은 조직의 얼굴이자, 관계의 온도를 결정짓는 감정적 키워드다.

3.1 정서적 몰입에 미치는 영향

상호작용 공정성은 정서적 몰입에 가장 강력하게 작용하는 공정성 차원 중 하나라고 이미 말한적 있다. 직원이 상사나 동료로부터 일상적으로 존중과 배려를 받는다고 느낄 때, 자신이 조직 내에서 존재로 인정받고 있다는 감정을 느끼며, 이는 자연스럽게 감정적 유대와 애착으로 확장된다.

정서적 몰입은 결국 '인간으로서 존중받고 있는가?'라는 감정에서 비롯된다. 공식적인 보상보다 상사의 말투, 동료의 반응, 회의 중 피드백 같은 작은 요소들이 오히려 더 큰 영향을 미친다. 즉, 몰입은 조직이라는 시스템보다는 조직 안 사람들의 언어와 태도에서 시작된다. 상호작용 공정성은 조직을 '사람이 머무를 수 있는 곳'으로 만들며, 감정의 뿌리를 내리게 한다.

Cropanzano, Rupp & Byrne(2003)는 조직 내 상호작용 공정성이 정서적 소진을 완화하고, 그 결과 정서적 몰입과 긍정적 태도를 촉진하는 중요한 요인임을 보여주었다. Stinglhamber et al.(2006) 역시 상사의 상호작용 방식이 직원의 몰입과 조직시민행동(OCB)에 직접적인 영향을 준다고 분석하며, 상호존중이 결핍될 경우 몰입 저하와 심리적 거리감이 강화된다고 밝혔다. 이러한 연구는 상호작용 공정성이 단순한 예의범절을 넘어, 조직 내 감정과 신뢰를 형성하는 핵심 축임을 뒷받침한다.

3.2 규범적 몰입에 미치는 영향

상호작용 공정성은 '이 조직은 사람을 존중하는 곳'이라는 도덕적 인식을 강화한다. 직원이 일상적으로 존중받는다고 느낄 때, 조직은 단순한 업무공간을 넘어 지켜야 할 공동체로 인식되며, 도덕적 헌신과 책임감으로 이어진다.

규범적 몰입은 단지 제도적 정당성뿐 아니라, '인간적인 옳음'에 대한 체험에서도 발생한다. 사람을 존중하는 조직은, 규칙을 지키는 것만으로는 만들어지지 않는다.

상호작용 공정성은 "이 조직은 나를 사람으로 존중했다"는 감정을 통해 도덕적 충성심을 낳는다. 그것은 법보다 더 오래 지속되는 감정의 언어이자, 규범적 몰입의 실제 감정 기반이다.

이와 관련된 연구로 Masterson et al.,(2000)은 상호작용 공정성 경험이 조직에 대한 규범적 몰입을 강화하며, 이는 상사의 언행, 피드백 방식, 일상적 태도에 의해 결정된다고 분석했으며, Tepper(2000)는 상사의 모욕적 언행이 규범적 몰입뿐 아니라 조직시민행동(OCB)과 신뢰 관계까지 파괴할 수 있음을 지적하며, 감정적 상처와 도덕적 환멸이 연결될 수 있다고 경고했다.

3.3 유지적 몰입에 미치는 영향

상호작용 공정성은 유지적 몰입에 대한 영향은 상대적으로 약하지만, 그 부족은 강한 이직의도와 탈몰입으로 이어지는 정서적 유인 요인이 된다. 지속적인 무시, 무관심, 불쾌한 상호작용은 감정적 탈진과 심리적 이탈을 유발하며, 남아있는 것조차 의미 없게 느껴지게 만든다.

유지적 몰입은 보상과 실익의 영역 같지만, 상호작용 공정성이 무너질 경우, 심리적 감정선이 끊기며 유지할 이유도 함께 사라진다. "돈은 받지만, 여기서는 숨이 막혀"라는 감정은 수치로 계산되지 않지만 이직의 진짜 계기가 된다. 감정의 탈진은 결국 '떠날 수 없다'가 아니라, '더는 있을 수 없다'는 결론으로 이어진다.

Holtz & Harold(2009)는 상호작용 공정성이 낮아질수록 직원들의 이직의도가 높아진다고 밝혔다. 또한 Grandey et al.(2004)의 연구에서는 고객 접점 직군이 반복적인 냉소적 피드백과 부정적 상호작용을 경험할 때 정서적 소진과 심리적 거리두기가 심화되며, 이는 결국 몰입 약화와 이직의도로 이어진다고 분석했다.

사람은 제도보다 사람에게 상처받고, 제도보다 사람에게 몰입한다. 상호작용 공정성은 조직 구성원이 가장 민감하게 느끼는 공정성이며, 감정적 유대의 실핏줄이다. 리더의 말투 하나, 피드백의 태도 하나가 몰입을 살릴 수도, 무너뜨릴 수도 있다. 결국 조직은 '사람이 머무를 수 있는 온도'를 관리해야 한다.

4. 복원적 공정성 – 사과와 회복이 되살리는 감정의 연결선

복원적 공정성(Restorative Justice)은 조직 내에서 발생한 불공정, 갈등, 실수 등에 대해 조직이 얼마나 책임을 인정하고, 회복을 시도하며, 관계를 복원하려 하는지를 의미한다 (Skarlicki & Folger, 1997). 이는 기존의 공정성과 달리 '사후적 대응'을 중심으로 하며, 감정 회복과 신뢰 복원을 위한 정서 중심의 공정성이다.

복원적 공정성은 단지 실수를 덮는 절차가 아니라, 상처 입은 감정을 다루고, 무너진 몰입을 다시 일으키는 '회복의 언어'다.

4.1 정서적 몰입에 미치는 영향

직원이 조직에서 부당한 대우를 받았거나 갈등 상황에 놓였을 때, 조직이 그 문제를 공식적으로 인식하고, 진심으로 사과하며, 회복 행동에 나서는가는 이후 몰입의 회복 가능성을 좌우한다. 진정성 있는 사과와 설명, 책임 있는 태도는 직원에게 "나는 존중받는 존재다"라는 감정을 되찾게 하며, 상처 입은 감정이 다시 조직과의 유대로 이어질 수 있게 한다.

정서적 몰입은 흔들릴 수 있다. 그러나 회복될 수도 있다. 복원적 공정성은 '감정은 한 번 무너지면 끝'이라는 통념에 반기를 든다. 핵심은 조직의 진정성 있는 태도와 감정적 책임감이다. 회복이 시도될 때, 조직은 단순히 사과하는 것이 아니라, "우리는 너를 여전히 중요하게 생각한다"는 감정적 메시지를 전달하게 된다. 그때 몰입은 처음보다 더 깊어질 수도 있다.

Skarlicki & Folger(1997)는 불공정한 대우 후 복원적 조치가 결여될 경우 직원들이 보복적 행동에 나설 가능성이 높다고 밝혔다. 또한 Lind et al.(2000)은 갈등 상황에서 조직이 보여주는 회복 행동의 진정성이 신뢰 회복의 가장 결정적인 요인임을 강조했다. 나아가 Colquitt et al.(2013)의 메타분석은 조직 공정성이 신뢰와 몰입을 유지하는 핵심 요인임을 보여주었다.

4.2 규범적 몰입에 미치는 영향

조직이 잘못을 인정하고 스스로 책임을 지는 모습을 보일 때, 직원은 그 조직을 '윤리적 존재'로 재인식하게 된다. 이 인식은 도덕적 유대감을 다시 불러일으키며, "이 조직은 지켜야 할 가치가 있다"는 감정을 회복시킨다.

규범적 몰입은 '실수하지 않는 조직'보다, '실수를 책임지는 조직'에서 더 강하게 자란다. 사람은 실수보다 회피에 실망한다. 회복을 시도하는 조직은 도덕적 정당성을 회복하며, 직원은 그 노력에 대해 책임 있는 연대의 감정을 갖게 된다. 그 감정이 다시 의무감과 도덕적 헌신으로 이어질 수 있다.

Aquino et al.(2006)은 부당한 대우 후 직원들이 복수, 용서, 화해, 회피와 같은 다양한 반응을 보이며, 이때 절차공정성과 권력 요인이 이러한 선택을 결정짓는 핵심 요인임을 밝혔다. Goodstein & Aquino(2010) 역시 조직 내 복원적 정의가 리더의 잘못 인정과 책임 수용을 통해 구성원의 신뢰와 재통합을 촉진한다고 강조했다. 이는 단순한 보상보다 관계 회복과 도덕적 평가가 신뢰 회복의 기반이 됨을 보여준다.

4.3 유지적 몰입에 미치는 영향

복원적 공정성은 유지적 몰입에는 직접적인 작용은 크지 않지만, 무너진 실익 기반을 다시 의미 있게 만들 수 있는 회복조건으로 기능한다. 특히 조직이 책임을 회피하거나 무시하는 경우, 직원은 잔류의 이유를 상실하게 되며, 그동안 유지되던 관계적·경제적 계산도 급격히 무너진다.

유지적 몰입은 본래 계산적이다. 하지만 그 계산은 '정상적 환경'이라는 전제 하에 이루어진다. 복원적 공정성이 부재한 조직은 실익을 계산할 만한 가치조차 없는 곳으로 인식되며, 이는 이직의 방아쇠가 된다. 반대로, 회복의 태도가 있는 조직은 잔류 조건을 '신뢰 회복의 출발점'으로 전환시킨다. 직원은 남아 있는 자신의 선택이 부끄럽지 않다는 감정 속에서 다시 한번 잔류를 선택할 수 있다.

Skarlicki & Folger(1997)는 불공정 이후 회복 조치가 결여될 경우, 직원들이 냉소와 거리 두기에 빠져 실질적으로는 조직에 남아 있어도 심리적으로는 이탈한 상태가 된다고 밝혔다. 이는 곧 유지적 몰입의 고착화로 이어질 수 있음을 시사한다. 반대로 Lind et al.(2000)은 갈등 상황에서 조직이 보여주는 회복 행동의 진정성이 신뢰를 지탱하는 핵심 요인임을 확인하였다. Goodstein & Aquino(2010)의 연구 역시, 리더가 책임을 인정하고 복원적 대화를 주도할 때 직원들이 조직의 윤리성을 재평가하며 규범적 몰입을 회복한다고 보고하였다. 이러한 결과는 복원적 공정성이 단순한 잔류(유지적 몰입)를 넘어, 몰입을 긍정적 차원으로 전환시키는 관문이 될 수 있음을 보여준다. 회복의 시도는 감정의 재접속이다. 복원적 공정성은 공정성 침해 이후, 몰입을 다시 일으키는 유일한 정서적 통로다. 조직이 실수를 인정하고, 감정을 회복하려는 태도를 가질 때, 몰입은 다시 살아날 수 있다. 이는 단지 위기 대응이 아니라, 조직이 '감정을 다룰 줄 아는 공동체'로 거듭나는 증거다.

5. 공정성과 몰입의 연결 구조 – 감정, 관계, 제도를 꿰뚫는 통찰

조직에서의 몰입은 단순한 충성심이나 업무태도의 문제가 아니다. 그것은 한 사람이 조직과 맺는 감정, 관계, 제도의 총합이며, 그 핵심 축에 공정성 인식이 존재한다. 직원은 보상의 결과(분배 공정성), 그 결과가 도출된 과정(절차 공정성), 그 과정을 전달한 방식(상호작용 공정성), 그리고 그 모든 것이 무너졌을 때 조직이 보여주는 태도(복원적 공정성)에 반응한다. 그리고 이 네 가지 공정성은 각기 다른 감정의 회로를 자극하며, 몰입의 유형에 고유한 영향을 미친다. 즉, 정서적 몰입은 존중과 회복의 경험에 반응하며, 규범적 몰입은 절차와 책임의 정당성에 뿌리를 두며, 유지적 몰입은 결과와 질서의 안정성에 의해 유지된다.

특히 복원적 공정성은 몰입의 해체 이후에도 회복을 가능하게 만드는 유일한 감정적 통로이자, 조직이 감정을 어떻게 다루는지를 보여주는 '문화의 거울'이다. 침해가 발생했더라도 복원적 공정성이 작동한다면 몰입은 다시 회복될 수 있지만, 그렇지 않다면 몰입은 단절되고, 조직은 감정적 공동체로서의 정당성을 잃는다. 결국, 조직이 진정으로 관리해야 할 것은 제도의 완결성보다 감정의 복원력이며, 관계의 안전성이다. 공정성은 몰입의 언어이고, 몰입은 관계의 감정선이다. 이 장의 핵심은 분명하다. 몰입은 감정의 구조로부터 만들어지며, 공정성은 그 구조를 지지하거나 무너뜨린다.

지금까지는 '어떤 공정성이 어떤 몰입에 영향을 주는가'를 감정구조 중심으로 살펴보았다. '하지만 실제 조직에서는 이 이론이 어떻게 현실화되는가?', '직원은 어떤 공정성의 침해에 가장 크게 반응하며, 그 감정은 몰입을 어떻게 바꾸는가?'

다음 장에서는 바로 이 질문에 답하고자 한다. 구체적인 사례들을 통해, 공정성 침해가 몰입을 어떻게 해체하고, '남아 있으나 떠난 마음'이 되는지 그 심리적 경로를 따라가 본다. 이 과정은 감정의 흐름을 이해하고, 몰입 회복의 실마리를 찾기 위한 실천적 여정의 시작이다.

몰입 해체의 심리경로 – 사례 기반 접근 – 누군가는 회사를 떠나기 전, 마음부터 떠났다

조직 내에서의 공정성 인식은 단지 '만족'의 문제가 아니다. 그것은 감정을 지탱해주는 구조이자, 무너지기 시작할 때 가장 먼저 흔들리는 몰입의 뿌리다. 사람들은 무언가 불공정하다고 느낄 때, 말은 하지 않아도 감정은 먼저 반응한다. '애정은 의심'으로 바뀌고, '책임감은 거리감'으로 식어간다. 급기야는 "여기서 버틸 이유가 남아 있는가?"라는 생각으로, 마음을 접는다. 그리고 이 감정의 흐름은 서로 다른 방식의 몰입 형태로 드러난다. 정서적 몰입은 분노로, 규범적 몰입은 환멸로, 유지적 몰입은 무감정한 잔류로 전환된다.

이 장에서는 각각의 공정성 침해(분배, 절차, 상호작용, 복원적)가 몰입유형에 어떻게 영향을 미치는지를 살펴본다. 물론 현실의 경험은 이렇게 명확하게 나뉘지 않는다. 분배와 절차, 상호작용의 불공정이 한꺼번에 일어나기도 하고, 몰입유형 역시 혼재된 형태로 나타난다. 하지만 글이라는 형식은 이해를 돕기 위해 어느 정도의 구조화가 필요하다. 따라서 이 장에서는 설명의 명료성을 위해 각 공정성과 몰입유형을 구분해 다루고자 한다. 그럼에도 불구하고, 각 사례 속에는 복합적인 감정의 결들이 흐르고 있음을 전제로 한다.

다음에 소개할 사례들은 개별 조직을 특정하지 않으며, 다양한 실제 기업현장과 연구 인터뷰, 컨설팅 경험 등을 바탕으로 구성한 전형적 장면들이다. 사실 자체보다 감정의 흐름과 몰입의 구조를 이해하는 데 초점을 맞추었다. 각각의 사례는 그 자체로 한 사람의 심리적 이동경로를 대표한다. 공정성 침해가 몰입의 해체로 이어지는 심리적 경로를 구체적으로 보여준다. 이 장은 감정의 흐름을 이해하고, 회복의 실마리를 찾기 위한 실천적 여정의 시작이다.

1. 인정받지 못한 순간, 마음은 멈췄다 – 분배 공정성 침해의 감정 경로

"열심히 하면 보상받는다"

대부분의 직장인이 처음 조직에서 기대하는 믿음이다. 하지만 보상의 기준이 '성과'가 아닌 '관계'가 되는 순간, 그 믿음은 무너진다. 분배 공정성은 '내가 해낸 일'이 조직에 의해 정당하게 인정받고, 그에 걸맞은 보상이 주어진다는 신념이다. 그러나 그 감정이 배신당하는 순간, 사람은 애정을 거두고 계산을 시작한다. 그때 몰입은 뿌리째 흔들린다.

1.1 능력이 아닌 관계가 기준이 된 순간 – 김 과장의 몰입이탈

김 과장은 3년 연속 팀 내 최고의 실적을 올렸다. 성과평가 점수, 고객 피드백, 팀원 만족도까지 어느 하나 빠지는 곳이 없었다. 그는 이번엔 승진할 거라고 확신했다. 하지만 결과는 예상을 벗어났다. '보통'이라는 인사평가 등급, 승진 누락.

그보다 성과가 낮았던 동료가 승진 명단에 올랐다. 이유는 단 하나, 임원과의 사적인 친분이었다. 그날 저녁, 김 과장은 책상에 앉은 채 아무 말도 하지 못했다. "이 조직은 성과가 아니라 사람을 본다. 아니, 사람도 아닌, 줄을 본다."

그는 알아버렸다. 자신의 노력이 기준이 되지 않는다는 것을. 그는 회의 시간에 더 이상 의견을 내지 않았다. 후배의 실수를 도와주던 손은 점점 느려졌고, 퇴근이 근무의 목표가 된 듯했다. 조직은 그에게 줄을 요구했지만, 그는 마음을 거두었다. 그날 이후, 김 과장의 몰입은 말없이 자리를 비웠다.

1.2 "떠날 수는 없어서 남았다" – 몰입의 감정적 해체

김 과장은 원래 정서적 몰입이 강한 사람이었다. 성과에 자부심을 가졌고, 조직의 성장을 자신의 일처럼 여겼다. 하지만 이번 인사평가 이후, 그 몰입의 온도는 급격히 식어갔다. 그는 떠나고 싶었다. 아니, 마음은 이미 떠난 상태였다. 하지만 당장 퇴사를 선택하긴 어려웠다. 가족의 생계, 경력단절, 그리고 새 회사를 구하는 현실적 부담이 그의 발목을 붙잡았다. "회사는 더 이상 나의 성장을 인정해주지 않는다. 하지만 지금은 떠날 수 없는 상황이다."

그의 업무는 여전히 정확했다. 하지만 회의에선 눈을 피했고, 후배의 질문에는 최소한의 답만 남았다. 그의 몰입은 더 이상 감정이 아니라, 손익을 따지는 잔류 조건으로 바뀌었다. 그는 남아 있었지만, 더 이상 함께하지 않았다.

　인정받지 못한 노력은 감정보다 깊은 상처를 남긴다. 그것은 분노로 터지기보다는 조용한 거리두기, 냉담한 참여, 그리고 계산적인 잔류로 이어진다. 공정성은 단지 평가의 문제가 아니다. 감정을 지켜주는 장치이며, 몰입을 붙잡는 마지막 끈이다.

1.3 분배 공정성 침해와 유지적 몰입의 전환

　실제 연구에서도 분배 공정성의 침해가 몰입유형의 전환에 미치는 영향이 확인된다. Meyer & Allen(1997)은 몰입을 정서적, 규범적, 유지적으로 구분하면서, 이 중 정서적 몰입이 불공정 경험에 가장 크게 반응한다고 설명한다. 특히 보상의 기준이 모호하거나 정치적일 경우, 정서적 몰입은 빠르게 붕괴되며, 구성원은 경제적 손익을 기반으로 조직 잔류를 결정하는 유지적 몰입(Continuance Commitment) 상태로 이동하게 된다.

　Tremblay et al.(2000) 또한 보상 공정성이 확보될 때 정서적 몰입이 강화되지만, 불공정 인식이 커질수록 '머무는 이유만 남는' 유지적 몰입으로 전환됨을 보여주었다. 김 과장의 사례는 단순한 감정반응이 아닌, 공정성 침해가 몰입유형을 구조적으로 전환시키는 전형적 사례라 할 수 있다.

2. 기준이 바뀌는 순간, 신뢰는 무너졌다 – 절차 공정성 침해와 감정적 이탈

"회의는 열렸지만, 누구의 의견도 반영되지 않았다"

　의사결정 과정에 참여하지 못한다는 느낌은, 직원에게 '나는 이 조직의 일부가 아니다' 라는 감정을 불러온다. 절차 공정성은 단지 규칙의 문제가 아니라, 그 과정에서 자신이 존중받고 있는지를 확인받는 감정적 경험이다. 하지만 절차가 형식에 그칠 때, 사람은 조직에 대한 신뢰를 거두기 시작한다. 그 순간, 몰입은 '정당함' 이라는 토대부터 흔들리기 시작한다.

2.1 "나는 이 조직의 일부가 아닌 것 같다" – 감정과 윤리의 붕괴

　윤 대리는 전략기획팀에서 2년째 근무 중이다. 그는 실무를 책임지며 누구보다도 시장분석과 사업제안에 자신 있었다. 하지만 최근 진행된 핵심 프로젝트에서, 팀장은 아무런 논의 없이 '자신이 믿는 사람' 만을 모아 기획안을 통과시켰다. 윤 대리는 초안 작성자였지만, 회의에도 참석하지 못했고, 문서에서도 이름이 빠져 있었다. "어떻게 이런 중요한 안건에서 나만 빠질 수 있지? 나는 그냥 실행만 하라는 건가?"

그 순간 윤 대리는 이해보다 모멸을 먼저 느꼈다. 그는 단지 무시당한 게 아니라, 존재가 지워진 것처럼 느꼈다. 이 일 이후 그는 이전처럼 적극적으로 아이디어를 내지 않았다. 보고서엔 최소한의 정보만 담겼고, 회의 시간엔 말을 줄였다. 그는 규칙을 따랐지만, 마음은 이미 물러나 있었다.

2.2 "나는 이 조직의 일부가 아닌 것 같다" – 감정과 윤리의 붕괴

윤 대리는 평소 성실하고 윤리적인 태도로 팀의 신뢰를 받아왔다. 회사에 대한 정서적 애착도, 도덕적 책임감도 깊은 편이었다. 하지만 이번 일은 단순한 배제가 아니라, 절차의 배신이었다. 그에겐 그동안 지켜온 책임과 헌신이 헛된 일처럼 느껴졌다. "이런 식이라면, 내가 뭘 지켜야 하지?"

그는 조직의 규칙과 윤리를 스스로 무너뜨리기 시작했다. 퇴근은 빨라졌고, 외부 구직 사이트를 조심스레 찾아보기 시작했다. 아직 회사를 떠난 건 아니지만, 마음속 윤리는 이미 조직과의 연결을 끊고 있었다. 그는 더 이상 믿지 않았다. 절차가 무너진 조직은 그에게 더 이상 '머물 가치'가 있는 곳이 아니었다.

2.3 절차 공정성 침해와 정서·규범 몰입의 이탈

연구에 따르면 절차 공정성은 정서적 신뢰 형성뿐 아니라, 도덕적 충성심 유지에도 핵심역할을 한다. Tyler & Lind(1992)는 공정한 절차는 조직 구성원에게 '존중받고 있다'는 느낌을 주며, 이는 정서적 몰입과 규범적 몰입을 동시에 강화한다고 설명했다. 반면 이러한 절차가 불공정하거나 자의적으로 작동할 경우, 직원은 소속감뿐 아니라 도덕적 책임감마저 이탈하게 된다. 또한 Colquitt et al.(2001)은 절차 공정성이 조직몰입에 미치는 영향이 특히 '이해당사자일수록' 더 민감하게 반응한다고 강조했다. 윤 대리처럼 핵심업무의 기여자일수록 절차적 배제는 더 큰 감정적 상처를 남기며, 이는 몰입의 붕괴로 직결된다.

윤 대리의 사례는 절차 공정성 침해가 단지 의견이 묵살되는 문제를 넘어, 직원의 존재감과 윤리적 기반 자체를 무너뜨리는 과정임을 보여준다. 절차가 무너지면, 감정과 책임도 함께 붕괴된다.

3. 말은 들리지 않았고, 마음은 멀어졌다 – 상호작용 공정성 침해의 감정 경로

"내 이야기를 들을 사람은 없었다"

상호작용 공정성은 단지 말의 내용이 아니라, 말이 오가는 '존중의 방식'이다. 직원들은 조직의 결정을 받아들이기 전에, 그 결정이 어떻게 전달되었는지를 먼저 느낀다. 설명 없이 이루어진 지시, 무시된 제안, 방치된 감정은 감정의 상처로 남는다. 그런 순간이 반복되면, 직원은 조직과의 감정적 끈을 끊는다. 몰입은 그 안에서 서서히 멀어진다.

3.1 아무도 듣지 않았던 보고서 – 민재의 정서적 단절

민재는 마케팅팀의 대리로, 자발적으로 야근을 하며 수 개월간 신규 브랜드 캠페인을 준비했다. 매주 월요일, 그는 상사에게 프레젠테이션을 올리며 기획방향과 시장 반응을 정리해 전달했다. 그러나 상사는 늘 바쁘다는 이유로 보고서를 제대로 보지 않았고, 피드백은 단 한 줄이었다. "이거 예산 맞춰서 다시 해와"

심지어 어느 날, 기획의 핵심내용을 무단으로 다른 팀의 이름으로 발표했다. 민재는 자신이 '투명인간'이 된 기분이었다. 인정도, 설명도, 존중도 없었다. "말을 해도 들리지 않으니까, 그냥 말하지 않기로 했다."

그의 대화는 줄었고, 회의에서도 고개를 들지 않았다. 그는 감정의 문을 닫았다. 그가 끊은 것은 '업무'가 아니라, '관계'였다.

3.2 마음은 더 이상 여기에 없었다 – 이직의 그림자

민재는 원래 조직에 대한 자부심이 강했다. '같이 일하는 사람들'이 좋아서 버텼고, 자신이 성장하고 있다는 확신이 있었다. 하지만 감정적 소통이 단절된 순간, 그 자부심은 환멸로 바뀌었다. "나는 더 이상 이 조직에서 목소리를 낼 수 없다."

그는 이직 사이트를 들여다보기 시작했다. 아직 이직을 실행에 옮기진 않았지만, 마음은 이미 조직 밖에 있었다. 동료들과의 점심 자리는 피했고, 조직의 미래를 논하는 회의에서는 침묵했다. 몰입은 더 이상 남아 있지 않았다. 남은 것은 단절된 감정과 떠날 타이밍을 재는 침묵뿐이었다.

3.3 상호작용 공정성과 몰입의 정서적 붕괴

상호작용 공정성은 조직의 결정이 '어떻게 전달되었는가?'에 대한 감정적 반응이다. 단지 결과의 옳고 그름을 넘어서, 그 과정에서 '얼마나 존중받았는가?, 설명을 들었는가?, 조지에서의 배려를 받았는가?'에 따라 몰입은 유지되거나 무너진다.

Bies & Moag(1986)는 상호작용 공정성을 "절차의 전달이 존중과 예의를 기반으로 할 때, 구성원들이 공정하다고 느낀다"고 보았고, Greenberg(1990)는 불친절하거나 설명 없는 커뮤니케이션이 정서적 냉소와 감정 이탈을 유발한다고 설명했다. 이는 단순히 기분의 문제가 아니라, 구성원이 조직 전체와의 관계를 재 정의하게 만드는 심리적 계기다. Colquitt et al.(2001)의 연구에서도 상호작용 공정성이 침해되었을 때, 정서적 몰입이 약화되고, 이직의도와 직무 소외감이 증가한다고 실증적으로 밝혔다. 특히 Tyler & Lind(1992)의 연구는 "사람들은 결과보다 과정에서의 존중 여부에 더 민감하게 반응한다"고 강조했다. 다시 말해, "왜 그렇게 결정됐는지?"보다 "그 말을 어떻게 들었는지?"가 감정의 결정적 요인이라는 것이다.

민재의 사례는 이런 연구결과를 그대로 반영한다. 그는 실질적 보상이나 승진보다, 자신의 노력이 무시당하고 존재가 투명해졌다고 느꼈을 때 몰입에서 멀어졌다. 상호작용 공정성의 결여는 그 어떤 인사 조치보다도, 관계의 끈을 먼저 자르는 감정적 신호였다.

4. 사과하지 않는 조직, 마음은 떠난다 – 복원적 공정성 결여의 감정 경로

"조직도 실수할 수 있다"

그러나 실수 이후가 더 중요하다. 복원적 공정성은 갈등이나 실망 이후, 그 상처를 어떻게 다루고 회복하려 하는지를 평가하는 감정적 기준이다. 피해자의 감정에 공감하고, 진심 어린 사과와 설명, 그리고 재발방지를 위한 노력이 뒤따를 때, 관계는 다시 회복된다. 반대로 침묵하거나 책임을 회피하면, 감정의 단절은 깊어지고 조직에 대한 신뢰는 회복 불능 상태에 빠진다.

4.1 무너진 약속, 외면한 조직 – 수진 대리의 신뢰 붕괴

수진 대리는 내부 인사이동에서 팀장으로부터 "이번 기회는 네가 유력하다"는 확답을 받았다. 몇 달 간 주요 프로젝트를 전담하며 밤늦게까지 일했고, 공식 평가 자리에서도 높은 평가를 받았다. 그러나 인사 결과 발표일, 그녀의 이름은 명단에 없었다. 더 충격적인 건, 아무도 이유를 설명해주지 않았다는 것이다. "이유가 뭘까?". "무슨 기준으로 결정된 거지?"

그녀는 묻고 싶었지만, 아무도 답하지 않았다. 팀장은 "이번 인사는 내가 결정한 게 아니다"라는 말만 반복했고, 인사팀은 "전사적 판단이었다"는 원론적인 입장을 고수했다. 그 누구도 유감의 뜻을 전하지 않았고, 그 누구도 그녀의 감정에 귀 기울이지 않았다. 그녀는 그제야 깨달았다. 이 조직은 자신에게 실망을 안겼을 뿐 아니라, 실망할 기회조차 주지 않았다는 것을. 감정을 말할 창구도, 설명을 요청할 문도 모두 닫혀 있었다. "내가 뭘 잘못했는지 조차 모른 채, 감정만 삼켜야 하는 거구나."

그 순간, 그녀는 단지 결과에 실망한 것이 아니라, 관계에서 배제되었다는 상실감을 느꼈다.

4.2 침묵과 회피는 상처가 된다 – 몰입의 단절

수진 대리는 그 뒤로 조직에서 점점 거리를 두기 시작했다. 프로젝트에 자원해서 손들던 손이 내려갔고, 회의에서의 의견도 점점 사라졌다. 아무도 사과하지 않았고, 아무도 설명하지 않았다. 그녀는 인정받지 못한 것이 아니라, 존재 자체가 무시당했다는 깊은 배신감에 사로잡혔다. 그 배신은 분노로 바뀌지 않았다. 대신, 차갑고 조용한 냉소가 되었다. 정서적 몰입은 냉소로, 규범적 몰입은 무관심으로 바뀌었다. 그리고 유지적 몰입조차 희미해졌다. 그녀는 지금 이직을 준비 중이다.

이미 마음은, 조직에서 완전히 떠났다.

4.3 복원적 공정성의 결여와 조직 신뢰의 붕괴

복원적 공정성은 최근 조직심리학에서 중요하게 다뤄지는 새로운 공정성의 영역이다. Wenzel et al.(2008)는 복원적 공정성의 정의를 감정적 회복의 과정으로 보며, 피해자의 '감정 인정, 진심 어린 사과, 상처 회복을 위한 구체적 조치'가 신뢰 회복의 핵심이라고 강조한다. Bies(2015)는 복원적 공정성의 결여가 조직신뢰와 몰입에 결정적인 영향을 미친다고 보았고, Van der Toorn et al.(2011)은 사과와 설명이 없는 조직은 구성원의 심리적 소속감을 심각하게 훼손하며, 이는 몰입의 단절과 이직의도 증가로 이어진다고 밝혔다.

수진 대리의 사례는 복원적 공정성이 결여된 조직에서 감정이 어떻게 파괴되는지를 보여준다. 침묵과 회피는 실수보다 더 깊은 상처를 남긴다. 복원은 결과가 아니라, 과정이다. 그리고 그 과정을 잃어버린 조직은, 사람의 마음도 함께 잃는다.

5. 마음이 떠나는 경로 – 공정성 침해가 만든 몰입의 해체 과정

"몰입은 한순간에 사라지지 않는다"

그것은 작은 불공정의 반복, 침묵의 누적, 설명되지 않은 결정과 외면 속에서 서서히 무너진다. 그리고 그 감정의 변화는 공정성의 유형에 따라, 다른 형태의 몰입 해체로 이어진다.

5.1 분배 공정성이 무너진 순간, 김 과장은 마음을 거두었다

분배 공정성의 침해는 단순한 불만을 넘어, 직원의 존재 이유 자체를 흔든다. 조직이 성과보다 관계를 우선시할 때, 구성원은 '나는 이 조직에서 왜 일하는가?' 라는 질문 앞에 멈춰 선다. 김 과장이 느낀 것은 단순한 박탈감이 아니라, 자신이 쏟아온 시간과 노력의 가치를 조직이 부정했다는 배신감이었다. 그 순간, 몰입은 더 이상 정서의 언어가 아니라 손익의 언어로 바뀐다. 그는 회사를 떠나지 않았지만, 더 이상 함께하지 않았다. "회사는 더 이상 나를 인정하지 않지만, 지금은 떠날 수 없다".

5.2 기준 없는 평가 앞에서, 윤 대리는 신뢰를 잃었다

절차 공정성이 무너지는 순간, 조직은 신뢰받을 수 없는 존재가 된다. 윤 대리는 성실하게 준비한 평가 결과를 기다렸지만, 돌아온 것은 기준 없는 결과와 회피하는 대답뿐이었다. '왜' 라는 질문에 조직이 침묵할 때, 직원은 그 침묵 속에서 자신의 가치를 의심하게 된다. 공정한 절차는 단지 제도를 운영하는 방식이 아니라, 감정을 보호하는 최소한의 장치다. 그것이 부재한 조직은 쉽게 무너지지 않지만, 조용히 사람을 잃는다. "나는 준비했지만, 조직은 설명하지 않았다. 그게 더 아프다".

5.3 존중받지 못한 회의, 민재는 조용히 물러섰다

상호작용 공정성은 결과보다 '대우받는 방식'에 대한 감정이다. 말할 기회조차 주어지지 않을 때, 직원은 결과보다 더 큰 모멸감을 느낀다. 정중하게 대하지 않고, 의견을 자르며, 경청하지 않는 문화는 구성원에게 "나는 여기서 존중받고 있는가?"라는 질문을 던지게 만든다. 그 질문 앞에 멈춰 선 순간, 몰입은 생존으로 바뀌고, 관계는 차가운 거리로 변한다.

민재는 처음에는 말이 많던 사람이었다. 회의가 시작되면 제일 먼저 손을 들었고, 늘 문제 해결의 아이디어를 고민했다. 하지만 어느 순간부터 그의 제안은 끊겼다. 말을 자르는 상사의 한

마디, 누구도 눈을 마주치지 않는 무성의한 반응, 그리고 '다음에 다시 이야기하자'는 말 뒤에 이어지지 않는 관심. 그는 조용히 입을 다물었다. 참여는 지속되었지만, 마음은 이미 빠져나간 뒤였다. "내 이야기를 끝까지 들어본 적은 있었을까?".

5.4 사과조차 없던 조직, 수진 대리는 등을 돌렸다

복원적 공정성은 조직의 실수나 실패 이후, 그것을 어떻게 다루고 회복하는지를 평가하는 감정의 기준이다. 갈등이 발생한 뒤에도 누군가 책임지고 설명하며, 진심 어린 사과와 회복의 의지를 보일 때 사람들은 다시 관계를 이어간다. 그러나 아무도 말하지 않고, 아무도 책임지지 않으면, 그 침묵은 해명보다 더 깊은 상처를 남긴다. 설명 없는 조직은 감정을 되돌릴 기회를 스스로 포기한 셈이다.

수진 대리는 한 번도 조직을 의심한 적이 없었다. 맡겨진 과제는 기한보다 빨리 마무리했고, 밤늦게까지 팀의 프로젝트를 이끌며 누구보다 열심히 일했다. 팀장은 그녀에게 "이번 인사는 거의 확정이야"라고 말했지만, 결과 발표일 그녀의 이름은 명단 어디에도 없었다. 더 고통스러웠던 것은 그 이후였다. 아무도 이유를 설명하지 않았고, 누구도 그녀의 상처를 묻지 않았다. 회피와 침묵만이 가득했다.

그 순간 수진 대리는 깨달았다. 자신이 이 조직에서 실수했기 때문이 아니라, 조직이 실수하고도 아무 말도 하지 않았다는 것을. 정서적 몰입은 꺼졌고, 규범적 책임감은 사라졌으며, 이제는 계산조차 의미 없는 상태가 되었다. 그녀는 떠날 준비를 하고 있다. 조직은 여전히 그녀를 붙잡고 있다고 생각할지 몰라도, 그녀의 마음은 오래전에 떠나 있었다. "실패보다 무서운 건, 그 실패를 외면하는 조직이다."

5.5 몰입은 회복될 수 있는가?

이 장의 사례들은 조직이 어떤 실수를 했는가보다, 그 실수 이후 어떤 감정적 길을 선택했는지를 보여준다. 몰입의 해체는 결국 감정의 해체이며, 그 중심에는 공정성에 대한 인식이 있다. 그러나 반대로, 공정성이 회복된다면 몰입 역시 다시 시작될 수 있다. 문제는 '사과하라'가 아니라, '다시 관계를 맺을 수 있는가?'이다.

"몰입은 감정이고, 감정은 관계다. 그리고 관계는 회복될 수 있다."

이처럼 공정성의 침해는 단지 조직에 대한 신뢰를 무너뜨리는 것을 넘어, 직원의 감정과 관계, 나아가 몰입의 구조 자체를 해체시킨다. 그 결과, 사람들은 더 이상 조직을 감정의 대상으로 느끼지 않게 되고, 남아있는 이유 역시 점차 감정보다 생존의 논리로 바뀌어 간다. 그들은 물리적으로는 조직에 머물러 있지만, 심리적으로는 이미 거리를 두고 있다. 이는 단순한 불만이 아니라, 의미와 애정을 잃어버린 채 남아 있는 상태, 즉 유지적 몰입(Continuance Commitment)의 전형적인 모습이다. 그리고 이 상태가 지속되면, 결국 조직은 '떠나지 않은 이직자', 심리적 사직자(psychological resignation)를 양산하게 된다.

다음 장에서는 이 심리적 사직의 실체를 들여다보고, 그것이 어떻게 유지적 몰입과 연결되어 있으며, 왜 이것이 조직과 개인 모두에게 깊은 위협이 되는지를 구체적으로 살펴보고자 한다.

유지적 몰입의 감정적 종착지, 심리적 사직
– 일은 하고 있지만, 마음은 이미 떠났다

오전 9시.

강 대리는 어김없이 정시에 출근해 사무실 의자에 앉는다. 그는 누구보다 조용히 일한다. 보고서는 기한 내에 제출되고, 회의에도 빠지지 않는다. 누가 봐도 성실한 직원이다. 하지만 그의 표정에는 생기가 없다. 회의 중에도 의견은 커녕 질문조차 하지 않는다. 점심시간이면 동료들과 어울리기보단 이어폰을 낀 채 스마트폰을 훑는다. 슬쩍 들여다보면, 이직 커뮤니티가 열린 화면이 보인다. 누군가 묻는다.

"요즘 회사 어때요?" 그는 씁쓸하게 웃으며 말한다. "글쎄요. 나쁘지는 않아요. 그냥…"

이제 회사에서의 하루는 출근과 퇴근 사이의 '시간 채우기'일 뿐이다. 무언가를 성취하려는 의욕도, 동료와 경쟁하려는 욕망도 사라졌다. 상사의 말에도 그저 고개만 끄덕이고, 새로운 과제가 주어져도 "네"라는 말 외에 어떤 감정도 담기지 않는다. 그는 여전히 출근하지만, 마음은 이미 조직을 떠난 지 오래다.

이처럼 육체는 조직에 있으나, 마음은 더 이상 그곳에 있지 않은 이들을 우리는 '심리적 사직자'라 부른다. 이들은 더 이상 조직에 정서적 애착을 느끼지 않으며, 업무에 자율적 동기를 부여하지도 않는다. 그들에게 조직은 더 이상 도전의 공간도, 의미의 공동체도 아니다. 단지 월급이라는 실익을 얻기 위한 공간일 뿐이다. 이런 심리적 사직상태는 단순한 무기력이나 번아웃과는 다르다. 그보다는 조직에 남아있되 떠나지 못하는 상태, 바로 유지적 몰입의 그림자에 가깝다. 경제적 이유, 커리어 중단의 두려움, 익숙함이라는 심리적 고립이 이들을 조직에 붙들어 놓는다.

하지만 그 마음은 더 이상 조직을 향하고 있지 않다. 이는 유지적 몰입과 심리적 사직이 사실상 동일한 내부 조건에서 비롯된다는 것을 보여준다. 다만, 유지적 몰입은 이성적인 판단이라면, 심리적 사직은 그 판단이 감정적으로 응고된 상태다.

이 장에서는 왜 이러한 상태가 생기는지, 유지적 몰입과 어떤 연관을 가지는지, 그리고 이것이 조직과 개인에게 어떤 위협으로 작용하는지를 구체적으로 들여다 볼 것이다.

1. 심리적 사직의 다섯 얼굴

강 대리는 단지 한 명의 사례가 아니다. 그는 우리 곁에 있는 수많은 직장인의 얼굴이다. 회사에 남아 있지만, 말은 줄고 표정에는 생기가 없다. 출근은 하지만, 마음은 이미 떠나 있다. 지금까지 우리는 이런 상태를 '유지적 몰입'이라고 불러왔다. 책임감이 아니라 손해 회피로, 의미가 아니라 계산으로 머무는 감정. 하지만 그 유지적 몰입이 오래 지속되면, 감정은 더욱 굳고 단단해진다. 그리고 마침내, "남아 있는 감정조차 없는 상태", 즉 심리적 사직에 이르게 된다.

심리적 사직은 유지적 몰입의 종착지일 수 있다. 그것은 더 이상 애정도, 기대도, 분노조차도 없는, 감정의 철회 상태다. 이제 우리는 이 심리적 사직이 어떤 얼굴로 조직 안에 존재하는지를 들여다보고자 한다. 이것은 단지 무기력이나 번아웃이 아니라, 더 구조적이고 서서히 진행되는 정서적 이탈의 흐름이다.

1.1 심리적 사직이란 무엇인가?

심리적 사직(Psychological Resignation)은 직원이 물리적으로는 조직에 머무르지만, 감정적으로는 이미 떠난 상태를 의미한다. 이들은 여전히 보고서를 쓰고, 회의에 참석하며, 조직의 룰을 따른다. 하지만 그 모든 행동의 이면에는 애정도 책임감도 빠진 '의례적인 생존'만이 남아 있다. 겉으로는 성실해 보인다. 지각하지 않고, 과제도 기한 내에 제출한다. 하지만 내면에는 어떤 감정도 흐르지 않는다. 변화에 대한 열망도, 개선을 위한 제안도, 팀을 위한 헌신도 사라졌다. 그들은 업무를 수행하지만, 조직과는 더 이상 정서적 관계를 맺고 있지 않은 상태다. 이러한 상태는 공식 개념화된 용어로는 아직 정립되지 않았지만, 기존 연구에서는 이를 '정서적 이탈(Emotional Disengagement)' 또는 '심리적 철수(Psychological Withdrawal)'의 연장선으로 이해한다.

예컨대, Kahn(1990)은 조직 내 몰입을 "개인이 자신을 일에 신체적으로, 인지적으로, 정서적으로 온전히 드러내는 상태"라고 했는데, 심리적 사직은 바로 그 반대 지점, 정서적으로 더 이상 '드러내지 않는 상태'라 할 수 있다. 또한, Crawford, LePine & Rich(2010)는 '정서적 이탈'을 업무몰입의 가장 강력한 붕괴 요인 중 하나로 꼽으며, 이는 결국 구성원의 자율성과 창의성, 협업 행동을 심각하게 저해한다고 지적했다.

심리적 사직의 핵심은 '감정의 철회'다. 분노도 없고, 기대도 없다. 어떤 실망도 반응도 없이, 그저 하루를 무사히 넘기는 데 집중한다. 그것은 무기력과는 다르다. 무기력은 때로 스스로를 자책하지만, 심리적 사직은 감정적 관계 자체를 접어버린 상태다. Gallup 보고서(2023)에 따르면, 전 세계 직장인의 59%가 '조용히 일하고 있다(Quiet Quitting)'고 답했다. 말은 줄고, 행동은 최소화되며, 조직에 대한 정체성은 약화되고 있다. 이는 심리적 사직이 더 이상 예외적 현상이 아니라, 현대 조직에서 광범위하게 퍼진 감정의 질병임을 보여준다. 심리적 사직은 단순한 번아웃이 아니다. 그것은 더 이상 조직이 내 삶의 일부가 아니라고 느끼는 심리적 단절의 선언이며, 언젠가는 육체의 이탈로 이어지는 '감정의 사직서'일 수 있다.

1.2 잔류에서 철회로 – 유지적 몰입이 심리적 사직이 되는 순간

유지적 몰입은 Allen & Meyer(1991)가 제시한 조직몰입 세 유형 중 하나로, "조직에 머무르는 것이 떠나는 것보다 비용이 적기 때문에 잔류를 선택하는 상태"를 의미한다. 다시 말해, 애정이나 책임감보다는 경제적 손실, 커리어 단절, 익숙함에 대한 의존 같은 실용적 이유로 조직에 남아 있는 상태다. 이러한 유지적 몰입은 이성적인 판단을 기반으로 한 의식적 잔류라는 특징을 지닌다. 조직에 대한 감정적 애착은 약화되었지만, '지금 떠나면 손해'라는 계산이 잔류를 이끄는 구조다. 반면, 심리적 사직은 겉보기에는 유지적 몰입과 유사하지만, 그 속성은 다르다. 유지적 몰입이 이성적 선택의 결과라면, 심리적 사직은 감정의 침전이 축적된 결과다. 퇴사를 '계산적으로 미루는 상태'에서, 조직 자체에 대해 아무 감정도 기대도 남지 않은 상태로 이행하는 과정. 그것이 바로 심리적 사직이다.

이를 감정의 흐름으로 이해하면, 유지적 몰입은 애정이 사라진 '잔류의 초입'이라면, 심리적 사직은 감정의 관계까지 모두 철회한 종착지다. 둘 다 '떠나지 않는 상태'이지만, 유지적 몰입은 아직 '남아 있어야 할 이유'를 셈하고 있고, 심리적 사직은 그 이유조차 무의미해진 상태다. O'Driscoll & Randall(1999)도 유지적 몰입이 높을수록 구성원이 표면적 역할수행에는 충실하지만, 조직에 대한 주도적 기여는 낮아진다고 지적했다. 이는 곧 심리적 사직의 전조 증상으로 이어질 수 있다. 따라서 심리적 사직은 단순히 '조용한 상태'가 아니라, 정서적 탈락의 결과로서 조직몰입의 붕괴를 나타내는 신호다. 유지적 몰입이 방치될 경우, 그것은 감정의 응고를 거쳐 심리적 사직으로 이행하며, 결국 조직의 변화 가능성조차 잃게 만든다.

1.3 일은 하지만, 마음은 없다 – 정서가 빠진 일터의 풍경

심리적 사직자는 겉보기에 성실해 보인다. 정시에 출근하고, 맡은 일은 기한에 맞춰 처리하며, 상사의 지시에도 충실히 응답한다. 보고서를 제출하지 않거나 회의를 무단으로 빠지는 일은 거의 없다. 하지만 이러한 겉보기의 정상성 이면에는, 감정의 연결이 끊긴 '내면의 철수'가 자리 잡고 있다. 이들은 자발적으로 일하지 않는다. 아이디어를 제안하지 않으며, 변화에 대한 관심도 없다. 새로운 프로젝트에 대해 "알겠습니다"라고는 말하지만, 그 말 속에는 기대도 책임도 없다. 자신의 일을 '완수'하지만, 더 이상 그것이 조직과 자신을 연결해주는 매개가 되지는 않는다. 업무는 실행되지만, 정체성은 빠져 있다. 심리적 사직자는 더 이상 조직을 '내 일터'라고 느끼지 않는다. "일은 하지만, 이 조직은 더 이상 내게 중요하지 않다."

이 말은 바로 그들의 현재를 가장 정확히 설명해주는 문장이다. 이 상태는 단기적으로 보면 별 문제가 없어 보인다. 생산성은 유지되고, 팀워크에 방해되지 않으며, 표면적 성과도 나온다. 하지만 조직은 눈치채지 못하는 사이, 정서적 기반과 공동체성이 서서히 약화되고, 협업과 혁신의 토양이 메마르게 된다.

Morrison & Milliken(2000)은 이를 "조직 내 침묵(Organizational Silence)"의 한 유형으로 보며, 구성원이 감정적으로 철수하면서도 겉으로는 아무 문제가 없어 보이는 상태가 조직에 가장 치명적인 학습 저해 요소가 될 수 있다고 지적한다.

또한 Brinsfield(2013)는 구성원의 감정적 이탈이 조직 내 '비가시적 이직(invisible turnover)'을 유발하며, 이는 장기적으로 공식적인 퇴사보다 더 심각한 손실을 초래할 수 있다고 분석했다. 결국, 심리적 사직자는 지금도 일하고 있지만, 더 이상 조직과 함께 성장하지 않는 사람들이다. 조직은 그들이 떠날까 봐 두려워하지만, 정작 그들은 이미 떠난 것이나 다름없다. 그들의 책상 위에는 보고서가 놓여 있지만, 그 보고서 속에는 더 이상 '사람'이 담겨 있지 않다.

1.4 조용한 철수의 대가 – 침묵, 혁신 저해, 이직 전 단계로서의 위협

심리적 사직은 단지 개인의 감정 문제로 끝나지 않는다. 그 감정적 철수는 조용히, 그러나 치명적으로 조직을 침식시킨다. 말하지 않고, 도전하지 않으며, 떠나지도 않는 이들. 이들이 많아질수록 조직은 침묵이 정상이 되고, 변화가 불편해지는 구조로 변질된다. 조직은 종종 '문제가 없다'고 안심한다. 하지만 그 조용함은 참여의 결과가 아니라 단절의 신호일 수 있다.

Morrison & Milliken(2000)은 이 "조직 침묵(Organizational Silence)"이라 부르며, 구성원들이 실질적인 문제를 보면서도 말하지 않고, 감정을 드러내지 않으며, 관여하지 않게 될 때 조직의 학습 능력, 회복 탄력성, 혁신 가능성이 급격히 떨어진다고 지적한다. 이러한 심리적 사직은 다음과 같은 방식으로 조직에 침투한다.

- **혁신 저해** : 심리적 사직자는 기존 시스템에 도전하지 않는다. "굳이 바꿔봐야 뭐가 나아질까?"라는 내면의 포기로 인해, 창의적 제안이 사라지고, 조직은 현재에 안주하는 무기력한 구조로 고착된다.

- **팀워크 약화** : 이들은 협업보다 역할에만 집중된 분리된 업무를 선호한다. 필요한 말 외에는 하지 않고, 감정적 연결을 회피한다. 이는 팀 내 심리적 거리감을 키우고, 결국 의사소통의 부재로 이어진다.

- **조직문화 희석** : 조직의 미션, 비전, 가치에 대한 공감이 사라지면서 '왜 이 일을 하는가?'에 대한 집단적 의미감각이 점점 약화된다. 심리적 사직은 조직의 정체성에 공백을 만든다.

- **이직 전 단계의 위험** : 심리적 사직자는 단순히 '조용한 직원'이 아니다. 그들은 "곧 떠날 사람"이 아니라 "이미 마음은 떠났고, 이제 조건만 보는 사람"이다. Lee et al.(1999)은 이를 "turnover intent lag", 즉 '이직의 감정적 예열 단계'라 정의하며, 이 시기에 조직이 개입하지 않으면 실제 퇴사로 이어질 가능성이 급격히 높아진다고 설명했다.

심리적 사직은 말없이 조직을 떠나는 방식이다. 그러나 그 침묵은 조직의 미래에 가장 큰 비용이 된다. 조직은 소음을 두려워하지만, 진짜 위험은 아무 말도 없는 방 안에 있다.

1.5 보이지 않는 이탈을 감지하는 법 – 자가진단과 조직의 경보 신호

심리적 사직의 가장 큰 위험은 그것이 보이지 않는 이탈이라는 점이다. 성과는 유지되고, 규정은 지켜진다. 하지만 감정은 이미 철수했고, 정체성은 조직에서 멀어진 상태. 이러한 상태를 조직은 종종 '문제 없음'으로 오해한다. 그러나 그건 말하지 않기 때문이지, 불만이 없기 때문은 아니다.

■ 구성원을 위한 자가진단 질문

아래 질문은 단순한 감정 체크리스트가 아니다. Kahn(1990), Allen & Meyer(1991), May et al.(2004) 등의 연구에 따르면, 조직에 대한 몰입과 감정적 유대는 일정한 행동 및 심리 신호로 표현되며, 이러한 감정의 이탈은 시간이 지나며 정서적 사직의 상태로 전환된다고 하였다. 이제 다음 문항에 조용히 답해보자.

- **나는 이 조직이 좋아서 남아 있는가, 아니면 떠나기 어려워서 남아 있는가?**
  → 정서적 몰입과 유지적 몰입의 경계(Allen & Meyer, 1991)

- **최근에 자발적으로 무언가를 제안하거나 개선한 적이 있는가?**
  → 몰입의 핵심 요소인 자기표현의 여부(Kahn, 1990)

- **조직의 미래에 내 모습이 자연스럽게 떠오르는가?**
  → 심리적 안전감과 의미 부여(May et al., 2004)

- **일 외의 대화나 팀원들과의 감정 교류가 의미 있게 느껴지는가?**
  → 공동체 소속감 상실은 소진의 주요 신호(Maslach & Leiter, 1997)

- **지금 내 마음은, 이 조직과 함께 있는가?**
  → 몰입의 감정적 핵심, 'Dedication'(Schaufeli et al., 2002)

이 질문에 '아니오'가 많아진다면, 당신은 이미 마음속으로 조직에서 한 걸음 물러나 있는 것일 수 있다.

■ 관리자가 감지해야 할 다섯 가지 신호

심리적 사직은 목소리를 내지 않는다. 하지만 다음과 같은 변화는 그들이 조용히 떠나고 있다는 조직적 신호일 수 있다. Morrison & Milliken(2000)은 이를 조직침묵(Organizational Silence)이라 부르며, 리더가 구성원의 감정이탈을 간과할 경우, 조직의 학습 능력과 변화 가능성이 붕괴될 수 있다고 경고했다.

- **회의 중 침묵**
  → 질문이나 의견 제시 없이 '필요 최소한'의 발언만 반복되는 상태
  → 침묵은 신뢰의 단절로부터 비롯된다(Morrison & Milliken, 2000)

- **제안과 참여의 감소**
  → 자발적 행동과 몰입의 약화는 심리적 철수의 전조(Brinsfield, 2013)

- **비공식 관계의 단절**
  → 점심 자리, 사내 채팅, 일상 대화에서 점점 자취를 감춤
  → 소진 상태의 구성원은 관계회피 성향을 보인다(Maslach & Leiter, 1997)

- **성과물의 양은 유지되지만, 질적 밀도 하락**

→ 몰입이 약화된 직원은 '의례적 수행'에 머무른다(Brinsfield, 2013)

● **냉소적 태도**

→ 조직의 미션, 리더, 동료에 대한 신뢰 약화 및 무언의 회의감 표출

→ 냉소는 소진과 이탈의 감정적 징후이다(Hakanen et al., 2006)

이러한 변화는 단순한 '업무피로'나 '개인성향'의 문제가 아닐 수 있다. Lee et al.(1999)는 이 상태를 이직 감정의 사전 단계(turnover intent lag)라고 표현하며, 이 시점에서 조직이 개입하지 않으면 실제 이직으로 이어질 가능성이 급격히 증가한다고 지적했다. 심리적 사직은 문을 열고 나가는 순간보다, 문을 닫고 아무 말 없이 앉아 있는 그 순간부터 시작된다. 리더는 소리를 듣는 것이 아니라, 조용함 속에서 사라지는 감정을 감지하는 능력이 필요하다.

2. 심리적 사직은 왜 생기는가? - 공정성 침해의 구조적 기원

어떤 직원은 회사를 떠난다. 하지만 더 많은 직원은, 출근은 해도 마음은 오지 않는다. 그들은 말하지 않는다. 단지 감정을 철수하고, 스스로를 숨긴 채 자리를 지킨다. 그 침묵은 어느 날 갑자기 시작된 것이 아니다. 조금씩 쌓인 실망, 설명되지 않은 평가, 무시된 감정, 회복되지 않은 장면들. 그 모든 것들이 조용히, 그러나 확실하게 신뢰를 지우고 정서를 굳게 만든다. 그래서 우리는 묻고자 한다. "왜 어떤 사람은 그토록 조용히 마음을 접게 되는가?"

그 이유는 단지 개인의 무기력 때문이 아니다. 그것은 조직 내부의 구조적 불공정과 감정적 상처가 함께 만든 결과다. 이제 우리는 심리적 사직의 이면에 자리한 공정성 침해의 구조, 그리고 그 감정이 어떻게 몰입을 해체하고 관계를 철수시키는가를 들여다보려 한다.

2.1 조직 공정성과 심리적 계약 위반

심리적 사직은 단순한 무기력이나 게으름의 결과가 아니다. 그것은 반복된 실망, 작지만 지속된 무시, 설명되지 않은 차별의 기억이 조직에 대한 신뢰를 서서히 침식시킨 결과다. 많은 연구들은 이 상태의 핵심 원인으로 '심리적 계약 위반(Psychological Contract Breach)'을 지목한다. Rousseau(1989)는 심리적 계약을 "조직과 구성원 간에 명시되지 않았지만 서로 기대하는 약속"이라 정의했다.

성과에 대한 보상, 성장의 기회, 존중받는 관계, 공정한 대우는 바로 그 '보이지 않는 계약'의

주요 내용이다. 하지만 그 계약이 지켜지지 않을 때, 구성원은 점차 마음을 거두기 시작한다. 그들은 말한다. "나는 충분히 노력했는데, 조직은 나를 정당하게 대우하지 않았다."

이 감정(불공정 인식)이 누적되면, 직원은 조용히 감정을 거둬들이며, 조직에 남아 있지만 심리적으로는 이탈한 상태, 즉 심리적 사직자로 변모하게 된다. 이러한 감정의 축적은 결국 구성원의 행동 변화를 수반한다. Conway & Briner(2005)는 심리적 계약 위반을 경험한 직원들이 다음과 같은 행동 패턴을 보인다고 밝혔다.

- **의도적 소극성** : 자신에게 주어진 범위를 넘지 않으며, "딱 시키는 만큼만" 일한다.
- **자발성의 소멸** : 개선 제안, 협력, 추가적 기여 행동이 사라진다.
- **관계 회피** : 팀 내 정서적 교류와 상호작용에서 점차 이탈한다.
- **심리적 거리두기** : 리더나 조직에 대한 애정적 언어 사용이 줄어든다.

이는 단지 '조용해진 것'이 아니라, 심리적으로는 이미 조직에서 철수하고 있다는 정서적 신호다. 보고서에는 여전히 이름이 적혀 있지만, 그 안에는 더 이상 사람이 없다.

2.2 심리적 사직은 현실에서 어떻게 시작되는가?

Kim et al.(2021)은 다음과 같은 네 가지 조직 경험이 구성원의 심리적 사직을 유발한다고 분석했다.

- **지각된 과잉자격** : 구성원은 자신이 가진 능력과 잠재력에 비해 지나치게 단순하고 반복적인 업무에 고정되어 있다고 느낀다.
- **비지지적 경력관리** : 조직은 구성원의 미래에 관심이 없고, 성장에 대한 실질적 지원이 부재하다고 느껴진다.
- **보상 불만족** : 노력과 성과에 비해 돌아오는 보상이 불투명하거나 부족하다고 판단된다.
- **직무 불안정성** : 직무가 조직 내에서 계속 유지될 수 있을지에 대한 신뢰가 부족하다.

이러한 요인들은 서로 다르지만, 하나의 공통된 정서적 결과로 이어진다. 그것은 바로, "나는 이 조직에서 정당하게 대우받고 있지 않다"는 감정이다. 이 감정은 단지 불만으로 그치지 않는다. 그것은 조직과 구성원 간의 심리적 계약이 서서히 무너지고 있다는 신호이며, 이탈의 감정은 이 지점부터 조용히 시작된다. 이와 같은 메커니즘은 조직 공정성의 네 하위 영역에서도 명확히 확인된다. 공정성 침해는 각기 다른 방식으로 직원의 감정을 흔들고, 몰입을 약화시키며, 결국 심리적 철수의 문을 연다.

- **분배 공정성의 침해** : 성과에 비례하지 않는 보상은 구성원에게 "나는 인정받지 못했

다"는 실망을 남긴다.

- **절차 공정성의 침해** : 일관되지 않은 승진과 평가 기준은 "이 조직은 기준 없이 움직인다"는 불신을 만든다.
- **상호작용 공정성의 침해** : 무시, 불친절, 불투명한 커뮤니케이션은 "나는 존중받지 못하고 있다"는 상처를 남긴다.
- **복원적 공정성의 침해** : 문제에 대한 침묵과 회피는 "나는 외면당했다"는 감정으로 이어진다.

이 네 가지 침해는 서로 다른 경로를 통해, 궁극적으로 정서적 몰입의 붕괴를 야기한다. 사람은 멀어지는 것이 아니라, 실망으로 인해 마음을 거두는 것이다. 익숙한 흐름일지도 모른다. 정서적 몰입에서 유지적 몰입으로, 혹은 정서적 몰입에서 곧장 심리적 사직으로. 이 감정의 전환점에는 언제나 "공정하지 않았다"는 체념이 자리한다.

2.3 사회적 교환관계의 균열

조직에서의 관계는 단순한 계약이 아니다. 그것은 신뢰 위에 세워진 정서적 교환, 즉 보이지 않는 기대와 감정의 주고받음으로 유지되는 공동체다. Blau(1964)는 이러한 관계를 사회적 교환(Social Exchange)이라 불렀다. 그는 조직과 구성원 간의 관계는 "보상을 넘어서, 서로에 대한 신뢰와 존중에 기반한 교환"이라고 보았다.

하지만 그 신뢰가 반복적으로 무시될 때, 교환은 균열되기 시작한다. 그들은 말은 하지 않지만, 마음속에서는 조용히 결론을 내린다. "내가 먼저 줄 이유가 사라졌다."

그리고 그 순간, 관계는 조용히 멈춘다. 감정은 철수되고, 행동은 줄어들며, 남은 건 단지 관계의 외형을 지탱하는 최소한의 역할 수행이다. 심리적 사직자는 더 이상 '불만이 있는 사람'이 아니다. 그는 감정을 거둔 사람이며, 더 이상 상처받지 않기 위해 조직과 자신 사이의 정서적 통로를 스스로 닫아버린 사람이다. 사회적 교환의 균열은 단지 관계의 끝이 아니다. 그것은, "나는 더 이상 여기에 의미 있게 존재하지 않는다"는 조용한 선언이다.

3. 조직을 떠나기 전, 이미 마음은 떠났다

심리적 사직은 감정의 무덤이 아니다. 그것은 조직 공정성 침해가 만든 감정의 방어선이며, 그 안에는 설명되지 않은 실망, 회복되지 않은 갈등, 반복된 무시의 기억이 조용히 쌓여 있다.

이 장에서 확인했듯, 심리적 사직은 어느 날 갑자기 일어나는 일이 아니다. 그것은 조직이 직원을 어떻게 대우했는지에 대한 응답이며, 무엇보다 공정성에 대한 반복된 침해가 만든 구조적 귀결이다. 많은 이들은 정서적 몰입으로 시작했지만, 실망과 침묵이 반복되면서 유지적 몰입에 머무르거나, 혹은 곧장 심리적 사직의 상태로 이행했다. 그리고 이 감정의 전환점에는 언제나 하나의 메시지가 있다.

"공정하지 않았다."

심리적 사직은 단지 소극적인 태도가 아니다. 그것은 정서적 유대의 단절, 이탈의 내면화, 그리고 조직이 보이지 않게 남긴 상처의 집합이다. 문제는, 이들이 조직 안에 늘어날수록 성과는 나오지만 문화는 침묵하고, 혁신은 멈추고, 신뢰는 사라진다. 잔류 인력조차 조직의 미래를 공유하지 않는다. 조직은 계속해서 굴러가지만,

그 안에서 '사람'이라는 동력은 사라져간다. 그렇다면 우리는 무엇을 해야 하는가?

회복은 단지 해결책을 제시하는 것으로 시작되지 않는다. 먼저, 조직이 스스로에게 질문을 던져야 한다. "우리는 언제, 누구에게, 어떤 방식으로 상처를 준 적이 있는가?"

이 질문을 회피한 조직은, 회복이 아니라 고립으로 향한다. 심리적 사직은 '떠난 마음'이 아니라, 돌아오지 못한 감정의 기록이다. 이제 필요한 것은 회복을 위한 진지한 설계다. 감정이 다시 살아날 수 있도록

구조를 바꾸고, 신뢰가 다시 자랄 수 있도록 관계를 복원하는 일. 무엇보다, 조직이 그들의 부재를 인지하고, 존재를 다시 불러낼 용기가 필요하다. 그들은 아직 떠나지 않았다. 그들은 지금도 '조직을 다시 사랑할 수 있는 기회'를 기다리고 있다.

문제는, 우리가 그 기회를 어떻게 마주하고, 어떻게 설계하느냐?에 달려 있다. 감정은 말로 회복되지 않는다. 회복은 구조의 언어로, 신뢰는 반복의 흐름 속에서 다시 자라난다. 이제 우리는 그 가능성을 구체적으로 살펴보려 한다. 다음 장에서는, 떠나간 마음을 다시 부를 수 있는 '단기 복원과 장기 신뢰의 이중 트랙 전략'을 다룬다. 말뿐인 변화가 아니라, 감정이 다시 살아날 수 있는 실천의 디자인을 함께 고민해보자.

PART

2

몰입의 회복
– 구조는 감정을 회복할 수 있는가?

조직 공정성 침해에 따른 몰입 회복 전략 : 감정에서 구조로

"이들은 여전히 조직에 있다. 하지만 마음은 이미 떠났다. 아니, 떠날 준비를 끝낸 지 오래다."

많은 조직에서 들리는 말이다. 그러나 대부분의 관리자들은 이 말을 너무 늦게 듣는다. 아니, 애초에 듣지 못한다. 왜냐하면, 이 말은 소리없이 진행되는 감정이기 때문이다. 그것은 말보다 행동이 먼저 멈추는 '심리적 사직'의 징후이며, 다르게 말하면 '유지적 몰입'이 고착화된 결과다. 중요한 것은, 이 감정은 돌이킬 수 없는 것이 아니라는 점이다.

이 장은 조직 공정성이 침해되었을 때 무너진 몰입을 어떻게 회복할 수 있을지를 구체적으로 다룬다. 핵심은 감정을 구조로 바꾸는 것이다. 사과로는 부족하다. 제도와 설계로 다시 신뢰를 설계해야 한다. 우리는 이 장에서 네 가지 공정성(분배, 절차, 상호작용, 복원적 공정성)이 침해된 구체적 장면을 중심으로, 감정의 본질, 회복의 키워드, 그리고 두 가지 시간 축(단기 복원, 장기 신뢰)에 따라 회복 전략을 정리한다. 몰입은 회복될 수 있다. 그러나 회복은 감정만으로는 되지 않는다. 그것은 구조의 문제이고, 조직의 태도와 방식의 문제다. 이제 우리는 그 구조를 다시 설계하기 위한 첫걸음을 내딛으려 한다.

1. 조직 공정성 침해에 따른 몰입 회복 전략 : 감정에서 구조로

"나는 아직 이 회사를 다니고 있지만, 마음은 이미 떠났다."

이 말은 단순한 푸념이 아니다. 오늘날 많은 직장인이 겪는 현실이다. 이들은 회사를 그만두지는 않았지만, 조직에 대한 정서적 애착은 이미 사라졌다. 일은 하지만, 더 이상 의미를 느끼지 못하고, 문제를 제기하지 않으며, 개선을 기대하지도 않는다. 이것이 바로 유지적 몰입이다. 그리고 이 유지적 몰입은 곧 심리적 사직의 또 다른 이름이다. 유지적 몰입이란 조직을 떠나고 싶지만, 생계, 경력, 책임감 등의 이유로 떠나지 못하는 상태를 말한다. 겉으로는 회사에 남아 있지만, 내면은 이미 거리감을 형성한 상태다. 이 상태가 장기화되면 조직은 보이지 않는 무력함 속에 빠지고, 구성원과 조직 간의 신뢰는 서서히 무너진다. 문제는, 많은 조직이 이러한 상태를 인식하지 못한 채 방치한다는 점이다.

하지만 몰입은 회복될 수 있다. 다만 그 회복은 감정의 영역에서만 이뤄질 수 없다. 감정이 다시 살아나기 위해서는, 그 감정을 가능하게 하는 구조와 환경이 먼저 바뀌어야 한다.

1.1 감정회복의 구조적 조건

몰입은 본질적으로 감정의 개념이지만, 그 감정을 촉발하거나 회복시키는 조건은 구조에 있다. 정서적 사건이론은 조직 내에서의 일상적 사건이 감정반응을 유도하며, 이 감정은 장기적인 태도 형성에 영향을 준다고 설명한다. 하지만 이 이론이 말하는 핵심은, 단지 사건 그 자체보다 어떤 구조적 맥락에서 그 사건이 반복되느냐가 몰입의 방향을 결정짓는다는 점이다. 즉, 몰입 회복은 감정을 회유하는 것으로 끝나지 않고, 감정을 다시 발생시킬 수 있는 환경을 재구성하는 일이어야 한다.

또한 JD-R 모델(Bakker & Demerouti, 2007)은 직원의 몰입이 자원(Resource)에 의해 유지된다고 본다. 이때 자원이란 단순한 물리적 조건이 아니라, 공정성, 자율성, 리더의 지지, 복원력 있는 조직문화 등 감정과 몰입을 지속시킬 수 있는 구조적 기반을 의미한다. 이 모델은 몰입을 감정의 결과이자 구조적 투입의 귀결로 본다. 결국, 이 두 이론은 같은 메시지를 전한다. 몰입은 감정의 문제이지만, 그 감정을 가능하게 하는 것은 조직의 구조이며, 회복 역시 구조를 통해 가능하다는 것이다. 즉, 회복은 개인의 감정을 달래는 것이 아니라, 그 감정이 다시 살아날 수 있는 조건을 조직이 설계하는 일이다.

정서적 소진은 개인의 나약함이 아니라, 반복되는 구조의 결과다. 감정은 위로로 회복되지 않는다. 조직이 보여주어야 할 것은 "다시 일할 수 있는 환경"이다. '구성원을 존중하는 회의 구조, 실패를 용인하는 피드백 문화, 예측 가능한 리더십의 언어'의 모든 것은 감정이 회복될 수 있는 '일상의 리듬'이다. 몰입이 감정의 표현이라면, 회복은 일상의 구조 속에서 감정이 다시 숨 쉴 수 있도록 만드는 일이다. 이제 조직은 스스로에게 물어야 한다. "우리는 감정이 다시 살아날 수 있는 구조를 가지고 있는가?"

1.2 몰입 회복의 현실 가능성

많은 조직이 "떠난 마음"은 되돌릴 수 없다고 생각한다. 심리적 사직에 이른 직원은 이미 신뢰를 거둔 상태이고, 그 상태에서 다시 정서적 몰입으로 돌아가는 것은 불가능에 가깝다고 여겨진다. 그러나 실제 연구들은 이 직관에 반하는 결론을 보여준다. 몰입은 회복될 수 있으며, 그 회복은 감정적 설득이 아니라 구조적 복원을 통해 이뤄진다.

Gillet et al.(2013)은 조직 공정성의 침해로 심리적 사직 상태에 빠진 구성원을 대상으로 한 종단적 연구에서, 리더의 일관된 지지와 투명한 절차 정비, 그리고 팀 내 상호작용 방식의 개선을 통해 3개월 내에 정서적 몰입 수준이 회복되었다는 결과를 보고했다. 단순한 위로나 개인 상담보다도, 조직이 먼저 구조적 변화를 보일 때 직원의 마음이 돌아오게 된다는 점을 실증적으로 보여준 셈이다. 또한, Kiazad et al.(2015)는 자율성이 낮고 통제적인 직무 환경에서도, 구성원에게 일정 수준의 재량권과 의사결정에 대한 설명 구조를 부여한 경우, 정서적 유대감과 조직신뢰가 유의미하게 회복된다는 결과를 제시했다. 즉, 감정을 설득하는 것이 아니라, 구성원이 납득할 수 있는 구조를 설계하는 것이 핵심이라는 뜻이다.

이러한 연구들은 공통적으로 다음과 같은 교훈을 던진다. 몰입 회복은 시간의 문제가 아니라 조직의 의지와 방식의 문제다. 감정은 말로 움직이지 않지만, 구조가 달라지면 감정도 다시 반응한다. "다시 신뢰해도 될까?"라는 질문에 조직이 구조로 답할 수 있다면, 심리적 사직상태에서도 회복은 가능하다. 따라서 조직이 해야 할 일은 명확하다. 단순히 "힘들지 않니?"라고 묻는 것이 아니라, "우리가 바꾼 것이 무엇인지 보였는가?"를 직원에게 질문할 수 있어야 한다. 회복은 말보다 방식이고, 공감보다 설계다. 몰입은 떠나간 감정이 아니라, 다시 돌아올 수 있는 신호다.

1.3 감정에서 구조로 – 이제 회복을 설계할 시간

심리적 사직은 개인의 게으름이나 회피에서 비롯된 것이 아니다. 그것은 오랜 시간 동안 조직이 어떤 구조를 유지해왔는지에 대한 반응이며, 그 구조 안에서 더 이상 감정이 안전하지 않다는 신호다. 그렇기에 회복은 단순히 "이해한다"는 말로 이뤄질 수 없다. 회복이란, 감정을 다시 믿어도 괜찮다는 것을 조직이 먼저 보여주는 일, 곧 구조의 언어로 감정에 응답하는 것이다. 우리는 앞서 살펴본 이론과 연구를 통해 다음의 사실을 확인했다. 몰입은 감정의 개념이지만, 그 감정을 회복시키는 힘은 구조에 존재한다. 그리고 그 구조란 거창한 혁신이 아니라, 일상의 방식 속에 숨어 있는 반복적인 패턴들이다. '말할 수 없던 회의', '늘 일방적

인 결정', '되풀이되는 침묵'

이러한 조직의 일상 구조를 바꾸지 않고는 어떤 감정도 오래 머물 수 없다. 그러므로 회복은 새롭게 설계되어야 한다. '일하는 방식, 피드백의 형식, 대화의 공간, 의사결정의 과정'. 이 모든 것들이 감정을 살리는 구조가 될 수 있어야 한다. 그리고 그 구조는 단지 한 번의 조치가 아니라, 지속 가능한 리듬과 맥락으로 자리잡을 때 비로소 몰입은 되살아난다. 이제 조직은 스스로에게 물어야 한다. "우리는 회복을 설계하고 있는가?", "우리는 감정을 되돌릴 수 있는 구조를 만들고 있는가?"

공정성은 바로 그 구조를 이루는 가장 핵심적인 설계도다. 이어서 그 구조의 설계도를 펼쳐보려 한다. '분배, 절차, 상호작용, 그리고 복원적 공정성' 이 네 가지 공정성의 침해 상황에서, 감정의 단기적 복원과 구조의 장기적 신뢰회복을 어떻게 동시에 설계할 수 있을지를 함께 살펴보자.

2. 조직은 어떻게 눈치채는가?

겉으로는 평온한 일상이 반복되지만, 어느 순간 이상징후가 감지된다. 자발적 제안이 줄고, 회의는 침묵으로 흐르며, 관리자와 직원 간의 소통은 지시와 보고 수준으로 위축된다. 성과는 하락하지 않는 것처럼 보이지만, 의미의 감퇴는 이미 곳곳에서 시작되고 있다. 몰입이 약해지는 조직에는 다음과 같은 징후들이 나타난다.

• **말의 부재** : 회의 시간에 손드는 사람이 줄어들고, 팀 채팅방에는 최소한의 보고만 올라온다.

• **의미의 실종** : 자발적 제안이 끊기고, "이건 왜하는 거죠?"라는 질문이 사라진다.

• **관계의 단절** : 팀장은 메일로 지시하고, 직원은 결재 라인 만 확인하며 하루를 마친다.

• **성과의 왜곡** : 구성원은 '성과 그 자체'보다, '성과가 인정받을 수 있는지?'에 더 민감해진다.

이러한 흐름 속에서 이직률은 점차 증가하고, 조직성과는 눈에 띄지 않게 흔들리기 시작한다. 특히 성과주의가 강한 부서일수록 몰입 약화의 파장은 빠르게 나타난다. 예컨대 A기업의 마케팅팀은 3분기 연속 목표를 달성하지 못했고, 그 무렵 팀의 핵심인재 2명이 잇따라 퇴사했다. 표면적인 퇴사 이유는 '개인 사정'이었지만, 그들의 실제 내면은 이렇게 말하고 있었을지도 모른다. "내 노력을 아무도 보지 않았다", "회의 때마다 의견이 무시됐다"

이후 경영진은 외부 컨설팅을 통해 조직진단을 의뢰했고, 그 결과는 예상 밖이었다. 성과 부진의 원인은 역량 부족이 아닌 '공정성 침해'였다. 구성원들은 단지 성과가 낮다고 느낀 것이 아니라, 그 성과가 '정당하게 평가받지 못했다'는 인식 속에서 정서적 몰입을 급격히 거둬들이고 있었던 것이다. 공정성은 눈에 보이지 않지만, 관계의 온도를 지탱하는 심리적 구조다. 그리고 이 구조가 무너질 때, 직원의 몰입은 정서적 상태에서 유지적 상태, 나아가 심리적 사직으로 빠르게 이행된다.

문제는 이 변화가 단번에 일어나지 않기 때문에, 조직은 이를 늦게 인지한다는 점이다. 가장 큰 위협은 불만이 아니라, 침묵이다. 몰입은 단절된 관계가 아니다. 그것은 신호를 보내며 천천히 무너진다. 그 신호를 읽지 못하면, 조직은 위기를 감정이 아니라 결과로 뒤늦게 마주하게 된다. 또한, 그 시점에서는 이미, 관계를 회복하기 위한 감정의 여지가 줄어든 상태일 수 있다. 그렇다면 다음 질문은 명확하다. "조직은 어떤 공정성을 침해했고, 그것이 몰입을 어떻게 무너뜨렸는가?", "그리고 우리는 어떻게 회복을 설계할 수 있는가?"

이어지는 내용은 네 가지 공정성(분배, 절차, 상호작용, 복원적)의 침해 상황을 중심으로, 몰입 회복을 위한 단기 복원 전략과 장기 신뢰 전략을 함께 살펴보고자 한다.

3. 공정성 침해에 따른 몰입 회복 전략

직원들의 조직몰입은 단절된 관계가 아니다. 그것은 축적되고, 때로는 깨지며, 때로는 다시 회복된다. 앞 장에서 살펴본 바와 같이, 조직 내 공정성의 침해는 각기 다른 방식으로 정서적, 규범적, 유지적 몰입을 약화시키거나 변형시키는 결정적 사건이 된다는 것을 알 수 있었다. 그러나 몰입은 일단 깨지면 끝나는 것이 아니다. 많은 직원들은 조직이 보여주는 사후 대응의 방식과 진정성에 따라 다시 조직에 마음을 열기도 한다. 특히, 분배의 형평성, 절차의 투명성, 인간적 존중, 잘못을 인정하는 태도 등은 몰입을 회복시키는 핵심기제가 된다.

이 절에서는 조직 공정성의 네 가지 유형(분배, 절차, 상호작용, 복원적)의 침해 상황에 대해, 구체적 회복전략과 조직 설계상의 시사점을 제시하고자 한다. 회복은 단지 사과의 문제가 아니라, 신뢰를 다시 쌓는 구조의 문제다. 이에 대해 좀더 구체적으로 알아보도록 한다. 즉 침해에 따른 현재의 감정은 무엇이고 이에 따른 회복의 본질을 파악하고 해결은 위한 단기 복원 전략과 장기 신뢰 전략을 정리해 본다.

3.1 분배 공정성 침해 – "내 노력을 아무도 보지 않았다"

보상은 단지 금전이나 물질의 문제가 아니다. 그것은 조직이 직원의 노력을 어떻게 바라보고 있는지를 보여주는 감정적 신호다. 직원은 자신의 헌신이 적절한 보상으로 되돌아오기를 기대하며 일한다. 그러나 동일한 성과를 낸 동료가 더 많은 인센티브를 받았을 때, 혹은 적은 기여를 한 사람이 더 높은 평가를 받을 때, 직원은 자신의 존재가 조직의 시야에서 사라졌다는 느낌을 받는다. "나는 분명히 최선을 다했다. 하지만 아무도 그것을 알아주지 않았다."

이 감정은 단순한 실망을 넘어서, 정체성 상실과 수치심으로 이어진다. 사람은 내가 '적게 받았다'는 사실보다, '덜 한 사람이 더 받았다'는 비교감정에 더 깊이 상처받는다. 이 감정은 조용하게 몰입을 갉아먹고, 결국 정서적 애착은 유지적 몰입으로 전락한다. 떠나지는 않지만, 더 이상 기대하지 않는다. 이것이 분배 공정성이 무너졌을 때의 조직 내 감정선이다.

Adams(1965)의 공정성이론은 인간이 타인과의 '보상–투입 비율'을 비교하여 자신의 공정성을 인식한다고 보았다. 내가 더 많은 투입을 했음에도 적은 보상을 받을 때, 심리적 불균형과 분노가 생긴다. 분배 공정성의 회복은 단순히 보상의 양을 조정하는 문제가 아니다. 중요한 것은, 구성원이 보상의 기준이 타당하고, 자신의 기여와 합리적으로 연결돼 있다는 믿음을 갖는 일이다. 직원은 보상 액수 그 자체보다, 그 보상이 자신의 노력과 일치한다고 느끼는 감정적 해석을 더 중요하게 여긴다. 회복은 그 믿음을 되살리는 일이다. 즉, "내가 한 만큼 받았다"는 심리적 수긍을 회복할 수 있어야 몰입도 회복된다.

분배 공정성이 무너졌다고 느끼는 순간, 직원이 가장 먼저 경험하는 것은 '숫자의 실망'이 아니라 '관계의 붕괴'다. 특히 같은 성과를 냈다고 생각한 동료가 더 많은 보상을 받을 때, 그 박탈감은 단순한 실망을 넘어 수치심, 분노로 이어진다. 이 감정은 절대적 금액보다 상대적 비교에서 비롯된다. "내가 더 노력했는데도 덜 받았다"는 감정은, 조직이 나의 기여를 보지 않았다는 해석으로 굳어지기 쉽다. 이때 조직이 취할 수 있는 첫 번째 회복 전략은 '감정을 받아주는 태도'다. 금액을 다시 조정하기보다, 그 감정이 왜 생겼는지를 설명하고, 인정하는 과정이 선행되어야 한다. 이를 위한 실천 전략은 다음과 같다.

● **보상 기준 항목의 공유** : 타인의 보상 수준에 대해 세부 항목을 공개하지 않더라도, 보상이 반영한 항목(성과, 협업, 기여도 등)과 그 비중을 공개하면 납득의 여지를 확보할 수 있다.

● **비교 기준에 대한 정당성 설명** : "다른 직원은 이런 점이 반영되었다"는 식의 구체적이고 맥락있는 설명은, 감정적 수용을 유도할 수 있다. 사람은 결과보다, 그 결과가 만들어진 논리적 서사를 듣고 싶어 한다.

- **정서적 인정의 언어** : "이번에 반영되지 않았지만, 당신의 기여는 조직에 매우 중요했다"는 식의 표현은 단순한 위로가 아니라, 심리적 존재감 회복의 메시지가 된다.

이 전략의 핵심은 '공감할 수 있는 이유'를 조직이 먼저 제시하는 것이다. 설명은 사과가 아니다. 설명은 통제감을 되찾게 하는 복원의 언어다. 직원이 자신의 평가 결과를 이해하고, 그 맥락을 납득할 수 있을 때, 관계는 비로소 다시 연결된다. 회복은 보상의 수정이 아니라, 감정의 수용에서 시작된다.

단기 복원이 감정의 수용에서 시작된다면, 장기 신뢰는 기준의 예측 가능성에서 만들어진다. 직원은 조직으로부터 더 많은 보상을 원하기보다, "이 보상이 왜 나에게 이렇게 주어졌는가?"에 대한 납득을 원한다. 보상의 크기는 잊혀질 수 있어도, 그 기준이 불명확했던 기억은 쉽게 지워지지 않는다. 그리고 그 모호함이 반복될 때, 직원은 더 이상 기대하지 않게 된다. 신뢰는 그렇게 무너진다.

조직이 회복을 위해 해야 할 일은 하나다. '기준'이 있다는 것을 보여주는 것. 그리고 그 기준이 상황에 따라 바뀌지 않는다는 것을 증명하는 것이다. 분배 공정성의 신뢰 회복은 다음과 같은 방식으로 설계되어야 한다:

- **기준의 명문화와 공개** : "성과", "협업 기여", "팀 성과" 등 보상에 반영되는 요소를 문서화하고, 그 비중과 적용 방식이 누구에게나 이해 가능하게 전달되어야 한다. 이는 평가가 아닌 설명의 언어로 공유되어야 한다.

- **예외 없는 일관된 적용** : 기준은 공개만으로는 부족하다. 실제 보상결과에서 그 기준이 예외 없이 적용되어야 한다. 조직이 말한 기준과 실제가 다르면, 설명은 변명이 되고 신뢰는 더 무너진다.

- **보상의 사전 예측 가능성** : 기준은 사후 설명보다 사전 기대를 가능하게 만들어야 한다. 직원이 연초에 자신의 목표를 설정할 때, "내가 이 정도를 해내면, 이 정도의 보상을 받을 수 있다"는 예측 가능성이 존재할 때, 비로소 기준은 동기부여의 구조가 된다.

장기 전략의 핵심은 '예측 가능성'이다. 직원은 "이번엔 왜 이런 보상을 받았지?"가 아니라, "앞으로도 내가 노력하면 보상받을 수 있다"는 신뢰의 리듬을 원한다.

보상의 기준은 판단의 기준이자, 조직이 내세운 신념의 약속이다. 그 약속이 일관되게 반복될 때, 감정은 연결되고, 신뢰는 다시 쌓인다. 분배 공정성의 회복은 단지 보상의 크기가 아니라, '예외 없는 약속의 구조'를 설계하는 일이다.

"성과가 보상으로 이어지는가?"라는 질문은 결국 돈의 문제가 아니라, 존재의 가치에 대한 인정을 요구하는 것이다. 몰입은 성과 그 자체에서 오는 것이 아니다.

그 성과를 누군가가 지켜보고 있다는 확신, 바로 그 시선에서 시작된다.

3.2 절차 공정성 침해 – "왜 아무도 내 말을 듣지 않았는가?"

절차는 단순한 형식이 아니라, 존재의 참여 여부를 결정짓는 신호다. 직원은 자신이 결정 과정에 어떤 식으로든 참여하고 있다고 느낄 때, 비로소 조직의 일원으로 존중받고 있다고 여긴다. 그러나 충분히 의견을 제시했음에도 반영되지 않거나, 주요한 결정이 사전 안내나 설명 없이 이뤄졌을 때, 직원은 '존재하지만 존재하지 않는 사람'이 된다. "나는 그 회의에 있었지만, 아무도 내 말을 듣지 않았다."

이 감정은 수동적인 실망이 아니라, 행위적 무력감에서 비롯된 분노다. 참여하지 못한 것이 아니라, 참여할 기회를 '박탈당했다'는 감정은 조직에 대한 몰입을 급격히 약화시킨다. 처음에는 질문을 줄이고, 그다음은 건의하지 않으며, 결국 아무것도 기대하지 않게 된다. 이렇게 절차의 배제는 정서적 몰입을 갉아먹고, 유지적 몰입이라는 조용한 이탈로 전환된다.

Thibaut & Walker(1975)의 절차 공정성 이론은 사람들이 결과보다 '그 결과가 어떻게 결정되었는가?'를 더 중시한다는 점을 강조한다. 구성원이 절차를 예측할 수 있고, 그 안에 '자신의 목소리'를 낼 수 있었다고 느낀다면, 결과에 대한 수용도는 놀랍도록 높아진다. 반면 절차에서 배제되었다고 느낀다면, 그 결과가 유리하든 불리하든 감정적으로 수용되지 않는다. 회복은 결과의 수정이 아니라, 절차 참여의 '복원'에서 출발해야 한다. 다시 말해, 직원이 "나는 이 조직 안에서 영향을 줄 수 있다"는 감정적 회복이 이루어져야 몰입도 되살아난다.

절차 공정성이 무너졌다고 느끼는 순간, 직원이 가장 먼저 경험하는 것은 결과에 대한 불만이 아니라, 자신이 무시당했다는 감정이다. 특히 충분히 의견을 냈다고 느꼈음에도 그것이 전혀 반영되지 않았을 때, 그 소외감은 단순한 실망을 넘어 분노와 체념으로 이어진다. 이 감정은 결과가 마음에 들지 않아서가 아니라, 그 결과가 만들어지는 과정에서 내가 사라졌다는 느낌에서 비롯된다. 이때 조직이 취할 수 있는 첫 번째 회복 전략은 '듣는 시늉'이 아니라, 실제로 반영된 흔적을 보여주는 것이다. 단지 의견을 수렴하는 것이 아니라, 그 의견이 실제로 어떤 영향을 주었는지를 명확히 전달하는 과정이 선행되어야 한다. 이를 위한 실천 전략은 다음과 같다:

- **작은 항목이라도 반영된 사례 공유** : 모든 의견을 반영할 수는 없지만, 일부 제안이 실제로 결정에 어떤 변화를 만들었는지를 구체적으로 공유하면 '듣는 조직'이라는 신호를 줄

수 있다.

- **반영 여부에 대한 피드백 제공** : 채택되지 않은 의견이라도 왜 반영이 어려웠는지를 설명하는 것이 중요하다. 직원은 의견의 채택보다, 그 의견이 진지하게 다뤄졌는가에 더 주목한다.

- **의사결정 과정의 서사화** : 결정의 결론보다, 그 결정이 어떻게 도출되었는지를 공유함으로써 직원은 자신의 영향력을 느낄 수 있다.

이 전략의 핵심은 '참여했다는 감각'을 조직이 먼저 확인시켜주는 것이다. 절차의 공정성은 결과가 아니라, "내가 그 결정 안에 존재했는가"라는 감정에서 시작된다.

단기 전략이 감정의 존중을 복원하는 과정이라면, 장기 전략은 참여의 구조화를 통해 예측 가능성과 신뢰를 회복하는 일이다. 직원은 특정 상황에서만 형식적으로 의견을 물어보는 조직이 아니라, 항상 의견을 낼 수 있고, 그 의견이 고려될 수 있다는 시스템을 갖춘 조직을 신뢰하게 된다. 따라서 절차 공정성의 장기 전략은 다음과 같은 구조적 실천으로 설계되어야 한다:

- **의사결정 루틴에 의견 수렴을 포함시키기** : 인사, 평가, 전략 수립 등 주요 의사결정 과정에 '의견 수렴 → 논의 → 결정 → 유'의 고정된 루틴을 마련해야 한다.

- **참여 가능한 권한을 제도화하기** : 참여는 선택이 아닌 권리로 보장되어야 한다. 직급과 역할에 관계없이 의견을 개진할 수 있는 공식 채널과 역할 구조를 갖추는 것이 핵심이다.

- **참여 결과를 기록하고 축적하기** : 회의록, 피드백 반영 기록, 결정의 근거 자료 등을 구성원 누구나 볼 수 있도록 남기면, 참여가 일회성이 아니라 역사적 자산으로 자리 잡게 된다.

이 전략의 핵심은 '지속 가능한 반영 구조'를 만드는 것이다. 의견을 말할 수 있다는 사실보다, 그 말이 남고, 돌아오고, 다음을 바꾸는 시스템이 있을 때, 직원은 조직을 신뢰하게 된다. 절차 공정성의 회복은 결국 참여가 예외가 아닌, 일상이 되는 조직 구조를 만들어 가는 일이다. 절차 공정성은 결과를 공정하게 만드는 '기술'이 아니라, 사람을 존중하는 '태도'에서 비롯된다. 그리고 그 태도는, '나는 여기에 영향을 줄 수 있다'는 감정에서 시작된다.

3.3 상호작용 공정성 침해 – "사람이 아니라, 기능으로 취급받았다"

어떤 결정이 내려질 때, 그것이 나에게 유리한가 불리한가보다 더 먼저 다가오는 감정은 "그 과정에서 내가 존중받았는가?"이다. 상호작용 공정성은 단지 친절함이나 예의범절의 문제가 아니다. 그것은 조직이 구성원을 하나의 인격체로 대하는가, 아니면 기능적 수단으로

만 보는가에 대한 태도다. "왜 나에게 말 한마디 없이 그런 결정을 했는지 모르겠다. 난 단지 사람이지, 기계가 아니다."

무례한 언행, 일방적 통보, 감정 없는 피드백은 사람을 일에서 멀어지게 만드는 시작점이다. 직원은 자신이 필요할 땐 호출되고, 그렇지 않을 땐 무시된다고 느낄 때, 조직에 대한 애정을 거두기 시작한다. 이는 단지 상사의 말투가 문제가 아니라, 존재 자체가 인정받지 못했다는 감정이 조직에 대한 몰입을 무너뜨리는 것이다.

Bies & Moag(1986)는 상호작용 공정성을 '인간적인 대우를 받았다고 느끼는 정도'라고 정의하며, 그 핵심 요소로 '정중함, 솔직한 설명, 감정의 배려'를 제시했다. 이는 단순한 커뮤니케이션 스킬의 문제가 아니라, 관계에 대한 감정적 신뢰를 회복하는 일이기도 하다. 직원은 때로 불리한 결과도 받아들일 수 있다. 그러나 그 과정에서 충분히 설명받고, 예의 있게 대우받았다면, 감정의 균형은 무너지지 않는다. 회복은 말의 내용이 아니라 말의 방식에서 시작된다.

상호작용 공정성이 무너졌다고 느끼는 순간, 직원이 가장 먼저 경험하는 것은 존엄성의 훼손이다. 단순한 지적, 무례한 언행, 무관심한 태도는 직원에게 "나는 존중받지 못했다"는 깊은 상처로 남는다. 이 감정은 다른 어떤 공정성보다도 즉각적이고 개인적으로 작용하며, 수치심, 분노, 실망감을 불러온다. 이때 조직이 취할 수 있는 첫 번째 회복 전략은 '말을 잘하는 것'이 아니라, '진심으로 응답하는 태도'이다. 관계에서 비롯된 상처는 관계를 통해서만 치유될 수 있다. 감정을 다독이려는 말보다, 감정에 책임 있게 반응하는 태도가 중요하다. 이를 위한 실천 전략은 다음과 같다:

- **즉각적인 사과와 책임 표명** : 상호작용 공정성의 회복은 타이밍이 생명이다. 상황을 인지한 즉시, "그 말로 마음이 상하셨을 것 같다"는 식의 정서적 응답이 이루어져야 한다.

- **경청과 감정 확인의 대화 시도** : 문제상황에서 직접 대면이 어렵다면, 그 감정을 문자로나마 먼저 인정하는 메시지를 보내는 것도 하나의 방법이다. 회복의 신호는 반드시 먼저 와야 한다.

- **개인의 기여와 존재에 대한 재확인** : "그동안의 기여를 누구보다 잘 알고 있다"는 언급은 상처 입은 자존감을 다시 붙드는 언어가 된다. 진심은 화려한 말이 아니라, 구체적인 기억에서 느껴진다.

이 전략의 핵심은 '회피하지 않는 것'이다. 말을 돌리기보다, 감정을 정면으로 마주하고 응답하는 태도가 있어야 관계의 실이 다시 연결된다. 상처는 대화로 치유되지 않는다. 정서적 책임감이 느껴지는 말과 행동에서 치유되기 시작한다.

상호작용 공정성은 개인의 품성에 의존하는 한계가 있다. 이를 극복하기 위해서는 '정중한 대우'가 문화이자 시스템이 되어야 한다. 말투 하나로 조직 전체가 흔들릴 수 있다면, 말의 방식을 훈련하고 제도화하는 것은 결코 사소한 일이 아니다. 다음과 같은 전략이 필요하다:

- **상호작용 기준의 명문화** : 회의 중 발언 태도, 피드백 언어, 성과 면담 방식 등에 대해 구체적인 상호작용 매뉴얼을 만들고, 이를 교육과 피드백의 기준으로 삼아야 한다.
- **감정적 존중을 반영한 피드백 문화 설계** : 리더가 감정을 고려한 피드백을 주는 훈련을 받도록 하고, 조직 내 심리적 안전감을 높이는 루틴(예: 회의 전 감정 점검, 면담 후 피드백 수렴 등)을 제도화해야 한다.
- **상호작용 피드백 루프의 정례화** : 리더와 구성원 간, 구성원 간 상호작용에 대해 정기적으로 피드백을 나누는 시간과 채널을 확보해야 한다. '말하지 않아도 알겠지'는 공정성을 무너뜨리는 가장 위험한 착각이다.

장기 전략의 핵심은 '좋은 관계도 구조가 필요하다'는 인식이다. 존중은 감정의 문제이자, 습관의 문제이며, 동시에 조직 설계의 문제다. 상호작용 공정성이 회복될 때, 직원은 단지 상처를 덜 받는 것이 아니라, "나는 존중받을 자격이 있는 사람"이라는 존재의 감각을 되찾게 된다. 사람은 기능이 아니다. 존중은 몰입의 가장 감정적인 조건이다. 사람은 잘 대해준 사람에게 가장 오래 남는다. 몰입은 결국, 관계에 대한 감정적 기억이다.

3.4 복원적 공정성 침해 − "잘못은 있었지만, 아무도 책임지지 않았다"

직원은 실수나 실패를 참을 수 있다. 누구든 실수할 수 있고, 조직도 완벽하지 않다는 사실을 안다. 그러나 더 큰 상처는 그 이후에 벌어진다. 명백한 잘못이 있었음에도 아무도 인정하지 않고, 조직은 그저 시간이 지나기만을 기다릴 때, 직원은 자신의 감정이 방치되었다는 깊은 무력감에 빠진다. "그 일을 다들 알고 있었지만, 누구도 사과하지 않았다.", "내가 불편하다는 걸 알았을 텐데, 아무 말도 없었다."

복원적 공정성이 무너졌을 때 사람들은 조직이 '무능하다'고 말하지 않는다. 대신 이렇게 말한다. "여긴 책임지는 사람이 없다." 이 말은 시스템이 아니라, 관계의 단절을 말하는 것이다. 문제가 발생했을 때, 조직이 침묵하거나 외면할 때, 직원은 결국 이렇게 느낀다. "나는 이 조직에서 보호받지 못하는 사람이다." 이 감정은 단순한 불만이 아니다. 그것은 몰입을 중단하고, 조직으로부터 마음을 거두게 되는 결정적 전환점이 된다.

복원적 공정성은 다른 공정성과 달리, 이미 일어난 문제 이후에 작동하는 공정성이다. 다시 말해, 이는 '결과'나 '절차'가 아닌, "관계에 대한 응답"의 문제다.

Folger & Cropanzano(2001)는 Fairness Theory를 통해 불공정 상황에서 조직이 사과, 설명, 책임 인정과 같은 절차를 제시할 때, 구성원이 다시 신뢰와 몰입을 회복할 수 있음을 보여주었다. 이후 연구들은 이러한 맥락을 복원적 정의(Restorative Justice) 개념으로 확장하여, 구성원의 존재와 감정 회복을 강조하고 있다(Skarlicki & Folger, 1997; Goodstein & Aquino, 2010).

여기서 중요한 것은 '정답'을 찾는 것이 아니다. 오히려 중요한 것은 "그 상황에서 직원이 느낀 감정에 대해 조직이 어떻게 반응하는가?"이다. 조직이 잘못을 완벽히 고치지 못하더라도, 모든 사람이 납득할 수 있는 대책을 내놓지 못하더라도, '진심 어린 사과, 감정의 정당한 인식, 재발 방지를 위한 구체적 의지'가 필요한 것이다.

이 세 가지가 보여질 때, 사람은 신뢰를 조금씩 회복한다. 복원적 공정성의 회복은 결과의 뒤처리가 아니다. 그것은 관계의 재설계다. "우리가 당신의 감정을 알고 있다"는 표현은, 그 사람의 존재를 다시 조직 안으로 불러오는 회복의 언어가 된다.

복원적 공정성이 무너졌다고 느끼는 순간, 직원이 가장 먼저 경험하는 것은 감정이 방치되었다는 무력감이다. 조직에서 문제가 발생했을 때, 어떤 것도 설명되지 않고, 누구도 책임지지 않으며, 시간이 흘러 잊히기만 할 때, 직원은 "나는 그냥 넘어가도 되는 존재인가?"라는 느낌을 받는다. 이 감정은 분노가 아니라, 조용한 체념과 거리두기로 이어진다. 이때 조직이 취할 수 있는 첫 번째 회복 전략은 "사과할 수 있는 용기"다. 사과는 책임을 떠안는 것이 아니라, 감정에 대한 공감과 존재의 회복을 위한 공식적 출발점이다. 진심 어린 사과 한 마디는 구조보다 먼저 사람을 움직인다. 이를 위한 실천 전략은 다음과 같다:

● **공식적인 인정과 유감 표명** : 잘못을 인정하는 메시지는 반드시 구체적이고 직접적이어야 한다. "그 일로 마음이 상하셨을 수 있다는 점, 저희도 무겁게 받아들이고 있습니다."와 같은 표현은 단순히 사건이 아니라 감정을 다루는 언어다.

● **사과의 타이밍과 진정성 확보** : 늦은 사과는 변명처럼 들린다. 문제를 인지했다면, 가능한 한 빠르게 사과와 설명의 메시지를 전달해야 한다. 침묵은 공정성 침해를 증폭시킨다.

● **회복을 위한 구체적 제안 동반** : 단순한 말이 아닌, "앞으로 이런 일이 반복되지 않도록 다음과 같은 조치를 하겠다"는 식의 실행 의지를 담은 약속이 병행되어야 한다.

이 전략의 핵심은 '말의 책임감'이다. 복원은 설명보다 먼저 감정에 공감하는 태도에서 시작되며, 그 첫 문장이 바로 공적인 사과와 책임의 언어다. 사과는 실패의 고백이 아니라, 관계 회복의 선언이다.

복원적 공정성이 반복적으로 무너지는 조직의 공통점은 '문제가 생겼을 때의 프로토콜'이 없다는 것이다. 실수는 있을 수 있다. 하지만 실수 이후의 대응이 무계획적이고 임의적이라면, 조직은 직원에게 "문제가 생겨도 아무 일도 일어나지 않는다"는 학습된 무력감을 심어줄 뿐이다. 장기적으로 복원적 공정성을 회복하려면, 조직은 사건 이후의 대응을 구조화해야 한다. 이는 실수를 통제하기 위한 관리체계가 아니라, 신뢰를 회복하기 위한 정서적 절차 설계에 가깝다. 다음과 같은 전략이 필요하다:

- **감정회복 프로토콜 마련** : 갈등, 오해, 평가 오류, 언행 실수 등의 상황이 발생했을 때 어떤 언어로, 어떤 방식으로 대응할 것인지에 대한 '정서적 응급 대응 매뉴얼'이 필요하다.
- **리더 대상 복원적 커뮤니케이션 교육** : 리더가 잘못된 피드백이나 부적절한 언행을 했을 때, 자신의 언행을 돌아보고 사과하는 역량을 키우는 교육이 필요하다. 회복은 권위가 아니라 성숙함에서 나온다.
- **문제 발생 이후의 공식 루틴 구성** : 사건 발생 시, '사과 → 설명 → 보완안 제시 → 후속 피드백'의 루틴을 공식적 절차로 명시하고, 정기적인 사후 검토 회의까지 포함시켜야 한다. 조직의 신뢰는 복원 시스템에서 만들어진다.

장기 전략의 핵심은 '문제 이후가 곧 조직의 품격'이라는 인식이다. 복원은 실수를 없애는 것이 아니라, 실수 이후의 대응을 신뢰로 만드는 일이다. 구성원이 말할 수 있고, 감정을 표현할 수 있으며, 그 감정이 구조적으로 다뤄진다는 확신이 생길 때, 몰입은 다시 연결된다. 실수 이후, 누가 책임지고, 어떻게 회복하는가는 조직이 관계를 대하는 태도이다.

4. 변화는 어떻게 시작되는가 – "몰입은 감정이 아니라 관계로 회복된다"

몰입이 무너졌다고 해서, 반드시 조직을 떠나는 것은 아니다. 그러나 감정이 사라진 채 관계가 멈춘 상태는, 이미 '떠난 마음'이 조직 안에 머물고 있는 것이다. 그 상태가 길어질수록 조직은 성과보다 먼저 관계의 이상 징후를 감지하게 된다. "성과는 괜찮은데, 왜 이토록 공기가 무거운가?", "왜 다들 피드백을 주지 않고, 침묵만 이어지는가?" 그제야 조직은 묻기 시작한다. "우리는 왜 직원의 마음을 잃었는가?"

이 질문이 곧 회복의 시작점이다. 그것은 성과 향상이나 제도개선이 아니라, 신뢰 회복

없이는 어떤 전략도 작동하지 않는다는 자각에서 비롯된다. 실제로 Dirks & Ferrin(2001)의 연구에 따르면, 손상된 공정성 인식 속에서도 리더나 조직이 신뢰 회복의 제스처를 보여줄 경우, 구성원은 다시 정서적 몰입상태로 전환될 수 있음을 보여준다. 뿐만 아니라, Robinson(1996)은 심리적 계약이 위반되었을 때, 조직이 이를 공식적으로 인정하고 대응하는 경우, 몰입이 회복될 수 있는 여지를 남긴다고 지적했다.

특히 Reina & Reina(2006)는 조직 내에서 신뢰가 회복되는 과정이 "말의 정확성"보다 "감정의 진정성"에 달려 있으며, 정직한 사과와 후속 행동이 신뢰의 회복에 핵심역할을 한다는 점을 강조했다. 이처럼 몰입은 단순히 정보 전달이나 제도 개선으로 회복되지 않는다. 몰입은 감정의 언어로 시작되지만, 그것이 회복되는 과정은 단순한 위로가 아니라, 다시 연결된 관계와 신뢰의 감정적 체계에서 비롯된다.

이 시점에 필요한 것은 선언이 아닌 실천이고, 감정적 위로가 아닌 지속 가능한 회복의 설계다. 몰입은 감정의 언어로 시작되지만, 그것이 회복되는 과정은 단순한 위로나 제도로 완성되지 않는다. 감정을 구조로, 구조를 실천으로 전환하는 단계적 복원 설계, 바로 그것이 회복의 본질이다. 몰입은 어느 날 갑자기 돌아오지 않는다. 그것은 조직이 감정을 다루는 방식에서, 신뢰를 설계하는 방식으로 나아가는 계단이다.

5. 단기 복원과 장기 신뢰 회복 –"감정을 달래고, 신뢰를 설계하라"

몰입은 한순간에 무너지지 않는다. 하지만 공정성이 침해되는 순간, 그 몰입은 놀라울 만큼 빠르게 해체된다. "나는 아직 이 회사에 다니고 있지만, 마음은 이미 떠났다."는 말은 단지 우울한 푸념이 아니다. 그것은 조직이 직원의 감정을 놓쳤을 때 생기는 현실이다.

실제 연구에서도 이러한 과정은 명확하게 드러난다. Dirks & Ferrin(2002)의 메타분석은 리더에 대한 신뢰가 낮을수록 직원들의 조직몰입이 약화되고, 구성원이 조직과 정서적으로 거리를 두는 경향이 있음을 보여주었다. 이어서 Weick & Sutcliffe(2007)는 위기 상황에서 신뢰 회복은 제도적 보완만으로는 충분하지 않으며, 감정적·관계적 대응과 구조적 학습이 동시에 이루어져야 한다고 강조하였다. 이러한 맥락에서 Tomlinson & Mayer(2009)는 실험연구를 통해, 리더의 책임 인정과 사과가 신뢰 회복의 핵심적 조건임을 입증했으며, Gillespie & Dietz(2009)는 실제 기업 사례 분석에서 구조적 개선과 투명한 의사소통이 병행될 때 신뢰와 몰입이 가장 안정적으로 회복된다고 보고하였다.

그렇다면 회복은 어떻게 시작되어야 하는가? 바로 감정에 응답하는 '단기 복원', 그리고 예측 가능성과 일관성을 설계하는 '장기 신뢰 회복'이라는 이중 트랙 전략이 동시에 작동해야 한다. 공정성은 단일 사건이 아니다. 반응하는 태도와 반복되는 구조가 쌓여야만, 비로소 조직은 다시 몰입의 기반을 회복할 수 있다.

5.1 단기 복원: 감정에 응답하라

몰입이 무너지는 순간, 직원의 감정은 보상이나 규칙의 문제가 아니라, 훼손된 관계와 무시된 존재감에서 비롯된다. "왜 나를 이렇게 대했는가?"라는 질문은 단지 항의가 아니다. 그것은 자신이 조직 안에서 존중받지 못했다는 깊은 상처의 표현이다. 이때 필요한 것은 복잡한 제도나 장기 전략이 아니다. '사과, 설명, 정서적 인정' 그저 감정에 귀 기울이고 반응하는 작은 조치가 먼저 있어야 한다. 앞서 살펴본 네 가지 공정성의 유형에서도, 단기 복원의 핵심은 감정적 응답이다.

- 분배 공정성이 무너진 순간에는, 상대적 박탈감에 대한 감정적 공감이 필요하다.
- 절차 공정성이 훼손되었을 때는, 의견이 무시당한 경험을 작고 구체적인 방식으로 반영하는 것이 회복의 실마리가 된다.
- 상호작용 공정성이 흔들린 자리에서는, 존엄성이 손상된 순간에 대한 즉각적이고 진심 어린 사과가 먼저 따라야 한다.
- 그리고 복원적 공정성이 부재했던 경험은, 침묵이 남긴 상처를 공식적으로 인정하고 응답하는 것으로 회복이 시작된다.

이 모든 전략은 '감정의 응급처치'이지만, 때로는 이 작은 응답조차 없는 조직도 있다. 그러나 기억해야 할 것은 이것이다. 응답 없는 침묵은 감정보다 더 오래 남는 상처를 만든다. 몰입은 다시 태어날 수 있다. 하지만 그 시작은, 직원의 감정에 반응할 수 있는 조직에서만 가능하다.

5.2 장기 신뢰 회복: 구조로 예측 가능성을 만들어야 한다

감정에 응답하는 일시적 복원이 어느 정도의 진정을 이끌었다면, 다음은 그 감정을 다시 무너지게 하지 않을 구조적 장치를 설계해야 한다. 신뢰는 예외 없이 작동하는 체계에서 자란다. 예측 가능하고 일관된 기준, 반복 가능한 참여 구조, 그리고 정기적인 피드백 루프가 그것이다.

- 보상은 얼마만큼의 금액보다, 기준이 설명 가능하고, 예측 가능하게 적용되는가가 핵심이다.
- 의사결정 절차는 그 결과보다, 참여의 기회가 공정하게 주어졌는가가 더 중요하다.
- 상호작용은 이벤트가 아니라, 매일의 말투와 태도에서 드러나는 존중의 습관이어야 한다.
- 회복 시스템은 사후 대응이 아니라, 누구든 말할 수 있고 들을 수 있는 정기적 구조로서 제도화되어야 한다.

Tyler & Lind(1992)의 연구에서도 밝혀졌듯, 조직의 공정성은 단순히 '한 번의 공정한 사건'이 아니라 '지속적으로 반복되는 공정한 경험'에서 비롯된다. 몰입은 감정의 반응이지만, 그 감정을 지켜주는 것은 구조다.

5.3 회복은 이중 트랙으로 완성된다

단기 복원만으로는 부족하다. 감정이 한 번 회복되었다 해도, 그 감정이 다시 상처받지 않을 수 있다는 확신이 따라야 한다. 그리고 반대로, 아무리 공정한 시스템을 갖췄다 하더라도, 그것이 감정의 상처를 무시한 채 작동한다면, 조직은 외면적으로는 정교하지만, 내면적으로는 메마른 조직이 된다. 회복은 '감정에 응답하는 따뜻함'과 '구조를 설계하는 냉철함'이 함께할 때 비로소 완성된다. 이 둘은 어느 하나가 다른 것을 대체할 수 없다. 감정은 회복의 문을 여는 손이고, 구조는 그 문을 다시 닫히지 않게 하는 경첩이다.

5.4 실천을 향한 질문: 이제, 무엇을 바꿔야 하는가?

조직 공정성의 회복은 단순히 '공정하게 행동하라'는 구호가 아니다. 그것은 '반응하는 조직, 예측 가능한 구조, 그리고 신뢰를 설계하는 리더십'이 함께 작동할 때 비로소 만들어지는 몰입의 환경이다. 우리는 이미 원칙을 알고 있다. 감정에 응답하라. 구조를 설계하라. 그러나 회복은 선언이 아니다. 그것은 반복되는 습관이며, 제도화된 태도다. 이제 우리는 다시 질문한다. "조직은 감정을 어떻게 다루고 있는가?", "그 감정이 다시 무너지지 않도록, 어떤 구조를 만들어야 하는가?"

이 질문은 단순한 물음이 아니라, 실천의 문턱에서 반드시 마주해야 하는 성찰이다. 몰입은 회복될 수 있다. 하지만 회복은 '반응'이 아니라 '설계'에서 완성된다. 그 설계가 신뢰를 만들고, 신뢰가 다시 몰입의 기반이 된다. 그런데 이 시점에서 많은 조직은 또 다른 질문을 던진다. "정말 그렇게 해야만 하는가?", "그 전략들이 실제로 효과가 있다는 근거는 무엇인가?"

이 질문은 회의가 아니라, 가능성에 대한 탐색이다. 오늘날 조직은 더 이상 도덕적 당위만으로 움직이지 않는다. '좋은 리더가 되라', '직원을 존중하라'는 말만으로는 조직의 변화는 지속되지 않는다. 중요한 것은, 우리가 제안하는 회복 전략이 감정과 몰입의 심리 구조에 기반한 실천이라는 사실이다.

우리는 먼저 하나의 사실을 짚고자 한다. 몰입은 감정, 동기, 자원, 신뢰, 정체성이라는 다섯 개의 심리적 구조 위에 형성된 상태다. 그리고 몰입이 무너질 때, 그 붕괴는 단지 개인의 문제가 아니라, 조직 안에서의 관계와 역할 경험이 손상된 결과다. 따라서 회복 또한 개인의 차원이 아니라, '관계'와 '일'이라는 두 축을 중심으로 설계되어야 한다. 왜냐하면, 직원의 몰입은 '누구와 일하느냐(관계)'와 '어떤 일을 하느냐(일의 의미)'라는 두 가지 경험에 의해 결정되기 때문이다. 실제로 많은 조직 사례에서 상사와의 상호작용이 감정의 출발점이 되고, 일에 대한 의미 상실이 몰입 붕괴의 핵심 원인이 된다. 그러므로 이 두 영역의 회복 없이는, 몰입도 결코 회복되지 않는다. 그리고 이 두 영역을 실천적으로 회복하는 전략이 바로 '리더십'과 '직무설계'다. 그렇다면 다시 질문하게 된다. 왜 하필 서번트 리더십인가? 왜 Job Crafting과 I-deals인가?

그 이유는 명확하다. 이 전략들은 감정, 동기, 자원, 신뢰, 정체성이라는 몰입의 심리 구조와 정면으로 연결되는 실천 방식이기 때문이다.

• 서번트 리더십은 심리적 안전감, 관계적 신뢰, 감정적 수용을 회복하는 리더십이다.

• Job Crafting과 I-deals는 자율성과 의미, 그리고 관계 회복을 가능하게 하는 직무설계 전략이다.

이 전략들은 단순히 '좋아 보이는 방식'이 아니라, 심리학적으로 작동하는 회복의 전략이다.

이제 우리는 감정에서 출발한 논의를, 이론의 언어로 확장할 것이다. 다음 장에서는 정서적 사건이론(Affective Events Theory)에서부터 심리적 계약이론(Psychological Contract Theory)까지, 일곱 가지 심리 이론을 통해 우리가 제시한 회복 전략이 왜 효과적인지를 설명할 것이다. 몰입은 감정의 언어로 시작되지만, 그 회복은 사람을 이해하고, 심리를 읽고, 구조를 설계하는 일로 완성된다. 회복은 그렇게, 사람에 대한 깊은 이해에서 출발한다.

왜 우리는 그 전략을 선택했는가? – 몰입 회복을 지지하는 7가지 심리 기둥

앞 장에서 우리는 조직 공정성 침해 이후 무너진 몰입을 회복하기 위해, '감정에 응답하는 단기 복원'과 '신뢰를 다시 설계하는 장기 전략'이라는 이중 트랙 회복 모델을 제시했다. 감정적 단절을 해소하고, 관계의 신뢰를 다시 세우는 이 전략은 분명 회복의 유효한 출발점이다. 그러나 이제는 한 걸음 더 나아가야 한다. 질문은 이렇게 바뀐다. "왜 하필 그 전략인가?", "서번트 리더십과 직무설계, 이 두 가지 실천이 정말로 회복을 이끄는가?"

조직은 사람을 다룬다. 그리고 사람은 감정, 동기, 학습, 기대, 관계, 정체성으로 이루어진 심리적 존재다. 따라서 몰입의 회복은 어떤 지침이나 캠페인으로 간단히 구현되지 않는다. 구성원의 심리를 기반으로 한 설계여야만 한다.

이 장은 바로 그 질문에 답한다. 우리가 선택한 전략이 단순한 감정 위로나 일시적 처방이 아니라, 사람의 심리를 지지하고 회복을 가능하게 하는 이유, 그 이론적 토대를 설명한다. 그 배경에는 조직심리학의 일곱 가지 기둥이 있다. 이 기둥들은 다음의 질문에 대한 심리적 경로를 밝혀준다.

- 공정성 침해는 왜 감정적 이탈로 이어지는가?
- 왜 어떤 사람은 조직을 떠나고, 어떤 사람은 묵묵히 머무는가?
- 몰입을 다시 회복하기 위해 우리는 어디서부터 설계를 시작해야 하는가?

이 장은 그 해답으로 정서적 사건이론, 자기결정이론, JD-R 모델, 사회학습이론, 사회교환이론, 심리적 계약이론, 조직정체성 이론을 차례로 다룬다. 각 이론은 몰입의 붕괴와 회복이 어떤 심리 구조를 따라 진행되는지를 보여주며, 동시에 우리가 제시한 회복 전략의 심리적 정당성을 뒷받침한다.

1. 정서적 사건이론(Affective Event Theory)

"회복은 감정에서 시작된다"

몰입은 숫자가 아니라 감정이다. 성과가 유지되는 것처럼 보여도, 마음은 이미 떠나 있을 수 있다. 조직에서 일어나는 많은 문제들은 제도나 구조의 문제로 포장되지만, 그 이면에는 말하지 못한 감정, 설명되지 않은 상처가 자리하고 있다. 그리고 그 감정은 한 번의 사건이 아니라, 작고 반복되는 일상 속 경험에서 생겨난다.

직원이 불공정하다고 느끼는 순간, 가장 먼저 반응하는 것은 '이성'이 아니라 '감정'이다. '설명되지 않은 결정, 무시당한 말, 공감 없는 피드백, 줄곧 뒤로 밀리는 인정.'

이러한 사소해 보이는 순간들이 쌓이면, 사람은 소속감을 접고 침묵을 선택한다.

감정은 조직경험의 시작이며, 동시에 이탈의 신호이기도 하다. 그래서 회복의 첫 번째 기둥은 '정서적 사건이론'이어야 한다. 이 이론은 감정이 행동의 배경이 아니라, 행동을 이끄는 동력임을 강조한다. 그리고 그 감정이 단발적인 반응이 아니라 누적된 경험의 결과라는 점에서, 회복을 위해서는 감정을 다루는 것이 아니라 감정을 만들어낸 구조와 관계를 재설계해야 한다는 점을 일깨워준다. 이 장에서는 정서적 사건이론이 어떻게 몰입의 시작과 끝을 설명하는지를 살펴보고, 이를 바탕으로 서번트 리더십과 직무설계가 어떻게 감정을 회복하는 전략이 될 수 있는가를 연결해본다.

정서적 사건이론(Affective Event Theory, AET)은 Weiss와 Cropanzano(1996)가 제시한 이론으로, 조직 내에서 벌어지는 다양한 사건들이 구성원의 감정에 영향을 주고, 그 감정이 다시 직무태도와 행동으로 이어진다고 설명한다. 이 이론의 핵심은 감정은 일시적인 반응이 아니라, 행동을 결정짓는 핵심 변수라는 점이다. 사건은 개인의 가치나 기대와 충돌할 때 강한 정서 반응을 유발하고, 이 반응은 몰입, 만족, 충성, 이직의도 등 핵심 조직행동으로 전이된다. 특히 상호작용에서 발생하는 작고 반복적인 부정적 사건들 - 예를 들어 무시, 평가 배제, 경청 부족 - 은 감정적 소진을 유발하고 몰입의 기반을 서서히 무너뜨린다.

"김 대리는 회의 중 아이디어를 제시할 때마다 팀장이 말을 자른다. 처음에는 참고 넘겼지만, 반복되자 점점 회의에서 침묵하게 됐다. 나중엔 '이 회사는 내 말을 들을 생각이 없다'고 느끼며 감정적 거리감을 키우기 시작했다."

이 사례는 하나의 반복적 사건이 감정에 영향을 주고, 그 감정이 몰입을 무너뜨리는 전형적인 흐름을 보여준다. 회의 중 지속적으로 의견이 무시되는 경험은 사소해 보일 수 있으나, 반복될 경우 직원은 자신이 존중받지 못하고 있다는 감정을 축적하게 되고, 결국 조직에 대한 감정적 애착이 급격히 떨어진다. 감정은 조직경험의 '결과'가 아니라 '필터'다. 그리고 이 필터가 흐려질수록, 조직과 구성원 사이의 감정 연결은 서서히 끊어진다. 따라서 회복은 단순한 성과 회복이 아니라, 감정 경험의 재설계에서 시작되어야 한다.

몰입은 감정에서 시작되고, 그 감정은 조직에서의 정서적 경험을 통해 서서히 형성된다. 이러한 전제를 실증적으로 입증한 연구들은 매우 많다. 그중에서도 특히 감정의 누적 경험이 조직에 대한 태도와 몰입을 어떻게 형성하는지를 입증한 대표 연구들을 간추려 살펴보자.

• Weiss & Cropanzano(1996)는 정서적 사건이론을 통해, 감정이 직무만족과 몰입 같은 태도 형성의 핵심 예측변수임을 실험 연구를 통해 입증했다. 이들은 감정이 보상의 크기나 제도 같은 외재적 요인보다, 조직 내 상호작용, 대우, 분위기 같은 내재적 경험에 훨씬 더 민감하게 반응한다고 보았다.

• Ashkanasy & Daus(2005)는 감정의 반복 경험이 누적될 경우, 직무만족과 조직 신뢰, 몰입을 약화시키고, 이직의도와 조직에 대한 냉소주의를 유발한다는 사실을 실증 분석으로 제시했다. 이는 감정이 단지 일시적인 반응이 아니라, 조직 신뢰의 기반을 흔드는 정서적 신호 체계로 작동함을 의미한다.

• Basch & Fisher(2000)는 구성원이 겪는 부정적 감정의 빈도와 강도가 직무 수행과 조직 몰입에 어떤 영향을 주는지를 분석하며, 감정 경험의 누적이 몰입의 질을 결정짓는 중요한 요인임을 강조했다.

이처럼 축적된 연구들은 한 가지 공통된 결론에 도달한다. 즉, '몰입은 제도로 만들어지는 것이 아니라, 감정의 궤적으로부터 형성된다'는 것이다. 조직이 구성원의 감정을 읽지 못할 때, 그 감정은 단절의 언어가 되고, 침묵은 서서히 이탈로 전이된다. 몰입을 회복하기 위해 우리는 성과보다 먼저 감정의 흐름을 복원해야 한다. 그것이 리더십과 직무설계가 반드시 감정회복의 실천으로 시작되어야 하는 이유다.

몰입이 감정의 축적에서 비롯된다는 사실은, 회복 또한 감정의 복원을 통해 가능하다는 점을 시사한다. 그러나 여기서 중요한 것은 단순히 위로하거나 긍정의 언어를 던지는 것이 아니다. 진짜 회복은 감정을 만들어낸 구조, 반복된 맥락, 그리고 그 감정이 축적된 일상의 방식 자체를 다시 설계하는 데서 시작된다. 이때 가장 핵심적인 회복 전략은 두 가지다. 하나는 사람과의 관계를 바꾸는 리더십의 태도, 다른 하나는 일을 다시 구성하는 직무설계다.

1.1 리더십 전략 : 감정을 다시 경험하게 하는 경청과 인정

서번트 리더십은 '경청', '인정', '개방적 피드백'을 핵심 원칙으로 삼는다. 이것은 단순한 리더의 성품 문제가 아니라, 조직에서 반복되는 정서적 손상을 회복할 수 있는 유일한 리더십의 구조적 조건이 된다. 서번트 리더십이 중요한 이유는, 이 리더십이 단순한 권한 행사나 동기부여를 넘어 '감정을 다시 경험하게 만드는 리더십'이기 때문이다. 과거의 부정적 사건(무시, 평가 배제, 불공정한 피드백 등)으로 형성된 감정의 단절은, 다시 들려주고, 다시 인정해주는 공감적 관계 안에서만 복원될 수 있다. 이는 단순한 격려나 칭찬이 아니다. 상처받은 감정을 재경험하고 재해석할 수 있도록, 조직의 언어 자체를 바꾸는 실천이다.

서번트 리더는 자신이 앞에 나서기보다, 구성원이 감정을 말할 수 있는 장을 열고, 그 감정을 조직의 책임으로 받아들일 수 있는 '관계적 공간'을 설계한다. 그때 조직은 구성원에게 이렇게 말하게 될 것이다. "이번엔 들릴 것 같았다. 예전과는 뭔가 달랐다."

1.2 직무설계 전략 : 감정의 해석을 바꾸는 실천

공정성 침해로 인한 몰입의 붕괴는 단지 감정적인 상처로 그치지 않는다. 그보다 더 근본적인 문제는, '내가 하는 일'이 더 이상 '나'와 연결되어 있지 않다는 감각이다. 몰입은 결국 '일'이라는 매개를 통해 형성되는 감정이기에, 그 감정이 회복되기 위해서는 일의 방식과 의미를 다시 재구성할 수 있는 심리적 통로가 필요하다. 바로 이 지점에서 Job Crafting과 I-deals(개별적 근무조건)는 다른 어떤 전략보다도 효과적인 회복 경로를 제공한다.

- **Job Crafting**은 구성원 스스로 자신의 업무를 재해석하고 재설계함으로써, 내면의 감정 구조를 회복할 수 있는 자기주도적 실천 전략이다. 감정을 의미로 다시 엮고, 일과 나 사이의 단절된 연결을 복원하는 힘은 외부로부터 주어지기 어렵다.

그래서 Job Crafting은 자기 손으로 다시 몰입을 짓는 과정이 된다.

- **반면 I-deals**는 조직이라는 제도와의 관계를 구조적으로 조정하는 전략이다.

구성원이 자신의 현실과 감정을 반영해 일과 삶의 조건을 협상할 수 있도록 허용함으로써, 감정이 냉소로 굳기 전에 제도적 조율을 통해 미세하게 회복할 수 있는 기회를 만든다.

이 둘은 각기 다른 방식으로 구성원의 감정을 다시 조직에 '묶어주는 실천'이다. 하나는 감정의 의미를 스스로 새롭게 정의하는 길(Job Crafting), 다른 하나는 조직과의 관계를 제도적으로 리셋하는 길(I-deals)이다. 그래서 이 두 전략은 몰입 회복을 위한 직무설계의 이중 축이 된다.

Job Crafting은 구성원이 반복되는 스트레스와 부정적 경험을 자신의 언어, 자신의 관점, 자신의 리듬으로 다시 해석하도록 돕는다. 이는 감정을 단절시키는 조직이 정해준 '일'에서 벗어나, 감정을 복원할 수 있는 자기만의 '일'로 전환해가는 과정이다. 몰입은 그렇게, 다시 나만의 방식으로 일을 할 수 있다는 감정에서 시작된다.

I-deals는 감정이 아직 분노나 냉소로 굳어지기 전에, 작은 협상을 통해 삶과 일의 조건을 스스로 조율할 수 있다는 감각을 회복하게 한다. 이 조율은 단지 조건을 바꾸는 것이 아니라, 감정을 말할 수 있는 공식적인 언어와 루트를 구성원에게 허락하는 것이다.

감정은 눌러두면 분노가 되지만, 말할 수 있으면 회복의 언어가 된다. 그리고 말할 수 있는 조직은, 감정을 다시 묶어낼 수 있다. 몰입은 어느 날 갑자기 돌아오지 않는다. 하지만 누군 가가 귀 기울여주고, 일이 다시 의미를 가지며, 내 감정을 다르게 말할 수 있는 공간이 열릴 때, 그 마음은 서서히, 그러나 확실히 조직 쪽으로 다시 향하게 될 것이다.

2. 자기결정이론(Self-Determination Theory)

"동기는 감정보다 느리게 무너지고, 더 깊이 조직을 떠나게 만든다"

조직에서 일어난 감정의 단절은 단지 일시적인 이탈이 아니다. 감정이 사라진 자리에는 서서히 동기의 붕괴가 찾아온다. 구성원은 겉으로는 일을 하지만, 내면에서는 조직으로부터 멀어지고, 그 결과 남는 것은 성과가 아닌 무력감과 거리감, 즉 심리적 사직이다. 이때 몰입을 회복하려면 감정을 보듬는 것을 넘어, 그 감정 뒤에 꺼져버린 '내면의 동기 시스템'을 다시 작동시켜야 한다. 바로 이 지점에서 자기결정이론(Self-Determination Theory, SDT)은 몰입 회복을 위한 두 번째 심리 기둥으로 등장한다.

Deci와 Ryan(1985, 2000)은 인간의 자율적 동기화를 위해 반드시 충족되어야 할 세 가지 기본 심리 욕구를 제시했다:

- **자율성(Autonomy) : 내가 선택하고 있다는 감각**
- **유능감(Competence) : 나는 잘하고 있다는 느낌**
- **관계성(Relatedness) : 나는 이 안에서 연결되어 있다는 신호**

이 세 가지 욕구는 단지 성과나 만족을 위한 조건이 아니라, 내재적 동기와 몰입의 뿌리다.

이 욕구들이 충족되면 구성원은 스스로 동기화되며 몰입을 유지하지만, 지속적으로 침해될 경우 동기는 외재화되고, 조직에 대한 심리적 애착은 붕괴된다.

공정성 침해는 바로 이 세 가지 욕구를 동시에 손상시키는 심리적 충격이다. 조직은 구성원의 자율성을 제약하고, 유능감을 무시하며, 관계성을 단절시킨다. 그 결과 구성원은 더 이상 '나'로서 일하지 않게 되고, 몰입은 조용히 사라진다.

"박 과장은 매일 상사의 지시에 따라야만 한다. 실적을 올려도 아무도 인정해주지 않고, 팀원들과의 협력도 피상적일 뿐이다. 그는 어느 순간부터 무력감을 느꼈고, 일도, 사람도, 조직도 예전처럼 보이지 않기 시작했다."

이 사례는 자기결정이론이 말하는 세 가지 욕구(자율성, 유능감, 관계성)가 어떻게 현실 속에서 동시에 무너지는지를 보여준다. 박 과장은 자신의 업무에 선택권이 없었고, 성과가 인정받지 못했으며, 조직 안에서의 소속감도 느끼지 못했다. 이렇게 욕구가 침해된 상태가 지속되면 구성원은 "나는 왜 여기 있어야 하지?"라는 존재론적 의문에 빠지게 된다. 감정이 떠나간 자리에 남는 것은 동기의 상실, 그리고 몰입의 이면에 숨어 있는 조용한 이탈이다.

몰입은 단지 의무감이나 보상의 결과가 아니다. 자기결정이론은 몰입이 기본 심리 욕구의 충족에서 비롯되는 심리적 상태임을 설명하며, 이러한 전제를 실증적으로 뒷받침하는 연구들도 매우 풍부하다. 그중에서도 자율성, 유능감, 관계성의 욕구 충족이 어떻게 내재적 동기와 조직몰입을 강화하는지를 입증한 대표 연구 세 가지를 간추려 살펴보자.

• Ryan & Deci(2000)는 자율성, 유능감, 관계성이라는 세 가지 심리욕구의 충족이 내재적 동기의 지속과 조직몰입을 예측하는 핵심 요소임을 밝혔다. 이 욕구들이 침해될 경우, 웰빙과 몰입 수준은 급격히 저하되며, 구성원은 조직과의 정서적 연결을 잃고 외재적 보상만을 좋게 된다.

• Gagné & Deci(2005)는 자율적으로 동기화된 직원일수록 더 높은 몰입과 성과, 심리적 건강을 경험하며, 반대로 통제된 환경에서는 감정적 소진과 이직의도가 증가함을 실증적으로 보여주었다.

• Deci et al.(2001)은 심리적 욕구가 충족되는 조직일수록 구성원의 몰입, 직무만족, 조직시민행동(OCB)이 증가하며, 반대로 욕구가 좌절되는 환경에서는 냉소주의와 방어적 행동이 강화된다는 점을 밝혀냈다.

이처럼 자기결정이론을 기반으로 한 연구들은, 몰입은 외부의 보상이 아니라 욕구 충족을 통해 내부에서 자라나는 상태임을 공통적으로 보여준다. 조직이 구성원의 욕구를 외면할 때, 그 이탈은 '퇴사'가 아니라 '심리적 단절'로 먼저 시작된다.

몰입은 단지 집중이나 성실함의 문제가 아니다. 몰입이란 내가 이 일을 스스로 선택하고 있다는 감정이 조직 안에서 지속되고 있다는 뜻이다. 자기결정이론은 이러한 몰입의 내면을 설명하는 강력한 이론이다. 이 이론은 자율성, 유능감, 관계성이라는 세 가지 기본 심리 욕구가 충족될 때, 인간은 외적 보상 없이도 스스로 동기화되고, 일에 내재적으로 몰입한다고 본다. 하지만 공정성이 침해된 조직 안에서는 이 세 가지 욕구가 먼저 무너진다. 지시만 존재하고, 의견은 배제되며, 수고는 인정받지 못하고, 팀 안의 관계는 점점 형식적으로 변한다. 그때 구성원은 이렇게 느낀다. '이일은 내가 선택한 게 아니야', '내가 해도 소용없어', '나는 여기에 속해 있지 않아'

이 감정이 반복되면, 구성원은 더 이상 자율적으로 행동하지 않는다. 몰입은 사라지고, 조직은 구성원의 마음 없는 잔류, 유지적 몰입이라는 상태로 남게 된다. 그렇다면 회복은 어디에서 시작되어야 할까? 자기결정이론은 말한다. 몰입은 감정의 회복이며, 감정은 선택의 경험에서 다시 자란다. 그리고 그 선택을 가능하게 만드는 두 가지 전략이 있다: 하나는 리더십의 태도, 다른 하나는 직무의 재구성이다.

2.1 리더십 전략: 감정을 허락하는 리더, 마음을 돌려놓는 구조

서번트 리더십은 '섬김'이나 '겸손'의 미덕만이 아니다. 자기결정이론의 관점에서 볼 때, 이 리더십은 구성원의 자율성과 유능감을 회복시키는 핵심 통로다. 리더가 구성원의 이야기를 경청하고, 작은 성취와 감정을 인정하며, 비판 없는 피드백으로 심리적 안전감을 제공할 때, 구성원은 서서히 말문을 열고, 일에 대한 감정적 통제력을 회복한다. 특히 반복적으로 무시당하거나 수동적인 역할만 강요받던 구성원에게, "이번엔 네가 선택해도 돼"라는 메시지를 전하는 것. 그것이 바로 자기결정이론이 말하는 '자율성의 회복'이며, 서번트 리더십이 조직 안에서 실현하는 감정회복의 구조다. 이 리더십 아래에서 구성원은 다음과 같은 감정을 경험하게 된다. "예전에는 그냥 하라는 대로 했는데, 이번엔 내가 정해서, 내가 해보고 싶어졌다."

2.2 직무설계 전략: 선택할 수 있다는 감정이 몰입을 되살린다

조직에서 몰입이 무너질 때, 구성원은 단지 감정적으로 상처받은 것이 아니다.

그보다 더 근본적인 감정은, '이 일이 더 이상 나와 연결되어 있지 않다'는 감각이다. 자기결정이론은 이를 자율성, 유능감, 관계성의 붕괴로 본다. 이 감정의 복원은 일을 다시 해석하는 실천에서 시작된다.

- **Job Crafting**은 구성원이 자신의 업무 내용을, 방식과 흐름을, 그리고 의미 부여 방식을 스스로 다시 설계하도록 돕는 전략이다. 이는 단순한 재배치가 아니라, '이건 내가 선택한 일이야'라는 감정을 되찾는 과정이며, 자기결정이론이 강조한 자율성과 유능감의 회복이 일어나는 순간이다.

- **I-deals(개별적 근무조건)**은 구성원이 조직과의 관계 안에서 자신만의 상황을 협상하고 조율하는 제도적 통로다. 이는 단지 업무조건을 바꾸는 협상이 아니라, 감정을 반영할 수 있는 공식적 루트를 조직이 허용하는 행위다. 자신의 감정이 제도에 반영될 수 있다는 경험은 관계성을 다시 느끼게 한다.

자기결정이론은 단순히 '동기'를 설명하는 이론이 아니다. 그것은 사람이 어떻게 감정을 회복하고, 어떻게 다시 '주체로서의 나'를 회복할 수 있는지를 말해주는 이론이다. 몰입이 무너진다는 것은 단지 열정이 사라졌다는 뜻이 아니다. 그것은 내가 더 이상 이 일을 선택하고 있다고 느끼지 못한다는, '주체의 상실'을 의미한다.

그리고 회복은, 그 주체성을 다시 찾아오는 과정에서만 가능하다. Job Crafting은 그 시작점이다. 남이 만들어놓은 일에서 벗어나, 내가 선택하고 내가 재구성한 일로 다시 돌아오는 길. 그 과정에서 구성원은 자율성과 유능감을 회복하고, 관계 안에서 다시 정체성을 발견하게 된다. 그 누구도 대신해줄 수 없는 자기 결정의 경험이, 감정의 방향을 다시 조직으로 향하게 만든다.

I-deals는 그 주체성을 조직이 공식적으로 인정해주는 장치다. '당신의 삶의 조건과 감정을 우리는 고려하고 있습니다'라는 신호를 제도적으로 보내는 방식이다. 작은 협상일지라도, 그 안에서 구성원은 존재의 가치를 체감하고, 스스로 이 관계의 일부가 되어 있다는 심리적 안전감을 얻게 된다. 몰입은 명령으로 돌아오지 않는다. 몰입은 다시 선택할 수 있다는 감정, 그리고 그 선택이 의미 있다는 확신에서 다시 싹튼다. 자기결정이론은 말한다. 사람은, 자신이 선택했다고 느낄 때 가장 오래, 가장 깊이 머무른다. 천천히, 그러나 확실하게.

3. 직무요구-자원 모델(JD-R model)

"심리적 소진은 감정이 남아 있기 때문에 생기지만, 유지적 몰입은 감정이 사라졌기 때문에 시작된다"

심리적 소진은 감정이 남아있기 때문에 생긴다. 조직과 일에 대해 여전히 애정을 갖고 있기에, 실망하고, 지치고, 무너진다. 그러나 시간이 지나면 그 감정조차 말라버린다. 상처받을 기대도, 분노할 애정도 사라진 상태. 그렇게 감정이 식은 자리에 남는 것은 냉소와 거리감, 그리고 떠나지 못하는 나뿐이다. 이것이 바로 유지적 몰입이다. 감정의 소진은 행동의 이탈로 이어지지만, 감정의 부재는 잔류의 이유가 되기도 한다. 직원은 더 이상 몰입하지 않지만, 떠나지도 않는다. 이것은 개인의 문제가 아니다. 자원은 줄어들고, 요구는 여전한 조직 환경 속에서 누구든 이러한 상태에 놓일 수 있다. 그리고 바로 이 '에너지 고갈 → 감정 냉각 → 미의 소멸'의 과정을 가장 잘 설명하는 것이 JD-R 모델이다.

직장에서 지친다는 것은 단순히 일이 많아서만은 아니다. 도무지 감당할 수 없을 만큼의 압박이 밀려오고, 그걸 견뎌낼 여유나 지지, 회복의 기회가 없을 때 우리는 진짜로 탈진하게 된다. JD-R 모델은 바로 이 과정을 설명하는 대표적인 이론이다.

직무요구-자원 모델은 Demerouti et al.(2001)이 처음 제안한 이론으로, 사람들이 일터에서 경험하는 소진(Burnout)과 몰입(Engagement)의 원인을 두 가지 요인 ― 직무요구(demands)와 직무자원(resources) ―의 균형으로 설명한다. 이후 Bakker와 Tims 등의 연구자들에 의해 이 모델은 단순한 스트레스 이론을 넘어, 몰입과 성과를 예측하는 주요 이론으로 확장되었다. 이 모델에서 말하는 개념은 다음과 같다:

- **직무요구(Job Demands)** : 업무량이 많거나, 감정적으로 힘들거나, 역할이 불명확해 스트레스를 유발하는 요소들이다. 예를 들어, 끝이 보이지 않는 보고서, 고객 응대에서의 감정 노동, 혹은 누구 책임인지 애매한 프로젝트 등이 해당된다.

- **직무자원(Job Resources)** : 반대로, 일을 잘 해낼 수 있도록 돕는 심리적 버팀목이다. 자율성과 같은 통제 가능성, 상사의 지지, 일에 대한 피드백, 일의 의미 등은 에너지를 회복하게 해주고, 몰입을 촉진하는 자원들이다.

JD-R 모델의 핵심은 단순하지만 명확하다. 요구가 높고 자원이 낮을수록 사람은 소진되고, 자원이 풍부할수록 사람은 다시 몰입할 수 있다. 그리고 여기서 중요한 포인트가 있다. 우리가 앞서 살펴본 조직 공정성, 서번트 리더십, Job Crafting, I-deals 같은 전략들은 모두 이 '자원' 축에 포함된다. 즉, 조직이 몰입을 회복하고 싶다면, 더 많은 요구를 하기 전에 감정적으로 회복할 수 있는 자원을 먼저 설계해야 한다. 몰입은 감정의 문제가 아니라, 감정을 지킬 수 있는 구조의 문제다.

"혜진 대리는 몇 달째 야근을 반복하고 있다. 고객 컴플레인 대응, 불명확한 지시, 줄어드는 인력까지, 그는 쉴 틈이 없다. 하지만 상사는 '원래 그런 거야'라고 말한다. 피드백은 없고, 팀 회의는 실적 보고로만 채워진다. 그는 점점 무표정해졌고, 어느 순간부터 감정조차 느끼지 않게 되었다."

이 장면은 JD-R 모델의 전형적 사례다. 직무요구는 과잉되었고, 자원은 거의 존재하지 않는다. 혜진 대리는 에너지가 고갈된 상태로 업무를 지속하고 있으며, 이는 감정적 고갈을 넘어 의미의 고갈, 정체성의 침묵으로 번지고 있다. JD-R 이론은 말한다. 자원이 없을 때 사람은 감정도, 몰입도, 자기다움도 모두 조직 안에 머물 수 없게 된다고.

JD-R 모델의 타당성은 수많은 연구에서 검증되었다. 그중에서도 감정 소진과 몰입 간의 관계, 자원의 완충 효과를 입증한 대표 연구 세 가지를 살펴보자.

• Schaufeli et al.(2002)은 직무자원이 구성원의 몰입을 예측하는 주요 변수임을 확인하였으며, 특히 피드백, 자율성, 사회적 지지가 몰입을 유의미하게 높인다고 밝혔다.

• Bakker & Demerouti(2007)는 직무요구가 높더라도 자원이 충분히 제공되면 소진을 방지하고 몰입을 유지할 수 있다는 점을 실증적으로 증명하였다. 이는 단순한 스트레스 모델이 아닌, 회복 모델로서 JD-R의 가치를 보여준다.

• Tims et al.(2013)은 Job Crafting을 통해 구성원이 자원을 스스로 확장할 수 있으며, 이는 몰입을 증진시키고 요구-자원 균형을 회복하는 강력한 실천 전략임을 밝혔다.

이처럼 JD-R 모델은 직무요구와 자원의 상호작용이 감정적 에너지의 상태를 결정하며, 몰입은 자원 회복의 심리적 결과로 나타난다는 점을 명확히 보여준다. 중요한 것은 구성원이 에너지를 고갈시키는 존재가 아니라, 자원을 회복하고 구조를 재설계할 수 있는 능동적 주체라는 점이다.

JD-R 모델이 우리에게 주는 가장 큰 통찰은 '자원이 감정이고, 감정이 곧 몰입'이라는 점이다. 감정은 줄어드는 업무량으로 회복되지 않는다. 오히려 회복은 자율성과 피드백, 인정과 지지, 관계와 통제력이라는 심리적 자원이 복원될 때 시작된다. 그때 필요한 실천 전략은 다음 두 가지다.

3.1 리더십 전략: 리더는 자원이자 자원 회복자다

서번트 리더십은 JD-R 모델에서 말하는 가장 핵심적인 '사회적 자원'이다. 리더가 구성원의 업무부담을 인식하고, 정서적 지지와 실질적 권한을 제공할 때, 구성원은 심리적 에너지를 회복할 수 있다. 특히 '내가 혼자가 아니다'라는 감정은 직무요구가 아무리 과중해도 몰입을 유지하게 만드는 완충 자원(buffer resource)이 된다.

"버텨야 한다는 말보다, 함께 버티겠다는 말이 힘이 되었다"

3.2 직무설계 전략: 자원을 설계하는 실천

JD-R 모델은 직무자원이 몰입을 설명한다고 본다. 그런데 그 자원은 반드시 조직이 일방적으로 제공해야만 하는 것일까? 최근 연구들은 자원을 회복하고 재구성하는 전략으로 직무설계(Job Design)의 중요성을 강조하고 있다. 특히 실천 전략으로는, 개인이 스스로 자원을 설계하는 Job Crafting과 조직과 협상을 통해 자원을 조정하는 I-deals가 대표적이다.

• Job Crafting은 구성원이 스스로 업무방식, 인간관계, 일의 의미를 재구성하면서 '내가 나를 위한 자원을 만든다'는 경험을 제공한다. 이는 단순한 감정회복을 넘어, 자율성과 유능감, 그리고 몰입의 회복으로 이어진다. 특히 Tims와 Bakker(2010)는 Job Crafting이 JD-R 모델의 핵심 전략으로 작동한다고 보았으며, 이를 다음과 같이 세 가지 방식으로 구체화했다. 첫째, 사회적-구조적 직무자원을 늘리고(예: 피드백 요청, 자율성 확대), 둘째, 도전적 직무요구를 자발적으로 확대하며(예: 새로운 프로젝트 제안), 셋째, 방해적 직무요구를 줄이는 행동을 통해(예: 불필요한 회의 감소), 구성원은 실제로 일의 조건 자체를 변화시키며, 소진을 줄이고 몰입을 회복할 수 있다.

• I-deals는 조직과 구성원 간의 협상을 통해 일의 조건을 조정하는 전략이다. 이 전략은 단순한 배려를 넘어, 일방적으로 주어진 '요구'에 대한 조정 권한을 되찾는 과정이며, 동시에 구성원 개인이 필요한 '자원'을 확보하는 제도적 방법이기도 하다. 예를 들어, 재택근무일 조정, 업무 시간대 변경, 역할 재설계 등은 모두 I-deals의 사례다. 구성원은 이를 통해 '나는 조직에서 고려받고 있다'는 감정적 안정감을 확보함과 동시에, 직무요구-자원 간의 불균형을 스스로 조율하는 주체로 전환된다. 결과적으로, I-deals는 심리적 여유를 확보할 뿐 아니라, 자기효능감, 자율성, 관계적 안전감 등 몰입 회복에 필요한 핵심 자원을 조직 안에서

만들어가는 실천 전략이다.

JD-R 모델은 감정소진이 구조의 문제가 아니라 자원의 결핍 문제임을 말해준다. 그래서 회복은 반드시 자원을 복원하는 구조적 실천에서 출발해야 한다. 리더의 피드백, 일의 재구성, 제도적 조율은 모두 '감정을 회복하는 자원 설계'다. 몰입은 감정의 총합이며, 감정은 자원이 줄 때 가장 먼저 무너진다. 하지만 자원은 다시 설계할 수 있다. 그 가능성에서 회복은 시작된다.

4. 사회학습이론(Social Learning Theory)

"몰입은 말보다 행동에서, 가르침보다 관계에서 배워진다"

조직 안에서 몰입이 사라지는 과정은 단지 한 개인의 감정 붕괴만으로 설명되지 않는다. 몰입의 붕괴는 전염되고, 방관되며, 때로는 학습된다. 회의 시간에 무표정한 얼굴, 아무도 말하지 않는 보고서 공유 채널, 점점 사라지는 '좋아요'의 흔적. 구성원은 몰입의 부재를 말하지 않고 배운다. 반대로 말 한마디 없는 리더의 행동, 동료의 태도, 사소한 인정의 제스처를 통해 감정은 회복되기도 한다. 이런 점에서 몰입은 경험되는 감정이자, 관찰되는 태도이다. 이 과정을 이론적으로 설명하는 틀, 바로 사회학습이론(Social Learning Theory, Bandura, 1977)이다.

Bandura(1977)는 인간의 학습이 단지 강화를 통한 결과 중심이 아니라, 타인의 행동을 관찰하고 모방하는 과정에서도 일어난다고 보았다. 이 이론의 핵심은 다음과 같다:

- 사람은 타인의 행동을 '관찰'을 통해 내면화하고,
- 그 행동의 결과를 예상하면서 '기대'를 형성하며,
- 행동 모델에 '정서적 동일시'를 경험할 때 몰입하게 된다.

이 구조를 조직에 적용하면, 구성원은 리더의 태도, 동료의 반응, 회의 속 분위기 등 다양한 장면에서 몰입의 모델 또는 탈 몰입의 모델을 관찰하고, 이를 통해 자신도 몰입하거나 거리를 두게 된다는 것이다. 특히 감정은 말보다 태도를 통해 학습되며, 몰입은 보이지 않는 신호들을 통해 강화되거나 무너진다.

"민수는 입사 초에는 매사에 적극적이었다. 발표도 자주하고 회의에도 의견을 냈다. 그런데 동료들이 조용히 눈치를 보고, 리더가 무반응으로 일관하자 점점 말수가 줄었다. 어느 날부터인가 그는, 회사에선 말을 아껴야 한다는 걸 '배우고' 있었다."

이 장면은 사회학습이론이 조직 안에서 어떻게 작동하는지를 극명하게 보여준다. 민수는 조직이 감정을 다루는 방식 ─ 침묵, 무시, 냉소 ─ 를 관찰했고, 결국 자신의 태도도 그에 맞춰 바뀌었다. 사람은 가르침보다 환경을 먼저 읽고, 상사의 한숨보다 팀장의 한 줄 댓글에 더 큰 의미를 둔다. 이런 학습이 반복되면, 몰입은 조용히 사라지고 감정은 스스로를 보호하기 위해 '무관심'이라는 전략을 선택하게 된다.

사회학습이론은 조직 행동에서도 강력한 설명력을 갖고 있으며, 감정 전염과 몰입 학습을 설명하는 실증연구들이 다수 존재한다. 그중 대표적인 세 가지를 소개하면 다음과 같다.

● Salanova et al.(2005)는 감정은 팀 내에서 상호 전염되며, 리더의 긍정적 감정 표현이 팀원들의 몰입 수준에 직접적 영향을 미친다는 점을 실증적으로 보여주었다. 특히 감정은 인지보다 먼저 반응하며, 비언어적 태도를 통해 강하게 전달된다고 분석했다.

● Walumbwa et al.(2008)는 리더의 행동 모델링(예: 공정성, 배려, 진정성)이 구성원의 행동과 감정에 미치는 영향을 조사하였으며, 리더가 본보기가 될 때 몰입과 조직시민행동이 함께 상승함을 밝혀냈다.

● Bakker et al.(2006)는 동료의 몰입 수준이 주변 구성원의 심리적 활력과 성과에 긍정적으로 전이됨을 실증하였고, 특히 팀 차원의 몰입 문화를 설명할 때 '관찰 기반 정서 모델'의 중요성을 강조하였다.

이처럼 구성원은 감정을 '배우고' '따라하며' 몰입의 문화를 형성한다. 결국 몰입은 개인의 태도가 아니라, 집단의 정서 시스템 위에서 자란다.

감정은 설득으로 회복되지 않는다. 몰입은 강요로 생기지 않는다. 회복은 누군가의 표정, 누군가의 태도, 누군가의 응시 속에서 조용히 시작된다. 사회학습이론은 감정회복을 위한 가장 강력한 전략이 '말이 아니라 행동'이며, '지시가 아니라 모범'이라는 점을 말해준다.

4.1 리더십 전략: 리더는 감정의 모델이 되어야 한다

몰입은 감정의 상태다. 그리고 감정은 말이 아니라 행동을 통해 학습된다. 조직에서 가장 자주 관찰되는 존재는 리더다. 리더의 표정, 반응, 기다림, 경청은 구성원에게 정서적 메시지를 보낸다. 그 메시지는 말보다 빠르게 퍼지고, 더 깊이 각인된다. 서번트 리더는 감정을 조절하는 사람이 아니라, 감정을 다루는 태도를 보여주는 사람이다. 감정이 흔들리는 순간, 말 대신 침착한 대응과 경청의 자세를 보이는 리더는 구성원에게 몰입의 안전지대를 만들어준다.

사회학습이론(Bandura, 1977)은 사람들이 타인의 행동을 관찰하고, 그에 정서적으로 반응하며, 행동을 내면화한다고 설명한다. 서번트 리더십은 이 과정을 기반으로 구성원에게 몰입의 정서적 모델이 되는 리더십이다. 실제로 리더의 감정 조절 방식, 갈등을 처리하는 태도, 실수에 대한 반응은 구성원에게 '이 조직에서 감정을 어떻게 다뤄야 하는지'를 가르친다. 이것은 감정적 위로가 아니라, 회복의 모델링이 작동한 장면이다. 몰입의 회복은 감정 설계에서 출발하며, 리더는 그 설계를 가장 먼저 보여줘야 할 사람이다. "아무 말 없이, 내 옆에 앉아 있어준 그 리더가 몰입의 시작이었다"

4.2 직무설계 전략 : 감정회복은 개인을 넘어 조직에 전염된다

Job Crafting은 감정을 다루는 개인 전략으로 알려져 있다. 그러나 그 실천은 과연 개인에게만 머무는가? 사회학습이론의 관점에서 보면, 감정회복을 위한 실천은 관찰 가능한 장면으로 조직 전체에 영향을 미친다. 즉, 직무를 재설계하려는 개인의 선택이 감정회복의 모델로 확산되는 구조다. 특히 관계의 경계를 조정하거나, 일의 의미를 다시 해석하는 실천은 주변 구성원에게 "일을 다시 느껴도 된다", "감정을 다시 정립해도 된다"는 메시지를 전달한다. 이러한 변화는 말보다 강한 학습 자극이 되어, '관찰→정서반응→행동 내면화'의 경로를 따라 감정의 전염 구조를 형성한다.

I-deals도 마찬가지다. 회의 시간을 조정하고, 일정을 재협상하고, 과업을 재구성하는 작은 협상의 장면은 주변 동료에게 "말할 수 있다", "바꿀 수 있다"는 감정적 가능성을 학습하게 만든다. 이때 중요한 것은 결과 자체가 아니라, 조직이 감정을 수용하는 장면이 공유된다는 점이다.

사회학습이론은 바로 이러한 장면을 통해 감정적 신호가 퍼지고, 조직 안에서 심리적 안전감, 자율성, 몰입 가능성에 대한 내면화가 일어나는 과정을 설명해준다.

직무설계는 더 이상 일의 구조만을 바꾸는 작업이 아니다. 그것은 감정의 흐름을 설계하고, 회복의 실천을 전염시키며, 조직 문화에 정서적 풍경을 새기는 일이다.

몰입은 혼자 회복되지 않는다. 회복은 언제나 누군가가 보여준 장면에서 시작된다.

5. 사회교환이론(Social Exchange Theory)

"몰입은 일종의 감정적 '투자'다. 그에 합당한 감정적 보상이 없다면, 사람은 마음을 거둔다"

사람은 단지 급여나 복지 때문만으로 일하지 않는다. 구성원이 조직에 몰입하는 이유는, 조직이 자신의 노력과 감정, 헌신에 대해 '정서적으로 보상해줄 것이라는 기대' 때문이다. 그러나 이 기대가 반복적으로 배신당하면, 구성원은 겉으로는 남아 있으나 마음은 떠난다. 그리고 그 자리를 대신하는 감정은 실망, 냉소, 무기력이다. 이처럼 몰입은 단순한 의무가 아니라 심리적 교환관계 속에서 유지된다. 바로 이 지점에서 사회교환이론(Social Exchange Theory, Blau, 1964)은 몰입의 회복 조건을 설명하는 다섯 번째 심리 기둥으로 등장한다.

Blau(1964)는 인간의 사회적 관계가 '경제적 교환'과 '사회적 교환' 두 방식으로 작동한다고 설명했다. 경제적 교환이 계약과 대가 중심이라면, 사회적 교환은 기대, 신뢰, 감정적 반응을 기반으로 한다. 조직도 마찬가지다. 구성원은 단지 노동의 대가로 급여를 받는 것이 아니라, "나의 헌신을 조직이 알아주고, 인정해줄 것이다"라는 기대를 갖고 몰입한다. 하지만 이 기대가 무너지는 순간, 관계는 단절되고, 몰입은 유지되지 않는다.

공정성 침해는 바로 이 신뢰 기반의 정서적 교환을 무너뜨리는 사건이다. 구성원이 감정적으로 노력했음에도 불구하고 무시당하거나, 인정받지 못하거나, 오히려 손해를 봤을 때, 그는 조직과의 관계를 '감정적 투자 회수'의 대상으로 보기 시작한다. 이때 남는 것은 정서적 몰입이 아니라, 관계를 정리하지 못한 채 남아 있는 유지적 몰입뿐이다.

"송과장은 회의 자료를 밤새 준비했다. 상사가 특별히 시킨 것도 아니었고, 공식 업무도 아니었다. 하지만 그는 '함께 잘 해보자'는 마음으로 자발적으로 나선 것이었다. 이전까지 그는 자신과 상사가 단지 일로만 얽힌 관계가 아니라, 서로의 헌신을 알아봐 주는 사람이라 믿었다. 그러나 회의에서 상사는 아무 언급도 하지 않았고, 오히려 다른 팀원의 의견만 강조했다. 송 팀장은 그 순간 알았다. '나는 관계라 믿었지만, 이 사람에게 나는 단지 성과의 수단이었구나.' 그날 이후 그는 감정을 접고, 필요한 일만 하기로 마음먹었다."

이 장면은 구성원의 감정과 노력이 사회적 교환의 대상이 되지 못할 때 어떤 일이 벌어지는지를 보여준다. 송과장은 정서적으로 기여했지만, 아무런 반응도 받지 못했다. 그 결과 감정의 투자는 멈추고, 감정의 철회가 조용히 시작된다. 사회교환이론은 몰입의 핵심조건이 단지 금전적 보상이 아니라, 신뢰, 인정, 감사, 소속감 같은 정서적 반응에 있다는 점을 강조한다 (Blau, 1964). 구성원이 '나의 감정과 노력이 의미있는 교환으로 받아들여지고 있다'고 느낄 때, 그는 자신의 마음을 계속 조직에 위탁한다. 그러나 이 감정적 교환이 반복적으로 무시되면, 구성원은 점점 기대를 접기 시작한다. 처음엔 감정적 표현을 줄이고, 이어서 관계에 대한 기대를 내리고, 결국 자신을 보호하기 위해 조직과의 정서적 관계를 차단하게 된다. 그리고 그 단절은 단순한 감정 철회로 그치지 않는다. '나는 여기서 어떤 존재인가?'라는 질문에 아무런 답도 돌아오지 않을 때, 사람은 자신이 조직에서 더 이상 의미 있는 존재가 아니라고 느낀다. 몰입은 무너지고, 남는 것은 정체성의 소외만이 남게된다.

조직에서의 감정회복과 몰입 유지가 단지 제도나 보상에 의해 좌우되지 않는다는 사실은, 다양한 실증연구에서도 반복적으로 확인되어 왔다. 특히 사회교환이론의 관점에서 이 문제를 다룬 대표 연구들은 다음과 같다.

● Cropanzano & Mitchell(2005)는 사회적 교환관계가 조직몰입의 핵심 선행변수임을 이론적·실증적으로 정리하며, 정서적 보상과 신뢰가 부족할 경우 몰입이 유지되지 않는다고 설명하였다. 특히 감정적 기여와 보상이 불일치할 때, 구성원은 관계의 재조정을 시도하거나 심리적 이탈을 선택한다고 분석했다.

● Wayne et al.(1997)는 리더−구성원 간의 교환관계 질이 높을수록 구성원의 직무만족과 조직몰입이 강화되며, 낮을수록 이직의도와 소극적 태도가 증가한다고 밝혔다. 신뢰와 감정 교환이 없는 관계는 표면적 역할만을 남긴다.

● Eisenberger et al.(2001)는 조직이 구성원을 정서적으로 지원한다고 느끼는 순간, 구성원은 더 큰 몰입과 조직시민행동(OCB)으로 응답하며, 이는 단순한 보상 이상의 심리적 유대감에서 비롯된다고 설명하였다.

이들 연구는 공통적으로, 감정이 단순한 반응이 아니라, 관계의 지속 가능성을 알리는 사회적 신호임을 보여준다. 그리고 몰입은, 이 신호가 꾸준히 주고받아질 때만 비로소 유지될 수 있다.

사람은 누구보다 자기 감정을 기억한다. 그리고 그 감정이 한 번 거절당한 자리에는 쉽게 다시 마음을 두지 않는다. 사회교환이론은 말한다. 몰입은 감정의 교환 위에 세워지고, 신뢰는 그 교환이 반복될 때에만 형성된다. 회복은 그래서 '다시 건넬 수 있을까?'라는 질문에, '이제는 받아줄 수 있다'는 신호를 보내는 것에서 시작된다. 그리고 바로 이 지점에서, 서번트 리더십은 말보다 먼저 반응하는 태도로, Job Crafting은 감정을 담을 수 있는 일의 구조로, I-deals는 감정을 나눌 수 있는 협상의 통로로 작동한다.

이 세 가지 전략은 서로 다른 방식으로 감정을 다시 조직 안으로 흐르게 만든다.

서번트 리더는 '감정을 돌려주는 사람'이고, Job Crafting은 '감정을 구조화하는 실천'이며, I-deals는 '감정을 말할 수 있게 해주는 제도적 가능성'이다. 그래서 사회교환이론은 이 전략들을 단지 실천이 아니라, 신뢰 회복을 위한 심리적 설계로 설명할 수 있게 한다. 감정회복은 위로가 아니라, 감정을 다시 주고받을 수 있는 관계를 재설계하는 일이다. 그 관계가 가능하다는 확신이 들 때, 사람은 언젠가 다시 감정을 건넨다.

5.1 리더십 전략: 신뢰를 회복하는 정서적 응답

서번트 리더는 구성원의 감정을 지나치는 법이 없다. 그는 말하지 못한 수고를 기억하고, 잊힌 감정을 다시 꺼내어 되짚어준다. "그 감정을 조직이 알고 있다"는 리더의 반응은, 끊겼던 신뢰의 고리를 다시 잇는 정서적 교환이다. 이 교환은 큰 보상이 아니라, 작은 반응으로 완성된다.

- 고개를 끄덕이는 표정, 지나간 수고를 소급해 인정하는 말,
- 감정의 흔적을 발견하고 그것을 언어로 되돌려주는 사려 깊은 응답

사회교환이론은, 이런 정서적 상호성이야말로 몰입의 기반이라고 설명한다. 서번트 리더십은 그 상호성을 회복하기 위해 존재한다. 그것은 돌봄이 아니라, 신뢰를 회복하는 정서적 설계다.

5.2 직무설계 전략: 감정을 구조화하고, 공유할 수 있게 만들기

Job Crafting은 감정을 구조화하는 실천이다. 구성원은 자신의 감정과 의미를 일의 경계 안에 다시 배치하며, '나는 여전히 이 일을 통해 나를 표현할 수 있다'는 확신을 되찾는다. 이는 자기효능감의 회복이자, 감정 교환의 자발적 재설계다. 이때 조직은 묵인자가 아니라, 이 감정적 실천을 지켜보는 조력자가 되어야 한다.

반면 I-deals는 공식적인 교환의 틀 안에서 감정을 말할 수 있게 해주는 통로다.

회의시간 조정, 과업 재설계, 일정 재협상과 같은 작지만 구체적인 요청을 통해 구성원은 "나는 말할 수 있다", "이 조직은 들을 수 있다"는 정서적 가능성을 다시 경험한다.

사회교환이론은 말한다. 몰입은 감정의 교환이고, 회복은 그 교환이 다시 가능하다는 관계

에 대한 믿음이다. 직무설계와 I-deals는 바로 그 믿음을 실천으로 설계하는 전략이다. 감정은 강요되지 않는다. 다만 다시 건넬 수 있다고 느낄 때, 사람은 언젠가 또다시 마음을 내민다. 회복은 그렇게, 관계를 따라 돌아온다.

6. 심리적 계약이론(Psychological Contract Theory)

"몰입은 계약이다. 서명은 없지만, 마음속에서 이미 서로 약속한"

직원이 조직에 몰입한다는 것은 단지 열심히 일한다는 의미가 아니다. 그것은 조직이 나를 존중하고, 나의 성장과 감정을 고려해줄 것이라는 비공식적이고 정서적인 기대, 즉 심리적 계약(Psychological Contract)을 품고 있다는 뜻이다. 이 계약은 어떤 문서에도 적히지 않지만, 매일의 상호작용과 누적된 경험 속에서 조용히 형성된다. 그러나 이 약속은 말로 맺어지지 않았기에, 말없이 무너진다. '반응 없는 상사, 반복된 침묵, 잊힌 기여', 구성원은 자신도 모르게 기대의 수위를 낮추고, 감정을 접고, 신뢰를 거둔다. 겉으로는 여전히 일하지만, 감정은 이미 떠나 있다. 마음을 거둔 채 남겨진 자리는, 형식만 남은 관계와 의무만 남은 근속이다.

그러한 심리적 계약이 어떻게 형성되고, 어떤 방식으로 균열되고, 어떻게 몰입을 약화시키는 지를 살펴본다. 그리고 이는 이후 제시될 회복 전략들이 작동할 수 있는 심리적 기반을 제공한다.

심리적 계약이론은 Rousseau(1989, 1995)에 의해 정교화되었으며, 조직과 구성원 간의 비공식적이고 개인화된 기대 체계를 의미한다. 이는 급여나 근무조건 같은 물리적 계약과는 달리, 신뢰, 성장기회, 정당한 평가, 존중받을 권리 등 감정과 가치에 뿌리를 둔 비언어적 약속이다. 조직은 구성원에게 직접 말하지 않아도, "네가 최선을 다하면, 우리는 그 가치를 알아줄게"라는 메시지를 자연스럽게 전달한다. 구성원은 이 암묵적 메시지를 믿고 감정적으로 투자하며 몰입한다.

하지만 조직이 이 약속을 지키지 않는다고 느껴지는 순간, 구성원은 단순한 불만을 넘어서는 배신감을 경험한다. 이것이 바로 심리적 계약위반(Psychological Contract Breach)이다. 이때 몰입은 무너지기 시작한다. 구성원은 더 이상 감정을 드러내지 않고, 반응을 기대하지 않으며, 조직에 마음을 맡기지 않는다. 겉으로는 일하고 있지만, 그 내면은 멀어져 있다. 관계는 유지되지만, 마음은 떠난 상태. 이것이 바로 우리가 말하는 심리적 사직(Psychological

Resignation)이다. 심리적 계약은 종이 위에 쓰인 계약이 아니라, 감정 위에 쓰인 약속이다. 그렇기에 그것이 무너질 때, 사람은 일터에 남지만 마음은 철수한다.

"민정은 최근 이직 제안을 받았지만, "회사는 내 노력을 알아줄 거야"라는 믿음으로 남기로 결정했다. 그녀는 야근을 감수하며 중요한 프로젝트를 성공시켰고, 인사이동 시즌을 조용히 기다렸다. 그런데 발표 당일, 그녀의 이름은 없었다. 상사는 이유를 설명하지 않았고, 그녀의 성과에 대해 아무 말도 하지 않았다. 그 순간, 민정은 마음속으로 이렇게 중얼거렸다. "나는 믿었는데, 조직은 아무것도 약속하지 않았던 거구나." 그날 이후 그녀는 더 이상 묻지 않았고, 어떤 일에도 마음을 싣지 않았다. 심리적 계약은 말없이 깨졌고, 그녀는 조용히 감정을 거두었다."

민정이 겪은 것은 명시적 보상이나 계약의 문제가 아니다. 그녀는 조직과의 심리적 약속을 믿었고, 헌신했다. 하지만 그 약속이 지켜지지 않았을 때, 그녀의 감정은 깊은 배신감으로 변했다. 이 배신은 단지 사건 하나 때문이 아니라, 오랜 시간 구축된 믿음이 무너지는 감정의 붕괴다. 몰입은 회사를 믿고 마음을 건넨 자가 경험하는 감정적 계약의 결과다. 그래서 이 계약이 깨질 때 몰입은 가장 조용하지만 가장 깊게 무너진다.

어떤 관계든, 가장 오래 기억되는 건 말보다 약속의 감정이다. 조직과의 관계도 마찬가지다. 내가 기대했던 약속이 지켜졌다고 느낄 때, 사람은 더 깊이 몰입한다.

하지만 그 약속이 지켜지지 않았다는 감정이 반복되면, 사람은 감정을 거두고, 마음속으로 이렇게 중얼거린다. "나는 믿었는데, 조직은 그렇지 않았구나." 심리적 계약이론은 몰입이 감정의 약속 위에 세워진 관계라는 점을 설명해준다. 그리고 다음의 세 연구는, 그 약속이 무너졌을 때 몰입이 어떻게 이탈로 전환되는지를 실증적으로 보여준다.

• Robinson & Rousseau(1994)는 심리적 계약의 위반이 조직에 대한 신뢰를 급격히 저하시킨다고 밝혔다. 구성원은 조직의 약속이 지켜지지 않을 경우, 감정적으로 더 이상 자신을 투자하지 않으며, 이는 몰입의 붕괴로 직결된다.

• Morrison & Robinson(1997)은 구성원이 조직과의 암묵적 계약에 대해 지각한 '위반 감정'이 조직몰입, 직무만족, 조직시민행동에 부정적인 영향을 미친다고 분석하였다. 특히 '기대했던 것과 다르다'는 주관적 인식 자체가 몰입 약화를 촉진한다.

• Turnley & Feldman(2000)은 심리적 계약 위반이 반복되면 구성원은 조직에 대한 부정

적 인식을 일반화하고, 방어적 태도와 이직의도를 강화한다고 보았다. 회복 없는 위반은 감정의 거리를 조직 전체로 확장시킨다.

이들 연구는 공통적으로 한 가지 사실을 말해준다. 몰입은 단지 일에 대한 태도가 아니라, 기대에 대한 감정적 응답 위에 세워진다는 것이다. 조직이 구성원의 노력과 감정에 대해 "나는 너의 가치를 알고있다"는 방식으로 반응할 때, 사람은 더 깊이 자신을 맡긴다. 그러나 이 약속이 지켜지지 않는다고 느껴질 때, 구성원은 말없이 감정을 거두고, 이 조직은 더 이상 나의 마음을 둘 수 있는 곳이 아니라고 판단하게 된다. 심리적 계약이 깨진다는 것은, 단지 기대가 무너졌다는 의미가 아니다. 그것은 관계의 중심에 있던 감정적 신뢰가 이탈하고, 그 자리에 실망과 거리감이 남는다는 뜻이다. 즉, 감정적 단절이 반복될수록, 몰입은 더 이상 회복되지 않는 방향으로 기울어진다.

사람은 말보다 기대를 더 깊이 기억한다. 그리고 그 기대가 저버려졌다고 느끼는 순간, 마음은 멀어지고, 관계는 감정을 잃는다. 심리적 계약이론은 말한다. 몰입은 조직이 나를 알고 있다고 느낄 때 생긴다. 반대로 "이 조직은 나의 기대를 중요하게 여기지 않는다"는 감정이 누적될 때, 사람은 마음을 거두고, 감정을 숨긴 채 일한다. 회복은 그래서 '내가 기대해도 되는가?' 라는 질문에 '이번에는 다를 수 있다'는 감정적 확신을 설계하는 것에서 시작된다. 그리고 바로 이 지점에서, 서번트 리더십은 잊힌 감정을 되짚는 태도로, Job Crafting은 구성원이 기대를 다시 담을 수 있는 일의 구조로, I-deals는 감정을 말할 수 있는 합리적 조정의 공간으로 작동한다. 이 세 가지 전략은 서로 다른 방식으로, 깨진 약속의 기억 위에 새로운 심리적 신뢰를 쌓는다. 서번트 리더는 '지나간 감정에 다시 답하는 사람'이고, Job Crafting은 '감정이 다시 기대될 수 있는 설계'이며, I-deals는 '기대를 말할 수 있게 해주는 제도적 허용'이다. 심리적 계약은 감정 위에 쓰인 약속이고, 회복은 그 약속을 다시 설계할 수 있다는 감정의 확신에서 시작된다. 그리고 사람은 그 확신이 생기는 순간, 다시 마음을 조직에 기대기 시작한다.

6.1 리더십 전략 – 잊힌 기대를 다시 묻는 사람

서번트 리더는 과거의 감정을 회피하지 않는다. 오히려 이렇게 묻는 사람이다.

"그때 무엇을 기대했나요?", "그 기대가 실망으로 남지 않으려면, 우리가 무엇을 해야 할까요?"

이 질문은 단지 과거를 끄집어내는 것이 아니다. 말해지지 못한 기대를 다시 인정하고, 그 감정이 정당했음을 함께 확인하는 과정이다. 이때 중요한 것은 실망한 감정을 지우는 것이 아니라, 그 감정을 조직이 책임지고 있다는 태도다. 서번트 리더는 구성원이 잃어버린 기대를 다시 말할 수 있게 하고, 그 기대를 다시 설계할 수 있는 정서적 틀을 만든다. 말하지 않아도 알았어야 했던 감정을, 이제는 말할 수 있는 관계로 바꾸는 것. 그것이 신뢰 회복의 첫걸음이다. 심리적 계약이론은, 이런 '기대의 회복'이 몰입의 조건이라고 말한다. 서번트 리더십은 그 기대를 다시 열어주는 정서적 설계다. 그것은 돌봄이 아니라, 기대를 회복시켜 신뢰를 복원하는 리더십의 형태다.

6.2 직무설계 전략 – 기대를 다시 담을 수 있는 구조 만들기

기대는 감정의 또 다른 이름이다. 그리고 Job Crafting은 그 기대를 다시 내 일의 구조 안에 담을 수 있게 해주는 실천이다. 구성원은 더 이상 타인의 기준에 맞춘 기대가 아니라, '나에게 의미있는 기대'를 중심에 놓고, 과업의 우선순위를 조정하거나, 관계의 방식을 새롭게 구성하며, 일의 의미를 다시 해석한다. 예를 들어, 반복적이고 소모적인 회의 대신 더 창의적인 기획 업무에 시간을 할애하고, 감정 소모가 큰 관계를 조정해 정서적 안전지대를 확보하려는 시도는, 스스로의 감정을 회복시키는 구조적 움직임이다. 하지만 Job Crafting은 모든 것을 내 마음대로 바꾸는 것을 의미하지 않는다. 그것은 조직을 무시한 변칙이 아니라, 공식 제도 바깥에서 조용히 허용되는 자율성의 틈을 찾아내는 실천이다. 많은 조직에서는 '규정은 아니지만 허용되는 방식' 속에서, 구성원 스스로가 일의 경계를 다시 그리는 여지를 발견한다. 예를 들어, 팀장의 묵인 아래 회의 참석 방식을 유연하게 조정하거나, 반복적인 보고 업무의 순서를 재배치해 더 중요한 과업에 집중하려는 선택, 혹은 갈등이 많은 협업을 피해 혼자 일할 수 있는 시간과 공간을 스스로 확보하려는 시도는 전형적인 Job Crafting의 모습이다. 이는 무단 변경이 아니라, '조직이 정한 틀 안에서 감정을 다시 담을 수 있는 틈'을 만들어내는 자기 주도적 전략이다.

이와 달리, 어떤 변화는 혼자만의 실천을 넘어 조직과의 협의가 필요한 경우도 있다. 예를 들어, 회의시간 변경요청, 우선순위 조율, 유연근무 제안과 같이 제도 일부를 재구성하거나 상사의 공식 승인을 전제로 하는 선택들은 개별적 근무조건(I-deals)의 영역에 더 가깝다. I-deals는 구성원이 조직과 협의하여 자신의 기대를 제안하고, 그 기대가 제도 안에서 수용되는 공식적인 협상의 장이다. 그리고 그 회복은 단지 결과의 변화에서 일어나는 것이 아니라, 기대를 말할 수 있었다는 경험, 조직이 그 기대에 응답했다는 실감 속에서 시작된다. 이때 감정의 회복은 훨씬 더 깊어진다. 구성원은 단지 자신의 조건이 바뀌었기 때문이 아니라, '나의 기대도 조직 안에서 존중받는다'는 감정을 통해 다시 몰입하게 된다.

Job Crafting이 '말하지 않아도 회복할 수 있는 전략'이라면, I-deals는 '기대를 말함으로써 회복을 확정하는 구조'이다. 둘은 각각 조용한 감정회복과 공식적 신뢰 회복의 방식으로, 몰입을 다시 시작하게 만드는 이중 전략이다. 이러한 과정을 심리적 계약이론은 명확히 설명해준다. 구성원이 조직에 대해 갖는 몰입은 단지 보상의 문제가 아니라, 기대가 존중될 것이라는 감정적 신뢰 위에 세워진다. Job Crafting과 I-deals는 바로 그 기대를 다시 조직 안에 담아낼 수 있도록 돕는 회복의 구조다. 그것은 단순한 자기 주도적 실천이나 조건 조정이 아니다. 기대가 다시 말해지고, 다시 반영되며, 다시 신뢰되는 과정이다. 이 과정은 곧 몰입의 정서적 재계약이다. 몰입은 이처럼, 말할 수 있는 기대와 들어줄 의지가 만나는 곳에서 다시 시작된다. 그리고 그 만남을 가능하게 만드는 것이 바로, 직무설계 전략이다.

7. 조직정체성 이론(Organizational Identity Theory)

"나는 누구인가?"라는 질문이 조직 안에서 사라질 때, 몰입은 흔들린다.

몰입은 단지 동기의 문제도, 감정의 문제도 아니다. 그 둘의 바탕에는 '정체성'이라는 더 깊은 심리적 기반이 있다. 사람이 일에 몰입한다는 것은 단지 열심히 일한다는 뜻이 아니다. 그 일이 '나 자신'과 연결되어 있고, 그 연결이 조직이라는 공간 안에서 존중받고 있다는 감정이 전제될 때 비로소 가능하다. 바로 이 지점에서 조직정체성 이론(Organizational Identity Theory)은 몰입의 가장 깊은 층위를 설명한다. 정체성은 '내가 무슨 일을 하느냐' 보다, 그 일을 통해 어떤 존재가 되고 싶은가에 대한 질문이다. 그리고 몰입은 그 질문에 대한 대답이 조직 안에서도 유효하다고 느껴질 때 지속된다.

이제 그 정체성의 감정적 기반이 어떻게 조직 안에서 형성되고, 어떻게 무너지고, 결국 몰입을 어떻게 뒤흔드는가를 살펴본다. 감정이 무너진 자리에 기대가 사라지고, 정체성이 무너진 자리에 존재가 사라진다. 몰입은 단지 일에 대한 열정이 아니라, 존재가 수용받는 공간에 대한 확신이다. 그리고 그 확신이 흔들릴 때, 사람은 조직에 남아 있으면서도 점점 스스로를 지워간다.

정체성은 내가 어떤 직무를 수행하는지에 대한 정의를 넘어서, 그 일을 통해 나는 어떤 사람이 되고 싶은가에 대한 물음이다. 그리고 몰입은 그 질문에 대한 답이 '조직 안에서도 유효하다'고 느껴질 때에만 가능해진다. 정체성은 늘 조직과의 관계 안에서 형성된다. 구성원은 자신이 속한 조직의 가치, 문화, 역할기대 등을 통해 자신의 위치와 의미를 해석한다. 그리고 조직이 나를 어떻게 바라보는가, 내가 어떤 존재로 받아들여지는가는 정체성의 내면적 구조에 강력한 영향을 준다. 이러한 관점에서 조직정체성 이론은 다음과 같은 질문을 던진다. "조직 안에서 나는 누구인가?"

이 이론은 개인이 자신을 어떻게 인식하는지에 결정적인 영향을 주는 것이 바로 조직이 제공하는 정체성의 틀이라고 본다. 즉, 개인의 정체성은 조직의 목적, 가치, 문화 속에서 형성되며, 그 안에서 자신의 존재가 긍정되고 존중받을 때 몰입은 깊어지고 지속된다. 반대로 조직이 개인을 단지 기능적 존재, 즉 '성과를 내는 도구'로만 바라볼 경우, 구성원은 자신이 누구인지조차 질문하지 않게 된다.

이 질문이 사라질 때, 몰입도 함께 사라진다. 그리고 그때부터 몰입의 붕괴는 단순한 감정적 실망이 아니라, '정체성 소외(Identity Alienation)'라는 깊은 단절로 이어진다. 정체성 소외란, 조직 안의 나와 진짜 나 사이의 연결이 끊어졌다고 느끼는 심리적 상태다. 겉으로는 역할을 수행하지만, 마음 깊은 곳에서는 "이건 내가 원했던 모습이 아니야", "이 안에서 나는 점점 사라지고 있어"라는 감정이 쌓인다. 이는 단지 이직의도를 넘어, 존재의 위축을 동반한 심리적 사직(=유지적 몰입)으로 이어진다. 결국, 몰입은 단지 일에 대한 집중이 아니라, 존재에 대한 수용이다. 사람은 자신이 누구인지 물을 수 있고, 그 존재가 존중받는 곳에서 오래 머문다. 그리고 몰입은 바로 그 '머무를 이유'가 되어준다. 조직정체성 이론은 다시 묻는다. "이곳에서 당신은 누구인가?" 그리고 정체성 소외를 막기 위한 조직의 대답은 이렇게 시작되어야 한다. "당신의 존재는 여기서도 유효합니다."

"예전에는 명함을 꺼내는 게 자랑이었다. 내가 다니는 회사는 친환경 철학을 앞세운 브랜드였고, 나 역시 그 철학에 매료되어 입사했다. "우리는 고객의 삶을 바꿉니다"라는 슬로건은 단지 마케팅 문구가 아니라, 내 일의 이유이기도 했다. 이 회사에 다닌다는 것이 내 얼굴이었고, 나는 그 얼굴을 기꺼이 세상에 내보였다. 하지만 어느 순간부터 회사는 원가절감을 이유로, 이전엔 쓰지 않던 저가 원료를 사용하기 시작했다. 문제가 생겼고, 고객의 항의가 이어졌지만, 회사는 "법적으로 문제 없다"는 입장을 고수했다. 내가 책임자로 참여한 프로젝트였기에, 더욱 책임감을 느꼈지만, 아무도 해명하려 하지 않았다. 오히려 회사는 고객센터에 '가이드라인에 따라 대응하라'는 메일만 조용히 내려보냈다. 그날 이후 나는, 이 회사 이름을 말하지 않게 되었다. 명함은 여전히 지갑에 있지만, 꺼낼 때마다 마음 한켠이 불편하다. 내가 지키고 싶었던 가치는 '비효율'로 간주되었고, 회사는 나의 윤리 기준을 넘지 말라고 무언의 요구를 했다. 나는 여전히 이 조직에 있지만, 더 이상 이 이름이 내 얼굴은 아니다. 정체성 소외란, 바로 이처럼 '회사와 나 사이의 연결이 끊겼다'는 심리적 단절을 의미한다. 그리고 그 단절은 단지 감정의 실망이 아니라, "이 조직에서 나는 누구인가?"라는 질문을 더 이상 이 조직 안에서 할 수 없게 만드는 깊은 붕괴다.

몰입은 단지 일에 열심히 임하는 태도가 아니다. 몰입이란, 내가 속한 조직의 가치와 문화, 존재 방식이 '나의 자아'와 맞닿아 있다는 확신에서 나오는 감정이다. 조직의 정체성이 곧 나의 정체성과 연결될 때, 사람은 스스로를 더 깊이 맡기게 된다. 조직정체성 이론(Albert & Whetten, 1985)은 바로 이 구조를 설명한다. 개인은 자신의 정체성을 형성할 때, 자신이 속한 조직의 목적과 이미지, 그리고 사회적 평판을 참고한다. 그리고 그 조직의 정체성이 자아의 일부로 통합될 때, 구성원은 그 조직에 자긍심을 느끼고 몰입하게 된다. 반대로, 조직이 부끄러워지거나 말하고 싶지 않은 대상이 될 때, 정체성은 분열되고 몰입은 무너진다. 다음의 연구들은 이 심리 구조를 실증적으로 보여준다.

• Ashforth & Mael(1989)은 조직정체성이 강한 구성원일수록 직무만족도와 조직몰입이 높고, 이직률이 낮다고 밝혔다.

• Dutton, Dukerich & Harquail(1994)은 자아정체성과 조직정체성 간의 일치가 몰입, 태도, 행동을 결정하는 핵심 요인임을 입증했다.

• Pratt (1998)은 정체성의 재구성 과정이 몰입 회복에 효과적이며, 이를 돕는 리더십과 직무설계가 중요하다고 주장했다.

이들 연구는 한 가지 공통된 메시지를 말해준다. 몰입은 존재의 일치에서 시작되고, 정체성 소외는 몰입의 가장 깊은 붕괴이다. 조직이 나의 가치와 윤리를 지지하지 않을 때, 나는 그 조직 안에서 더 이상 나 자신일 수 없다. 그리고 그때부터, 나는 그 이름을 말하지 않게 된다.

몰입 회복의 궁극은 정체성의 복원에 있다. 이 과정에서 필요한 두 가지 축은 여전히 리더십과 직무설계다. 서번트 리더십은 구성원이 말할 수 없었던 자아의 흔들림을 인정하고 수용해주는 관계를 만든다. 리더가 구성원의 내면과 이야기에 진심으로 귀 기울일 때, 구성원은 자신의 흔들리는 감정을 스스로 바라보고 다시 구성할 수 있는 안전한 공간을 확보한다. 서번트 리더는 말한다: "당신이 이 안에서 누구인지, 우리는 알고 싶습니다."

Job Crafting은 일이라는 구체적 구조 안에서 자기 정체성을 다시 짜는 실천이다. 구성원은 업무의 의미를 바꾸고, 관계의 맥락을 재정립하며, 일상의 흐름을 자신의 리듬으로 조율하면서, 다시 말할 수 있게 된다. "이 일은 나와 관계 있다."

I-deals는 이 과정에 공식적 장치를 더한다. 조직이 나의 정체성을 조건의 차원에서도 존중하고 반영할 수 있다는 신호는, '나는 조직의 한 사람이다'라는 감정적 정체성을 더욱 강화한다.

사람은 자신의 역할보다, 자신의 존재가 유효하다는 감정을 더 오래 기억한다. 그리고 그 존재가 조직 안에서 잊혔다고 느끼는 순간, 마음은 떠나고, 관계는 의미를 잃는다.

조직정체성 이론은 말한다. 몰입은 조직이 나의 '존재'를 인정한다고 느낄 때 생긴다. 반대로 "이 조직은 나를 누구로 여기는가?"라는 질문에 답이 없을 때, 사람은 자신을 지운다. 말하지 않고, 설명하지 않고, 그저 역할만 수행한 채, 자신을 조직에서 분리해낸다. 회복은 그래서 "나는 이 조직 안에서 누구인가?"라는 물음에 "당신은 여전히 이곳에서 의미 있는 존재입니다"라는 정체성의 응답을 만들어주는 일에서 시작된다. 그리고 바로 이 지점에서, 서번트 리더십은 잊힌 존재를 다시 불러내는 태도로, Job Crafting은 나다움을 다시 담을 수 있는 역할의 재설계로, I-deals는 존재의 의미를 다시 묻고 조율할 수 있는 공식적 공간으로 작동한다.

이 세 가지 전략은 서로 다른 방식으로, 흐려진 존재의 흔적 위에 다시 자신을 조직 안에 놓을 수 있는 정체성의 기반을 세운다. 서번트 리더는 '보이지 않게 된 존재를 다시 호명하는 사람'이고, Job Crafting은 '일 안에 나를 다시 담을 수 있는 구조적 실천'이며, I-deals는 '존재의 의미를 말할 수 있게 해주는 제도적 협의'다. 조직정체성은 직무나 성과가 아니라, 내가 이 조직의 일부라는 자긍심 위에 세워진다. 그리고 그 자긍심은, 존재를 묻고, 존재를 들어주고, 존재를 존중하는 경험 속에서 회복된다. 사람은 자신이 누구인지 말할 수 있고, 그 말이 조직 안에서 받아들여질 때, 비로소 다시 소속되고, 다시 몰입하게 된다.

7.1 리더십 전략 – 잊힌 존재를 다시 불러내는 사람

서번트 리더는 성과가 아닌 존재를 본다. 그는 "왜 이 일을 시작했는가?", "당신은 이 조직에서 어떤 사람이 되고 싶었는가?"라는 기억 속의 질문을 꺼내는 사람이다. "그때, 당신은 어떤 의미를 느끼며 일하셨나요?", "이곳에서 당신은 어떤 존재로 기억되길 원하시나요?"

이 질문은 단지 과거의 감정을 회상하자는 것이 아니다. 그 사람이 조직 안에서 '누구였는지', 그리고 지금은 어떤 존재로 취급받고 있는지를 함께 되짚는 과정이다. 몰입은 단지 책임이나 성과로 유지되지 않는다. 내가 '누군가'로 여겨진다는 감정, 조직이 내 존재를 기억하고 있다는 신호 속에서 다시 시작된다. 서번트 리더십은 이 감정을 회복하는 정서적 리더십이다. 그는 말하지 않아도 알았어야 할 '존재의 침묵'을 듣고, 잊힌 사람을 다시 조직 안으로 초대하는 사람이다. 이때 중요한 것은 단지 인정이 아니라, 존재의 재확인이다. "당신은 여전히 여기서 의미 있는 사람입니다." 이 말은 몰입을 회복시키는 가장 강력한 언어다.

조직정체성 이론은 말한다. 구성원이 몰입하는 이유는, 그 조직의 이름이 자신의 이름처럼 느껴지기 때문이다. 그리고 서번트 리더는, 그 이름을 다시 스스로 말할 수 있도록 돕는 사람이다. 그것은 돌봄이 아니라, 정체성을 복원하는 리더십의 태도다.

7.2 직무설계 전략 – 나다움을 다시 담을 수 있는 구조 만들기

정체성은 감정의 뿌리이자, 몰입의 가장 깊은 동기다. 그리고 Job Crafting은 그 정체성을 일의 구조 안에 다시 담는 실천이다. 구성원은 과업, 관계, 의미의 경계를 재설계하며 "이 일은 나와 무관하지 않다", "이 역할은 내가 되고 싶은 나를 반영하고 있다"는 감정을 회복한다. 예를 들어, 고객과 직접 소통하는 일을 기피하던 직무에서 자신의 강점인 콘텐츠 제작업무에 중심에 둔 고객응대는 협업을 통해 재조정하는 방식으로, 이는 '내가 누구인가'에 맞춰 일을 재정렬하는 전형적인 정체성 중심의 Job Crafting이다. 이 과정은 무단 변경이 아니다. 오히려 조직이 조용히 허용한 자율성의 공간 안에서 '일과 나 사이의 의미 연결'을 복원하는 실천이다. 조직이 허용한 틈, 리더의 묵인, 문화의 유연성 속에서 사람은 다시 자신을 일 안에 담아낸다.

그리고 I-deals는 그 '나다움'을 공식적으로 협의할 수 있는 제도적 공간을 제공한다. 예를 들어, 특정 프로젝트에서 자신의 핵심 가치를 살릴 수 있는 역할을 요청하거나, 팀 내 기여 방식에 대한 의미 재조정을 제안하는 것은 단순한 조건 협상이 아니다. 자신의 정체성이 조직 안에서 유효하게 존재할 수 있는지를 묻는 시도다. 이때 회복은 단지 일의 편의가 아니라, "이곳에서의 나는 누구인가"라는 질문에 "이렇게 존재해도 괜찮다"는 조직의 응답을 체감하는 일이다.

Job Crafting이 '조용히 존재를 회복하는 전략'이라면, I-deals는 '존재의 의미를 협의하고 제도화하는 구조'다. 둘은 각각 감정 중심과 제도 중심의 회복 방식을 통해, 몰입을 다시 존재의 기반 위에 세운다. 몰입은, 내가 이곳에 있다는 것을 다시 말할 수 있고, 다시 자랑스러워할 수 있을 때 회복된다. 그리고 그 회복의 시작은 바로 '존재를 다시 담을 수 있는 구조'를 조직이 허용하는 데서 비롯된다.

8. 감정의 회복에서 몰입의 회복으로

몰입은 단지 조직이 바라는 '성과의 태도'가 아니다. 그것은 구성원이 조직 안에서 감정을 느끼고, 동기를 지니며, 의미를 발견하는 전인적 경험이다. 이 몰입은 하루아침에 무너지지 않는다. 그것은 반복된 감정의 상처, 심리적 욕구의 좌절, 정체성의 흔들림 속에서 서서히, 그러나 확실하게 사라진다. 그리고 그 빈자리를 채우는 것은 유지적 몰입이라는 이름의 조용한 단절, 감정 없는 잔류, 결국은 심리적 사직이다.

이 장에서 우리는 일곱 가지 이론을 통해 몰입의 심리적 기반을 살펴보았다.

정서적 사건이론은 감정의 누적이 몰입의 시작이자 끝임을 보여주었고, 자기결정이론은 자율성·유능감·관계성의 회복 없이는 몰입이 다시 살아날 수 없음을 말했다. JD-R 모델은 스트레스를 조절할 수 있는 자원과 요구의 균형을 통해 감정적 회복이 가능하다는 실천 기반을 제공했고, 사회학습이론은 리더와 조직이 보이는 행동이 구성원의 감정과 몰입을 학습시키는 '모델'이 된다는 사실을 강조했다. 사회교환이론은 감정은 교환 가능한 자산이며, 상호적 인정이 감정의 방향을 바꾼다고 말했고, 심리적 계약이론은 조직이 약속한 기대가 무너질 때 몰입은 무너지며, 그것을 다시 쌓는 언어와 제도가 필요하다고 했다. 그리고 마지막으로 조직정체성 이론은 몰입의 핵심은 내가 이 안에서 누구인가를 회복하는 것임을 보여주었다.

이 이론들은 모두 한 가지를 향해 수렴한다. 몰입은 회복될 수 있다. 그러나 그 회복은 '감정'의 회복에서 시작된다. 그리고 감정은 '구조'와 '관계', 그리고 '정체성'을 통해서만 되살아날 수 있다. 따라서 우리는 이제 다음 질문을 던져야 한다. "어떻게 감정을 회복하게 만들 것인가?", "어떻게 그 감정을 다시 몰입으로 연결할 수 있는 조직을 설계할 것인가?"

그 해답은 다음 장에서 제시할 서번트 리더십, 그리고 이후에 다룰 직무설계(Job Crafting, I-deals) 속에 있다. 몰입은 결국 사람과 일에서 비롯되며, 회복 또한 사람과 일의 방식이 바뀔 때 가능해진다.

PART

3

리더십은 회복의 씨앗이 될 수 있는가?

회복의 리더십: 왜 서번트 리더십인가?

1. 리더십은 왜 여전히 중요한가?

"조직을 이끄는 사람, 지금 우리 팀을 이끄는 사람이 정답일까?"

한 조직의 변화는 시스템보다도 결국 '사람'에 달려 있다. 특히 누가 앞에 서 있는가에 따라 분위기는 완전히 달라진다. 같은 업무라도, 리더의 말투 하나, 피드백의 방식 하나에 따라 구성원의 몰입은 극적으로 달라진다. 시스템이 아무리 정교해도, 감정을 움직이는 건 사람이고, 그중에서도 리더다. 성과를 높이는 건 제도가 할 수 있지만, 마음을 되돌리는 건 사람만이 할 수 있다. 구성원이 '여전히 기대해도 되는가?'라는 질문을 스스로에게 던질 때, 그 질문에 다시 희망을 불어넣을 수 있는 존재가 바로 리더다. 그래서 '리더십'은 시대가 변해도 여전히 핵심적인 주제다. 수많은 기술이 등장하고, AI가 관리자 역할을 대체한다고 해도, 감정을 회복시키고 관계를 재설계하는 일은 사람의 몫이다.

그런데 지금 우리 조직은 왜 몰입을 잃고 있을까? 구성원이 회사를 떠나는 진짜 이유는 단지 과도한 업무나 낮은 급여 때문이 아니다. 오히려 반복적으로 '내 감정은 중요하지 않다'는 신호를 받을 때, 즉 공정성의 침해가 쌓이고, 기대와 신뢰가 무너졌을 때, 몰입은 조용히 무너진다. 겉으로는 일을 계속하고 있지만, 마음은 이미 떠나 있다. 이것이 우리가 직면한 유지적 몰입, 혹은 심리적 사직의 실체다. 그래서 우리는 다시 묻게 된다. 지금 우리 조직에 필요한 리더십은 무엇인가? 누가 이 상처받은 조직을 회복의 길로 이끌 수 있을까? 단지 성과만을 내는 리더가 아니라, 감정을 어루만지고 신뢰를 다시 설계할 수 있는 리더, 즉 '회복의 리더'가 필요하다. 바로 이 지점에서, 서번트 리더십은 다시 주목받는다.

서번트 리더는 앞서기보다는 뒤에서 받쳐주고, 지시하기보다는 먼저 경청하며, 통제하기보다 신뢰를 통해 관계를 세운다. 지금 우리에게 필요한 것은 그런 리더다. 조직이 지닌 시스템적 결함을 단숨에 고칠 수는 없지만, 사람과의 관계는 하루아침에도 달라질 수 있다. 리더의 태도 하나, 말 한마디가 몰입의 방향을 바꾸는 가장 강력한 시작점이 된다. 그리고 서번트 리더십은 그 시작을 가능하게 만든다.

2. 리더십 이론의 흐름 : 시대는 어떻게 리더를 바꾸었나?

"리더십은 시대의 거울이다"

지금 우리가 '좋은 리더'라고 생각하는 상은 과거와 다르다. 리더십 이론은 사회의 기대와 조직의 구조, 구성원의 가치관이 변화하면서 함께 발전해왔다. 각 시대는 '어떤 리더가 필요한가?'라는 질문에 자신만의 방식으로 답했다. 그리고 지금, 우리는 '누가 회복의 리더인가'라는 새로운 질문 앞에 서 있다.

시대는 리더에게 늘 다른 자질을 요구했다. 전쟁과 산업화의 시대에는 강인함과 통제력이, 민주화와 분권의 시대에는 공감과 설득력이 중요해졌다. 리더십 이론은 그렇게 '시대가 요구한 리더'에 대한 해답을 찾기 위한 여정이었다. 리더십 이론은 단지 학자의 분석이 아니라, 시대의 필요에 대한 사회적 응답이었다. 조직이 바뀌고, 사람들의 기대가 달라질 때마다 우리는 새로운 리더를 찾았다. 그렇다면 지금 우리 시대는 무엇을 요구하고 있는가? 성과중심을 넘어, 관계와 회복을 이야기하는 이 시대에 걸맞은 리더십은 무엇인가?

이제 본격적으로 그 여정을 따라가 보자. 우리는 어떻게 리더를 정의해 왔고, 그 정의는 지금의 조직 문제에 어떤 답을 주는가? 다음은 시대별로 전개된 주요 리더십 이론들이다.

2.1 특성이론 : 리더는 태어나는가?(1940~1950년대)

가장 오래된 리더십 이론은 '타고난 자질'을 강조했다. 카리스마, 결단력, 신뢰감 있는 외모 등 특정한 성향을 가진 사람만이 리더가 될 수 있다는 전제였다. 하지만 현실은 달랐다. 연구자들은 일관된 리더의 특성을 찾지 못했고, 이 접근은 곧 한계를 맞았다(Stogdill, 1948).

2.2 행동이론 : 리더는 행동으로 평가된다(1950~1960년대)

오하이오 주립대와 미시간 대학의 연구는 리더의 행동 스타일을 유형화했다. '배려 중심'

과 '과업 중심'이라는 두 가지 축은 오늘날까지도 리더십 평가기준의 기초로 쓰이고 있다. 하지만 모든 상황에 맞는 '정답 행동'은 없다는 점에서 다시 한계에 부딪혔다.

2.3 상황이론 : 정답은 없다, 상황이 답이다(1960~1980년대)

Fiedler(1967)의 상황이론은 리더십 효과는 리더의 스타일과 상황의 적합성에 따라 달라진다고 본다. 즉, 리더가 어떤 사람인지보다, 지금 어디에 있는가가 더 중요할 수 있다는 이야기다. 실무에 많은 시사점을 주었지만, 실제 상황에 맞는 스타일을 매번 선택하기는 쉽지 않다는 현실적 한계도 존재했다.

2.4 거래적 리더십 : 주고받는 리더십(1980년대~)

성과를 내면 보상, 실패하면 제재. 거래적 리더십은 조직 내 질서를 안정적으로 유지하는 데 효과적이다. 하지만 이 방식은 직원이 '왜 이 일을 해야 하는지'에 대한 내적 동기까지 자극하지는 못했다(Bass, 1985).

2.5 변혁적 리더십 : 사람의 내면을 바꾸는 리더(1990년대~)

Burns(1978)와 Bass(1985)가 정립한 변혁적 리더십은 비전, 신뢰, 동기부여를 통해 구성원의 잠재력을 끌어올리는 리더를 지향한다. 정서적 공감, 이상적 영향력, 개별적 배려 등이 핵심이다. 하지만 진정성 없는 구현은 오히려 반감을 살 수 있다.

2.6 카리스마 리더십 : 매력은 무기인가?

House & Baetz(1979)은 카리스마 리더십은 비전, 연설, 이미지 메이킹을 통해 구성원을 강한 몰입을 이끌어 낸다고 하였다. 하지만 '리더의 개인 매력'에 과도하게 의존할 경우, 구성원의 자율성과 주인의식은 오히려 떨어질 수 있다.

이처럼 각 이론은 조직 운영과 동기부여에는 기여했지만, '감정회복'이라는 주제에는 한계가 있었다. 특히 공정성 침해와 같은 조직 내 심리적 상처를 다루기엔 충분하지 않았다. 바로 이 지점에서, 관계를 통해 회복을 이끌고 감정적 단절을 연결는 리더십이 필요해졌다. 그래서 이제 우리는 묻게 된다. "회복의 시대'에 어울리는 리더는 누구인가?"

우리는 지금, 단순한 동기부여를 넘어, 공정성을 다시 설명하고 관계를 복원할 수 있는 리더, 말뿐이 아닌 진짜 신뢰를 쌓을 수 있는 리더를 필요로 한다. 구성원의 감정이 무너지고, 몰입이 끊어졌을 때, 가장 먼저 다시 손을 내밀 수 있는 사람. 그 사람이 진짜 리더다. 이어서, 이러한 시대적 요구에 응답하는 리더십의 형태, 바로 '서번트 리더십'의 의미와 역할을 본격적으로 살펴보려 한다.

3. 지금 우리에게 필요한 리더는 누구인가?

"공정성 침해 이후에도 일은 계속된다. 하지만 마음은 그 자리에 없다"

직원들은 여전히 업무를 수행하고 회의에 참석하지만, 그들의 몰입은 바닥을 친다. 회의 중 발언은 줄어들고, 자발적인 아이디어는 사라지며, 책임감은 단지 생존을 위한 최소한의 태도로 바뀐다. 이것은 단지 개인의 문제도, 업무량의 문제도 아니다. 감정이 끊긴 조직에서 벌어지는 집단적 심리사직 현상이다. 왜 이런 현상이 나타나는 걸까?

그것은 단지 일이 많아서가 아니다. '과도한 업무'는 늘 있었고, '낮은 보상'도 어제오늘 일이 아니다. 진짜 이유는 조직이 더 이상 나의 감정을 고려하지 않는다고 느끼기 시작했을 때, 즉 공정성과 존중에 대한 기본적인 심리 계약이 무너졌을 때다. 직원은 감정이 무시당한다고 느끼면, 책임감을 내려놓기보다 '감정을 철수'시키는 방식으로 반응한다. 감정을 들이지 않으면 실망하지 않고, 기대하지 않으면 덜 아프니까. 그렇게 '심리적 사직'이 시작된다. 이것은 한 개인의 문제가 아니라, 회복되지 못한 감정이 조직 전체에 누적되며 집단적으로 전이된 결과다. 회의의 침묵, 무기력한 피드백, 줄어드는 아이디어는 모두 그 징후일 뿐이다. 이런 상태에서 리더가 해야 할 일은 무엇인가?

더 강하게 지시하고, 더 많은 성과를 요구하는 것이 해결책이 될 수 있을까? 아니다. 지금 필요한 리더는 상처를 인식하고, 그것을 함께 감당하며, 회복의 실마리를 제공하는 리더다. 우리는 더 이상 누군가가 "이래라 저래라"하는 시대에 살고 있지 않다. 구성원은 리더의 말보다 태도를 본다. "누가 듣는가?, 누가 기다리는가?, 누가 '사람'을 먼저 보는가?"가 결정적인 차이를 만든다.

이 지점에서 등장하는 리더십이 바로 서번트 리더십(servant leadership)이다. 성과를 끌어내는 것이 우선인 리더가 아닌, 감정을 보듬고, 관계를 잇고, 심리적 안정을 회복시킬 수 있는 리더, 구성원의 내면을 향해 손을 내미는 리더가 조직으로부터 마음이 떠난 직원에게 필요하다. 서번트 리더는 감정의 언어를 이해한다. 회복을 위한 침묵의 시간, 반복된 설명에도 짜증내지 않는 인내, 리더 자신의 권한을 내려놓고 먼저 손을 내미는 용기. 이 모든 것이 회복의 리더에게는 필수다.

조직의 상처는 무시한다고 사라지지 않는다. 오히려 은폐될수록 깊어지고, 더 많은 감정적 이탈을 낳는다. 그런 조직을 다시 세우는 일은 단호한 명령보다, 부드러운 경청에서 시작된다. 서번트 리더는 바로 그 첫마디를 건넬 수 있는 사람이다. 지금 우리에게 필요한 리더는, 더 많은 계획을 세우는 사람이 아니라 더 많이 듣는 사람이다. 과업의 진척보다 마음의 진심을 확인할 수 있는 리더, 그것이 바로 회복의 리더이며, 서번트 리더다. 그는 구성원의 감정에 민감하고, 조직의 공정성을 복원하려는 책임감을 갖는다. 서번트 리더는 '몰입'을 다시 조직에 불어넣기 위해, 단순한 동기부여를 넘어서 구성원과의 신뢰 관계를 새롭게 짜고, 상처입은 조직을 치유하는 데 헌신한다. 지금 조직에 필요한 리더가 바로 서번트 리더인 것이다. 그렇다면, 이 서번트 리더십이란 무엇인가? 어떤 철학에서 출발했으며, 왜 지금 우리 조직이 주목해야 하는가? 그 해답을 찾아보자.

4. 왜 서번트 리더십인가?

"회복에는 사람이 필요하다. 그리고 사람에는, 리더가 필요하다"

성과중심의 리더십은 문제를 해결하지만, 감정을 회복시키지는 못한다. 불신과 실망으로 균열이 생긴 조직에서, 단호함보다 필요한 것은 진심이다. 그렇기에 지금, 우리는 다시 리더십을 묻는다. 그 질문의 끝에서 들어나는 것이 바로 서번트 리더십이다.

서번트 리더십은 '먼저 섬기고, 나중에 이끄는' 리더의 태도에서 출발한다(Greenleaf, 1977). 이는 단지 따뜻함이나 친절함을 의미하는 것이 아니다. 상처받은 조직을 다시 일으키기 위해 가장 먼저 행동해야 할 사람, 바로 리더의 책임과 용기를 말한다. 과거의 리더십은 통제와 비전을 앞세웠다. 그러나 지금 우리는 복잡한 감정의 시대에 살고 있다. 공정성 침해로 인해 침묵하는 팀, 감정이 배제된 보고서, 눈치를 보며 사라지는 자발성. 이 모든 현실을 되돌릴 수 있는 건, 관계를 다시 짜고, 사람을 다시 세우는 리더십이다.

서번트 리더는 '무엇을 말할까?' 보다 '어떻게 들을까?'를 먼저 고민한다. 그는 권한을 앞세우지 않고, 신뢰를 쌓는다. 조직의 침묵에 귀를 기울이고, 구성원의 고립감을 먼저 감지한다. 이것이 회복의 시작이다. 또한, 서번트 리더십은 단순한 '좋은 사람 되기'가 아니다. 그것은 전략이자 철학이다. 구성원의 성장을 조직의 목적과 연결하고, 개인의 의미와 공동체의 목표를 나란히 놓는 사고방식이다. 그리고 이 철학은 실제로 효과적이다. 구성원이 신뢰받고 있다고 느낄 때, 몰입은 자연스럽게 돌아온다. 자발성은 명령보다 배려에서 나온다.

Gallup의 조사(Mann & Harter, 2016)에 따르면, '전 세계 직장인의 87%는 직무에 몰입하지 않고 있다'고 하였다. 조직의 구조를 바꾸고 제도를 손질해도, 마음이 움직이지 않으면 변화는 멈춘다. 지금 필요한 건 마음의 전환을 이끄는 리더다. 서번트 리더는 그 변화의 방향을 알고 있다. 그는 업무보다 사람을 먼저 보며, 판단보다 이해를 앞세운다. 직원 한 명한 명이 "나는 이 조직에서 의미 있는 존재인가?"라는 질문에 "그렇다"고 대답할 수 있게 하는 리더. 그것이 바로 지금 우리에게 필요한 서번트 리더다.

5. 서번트 리더십이 몰입 회복에 미치는 영향

몰입은 단지 '일을 잘함'이 아니라, 감정이 살아 있는 상태다. 그러나 많은 조직에서, 몰입의 문제를 해결하기 위한 전략은 성과 관리, 업무 재배치 같은 구조 중심 접근에 머무른다. 중요한 건, 몰입은 감정에서 무너지고 감정에서 다시 시작된다는 점이다. 그렇다면, 그렇다면, 무너진 감정을 누가 가장 먼저 감지하고, 회복의 실마리를 만들어낼 수 있을까? 바로 그 지점에서 리더십이 중요해진다. 이 무너진 감정을 다시 일으킬 수 있는 리더십은 무엇인가? 우리는 여기서 '서번트 리더십'에 주목한다. 단순히 좋은 사람이 되는 것을 넘어서, 회복의 리더십, 신뢰의 리더십, 공정성 회복의 출발점으로서 서번트 리더십이 어떤 역할을 하는지 살펴보료 한다. 이제 우리는 하나의 이야기, 한 명의 구성원으로부터 시작해 보려 한다.

5.1 심리적 사직에서 정서적 복귀로 : 서번트 리더십의 여정

"박 과장은 성실한 직원이었다. 맡은 일은 제때 해냈고, 부서 내에서도 신뢰를 받았다. 하지만 최근 조직개편과 함께 평가는 하락했고, 상사는 별다른 설명 없이 "성과가 부족하다"고 짧게 말했다. 아무도 그에게 이유를 말해주지 않았고, 본인은 실망과 분노 사이에서 말없이 물러났다"

그가 느낀 건 단순한 좌절이 아니라, 정서적 사건이론(Affective Events Theory)에서 말하는 '감정적 단절'이었다. 박 과장의 머릿속엔 이런 생각이 맴돌았다. "이 조직은 나를 중요하게 생각하지 않는다." 이때부터 그는 회의에 침묵했고, 리더의 지시에 기계적으로만 반응하며 심리적 계약(Psychological Contract)이 무너진 상태에 접어들었다. 그러던 어느 날, 새로 부임한 리더는 점심 식사 자리에서 조심스럽게 물었다. "박 과장, 지난 평가 이후 어떤 생각이 드셨는지, 진심으로 듣고 싶습니다." 박 과장은 당황했지만, 조심스럽게 말을 꺼냈고, 리더는 끝까지 경청했다.

그 후 리더는 단순히 듣고 끝내지 않았다. 박 과장이 수행한 프로젝트 기록을 다시 검토하고, 평가 기준을 명확하게 피드백하며 '공정성 회복'을 위한 행동을 취했다. 뿐만아니라 박 과장이 기여할 수 있는 자율 프로젝트를 제안하며 "당신이 주도권을 가졌으면 합니다"라고 말했다. 이는 자기결정이론(Self-Determination Theory)에서 말하는 자율성과 유능감의 회복이었다. 이후 박 과장은 자발적으로 후배들의 코칭을 시작했다. 그는 이전 리더에게서 배운 긍정 피드백 방식을 그대로 후배에게 적용했다. 이는 사회학습이론(Social Learning Theory)의 전형적인 확산 과정이다. 리더는 말이 아닌 모델링된 행동으로 '신뢰 회복'을 이끌었고, 구성원은 그것을 실천으로 재현했다. 한편, 리더는 단순히 박 과장을 배려한 것이 아니라, 팀 내 리소스를 재조정하고 업무 부담(Job Demand)을 조절하고 성장 기회(Job Resource)를 늘리는 방식으로 실질적 구조 조정을 감행했다. 이는 직무요구-자원모델(JD-R Model)에서 말하는 '몰입 유도 요인'의 회복이었다. 또한, 리더는 박 과장이 회복되는 과정을 지켜보며 다음과 같이 말했다. "서로 신뢰를 쌓아가는 시간인 것 같아요. 제가 드린 것보다 더 많이 돌려받는 느낌입니다" 이 말은 박 과장에게 사회교환이론(Social Exchange Theory)에서 말하는 상호적 정서 교환의 신호였다. 감정적으로 인정받고, 그것이 행동으로 연결되며 몰입이 회복된 것이다.

물론 서번트 리더십이 모든 조직 문제를 해결하는 마법 같은 해법은 아니다. 불공정 인식은 시스템, 문화, 제도적 한계에서 비롯되며, 리더 한 사람의 태도만으로 전면 개선되기는 어렵다. 그러나 서번트 리더십은 '회복의 출발점'이라는 점에서 여전히 가장 현실적인 해법이 될 수 있다. 특히 구성원이 감정적으로 단절되었을 때, 그것을 가장 먼저 감지하고 응답할 수 있는 존재가 바로 리더다. 공정성 침해를 조직 차원에서 수정하려면, 누군가는 그 부정의 신호에 먼저 귀 기울여야 한다. 서번트 리더는 그 '첫 응답자(first responder)'로서 기능한다.

실제로 서번트 리더십은 단순히 '좋은 리더'의 윤리적 이상이 아니라, 구성원의 감정을 기반으로 절차를 재구성하고 시스템을 조정하는 실천 전략으로 진화하고 있다. 공정한 피드백 시스템, 참여 기반의 평가 회의, 감정적 안정을 위한 심리적 안전망 구축 등은 모두 서번트 리더의 철학이 반영된 실천 방식이다. '듣는 리더십'이 '조직 시스템 개선'으로 확장될 때,

감정회복은 비로소 공정성 회복으로 이어진다. 그렇기에 서번트 리더십은 '감정'과 '구조'를 동시에 회복하는 다리이자, 몰입을 되살리는 심리적 · 제도적 연결 고리다.

5.2 듣는 리더, 몰입을 되돌리다 — 서번트 리더십의 연구사례

이론과 실제를 잇는 연구들은 서번트 리더십이 단지 '좋은 리더상'이 아니라, 실질적으로 구성원의 몰입과 성과에 긍정적인 영향을 준다는 사실을 입증하는 것이다. 다음으로는 서번트 리더십의 효과에 대해 실증적으로 검증한 주요 연구들을 통해, 그 타당성과 적용 가능성을 확인하고자 한다.

- Liden et al.(2008)은 서번트 리더십이 조직시민행동과 직무만족에 긍정적 영향을 미치며, 이는 몰입 수준을 높이는 데 직접 연결된다고 분석했다.
- Hunter et al.(2013)의 연구에 따르면, 서번트 리더는 감정적 신뢰와 심리적 안전감 형성에 탁월하여, 회복기 조직에서의 리더십 역할에 결정적인 영향이 미치고 있음을 확인했다.
- Eva et al.(2019)의 메타분석은 서번트 리더십이 정서적 유대강화, 이직률 감소, 팀 몰입 증가에 유의미한 효과가 있다는 것을 종합적으로 보여준다.

이러한 연구들은 서번트 리더십이 단순한 철학이 아니라, 몰입 회복을 위한 실질적 전략이라는 점을 실증적으로 뒷받침한다. 신뢰, 경청, 지지라는 서번트 리더의 행동은 구성원의 감정적 회복을 유도하며, 그 과정은 다양한 심리 이론에 의해 설명되고 검증되어 왔다.

5.3 서번트 리더십의 실천과 성과

"감정을 돌보는 리더십은 결국 성과로 돌아온다."

서번트 리더십은 단지 이상적인 가치나 도덕적 태도에 머물지 않는다. 실제로 수많은 조직이 감정을 중심에 둔 리더십을 통해 몰입을 회복하고, 위기를 기회로 전환해 왔다. 그들은 구성원의 감정을 '관리할 대상'이 아니라 '회복의 출발점'으로 바라보며, 그 철학을 실천과 구조로 구체화해 왔다. 그러한 리더십이 실제 조직에서 어떻게 구현되었고, 그 결과 어떤 몰입의 회복과 성과의 지속성을 만들어냈는지 구체적으로 살펴보고자 한다.

5.3.1 사우스웨스트 항공 : 직원 우선 철학이 만든 35년 연속 흑자

사우스웨스트 항공은 항공업계의 격변 속에서도 35년 연속 흑자를 기록한 유일한 항공사다. 이 성과의 중심에는 '직원 중심'의 서번트 리더십 철학이 자리잡고 있었다. 특히 리더들은 성과 수치보다 먼저 직원 감정의 변화를 민감하게 감지하고, 문제 제기를 '불만'이 아닌 '회복의 신호'로 받아들이는 태도를 실천해왔다.

"직원의 감정을 듣지 못하는 조직은 고객의 불만도 듣지 못한다"는 신념 아래, 조직은 감정적 피드백을 구조적 개선으로 연결했다.

- **직원 우선 문화** : 사우스웨스트는 "직원이 행복해야 고객도 만족한다"는 철학 아래, 리더가 먼저 직원의 감정과 요구에 귀 기울이는 구조를 확립했다. 이는 정서적 공정성과 상호 신뢰를 기반으로 한 회복 중심의 조직 문화를 만들었다.

- **성과 지표** : 이와 같은 감정 중심 리더십은 실제 성과로도 이어졌다. 사우스웨스트는 9·11 테러와 2008년 금융위기, 코로나 팬데믹 초기까지 포함해 35년 연속 흑자를 달성했으며, 평균 좌석당 수익(RASM)은 업계 평균 대비 10~15% 높은 수준을 유지했다.

※ 출처: Southwest Airlines Annual Reports

이 사례는 서번트 리더십이 단순한 이상적 가치가 아니라, 실제 위기 상황에서도 직원의 감정을 조직의 전략적 자산으로 전환할 수 있는 구조적 리더십임을 보여준다. 특히 감정을 단순히 '관리할 대상'이 아니라, '회복의 출발점이자 몰입의 신호'로 인식한 리더십은, 구성원의 신뢰를 회복시켰고, 이는 곧 높은 업무 자율성과 정서적 안정감을 기반으로 한 몰입으로 이어졌다. 그 결과, 조직은 예측 불가능한 위기 속에서도 흔들리지 않고 지속가능한 성과를 달성할 수 있었다. 다시 말해, 몰입은 숫자에서 시작되지 않는다. 감정을 회복한 조직만이 숫자로도 증명된다. 사우스웨스트 항공의 사례는 서번트 리더십이 '좋은 사람의 리더십'이 아니라, '좋은 조직을 만드는 전략'이라는 사실을 말해준다.

5.3.2 파타고니아 : 정서적 신뢰가 만든 이직률 4%의 기적

환경 보호를 기업 사명으로 내건 파타고니아(Patagonia)는 '가장 인간적인 기업'이라는 명성을 얻고 있다. 이 브랜드의 내부는 놀라울 정도로 신뢰와 감정회복 중심의 리더십으로 운영된다. 파타고니아 리더들은 직원의 문제 제기를 '조직을 위한 돌봄'으로 인식하며, 이를 리더십의 책임으로 전환해왔다. "불편한 감정은 잘못된 구조를 비추는 거울이다"라는 철학은 감정 피드백을 제도 개선으로 전환하는 원동력이 되었다.

- **정서 중심 조직 운영** : 구성원이 육아, 심리적 스트레스, 공정성 이슈로 어려움을 겪을 때, 리더는 회피하지 않고 대화를 통해 문제를 드러내고 제도화했다. 결과적으로 직원들은 '나의 문제가 조직의 문제로 환대받는다'는 감정을 경험했다.

- **성과 지표** : 파타고니아는 리테일 업계 평균 이직률이 30~40%에 달하는 가운데, 이직률 4% 이하라는 놀라운 수치를 기록했다. 이는 구성원이 정서적으로 신뢰할 수 있는 리더 아래에서 일할 때, 조직몰입이 얼마나 높아지는지를 실증적으로 보여준다.

※ 출처: Harvard Business Review, 2017

이 두 사례는 서번트 리더십이 단순히 따뜻하고 좋은 사람이 되는 리더십이 아니라, 감정의 회복을 조직의 전략으로 끌어올린 리더십임을 보여준다. 사우스웨스트 항공은 위기 속에서도 직원 감정을 가장 먼저 읽은 리더들이 조직을 지켜냈고, 파타고니아는 감정을 제도화한 리더십을 통해 이직률 4%라는 기적을 만들어냈다.

이들은 공통적으로 '감정은 사소한 불만이 아니라, 회복의 신호이자 몰입의 단서'라는 인식을 공유하고 있었다. 여기서 우리가 주목해야 할 점은 다음과 같다. 감정이 존중받는 조직에서 직원은 '일에만 몰입'하는 것이 아니라, '나를 존중하는 조직에 몰입'한다. 그리고 이 감정의 몰입이 바로 자율성과 창의성, 책임감과 공동체 의식, 그리고 결국 지속가능한 성과로 이어지는 심리적 경로다. 결국 서번트 리더십은 단순히 감정을 배려하는 리더십이 아니라, 감정을 전략적으로 복원하고, 신뢰를 구조로 만들며, 몰입을 지속가능하게 전환하는 몰입 회복의 리더십 모델이라 할 수 있다.

6. 몰입 회복은 리더에게서 시작된다 – 회복을 위한 리더의 조건

"리더십은 감정을 되돌리는 힘이다."

이 장은 '왜 지금 회복의 리더십이 필요한가?'라는 물음에서 출발했다. 리더십 이론의 역사적 흐름을 따라가며, 서번트 리더십이 단순한 도덕적 이상이 아니라, 감정과 신뢰의 회복을 이끄는 실천적 전략으로 어떻게 등장했는지를 조명했다. 과거의 리더십은 조직 성과와 통제 중심의 운영에 효과적인 도구였다. 그러나 감정 단절, 공정성 침해, 몰입 저하와 같은 오늘날의 조직 문제를 해결하기에는 한계가 있었다. 이제 조직 구성원의 감정은 더 이상 '관리 대상'이 아니다. 감정은 몰입 회복의 출발점이며, 조직 생존의 조건이다. 서번트 리더십은 구성원을 '성과의 수단'이 아니라 '존재의 목적'으로 바라보는 리더십이다. 이 리더십은 감정을 돌보는 것을 관계회복의 시작으로 삼고, 신뢰를 쌓아가며 몰입을 회복한다. 이러한 회복의 흐름은 다음과 같은 심리학 이론들에 의해 이론적으로 뒷받침된다.

- **정서적 사건이론(Affective Events Theory)** :

서번트 리더는 일상의 작은 감정 신호에 민감하게 반응한다. 이는 단순한 성향이 아니라, 서번트 리더십의 핵심 행동원칙인 경청(Listening)과 공감(Empathy)에서 비롯된다(Spears, 1995). Greenleaf(1977)는 서번트 리더십을 "타인의 필요를 먼저 인식하고 돌보는 태도"로 정의했으며, 이후 Liden et al.(2008)은 구성원의 감정적 회복을 돕는 능력인 서정적 회복(Emotional Healing)을 서번트 리더십의 중요한 차원으로 제시했다. 이는 구성원이 겪는 일상의 정서적 위축, 침묵, 거리감 등을 단순한 개인적 반응이 아닌 회복의 신호로 해석하고, 이를 정서적 지지와 관계 회복의 계기로 삼는 능력을 의미한다.

이러한 서번트 리더의 정서적 민감성은 정서적 사건이론의 주요 가정과도 맞닿아 있다. Weiss와 Cropanzano(1996)는 조직 내에서 반복되는 일상적 사건, 특히 사소해 보이는 감정적 상호작용들이 장기적인 태도 변화와 몰입 수준에 결정적인 영향을 준다고 보았다. 감정은 한 번의 강한 경험보다, 반복되고 누적되는 일상의 조각들 속에서 천천히 움직인다. 서번트 리더는 바로 이 작은 조각들을 먼저 인식하고, 그 감정에 응답하는 리더다.

- **자기결정이론(Self-Determination Theory) :**

서번트 리더는 구성원을 '성과의 도구'가 아니라, 자율적이고 의미 있는 존재로 바라본다. 이 리더십은 구성원이 스스로 의미를 찾고, 자율적으로 참여하며, 관계 안에서 성장할 수 있도록 돕는 환경을 설계한다. 이는 자기결정이론이 설명하는 심리적 동기의 구조와 정확히 맞물린다. 자기결정이론에 따르면, 인간은 세 가지 기본 심리 욕구—자율성(autonomy), 유능감(competence), 관계성(relatedness)—이 충족될 때 내재적 동기를 경험하고, 몰입이 촉진된다. 문제는 많은 조직이 이 욕구를 차단하는 방식으로 구성되어 있다는 점이다. 과업의 방식은 정해져 있고, 평가 기준은 일방적이며, 관계는 수직적이다. 이런 환경에서는 몰입이 아닌 생존만이 유지된다. 서번트 리더는 이 세 가지 욕구를 회복시키는 역할을 한다.

- **자율성**은 구성원의 선택을 존중하는 리더의 태도에서 시작된다. 서번트 리더는 구성원에게 일의 방식과 순서를 스스로 설계할 수 있는 여지를 열어준다.

- **유능감**은 리더가 피드백을 통해 구성원의 성장 가능성을 인정하고, 도전적이지만 감당할 수 있는 과업을 부여할 때 실현된다.

- **관계성**은 리더가 구성원의 감정과 일상의 맥락에 진심으로 관심을 갖고 공감하는 순간 회복된다. 감정적으로 연결된 관계 안에서, 구성원은 자신이 존중받고 있다는 감각을 얻는다.

즉, 서번트 리더는 구성원이 자신의 동기를 외부가 아닌 내면에서 다시 발견할 수 있도록 돕는 조력자다. 이때 회복은 강요된 충성이나 외적 보상이 아니라, '나는 이 일을 내 뜻으로 선택했다'는 감정에서 비롯된다. 이러한 감정은 지속가능한 몰입의 출발점이 된다.

● 사회교환이론(Social Exchange Theory) :

서번트 리더는 성과를 요구하기 전에 먼저 신뢰를 건넨다. 보상이 보장되지 않아도, 헌신이 돌아오지 않아도, '먼저 관계를 형성하는 쪽'을 선택하는 리더다. 이러한 행동은 사회교환이론(Social Exchange Theory, Blau, 1964)이 설명하는 비경제적 신뢰의 작동 구조와 연결된다. 사회교환이론은 인간이 보상과 비용의 균형을 고려하여 관계를 형성한다고 설명한다. 그러나 진짜 헌신은 계산이 끝난 후에 생기지 않는다. 오히려 보상이 확정되지 않은 관계에서 신뢰가 먼저 주어질 때, 구성원은 그 관계에 자발적으로 응답하려는 내적 동기를 경험한다. 서번트 리더는 이 '먼저 건네는 신뢰'를 통해 구성원의 책임감, 주인의식, 감정적 연결을 이끌어낸다.

서번트 리더십은 명령이나 통제보다 상호적 신뢰를 기반으로 한다. 리더가 감정을 존중하고 구성원을 인간적으로 대할 때, 구성원은 단순히 일의 대상이 아니라 관계의 주체로 존재하게 된다. 이때의 몰입은 의무감이나 생존이 아닌, "이 조직이 나를 믿는 만큼, 나도 이 조직을 위해 무언가를 하고 싶다"는 감정에서 비롯된다.

Cropanzano & Mitchell(2005)은 이러한 신뢰 기반의 사회적 교환 관계에서 정서적 의무감(emotional obligation)이 형성된다고 보았다. 감정적으로 존중받은 경험은 구성원에게 형식 너머의 헌신을 가능하게 한다. 서번트 리더는 보상을 계산하기 전에, 감정을 먼저 수용하고 관계를 먼저 맺는다. 이 작은 선행이, 조직 내 지속 가능한 몰입의 기초가 된다.

● JD-R 모델(Job Demands-Resources Model) :

조직에서 일은 줄지 않는다. 오히려 빠르게 변하고, 요구는 더 정교해지며, 시간은 부족하다. 구성원은 늘 어떤 '요구' 속에서 일하고 있다. 바로 여기서 JD-R 모델이 설명하는 구조가 등장한다. Bakker & Demerouti(2007)에 따르면, 구성원이 감정 소진이나 몰입 저하를 겪는 이유는 단지 '업무량' 때문이 아니다. 그것은 직무요구(Job Demands)와 심리적·사회적 자원(Job Resources) 간의 불균형 때문이다. 이때 리더는 단지 '일을 시키는 사람'이 아니라, 구성원이 심리적 자원을 회복할 수 있도록 돕는 사람이어야 한다. 서번트 리더는 이 역할을 수행하는 대표적인 리더십이다. 그들은 단지 "힘내라"고 말하지 않는다. 대신 구성원이 지속적으로 소진되지 않도록, 그 옆에서 감정을 지지하고, 현실적 여지를 만들고, 도움을 요청할 수 있는 안전한 분위기를 만든다.

JD-R 모델은 특히 리더의 지지를 하나의 '사회적 자원'으로 본다. Bakker et al.(2005)은 상사의 정서적 지지가 직무 스트레스의 강력한 완충 변수이며, 이는 몰입 수준과 활력(vigor)

을 회복시키는 핵심 동력이라고 밝혔다. 구성원에게 리더는 단순한 상관이 아니라, "이 관계 안에서 내가 무너져도 괜찮은가?"를 시험하게 되는 존재다. 서번트 리더는 바로 그 질문 앞에서, "괜찮다"고 먼저 말해주는 리더다. 이렇게 리더가 회복의 안전망을 형성해 줄 때, 구성원은 다시 몰입할 여유와 에너지를 되찾는다. 조직의 요구는 줄어들지 않지만, 구성원이 가진 자원은 늘어날 수 있다. 그리고 이 자원의 가장 강력한 원천은 바로 리더의 진심 어린 돌봄이다.

- **심리적 계약이론(Psychological Contract Theory) :**

조직의 계약은 언제나 모든 것이 명시되어 있지 않다. 근로계약서에는 출근 시간, 업무범위, 급여가 적혀 있지만, 정작 구성원이 조직에 바라는 것은 그 너머에 있다. 내가 존중받을 수 있는지, 실수해도 괜찮은지, 성장할 기회가 있는지, 그리고 무엇보다 "이 관계가 진짜인지"에 대한 믿음이 있다. 심리적 계약이론은 바로 이 말로 맺지 않은 기대와 신뢰의 관계를 설명한다(Rousseau, 1989). 문제는 이 심리적 계약이 자주 파기된다는 점이다. 조직이 아무 말 없이 변하거나, 리더가 침묵하거나, 기대가 무시될 때, 구성원은 계약 위반이 아니라 신뢰의 단절을 경험한다. 그 결과는 피로가 아니라 몰입의 이탈이며, 더 심하게는 정체성의 소외다.

서번트 리더는 바로 이 틈을 가장 먼저 인지하는 사람이다. 그는 구성원이 명시적으로 말하지 않아도, 그 기대를 먼저 짐작하고 응답하려 한다. 때로는 "그 말을 해도 괜찮다"고 먼저 말해주고, 때로는 "이건 네 잘못이 아니다"라고 감정을 감싸준다. 공식적인 약속보다 비공식적인 신뢰를 우선하는 리더, 바로 그가 서번트 리더다.

심리적 계약이론은 단순한 상호 기대가 아니라, "조직과 내가 진짜 관계를 맺고 있는가"라는 물음을 전제로 한다. 서번트 리더십은 그 물음에 "그렇다"고 말해주는 리더십이다. 구성원은 그런 리더를 통 "이 조직은 나를 지키는 사람과 함께 있다"는 감정을 경험하고, 침묵 대신 몰입을 다시 선택한다.

이처럼 서번트 리더십은 단순한 선의나 이상적인 태도가 아니라, 심리적 회복 이론들이 제시하는 조건들을 현실에서 실천하는 구조적 리더십이다. 실제 사례와 연구들도 이러한 이론적 기반을 생생하게 증명한다. 사우스웨스트 항공은 직원의 감정을 경영의 중심에 놓고, 이를 구조적 변화로 연결하며 35년 연속 흑자를 달성했다. 파타고니아는 '불편한 감정은 잘못된 구조를 비추는 거울'이라는 철학 아래, 감정 피드백을 제도 개선으로 전환하고, 업계 평균의 10분의 1 수준인 이직률을 실현했다. 이 두 조직의 사례는 다음과 같은 사실을 말해준다.

감정을 회복한 조직만이 몰입을 회복하고, 몰입을 회복한 조직만이 성과를 지속할 수 있다.

- 몰입은 시스템으로 관리할 수 없다.

  그것은 리더의 태도와 감정의 언어에서 다시 시작된다.

- 감정회복과 신뢰 재구축은 서번트 리더십의 행동원칙 속에서 실천된다.

  이는 정서 중심, 관계 중심, 자율성 중심의 실천을 통해 작동한다.

- 서번트 리더십은 이상적 도덕성이 아니라, 몰입과 성과 회복을 입증한 실천 전략이다.

이론과 데이터, 그리고 사례가 그 효과를 말해준다. 이제 우리는 서번트 리더십의 철학과 효과를 이해했다. 하지만 진짜 질문은 이것이다. "이런 리더, 정말 존재하는가?"

다음 장에서는 우리 주변의 서번트 리더들을 만나보려 한다. 그들의 말과 행동, 그리고 조용한 실천 속에서 서번트 리더십이 어떻게 살아 움직이는지를 함께 확인해 보자.

우리 주변의 서번트 리더 사례

"서번트 리더십은 멀리 있지 않다. 바로 우리 곁에 있다."

서번트 리더십은 특별한 직함이나 조직의 정점에만 머무르지 않는다. 그것은 소리 없이 흐르고, 이름 없이 빛나며, 우리 곁의 평범한 이들의 삶 속에서 조용히 실천된다. 말보다 행동으로, 지시보다 기다림으로, 그들은 하루하루 자신을 낮추며 타인을 세운다.

이 장에서는 그런 세 사람의 이야기를 전한다. 한 사람은 매일 새벽, 차가운 산사의 돌바닥 위에서 자신을 깎아내리며 살아온 선승이다. 그의 침묵은 수행이었고, 그 수행은 결국 타인의 고통을 껴안을 수 있는 지혜로 피어났다. 또 한 사람은 가족과 함께 피지의 낯선 땅으로 건너가, 한 줌의 신념으로 아이들에게 배움의 등불을 지핀 평범한 아버지였다. 그의 선택은 거창하지 않았지만, 수많은 아이들의 운명을 바꾸는 뿌리 깊은 섬김이 되었다. 그리고 마지막 한 사람은 깊은 상처를 안고 세상과 거리를 두려던 한 청년 곁에 말없이 앉아, 기다림과 경청으로 마음의 문이 다시 열리기를 바랐던 상담자였다. 그들은 말로 가르치지 않았다. 단지 존재로, 그리고 끝까지 머물러주는 태도로, 삶의 방향을 바꾸는 울림을 전했다. 서로 다른 시대, 서로 다른 길 위에 있었지만, 이 세 사람은 공통적으로 **'타인의 성장을 위한 헌신'**을 실천했다. 그들의 이야기는 단지 감동적인 사례가 아니다. 우리는 그들의 삶을 통해 다음과 같은 리더십의 진실을 다시 깨닫게 된다.

- **진정성 있는 리더는 말보다 삶으로 가르친다.**
- **섬김은 지시가 아니라 기다림이고, 권위가 아니라 경청이다.**
- **진심은 조직을 움직이고, 관계는 변화를 일으킨다.**

1. 수행은 침묵으로, 리더는 겸손으로 – 성철 스님의 길

"가르치지 않으면서도, 모두가 따라 걷게 만들었다."

그는 말하지 않았다. 하지만 그의 삶은 늘 말하고 있었다. 성철 스님은 직위를 이용해 조직을 통제하거나, 권위를 앞세워 따르게 한 리더가 아니었다. 오히려 말없이, 스스로를 낮추는 수행을 통해 제자들을 감화시켰고, 그들이 자발적으로 성장할 수 있도록 이끌었다. 어떤 이는 그를 '근엄한 스승'으로 기억하지만, 그의 진짜 힘은 묵언 속에 있었다. 자신을 철저히 절제하며 지킨 10년간의 방부(防夫) 수행, 그리고 하루 삼천 배를 통해 몸으로 보여준 수행의 리더십은, 그 어떤 지시보다 강한 울림으로 제자들의 가슴에 새겨졌다.

1.1 삼천배로 이끈 겸손의 리더십

한 대학의 철학과 교수와 제자들이 성철 스님을 뵙고자 해인사 백련암을 찾았을 때, 그들은 단 한 가지 조건을 마주했다. "산문에 들기 전에 삼천 배를 하십시오."

그 말은 명령이 아니라 권유였고, 받아들이는 것은 전적으로 수행자의 몫이었다. 스님은 절을 하지 않는 이들을 꾸짖지도 않았고, 누가 절을 포기하든 비난하지 않았다. 그저 조용히 그 자리를 지켰을 뿐이다.

교수와 제자들은 차가운 바닥 위에서 절을 시작했다. 일 배, 이 배, 삼 배… 시간이 흐를수록 한 명, 두 명 포기하는 이들이 생겼고, 천 배, 이천 배를 지나면서 남은 이들은 극소수였다. 결국 삼천 배를 마친 이는 교수와 두 명의 제자뿐이었다. 그리고 마침내 성철 스님과의 만남이 이루어졌다. 사람들은 궁금해했다. "스님께 어떤 가르침을 받았나요?" 그러나 그들의 대답은 단순했다. "무슨 말씀을 하셨는지 기억이 나지 않습니다."

그 순간, 기억에 남은 것은 말이 아니라 몸으로 통과한 경험 그 자체였다. 삼천 배는 고통의 반복이 아니었다. 절을 이어가면서, 자신을 마주하게 되고, 자발적 선택의 무게를 느끼게 되며, 어느 순간부터 절이 단순한 수행이 아니라 자기를 비우고 다시 세우는 성찰의 행위로 바뀌었다. 성철 스님은 말로 강요하지 않았다. 대신, 그 절의 시간과 구조 안에 내면의 질문이 저절로 솟아오를 수 있는 공간을 설계했다. "나는 왜 이 길을 택하려 하는가?", "나는 이 고통을 감당할 준비가 되었는가?", "나는 나를 버릴 수 있는가?"

스님은 이 질문을 묻지 않았고, 그 답을 요구하지도 않았다. 다만 그 고요한 자리에 함께 머무르며, 수행자가 스스로 도달하길 기다렸다. 그가 보여준 리더십은 지시가 아니라 공간의 설계였고, 말보다 먼저 행동하며 본을 보였으며, 감정과 동기의 전환이 일어날 수 있는 구조적 환경을 마련해 주는 것이었다. 그는 비난도 칭찬도 없이 그 자리를 지키며, 선택의 결과를 묵묵히 수용했다. 리더십의 힘은 바로 그 조용한 머묾에 있었다.

성철 스님의 행보는 현대적 의미의 서번트 리더십(Servant Leadership)이 지향하는 핵심 원칙들을 상징적으로 구현한다.

- **경청(Listening)** : 수행자의 내면을 꿰뚫어보는 묵언의 관찰
- **설득(Persuasion)** : 강요 대신 공간 제공을 통한 자율적 결단 유도
- **자각(Self-awareness)** : 삼천 배의 구조를 통해 자기 인식과 감정 전환을 촉진
- **타인의 성장에 대한 헌신(Commitment to the Growth of People)** : 수행자의 내면 성장을 중심에 둔 수행 방식
- **공동체 형성(Building Community)** : 직접 운영하지 않아도 자율적 질서가 유지되는 구조 설계

그는 조직을 통제하지 않았고, 위계를 강조하지도 않았다. 오히려 리더 스스로 가장 낮은 자리에 앉음으로써, 타인에게 더 큰 책임감과 주도권을 부여했다. 말 없는 권유, 구조로 말하는 리더십, 그리고 묵묵히 곁에 있는 헌신. 그 모든 것이 오늘날 서번트 리더십의 정의와 자연스럽게 맞닿아 있다.

이제 일곱 가지 조직심리학 이론을 통해, 성철 스님의 침묵과 삼천 배 수행이 단지 절의 반복이 아니라 감정의 전환과 리더십의 본질을 담은 사건이었음을 해석해볼 것이다.

1.2 성철스님의 삼천배 사례 : 일곱 개의 심리학적 울림

성철 스님의 삼천배 이야기는 단순한 종교 수행의 일화를 넘어선다. 그 장면에는 감정이 움직이고, 동기가 깨어나며, 자아가 흔들리고, 관계가 맺어지고, 의미가 새롭게 구성되는 복합적인 심리의 결이 켜켜이 녹아 있다. 한 사람의 몸을 낮추는 행위는 그 자체로 하나의 질문이 되고, 묵묵히 옆에 앉아 있는 리더의 존재는 말 없이 감정을 회복시키는 사건이 된다. 이처럼 리더의 행동은 단순한 전략이 아니라, 감정의 지형을 바꾸는 구조적 실천이 된다. 우리는 이 장면을 통해 리더십을 다시 묻는다. 어떤 행동이 구성원의 감정을 움직이고, 무엇이 사람의 동기를 되살리는가? 리더의 존재는 어떤 방식으로 타인의 정체성과 몰입에 영향을 미치는가?

이제부터 우리는 성철 스님의 삼천배 권유와 그 실천 장면을, 일곱 개의 조직심리학 이론을 통해 새롭게 조명해보려 한다. 이 이론들은 각각 감정(Affective Events Theory), 동기(Self-Determination Theory), 학습(Social Learning Theory), 자원구조(JD-R Model), 심리적 신뢰(Psychological Contract Theory), 상호교환(Social Exchange Theory), 정체성(Organizational Identity Theory)의 관점에서 이 장면을 해석한다. 각 이론은 단지 설명의 도구가 아니라, 한 리더의 태도가 타인의 감정에 어떤 방식으로 울림을 주는가를 보여주는 렌즈가 될 것이다.

그리고 그 렌즈를 통해 우리는 깨닫게 된다. 리더십이란 지시나 통제가 아니라, 감정을 회복시키는 구조이고, 관계를 설계하는 방식이며, 존재를 지지하는 태도임을.

1.2.1 감정이 전환되는 순간(정서적 사건이론)

삼천 배는 단지 육체의 훈련이 아니었다. 처음 몇 백 배는 '해야 하니까' 하는 마음으로 버텨낼 수 있었다. 하지만 시간이 흐를수록 절의 반복은 신체적 고통을 넘어, 감정과 동기를 시험하는 경험이 되었다. 수행자들은 어느 순간 자신에게 되묻는다. "나는 지금 왜 이 절을 하고 있는가?", "이 고통은 무엇을 위한 것인가?", "이 길의 끝에는 무엇이 있는가?"

특히 강제나 보상이 없다는 사실은, 이 절의 의미를 더 근본적인 차원으로 끌어올린다. 누가 시켜서 하는 것도 아니고, 중간에 멈춘다고 누구에게 평가받지도 않는다. 그런 조건에서 수행을 이어가는 사람들은 결국, 자신 안에 자리한 감정과 동기의 원천을 직면하게 된다. 실제 회고에 따르면, 삼천 배를 끝까지 수행한 이들 가운데 일부는 수행 도중 감정의 흐름이 완전히 바뀌는 순간을 경험했다고 말한다.

고통은 사라지지 않았지만, 그 고통을 대하는 태도가 바뀌는 순간, 절은 더 이상 '견뎌야 할 일'이 아니라, 자기 자신을 정돈하고 감정을 정화하는 길로 다가왔다.

그 변화는 외부의 지시나 피드백이 아니라, 내면에서 일어난 조용한 전환이었다.

이러한 감정의 변화는 정서적 사건이론(Weiss & Cropanzano, 1996)의 핵심과 맞닿아 있다. 이 이론은 일터에서의 감정은 우연히 흘러가는 것이 아니라, 특정한 사건에 의해 촉발되고, 그 감정이 다시 구성원의 태도와 행동에 장기적으로 영향을 미친다고 본다. 여기서 '사건'은 반드시 거창한 것이 아니어도 된다. 그 사람이 감정적으로 받아들이고, 내면화한 경험이면 충분하다. 삼천 배는 그 자체로 하나의 '정서적 사건'이었다. 그 안에서 수행자는 고통과 마주하고, 자신의 한계와 감정을 통과하며, 스스로의 몰입과 태도를 재구성한다. 그리고 그러한 변화는 바로 리더가 만들어낸 것이 아니라, 리더가 개입하지 않았기에 가능한 공간 안에서 일어난다.

말하지 않고, 묻지 않고, 지시하지 않음으로써 스님은 감정이 스스로 움직일 수 있는 여지를 남겨두었다. 바로 그 여백이 감정의 전환이 일어나는 구조가 되었다.

이런 관점은 조직에서도 중요한 함의를 지닌다. 직장에서 우리는 종종 회의, 피드백, 실패, 지연, 무시, 침묵, 인정과 같은 수많은 작은 사건들을 겪는다. 그리고 그 사건 하나하나가 구성원에게는 감정의 기억으로 남고, 그 감정은 몰입과 신뢰, 혹은 이탈과 냉소로 이어진다. 특히 감정노동이 많은 조직일수록, 리더의 말 한마디, 표정 하나, 피드백 방식은 정서적 사건으로 축적된다.

Barger & Grandey(2006)는 리더의 감정적 반응이 구성원의 감정회복력과 몰입에 직접적인 영향을 준다고 밝혔고, Weiss & Cropanzano 역시 일상 속 감정사건들이 조직 내 태도 형성의 핵심임을 강조했다. 이는 리더가 특별한 말을 하지 않아도, 어떤 분위기를 만들고, 어떤 감정을 허용하고, 어떻게 반응하는가가 그 자체로 하나의 사건이 된다는 사실을 말해준다. 결국 삼천 배는 단지 절을 반복한 행위가 아니었다. 그것은 감정이 움직이고, 해석되고, 다시 의미화되는 심리적 전환의 시간이었다. 그리고 그 공간을 가능하게 한 것은, 스님의 통제가 아닌 묵언의 기다림, 감정을 흔들지 않는 구조, 그리고 감정이 스스로 피어날 수 있도록 열어둔 존중의 태도였다.

조직에서도 마찬가지다. 리더는 감정을 만들 수는 없지만, 감정이 움직일 수 있는 장면은 설계할 수 있다. 그 작은 사건의 순간을 무겁게 여길 줄 아는 리더, 그때 말보다 기다림을 선택할 줄 아는 리더가, 정말 필요한 변화의 시작이 된다.

1.2.2 스스로 선택할 때, 동기는 다시 살아난다(자기결정이론)

삼천 배를 시작하겠다고 결심한 것은, 수행자 스스로의 선택이었다. 성철 스님은 단 한 번도 그 행위를 강요하지 않았다. "산문에 들기 전에 삼천 배를 하십시오."

그 짧은 말 이후, 스님은 더 설명하지 않았고, 묻지도 않았다. 절을 할 것인가, 중간에 멈출 것인가, 끝까지 견딜 것인가는 오롯이 수행자의 몫이었다. 그 침묵은 단절이 아니라 존중이었다. 그리고 바로 그 선택의 여지가 감정과 동기를 다시 일으키는 출발점이 되었다.

자기결정이론(Deci & Ryan, 2000)은 인간의 동기와 몰입은 외부의 보상이 아니라 세 가지 심리적 욕구 – 자율성, 유능감, 관계성 – 이 충족될 때 자연스럽게 발생한다고 설명한다. 그리고 이 세 가지는 삼천배라는 수행 속에서 차례차례 자극되고 회복된다.

먼저, 자율성(Autonomy). 스님은 절을 하라고 명령하지 않았다. 선택은 수행자 스스로에게 있었다. 이때 수행자가 느낀 감정은 단지 책임감이 아니라, '내가 이 길을 택했다'는 결정의 주체로서의 감정이었다. 이 자율성의 경험은 처음에는 고통이었지만, 점차 절을 계속 이어가게 만드는 내적 에너지가 되었다. 누군가 시켜서가 아니라, 내가 택했기 때문에 멈출 수 없었던 것이다.

둘째는 유능감(Competence). 천 배, 이천 배를 지나며 몸은 점점 무너졌지만, 이상하게도 마음은 단단해졌다. '나는 지금 이것을 해내고 있다'는 감각, 고통을 이겨내고 있다는 느낌은 수행자 스스로에게 강한 자기 확신을 안겨주었다. 그 과정에서 특별한 칭찬은 없었다. 스님은 말하지 않았고, 피드백도 없었다. 하지만 그 침묵이야말로 신뢰의 표현이었다. 누군가가 나를 조용히 지켜보고 있다는 사실, 실패해도 괜찮다는 암묵적 수용은 오히려 더 강한 유능감으로 작동했다.

셋째는 관계성(Relatedness). 스님은 절을 시작한 수행자 곁에 아무 말 없이 함께 머물렀다. 법당의 한 켠에서 새벽마다 기도를 올리고 있던 그 뒷모습은, 고통 속에 있는 사람에게 '혼자가 아니다'라는 메시지를 전해주었다. 아무 말도 하지 않았지만, 그 존재 자체가 위로였고, 관계였다. 리더는 때로 말로 위로하지 않는다. 그저 옆에 있어주는 것만으로도, 감정을 회복시키는 관계적 힘이 된다.

Baard, Deci & Ryan(2004)의 연구에 따르면, 직장에서 자율성, 유능감, 관계성의 욕구가 충족될 때, 직원들의 동기, 몰입, 성과, 정서적 만족감이 유의미하게 향상된다고 한다. 특히 리더가 구성원의 결정을 존중하고, 무리한 통제를 하지 않으며, 실패를 수용하는 관계를 맺을 때, 사람은 '존재로서 인정받고 있다'는 감정을 경험하며, 자기결정적 행동을 지속할 수 있다. 삼천 배는 그런 경험의 집합이었다.

스님은 절을 시키지 않았고, 결과를 요구하지도 않았다. 다만 그 자리에 먼저 앉아 있었고, 끝까지 떠나지 않았다. 그리고 그 모든 태도가 수행자에게 말해주고 있었다. "너는 스스로 이 길을 선택할 수 있고, 나는 그것을 존중하며, 어떤 결과든 함께 감당하겠다."

이처럼 동기는 말보다 관계에서, 지시보다 자율에서, 보상보다 의미에서 살아난다. 조직에서도 마찬가지다. 구성원이 진심으로 몰입할 수 있는 환경은 통제가 아닌 신뢰로 설계되어야 하며, 리더는 목표를 제시하되 방법은 맡기고, 결과를 요구하되 과정은 함께 있어야 한다. 그럴 때, 사람은 스스로를 위해 다시 일어서게 된다.

1.2.3 말하지 않아도, 배움은 시작된다(사회학습이론)

삼천 배 수행을 이어가는 동안, 가장 강력한 힘이 된 것은 어떤 말도, 보상도 아니었다. 한 수행자는 이렇게 회고한다. "스님은 아무 말도 하지 않으셨습니다. 하지만 법당에 들어가면, 언제나 같은 자리에, 같은 자세로 앉아 계셨습니다. 그 뒷모습을 보는 것만으로도 절을 멈출 수 없었습니다."

스님은 절을 하라고 지시하지 않았다. 어떻게 하라는 설명도 없었고, 수행 중단에 대해 어떤 판단도 내리지 않았다. 하지만 그의 태도는 늘 같았다.

고불총림 해인사 『성철 스님 법문집』에 의하면, 새벽 3시, 누구보다 먼저 기상해 예불을 올리고, 같은 자리에서 절을 하고, 묵묵히 앉아 참선에 드는 일상, 그 조용한 반복이 말보다 강한 메시지를 전하고 있었다. 이것이 바로 사회학습이론(Bandura, 1977)이 말하는 학습의 핵심이다.

이 이론에 따르면, 사람은 타인의 행동을 관찰하고, 그 결과를 지켜보며, 모델링을 통해 무의식적으로 학습한다. 그리고 그 학습은 말보다 행동에서, 지시보다 모범에서 더 깊게 일어난다. 스님의 수행은 누군가를 위해 보여주는 퍼포먼스가 아니었다. 그러나 바로 그 일관된 태도, 흐트러짐 없는 자세, 자신에게 엄격하면서 타인에게는 침묵으로 존중하는 태도가 수행자에게는 말 없는 가르침이 되었다. 포기하고 싶을 때마다, 그는 스님의 모습을 떠올렸다. 말로 들은 교훈보다, 매일 본 뒷모습이 더 큰 울림으로 남았다. 그건 단지 모방이 아니라, 감정적 감화와 자기 통제의 내면화였다.

조직에서도 마찬가지다. 리더는 늘 말로 가르치려 하지만, 진짜 영향력은 행동에서 비롯된다. 회의에 늦지 않는 리더, 작은 실패에도 흔들리지 않는 태도, 책임을 먼저 지는 자세, 이런 모습은 구성원에게 단지 업무 지침을 넘어서, '우리는 어떻게 일하고, 어떤 사람으로 존재해야 하는가?'에 대한 기준이 된다. Walumbwa et al.(2011)의 연구에 따르면, 리더가 진정성 있게 일관된 행동을 보일수록 구성원은 리더의 가치와 신념을 내면화하며, 자신의 태도와 행동을 그에 맞추려는 경향을 보인다. 이런 영향은 명시적 지시가 없더라도 강하게 작동하며, 장기적으로 조직문화 형성에 기여한다.

삼천 배 수행은 말로 이루어지지 않았다. 그러나 스님의 하루하루는 수행자들에게 '어떻게 행동할 것인가?'에 앞서, '어떤 마음으로 이 자리에 있을 것인가?'를 보여주는 감정적 모델링이었다. 리더십은 말로 시작되지 않는다. 어떤 상황에서 어떻게 반응하는가?, 실패 앞에서 어떻게 서 있는가?, 반복되는 일상 속에서 무엇을 지켜내는가?, 그 모든 것이 구성원의 감정을 움직이고, 학습을 이끈다. 그리고 조직의 리더는 말하지 않아도 가르치고 있다. 그가 매일 어떻게 존재하느냐가, 결국 모두가 따르게 될 기준이 된다.

1.2.4 무너지는 몸, 견디게 한 마음(직무요구–자원 Model)

삼천 배는 단순한 절 수행을 넘어서, 몸과 마음을 동시에 시험하는 일이었다.

수행자 및 참가자들은 회고한다. "무릎은 붓고, 어깨는 굳고, 숨이 턱 끝까지 차올랐지만, 멈출 수 없었습니다." 절을 반복할수록, 고통은 쌓이고 체력은 바닥났다.

그 고통은 누구도 대신해줄 수 없었다. 그러나 그 와중에도 절을 계속 이어간 이들은 말한다. "스님이 거기 계셨기에, 계속할 수 있었습니다." 법당 저편에서 들려오던 묵언의 기도 소리, 동이 트기 전 어김없이 자리 잡고 앉아 있던 스님의 존재. 그것은 명확한 격려도, 직접적인 도움도 아니었지만, 절을 이어가게 하는 보이지 않는 힘, 즉 심리적 자원이었다. 이 장면은 직무요구–자원모형(Demerouti et al., 2001)을 그대로 보여준다. 이 이론은 조직 내에서 업무수행에는 늘 일정한 요구(demands)가 따르고, 이 요구가 클수록 이를 버티게 해주는 자원(resources)이 반드시 필요하다고 설명한다. 그리고 자원이 충분하지 않을 때, 구성원은 탈진하거나 이탈하게 된다. 반대로 자원이 존재할 경우, 높은 요구 속에서도 동기와 몰입이 유지되며 회복력(resilience)이 생겨난다.

삼천배는 수행자에게 극단적인 신체적·정신적 요구였다. 그러나 그들이 탈진하지 않고 끝까지 완주할 수 있었던 건, 단지 의지나 훈련 때문만은 아니었다. 스님의 존재, 수행의 자율성, 결과에 대한 비판 없는 분위기, 묵언 속에서 흐르던 믿음과 기다림. 이 모든 것이 수행자의 정서적·관계적 자원으로 작용했다. Xanthopoulou et al.(2007)의 연구에 따르면, 정서적 소진이 높을수록 구성원은 동료 지원, 리더의 진심 어린 태도, 업무 의미감과 같은 자원을 통해 정서적 균형과 몰입을 회복한다고 한다. 특히 리더의 신뢰 기반 행동은 구성원에게 보이지 않는 심리적 안전망이 되어 버티고, 견디고, 다시 일어서게 하는 핵심 조건이 된다.

조직에서도 마찬가지다. 보고서 마감, 반복되는 회의, 긴급한 대응 업무, 이 모든 것이 직무요구로 작동하고, 사람을 점점 지치게 만든다. 하지만 그 요구를 견디게 만드는 자원이 없다면, 구성원은 결국 감정적으로 이탈한다. 그리고 그 자원은 거창한 것이 아니다. 리더의 존재감, 실패를 수용하는 태도, 과정에 대한 존중, 말 없는 지지 같은 일상의 작고 조용한 신호들이다.

스님은 누구보다 먼저 절을 시작했고, 가장 마지막까지 자리를 지켰다. 그 사실 하나만으로도, 수행자들은 자신이 혼자가 아니라고 느꼈다. 그 믿음은 고통을 없애주지는 않았지만, 그 고통을 혼자 감당하지 않아도 된다는 감정적 자원이 되었다.

결국 삼천배는, 고강도 요구와 내면의 자원이 교차하는 심리적 전장이었다. 그리고 그 안에서 리더는 앞장서지 않고 곁에 서는 존재로, 말하지 않지만 계속 지켜보는 사람으로, 절을 끝까지 이어가게 만드는 조용한 자원이었다.

1.2.5 기대는 말로 맺어지지 않는다. 그러나 마음으로 지켜진다(심리적 계약이론)

삼천배를 이어가는 동안, 수행자는 어느 순간 자신도 모르게 한 가지 기대를 품게 된다. '이 고통을 끝까지 견뎌내면, 스님께 인정받을 수 있을 것이다.' 스님이 그런 말을 한 적은 없었다. 절을 마치면 어떤 보상이 주어진다는 약속도 없었다.

그러나 반복되는 삼천 배의 과정 속에서, 수행자는 자신이 걸어가는 이 길이 어떤 의미로든 스님에게 닿기를 바라고 있었다. 그건 명시된 규칙이 아니라, 감정 속에서 조용히 형성된 기대였다. 이처럼 말로 맺어진 적은 없지만, 감정 속에서 분명히 존재하는 관계의 약속. 바로 그것이 심리적 계약이다.

심리적 계약이론(Rousseau, 1989)은 조직과 구성원 사이에는 공식 문서로 남지 않은 비공식적 기대와 신뢰의 구조가 존재하며, 이 계약이 충족되면 몰입과 헌신이 높아지고, 반대로 깨질 경우 실망, 냉소, 이탈로 이어진다고 설명한다. 삼천배의 끝에 스님이 어떤 말을 건넸는지는 중요하지 않다. 실제로는 어떤 언급도 없었을 수 있다. 그러나 수행자 입장에서는, 그 오랜 침묵과 기다림 끝에 스님의 시선이 마주쳤다거나, 미세한 고개 끄덕임 하나가 있었다면 그것만으로도 "나는 받아들여졌다"는 감정적 확신을 얻게 된다. 그리고 바로 그 순간, 수행자는 자신과 스님 사이에 있었던 말 없는 약속이 지켜졌다고 느낀다. 그것은 보상이 아니라 관계에 대한 확인이고, 인정이 아니라 존재에 대한 수용이다. Morrison & Robinson(1997)은 심리적 계약이 충족될 때 구성원은 감정적 헌신, 조직에 대한 충성심, 자기 정체성의 내재화를 경험한다고 밝혔다. 이런 몰입은 금전적 보상보다 오래 지속되며, 특히 리더와의 신뢰 관계를 통해 형성되는 '감정적 계약'에서 더 강하게 나타난다.

조직에서도 마찬가지다. 구성원은 말로 하지 않아도, 리더에게 수많은 기대를 품고 있다. "내가 밤을 새워 준비한 발표를 진심으로 봐줄까?", "이번 실수는 한 번쯤 받아들여질 수 있을까?", "나는 여기서 계속 성장할 수 있을까?", 이 기대들은 문서화되지 않지만, 그 하나하나가 리더와 구성원 사이의 심리적 계약을 형성한다.

그리고 그 계약은 작은 인정, 말 없는 수용, 꾸짖지 않는 시선 속에서 지켜지거나, 때로는 아무 말 없는 무관심 속에서 무너지기도 한다.

삼천배는 수행자에게 하나의 물리적 과업이 아니라, 스님과 맺은 감정의 관계, 존재의 확인을 위한 여정이었다. 그리고 그 마지막에 말 없이 지켜진 약속은, 오랫동안 흔들리지 않을 헌신의 기반이 되었다. 리더는 계약서를 쓰지 않는다. 그러나 언제나 말 없는 기대 속에서, 감정으로 계약을 맺고 있다. 그리고 그 계약은, 누군가의 몰입을 지켜줄 유일한 신뢰가 될 수 있다.

1.2.6 조건 없는 기다림은 결국 마음을 움직인다(사회교환이론)

삼천배를 마친 수행자에게 성철 스님이 물질적 보상을 준적은 없다. 격려의 말도 드물었다. 그러나 그들은 이상하리만치, 스님을 더 따르고, 스스로를 더 헌신하게 되었다. 왜일까? 그 이유는 '감정의 교환' 속에 있다. 스님은 말 대신 묵묵히 지켜봐주었고, 절을 마친 이에게 따뜻한 차 한 잔을 내어주었다. 그 차는 스스로 고생했다는 자긍심과 누군가 자신을 지켜봐줬다는 감정의 확신을 함께 담고 있었다.

이처럼 눈에 보이지 않는 감정과 신뢰, 존중이 오가는 관계를 사회교환이론(Blau, 1964)은 설명한다. 이 이론은 사람들이 인간관계에서 단순한 물질적 보상만이 아니라, 신뢰, 존중, 인정 같은 비공식적 자산을 주고받으며 관계를 유지한다고 본다.

사회교환이론에 따르면, '누군가 나를 진심으로 대해줄 때, 내가 한 노력이 인정받는다고 느낄 때, 무언가를 강요받지 않았지만, 자발적으로 헌신하고 싶어질 때', 그 관계는 단순한 '계약' 이상의 가치를 갖게 된다.

성철 스님과의 관계는 바로 그러했다. 절을 하든 하지 않든, 스님은 누구에게도 화내지 않았고, 강요하지도 않았다. 하지만 수행자가 끝까지 절을 마치면, 그 깊은 침묵 속에서 신뢰와 존중의 감정적 교환이 일어났던 것이다. Cropanzano & Mitchell(2005)는 조직 내에서 사회교환이론이 리더와 구성원 사이의 신뢰 관계(LMX: Leader-Member Exchange) 형성에 핵심 역할을 하며, 이는 조직몰입, 직무만족, 조직시민행동으로 이어진다고 설명했다. 특히 중요한 점은, 이러한 감정의 교환은 강요할 수 없다는 것이다. 교환은 자발성 위에서만 성립한다. 스님이 절을 강요하지 않았던 이유도 여기에 있다. 자발적으로 선택한 고행이었기에, 그 절은 단순한 동작이 아닌 헌신과 의미의 교환이 될 수 있었다.

오늘날 조직에서도 이 원리는 그대로 적용된다. 리더는 단지 보상을 주는 사람이 아니다. 감정적 수용, 비언어적 지지, 존재에 대한 존중이라는 비공식 자산을 구성원에게 제공할 수 있다. 그리고 구성원은 그러한 감정의 교환이 있을 때, 보상과 명령 없이도 몰입하고, 자발적으로 조직에 헌신하게 된다.

삼 천배는 그 자체로 하나의 교환이었다. 스님은 침묵을 지키며 기다렸고, 수행자는 절로 응답했다. 그리고 그 사이에 오고간 신뢰, 인정, 자발성이 바로 조직의 진정한 몰입을 가능하게 하는 감정적 통화였다.

1.2.7 "나는 여기 속해 있다"는 감정이 회복의 끝이다(조직정체성이론)

삼천배를 마친 어느 수행자는 말한다. "내가 누구인지 몰랐는데, 절을 하면서 비로소 나를 마주하게 됐습니다. 그 고통 속에서, 나는 내가 누구이고, 어디에 서 있는 사람인지 생각하게 됐습니다."

절은 단순한 동작이 아니었다. 그 반복 속에서, 그는 '나'라는 존재를 다시 쓰고 있었고, 그 '나'는 어느새 성철 스님과 함께하는 공동체의 일부로 바뀌어가고 있었다. 이 경험은 단지 개인의 변화가 아니다. 바로 조직정체성이론의 핵심을 보여준다. 이 이론은 우리가 누구인지를 말할 때, 그 정체성은 개인의 내부에서만 형성되는 것이 아니라, 내가 속해 있는 조직과의 관계 속에서 구성된다는 사실을 강조한다(Albert & Whetten, 1985). 즉, "나는 누구인가?"라는 질문은 곧, "나는 어디에 속해 있는가?", "나는 이 조직의 일부인가?"라는 질문으로 이어진다. Pratt, Rockmann & Kaufmann(2006)은 다음과 같이 정리한다. "일에 깊이 몰입하는 사람일수록, 자신을 조직의 일부로 인식하고, 조직의 정체성을 자신의 일부로 받아들인다." 반대로, 정체성 소외가 일어나면, "이 일이 내 일인가?", "나는 이 조직에 필요한 사람인가?"라는 물음 앞에서 사람은 쉽게 정서적 몰입을 잃고, 조직과의 관계에서 멀어진다.

성철 스님의 리더십은 이 질문에 대한 하나의 응답이었다. 그는 사람에게 먼저 '어디 소속인지'를 묻지 않았다. 그 대신, 스스로 절을 하며 자신의 마음을 들여다보고, 그 고통과 겸손을 통해 자신을 공동체에 스며들게 했다. 공동체에 '소속되었다'고 느끼게 만드는 것이 아니라, 스스로 '소속되고 싶다'고 느끼게 만드는 리더십이었다.

오늘날 조직에서도 이는 동일하다. 사람은 자신의 존재가 존중받고 있다고 느낄 때, 조직의 이름을 자신의 정체성 일부로 받아들인다. 이것이 진정한 몰입의 시작이며, 단지 급여나 직위로는 절대 만들 수 없는 심리적 소속감이다.

성철 스님은 이러한 정체성의 전환을 말로 하지 않았다. 말없이 절을 실천했고, 말없이 기다렸고, 그 속에서 사람들은 스스로 그 공동체의 일부가 되기를 선택했다. 그 선택은 바로 조직정체성의 내면화, 그리고 깊은 몰입의 출발점이었다.

1.3 성철 스님 – 말 없는 수행이 이끈 정서의 전환

어느 날, 성철 스님은 조용히 절 마당에 앉아 묵묵히 절을 올리고 있었다. 누군가에게 지시하거나 설명하지 않았지만, 그의 행동은 말없이 말하고 있었다. 그는 오랜 기간 삼천 배를 반복하며 자신을 정화했고, 그 고요함 속에서 존재의 무게를 느꼈다. 처음에는 이를 지켜보던 사람들도 그저 멀리서 지켜보았지만, 시간이 지나 면서 그들은 스님의 앞에 무릎을 꿇기 시작했다. 말이 오가지 않았지만, 그 감정은 고요히 전해졌고, 무너졌던 관계는 다시 연결되었다. 이 장면은 단순히 한 사람의 고행을 넘어서, 내면의 변화와 회복이 일어나는 순간이었다.

성철 스님은 아무것도 강요하지 않았고, 다만 침묵과 수행으로 상대의 감정을 수용했다. 그는 타인이 스스로 깨달을 수 있도록 기다렸고, 그 자율적인 깨달음은 자기 성장의 기회를 제공했다. 이러한 리더십은 주도적인 관리나 계획된 전략과는 거리가 멀다. 그 대신, 스님의 수행은 정서적 자원으로 작용했다. 고요한 수행을 통해 정서적 에너지를 공급하며, 타인이 스스로 그 에너지를 받아들여 다시 일어설 수 있도록 유도한 것이다. 성철 스님의 존재는 말 없는 지원이었고, 그는 그저 조용히 그 자리에 있음을 통해 타인에게 힘을 주었다. 이처럼, 스님은 말하지 않아도 리더로서의 역할을 다했다. 그의 존재는 단순히 감정의 회복을 넘어서, 자기주도적인 동기와 신뢰 회복을 가능하게 했다. 이 과정에서, 사람들은 "나는 이곳에 있어도 되는 사람이다"라는 소속감과 정체성을 되찾았다. 스님의 말없이 실천한 행동은 심리적 계약을 회복시키고, 조건 없는 헌신을 이끌어냈다. "그는 나를 바꾸지 않았다. 하지만 나는 그로 인해 스스로 바뀌고 싶어졌다."

이 말은 바로 정서와 동기, 신뢰와 정체성이 서서히 회복되는 과정을 담고 있다.

조용하지만 강력한 영향력, 말없이 함께한 시간 속에서 사람은 자신의 내면의 힘을 되찾았고, 그 변화를 이끌어낸 리더는 말없이 곁에 머물렀다. 이 리더십의 힘은 바로 스님의 침묵 속에서 전해진 교훈이었다.

2. 믿음은 설계로, 리더는 헌신으로 – 김주성 목사의 길

"없는 길도, 함께라면 만들 수 있다고 믿었다."

그는 혼자였다. 누구도 가보지 않았던 남태평양의 외딴 섬, 누구도 주목하지 않았던 교육의 가능성. 김주성 목사는 피지의 작은 마을에서 맨손으로 학교를 짓기 시작했다. 시작엔 화려한 자원도, 안정된 제도도 없었다. 있었던 것은 단 하나, 하나님의 부르심(calling)에 응답한 내면의 확신이었다. 그에게 그 길은 단순한 일이 아니었다. 그것은 자신의 존재 이유와 맞닿아 있는 정체성의 표현이었다.

조직심리학에서 말하는 '콜링(calling)'은 외부의 지시가 아닌 내면의 동기와 가치에 따라 삶과 일을 설계해나가는 태도를 의미한다. 김주성 목사에게 교육은 바로 그런 일이었다. 그는 지원자가 오지 않아도 포기하지 않았고, 건물이 없어도 수업을 시작했다. 제도가 없어도 원칙을 세웠고, 누군가 지시하지 않아도 스스로 책임을 감당했다. 그는 섬기기 위해 앞장섰고, 무너질 때는 기도로 버텼으며, 무엇보다 삶 전체로 본을 보였다. 삽을 들고 교사들과 함께 땅을 고르고, 아이들과 함께 점심을 먹으며, 새로운 학교의 의미를 함께 만들어 갔다. 그의 리더십은 지시가 아니라 참여였고, 설계가 아니라 관계였으며, 권위가 아니라 헌신이었다.

시간이 지나며 한 사람이 다가왔고, 두 사람이 함께했으며, 마을 전체가 변하기 시작했다. 그것은 단지 학교의 시작이 아니었다. '소명의식'이 어떻게 공동체의 비전으로 확장되는지를 보여준 리더십의 과정이었다. 김주성 목사의 길은 자기결정(Self-determination)과 가치 중심의 몰입에서 비롯된 여정이었다. 그 믿음은 단지 종교적 신념이 아니라, 심리적 주체성과 감정적 의미를 내면화한 선택이었다. 그는 누군가를 따르게 하지 않았다. 다만, 자신이 먼저 걸어감으로써 함께 걸을 수 있는 길을 만든 사람이었다.

2.1 부름에 응답한 사람 – 소명으로서의 리더십

김주성 목사의 결정은 단순한 이주나 창업이 아니었다. 그것은 '부름'에 대한 응답이었다. 남들이 가지 않는 길을 택한 이유는 성공 가능성이나 외적 명분 때문이 아니었다. 오히려 모든 것이 불확실했기에, 그 길은 '왜 가야만 했는가?'라는 존재론적 물음으로 돌아왔다. 그는 묻지 않았다. "내가 이 일을 할 수 있는가?" 대신 그는 스스로에게 물었다. "내가 이 일을 하지 않으면 안 되는가?" 이 질문은 단순한 직업 선택이 아니라, 존재의 이유를 다시 묻는 내면의 호출이었다. 조직심리학에서는 이러한 경험을 콜링(calling)이라 부른다. Dik & Duffy(2009)는 콜링을 "개인이 특정한 일을 단지 생계 수단이 아닌, 자신의 정체성과 의미를 실현하는 방식으로 인식할 때 발생하는 내면의 방향성"이라 정의한다. 콜링은 특정 종교적 맥락에만 국한되지 않는다. 오히려 오늘날의 연구들은 콜링이 개인의 삶과 일이 연결되는 지점에서 깊은 헌신과 자발적 동기를 유발한다고 본다(Elloy, 2011; Wrzesniewski et al., 1997).

김주성 목사에게 피지의 학교는 단순한 조직이 아니었다. 그것은 존재의 질문에 대한 응답의 형태였고, 자신이 누구인지, 왜 살아가는지를 실천하는 무대였다. 그는 자신이 '이 일을 선택했다'고 말하지 않았다. 대신 그는 '그 일을 받아들였다'고 했다. 이처럼 소명은 선택이 아니라 응답의 구조이며, 그 응답은 정체성과 리더십을 형성하는 심리적 기반이 된다. 이러한 정체성 기반 리더십(identity-based leadership)은 구성원이 자신의 내면적 가치를 실천하며 타인과 관계를 맺는 방식을 결정한다. 김주성 목사는 자신을 리더로 내세운 적이 없었다. 그는 사람을 이끌지 않았고, 설득하지 않았으며, 명령하지도 않았다. 대신 누구보다 먼저 땅을 일구었고, 가장 낮은 자리에서 학생들을 맞이했으며, 제도가 없던 곳에 원칙을 세웠다. 그는 그저 먼저 걸었고, 그것이 사람들의 마음을 움직였다. 이러한 리더십은 곧 서번트 리더십의 본질과도 맞닿아 있다. Greenleaf(1977)는 서번트 리더를 "먼저 섬기고, 그다음에 이끄는 사람"으로 정의한다. 김주성 목사의 실천은 바로 그 정의를 실존적으로 구현하고 있었다. 그에게 소명은 개인의 내면에서 시작되었지만, 그 실천은 타인을 위한 것이었다. 그리고 그 실천은 이끄는 것이 아니라, 함께 짊어지는 방식으로 드러났다.

소명은 타인을 향한 책임으로 확장될 때 비로소 리더십이 된다. 김주성 목사는 바로 그 책임을 감당하는 사람의 방식으로 리더가 되었다. 그는 누군가를 설득하거나 끌고 가지 않았다. 대신, 그가 걸은 길을 보고 사람들이 따랐다. 그것이 바로, 소명에서 시작된 서번트 리더의 길이었다.

2.2 부름에 머문 리더십: 김주성 목사의 일곱 심리학적 울림

피지섬의 작은 공동체에 도착했을 때, 아무것도 갖추어진 것은 없었다. 제도도, 학교도, 교사도 없었다. 그러나 김주성 목사는 그 땅을 버려진 곳이 아니라, 불려진 곳으로 받아들였다. 그는 스스로 땅을 일구었고, 자신이 직접 책걸상을 만들었으며, 아이들을 하나하나 불러 모았다. 누군가는 불가능하다고 했고, 누군가는 왜 굳이 그 일을 하느냐고 물었다. 하지만 그는 묵묵히 그 자리에 있었다. 아무도 믿지 않을 때, 그는 먼저 믿었다. 아무도 책임지지 않을 때, 그는 먼저 책임졌다.

그의 행동은 단순한 선교나 교육사업이 아니었다. 그것은 한 사람의 정체성이 감정을 이끌고, 감정이 관계를 만들며, 관계가 공동체의 구조를 다시 세워가는 전환의 과정이었다. 사람들은 처음에는 조심스러웠지만, 이내 그의 진심과 지속성에 마음을 열기 시작했다. 말이 통하지 않아도, 문화가 달라도, 그의 행동은 모든 경계를 넘어서 감정을 건드렸고, 신뢰를 가능하게 했다. 그리고 그 모든 과정은 리더의 감정이 구성원의 몰입을 회복시키는, 심리적 울림의 연속이었다.

이제부터 우리는 김주성 목사의 리더십 여정을 일곱 개의 조직심리학 이론을 통해 조명하려 한다. 이 분석은 단순히 이론을 다시 설명하는 것이 아니다. 각각의 이론이 그의 구체적인 실천에 어떻게 스며들었고, 그것이 구성원들에게 어떤 방식으로 감정과 정체성의 회복을 가능하게 했는가를 사례 중심으로 풀어내는 것이다.

2.2.1 내면의 부름에 감정이 깨어나는 순간(정서적 사건이론)

피지로 떠나던 그 시절, 김주성 목사에게는 비행기 값조차 없었다. 기도 중 받은 비전을 따라 호주에서 신학을 마친 후, 피지에 학교를 세우고자 했지만 아무것도 준비된 것은 없었다. 후원 교회의 목사님께 미리 몇 달 치의 후원금을 당겨 부탁드린 후, 그는 혼자 피지로 들어갔다. 학교도, 집도, 학생도 없는 땅. 그런데 놀랍게도, 그 황무지 위에서 그는 처음으로 '나는 부름받은 사람이다' 라는 확신을 가졌다. 전기도, 수도도 없이 시작된 그 삶은 불편함 그 자체였다. 뙤약볕 아래서 땅을 일구고, 소금기 가득한 흙에서 바나나와 파파야를 심고, 폭우 속에서 학생들과 함께 비를 맞으며 일했다. 건강도, 자원도 부족한 상황에서 그는 어린 시절 읽었던 황순원의 『소나기』를 떠올리며, "주님, 제가 병들지 않도록 보이지 않는 우산을 씌워주세요"라고 속으로 기도했다. 그 기도는 단지 병에 대한 두려움의 표현이 아니었다. 그것은, 이 길이 맞다는 소명의 감정적 재확인이었다. 세상의 기준으로 보면 무모한 일이었지만, 그 안에서 그는 흔들림 없는 평안을 느꼈다. 그것은 감정의 반전이었다.

정서적 사건이론(Weiss & Cropanzano, 1996)은 말한다. 조직에서 경험하는 강렬한 감정 사건은 구성원의 태도와 몰입에 결정적 전환점을 만든다. 중요한 것은 사건 자체보다, 그 사건에 구성원이 '어떻게 감정적으로 반응했는가?' 이다. 김주성 목사에게 '비행기 값도 없이 도착한 땅'은 단순한 시작이 아니었다. 그것은 두려움에서 확신으로, 불안에서 소명으로의 감정 전환이었다. 그 순간은 누구에게도 보이지 않는 조용한 정서적 사건이었지만, 그의 태도를 바꾸었고, 후에 공동체 전체를 이끄는 리더십의 감정 기반이 되었다.

lies, Nahrgang, & Morgeson(2007)은 리더가 감정을 진정성 있게 드러낼 때, 구성원들이 그를 신뢰할 수 있는 정서적 기준점으로 인식하며, 더 높은 몰입과 신뢰를 보인다고 분석했다. 김 목사는 바로 그러한 리더였다. 흔들리는 현실 속에서 자신이 받은 부름을 감정적으로 수용했고, 그 감정은 구성원들에게 전염되었다. 그는 큰소리로 말하지 않았다. 대신 조용히 그 땅에 남았다. 그것이 감정의 전환이 만들어낸 리더의 선택이었다.

2.2.2 자리를 내려놓은 선택, 공동체는 더욱 깊어졌다(자기결정이론)

학교는 땅만으로 세워지지 않았다. 티모디 추장이 부족원 100명의 조건 없는 동의를 받아낸 덕분에 학교 부지는 확보되었지만, 진짜 문제는 그다음이었다. 학교 부지를 등기하기 위해서는 재단을 구성해야 했고, 그 이사진에 누가 들어갈 것인가가 결정의 핵심이었다. 한국 측 후원자들은 조심스럽게 말했다. "나중에 법적 분쟁이 생길 수 있으니, 피지 측에서는 추장님을 이사에서 제외하는 게 낫겠습니다."

그 말은 옳았지만, 그만큼 예민했다. 티모디 추장은 이 과정을 진심으로 도왔고, 그의 신뢰 없이는 학교도 존재하지 않았다. 그러나 규정은 규정이었다. 이 긴장 사이에서 김주성 목사는 조용히 추장을 찾아가 이렇게 말했다. "우리 둘 다 이사에서 빠집시다. 그러면 아무도 다치지 않습니다." 그 말은 권한을 내려놓는 제안이었다. 힘을 나누는 것이 아니라, 자리 자체를 비우는 선택이었다. 그는 자신이 세운 학교의 이사직을 내려놓았고, 추장 역시 조용히 그 뜻을 받아들였다. 누구도 소리 내어 싸우지 않았지만, 그 안에는 깊은 감정의 교류와 믿음의 결단이 있었다.

자기결정이론(Deci & Ryan, 1985)은 말한다. 사람은 자율성, 유능감, 관계성이라는 심리적 욕구가 충족될 때, 외부의 강제가 아닌 내면의 동기로 움직인다. 이 장면에서 세 가지 요소는 모두 작동하고 있었다. 김주성 목사는 자율성을 잃지 않았다. 그는 외압에 의해 밀려난 것이 아니라, 스스로 자리에서 물러나는 결정을 내렸다. 그는 유능감을 내려놓는 대신, 공동체 전체를 위한 구조 설계의 주도자로 남았다. 그리고 무엇보다 추장과의 관계성을 지켜냈다. 둘은 이사직을 내려놓았지만, 학교 설립이라는 더 큰 목적에서 하나로 연결되어 있었다.

Gagné & Deci(2005)의 연구는, 자율성과 신뢰 기반의 환경에서 사람들은 외적 보상을 넘어서 공동체적 가치를 따르게 된다고 말한다. 이 장면도 그랬다. 김주성 목사는 누구보다 강한 권위를 가질 수 있는 순간에, 그 권위를 스스로 내려놓았다. 그 결단은 제도를 넘어 공동체 전체에 진심의 구조를 심었고, 그 진심은 이후 공동체의 몰입과 헌신의 심리적 기반이 되었다. 학교는 그렇게 세워졌다. 누구의 이름도 내세우지 않고, 누구의 욕망도 앞세우지 않은 선택들이 모여서. 그리고 그 모든 시작은 자리를 비움으로써 공동체를 세운 리더의 감정적 결단이었다.

2.2.3 말보다 강한 행동의 울림, 삶으로 가르치는 리더(사회학습이론)

피지의 오후는 언제나 무더웠고, 예고 없는 소나기는 반복되었다. 그날도 비가 내릴 것 같은 날이었다. 김주성 목사는 학생들과 함께 농장 부지를 일구고 있었다.

염분이 많은 땅이라 이랑을 높여야 했고, 진흙에 빠진 뿌리를 맨손으로 뽑아야 했다. 학생들은 키가 크고 체격도 좋았지만, 그는 한국에서 온 약골이었다. "주님, 제가 약한 것을 주님이 아십니다. 보이지 않는 우산을 씌워주셔서 병에 걸리지 않게 해주세요." 비를 맞으며 삽을 들던 순간마다, 그는 속으로 그렇게 기도했다. 건강이 온전하지 않은 그에게 이 노동은 매일이 도전이었고, 위험이기도 했다. 그럼에도 그는 가장 먼저 땅에 손을 댔다. 비가 내려도, 흙이 젖어도, 그는 멈추지 않았다. 그 모습에 학생들은 조용히 팔을 걷어붙였다. "저 분이 저렇게 하시는데…" 누가 시키지도 않았지만, 모두가 따라 움직였다. 그는 말하지 않았다. 그러나 그의 행동은 모두에게 가장 강한 메시지를 전했다.

사회학습이론(Bandura, 1977)은 말한다. 사람은 타인의 행동을 관찰하고, 그 결과를 보며 무의식적으로 학습한다. 특히 말보다 진심 어린 행동, 그것도 일관된 실천은 구성원의 감정을 움직이고, 태도까지 바꾼다. Walumbwa et al.(2011)의 연구는 리더가 진정성 있는 태도로 일관되게 행동할 때, 구성원은 단순한 모방을 넘어서 그 리더의 가치를 내면화한다고 밝혔다. 김주성 목사는 체력도, 조건도 부족했지만 누구보다 앞장섰고, 그 땀방울이 곧 리더십이 되었다. 그는 설명하지 않았다. 대신, 함께 젖었고 함께 일했다. 그날 공동체는 감동받지 않았다. 그들은 함께 배웠다. 말 없는 행동이 신뢰를 만든다는 것을.

2.2.4 불가능한 요구 속에서도, 소명은 자원이 되었다(직무요구–자원 Model)

새벽부터 밤까지 이어지는 하루. 김주성 목사는 설교자이자 행정가였고, 교장이자 농부였다. 아침에는 성경을 가르치고, 오후에는 삽을 들었고, 밤이면 학교 운영 예산을 계산했다. 6,000평의 땅을 일구고, 밀물로 염분이 들어오는 토양을 다져 작물을 심는 일은 그의 체력과 시간을 모두 요구했다. 피지 청년들은 체격도 좋고 손도 빨랐지만, 김주성 목사는 흙 한 삽을 푸는 데에도 온 힘을 다해야 했다. 폭우가 쏟아지는 날이면, 그는 조용히 속삭였다. "주님, 병들지 않게 보이지 않는 우산을 씌워주세요." 건강에 대한 불안과 끝없는 과업 앞에서, 그는 매일 기도했다.

그에게는 자원이 거의 없었다. 돈도, 시스템도, 인력도 부족했다. 감당해야 할 일은 너무 많았고, 피로는 매일 반복되었다. 그런데도 그는 지치지 않았다. 그 이유는 단 하나, 그는 부름을 받았다고 믿었기 때문이다. 학교를 세우라는 비전, 아이들에게 배움의 기회를 주라는 소명. 그 '소명'이야말로, 그가 다시 일어설 수 있었던 내면의 자원이 되었다. 그것은 외부로부터 주어진 것이 아니라, 마음 깊은 곳에서 솟아나는 회복의 힘이었다.

JD-R 모델(Bakker & Demerouti, 2007)은 말한다. 직무요구가 높을수록, 이를 감당할 자원이 필요하다. 그리고 2008년 이후 확장된 연구들은 명확히 말한다. 낙관성, 회복탄력성, 자기효능감, 일의 의미감과 같은 개인의 내적 자원(Personal Resources)도 직무자원처럼 작동하며, 소진을 방지하고 몰입을 지속시킨다고. 김주성 목사에게 소명은 단지 "해야 할 일"이 아니었다. 그것은 감당할 수 있도록 돕는 정서적 자원이었고, 의미와 목적이 결합된 회복력 그 자체였다. 물론, 외부 자원이 전혀 없었던 것은 아니다. 마라마 교사는 자신의 월급을 반으로 나눠 또 한 명의 교사를 데려왔고, 추장 티모디는 부족원 백여 명의 동의를 얻어 학교 부지를 확보해주었다. 한국의 후원자들은 먼 길을 마다하지 않고 학교를 찾았다. 그러나 그보다도 먼저 작동한 것은, 리더 한 사람의 내면에서 솟아난 감정의 동기, 즉 소명이었다. 그는 매일 피로했지만, 그 피로는 포기가 아니라 목적의 확인이었다. 소명은 그에게 '힘겨운 반복'을 '의미 있는 헌신'으로 바꿔주었고, 그는 매일 다시 삽을 들었다. 몰입은 그렇게 유지되었다. 그것은 조직의 제도나 보상이 아니라, "왜 이 일을 해야 하는가?"라는 질문에 대한 감정적 확신에서 비롯된 몰입이었다. 그리고 바로 그것이, 가장 오래 지속되는 리더십의 자원이 되었다.

2.2.5 말하지 않았지만, 서로 알고 있던 약속(심리적 계약이론)

그가 마을에 처음 도착했을 때, 사람들은 조심스러웠다. 누군가 왔다가 떠나는 일은 드물지 않았고, 이방인이 오래 머무는 경우는 더 드물었다. 그들은 경계했고, 쉽게 마음을 열지 않았다. 하지만 김주성 목사는 달랐다. 그는 설득보다 행동을 먼저 보였다. 낡은 흙집을 손수 고쳐 나갔고, 마을 사람들과 함께 밥을 해 먹었으며, 아이들과 놀았다. 설명도 없었고, 약속도 없었다. 대신 그는 매일 그 자리에 있었다. 시간은 흘렀고, 사람들은 어느새 그를 '우리 사람'이라 부르기 시작했다. 그러던 어느 날, 마을에 중요한 결정이 내려졌다. 그가 아이들을 가르치는 그 작은 공간을 위해, 공동체가 자신들이 가진 약 4만 평의 땅 일부를 학교 부지로 제공하기로 한 것이다. 그 땅은 한 사람의 소유가 아니었다. 100명이 넘는 부족민이 공동으로 소유한 피지의 Native Land였고, 공식 등기를 위해선 전원의 서면 동의가 필요했다. 불가능에 가깝다는 행정기관의 조언에도, 티모디 추장은 직접 산골을 돌며 모든 사람의 허락을 받아냈다. 그 결정은 단지 행정 절차의 결과가 아니었다.

등기라는 공식 문서 이전에, 이미 사람들 사이에 쌓인 신뢰가 계약이었던 것이다.

그리고 그것은 조직심리학에서 말하는 '심리적 계약'에 가장 가까운 모습이었다.

Rousseau(1989)는 심리적 계약을 "사람들이 조직이나 타인과의 관계 속에서 형성하는 비공식적이고 비가시적인 기대와 약속"이라 정의한다. 이 계약은 명문화된 규정 없이도 형성되며, 상호 간의 존중, 진정성, 지속된 행동을 통해 신뢰를 만들어낸다. 김주성 목사와 마을은 말로 하지 않았지만, 이미 서로를 신뢰했고, 함께 미래를 설계할 준비가 되어 있었다. 등기된 학교 부지는 그 신뢰의 물리적 결과였다.

이처럼 심리적 계약은 단순한 친밀감을 넘어, 조직이나 공동체의 실질적 변화를 이끄는 보이지 않는 구조적 힘이 된다. 정식 계약서가 없었다 해도, 그들 사이엔 지켜진 약속이 있었고, 그 약속이 제도를 움직였다. 이것이 심리적 계약이 가지는 현장성과 지속성이다.

Turnley & Feldman(1999)의 연구는 심리적 계약이 충족되면 조직에 대한 만족, 신뢰, 몰입이 높아지고, 반대로 위반되면 불신과 조직이탈의도가 증가한다고 보고했다. 김주성 목사는 이 계약을 말없이 지켰다. 쉽게 포기하지 않았고, 한 사람도 허투루 대하지 않았다. 그래서 사람들은 그에게 마음을 열었고, 학교는 건물이 아니라 '신뢰의 공간'이 되었다. 조직에서도 마찬가지다. 리더가 구성원과의 비공식적 기대와 약속을 존중할 때, 그 감정은 충성으로, 그 신뢰는 몰입으로 이어진다. 결국 조직은 말보다 행동, 문서보다 진심 위에 세워진다.

2.2.6 무언의 신뢰가 관계를 이끌다(사회교환이론)

피지의 나시카와 부족은 한 외부인을 위해 4만 평이 넘는 공동소유 토지를 내어주었다. 이 땅은 한 개인의 결정으로는 어림도 없는 곳이었고, 100명이 넘는 부족민의 서명이 없이는 등기조차 불가능했다. 그런데도 티모디 추장은 산골을 하나하나 누비며 모두의 동의를 직접 받아냈고, 결국 마을의 공동 결단으로 그 땅은 김주성 목사가 세운 학교의 터전이 되었다. 그 선택에는 경제적 보상도, 정치적 영향력도 없었다. 오직 한 사람의 조용한 헌신과, 그 헌신이 쌓아온 신뢰만이 기반이었다. 김주성 목사는 무엇을 해준 사람이 아니라, 함께 살아온 사람이었다. 밥을 짓고, 나무를 옮기며, 아이들과 놀고, 부모들과 웃었다. 그의 헌신은 설명하지 않았지만 감지되었고, 그 감지는 곧 신뢰로, 신뢰는 결단으로 이어졌다. '그가 우리를 위해 무엇을 해줬기 때문이 아니라, 우리와 함께 있었기에 우리도 그와 함께하겠다'는 마음이 공동체 전체를 움직이게 만든 것이다.

사회교환이론(Blau, 1964; Cropanzano & Mitchell, 2005)은 인간관계를 단순한 보상·비용

의 교환이 아니라, 감정적 상호작용의 누적으로 본다. 특히 공동체나 조직 내에서는 명문화된 계약보다 정서적 지지와 신뢰가 더 강력한 동기부여 요인으로 작용한다. 김주성 목사와 마을 사람들 사이에는 계산되지 않은 감정의 교환이 축적되어 있었다. 그리고 그 교환의 결과로 공동의 미래를 함께 설계할 수 있는 신뢰가 형성되었던 것이다. Cropanzano와 Mitchell(2005)은 조직 내에서도 이 원리가 동일하게 적용된다고 보았다. 리더가 먼저 보여주는 정서적 지지와 헌신은 구성원의 신뢰와 몰입을 이끌고, 이는 자발적 행동과 조직시민행동(OCB)으로 이어진다. 김 목사는 바로 그런 리더였다. 먼저 마음을 열고, 시간을 나누며, 존재를 내어주었다. 그 믿음은 마을 전체가 자발적으로 그를 따라 움직이게 만들었고, 공동체의 자원을 나누는 결단으로까지 확장되었다.

조직도 다르지 않다. 리더가 정성을 보일 때, 구성원은 보상 때문이 아니라 신뢰 때문에 움직인다. 그리고 그 신뢰는 '해야 해서'가 아니라 '하고 싶어서' 일하게 만든다. 이때 조직은 계약이 아니라 관계로 움직인다. 그 에너지는 조건보다 오래가고, 권한보다 강력하다. "진짜 교환은 계산되지 않는다. 감정의 교환이 먼저이고, 신뢰는 그 결과다." – Cropanzano & Mitchell (2005)

2.2.7 소명에서 정체성으로(조직정체성 이론)

김주성 목사의 삶은 '사역'이라기보다 소명이었다. 그는 학교를 짓기 전부터 이미 그 땅에 있어야 할 이유를 알고 있었다. 그 이유는 누군가를 돕기 위함이 아니라, 그들과 함께 살아가는 것이 자신이 존재해야 할 자리라는 확신에서 비롯되었다. 그래서 그는 먼저 함께 먹고, 자고, 웃었다. 마당을 쓸고, 벽을 칠하고, 아이들과 땀 흘리는 그 시간 속에서 그는 점차 '그들'이 아닌 '우리'가 되어갔다. 마을 사람들 역시 그를 외부의 원조자가 아닌 함께 사는 존재, 다시 말해 공동체의 한 사람으로 받아들였다. 그는 학교를 세운 것이 아니라, 자신의 존재를 그곳에 심었다. 이곳은 자신이 있어야 할 자리였고, 자신이 함께해야 할 사람들이었다. 그래서 학교 설립은 프로젝트가 아닌 삶의 일부였고, 리더십은 역할이 아니라 정체성의 발현이었다.

조직정체성이론(Ashforth & Mael, 1989)은 개인이 자신을 '조직의 일부'로 동일시할 때 진정한 몰입이 발생한다고 본다. 구성원은 단지 업무 수행자나 고용된 인력이 아니라, 조직의 일부로 존재를 확장할 때 깊은 소속감과 헌신을 갖는다. 이러한 동일시는 구성원이 조직의 성패를 자신의 일처럼 느끼게 만들고, 조직이 위기에 처했을 때 함께 책임지고자 하는 심리적 기반이 된다. 김주성 목사의 행동은 이를 정확히 보여준다. 그는 자신을 외부인으로 구분하지 않았고, 마을 역시 그를 외부인으로 대하지 않았다. 이 상호 동일시는 '누가 누구를 돕는가?'의 구도가 아니라, '우리는 함께 존재하는가?'라는 정체성의 공유를 가능하게 했다. 이때 몰입은 단순한 감정이나 태도를 넘어, 존재의 방식이 된다.

Ashforth & Mael(1989)은 개인이 조직과 동일시할 때, 그 사람의 자기개념이 조직과 연결되며, 감정적 몰입이 더욱 공고해진다고 설명했다. 이 과정은 특히 리더의 정체성과 구성원의 정체성이 함께 설계될 때 더 강하게 나타난다. 또한 Dutton et al.(1994)은 개인이 자신의 존재 이유와 조직의 목적을 일치시킬 수 있을 때, 깊은 의미와 책임감을 경험하며, 이러한 동일시가 조직변화나 혁신에서도 강한 동기 요소로 작동한다고 밝혔다.

조직정체성은 만들어지는 것이 아니다. 그것은 공유된 경험 속에서 자연스럽게 형성되는 정체성의 감각이다. 구성원이 '이 조직은 나와 무관하지 않다', '나는 이 안에 있다'고 느낄 때, 정체성은 설명 없이 작동하고, 몰입은 동기를 넘어서 존재의 방향성이 된다. 리더는 그 과정의 설계자다. 함께 살아가는 감정을 만들고, 구성원이 조직 안에서 자신을 발견하도록 돕는 역할을 한다. 김주성 목사가 한 일은 그저 함께 사는 것이었다. 그러나 그 '함께'는 마을의 정체성을 바꾸었고, 그 변화는 곧 마을의 미래를 다시 설계하는 출발점이 되었다. 조직도 마찬가지다. 구성원이 '일하는 사람'이 아니라 '함께 존재하는 사람'이 될 때, 그 몰입은 명령이나 보상이 아닌, 정체성과 소명에 기반한 자발성으로 확장된다. 그때 비로소 조직은 움직이기 시작한다. 지시 없이, 그러나 모두가 함께.

2.3 김주성 목사 — 소명으로 실천한 서번트 리더십

김주성 목사는 그날도 마을 사람들과 함께 밥을 지었다. 전기도, 수도도 없는 피지의 깊은 산골 마을. 세워진 교회도, 학교도 없던 그 땅에서, 그가 처음 만든 것은 공부방도, 강당도 아닌, 밥을 나눌 수 있는 조그마한 부엌이었다. 함께 밥을 지어 먹어야 마음을 나눌 수 있다는 그의 믿음처럼, 식사는 단순한 생존이 아니라 관계의 시작이자 공동체 회복의 출발점이었다. 그는 먼저 듣고, 묵묵히 기다렸다. 낯선 외국인이자 외부인이던 자신에게 말이 많을 필요는 없었다. 말을 하기보다는 듣고, 설명하기보다는 함께하는 것이 먼저였다. 아이들이 학교에 올 수 없다는 말 앞에 그는 교복을 나눠주었고, 부모들이 의심을 보일 때 그는 끝까지 인내하며 마을을 찾아다녔다. 강요하지 않았고, 스스로 결정할 수 있도록 돕는 데 집중했다. 그 침묵의 시간은 단지 '기다림'이 아닌, 함께 길을 찾는 '인내의 리더십'이었다.

그는 "내가 무엇을 해주겠다"는 태도가 아니라, "너와 함께 살아가겠다"는 태도로 사람 곁에 있었다. 때로는 방과 후 아이들과 축구를 하고, 때로는 지붕 위에서 함께 나무를 이었다. 그것은 단지 어린이들을 위한 봉사가 아니라, 마을 사람들의 삶 전체에 대한 공감이자 동행이었다. 회의 때마다 그는 아이들의 이름을 하나하나 불렀고, 교사들의 사정을 누구보다 먼저 살폈다. 그는 '모두가 성장할 수 있도록 돕는 일'을 자신의 역할이라 믿었다. 그 믿음은 수년 뒤, 학생들이 다시 교사로 돌아오고, 그 마을의 구조 자체가 변화하는 결실로 이어졌다. 그의 하루하루는 말 그대로 소명에 대한 응답이었다. 거창한 비전이 아니라, 작은 실천으로 쌓아 올린 일상의 비전. '그날도 밥을 지었다'는 말은, 단지 식사를 준비했다는 뜻이 아니었다. 그는 그날도 사람 곁에 있었고, 그날도 한 사람의 마음을 경청했으며, 그날도 자기 자신을 내어주는 삶을 살았다. 그것이 곧 그의 리더십이자 교육이었다.

그의 행보는 경청이었고, 공감이었으며, 치유였다. 그는 타인을 먼저 생각했고, 마을의 필요를 먼저 품었으며, 변화를 위해 용기를 냈다. 무너진 학교를 다시 짓고, 배움의 기회를 다시 살려낸 그 긴 여정 속에서 그는 언제나 투명했고, 신뢰로 공동체를 이끌었다. 더 많은 학생을 위한 구조를 설계하며, 그는 미래를 위한 섬김을 계속 이어갔다. 그리고 그 모든 것은 명령이 아니라 모범으로, 지시가 아니라 참여로 이루어졌다.

그는 자신이 택한 길을 사명이라 외치지 않았다. 대신 매일 그 길을 걸었고, 누구보다 깊이 그 걸음을 믿었다. 그 믿음이 아이들의 삶을 바꾸고, 한 마을의 가능성을 열어주었으며, 지금도 누군가의 선택을 다시 일으키고 있다. 누구나 할 수 있지만 아무나 하지 않는 삶. 김주성 목사는 그것을 묵묵히 실천한 사람이다. 그의 존재는 말보다 행동으로 말하는 리더십, 그것이 서번트 리더십임을 우리에게 보여준다. 우리는 멀리서 그 의미를 찾을 필요가 없다. 가장 낮은 곳에 먼저 손을 내밀고, 함께 밥을 짓고, 말없이 기다려주는 사람. 그가 바로, 우리 곁에 있었던 서번트 리더였다.

3. 상처를 껴안고, 신뢰로 기다린 멘토 – 영화 속 숀 맥과이어의 길

"나는 너를 고치려는 게 아니야. 그냥, 네가 네 이야기를 말할 수 있길 기다릴 뿐이야."

누군가는 힘으로 이끌고, 누군가는 말로 설득한다. 그러나 어떤 리더는 아무 말 없이 곁에 머문다. 영화 『굿 윌 헌팅』에 등장하는 숀 맥과이어는 바로 그런 리더였다. 그는 무엇을 가르치려 하지 않았다. 대신, 한 청년의 분노와 불신을 껴안고 기다렸다. 어설픈 위로나 빠른 조언 대신, 말이 아닌 존재 자체로 마음을 열게 한 리더. 그는 방어를 허문 것이 아니라, 기다림을 통해 스스로 열리게 만들었다.

이 절에서는 숀 맥과이어라는 한 허구의 인물을 통해 서번트 리더십이 어떻게 한 사람의 인생을 바꿀 수 있는지 살펴보려 한다. 성철 스님과 김주성 목사님의 삶이 우리에게 보여주었던 '섬김의 리더십'이 관계의 언어와 감정의 기다림 속에서도 살아 움직인다는 것을, 숀의 이야기 속에서 우리는 다시 확인하게 된다.

3.1 영화 속 숀 맥과이어: 관계로 치유한 멘토

위의 사례에서와 같이 실존 인물들의 이야기뿐 아니라, 예술 작품 속 가상의 인물에게서도 서번트 리더십의 감동을 발견할 수 있다. 다음은 영화 『굿 윌 헌팅』에 등장하는 인물인 숀 맥과이어를 기반으로한 서번트 리더십을 알아보록 한다.

영화 『굿 윌 헌팅』에 등장하는 숀 맥과이어는 한 청년의 삶을 조용히 바꾸어 놓은 멘토로 그려진다. 숀은 대학에서 심리학을 가르치는 교수이자 상담사로, 아내를 여읜 후 깊은 상처를 안고 살아가는 중년 남성이다. 그는 세상이 내놓은 천재이지만 정작 자기 내면의 아픔을 삐뚤어진 반항으로 표출하는 젊은이, 윌 헌팅의 상담을 맡게 된다. 거칠고 예민한 윌은 여러 상담사를 좌절시켰지만, 숀은 쉽게 포기하지 않았다. 그 안에 숨겨진 가능성과 상처를 끝까지 믿고 바라본 것이다.

첫 만남부터 윌은 방어막을 치고 공격적인 태도로 일관했다. 숀의 상담실 벽에 걸린 그림을 비꼬더니, 심지어 세상을 떠난 숀의 아내 이야기까지 건드리며 그의 아픈 상처를 후벼팠곤 했다. 순간 숀은 분노에 차 올라 윌에게 거친 경고를 했지만, 이내 감정을 추스르고 조용히 말했습니다. "우리 다음엔 교실 말고 밖에서 만나는 게 어떻겠나." 이렇게 둘의 관계는 새로운 국면을 맞는다. 다음 상담 시간에 숀은 윌을 학교 인근 공원의 벤치로 데리고 나갔다. 상쾌한 아침 공기 속에서, 숀은 주변 풍경을 바라보며 담담히 입을 열었다. "네가 내 아내 이야기를 했지… 그래, 맞아. 나는 내 아내를 잃었지. 하지만 자네는 그게 어떤 느낌인지는 전혀 모를 거야." 그리고는 참전했던 전쟁 이야기, 아내와 함께했던 소중한 추억과 그녀가 떠난 뒤 찾아온 깊은 외로움까지 솔직하게 들려주었다. 윌은 처음 겪는 상황에 당혹스러웠다. 자신이 휘두르던 말의 칼날에 상처 받기는 커녕, 오히려 자신의 상처를 드러내 보이는 이 상담사를 어떻게 받아들여야 할지 혼란스러웠던 것이다.

숀은 이어 조용히 말했습니다. "자네가 책에서 배운 지식은 놀랍지만, 정작 사랑을 해본 적도 없고 잃어본 적도 없지. 진짜 세상은 책 밖에 있단다." 월은 말없이 그의 말을 들었다. 숀의 목소리에는 나지막하지만 확고한 진심이 담겨 있었고, 그 눈빛에는 월을 향한 따뜻한 이해가 어려 있었다.

그 날 이후 월의 태도에는 미묘한 변화가 일었다. 월과 숀은 매주 공원에서 혹은 허름한 조그마한 집에서 만나 대화를 이어갔다. 때로는 한동안 말없이 호숫가를 걸으며 침묵 속의 교감을 나누기도 했다. 숀은 조급하게 월의 문제를 해결해주려 들지 않고, 기다려주고 들어주는 쪽을 택했다. 월이 마음을 열 때까지 충분한 시간을 주고 그의 말에 귀를 기울인 것이다.

월 역시 서서히 경계를 풀고 자신의 이야기를 조금씩 꺼내 놓기 시작했다. 학대당했던 불우한 어린 시절, 사랑받지 못할 거라는 두려움 등을 털어놓으며, 그는 자신의 상처를 마주하기 시작했다. 그 과정에서 숀은 끊임없이 공감의 신호를 보낸다. 고개를 끄덕이거나 조용히 맞장구치며, 때로는 "그랬겠구나, 많이 힘들었겠지."하고 말해주었다. 월에게 숀은 어느새 인생 처음으로 신뢰할 수 있는 어른이 되어가고 있었다. 둘 사이에는 상담자와 내담자를 넘어 인간 대 인간의 우정과 신뢰가 움트고 있었다. 결정적인 변화의 순간은 마지막 상담에서 찾아왔다.

월이 어린 시절 양부모에게 학대당했던 이야기를 하며 힘겹게 미소 지을 때, 숀은 더 이상 조언이나 해석을 늘어놓지 않았다. 대신 조용히 월의 곁으로 가서 그와 눈을 맞추고 반복해서 말했다. "네 잘못이 아니야(It's not your fault)."

처음엔 월도 "알아요, 괜찮아요."라며 의미를 흘려보냈지만, 숀이 똑같은 말을 진심 어린 목소리로 거듭 전하자 그의 표정이 서서히 일그러지기 시작했습니다. "듣고 있어? 네 잘못이 아니야." 몇 번이고 되풀이되는 말에 결국 월은 굳게 닫아 두었던 감정의 둑을 허물었다. "제발 그만…"하고 웅크리던 그는 이내 오랜 세월 눌러 담았던 울음을 터뜨렸다. "내 잘못이 아니었어요…?"

울먹이는 그의 물음에 숀은 말 없이 월을 힘껏 끌어안았다. 젊은이는 흐느끼며 눈물을 쏟아냈고, 중년의 상담사는 마치 친구처럼, 아버지처럼 그의 등을 다정히 두드려 주었다. 두 사람 모두의 눈시울이 뜨겁게 젖었다. 그동안 가슴 한구석에 응어리져 있던 죄책감과 상처가 눈물과 함께 녹아내리는 순간이었다.

그 후로 월의 눈빛에는 한층 밝은 빛이 돌았다. 그는 자신의 천재성을 제대로 활용할 수 있는 일자리를 제안 받았지만, 정작 인생에서 처음으로 붙잡고 싶은 소중한 사람(연인)을 위해 과감한 선택을 한다. 월은 자신을 믿어준 숀에게 짧은 편지 한 통만을 남긴 채, 사랑하는 사람을 찾아 새로운 삶의 여정을 떠나기로 한 것이다. 그 편지에는 이렇게 쓰여 있었습니다. "선생님, 제게 가보라고 하신 길을 저도 한번 가보려 합니다. 감사합니다."

숀은 홀로 그 편지를 읽고 한참 동안 미소지었다. 그리고 천천히 집을 정리하기 시작했다. 오랫동안 닫아두었던 마음의 창을 열고, 자신도 새로운 길을 떠날 준비를 하기 시작한 것이다. 월과의 만남을 통해 숀 자신도 치유와 성장을 얻었기에, 그는 아내와의 추억이 깃든 보스턴을 떠나 세상을 향해 한 걸음 내디디기로 한다. 영화의 마지막 장면에서, 숀 맥과이어는 부드러운 햇살 아래 혼자 운전대를 잡고 새로운 미래를 향해 떠나가는 길에 올라서게 된다. 그 얼굴에는 홀가분한 웃음과 함께 새로운 희망이 어려 있었다. 서로에 대한 신뢰와 사랑 속에서, 두 사람 모두 한 걸음씩 더 나은 방향으로 나아간 것이다.

숀 맥과이어의 이야기는 서번트 리더십이 관계의 힘을 통해 어떻게 한 사람의 인생을 변화시키는지 잘 보여준다. 비록 영화 속 허구의 인물이지만, 숀이 월을 대하는 모습은 현실의 우리에게도 큰 울림을 준다. 숀은 월을 돕는 과정에서 권위나 지식으로 군림하지 않고 겸손하게 한 인간 대 인간으로 다가서는 모습을 보여준 것이다. 자신의 아픈 경험까지 솔직히 공유한 숀의 진정성은 월의 마음을 여는 열쇠가 되었다. 또한 그는 월의 거친 말과 행동 이면에 숨은 외로움과 고통을 공감하며, 판단하지 않고 끝까지 경청했다. 이러한 깊은 경청과 공감이 쌓이자, 월은 비로소 자신을 있는 그대로 받아들이고 치유할 용기를 얻게된다.

숀의 최우선 관심사는 월이 자신의 상처를 딛고 성장하도록 돕는 것이었고(타인 성장지원), 그런 목표 아래 그는 한발 물러나 필요한 만큼 기다려 주는 섬김의 리더십을 실천했다. 그 결과 두 사람 사이에 형성된 신뢰와 사랑의 관계는 월에게는 새로운 삶의 출발점을, 숀에게는 잃었던 삶의 의욕을 되찾아준 귀한 결실이 된 것이다. 이처럼 상대방을 향한 헌신적 배려와 관계 중심의 리더십은 한 사람의 변화를 이끌어낼 뿐 아니라, 결국에는 리더 자신도 변화되고 성장하게 한다는 사실을 이 이야기는 감동적으로 보여주고 있다.

3.2 그는 말하지 않았다, 대신 옆에 있었다: 숀 맥과이어의 일곱 심리학적 울림

숀 맥과이어는 가르치려 하지 않았다. 대신 묻고, 기다리고, 곁에 머물렀다. 그의 리더십은 조언이 아닌 침묵으로, 개입이 아닌 공감으로 작동했다. 그리고 그 침묵과 기다림은 결국 한 청년의 감정을 움직이게 만들었다.

이제 우리는 숀 맥과이어의 리더십을 일곱 가지 조직심리학 이론의 시선으로 다시 바라보려 한다. 감정의 전환, 동기의 회복, 상호작용의 학습, 자원의 재구성, 기대의 갱신, 교환의 성립, 그리고 정체성의 재확인. 이 분석은 단지 이론의 적용이 아니라, 한 리더의 태도가 한 사람의 인생을 어떻게 바꾸었는지를 '심리적 구조'로 조명하는 시도다.

3.2.1 감정의 문을 두드린 첫 장면(정서적 사건이론)

월 헌팅은 똑똑했고, 방어적이었다. 세상에 마음을 여는 것은 곧 상처받는 일이라 여겼고, 그래서 감정을 들키지 않기 위해 조롱과 침묵을 무기로 삼았다. 그런 그에게 숀 맥과이어는 가르치려 들지 않았다. 조언도, 해석도, 지적도 하지 않았다. 대신 그는 같은 말을 반복했다. "듣고 있어? 네 잘못이 아니야." 처음엔 월도 그 말을 흘려들었다. 그러나 몇 번이고 반복되는 말 속에 담긴 진심은, 그가 스스로도 인식하지 못했던 감정의 균열을 일으켰다. 그리고 마침내, 월은 울음을 터뜨렸다. 죄책감과 외로움, 누군가에게 받아들여지고 싶었던 갈망이 터져 나왔다. 그 순간, 닫혀 있던 감정의 문이 처음으로 열렸다.

정서적 사건이론은 말한다. 사람은 일상적인 흐름 속에서도, 특정한 감정 사건을 통해 급격한 심리적 전환을 경험한다. 그 사건은 단지 상황 때문이 아니라, 그 사건에 누가 어떻게 반응했는가에 따라 깊은 인상으로 남는다. "It's not your fault."라는 한 마디는, 숀이 월에게 보여준 감정적 지지였고, 그 지지는 단순한 상담 이상의 의미를 가졌다. 그 말은 감정을 흔들었고, 그 감정은 삶을 바꾸었다.

Bledow et al.(2011)의 연구는 감정적으로 강렬한 상호작용이 구성원의 자기 인식과 조직 태도에까지 영향을 미친다고 보았다. 특히 신뢰받는 인물로부터 반복적으로 전달되는 감정적 메시지는, 개인의 방어를 무너뜨리고 새로운 관계의 문을 여는 기제로 작동할 수 있다. 조직에서도 마찬가지다. 누군가가 감정의 벼랑 끝에 서 있을 때, 리더가 그 상황을 판단하거나 고치려 하지 않고, 말 없이 기다리고, 진심을 담아 반복적으로 지지해준다면 그 순간은 단순한 개입이 아니라 관계 회복의 전환점이 된다. 감정은 논리가 아니라 공감으로 회복된다. 숀 맥과이어는 그것을 알고 있었고, 그 기다림 속에서 한 청년은 마침내 다시 삶을 선택할 수 있었다.

3.2.2 말하지 않아도, 옆에 있는 사람이었다(자기결정이론)

숀 맥과이어는 월을 바꾸려 하지 않았다. 그는 대화를 이끌지도, 감정을 캐묻지도 않았다. 그저 말없이 곁에 있었다. 때때로 숀은 말했다. "그냥 있어도 돼. 난 자네가 얘기할 때까지 기다릴게." 이 말은 조용한 신뢰였다. 숀은 월이 스스로 말하고, 스스로 선택하고, 스스로 변화할 수 있도록 자리를 지켰다. 강요하지 않았기에, 월은 자신의 속도로 마음을 풀 수 있었고, 그 관계 안에서 윌은 처음으로 자기가 '무언가를 결정할 수 있는 사람'이라는 감각을 회복해갔다. 숀은 누군가를 돕는다는 것이 때로는 '도와주지 않는 것'일 수 있다는 사실을 알고 있었다.

자기결정이론은 인간이 내면에서 동기화되기 위해서는 세 가지 심리적 욕구(자율성, 유능감, 관계성)가 충족되어야 한다고 설명한다. 이 욕구는 단지 행동을 유발하는 자극이 아니라, 지속가능한 헌신과 몰입의 심리적 기반이다. 숀이 윌에게 보여준 리더십은 이 세 요소를 모두 포함하고 있었다. 윌은 스스로 말할 수 있었고(자율성), 자신의 감정을 조절할 수 있었으며(유능감), 숀과의 신뢰 속에서 감정적으로 연결되어 있다는 안정감을 느꼈다(관계성).

Gagné & Deci(2005)의 연구는 리더가 구성원의 자율성과 감정적 안정감을 지지할 때, 구성원은 단기성과를 넘어서 자발적 몰입과 장기적 헌신으로 반응한다고 밝혔다. 억지로 시키는 과업은 효율을 만들 수는 있지만, 정서적 몰입을 만들지는 못한다. 몰입은 스스로 선택할 수 있다는 경험에서 시작된다. 조직에서도 그렇다. 리더가 구성원에게 방향을 강요하기보다, 스스로 목표를 세우고 움직일 수 있는 심리적 공간을 제공할 때, 그 안에서 진짜 동기와 지속가능한 몰입이 자라난다. 선언하지 않아도, 리더가 곁에 있다는 감각. 그것이 구성원에게는 "당신은 결정할 수 있는 사람"이라는 메시지로 전해진다. 숀은 그 메시지를 말이 아니라 태도로 전달했다. 그 기다림은 윌을 다시 삶으로 이끈 가장 깊은 동기였다.

3.2.3 말이 아니라, 삶으로 가르쳤다(사회학습이론)

숀 맥과이어는 윌에게 삶을 설교하지 않았다. 대신 자신의 삶을 드러냈다. 아내와의 추억, 그녀를 떠나보낸 뒤의 외로움, 전쟁에서의 기억, 고통 속에서도 지켜낸 사랑. 그 모든 이야기를 숀은 숨기지 않고 조용히 풀어놓았다. "나는 내 아내를 잃었지. 하지만 자네는 그게 어떤 느낌인지는 전혀 모를 거야." 그 말에는 설명이 아니라 삶을 살아낸 사람만이 가질 수 있는 무게와 정직함이 담겨 있었다. 그 순간, 윌은 아무 말도 하지 않았지만, 그의 표정과 눈빛에는 변화의 기색이 감돌았다. 가르치지 않았지만, 숀은 이미 무언가를 보여주고 있었던 것이다.

사회학습이론은 인간이 단지 말로 배우는 것이 아니라, 관찰과 모방을 통해 태도와 행동을 내면화한다고 설명한다. 특히 신뢰할 수 있는 인물의 태도는 감정적으로 전염되며, 그의 행동 방식은 '어떻게 살아야 할지'를 배워가는 정서적 모델이 된다.

숀은 윌에게 인간관계의 본질을 가르치려 하지 않았지만, 그의 진정성, 태도, 침묵의 방식이 곧 삶의 교과서가 되었다.

Saks & Ashforth(1997)는 리더의 진솔한 행동과 정서 표현이 구성원의 행동에 정서적 전염효과를 일으키며, 특히 관찰 가능하고 일관된 리더의 태도는 조직 내 몰입과 신뢰를 강화한다고 밝혔다. 이처럼 말보다 일상 속 행동이 조직 내 문화와 관계형성에 더 큰 영향을 미친다는 점을 강조했다. 조직에서도 마찬가지다. 리더가 이상적인 모습만 보여주는 존재가 아니라, 실패와 상처, 회복의 이야기까지 나눌 수 있는 존재가 될 때, 구성원은 그 태도에서 신뢰와 회복의 메시지를 읽는다. 그 메시지는 지시보다 강하고, 교육보다 오래 남는다. 숀은 말하지 않고 가르쳤다. 그의 조용한 삶은 윌에게 하나의 새로운 모델이 되었고, 그 모델은 관계를 다시 맺는 법, 신뢰를 회복하는 길을 보여주었다.

3.2.4 감정을 지탱해주는 자원이 있었다(직무요구-자원 Model)

윌 헌팅은 말하지 않았지만, 그의 삶은 이미 많은 것을 말하고 있었다. 폭력적인 양부모 밑에서 자란 기억, 마음을 열 수 없었던 인간관계, 세상이 요구하는 능력에 비해 감정적으로 감당할 수 없었던 무게. 겉으로는 천재였지만, 그의 내면은 지속적인 심리적 요구(Demands)로 가득 차 있었다. 그는 버티고 있었고, 동시에 무너지고 있었다. 숀 맥과이어는 그런 윌을 평가하지 않았다. 그는 조언보다 먼저 경청을, 교정보다 먼저 지지를, 정답보다 먼저 시간을 건넸다. "그랬겠구나, 많이 힘들었겠지." 이 말은 단순한 공감이 아니라, 정서적 자원(emotional resources)의 제공이었다. 누군가 진심으로 자신의 이야기를 들어주고 있다는 감각, 그리고 그 감정을 받아줄 수 있는 사람이 옆에 있다는 감각은 윌에게 일종의 심리적 회복탄력성을 만들어주었다.

JD-R 모델은 업무 환경에서의 스트레스 요인(요구)이 심리적 자원과 균형을 이루지 못하면 소진이 발생하고, 반대로 충분한 자원이 제공될 때, 구성원은 몰입과 회복을 경험한다고 설명한다. 이 자원은 물리적 지원만을 의미하지 않는다. 진심 어린 공감, 기다려주는 태도, 감정적으로 안전한 관계 역시 회복을 위한 강력한 자원이 된다. 숀이 했던 일은 바로 이것이었다. 윌에게 필요한 건 조언이 아니라 지탱해줄 감정의 공간이었다.

Schaufeli et al.(2009)은 정서적 직무자원(emotional job resources)이 구성원의 몰입과 조직 유대감을 강화하는 데 핵심역할을 한다고 강조했다. 특히 정서적 소진 상태에 있는 구성원에게는 작은 인정, 지속적인 관심, 비판 없는 수용이 몰입을 회복시키는 유일한 자원이 될 수 있다고 말했다. 조직에서도 마찬가지다. 리더는 구성원의 과업요구나 성과 부담만을 보지 말고, 그들이 처한 심리적 요구를 감지해야 한다. 그리고 그 요구에 대해 '정서적 자원'으로 응답할 수 있어야 한다.

숀은 윌의 말보다 그 침묵을 먼저 들었고, 그 침묵 속에 머물며 지지해주었다. 그 조용한 자원이 있었기에, 윌은 감정을 다시 복원하고 자신의 삶을 선택할 수 있었다.

3.2.5 말하지 않았지만, 끝까지 지켜준 약속(심리적 계약이론)

숀은 윌에게 "나는 자네를 떠나지 않아."라고 말했다. 그 말은 단지 순간의 위로가 아니라, 숀의 행동 전체를 관통하는 일관된 태도였다. 윌이 날카롭게 반응하고, 상담을 거부하고, 때로는 관계를 끊으려 했을 때조차 숀은 물러서지 않았다. 설명도 강요도 없이, 그 자리에 계속 머물렀다. 그리고 반복적으로, 조용히 메시지를 보냈다. "나는 자네를 포기하지 않을 거야." 그 일관된 신호는 윌에게 말로 표현되지 않은 심리적 약속으로 작동했다. 그 약속은 서류에 쓰이지 않았고, 명시된 계약도 아니었지만, 윌은 그 안에서 처음으로 누군가가 끝까지 자신을 지켜볼 것이라는 신뢰를 배우기 시작했다.

심리적 계약이론은 조직과 구성원 사이에 존재하는 비공식적이고 주관적인 기대의 체계를 설명한다. 이 계약은 말로 명시되지 않지만, 반복되는 행동과 상호작용 속에서 형성되며 구성원은 이 계약을 바탕으로 몰입, 책임, 태도를 조율해간다. 그리고 이 계약이 깨졌을 때 구성원은 실망, 냉소, 거리감을 경험하며 몰입에서 이탈하게 된다. 숀은 윌에게 그 어떤 약속도 하지 않았지만, 절대 포기하지 않겠다는 태도로 새로운 심리적 계약을 맺고 있었다. 그리고 그 계약은 윌이 스스로를 믿고 다시 선택할 수 있는 감정적 기반이 되었다.

Morrison & Robinson(1997)은 리더의 일관성과 진정성 있는 행동이 구성원과의 심리적 계약유지에 결정적인 영향을 미친다고 강조했다. 특히 신뢰와 예측 가능성이 보장될 때, 구성원은 조직에 대해 더 깊은 정서적 몰입을 형성하며 계약 위반의 위험 없이 장기적 관계를 지속하려는 경향을 보인다고 밝혔다. 조직에서도 마찬가지다. 구성원은 리더와의 관계 속에서 '말하지 않았지만 기대되는 것들'을 느낀다. 정직한 피드백, 일관된 태도, 감정에 대한 존중, 이런 요소들이 심리적 계약의 핵심내용이 된다. 그리고 그 계약이 유지될 때, 구성원은 더 이상 감정적으로 방어하지 않는다. 숀은 그런 리더였다. 계약을 맺자고 하지 않았지만, 그 누구보다 성실하게 계약을 지켜낸 리더였다. 그 신뢰의 경험이, 윌에게도 새로운 삶의 책임감을 가져다주었다.

3.2.6 받은 것을 넘어서, 되갚고 싶었던 마음(사회교환이론)

숀은 윌에게 권위를 내세우지 않았다. 그는 상담사였지만, 조언보다 먼저 인간적인 신뢰를 주었다. 윌이 벽을 치고 조롱으로 반응할 때에도, 숀은 그 공격을 감정적으로 되받지 않았다. 오히려 더 조용히, 더 오래 기다렸고, 무조건적인 관계유지와 감정적 배려로 일관했다. 윌은 처음엔 그것을 의심했고, 확인하려는 듯 숀의 반응을 시험하기도 했다. 하지만 숀이 흔들리지 않고 계속 같은 자리에서 그를 맞이하자, 그 관계는 단순한 상담자−내담자의 수준을 넘어섰다. 그는 처음으로 누군가에게 '받기만 한' 기억을 갖게 되었고, 그 기억은 그에게 말할 수 없는 감정의 응답을 이끌어냈다. 이별의 순간, 윌은 숀에게 편지를 남긴다. "선생님, 제게 가보라고 하신 길을 저도 한번 가보려 합니다. 감사합니다." 그 고백은 단지 감사의 표현이 아니라, 관계에 대한 감정적 보답(emotional reciprocation)이었다.

사회교환이론은 인간은 서로의 행동과 감정을 주고받는 관계 속에서 심리적 균형과 의무감을 형성한다고 설명한다. 특히 무조건적인 배려와 신뢰가 먼저 제공되었을 때, 그 감정적 자산은 시간이 흐른 후 자발적 헌신이나 감사의 행동으로 되돌아온다. 이 교환은 계약이 아니라, 감정과 관계에 기반한 것으로, 오히려 의도적 보상보다 더 강력한 행동 변화를 유도한다. 숀은 한 번도 윌에게 감정적 보답을 요구하지 않았지만, 그는 결국 스스로 숀에게 감사를 남기고, 삶의 주도권을 스스로 쥐게 되었다.

Cropanzano & Mitchell(2005)은 사회교환이론을 통해 리더가 구성원에게 먼저 신뢰, 배려, 존중을 보여줄 때, 구성원은 자발적이고 내재적인 방식으로 그 관계에 응답한다고 강조했다. 이러한 감정적 교환은 명령이나 제도적 보상보다 훨씬 더 깊은 몰입과 장기적 유대감을 형성하게 된다. 조직에서도 마찬가지다. 리더가 먼저 감정적으로 안정적인 환경을 조성하고, 성과 이전에 사람을 보는 태도를 보여줄 때, 구성원은 '받은 만큼'이 아니라, '받았기 때문에' 더 주고 싶어지는 심리를 경험한다. 숀이 윌에게 보여준 태도는 그 자체로 가장 깊은 리더십이었다. 그는 줄 것을 기대하지 않았지만, 그 줄기가 되어주었고, 그 관계는 결국 윌의 진심 어린 감사를 이끌어냈다. 관계는 그렇게 순환되었고, 그 순환 속에서 윌은 스스로 다시 삶을 선택할 수 있었다.

3.2.7 나는 어떤 사람이고 싶은가?(조직정체성이론)

윌 헌팅은 세상의 잣대보다 더 가혹한 시선으로 자신을 바라보던 사람이었다. "나는 이렇게밖에 못 살아."라며 자기를 방어했고, 사람들과의 관계는 스스로를 보호하는 방패였다. 그러나 숀 맥과이어는 그를 바꾸려 하지 않았다. 오히려 자신이 겪은 상실과 아픔, 외로움의 기억을 솔직하게 나누었고, 그 속에서 윌은 묻지 않았던 질문을 스스로 던지게 된다. "나는 누구인가?", "내가 원하는 삶은 무엇인가?" 결국 그는 떠나기 전, 한 통의 편지를 남긴다. "선생님, 제게 가보라고 하신 길을 저도 한번 가보려 합니다." 그 말은 단지 감사의 표현이 아니었다. 더 이상 상처받는 소년이 아니라, 새로운 인생을 선택할 수 있는 사람으로서 스스로의 정체성을 다시 정의한 선언이었다.

조직정체성이론은 말한다. 개인은 조직이나 공동체 안에서 끊임없이 자신을 구성해간다. 그리고 이때 중요한 것은 제도의 역할이 아니라, 관계의 경험이다. 존중받고, 이해받고, 신뢰받았던 순간들이 바로 '나는 이 조직에서 어떤 존재인가?'를 결정짓는 정서적 거울이 된다. 숀은 그 거울이 되어주었다. 그는 윌을 가르치지 않았다. 다만, 그가 자기 자신을 다시 바라볼 수 있게 도와주었다.

Dutton et al.(2010)의 연구도 이를 뒷받침한다. 리더와의 공감적 관계, 진심 어린 피드백, 감정적 존중은 구성원이 느끼는 조직정체성의 품질을 결정하고, 이는 곧 몰입과 자발적 행동의 토대가 된다는 것이다. 조직도 마찬가지다. 리더가 단지 업무를 조율하는 존재가 아니라, 구성원이 자신을 새롭게 이해하고, "나는 이 조직에서 누구인가?"라는 질문에 긍정적으로 답할 수 있도록 돕는 사람이라면, 그 조직은 단순한 일터를 넘어 정체성 회복의 장이 된다. 숀은 그런 리더였다. 그는 변화를 설득하지 않았고, 변화할 수 있도록 기다려주었다. 그리고 그 기다림 속에서 한 사람은 자신의 존재를, 다시 받아들이기 시작했다.

3.3 숀 맥과이어 – 기다림으로 감정을 회복시킨 멘토

윌은 영리했지만, 누구에게도 마음을 열지 않았다. 상처받는 것을 두려워했고, 그 두려움을 공격과 침묵으로 감췄다. 그러나 숀은 가르치려 하지 않았다. 평가나 설득 대신, 반복되는 한마디를 건넸다. "It's not your fault." 처음에는 피하던 윌이, 결국 울음을 터뜨리며 무너졌을 때, 닫혀 있던 감정의 문이 열렸다. 그 순간은 감정의 전환이자 삶의 전환이었다.

숀은 윌이 말할 준비가 될 때까지 기다려주었다. 그 침묵은 방임이 아니라 존중이었다. 자율성과 관계성을 존중받은 윌은, 스스로 자신의 내면을 들여다보고 변화의 결정을 내렸다. 숀은 자기 이야기를 숨기지 않았다. 사랑, 상실, 고통을 솔직하게 털어놓았고, 그 삶의 무게는 말보다 더 깊은 배움이 되었다. 숀은 윌의 결핍을 이해했지만, 동정하지 않았다. 대신 따뜻한 시선과 공감으로 정서적 자원을 채워주었다. 평가 없는 기다림은 감정을 지탱했고, 그 신뢰는 말 없는 약속이 되었다. 월은 그 믿음을 배신하지 않았다. "선생님이 말한 그 길, 저도 한번 가보려 합니다." 그 한마디는 감사이자, 관계에 대한 감정적 응답이었다. 결국 월은 자신의 길을 선택했고, 그 선택은 '스스로 누구인지를 다시 정의하려는' 정체성의 회복이었다. 숀의 리더십은 말보다 태도로, 설득보다 기다림으로, 변화보다 먼저 관계를 열어주었다. "당신이 진심으로 기다려준 덕분에, 나는 다시 살아갈 수 있게 되었습니다."

그는 바꾸려 하지 않았고, 대신 곁에 있었다. 리더십은 지시가 아니라, 관계의 용기에서 시작된다는 것을 그는 조용히 증명해냈다.

이 세 가지 이야기를 통해 우리는 서번트 리더십의 불씨가 다양한 모습으로 타오르고 있음을 발견할 수 있다. 산중에서 삼천배를 이끄는 스님, 머나먼 남태평양 섬에서 아이들을 가르치는 목사, 그리고 한 영혼을 구원한 허구의 상담자까지, 이들의 공통점은 남을 위한 헌신과 겸손한 사랑이다. 이들은 각자 처한 자리에서 타인의 성장과 행복을 자신의 사명으로 여기며, 조용하지만 확고한 섬김의 발걸음을 걸어갔다. 그 길 위에서 보여준 진정성과 공감, 경청과 겸손의 태도는 주변 사람들의 마음을 움직였고, 궁극적으로 큰 변화를 이끌어냈다. 우리 주변의 서번트 리더들은 이렇게 말없이 행동으로 가르침을 주고 있으며, 그들의 서사는 곧 우리에게 주는 깊은 깨달음의 울림이 된다.

4. 우리는 지금, 어떤 리더로 남을 것인가? - 정서의 회복에서 실천의 원칙으로

우리는 이 장에서 세 사람의 서번트 리더를 만났다. 말하지 않고도 행동으로 섬겼던 성철 스님, 작은 공동체의 감정을 하나하나 회복해낸 김주성 목사, 그리고 기다림으로 마음을 열게 만든 숀 맥과이어. 그들의 리더십은 모두 다르지만, 하나의 공통된 흐름을 품고 있었다. 바로 심리학적으로 검증된 회복의 원리 위에 서 있었다는 점이다. 우리는 각 사례마다 다음의 7가지 심리학 이론을 적용해 보았다.

정서적 사건이론은 감정의 시작을 설명하고, 자기결정이론은 내면 동기의 회복 조건을, 사회학습이론은 행동의 전염과 내재화를, JD-R 모델은 자원과 스트레스의 균형을, 심리적 계약이론은 보이지 않는 약속의 회복을, 사회교환이론은 신뢰가 쌓이는 교환 구조를, 조직정체성이론은 '나는 이 조직의 일부다' 라는 감정의 회복을 설명해준다. 이 이론들은 단지 설명을 위한 도구가 아니라, '감정의 회복이 어떻게 일어나는가?', '몰입이 다시 살아나는 과정은 무엇으로 가능한가?'에 대한 심리적·조직적 근거였다. 다시 말해, 이 장은 '감동적인 이야기'에서 끝나지 않는다. 그 감동의 구조를 이론으로 해석하고, 실천으로 설계하는 장이었다. 그래서 우리는 이 장에서 단지 세 명의 이야기를 본 것이 아니라, 몰입 회복의 7가지 구조적 원리를 확인한 것이다. 또한 이 세 명의 리더가 보여준 서번트 리더십에는 다음의 공통점이 있다.

- 타인의 자율성과 성장 가능성을 먼저 믿었다.
- 권위보다 경청과 공감으로 관계를 세웠다.
- 스스로 앞장서며 헌신함으로써 신뢰를 얻었다.
- 말보다 태도, 설교보다 기다림으로 이끌었다.

이들은 화려한 카리스마로 조직을 움직이지 않았다. 오히려 그들은 가장 낮은 자리에서, 가장 깊은 신뢰를 쌓아 올린 사람들이었다. 당신의 곁에도 성철 스님 같은 수행자, 김주성 목사 같은 교육자, 손 같은 멘토가 있을 수 있다. 그리고 어쩌면, 당신 자신이 누군가에게 그런 리더가 될 수도 있다. 서번트 리더십은 대단한 자격이 필요한 리더십이 아니다. 기꺼이 기다릴 수 있는 사람, 먼저 믿어주는 사람, 말없이 앞장서는 사람이 바로 그 주인공이다.

"어려운 일이 아닙니다. 가능합니다"

이제, 말에서 행동으로 나아가야 할 때다. 다음 장에서는 이 리더십이 어떻게 '현실의 조직 안'에서 작동하는지를, '10가지 행동원칙'이라는 구체적 실천 전략으로 함께 살펴볼 것이다. 회복의 철학이, 이제 하나의 전략이 된다.

회복의 리더십, 실천에서 시작된다: 서번트 리더의 10가지 행동원칙

리더십 이론 가운데 실천을 전제하지 않는 접근은 거의 없다. 그러나 그 실천의 내용과 초점, 그리고 구체적 구조화 여부에 따라 리더십 이론은 현장에서의 실효성이 크게 달라진다. 서번트 리더십은 그중에서도 실천 그 자체를 리더십의 본질로 삼는다는 점에서 독보적이다. 이 개념은 로버트 그린리프(Robert K. Greenleaf)가 헤르만 헤세의 소설 『동방여행』(Journey to the East)에 등장하는 길잡이 '레오'에게서 영감을 받아 세상에 알려지게 되었다. 즉, 리더는 앞장서 지시하는 자가 아니라, 뒤에서 공동체를 조용히 지지하며, 위기의 순간에 진정한 지도력으로 떠오르는 존재라는 통찰은 서번트 리더십 철학의 근간이 되었다. 그러나 그린리프가 제안한 '먼저 섬기고 나중에 이끄는 리더'라는 원리는 철학적으로는 강력했지만, "무엇을 실천할 것인가?"라는 질문에 대해선 여전히 구체적 지침이 부족하다. 경청, 공감, 공동체 중심의 사고 같은 핵심개념은 반복되어 왔지만, 조직 내 직원이 인식하는 불공정에 따라 감정단절과 몰입도의 변화에 따른 유지적 몰입(심리적 사직의 또 다른 이름)에 이르는 현실적 문제를 해결할 수 있는 구체적 실천항목은 여전히 정리되지 않은 채로 남아있다.

본 장에서 제안하는 '서번트 리더의 10가지 실천원칙'은 바로 이 공백에서 출발한다. 앞장에서는 성철스님, 김주성 목사, 숀 맥과이어라는 세 명의 서번트 리더를 중심으로, 서번트 리더십이 실제로 어떻게 발현되는지를 서사 중심으로 탐색했다. 또한 이들의 행동을 정서적 사건이론, 자기결정이론, 사회학습이론, JD-R 모델, 심리적 계약이론, 사회교환이론, 조직 정체성이론 등 조직심리학의 일곱 가지 핵심 이론에 따라 분석함으로써, 리더십 행동의 구조와 효과를 보다 명확히 조명할 수 있었다.

이제 우리는 그 사례적 통찰과 이론적 분석을 바탕으로, 서번트 리더십이 일상에서 어떻게 실천될 수 있는지를 제시하려 한다. 다음에 소개할 10가지 행동원칙은 "감정회복 → 신뢰 형성 → 조직문화 확산"이라는 흐름을 따라 구성되었으며, 모든 리더가 일상적으로 실천할 수 있도록 구체적이고 반복 가능한 행동 단위로 설계되었다. 이는 '철학에서 전략으로, 가치에서 실천으로' 서번트 리더십을 전환시키기 위한 하나의 시도이자 출발점이다.

1. 실천원칙의 이론적 기초

이 장에서 제시하는 '서번트 리더의 10가지 실천원칙'은 단순한 경험적 직관이나 저자의 의견이 아니다. 그것은 서번트 리더십의 철학, 조직심리학의 이론들, 그리고 실증연구들을 기반으로 도출된 검증된 행동지침이다. 다시 말해, 이 실천원칙들은 리더십이 감정회복과 몰입 회복이라는 실질적 조직문제에 어떻게 접근해야 하는지를 구체적으로 안내하기 위한 이론 기반 행동전략이다.

1.1 철학과 이론적 기반

이 실천원칙의 핵심적 철학은 Greenleaf(1977)의 "먼저 섬기고, 그다음 이끈다"는 개념에서 출발한다. Spears(1995)는 이를 바탕으로 서번트 리더십의 10가지 특성을 정리하였으며, 경청, 공감, 타인 성장지원, 청지기 정신 등은 오늘날에도 서번트 리더십의 근간을 이루고 있다. 이러한 철학은 현대 조직심리학 이론을 통해 더욱 구조화된다. 이러한 철학은 '섬김의 가치'를 조직 내 행동으로 실현하기 위한 구체적 기준을 요구하며, 그 역할은 다양한 조직심리학 이론이 담당하고 있다. 구성원의 감정, 동기, 관계, 자원을 설명하는 이론들은 서번트 리더십이 단순한 도덕적 태도를 넘어, 몰입 회복과 조직문화 형성에 실질적 영향을 미치는 리더십임을 뒷받침한다. 예를 들어,

- 정서적 사건이론(Weiss & Cropanzano)은 리더의 정서적 대응이 구성원 몰입에 결정적 사건으로 작용함을 보여주며,
- 자기결정이론(Deci & Ryan)은 자율성, 유능감, 관계성의 욕구 충족이 리더십의 핵심 동기 기반임을 강조한다.
- JD-R 모델(Bakker & Demerouti)은 리더가 심리적 자원을 제공해야 몰입이 유지됨을 강조하며,
- 사회교환이론(Blau)은 신뢰 기반의 관계 형성이 자발적 몰입을 유도한다는 점에서 서번

트 리더십과 강하게 연결된다.

이러한 철학은 다양한 조직심리학 이론들과 연결되며, 구성원의 감정, 동기, 관계, 자원을 설명하는 체계적 구조로 발전해왔다. 그러나 무엇보다 중요한 것은 이 철학이 실제 조직현장에서 어떤 구체적 태도와 실천으로 구현되어야 하는지를 보여주는 기준이다. 이 지점에서 Spears(1995)의 기여는 결정적이라 할 수 있다.

1.2 서번트 리더십의 10가지 핵심 특성(Spears, 1995)

Spears는 Greenleaf(1977)의 철학을 보다 구체화하기 위해, 서번트 리더십의 본질을 구성하는 10가지 핵심 특성을 정리하였다. 이 특성들은 서번트 리더십을 단순한 철학적 개념이 아니라, 실천 가능한 리더십으로 구체화하는 데 기여했다. 내용을 간단하게 정리하면 아래와 같다.

첫째, 경청(listening)이다. 서번트 리더는 단순히 말하는 사람이 아니라, 먼저 듣는 사람이다. 구성원의 말뿐 아니라 감정과 침묵 속의 메시지를 경청하며, 리더는 듣는 과정을 통해 신뢰를 쌓고 관계를 회복한다.

둘째, 공감(empathy)이다. 공감은 타인의 관점에서 상황을 이해하고 받아들이는 능력이다. 구성원의 실수나 고통에 대해 판단하기보다는 이해하려는 태도에서 리더십의 진정성이 드러난다.

셋째, 치유(healing)이다. 조직 내에는 크고 작은 심리적 상처가 존재하며, 서번트 리더는 그 상처를 외면하지 않고 회복을 돕는 역할을 한다. 치유는 감정회복의 시작점이자 몰입 회복의 기초가 된다.

넷째, 자기인식(self-awareness)이다. 서번트 리더는 타인을 이해하기에 앞서 자기 자신을 깊이 성찰할 줄 안다. 자신의 감정과 한계, 편견을 인식하는 능력은 타인과의 건강한 관계 형성의 바탕이 된다.

다섯째, 설득(persuasion)이다. 서번트 리더는 권위나 지위에 의존하기보다는, 설득을 통해 신뢰를 얻고 자발적인 참여를 유도한다. 이는 리더십의 강압성을 걷어내고, 구성원의 자율성을 존중하는 방식이다.

여섯째, 개념화(conceptualization)이다. 이는 단기적 문제 해결을 넘어서 장기적인 비전과 의미를 설계하는 능력이다. 서번트 리더는 구성원과 함께 '왜 이 일을 하는가?'를 끊임없이 탐색한다.

일곱째, 예견(foresight)이다. 과거의 경험과 현재의 상황을 바탕으로 미래를 읽고 준비하는 능력이다. 이는 실용성과 윤리성을 동시에 고려하는 리더의 통찰력을 의미한다.

여덟째, 청지기 정신(stewardship)이다. 서번트 리더는 조직의 자원을 소유하는 자가 아니라, 책임감 있게 관리하고 봉사하는 청지기다. 리더십의 권한은 특권이 아니라 책임이라는 인식을 바탕으로 한다.

아홉째, 타인의 성장에 대한 헌신(commitment to the growth of people)이다. 서번트 리더는 구성원을 조직을 위한 도구로 보지 않고, 그 자체로 존엄한 존재로 인식하며, 구성원의 성장과 발전을 위해 끊임없이 지원한다.

열 번째, 공동체 형성(building community)이다. 서번트 리더는 고립된 개인을 하나의 공동체로 연결하는 데 앞장선다. 이는 조직 안팎에서 신뢰, 연대, 의미 있는 관계를 확산시키는 데 중요한 역할을 한다.

요약하자면, Spears가 제시한 이 10가지 특성은 서번트 리더십을 단순한 도덕적 권고나 성격적 특성이 아니라, 실천 가능한 리더십 행동의 구조로 구체화했다는 점에서 의미가 크다. 특히 경청, 공감, 치유, 설득, 공동체 형성과 같은 특성은 오늘날 조직 내에서 감정회복과 신뢰 형성을 위한 핵심 행동원칙의 토대가 되고 있다. 이러한 특성은 이후 제시될 '서번트 리더의 10가지 실천원칙'과 직접 연결되며, 각각의 원칙은 이 개념들을 조직의 일상 속에 구현하기 위한 구체적 실천 장치로 작동할 것이다.

1.3 실증적 연구 기반

서번트 리더십은 철학이나 이상에 머무르지 않고, 다양한 실증연구를 통해 그 효과가 반복적으로 입증되어 왔다. 특히 구성원의 몰입, 조직시민행동, 심리적 안전성, 정서적 신뢰 등 조직의 질적 지표에 강한 영향을 미친다는 점에서, 서번트 리더십은 회복의 리더십으로서 강력한 실천 모델로 자리매김하고 있다. 연구사례를 정리해 보면 아래와 같다.

- Liden et al.(2008)은 서번트 리더십을 7가지 실천 행동(감정 치유, 윤리성, 관계중심 행동, 권한 부여, 봉사, 조직 목표에 대한 헌신, 커뮤니티 형성)으로 구조화하고, 조직시민행동과 직무만족, 몰입 수준의 향상에 유의미한 영향을 미친다고 밝혔다.
- Hunter et al.(2013)는 서번트 리더의 감정적 배려와 지원이 구성원의 정서적 신뢰 및 심리적 안전감 형성에 긍정적인 영향을 미치며, 특히 조직 내에서의 '정서 회복 리더십'으로 기능할 수 있음을 강조했다.

- Eva et al.(2019)는 25개국 이상, 100개 이상의 연구 데이터를 분석한 메타분석을 통해 서번트 리더십이 구성원의 정서적 유대감, 이직률 감소, 팀 몰입 향상, 조직신뢰 증진 등에 전반적으로 유의미한 긍정 효과가 있음을 입증하였다.

- van Dierendonck(2011)은 서번트 리더십이 조직 내에서 구성원의 내면 성장, 심리적 자원강화, 리더-구성원 관계의 질 향상에 기여함을 다수의 사례와 통계로 보여주며, 서번트 리더십을 '관계 회복형 리더십'으로 개념화했다.

- Schaubroeck et al.(2011)의 연구는 서번트 리더의 신뢰 기반 리더십 행동이 팀 내 협력 성과를 증진시키고, 조직 신뢰를 매개로 구성원의 과업수행 능력과 몰입도를 유의미하게 향상시킴을 실증적으로 밝혔다.

- Barbuto & Wheeler(2006)는 서번트 리더십 척도를 개발하면서, 구성원의 자율성과 참여도가 높아질수록 서번트 리더의 효과가 강화됨을 발견하였다. 이는 특히 자기결정이론과 밀접하게 연결된다.

- Jaramillo et al.(2009)는 세일즈 조직을 대상으로 한 연구에서, 서번트 리더십이 구성원의 내재적 동기를 촉진하고, 장기적으로는 고객 지향성과 실적에까지 영향을 준다고 분석하였다.

이처럼 서번트 리더십은 철학적 사유에서 출발해, 조직심리학의 이론과 다양한 실증연구를 통해 그 효과성이 반복적으로 검증되어 왔다. 특히 신뢰, 감정회복, 자율성, 몰입이라는 조직의 핵심 심리 요인에 긍정적으로 작용한다는 점에서, 단지 '좋은 리더가 되는 법'이 아니라 '회복을 이끄는 리더십 전략'으로 자리잡고 있다.

1.4 실천원칙으로의 전환

이러한 철학과 이론, 연구들은 하나의 공통된 방향을 향하고 있다. 리더는 감정과 관계를 회복시킬 수 있는 사람이어야 하며, 그 회복은 말이 아닌 행동에서 시작된다. 따라서 본 장에서 제시하는 10가지 실천원칙은 이론적 타당성과 현장적용 가능성을 모두 충족시키기 위한 시도이다. 각 원칙은 다음의 질문에 직접적 답을 주도록 설계되었다.

- "신뢰가 무너졌을 때, 리더는 무엇을 해야 하는가?"
- "몰입이 저하된 조직에서, 감정을 어떻게 회복할 수 있는가?"
- "구성원의 침묵 뒤에 숨겨진 신호를 어떻게 읽고 반응할 것인가?"

이제 우리는 서번트 리더십의 철학을 구체적 실천으로 변환할 수 있는 10가지 행동원칙을 소개하려 한다. 이제 그 내용을 확인해보자.

2. 회복의 리더십, 실천의 원칙 : 왜 서번트 리더의 '행동'이 중요한가?

"지금 우리 조직의 리더는 정답일까?"

이 질문은 구성원이 리더를 신뢰하지 못할 때 가장 먼저 떠올리는 생각이다. 아무리 좋은 제도와 시스템이 있다 하더라도, 그것을 적절하게 작동시키는 것은 결국 '누가, 어떻게 행동하느냐?'에 달려 있기 때문이다. 조직의 몰입은 감정에서 시작되고, 감정은 관계에서 회복된다. 그리고 관계는 말이 아니라 행동으로 증명된다. 공정성 침해, 감정의 단절, 유지적 몰입, 심리적 사직 등은 리더의 철학만으로 회복되지 않는다. 회복은 구체적이고 반복 가능한 '행동의 언어'를 필요로 한다. 이 장에서 제시하는 10가지 실천원칙은 단순한 조언이 아니다. 이 원칙들은 다음 세 가지 깊은 기반 위에서 도출되었다.

- 철학 : 헷세의 『동방순례』, 동양의 무위리더십, 수행의 리더들이 남긴 통찰
- 조직심리학 이론 : 감정, 동기, 관계, 직무에 관한 체계적 이론들
- 실증연구 : 신뢰, 몰입, 공정성, 이직의도에 대한 다년간의 경험적 검증

각 원칙은 '감정의 회복 → 관계의 복원 → 신뢰의 구축'이라는 회복의 여정을 이끄는 리더의 실천적 나침반이 될 것이다. 이제 10가지 행동원칙을 알아보도록 한다.

3. 서번트 리더의 10가지 행동원칙

서번트 리더십은 '어떤 철학을 가졌는가?'보다 '어떤 행동을 반복하는가?'에 의해 진가가 드러난다. 이 장에서 제시할 10가지 실천원칙은 서번트 리더가 일상 속에서 감정회복과 신뢰 회복을 이끌기 위해 반드시 실천해야 할 구체적 행동지침들이다. 각 원칙은 하나의 덕목이자 전략이며, 리더의 일상 언어와 태도, 선택의 기준이 되어줄 수 있는 도구들이다. 이들은 모두 철학적 기반과 이론적 정당성, 실증적 연구에 뿌리를 두고 있으며, 리더가 지금 당장 실천할 수 있는 방식으로 구성되었다. 이제 그 첫 번째 원칙부터 차례로 살펴보자.

3.1 경청하라 – 말보다 마음을 들어야 한다

사람은 말로 모든 감정을 표현하지 않는다. 아니, 대개는 가장 아픈 말일수록 꺼내지 않는다. 그래서 리더가 들어야 할 것은 말이 아니라, 말 사이에 있는 침묵이다. 정서적 사건이론(Affective Events Theory)은 말한다. 구성원이 경험하는 작은 감정적 사건들이 태도와 몰입의 전환점이 된다. 하지만 조직에서는 그 감정이 종종 묻히고, 때로는 무시된다. "별일 아니겠지"라는 말 속에 감정은 쌓이고, 침묵은 깊어진다. 그런 침묵을 놓치지 않고, 진심으로 들은 사람이 있었다. 현실의 사례에서, 김주성 목사가 바로 그랬다. 처음 피지에 도착했을 때, 김주성 목사는 마을 사람들과 거의 대화를 나눌 수 없었다. 모두 조용했고, 낯선 외부인을 경계했다. 누군가는 "여긴 벌써 실패한 프로젝트가 많았어"라며 문을 닫았고, 어떤 이는 눈도 마주치지 않았다. 그는 설득하지 않았다. 대신 기다렸다. 함께 밥을 먹고, 아이들의 이름을 불러주고, 매일 같은 시간에 마을 회관 앞에 앉아 있었다. 말을 이끌어내기보다, 말할 준비가 될 때까지 기다렸다. 그러던 어느 날, 한 노인이 조용히 입을 열었다. "전에 어떤 사람이 와서 학교를 짓는다고 했어요. 그런데 결국 다 짓지도 못하고, 그냥 갔어요."

말은 흐려졌지만, 김 목사는 그 말의 뒤를 묻지 않았다. 그저 고개를 끄덕이며, 끝까지 들어주었다. 그 순간이 전환점이었다. 마을 사람들은 처음으로 느꼈다. '이 사람은, 말하려 하지 않는다. 대신 우리 이야기를 들으려 한다.' 서서히 입이 열렸다. 그들의 사연, 상처, 기대, 그리고 두려움까지. 그 믿음 위에서, 학교는 비로소 세워지기 시작했다. 경청은 설득의 기술이 아니라, 신뢰를 위한 기다림이다.

정서적 사건이론은 감정적 사건이 구성원의 몰입과 태도에 결정적 영향을 준다고 말한다(Weiss & Cropanzano, 1996). 김주성 목사의 반복된 기다림과 묵언의 경청은, 그들에게 신뢰라는 감정적 사건을 경험하게 했다. Eva et al.(2019)은 '경청'이 서번트 리더십의 핵심이며, 구성원의 정서적 안정과 직무만족을 높인다고 밝혔다. 그에 따르면 진정한 경청은 "말을 듣는 것"이 아니라 "사람을 듣는 것"이다.

듣는 리더는 회복의 신호를 먼저 감지한다. 경청은 감정의 짐을 함께 들어주는 동행이다. 고개를 끄덕이고, 말없이 기다리는 그 시간 속에서, 사람은 "나는 존중받는 존재다"라는 감정을 회복한다. '네가 하는 말이 중요하다'는 무언의 신호는 잊고 있던 몰입을 되살린다. 리더의 귀는 조직의 감정선에 닿아 있는 첫 번째 센서다.

3.2 존중하라 – 관계는 인정에서 자란다

사람은 성과로만 대접받는 관계에서 오래 머물 수 없다. '일 잘하는 사람'이라는 평가는 시간이 지나고 결과가 사라지면 끝난다. 하지만 '존재를 존중받는 사람'이라는 경험은 오래 남는다. 관계는 칭찬이 아니라 인정에서 자란다. 그리고 그 인정은, '당신도 나만큼 존엄한 존재입니다'라는 무언의 메시지에서 시작된다. 사회교환이론(Social Exchange Theory)은 말한다. 감정과 신뢰, 존중 같은 비물질적 자원의 교환이 관계의 핵심이라고. 일방적인 지시나 평가가 아니라, 상호적인 인정과 존중의 순환이 있을 때, 사람은 자발적으로 몰입하고 감정적으로 응답한다. 조직에서도 마찬가지다. 상사가 부하를 '성과의 도구'로만 보느냐, '함께 가는 사람'으로 보느냐에 따라 신뢰와 몰입의 밀도는 완전히 달라진다.

영화 『굿 윌 헌팅』에서 숀 맥과이어는 윌을 상담하면서 절대 서두르지 않았다. 그는 윌의 상처를 꿰뚫고 있었지만, 먼저 평가하지 않았다. 대신 자신이 먼저 마음의 옷깃을 풀었다. 과거의 아픔, 아내에 대한 그리움, 실패와 후회를 담담히 말하며, "나도 너와 같은 사람이야"라는 메시지를 전했다. 윌은 그런 숀을 처음엔 밀어냈지만, 숀은 흔들리지 않았다. 그리고 마침내, 윌은 마음의 문을 열고 말했다.

"선생님, 제게 가보라고 하신 길을 저도 한번 가보려 합니다."

이 짧은 한마디는 단순한 고백이 아니었다. 그것은 관계의 깊이에 대한 감정적 보답(emotional reciprocation)이었다. 강요나 설득이 아닌, 존중의 교환으로 맺어진 심리적 계약. 그것이 윌을 움직였던 것이다.

이와 관련하여, Liden et al. (2008)은 서번트 리더십의 존중 행동이 조직신뢰와 정서적 몰입을 유의미하게 증진시킨다는 연구 결과를 제시했다. 특히 리더가 구성원을 인격적으로 존중하는 행동을 보일 때, 구성원은 심리적 안정감과 소속감을 경험하며 자발적인 헌신을 보인다고 밝혔다. 존중은 지시보다 강하다. 그리고 관계는 계약보다 오래간다. 어떤 말보다 강한 힘은, "나는 당신을 평가하지 않고 있는 그대로 존중합니다"라는 태도에 담겨 있다. 이것이 바로 서번트 리더십이 조직에 남기는 가장 깊은 감정의 흔적이다.

3.3 기다려라 – 성장은 강요로 되지 않는다

조직 안에서는 많은 말이 앞선다. 지시, 독촉, 목표, 일정. 그러나 사람의 감정은 말보다 느리고, 변화는 생각보다 더디다. 그래서 진짜 성장은 기다림 속에서 자란다. 그것은 '포기'가 아니라 '신뢰'이며, '방임'이 아니라 '존중'이다. 자기결정이론(Self-Determination

Theory)은 말한다. 사람이 스스로 의미를 느끼고, 스스로 선택했다고 느낄 때, 비로소 내면의 동기가 작동한다고. 리더가 기다린다는 것은, 구성원이 자기 속도대로 성장할 수 있도록 자율성을 보장하는 행위다. 그것은 "당신을 믿는다"는 가장 조용한 표현이며, 누군가의 내면을 다시 움직이는 감정적 기반이 된다.

영화 『굿 윌 헌팅』의 숀 맥과이어는 상담자로서 윌의 천재성을 단번에 알아봤지만, 결코 먼저 손을 내밀지 않았다. 그는 윌이 방어적인 태도를 보일 때도, 상처를 드러내지 않을 때도, 그저 기다렸다. "네가 준비되면 말해. 나는 기다릴게." 그 말은 겉보기엔 아무것도 하지 않는 것처럼 보였다. 하지만 사실상 가장 적극적인 감정의 동행이었다. 윌은 결국 그 기다림 속에서 자율성을 회복했고, 스스로의 삶을 선택할 수 있는 힘을 되찾았다.

이와 관련하여 Deci & Ryan(2000)은 자율성을 보장받은 사람들이 내재적 동기와 정서적 안정, 조직몰입에서 유의미한 향상을 보인다는 연구를 발표했다. 강요보다 기다림, 명령보다 자율이 조직몰입의 지속성을 높이는 가장 효과적인 방식이라는 것이다. 기다림은 느리고 불확실하지만, 가장 오래 가는 변화의 방식이다. 조직에서도 마찬가지다. 성과가 더딘 직원, 실수를 반복하는 신입, 아직 마음을 열지 못한 구성원에게 가장 필요한 것은 조언이 아니라 기다림일 수 있다. "너는 네 속도대로 가도 괜찮아." 이 한 문장이 주는 안심 속에서, 사람은 스스로를 밀어낼 수 있는 힘을 얻게 된다.

3.4 먼저 행동하라 – 신뢰는 말이 아닌 반복에서 생긴다

말은 빠르지만, 행동은 오래 남는다. 조직에서 신뢰는 '말'로 생기지 않는다. "믿어줘"라는 말보다 중요한 것은 믿게 되는 반복된 경험이다. 구성원은 리더의 약속보다, 그 약속이 지켜졌는지를 기억한다. 심리적 계약이론(Psychological Contract Theory)은 말한다. 구성원이 조직이나 리더에게 가지는 비공식적 기대는 공식 문서보다 더 강력한 감정의 기반이 되며, 그것이 깨졌을 때 불신이 시작된다고. 말뿐인 리더, 약속을 지키지 않는 상사는 구성원의 몰입을 가장 빠르게 무너뜨린다. 그래서 신뢰는, 먼저 실천하는 사람이 만든다. 성철 스님은 누구에게도 예외를 두지 않았다. 자신에게조차도. 한 외부 신도가 찾아와 물었다. "저는 잠깐 들른 사람인데, 꼭 삼천배를 해야 하나요?" 그때 성철 스님은 조용히 답했다. "나도 매일 그렇게 하고 있소." 그 한마디는 명령이 아니라, 동행의 표시였다. 삼천배는 수행자에게 큰 육체적 고통이 따르는 고행이지만, 스님은 스스로도 그 수행을 하루도 빠짐없이 실천하며, 모든 이에게 같은 기준을 적용했다. 이 '먼저 실천함'은 말보다 더 강한 설득이었고, 누구도 소외되지 않는 존중의 방식이었다. 그의 수행은 강요가 아니라 모범이었다. 리더가 먼저 움직이는 모습을 본 사람들은 말없이 따라오기 시작한다.

Rousseau(1995)의 연구도 같은 점을 시사한다. 리더의 선제적 실천은 구성원의 '심리적 계약'을 회복시키는 강력한 촉매가 되며, 단 한 번의 약속보다 중요한 것은 "다음에도 그랬는가?"라는 질문에 반복적으로 '예'라고 답할 수 있는 행동의 일관성이다. 성철 스님은 말하지 않았다. 대신 매일 행동했다. 먼저 절하고, 먼저 지켰으며, 먼저 자신을 낮췄다. 그 손끝에서 사람들은 말보다 깊은 진심을 읽었다. 실천은 가장 조용하지만, 가장 오래 기억되는 리더십이다. 그리고 그런 실천은 결국, 조직의 문화가 된다.

3.5 경계를 지켜라 – 섬김은 희생이 아니다

섬김의 리더십이 존경받지 못하는 이유는, 사람들이 섬김을 희생이나 자기 소모로 오해하기 때문이다. 하지만 진짜 섬김은 자기를 버리는 것이 아니라, 자기를 지키는 울타리 안에서 타인을 돌보는 것이다. 경계 없는 헌신은 리더를 무너뜨리고, 무너진 리더는 조직 전체를 지치게 만든다. 이때 직무요구-자원모형(Job Demands-Resources Model)은 이렇게 말한다. 리더가 감정노동, 책임, 관계 갈등 등 직무요구(Demands)를 지속적으로 감내하면서도, 자신을 돌볼 자원(Resources)을 제대로 확보하지 못하면 결국 번아웃에 이르게 된다. 더 심각한 것은, 리더의 소진은 구성원의 소진으로 확산된다는 점이다. 지속 가능한 리더십은 '자기보호'에서 출발한다. 성철스님은 스스로 세운 수행의 원칙을 평생 지켰다. 모든 사람을 품되, 자신의 수행 시간은 결코 타협하지 않았다. 한 제자가 조심스럽게 물었다. "큰스님, 때로는 사람들을 위해 조금쯤은 예외를 두셔도 되지 않겠습니까?"

성철스님은 조용히 미소 지으며 답했다. "내가 나를 지키지 않으면, 너희도 지켜줄 수 없단다."

그의 원칙은 완고함이 아니라, 경계를 세우는 책임감이었다. 자신을 돌보지 않는 사람은 결국 타인을 끝까지 돌보지 못한다. 그의 침묵과 거리두기는 관계를 끊기 위한 것이 아니라, 함께하기 위한 준비였다.

Bakker & Demerouti(2007)는 연구를 통해, 리더가 자신의 정서적 자원을 회복할 수 있을 때, 조직 전체의 정서적 회복탄력성이 함께 높아진다고 밝혔다. 섬김은 감정의 탈진이 아니라, 건강한 리듬 속에서 지속되어야 하는 관계다. 경계를 지킬 줄 아는 리더는 무너지지 않는다. 섬김은 자기희생이 아니라, 스스로를 지키는 울타리 안에서 타인을 책임지는 선택이다.

그래야 끝까지 간다. 그래야 함께 갈 수 있다.

3.6 의도를 설명하라 – 불신은 모호함에서 생긴다

말하지 않는 리더는 위험하다. 침묵은 중립이 아니라, 불안과 오해의 여지를 남긴다. 특히 변화와 결정의 순간, 구성원은 '무엇을'보다 '왜'를 알고 싶어 한다. 의도 없는 결정은, 불신을 남긴다. 절차적 공정성 이론(Procedural Justice Theory)에 따르면, 구성원은 조직의 결정을 수용할 때 결과보다 과정, 그 중에서도 '결정을 내린 이유'와 '그 과정의 투명성'에 더 크게 반응한다. 리더가 설명을 생략하면, 구성원은 그 빈 공간을 추측으로 채운다. 그리고 그 추측은 대부분 불신이다. 영화 『굿 윌 헌팅』의 숀 맥과이어는 이 원칙을 행동으로 보여줬다. 윌은 신뢰하지 않았다. 그는 세상을 의심했고, 리더(멘토)를 믿지 않았다. 자신에게 다가오는 사람마다 결국 자신을 '고치려한다'고 생각했다. 하지만 숀 맥과이어는 달랐다. 그는 윌에게 자신의 아픔을 이야기했다. 사랑하는 아내의 죽음, 깊은 상처, 그리고 왜 자신이 윌 앞에 있는지를 그는 조용하지만 명확하게 설명했다. "나는 너를 고치려는 게 아니야. 그냥, 네가 네 이야기를 말할 수 있길 기다릴 뿐이야."

이 짧은 문장 안에는 자신의 의도, 경계, 태도, 한계, 그리고 믿음이 담겨 있었다.

그 진심은 윌의 방어를 허물었다. 신뢰는 설명에서 시작된다는 것을 보여준 순간이었다. 조직도 같다. 설명하지 않는 리더는 '권위적'이라는 인상을 주기 쉽고, 구성원은 "왜 저런 결정을 내렸지?", "앞으로 우리는 어떻게 되는 거지?"라는 불안과 의심 속에 빠지게 된다. 특히 변화의 순간, 리더가 어떤 의도와 기준으로 결정을 내렸는지 사전과 사후에 충분히 설명하는 것만으로도 불신의 상당 부분은 예방된다.

Colquitt et al.(2001)의 연구는 이를 실증적으로 뒷받침한다. 절차 공정성이 높다고 느끼는 조직에서는 리더에 대한 신뢰도가 유의미하게 상승하고, 조직에 대한 몰입도도 함께 향상된다. 즉, 설명은 통제보다 강한 신뢰를 만든다. 설명은 단지 결정의 이유를 밝히는 것이 아니다. 리더가 구성원을 대등한 존재로 존중한다는 메시지다. 리더의 말은 방향이 아니라, 함께 걷는 이유가 되어야 한다. 모호한 침묵은 불신을 키우고, 명확한 설명은 마음의 벽을 허문다.

3.7 작은 것을 반복하라 – 신뢰는 디테일에서 생긴다

신뢰는 위대한 결심에서 시작되지 않는다. 그보다, 아무도 보지 않는 곳에서 반복된 작은 행동에서 자란다. 리더의 말보다 더 오랫동안 구성원에게 남는 것은, 눈빛 하나, 인사 한 번, 식사 예절 하나다. 사회학습이론(Social Learning Theory)은 말한다. 사람은 말로 설득되는 존재가 아니라, 행동을 관찰하고 모방하며 배운다.

조직에서 구성원은 리더의 언행을 끊임없이 관찰하고 있으며, 반복되는 태도 속에서 '무엇이 중요한지?'를 학습한다. 따라서 리더의 일관된 작은 실천은 신뢰의 기준이자, 조직문화의 출발점이다. 김주성 목사는 학교에서 아침마다 가장 먼저 "안녕하세요"라고 인사를 건넸다. 누구에게나, 같은 눈높이로. 그의 인사는 단순한 인사말이 아니라, "나는 당신을 소중히 생각합니다"라는 메시지였다. 매일 같은 시간, 같은 말, 같은 미소. 그 반복이 쌓이며, 구성원은 그를 믿게 되었다. 성철 스님은 발우공양(鉢盂供養)의 예법을 한 번도 흐트러뜨린 적이 없었다. 누구와 함께하든, 어떤 상황이든, 한결같은 자세로 식사를 준비하고 마무리했다. 그 엄격한 규율은 단지 절차가 아니라, 타인을 배려하고 나를 절제하는 태도였다. 누군가는 이를 '형식'이라 했지만, 그 형식의 반복이야말로 마음을 다스리는 리더의 디테일이었다.

Bandura(1977)의 연구는, 이렇게 반복된 리더의 태도가 구성원에게 '신뢰 가능한 행동 모델'로 각인되며, 그 행동이 조직 내 신뢰와 협력의 규범으로 내면화된다는 사실을 보여준다. 회사의 신뢰는 회의실이 아니라 복도에서, 강연보다 먼저 손을 내민 악수에서 시작된다. 작은 디테일의 반복은 마음을 건너는 가장 짧고 강한 다리다. 리더의 작고 일관된 행동은 말보다 큰 영향력을 가지며, 어느새 조직의 공기를 바꿔놓는다.

3.8 공감을 말로 표현하라 – 알아준다는 말이 중요하다

공감은 생각이 아니다. 감정도 아니다. 공감은 언어로 증명될 때만, 회복이 시작된다. 조직 안에는 말하지 않아도 느껴지는 감정이 많다. 그러나 문제는, 말하지 않으면 전달되지 않는다는 것이다. "당신 마음 알아요"라고 말하지 않는 한, 상대는 결코 알지 못한다. 공감은 행동만으로는 부족하고, '말'이 되어야 한다.

정서적 사건이론(Affective Events Theory)에 따르면, 사람은 감정적인 순간에 강하게 반응하고, 그 사건이 장기적인 태도와 몰입 변화에 결정적 영향을 미친다.

이때 리더의 말 한마디는 그 자체로 하나의 감정적 사건이 되며, 신뢰의 회복 혹은 붕괴를 가른다. 숀 맥과이어는 윌에게 말한다. "네 잘못이 아니야." 이것은 짧은 문장이었다. 그 말은 윌의 오래된 상처를 건드렸고, 동시에 감쌌다. 수많은 심리 상담과 해석도 닿지 못했던 마음 깊숙한 곳에, 이 단순한 문장이 닿았다. 왜냐하면, 그것은 "나는 네 아픔을 알고 있어"라는 공감의 언어였기 때문이다.

McKee et al.(2008)의 연구는 감정 공감의 '표현'이 리더십 신뢰 형성의 핵심임을 보여준다. 리더가 마음으로만 공감하고, 입으로는 아무 말도 하지 않으면, 그 침묵은 오히려 또 다른 외면으로 받아들여진다. 그래서 말해야 한다.

- **"괜찮아."**
- **"네가 그렇게 느낀 건 당연해."**
- **"그때 힘들었겠구나."**

이런 말은 단지 위로가 아니다. 그것은 구성원이 받은 감정적 상처를 공식적으로 인정하는 선언이며, 회복이 시작될 수 있다는 심리적 초대장이다. 리더의 말은 명령이 아니라, 감정을 안아주는 메시지가 되어야 한다. 공감은 표현될 때만 힘이 있다. 말로 건네는 위로는 마음의 붕대다. 그리고 그 말 한마디가, 어떤 사람에게는 다시 일어설 수 있는 전환점이 된다.

3.9 자율을 존중하라 – 구성원은 선택할 때 몰입한다

사람은 누가 시켜서가 아니라, 스스로 선택했을 때 몰입한다. 조직 안에서 자율은 종종 방임과 혼동된다. 하지만 자율은 리더십의 유예가 아니라, 신뢰의 선언이다. 리더가 구성원에게 결정권을 넘긴다는 것은 "나는 네 판단을 믿는다"는 메시지다.

그 믿음 속에서 사람은 책임을 느끼고, 스스로를 다잡는다.

자기결정이론(Self-Determination Theory)은 인간의 내적 동기를 유발하는 세 가지 심리적 욕구로 자율성, 유능감, 관계성을 제시한다. 그 중 자율성은 동기와 몰입의 가장 강력한 조건이다. Gagné & Deci(2005) 역시 연구를 통해 "구성원이 선택권을 가질 때, 몰입과 성과가 유의미하게 상승 한다"고 밝혔다. 성철스님은 제자에게 이렇게 말했다. "나는 네가 어떤 길을 가더라도 믿고 지켜볼 것이다." 그는 방향을 강요하지 않았고, 선택의 무게를 직접 건넸다. 그 순간, 가르침은 명령에서 신뢰로 바뀌었고, 제자는 그 무게 안에서 자기만의 길을 고민하고, 결정하고, 책임지게 되었다. 몰입은 누군가의 길을 따를 때가 아니라, 스스로 결정한 길을 걸을 때 생긴다. 조직에서도 마찬가지다. "이 일을 어떻게 할지 네가 정해봐.", "이 프로젝트의 중심을 네가 잡아봐."

이 한마디는 위임이 아니라 동기부여의 도화선이 된다. 자율은 몰입을 부른다. 리더가 그 열쇠를 먼저 건네줄 때, 구성원은 그 문을 열고 스스로 걸어 들어온다. 그리고 그 길 위에서,

진짜 몰입이 시작된다.

3.10 함께 의미를 만들어라 – 일은 살아가는 이유가 될 수 있다

사람은 일 때문에 지치기도 하지만, 때로는 일 덕분에 버티기도 한다. 조직에서의 일은 단지 생계를 위한 수단이 아니라, 누군가에게는 존재의 이유, 살아가는 동력이 된다. 하지만 그 의미는 누군가가 '주입'해줄 수 없다. 진정한 리더는 의미를 가르치는 사람이 아니라, 함께 찾아가는 사람이다.

직무요구-자원 모델(Job Demands-Resources Model)은 몰입을 만들어내는 가장 강력한 자원 중 하나로 '일의 의미(Meaning of Work)'를 꼽는다. Rosso et al.(2010) 역시 "일의 의미는 조직유지와 몰입을 예측하는 핵심 변수"임을 실증했다. 즉, 일이 왜 중요한지, 무엇을 위한 것인지를 이해할 때 사람은 지시가 없어도 스스로 움직이고, 머문다.

김주성 목사가 피지에서 세운 선교학교는 그저 지식을 전달하는 공간이 아니었다.

그는 묻지 않았다. "왜 공부하니?" 대신 그는 함께 물었다. "우리는 왜 이 길을 걷고 있을까?" 학생들과 밥을 나누고, 교사들과 벽을 세우며, 그는 일상의 모든 순간을 의미의 언어로 바꾸어갔다. 그 학교는 교육기관이 아니라, 삶의 이유를 발견하는 공동체가 되었다.

리더는 목적을 강요하는 사람이 아니다. 그 이야기를 함께 써가는 동행자다. 의미는 지시가 아니라 서사이며, 혼자가 아니라 함께여야 진짜가 된다. 일은 인생의 대부분을 차지하는 시간이다. 그 시간을 낭비가 아니라 여정으로 만들 수 있을 때, 조직은 단순한 일터가 아니라 살아가는 이유가 되는 공간이 된다.

4. 일상의 실천이 문화가 될 때

서번트 리더의 10가지 원칙을 모두 살펴본 지금, 우리는 한 가지 사실을 확인하게 된다. 진정한 리더십은 거창한 개혁이나 복잡한 전략이 아니라, 일상에서 반복되는 행동의 힘에서 비롯된다는 점이다. 몰입을 회복하는 여정은 사실, 거기서부터 출발한다. 말이 아니라, 행동에서. 제도가 아니라, 신뢰에서. 그 행동들은 무작위로 흩어진 개별적 기술이 아니었다. 서번트 리더십의 실천은 하나의 흐름을 따라 움직인다. 바로, 감정을 회복하고, 관계를 복원하며, 몰입을 재구축하는 회복의 여정이다.

먼저, 리더는 감정의 회복부터 시작한다.

조직 안에서 감정은 가장 먼저 상처받고, 가장 오랫동안 숨겨진다. 침묵하는 회의실, 말 없는 퇴근, 사라진 공감의 기류. 이때 필요한 것은 지시나 설득이 아니라, 다가서는 '경청'이다. 판단을 내려놓고 이해하려는 '공감', 존재 자체를 인정하는 '인정'이야말로 리더가 가장 먼저 건네야 할 회복의 시작이다. 이 행동들은 정서적 사건이론이 말하는 것처럼, 사람의 감정은 사건에서 시작되고, 리더는 그 신호를 감지하고 응답하는 존재라는 사실을 보여준다. 즉, 말보다 먼저 '마음을 듣는 능력'이 회복의 첫걸음인 것이다.

감정이 회복되었다면, 다음은 관계의 복원이다.

신뢰를 잃은 관계는 쉽게 연결되지 않는다. 그래서 리더는 말보다 행동으로 관계를 증명해야 한다. 일관된 태도 속에서 '신뢰'를 지키고, 함께 성장하려는 '코칭'의 자세를 보이며, 구성원의 작고 미묘한 신호에 반응하는 '민감성'을 갖추고, 말보다 직관적으로 감정을 살피는 '직관'의 감각을 되살려야 한다. 사회학습이론은 말한다. 사람은 말보다 행동을 배우고, 리더의 모습은 관찰되고 전염되며, 결국 학습된다. 그래서 관계 회복의 핵심은 "리더가 어떻게 말하느냐?"가 아니라 "어떻게 존재하느냐?"에 달려 있다.

마지막으로 도달해야 할 지점은 몰입의 재구축이다.

몰입은 단지 열심히 일하는 상태가 아니다. 몰입이란, 조직 안에서 '내가 의미 있는 존재'라고 느끼는 경험이다. 리더는 그 의미를 가능하게 만드는 환경을 설계해야 한다. 구성원에게 선택할 수 있는 자율성을 부여하는 '권한 부여', 공동의 책임과 방향을 공유하는 '비전 공유', 그리고 말보다 행동으로 앞장서는 '모범'이 바로 몰입을 다시 일으키는 리더의 역할이다. JD-R 모델은 자율성과 자원이 결합될 때 진정한 몰입이 가능하다고 말하고, 심리적 계약이론은 리더가 암묵적인 약속을 지켜낼 때 신뢰와 몰입이 다시 자라난다고 설명한다. 결국 리더는 '조직을 향한 감정'을 다시 연결해주는 존재인 셈이다. 이 모든 과정은, 우리가 함께 살펴본 세 명의 리더 속에서도 확인되었다.

성철 스님은 존재 자체로 신뢰를 회복했고, 김주성 목사는 상처 입은 채로도 공동체를 세웠으며, 영화 『굿 윌 헌팅』의 숀 맥과이어는 기다림과 공감으로 한 청년의 삶을 되돌려 놓았다. 그들의 리더십은 거창하지 않았다. 다만, 매일의 선택에서 한 번 더 경청했고, 조금 더 오래 기다렸으며, 먼저 마음을 열었다는 점에서 특별했다. 서번트 리더십은 말로 주장할 수 있는 것이 아니다. 그것은 삶의 방식이며, 관계의 태도이며, 회복의 실천이다. 그리고 그 실천은 문화가 된다. 감정을 살피는 행동이 반복될 때, 관계를 소중히 여기는 태도가 조직에 스며들 때, 리더 한 사람의 실천은 결국 한 조직의 문화가 된다. 이제, 우리에게 남은 질문은 단하나다.

"이 중 하나라도, 오늘 당신이 실천할 수 있는 것이 있는가?"

하지만 여기서 한 걸음 더 나아가야 한다. 우리 개인이 무엇을 실천할 수 있는지를 넘어서, 지금 우리 조직은 이 원칙들 가운데 무엇을, 얼마나 실천하고 있는가를 함께 돌아봐야 한다. 감정을 살피고 관계를 회복하는 리더십은 말로 주장해서 성립되지 않는다. 반복 가능한 행동이 구성원에게 신호로 전달될 때, 그제야 그것은 '존재하는 리더십'이 된다.

다음 장에서는 바로 그 지점을 점검해보려 한다. 서번트 리더십의 10가지 원칙이 실제 조직 안에서 어떻게 작동하고 있는지, 그리고 우리는 지금 그 실천의 어디쯤 와 있는지를 진단하는 시간이다. 이제 리더십은 철학을 넘어, 조직문화의 현실로 이어져야 한다.

서번트 리더십 자가 진단과 현실 점검
– 우리는 지금 어디쯤 와 있는가?

이 책은 하나의 질문에서 시작되었다. "왜 우리는 정서적 몰입에서 유지적 몰입으로, 그리고 그 유지적 몰입이 결국 심리적 사직으로 이어지게 되는가?"

그리고 그 원인 중 가장 뿌리 깊은 것은 바로 조직 내에서 반복적으로 경험되는 '조직원이 인식하는 불공정성'이었다. 조직 내 직원이 인식하는 조직 불공정성은 직원의 몰입도를 정서적에서 규범적으로 그리고 최종 유지적 몰입에 이르게 되는 것이다. 지금까지 설명한 바와 같이 유지적 몰입은 단지 떠나지 못하는 조건에 의해 조직에 머무는 상태이며, 이 상태가 장기화되면 구성원은 감정적으로 조직에서 이탈하는 심리적 사직으로 넘어가게 된다. 그것은 단순한 '잔류'가 아니라, 동기의 단절, 의미의 상실, 관계의 해체를 포함한 심리적 이탈이다.

앞서 우리는 이러한 상황을 회복할 수 있는 방법으로 서번트 리더십을 탐색해왔다. 그러나 아무리 좋은 리더십도, 그것이 행동으로 실현되지 않는다면, 조직 현실 속에서 무력해질 수밖에 없다. 지금 우리가 해야 할 일은, 이 철학이 어떻게 실제 행동으로 전환되고, 조직 전체의 문화로 자리 잡을 수 있을지를 점검하는 것이다.

그 출발은, "지금 우리 조직이 어느 정도 실천되고 있는지를 돌아보는 일이다."

1. 서번트 리더십: 우리 조직에서의 실천 정도는?

서번트 리더십은 말로써 감동을 주는 리더가 아니라, 행동으로 신뢰를 회복하는 리더를 뜻한다. '감정을 공감해주는 언어, 정서에 반응하는 행동, 반복되는 관심과 일관된 태도', 이러한 일상의 실천이 리더십의 실질적 기반이 될 때, 구성원은 조직 안에서 자신이 존중받고 있다는 감정을 회복할 수 있다. 그렇다면 지금 우리 조직은 이 리더십의 핵심 가치와 얼마나 닮아 있는가?

앞서 제시한 10가지 실천원칙은 단순한 윤리적 조언이나 이상적인 권고가 아니다. 그것은 리더가 어떤 순간에 어떤 방식으로 말하고 반응하며, 구성원과의 관계에서 무엇을 선택하는가에 대한 매우 현실적이고 구체적인 지침이다. 아침 회의의 인사 한마디, 실수가 발생했을 때의 태도, 성과 뒤에 감정을 읽어내는 민감함, 이 모든 것이 실천원칙의 현장이다.

그러나 조직 현실은 그렇지 않다. 많은 리더가 서번트 리더십의 철학에는 공감하지만, 실제 업무에서는 그것이 실천으로 이어지지 못하는 간극에 직면한다.

- 한 팀장은 "경청이 중요하다는 건 알죠. 그런데 솔직히 시간이 없어요."라고 말한다.
- 다른 리더는 "회의 전 인사는 잘해요. 그런데 그 이후엔 잘 챙기진 못하죠."라고 이야기한다.
- 어떤 조직에서는 "우리는 서번트 리더십을 추구한다"고 말하지만, 성과평가는 여전히 '속도'와 '성과량' 중심'으로만 이루어진다.

"존재하는 듯하지만 작동하지 않는 리더십. 그것이 바로 많은 조직의 현실이다."

행동의 존재 여부만으로는 리더십의 효과를 충분히 설명할 수 없다. 어떤 행동이 있다고 해도, 그것이 일관되게 반복되지 않거나, 구성원이 그것을 진정성 있는 행동으로 받아들이지 않는다면, 리더십은 형식에 그치게 된다. 특히 정서적으로 예민한 시기일수록, 구성원은 리더의 '말'이 아닌 '행동'의 반복성과 반응성을 통해 신뢰 여부를 판단한다. 이 책에서 제안한 10가지 실천원칙은 그래서 의미가 있다. 그것은 리더십의 성공 여부를 평가하기 위한 이론이 아니라, 감정회복과 몰입 복원의 가능성을 진단하는 조직의 정서적 기준선이기 때문이다.

서번트 리더십이 작동하는 조직은 감정적 온도가 다르다. 구성원이 회의에서 말을 더 쉽게 꺼내고, 실수를 고백해도 리더가 먼저 "내 설명이 부족했네"라고 반응하며, 회의실이 평가가 아닌 소통의 공간이 된다. 반면, 실천되지 않는 조직에서는 말보다 표정을 먼저 숨기게 되고, 리더의 반응이 예측 불가능하다는 이유로 구성원은 '기대하지 않는 것'을 선택하게 된다. 결국 실천되지 않는 리더십은 구성원에게는 '존재하지 않는 리더십'과 다르지 않다.

　이 장에서는 우리가 지금 어떤 위치에 있는지를 점검하려 한다. '실천의 존재 여부, 반복의 빈도, 구성원의 정서적 반응', 이 세 가지 관점을 기준으로 조직의 현재 상태를 살펴보고, 그것이 몰입과 심리적 안전감, 회복 가능성에 어떤 영향을 주고 있는지를 돌아볼 것이다. 이는 단순한 평가가 아니다. 이 진단은 리더가 '좋은 사람'인지 아닌지를 판단하려는 것이 아니다. 이 진단은 좋은 리더십이 조직문화 안에서 작동하고 있는지를 점검하는 현실적 거울이다. 철학이 문화로 작동하려면, 말이 아니라 반복 가능한 행동의 체계가 필요하다. 지금 필요한 것은, "우리 조직의 리더십은 실제로 작동하고 있는가?"라는 질문을 회피하지 않고 직면하는 일이다. 그 질문에 대한 첫 답은 바로 다음에서 제시될 자가 진단 항목들에 있다.

2. 서번트 리더십의 존재와 작동: 리더가 만든 두 개의 다른 조직

　리더십은 말이 아니라, 매일의 행동으로 드러난다. 같은 업종, 비슷한 규모, 유사한 과업 구조를 가진 두 조직이 있다. 하지만 이들은 전혀 다른 분위기와 동력으로 움직이고 있었다. 차이를 만든 건 시스템도, 예산도 아니었다. 단 하나, 리더의 행동이었다.

　우리는 지금부터 두 조직의 이야기를 살펴보려 한다. 한 곳은 리더가 매일의 일상에서 '섬김'을 실천한 조직이고, 다른 한 곳은 리더가 여전히 리더 자리에 있었지만, 구성원의 삶에는 보이지 않았던 조직이다. 두 조직의 차이는 곧, 서번트 리더십의 존재 여부가 조직에 어떤 문화를 만들고, 그 문화가 어떻게 구성원의 몰입과 신뢰에 영향을 주는지를 보여주는 생생한 장면이 될 것이다.

2.1 회의에서 감정이 사라지는 조직 – 실천되지 않은 리더십

　리더는 존재하지만, 리더십은 실종된 조직이 있다. 직책은 유지되고 보고체계도 작동하지만, 구성원은 더 이상 기대하지 않는다. 회의는 발언 없이 지나가고, 성과를 내더라도 기쁨보다 무력감이 먼저 찾아온다. 누구도 대놓고 불만을 말하진 않지만, 마음은 이미 닫혀 있다.

　서번트 리더십이 사라진 자리에는 감정의 단절이 남고, 그 감정의 공백은 곧 "유지적 몰입"이라는 이름으로 굳어간다. 떠나지는 않지만, 남아 있는 이유는 책임도 애정도 아니다. 그저 자리를 지키는 것, 그것이 전부가 되어버린다.

2.1.1 은정 대리의 말은 끝내지 못했다

말을 꺼냈지만 끝맺지 못했다. 말보다 표정을 먼저 살피고, 발표보다 분위기를 먼저 읽는 회의. 그곳엔 리더가 있었지만, 리더십은 없었다.

월요일 아침 8시 55분. 박 팀장은 사무실을 지나며 "좋은 아침입니다"라고 인사를 건넨다. 말은 있었지만, 눈은 노트북에 고정되어 있고, 목소리는 단조롭다. 은정 대리는 잠시 머뭇이다가 조용히 고개만 숙인다. 그 인사는 '정중함'이 아니라 '절차'로 느껴진다.

오전 9시 5분, 회의가 시작된다. 박 팀장은 "오늘 회의는 빨리 끝냅시다"라는 말과 함께 안건을 띄운다. "이번 분기 목표 조정안에 대해 논의하죠. 간단하게 할 테니 빠르게 갑시다." 은정 대리가 조심스럽게 손을 든다. "기존 캠페인 방식이 반응이 좀 낮아서, 다른 접근도 고민해보면 어떨지…" 박 팀장은 웃으며 손을 내린다.

"그건 마케팅팀이 정리해오기로 했습니다. 지금은 KPI 먼저 보죠." 그는 자연스럽게 다음 안건으로 넘어간다. 은정의 말은 끝나지 않는다. 그날 회의에서 누구도 더 말을 꺼내지 않는다. 의견은 사라지고, 리더는 묻지 않고, 구성원은 침묵을 배운다.

10시 30분, 보고서에서 발견된 작은 오류를 확인한 박 팀장이 주환 사원을 부른다. "이건 왜 이렇게 작성됐죠?" 주환은 당황한 듯 말한다. "죄송합니다. 일정이 좀 촉박해서…" 그건 변명이죠. 일정이야 늘 촉박하지 않습니까." 박 팀장은 더 이상의 질문 없이 돌아선다. 그 누구도 주환의 기분에 대해 묻지 않고, 리더도, 동료도, 심지어 주환 자신도 감정을 숨긴다. 실수는 공유되지 않고, 감정은 차단된다.

오후 1시 40분, 박 팀장은 새 업무를 일괄 지시한다. "이건 은정 대리가 맡고, 이건 주환 씨가 하세요. 세부 내용은 나중에 설명드릴게요." 은정은 아무 말 없이 고개를 끄덕인다. '왜 나지?'라는 질문은 더 이상 품지 않는다. 질문 없는 지시는 결국 기대 없는 수용으로 이어진다.

오후 6시 10분, 하루를 마무리하며 박 팀장은 말했다. "오늘도 고생 많았어요. 다들 감사하고요." 그 말은 따뜻해 보이지만, 하루 동안 누구의 감정도 들은 적은 없다. "무엇을 위해 수고했는지 말해주지 않네요." 은정은 그렇게 생각하며 말없이 노트북을 닫는다. 그날 하루, 박 팀장은 모든 '일'을 했다. 회의를 주재했고, 과업을 분배했고, 피드백도 전달했다. 그러나 그 어떤 순간에도 구성원의 마음은 거론되지 않았다. 그 어떤 말에도 '왜'는 설명되지 않았고, 그 어떤 행동에도 '같이'는 없었다.

2.1.2 이 조직은 무엇을 놓쳤는가?" 또는 "실천되지 않은 10가지 원칙

리더십은 말이 아니라, 반복되는 행동의 누적이다. 그리고 그 행동은 사람의 감정구조를 바꾼다. 문제는, 이 조직의 반복되는 행동은 '신뢰'가 아니라 '침묵'을 만들어내고 있다는 점이다. 앞서 살펴본 은정 대리의 하루는 단지 개인의 침묵을 보여주는 장면이 아니다. 그 하루는 리더가 어떤 원칙을 실천하지 않았는가?, 그리고 그 결과로 조직이 어떤 감정구조를 잃어가고 있는가를 보여주는 상징적 사례다. 이제 이 장면 속에서, 서번트 리더십의 10가지 행동원칙 중 어떤 것이 무시되었는지, 그리고 그것이 어떻게 유지적 몰입이라는 감정의 단절로 이어졌는지를 하나씩 짚어보자.

- **경청과 수용 부재** : 말을 꺼냈지만, 끝맺지 못했다
- 실천원칙 1 : 경청과 이해가 먼저다. 구성원의 발언이 '순서'보다 뒤로 밀리는 순간, 감정은 표현을 멈춘다. 말할 수 없는 회의는 질문 없는 조직을 만든다.

- **존중과 배려의 결핍** : 시간 단축이 의견보다 중요했다
- 실천원칙 2 : 존중은 선택이 아니라 전제다. 의견이 효율성에 의해 무시되면, 구성원은 점점 전략보다 분위기를 먼저 읽는다.

- **공감 없는 피드백** : 실수는 있었지만 감정 언급은 없었다
- 실천원칙 6 : 회복의 기회를 열어두라. 정서적 언급 없이 주어진 질책은 실수를 공유하게 하지 않고, 감정을 숨기게 만든다.

- **질문 부재** : 리더는 묻지 않았고, 구성원은 답하지 않았다
- 실천원칙 5 : 질문은 신뢰의 시작이다. "왜 그랬는가?" 대신 "지금 어떤가?"를 묻는 조직만이 감정을 회복할 수 있다.

- **자율과 의미 실종** : 업무는 지시되었고, 설명은 없었다
- 실천원칙 3 : 타인의 자원을 존중하라. '왜 나인가?'에 대한 설명이 반복될 때, 구성원은 기대를 유지하고 역할에 몰입할 수 있다.

이 조직은 말은 했지만, 마음을 묻지 않았다. 회의는 있었지만, 대화는 없었다.

지시는 있었지만, 공감은 없었다. 그리고 구성원은 리더의 반복되는 행동을 통해 다음과 같은 메시지를 감지하고 있다. "말해봤자 바뀌지 않는다.", "실수는 감춰야 한다.", "질문은 조직을 흔드는 일이다.", "이 일에 어떤 의미가 있는지는 말해주지 않는다."

이러한 메시지는 감정을 닫고, 기대를 낮추게 만든다. 결국, 조직은 떠날 수 없어서 남아 있는 사람들, 즉 유지적 몰입의 상태로 채워지게 된다. 그리고 그 침묵은 단지 회의실을 조용하게 만드는 것이 아니라, 조직의 감정적 심장박동을 멈추게 한다.

2.1.3 몰입은 이렇게 무너진다 – 감정 단절에서 유지적 몰입으로

이 조직은 일은 하고 있지만, 마음은 이미 떠나 있었다. 감정은 수용되지 않았고, 신뢰는 반복되지 않았으며, 의미는 설명되지 않았다. 그 결과, 구성원은 '참여하는 구성원'이 아니라 '잔류하는 인력'으로 남게 된다. 이제 앞서 살펴본 일상의 장면들이, 서번트 리더십의 실천원칙 중 어떤 부분을 위반했는지, 그리고 그것이 어떻게 감정의 단절과 유지적 몰입으로 이어졌는지를 구체적으로 짚어보자.

● **말을 자르는 리더 – 실천원칙 1 위반 : 경청과 이해가 먼저다.**

구성원이 말을 꺼낸 순간, 리더는 말을 자르고 회의의 흐름을 바꾸었다. 경청은 단순히 듣는 것이 아니라, 끝까지 들을 의지를 보여주는 태도다. 이처럼 감정 표현의 기회를 박탈당한 경험은 정서적 단절의 시초가 된다. 정서적 사건이론에 따르면, 일상에서 반복되는 부정적 정서 경험은 정서적 몰입을 약화시키는 주요 요인이다. Weiss & Beal(2005)는 구성원이 경청받지 못하는 상황이 반복되면, 몰입보다 회피 반응이 더 빠르게 증가한다고 보고했다.

● **전략보다 효율을 우선한 판단 – 실천원칙 2 위반 : 존중은 선택이 아니라 전제다.**

구성원의 제안은 전략보다 시간 단축이라는 명분에 의해 기각되었다. 설명 없는 무시는 구성원으로 하여금 '나는 이 조직의 중심이 아니다'라는 감정을 형성하게 만든다. 이때 두 가지 심리 기반이 동시에 흔들린다.

첫째, 자기효능감(Self-efficacy)이다. Bandura(1997)는 자기효능감을 '특정 과제를 성공적으로 수행할 수 있다는 믿음'이라 정의하며, 반복적인 무시는 "내 의견이 영향력을 가질 수 없다"는 학습된 무력감을 유발한다고 본다.

둘째, 조직정체성(Organizational Identity)이다. Ashforth & Mael(1989)은 조직정체성을 '자신을 조직의 일부로 정의하는 심리 상태'로 설명하며, 존중 결여가 누적되면 구성원은 자신을 조직의 외곽 존재로 인식하게 된다고 보았다. Bies & Moag(1986)의 연구에서 존중 결핍은 분노와 조직 탈동기화를 유발한다고 하였으며, Skarlicki & Folger(1997)는 상호작용 공정성 침해는 조직시민행동 감소와 깊은 관계가 있다고 하였다. 또한 Aquino et al.(1999)는 반복적 무시 경험은 소속감 약화 및 정체성 붕괴를 촉진되는 것을 확인하였다.

- **의미 없는 수고로 마무리된 하루 – 실천원칙 3 위반 : 타인의 자원을 존중하라.**

일방적 지시와 설명 없는 과업 분배는 구성원에게 '단순 수행자'로서의 자아 인식을 유발한다. 일의 의미가 사라질 때, 몰입의 내적 동기도 무너진다. 자기결정이론은 자율성과 의미 부여가 충족될 때 내적 동기와 몰입이 생성된다고 하였다. 그러나 두 요소가 결여되면, 구성원은 자기 주도성의 감각을 잃고 몰입은 급격히 약화된다. Gagné & Deci(2005)는 자율성과 의미는 직무몰입, 성과, 조직 충성도에 긍정적 영향을 미치는 것을 확인하였으며, Wrzesniewski et al.(1997)는 일이 개인의 가치와 연결되지 않을 때 정체성 단절과 감정적 탈몰입이 발생한다고 설명한다.

- **묻지 않는 회의 – 실천원칙 5 위반: 질문은 신뢰의 시작이다.**

리더가 구성원에게 묻지 않는 순간, 감정은 조직 안에서 존재할 수 없는 것이 된다. 질문은 신뢰의 언어이며, 질문 없는 회의는 폐쇄적 문화의 신호다. 심리적 안전감은 구성원의 감정, 아이디어, 실수를 자유롭게 표현할 수 있을 때 '협업과 학습'이 발생됨을 확인하였다. Detert & Edmondson(2011)은 질문이 없는 조직은 침묵 규범이 강화되어 책임 회피, 감정 소외, 조직학습부진으로 이어짐을 설명한다

- **책임을 나누지 않는 태도 – 실천원칙 6 위반: 회복의 기회를 열어두라.**

실수에 대한 정서적 공감 없이 지적만 남긴 피드백은 구성원에게 감정 억제와 자기 검열을 학습시킨다. 복원적 공정성에 의하면 갈등이나 실수 이후의 정서적 복원과 제도적 절차가 몰입 회복의 핵심이라 하였다. Cropanzano et al.(2002)의 연구에서 회복 부재 시 구성원은 조직을 응징의 장으로 인식하고 심리적 거리두기, 역할 축소, 몰입 저하로 이어짐을 확인하였으며, Barsade & Gibson(2007)도 감정이 수용되지 않는 조직은 '감정 억제'를 생존 전략으로 학습하며, 이는 정서적 사직의 구조화로 이어진다.

2.1.4 침묵은 몰입이 꺼진 신호다

이러한 반복된 장면은 구성원에게 다음과 같은 감정을 각인시킨다. "말해봤자 바뀌지 않는다. 실수는 감춰야 한다. 이 일의 의미는 중요하지 않다. 질문은 조직을 흔드는 일이다. 그냥 조용히 버티는 게 낫다."

이러한 정서적 메시지가 누적되면, 조직은 정서적 몰입을 잃고, 떠나지는 않지만 남아 있어야만 하는 상태인 유지적 몰입(Continuance Commitment)으로 굳어진다. 감정 없는 조직, 질문 없는 회의, 의미 없는 과업은 구성원을 관찰자로 만들고,

그 침묵은 곧 조직의 심장박동이 멈추었다는 신호가 된다.

2.2 말보다 행동이 앞서는 리더의 하루 – 이 부장의 팀 이야기

2.2.1 함께 걷는 리더, 이 부장의 하루

"출근은 제일 먼저, 퇴근은 제일 늦게. 회의에서는 가장 늦게 말하고, 가장 먼저 질문하는 사람. 이 부장이 있는 팀에는, 회의가 사람을 숨 막히게 만들지 않는다."

이 부장은 소리 내어 철학을 말하지 않았다. 다만 매일의 행동으로 그 철학을 보여주었다. 그의 하루는 늘 팀원보다 일찍 시작되었다. 출근 후 가장 먼저 하는 일은 커피 한 잔을 준비하며 어제 마무리되지 못한 일정을 다시 확인하는 것이다. 그 과정에서 그는 팀원들의 스케줄을 읽고, 자신이 해야 할 지원이나 피드백을 미리 계획해두곤 했다. 그가 회의를 이끄는 방식은 단순했다. "먼저 들어보자." 의견이 다를 때도 그는 말을 자르지 않았다. 오히려 가장 마지막에 발언하면서, "이 안건을 결정하려면 너희가 어떤 점을 더 알아야 할까?"라고 되묻곤 했다. '의견'이 아니라 '이해'를 중심에 둔 리더십. 그건 회의에서의 감정구조를 바꾸는 힘이었다.

주간 회고 미팅에서의 한 장면. 신입사원인 민준 사원이 조심스럽게 손을 들었다.

"사실 제가 이 부분을 실수했던 것 같습니다… 죄송합니다." 모두가 정적에 빠질 때, 이 부장은 조용히 말했다. "고맙다. 그런 말을 하는게 쉽지 않았을 텐데. 우리는 실수를 통해 배우는 팀이었으면 좋겠어. 다만 다음엔 누구보다 먼저 그 실수에 대해 말할 수 있으면 좋겠다."

누군가를 보호하면서도, 조직의 기준은 낮추지 않았다. 이 부장의 말은 '지적'이 아니라 '제안'이었고, '비난'이 아니라 '회복의 통로'였다. 이 팀에서는 작은 의견도 쉽게 나온다. 무리한 일정엔 "이건 팀 전체 일정을 다시 조정할 필요가 있어 보입니다"라는 말이 자연스럽다. 팀원들은 상사를 피하지 않는다. 오히려 함께 고민하고 싶은 주제가 생기면 이 부장의 자리로 먼저 찾아간다.

그렇다. 이 팀에는 리더십이 존재할 뿐 아니라, 작동하고 있었다. 말보다 행동으로, 지시보다 경청으로, 실적보다 사람이 중심이 되는 리더십이.

2.2.2 이 리더는 무엇을 실천하고 있는가?

리더십은 말이 아니라, 반복되는 행동의 누적이다. 그리고 그 행동은 사람의 감정구조를 바꾼다. 이 부장의 리더십은 특별하지 않았다. 대단한 개혁이나 명확한 철학 선언이 있었던 것도 아니다. 그러나 그의 일상에는 명확한 원칙들이 녹아 있었다. 그는 리더로서의 권한을 내려놓음으로써, 신뢰라는 권위를 얻었다.

- **경청과 수용** : 회의에서 가장 늦게 발언하고 가장 먼저 질문하기
- 실천원칙 1 : 경청과 이해가 먼저다. 구성원의 감정과 의견을 '판단'보다 '이해'하려는 태도는 심리적 안전감을 만들어낸다.

- **선행과 모범** : 가장 먼저 출근하고, 가장 늦게 자리를 정리하는 일상
- 실천원칙 4 : 먼저 다가가고 함께 행동하라. 리더의 솔선수범은 구성원의 일상적 감정 노동을 가볍게 만들고, 신뢰의 기반이 된다.

- **실수에 대한 보호, 그러나 기준은 유지**
- 실천원칙 6 : 회복의 기회를 열어두라. 실수를 허용하되, 성장의 기회를 설계하는 방식은 구성원의 자기효능감과 조직 기여감을 높인다.

- **구성원의 일정과 부담을 사전에 파악하고 조정**
- 실천원칙 3 : 타인의 자원을 존중하라. 일방적 지시가 아닌 지원 중심의 접근은 과업 중심이 아닌 사람 중심의 운영을 가능하게 한다.

이 부장의 리더십은 말이 없었다. 하지만 그의 반복되는 행동은 팀원들에게 다음과 같은 신호를 전하고 있었다. "네 감정을 조직이 고려하고 있어.", "이 실수는 끝이 아니라, 성장의 일부야.", "네가 말할 수 있는 자리를 지키고 있어."

이러한 실천은 회의실을 감정을 접는 공간이 아닌, 감정이 회복되는 공간으로 바꿨다. 팀원들은 점차 무기명 보고서가 아닌 자신의 이름을 건 제안을 내놓기 시작했고, 일의 주체가 상사가 아닌 '함께 일하는 동료'로 바뀌기 시작했다.

2.2.3 몰입은 이렇게 회복된다 – 감정회복에서 정서적 몰입으로

이 조직은 과업이 돌아가는 곳이 아니라, 감정이 흐르는 공간이었다. 말은 끝까지 들을 수 있었고, 실수는 판단이 아닌 회복의 기회로 여겨졌다. 지시는 있었지만, 그 이유와 의미가 함께 전달되었고, 질문은 권한이 아닌 관심의 표현이었다. 리더는 구성원의 감정을 설계하진 않았지만, 감정이 머물 수 있는 공간을 먼저 만들었다. 이제 이 조직에서 어떤 실천원칙이 반복되었는지, 그리고 그것이 어떻게 구성원의 정서적 몰입 회복으로 이어졌는지 살펴보자.

- **끝까지 듣는 회의** – 실천원칙 1 실천: 경청과 이해가 먼저다.

구성원이 발언할 때 리더는 끊지 않고 끝까지 들었다. 회의의 흐름보다 사람의 감정을 먼저 고려하는 태도는, 구성원에게 '여기서는 내 생각이 의미 있다'는 신호를 준다. 정서적 사건이론은 긍정적 상호작용이 정서적 유대와 몰입 형성에 강력한 촉매 역할을 한다고 본다. Beal et al.(2005)는 리더의 경청 태도가 긍정 감정 유발과 몰입 강화를 유의미하게 예측한다고 밝혔다.

- **의견을 존중받는 장면** – 실천원칙 2 실천 : 존중은 선택이 아니라 전제다.

구성원의 제안은 시간이나 우선순위보다 앞서 다뤄졌고, 반박보다는 확장적 질문과 맥락화로 이어졌다. 구성원은 자신이 조직 내에서 '의미 있는 존재'라는 감정을 형성하게 된다. 상호작용 공정성 이론은 존중받는 경험이 개인의 조직 동일성과 자부심을 강화한다고 설명한다. Skarlicki & Latham(2005)는 리더가 공정하고 존중 어린 피드백을 제공할 때 구성원의 정서적 몰입과 조직시민행동이 증가한다고 보고했다.

- **의미가 설명된 지시** – 실천원칙 3 실천 : 타인의 자원을 존중하라.

단순한 업무 배분이 아니라 '왜 이 일을 맡았는가?', '무엇이 중요한가?'에 대한 맥락이 함께 전달되었다. 구성원은 자신이 기여하고 있다는 감정, 즉 역할기반 의미를 경험하게 된다. 자기결정이론은 자율성과 의미가 몰입의 핵심 요인임을 강조한다. Gagné & Deci(2005)는 의미 중심의 피드백이 직무몰입과 조직 충성도에 강한 정(+)의 효과를 갖는다고 분석했다.

- **감정이 수용되는 피드백** – 실천원칙 6 실천 : 회복의 기회를 열어두라.

실수에 대한 지적은 있었지만, 함께 웃으며 다음 시도를 설계하는 방식으로 이어졌다. 구성원은 실수를 감추기보다 공유하고 개선하려는 태도를 배우게 된다. 복원적 공정성은 실수 이후 회복 과정이 공정하게 작동할 때, 신뢰와 몰입이 동시에 회복된다고 설명한다. Cropanzano et al.(2002)는 정서적 수용이 있는 피드백이 구성원의 심리적 안전과 몰입에 직접적인 영향을 준다고 보고했다.

2.2.4 감정이 회복될 때, 몰입은 돌아온다

이러한 반복된 행동은 구성원에게 다음과 같은 메시지를 준다. "여기선 내 말이 끝까지 들린다. 나는 조직의 일부로 존중받는다. 이 일이 왜 중요한지 설명해준다. "실수는 끝이 아니라 성장의 일부다."

이 조직은 질문이 감정을 흔드는 것이 아니라, 감정을 여는 도구였다. 리더는 지시 대신 의미를 말했고, 판단 대신 회복의 자리를 열어주었다. 감정을 보장받는 일상이 반복될 때, 구성원은 다시 감정을 열고, 신뢰하며, 몰입하게 된다. 이것이 바로, 실천된 서번트 리더십이 만들어낸 감정의 회복선이다.

2.3 실천되지 않으면 사라지고, 실천되면 살아난다

리더십은 말보다 행동으로 드러난다. 그리고 그 행동은 사람의 감정구조를 바꾸고, 몰입의 흐름을 뒤바꾼다. 같은 조건, 같은 과업, 같은 체계 속에서 어떤 조직은 침묵했고, 어떤 조직은 신뢰를 회복했다. 그 차이를 만든 건 단 하나, 리더의 일상 속 실천 여부였다. 우리는 두 개의 가상조직을 예로 들었다. 첫 번째는 바로 '은정 대리의 말이 끝나지 못한 조직'이다. 말은 있었지만 마음은 없었고, 회의는 있었지만 대화는 없었다. 그곳에서 구성원은 점점 질문을 멈추고, 감정을 닫고, 의미를 묻지 않게 되었다. 이런 반복된 장면은 결국 "유지적 몰입"이라는 감정 단절의 구조로 굳어졌다. 조직에 남아 있지만, 더 이상 마음은 없는 상태. 리더십은 있었지만 실천되지 않았기에, 감정은 멈추었고 몰입은 이탈했다.

반면 두 번째는 '이 부장'의 일상을 통해 리더십이 실천될 때 어떤 회복이 가능한지를 확인할 수 있었다. 그는 말보다 먼저 들었고, 판단보다 질문을 중시했다. 실수를 지적하기보다, 감정을 보듬는 데 집중했다. '왜 이 일을 하는가?'에 대해 함께 고민했다. 그 작은 행동들은 구성원에게 신뢰와 의미를 되찾게 했고, 질문이 살아 있고 감정이 흐르는 조직을 만들어냈다. 이런 리더의 행동은 자연스럽게 직원의 몰입이 다시 살아날 수 있게 한다.

또한 우리는 이 모든 과정을 단지 사례와 직관으로 설명하지 않았다. 정서적 사건이론, 자기결정이론, 상호작용 공정성, 복원적 공정성, 심리적 안전감 등 다양한 이론적 기반 위에서, 국내외의 실증연구 사례들을 바탕으로 몰입의 해체와 회복 경로를 입증해왔다. 결국, 몰입은 '정책'이 아니라 '태도'에서 회복된다. 그리고 리더의 행동이 실천될 때만, 그 조직은 감정이 머물 수 있는 공간, 즉 정서적 몰입이 살아 있는 조직이 된다. 하지만 중요한 질문이 남는다. 이제 우리는 이렇게 되묻게 된다. "그렇다면, 지금 우리 조직은 어디쯤 와 있는가?".

지금 우리의 회의는 감정을 살리는 공간인가?, 아니면 침묵을 배우는 자리인가?,

지시는 의미와 함께 전달되고 있는가?, 아니면 설명 없는 일방 통보로 끝나는가?,

실수는 비난의 이유인가?, 아니면 성장의 시작인가?.

서번트 리더십의 실천 여부는 멀리 있지 않다. 그것은 이미 우리의 일상 속 말투, 표정, 질문, 피드백에 녹아 있다. 이제 우리는 조직의 말보다, 조직의 '행동'을 통해 스스로에게 물어야 한다.

3. 서번트 리더십 자가 진단: 지금 우리는 어디쯤 와 있는가?

서번트 리더십은 '좋은 말'을 하는 리더가 아니라, 좋은 행동을 반복하는 리더를 의미한다. 그렇다면 지금 우리 조직은 과연 그 실천과 얼마나 닮아 있는가?

앞 장에서 제시한 10가지 실천원칙은 단순한 철학적 권고가 아니라, 리더의 일상 속 행동을 진단할 수 있는 기준선이다. 이를 바탕으로 우리는 다음의 세 가지 축–행동 유무, 행동의 빈도, 구성원의 정서적 반응–을 중심으로 현재 위치를 점검할 수 있다. 이를 위해 우리는 조직을 다음과 같이 세 단계로 분류해 볼 수 있다. 각 단계는 단순한 '점수화'를 넘어, 조직의 정서적 토양과 문화적 현실을 가늠하는 리더십 진단의 거울이 된다. 이 질문에 답하기 위해, 우리는 다음 세 가지 축을 기준으로 진단해볼 필요가 있다.

- **행동의 존재 여부**
  - 이 행동은 우리 조직에 존재하는가?
  - 리더가 실제로 그런 말을 하고, 그런 방식으로 행동하는 사례가 보이는가?
- **행동의 실천 빈도**
  - 그 행동은 얼마나 자주 반복되는가?
  - 중요한 순간에만 나오는가, 아니면 일상에 스며들어 있는가?
- **정서적 반응**
  - 구성원은 그 행동을 통해 신뢰를 느끼는가?
  - 그것이 몰입, 안정감, 동기부여로 이어지고 있는가?

3.1 10가지 행동원칙 기반 자가 진단

이 진단은 완벽함을 요구하지 않는다. 그러나 이 항목 중 과반수 이상이 '×', '거의 없음', '형식적이다'라는 반응이라면, 그 조직은 서번트 리더십이 '존재하지만 작동하지 않는 상태'에 가깝다. 독자 여러분들도 한번씩 체크를 해보기 바란다. 현재 나의 조직 상태와 직면해 보자.

<표 1> 10가지 행동원칙 기반 자가 진단

실천 원칙	행동 유무	빈도	구성원의 정서적 반응
경청–말보다 마음을 들어주는가?	O / X	자주/가끔/거의 없음	진심으로 느껴진다/형식적이다
존중–이름을 불러주고, 말을 기다려주는가?	O / X	자주/가끔/거의 없음	존재를 인정받는 느낌이 있다/없다
기다림–강요하지 않고, 자율을 존중하는가?	O / X	자주/가끔/거의 없음	스스로 결정한 느낌이 든다/아니다
선제 행동–리더가 먼저 움직이는가?	O / X	자주/가끔/거의 없음	신뢰가 생긴다/오히려 불안하다
경계 존중–리더도 자기 돌봄을 실천하는가?	O / X	자주/가끔/거의 없음	건강한 리더십으로 느껴진다/아니다
의도 설명–결정을 어떻게 내렸는지 말해주는가?	O / X	자주/가끔/거의 없음	불안이 줄어든다/불신이 커진다
반복된 실천–작은 행동을 일관되게 지속하는가?	O / X	자주/가끔/거의 없음	신뢰가 쌓인다/오히려 혼란스럽다
공감 표현– "알고 있다" "괜찮다"는 말을 하는가?	O / X	자주/가끔/거의 없음	회복된다/무시당한 느낌이다
자율 존중–업무 방식 · 순서를 선택하게 하는가?	O / X	자주/가끔/거의 없음	몰입이 생긴다/지시만 따른다
의미 만들기– "왜 하는가"를 함께 찾는가?	O / X	자주/가끔/거의 없음	일에 가치가 느껴진다/단순한 일이다

3.2 서번트 리더십 자가 진단 결과 해석 및 전략 제안

조직은 단순히 '리더가 경청하는가?'라는 질문 하나로 정의되지 않는다. 우리는 리더의 실천이 어떤 패턴으로, 어떤 빈도로, 어떤 정서적 반응을 유발하며 작동하는가를 종합적으로 바라볼 필요가 있다. 이에 따라 본 장에서는 진단 결과를 세 가지 유형으로 구분하고자 한다. 첫째, 실천이 거의 보이지 않거나 형식에 그치는 **'관찰형 조직'**, 둘째, 부분적으로 실행되며 과도기에 놓인 **'간헐형 조직'**, 그리고 마지막으로 실천이 조직 전반에 깊게 자리 잡은 **'내재화형 조직'**이다.

이 분류는 단순한 성과 측정이 아니라, 정서적 회복과 몰입 회복의 가능성을 판단하는 정성적 진단 틀이다. 각 등급별 진단 기준과 특징, 그리고 그에 따른 전략적 대응 방향을 아래에서 살펴보자.

3.2.1 1단계: 관찰형 조직(Observation Level)
● **진단 기준** :
- 10가지 실천항목 중 3개 이하에서만 '실행 중'이라고 응답했거나
- 실천 빈도가 '매우 드물게' 또는 '가끔' 수준에 머물며

– 구성원의 정서적 반응 항목에서 신뢰/안전감 부족 응답이 많은 경우

- **조직 특징**

– 서번트 리더십이 표어나 구호 수준에 머물러 있음

– 리더의 행동보다 제도나 절차 중심의 운영이 강함

– 구성원은 리더를 신뢰하기보다 회피하거나 관망함

- **전략 제안**

– 리더 개인이 아닌 조직 차원의 리더십 교육과 피드백 구조 도입

– '경청'과 '공감 표현' 등 정서 회복 중심의 3대 핵심 행동을 우선 실천

– 리더의 구체적 행동에 대한 관찰 피드백 시스템 구축

– 회복 리더십의 파일럿 운영으로 신뢰 회복 성공 사례 만들기

3.2.2 2단계: 간헐형 조직(Intermittent Level)

- **진단 기준**

– 10가지 항목 중 4~7개가 실천되고 있으며

– 일부 팀이나 리더 중심으로만 실행되고 있음

– 구성원의 반응은 '불신은 없지만, 전면적 신뢰도 아님' 수준

- **조직 특징**

– 서번트 리더십이 일부 리더/팀에서만 선택적으로 실천됨

– 구성원은 리더에 따라 조직의 '느낌'이 바뀐다고 인식

– 철학은 있지만, 문화로 연결되지 않은 전이 단계

- **전략 제안**

– 실천 중인 팀/ 리더의 성공 스토리를 확산하여 문화화 유도

– 비실천 팀 대상 리더십 코칭 및 상호 진단 프로그램 도입

– 서번트 리더십을 평가 기준 일부로 포함해 제도와 정렬

– 내부 커뮤니티 중심의 공감/ 소통 리추얼(ritual) 정착 시도

3.2.3 3단계: 내재화형 조직(Embedded Level)

- **진단 기준**

– 10가지 실천항목 중 8개 이상이 일관되게 실행되고 있으며

– 실천 빈도는 '자주' 혹은 '항상'에 해당

– 구성원 대다수가 신뢰, 공감, 심리적 안전감을 느낀다고 응답

● **조직 특징**

– 서번트 리더십이 조직문화의 핵심 원리로 자리잡고 있음

– 리더의 개인 특성이 아닌, 행동 표준과 기대치로 존재

– 구성원이 자발적으로 몰입하며, 심리적 회복 탄력성이 높은 조직

● **전략 제안**

– 지금의 문화를 유지하고 확산할 수 있는 제도적 뒷받침 강화

– 리더십 계승 및 신규 리더 온보딩 시 교육 강화

– 행동 데이터를 바탕으로 정량적 리더십 피드백 루프 구축

– 심리적 안전감 기반의 혁신/실험 문화로 확장 시도

4. 리더의 행동이 조직의 방향을 결정한다

이 장은 한 가지 단순한 전제에서 출발했다. 리더의 말보다, 반복되는 행동이 몰입을 결정한다. 우리는 먼저, '말이 끝나지 못했던 회의'를 통해 서번트 리더십이 실천되지 않았을 때 조직이 어떻게 감정을 잃고 유지적 몰입에 고착되는지를 살펴보았다. 그 장면은 단지 개인의 침묵이 아니라, 조직 전체의 무감각을 보여주는 상징이었다. 또한 이어지는 '이 부장의 하루'를 통해 경청, 존중, 자율, 회복의 태도들이 실천되었을 때, 구성원의 감정이 회복되고, 조직의 분위기가 신뢰와 참여로 바뀌는 과정을 확인했다.

우리는 이 두 조직의 대조적 사례를 단지 감정적 이야기로 설명하지 않았다. 정서적 사건이론, 자기결정이론, 상호작용 공정성, 복원적 공정성, 심리적 안전감 등이다.

이론적 근거와 실증적 연구 사례를 기반으로, 리더의 행동이 몰입의 방향을 어떻게 바꾸는지를 구조적으로 분석했다. 그리고 그 분석을 바탕으로, 서번트 리더십의 10가지 행동원칙에 따라 지금 우리 조직의 상태를 점검할 수 있는 자가 진단표를 함께 제시했다. 이 진단표는 단지 현재 행동을 체크하는 도구가 아니다. 그것은 우리 조직이 어떤 감정을 허용하고 있는가, 어떤 행동을 정서적 기준으로 삼고 있는가를 드러내는 감정의 계기판이다. 그 기준은 조직 전체가 공유해야 할 문화이며, 한 사람의 의지가 아닌, 모두의 반복과 책임으로 만들어져야 할 구조다.

좋은 철학은 조직을 바꾸지 않는다. 조직을 바꾸는 것은 반복되는 행동이고, 그 행동이 문화로 확장되고, 제도로 설계될 때, 비로소 감정은 지켜지고 몰입은 지속된다. 다음 장에서는, 이 실천의 연속성이 조직의 구조와 제도로 어떻게 내재화될 수 있는지, 그리고 좋은 리더십이 한 사람의 특성을 넘어 조직 전체의 시스템이 되기 위해 필요한 조건은 무엇인지를 구체적으로 살펴본다.

CHAPTER 15

문화를 넘어서 구조로 : 서번트 리더십의 제도화

"그는 떠났고, 조직은 다시 예전으로 돌아갔다."

리더 한 사람의 철학과 실천은 때로 조직을 바꾼다. 회의의 분위기가 달라지고, 구성원의 말투가 바뀌며, 조심스레 감정을 꺼내는 일이 조금씩 허용되기 시작한다. 그렇게 분위기는 바뀐다. 그러나 그것이 단지 그 사람 덕분이었다면, 그는 떠나는 순간 모든 변화도 함께 사라진다.

좋은 리더가 있다고 해서, 좋은 조직이 되지는 않는다. 좋은 리더의 행동이 반복되어 문화가 되고, 그 문화가 의도적으로 설계되어 제도가 될 때 비로소 조직은 한 사람의 철학을 넘어서 지속 가능한 신뢰 구조를 갖게 된다. 서번트 리더십도 마찬가지다. 그것이 진정한 조직의 철학이 되려면, 말보다 반복된 행동이 쌓여야 하고, 그 행동이 구성원의 감정을 살리고, 신뢰를 축적해야 하며, 그 신뢰가 결국은 구조와 제도로 조직의 일상이 되어야 한다.

이 장은 그 과정을 정리하고자 한다. 우리는 어떤 행동을 반복하고 있는가?, 그 행동은 무엇을 허용하고, 무엇을 기준으로 만들고 있는가? 그리고 그것은 어떤 제도와 구조로 이어질 수 있는가? 우리가 바라보는 리더십은, 한 사람의 도덕적 이상이 아니다. 그 이상이 조직의 공기로 남아, 사라지지 않는 방식으로 제도화되는 과정이다. 그 시작은 아주 사소한 반복에서 비롯된다. 그리고 그 끝은, '사람이 떠나도 남아 있는 리더십'이다.

1. 행동은 문화를 만들고, 문화는 제도로 이어져야 한다

서번트 리더십은 단지 한 리더의 고결한 태도나 따뜻한 마음으로 정의되지 않는다. 그것은 반복되는 행동을 통해 조직의 감정을 회복하고, 그 회복이 팀과 조직 전체로 퍼져나가는 과정을 통해 진짜 '문화'가 된다. 그러나 그 문화가 지속되기 위해서는 반드시 구조적 뒷받침이 필요하다. 다시 말해, 좋은 리더십은 행동으로 시작되지만, 문화와 제도 없이는 결코 오래가지 못한다.

문제는, 많은 조직에서 이 리더십이 구조로 설계되지 않은 채, 한 사람의 미담으로만 남는다는 점이다. 리더가 떠나고 나면, 함께 쌓아온 감정과 신뢰도 함께 사라지고 만다. 그리고 그 자리엔 다시 유지적 몰입, 즉 심리적 사직의 상태가 남는다.

그 순간부터 조직은 조용한 이탈의 경로에 들어선다. 사실, 이 책은 바로 그 순간에 주목해 출발했다. "왜 우리는 정서적 몰입에서 유지적 몰입으로, 그리고 결국 심리적 사직에 이르게 되는가?"

그 해답은 조직 안에서 반복되는 작은 불공정성들에 있었다. 직원들은 자신의 감정이 무시되고, 설명 없이 평가되고, 일관성 없는 피드백을 경험할 때, 점차 감정적으로 이탈하기 시작한다. 그러나 많은 조직은 이 이탈을 감지하지 못한다. 왜냐하면 이들은 여전히 '몰입해 있는 것처럼 보이기' 때문이다. 바로 이것이 유지적 몰입(Continuance Commitment)이다. 직원은 조직에 남아 있지만, 머무는 이유는 "떠날 수 없기 때문"이다. 생계, 경력, 관계, 조건 등 다양한 이유로 그 자리를 지키고는 있지만, 감정적으로는 이미 떠나 있다. 그럼에도 리더와 경영진은 이 상태를 '충성'이나 '조직을 위한 몰입'으로 오해하고, 결국 조직은 심리적 사직 상태의 직원을 성과의 주체로 착각한 채 더 큰 이탈을 키워간다.

이 책은 그런 숨겨진 이탈의 메커니즘을 드러내고자 했고, 그 회복의 해법으로 서번트 리더십을 제시해왔다. 서번트 리더는 구성원의 감정을 읽고, 관계를 복원하며, 신뢰를 행동으로 증명하는 사람이다. 앞 장에서 소개된 10가지 실천원칙은 이 리더십이 구체적인 행동으로 어떻게 드러나는지를 보여주었고, 독자는 이를 통해 자기 조직의 현재 위치를 진단할 수 있었다. 그러나 진단에서 멈춰서는 안 된다. 진정한 변화는 '좋은 리더' 한 사람의 실천에서 그치지 않는다. 그것은 조직 전체가 감정과 신뢰를 중심으로 설계되는 문화적 흐름을 형성하고, 그 흐름이 반복 가능하고 지속 가능한 구조로 정착될 때에야 비로소 가능해진다. 이제 우리는 질문을 바꾸어야 한다. "우리 조직은 좋은 리더가 오기를 기다릴 것인가, 아니면 좋은 리더십이 자랄 수 있는 토양을 스스로 만들 것인가?"

이 장은 서번트 리더십의 마지막 장이자, 이 철학이 조직문화와 제도 속에서 어떻게 구조화되고 지속가능한 힘이 되는지를 다루는 종합 정리의 장이다. 우리는 이 장에서 다음의 질문에 답하고자 한다.

- 반복된 실천은 어떻게 문화로 정착되는가?
- 그 문화는 어떻게 조직 전체에 확산되고, 유의미한 결과를 만들어내는가?
- 그 문화를 제도와 시스템으로 옮길 때 무엇을 고려해야 하는가?
- 그리고 왜 '유지적 몰입'은 단순히 참고 있는 상태가 아니라, 조직을 조용히 무너뜨리는 사직의 한 형태인가?

마지막으로, 우리는 이 장을 통해 하나의 결론에 도달하고자 한다. "말이 아니라 행동이, 행동이 아니라 시스템이, 그리고 시스템이 아니라 사람의 감정이 결국 조직을 움직인다." 그리고 그 출발은, 반복 가능한 리더십 행동이 문화로 정착되고, 그 문화가 제도로 내재화되는 설계의 여정에서 시작된다.

2. 반복된 행동은 어떻게 문화가 되었는가?

이제부터 우리는 한 사람의 실천이 어떻게 조직 전체의 문화로 확장되는지를 살펴보려 한다. 좋은 리더십은 우연처럼 보일 수 있지만, 그 이면에는 감정을 회복하고 신뢰를 쌓는 반복 가능한 행동의 구조가 있다. 문화는 말로 만들어지지 않는다.

반복된 감정회복의 경험이 누적될 때, 그것은 행동의 분위기, 관계의 태도, 조직의 기류가 되어 "우리 조직은 이런 곳"이라는 감각으로 자리 잡는다. 하지만 문화는 말로 설계할 수 없고, 제도는 설명만으로 정착되지 않는다. 리더십이 실제로 문화를 만들고, 그 문화가 다시 조직 전체에 퍼져나가는 과정을 이해하려면, 말보다 장면이 필요하다. 그래서 우리는 지금부터 두 조직의 이야기를 통해, 리더십의 반복이 어떤 문화적 차이를 만들어내는지를 구체적으로 들여다보려 한다.

2.1 어느 팀의 변화 이야기

"처음엔 팀 전체가 매일 아침 9시, 화면을 켜지 않은 채 조용히 화상 회의에 들어왔다. 팀장은 형식적으로 "모두 잘 지내시죠?"라고 물었지만, 대답은 거의 없었다. 구성원들은 얼굴 없는 근태 기록처럼 일했고, 회의는 지시와 보고만으로 끝났다."

그러던 어느 날, 정 과장은 갑작스레 실수를 저질렀다. 중요한 자료를 잘못 제출했고, 고객과의 약속도 틀어졌다. 모두가 분위기를 눈치보던 순간, 팀장은 말했다.

"정 과장님, 먼저 말씀드릴게요. 제가 분명히 일정을 더 명확하게 정리했어야 했어요. 미리 짚어보지 못해 죄송합니다. 이번 일은 저도 함께 책임지겠습니다."

정적이 흘렀고, 그날 회의는 조용히 끝났다. 그러나 그다음 날부터 작은 변화가 시작되었다. 팀장은 회의 전 1분간, 직원 한 명에게 "요즘 어떠세요?"라고 묻기 시작했고, 그 이야기를 메모했다. 처음엔 어색했던 이 질문은 점점 익숙해졌다.

'오늘도 고생 많으셨습니다:)'

어느 날엔 사무실 냉장고에 '오늘도 고생 많으셨습니다:)'라는 쪽지와 음료가 놓여 있었고, 또 다른 날엔 프로젝트 중 실수한 신입에게 팀장이 먼저 사과했다. 이 변화는 느렸지만 확실했다. 한 달 뒤, 회의는 더 이상 보고중심이 아니었다. 의견은 자유로웠고, 서로가 서로의 언어를 기억해주었다. 신입사원은 말했다. "이 팀은… 제가 말실수해도 괜찮을 것 같은 팀이에요." 그 말을 들은 순간, 모두가 웃었다."

2.2 이야속 숨은 그림 찾기

이 팀에서 일어난 변화는 단 한 번의 훈화나 대대적인 캠페인 때문이 아니었다. 반복되는 행동이 있었고, 그 행동이 정서적 반응을 불러왔다. 그리고 그 반응이 신뢰의 선순환으로 이어졌을 뿐이다. 즉, 서번트 리더십의 행동원칙 중 '먼저 사과하라', '경청하라', '의도를 설명하라', '작은 행동을 반복하라'가 구체적으로 작동한 것이다. 이러한 사례는 다음과 같은 이론적 흐름을 따른다.

- **정서적 사건이론** : 회복적 피드백과 사과는 감정의 전환점을 만든다.
- **사회학습이론** : 반복된 리더의 태도는 구성원의 모방 행동을 이끌어낸다.
- **심리적 안전감(Edmondson)** : 구성원은 실수에 대한 불안을 낮추고 자유롭게 발언하기 시작한다.
- **JD-R 모델** : 리더의 정서 자원이 팀 전체의 심리 자원으로 확장된다.

그러나 이와 같은 정서 회복의 흐름이 조직문화로 자리 잡기 위해서는, 단순 '반응' 이상의 조건들이 필요하다. 감정회복이 문화가 되려면, 감정의 순간이 일관된 경험으로 반복되고, 그 반복이 관계 속에서 심리적으로 안전하게 수용되며, 그 과정이 구체적인 언어와 행동으로 체화되어야 한다. 이러한 전환과정을 설명하는 데는 문화 내재화와 정서적 리더십의 상관관계를 다룬 선행연구들이 큰 시사점을 준다. 예를 들어, Cameron, Quinn, and DeGraff(2006)는 조직문화가 형성되기 위해서는 감정적 리더십 행동의 일관성과 상징성, 그리고 조직 구성원 간의 공유된 해석 체계가 반드시 필요하다고 강조했다. 또한 Edmondson(1999)의 심리적 안전감 연구는 일상적인 리더의 반응 태도가 구성원으로 하여금 의견을 내고 감정을 표현할 수 있는 문화로 이어진다고 보고했다. 이와 더불어 Weick(1995)의 조직 해석이론은 작은 행동의 반복이 결국 조직의 의미체계와 정체성에 영향을 미친다는 점을 시사한다.

이러한 연구들을 종합하면, 정서 회복이 단지 '좋은 리더의 반응'으로 끝나지 않고, 조직의 감정문화로 내재화되기 위해 필요한 핵심조건은 다음 네 가지로 요약될 수 있다.

- **일관성(Consistency)**: 팀장은 특정 상황에만 반응하지 않고, 평상시에도 같은 태도를 유지했다. 감정회복은 우연이 아니라 패턴이라는 인식이 생겼다.
- **자율성 허용(Autonomy Support)**: 구성원은 의견을 말해도 '틀릴까 봐' 걱정하지 않도록, 실수와 의문을 말할 수 있는 심리적 공간이 열렸다.
- **공감의 언어화(Empathic Communication)**: "괜찮아요"가 아니라, "그건 제가 미리 살폈어야 했어요"라는 말은, 감정을 회피하지 않고 정면으로 다룬 태도였다.
- **작은 행동의 누적(Accumulation of Small Acts)**: 조직문화를 바꾸는 것은 복잡한 정책이 아니라, '기억해주는 태도'와 같은 일상의 반복이었다.

이 네 가지 조건은 리더의 실천이 단지 '좋은 행동'으로 끝나지 않고, 조직의 감정회복 시스템이자 관계의 문화를 이루는 핵심 기반이 된다.

3. 실천은 어떻게 문화가 되고, 문화는 어떻게 제도가 되는가?

3.1 감정의 관성에서 구조의 작동으로

어느 팀의 변화는 단지 한 리더의 노력에서 비롯되었다. 구성원들은 매일 반복되는 리더의 행동을 통해 '이 팀은 다르다'는 신호를 감지했고, 그 신호는 '이곳에서는 감정을 말해도 괜찮다'는 믿음으로 바뀌었다. 이 믿음이 곧 심리적 안전감이며, 건강한 조직문화 형성의 출발점이다. 서번트 리더십의 실천은 이렇게 개인의 행동에서 시작된다. 하지만 그 실천이 조직 전체로 퍼지고, 시간이 지나도 지속되려면 반드시 구조의 개입이 필요하다. 그렇지 않으면 변화는 '그분이 계실 때만 좋았던' 일시적 분위기로 끝나고 만다. 실제로 많은 조직이 "그

땐 좋았지"라는 말만을 남긴 채, 리더의 선의가 조직문화로 전환되지 못한 채 잊혀진다.

왜 그럴까? 감정은 기억되지만, 구조화되지 않은 감정은 유지되지 않기 때문이다. 한 리더의 반복된 행동은 분명 팀을 변화시킬 수 있다. 그러나 그 변화가 진정한 문화가 되려면, 단순한 감정의 흐름이 아니라 인지되고 공유되고 반복되어야 한다. 그리고 그것이 규범이 되고, 제도 속에 뿌리내릴 때 비로소 조직은 '지속 가능한 신뢰'를 설계할 수 있다.

우리가 말하는 회복의 리더십은, '좋은 사람이 좋은 행동을 하는 것'에 그치지 않는다. 그것은 좋은 행동이 반복되고 공유되며, 의미화되고 구조화되어 조직의 작동 원리가 되는 것을 의미한다. 이제 우리는 질문해야 한다. 그 리더가 떠나도, 그 문화는 남을 수 있는가?, 그 감정의 회복은, 다음 세대의 리더십에도 작동할 수 있는가?

이 흐름을 설계하기 위해서는 하나의 실천이 다음의 단계를 거쳐야 한다. 즉, '인지와 해석 → 모방과 확산 → 규범화 → 제도화'이다. 이제 이 네 가지 전환 과정이 어떻게 진행되어야 하는지를 차례로 살펴보자.

3.2 감정에서 제도로: 변화가 뿌리내리는 네 가지 흐름

리더의 '한 번의 사과, 반복되는 경청, 사소한 안부 인사' 이 모든 행동은 처음엔 '좋은 사람'의 선택처럼 보인다. 하지만 일정한 방향성과 의미를 담고 반복될 때, 그것은 구성원에게 신호가 되고, 팀 전체의 정서적 토양을 바꾸기 시작한다. 문제는 이 변화가 '감정의 흐름에서 그칠 것인가?, 아니면 조직의 뿌리로 남을 것인가?'다. 감정은 사람을 바꾸지만, 구조는 문화를 지속시킨다. 그래서 우리는 리더의 실천이 단지 '좋았던 경험'에 머물지 않고, 팀의 정체성과 제도설계로 이어지기 위해 어떤 경로를 거쳐야 하는지를 살펴보려 한다. 이 흐름은 다음의 네 단계를 따른다. '인지와 해석 → 행동의 모방과 확산 → 규범의 형성 → 구조의 내재화'다. 이제 한 사람의 실천이 어떻게 팀 전체의 작동원리로 뿌리내리는지를 그 흐름을 따라 살펴보자.

3.2.1 인지와 해석: 실천은 신호가 된다.

처음에는 단지 따뜻한 말 한마디, 반복되는 안부 인사, 사과하는 태도였다. 그러나 구성원들은 곧 알게 된다. 이 행동은 우연이 아니며, 그저 한 사람의 성향도 아니라는 것을. "우리 팀은 이야기를 들어주는 분위기야."

이런 말이 입 밖으로 나오기 시작하는 순간, 실천은 하나의 '신호'가 된다. 조직이 구성원에게 전하는 무언의 메시지, 즉 "여기서는 감정을 말해도 괜찮다"는 확신은 그렇게 형성된다. 이 과정을 설명하는 데 유용한 것이 바로 사회 정보처리이론(Salancik & Pfeffer, 1978)이다. 이 이론은 우리가 세상을 '있는 그대로' 받아들이는 것이 아니라, 타인의 행동과 말, 주변의 분위기를 통해 해석된 현실을 살아간다고 말한다. 다시 말해, 구성원은 조직 안에서 반복되는 행동을 하나의 '정보'로 간주하고, 그 정보에 따라 자신이 어떻게 행동해야 할지를 판단한다. 리더의 반복된 경청이나 사과는 단지 태도가 아니라, 구성원에게는 "이 조직은 감정을 존중하는 곳"이라는 신호로 작용하는 것이다. 하지만 신호는 곧장 행동으로 이어지지 않는다. 그 사이에는 '이해와 해석의 과정', 즉 의미 형성이 존재한다. Weick(1995)의 의미형성이론(Sensemaking Theory)은 조직에서 일어나는 일들을 사람들이 어떻게 해석하고 의미화 하는 지를 설명하는 틀이다. 조직 내에서 반복되는 행동은 단순히 반복된 습관이 아니라, 구성원들이 "이건 우리 팀의 방식이야", "우린 이렇게 일해"라는 공동의 해석을 만들어내는 힘이 된다.

이러한 이론은 실제 연구에서도 확인된다. Dutton과 Dukerich(1991)는 리더의 일관된 대응이 구성원들로 하여금 "우리는 이런 조직이야"라는 인식을 갖게 만든다는 점을 보여주었다. 결국 실천은 그 자체로도 의미 있지만, 그 실천이 구성원의 눈에 '의도된 메시지'로 해석되는 순간, 조직문화는 그 첫발을 내딛는다.

3.2.2 행동의 모방과 확산 : 분위기는 전염된다.

신호는 전달되는 것으로 끝나지 않는다. 진짜 변화는 누군가 그 신호를 받아 행동으로 옮길 때 시작된다. 리더의 경청을 본 직원이 조용한 동료에게 먼저 말을 걸고, 누군가 회의에서 주저하는 팀원의 말을 끝까지 듣는다. 작은 행동들이 퍼져 나가면서, 구성원들은 어느새 말한다. "요즘은 우리 다들 그렇게 하잖아."

이 변화는 단지 우연이나 동시적 각성이 아니다. 조직 안에서 하나의 분위기가 만들어지고 확산되는 심리적 메커니즘은 분명한 이론적 근거를 갖고 있다. 가장 대표적인 설명은 사회학습이론이다. 이 이론에 따르면 사람은 단순히 말로 가르침을 받는 것이 아니라, 타인의 행동을 관찰하고 모방하는 과정을 통해 학습한다. 특히 리더처럼 영향력 있는 인물의 행동은 구성원에게 강력한 기준점이 된다. 리더가 실수했을 때 당황하거나 회피하지 않고 먼저 사과하는 모습을 보이면, 구성원도 그런 태도를 당연시하게 된다. 그것은 말 없는 교육, 눈에 보이는 메시지다. 하지만 이 전파는 단순한 행동 복제에 그치지 않는다. 행동은 곧 감정을 동반하고, 감정은 무의식적으로 번져나간다. Hatfield et al,(1993)가 제시한 정서 전염이론(Emotional Contagion Theory)은 집단 내 감정이 공기처럼 흐르며, 구성원의 표정, 말투, 분위기를 통해 조직 전체의 정서적 기후를 형성한다고 설명한다. 한 사람의 따뜻한 반응이 팀 전체의 신뢰 분위기로 확산되는 이유가 여기에 있다.

실제 연구들도 이 전염의 힘을 뒷받침한다. Barsade(2002)는 팀 내 긍정 정서를 가진 구성원이 있을 경우, 그 구성원의 감정이 주변 팀원에게 확산되어 협력과 창의성을 높이는 효과를 실험적으로 입증했다. 또한 Chi, Chung & Tsai(2011)는 리더가 보이는 공감적 행동이 단지 개인적인 호감으로 끝나는 것이 아니라, 팀원 전체의 유사한 태도와 감정 표현을 유도한다는 점을 밝혀냈다. 이처럼 구성원은 말을 배우듯 행동을 배우고, 분위기를 따라 감정을 공유한다. 조직문화는 강의실에서 시작되지 않는다. 조용한 관찰과 사소한 모방이, 언젠가는 모두가 공유하는 방식이 된다. 그렇게 분위기는 전염되고, 감정은 행동을 타고 조직을 움직인다.

3.2.3 집단의 기대치 형성: 규범이 생긴다.

처음엔 조심스럽게 따라 하던 행동이, 어느 순간부터 기대가 된다. 누가 말하면 들어주는 것, 회의 전에 안부를 묻는 것, 실수한 동료에게 먼저 말을 건네는 것. 이제는 누가 그렇게 하지 않으면 어색하고, 눈치가 보인다. "여기선 누가 말하면 다 들어줘야 하더라고요."

이것이 바로 규범의 형성이다. 조직의 문화는 거창한 슬로건에서 만들어지지 않는다. 작은 행동들이 반복되고, 그 행동을 구성원들이 서로 기대하면서 '이 팀의 방식'이 생겨나는 것이다. 이 과정을 설명하는 대표적 이론이 바로 규범 형성이론(Norm Formation Theory, Sherif, 1936)이다. Sherif는 실험을 통해, 사람들이 명확한 기준이 없는 상황에서 서로의 행동을 관찰하고, 반복되는 상호작용을 통해 암묵적인 기준과 기대를 형성한다는 사실을 밝혀냈다. 조직도 마찬가지다. 누가 먼저 인사를 했고, 누가 경청했고, 누가 사과했는지를 구성원은 기억한다. 그리고 그 기억이 반복되면, 그것은 "이곳에선 당연한 것"이 된다. 이와 함께 중요한 것은 사회화 과정이다. Moreland와 Levine(1982)의 집단사회화이론(Group Socialization Theory)에 따르면, 새로운 구성원은 조직에 들어오면 먼저 '이곳의 방식'을 감지하려 한다. 공식 매뉴얼보다 표정, 말투, 회의 분위기에서 더 많은 것을 배운다. 그래서 규범은 말로 배우기보다, 기류 속에서 습득되는 것이다.

Feldman(1984)는 이를 실증적으로 확인하며, 조직의 규범은 명시적인 교육보다 일상 속 관찰을 통해 전파된다고 말한다. 그리고 Edmondson(1999)은 심리적 안전감이 단지 정서적 위안이 아니라, 시간이 지나며 팀 전체의 규범이 되는 감정적 기반임을 강조한다. 결국 문화 "이 조직에서는 이렇게 해야 해"라는 설명보다,

"이 조직에서는 이렇게 한다"는 경험의 누적에서 나온다. 규범은 감정으로 시작되지만, 감정만으로는 지속되지 않는다. 서로의 행동을 기대하고, 그 기대가 서로의 행동을 규율하는 순간, 조직은 이제 한 사람의 리더가 없어도 공기처럼 작동하는 분위기를 갖게 된다.

3.2.4 문화의 구조화: 정서에서 시스템으로

감정은 조직을 바꾸는 힘이 있다. 그러나 그 감정이 사라지지 않고 살아남기 위해서는, 언젠가 구조로 바뀌어야 한다. 그래야만 그 감정이 리더의 성격이나 분위기에 기대지 않고, 조직의 작동원리가 될 수 있다. 많은 조직이 좋은 리더 한 명 덕분에 잠시 따뜻해진다. 그러나 그 리더가 떠난 후 남는 것은 "그때 참 좋았지"라는 추억뿐인 경우가 많다. 변화는 있었지만, 뿌리는 없었다. 그래서 진짜 전환은 감정이 구조가 되는 과정, 즉 '문화의 구조화'에서 완성된다. 이 구조화는 단순히 규칙을 정하고 문서화하는 것이 아니라, 조직의 시스템, 절차, 평가, 교육, 의례 등 제도적 장치에 감정적 가치를 통합시키는 작업이다.

Selznick(1957)가 설명한 제도화 이론(Institutionalization Theory)에 따르면, 조직의 특정 행동이나 가치는 일정 기간 반복되고 정당화되면 공식 규범과 제도로 전환된다. 즉, '일관된 실천 → 구성원들의 기대 → 집단의 정체성 → 조직의 시스템화'라는 흐름이 제도화의 핵심 메커니즘이다. 이를 더 구체적으로 설명하는 것이 Trice와 Beyer(1984)의 조직 의례이론(Ritual Theory)이다. 그들은 반복되는 행동이 특정한 맥락과 의미를 갖춘 의례(ritual)로 자리 잡을 때, 문화가 고정되고 예측 가능한 조직 행동으로 기능한다고 강조했다.

감정 체크인 회의, 리더십 피드백 루틴, 경청 평가항목 등은 그저 좋은 시도가 아니라, 조직의 감정 문화를 실천 가능한 틀로 전환하는 '형태 있는 감정'이다. 이러한 흐름을 실증적으로 뒷받침한 연구도 있다. Kunda(1992)는 감성 리더십이 교육, 평가, 보상 체계에 통합될 때, 조직문화가 제도화되며 지속 가능성이 높아진다고 보았다. 반면 Ashforth & Gibbs(1990)는 리더의 철학이 아무리 선의에 기초한다 하여도 제도화되지 않으면 일시적 유행처럼 소멸할 수 있다고 경고한다. 결국 조직은 한 사람의 온기로 움직이지만, 그 온기를 남기려면 시스템이 필요하다. 그래서 작은 실천이 제도로 전환되기 위해서는 다음과 같은 세 가지 변화가 필요하다.

- **태도에서 시스템으로**: 리더의 개인적 행동을 팀 전체의 공통 기준으로 정리한다. '공감 표현 체크리스트', '경청 피드백 가이드', '사과 언어 매뉴얼' 등
- **반복에서 의례로**: 감정 기반 실천을 무너지지 않는 조직적 리듬으로 만든다. '감정 체크인 미팅', '리더십 리추얼 데이', '심리적 사직 신호 점검 루틴' 등
- **신념에서 약속으로**: 리더의 철학을 교육, 평가, 보상 체계에 반영하여 지속 가능성을 높인다. 승진 면담 시 '감정회복 사례 제출', 신규 리더 교육에 '서번트 리더십 실천 모듈' 포함 등

감정은 시작이고, 제도는 지속이다. 진정한 조직문화는 누군가의 감정을 남기는 것이 아니라, 그 감정이 계속 작동할 수 있는 구조를 만드는 것이다. 그렇게 작은 실천은 인지가 되고, 인지는 모방을 낳고, 모방은 규범이 되며, 마침내 구조로 남는다. 이 흐름은 자연스럽게 흘러가지는 않는다. 설계하고, 반복하고, 해석하고, 다시 정비할 때에야 조직은 사람을 넘는 문화를 만들 수 있다. "이 문화를 다음 리더에게도 남길 수 있는가?", "우리의 구조는 리더십을 지속하게 만드는가, 소진되게 만드는가?"

이 질문에 "그렇다"고 대답할 수 있어야, 조직은 감정의 리더십을 기억이 아니라, 시스템으로 남길 수 있다.

3.2.5. 문화에서 제도로: 실천을 유지 가능하게 하려면

좋은 문화는 어떻게 살아남는가? 리더가 떠난 후에도 남는 것이 있다면, 그것은 분위기가 아니라 구조다. 결국, 문화의 지속 가능성은 제도화에 달려 있다. 제도화 이론은 조직 내의 특정한 행동이나 가치가 반복과 정당화를 거쳐, 마침내 공식적인 시스템과 절차로 자리 잡는 과정을 설명한다. 초기에 한 사람의 리더가 실천했던 행동이, 시간이 지나면서 조직전체의 기준과 규범으로 전환되는 것으로, Selznick(1957)은 이를 "조직이 스스로의 정체성과 가치를 형성해가는 진화적 과정"으로 보았고, Tolbert & Zucker(1996)는 구성원이 어떤 행동을 '당연한 것'으로 인식하게 되는 상태를 제도화의 완성으로 정의했다. 이처럼 실천이 제도로 이어지지 않으면, 좋은 문화는 결국 그 리더 한 사람의 기억으로만 남게 된다. 왜 제도화가 필요한가?

리더의 이직, 조직개편, 외부의 성과 압박. 이러한 예측 불가능한 상황 앞에서 감정 기반의 실천은 쉽게 무너진다. 좋은 문화가 '좋았던 분위기'로만 남지 않기 위해서는, 그 실천이 조직의 시스템 속에 자리 잡아야 한다. 이를 위해 다음과 같은 4가지 전략적 설계가 필요하다.

- **피드백 시스템에 문화 내재화**: 감정적 리더십을 평가기준에 통합한다.

'경청', '공감', '의도 설명'과 같은 행동 항목을 관리자 피드백 시스템에 포함시키고, 정성적 평가 항목과 연결해 실천이 곧 평가의 기준이 되도록 만든다.

- **온보딩 교육을 통한 문화 주입**: 신입 구성원이 초기에 문화적 기준을 체득하도록 설계한다.

조직의 기대와 정서적 기준을 담은 사례 중심 온보딩을 운영하며, 서번트 리더십의 대표 행동이나 감정회복 경험을 생생하게 전달한다.

- **실천 사례의 공식화 및 공유**: 리더의 실천을 조직전체의 기준으로 확산한다.

감정적 리더십 사례를 사내 뉴스레터, 리더십 브리핑, 내부 콘텐츠로 구성해 구성원이 그것을 '개인적 미담'이 아닌 '조직의 행동 규범'으로 받아들이게 만든다.

- **감정 실천의 리추얼(Ritual) 설계**: 감정회복의 행동을 자연스러운 일상으로 반복한다.

회의 시작 전 감사 인사, 분기별 감정 리포트 공유, 정기 오피스 아워 운영 등을 통해 구성원이 자연스럽게 감정을 표현하고 회복할 수 있는 공간과 흐름을 만들어낸다.

이러한 전략은 감정적 실천을 일회성 이벤트로 끝내지 않고, 조직의 지속 가능한 시스템으로 확장하는 기반이 된다. 좋은 문화는 우연히 유지되지 않는다. 감정의 반복이 구조로, 태도가 절차로 이어지는 '의도된 설계'가 있어야만, 문화는 사람을 넘어서 조직의 유산이 된다.

4. 좋은 행동이 문화를 만들고, 구조를 바꾼다

좋은 리더십은 말로 시작되지만, 반복된 행동이 분위기를 바꾸고, 그 분위기가 관계와 감정을 회복시키고, 그 감정이 신뢰와 안전감의 문화로 자리 잡을 때, 비로소 조직은 진정한 변화를 경험하게 된다. 그리고 그 문화가 의도된 설계와 구조로 내재화될 때, 그 변화는 지속 가능성을 갖는다.

우리는 이 책을 한 가지 질문에서 출발했다. "직원은 왜 조직에서 감정적으로 멀어지고, 유지적 몰입 상태에 머무르게 되는가?"

그 해답은 감정적 고립이 아니라, 조직이 구성원의 감정과 의미를 지지하지 못하는 구조적 실패에 있었다. 이에 대한 첫 번째 실천적 답으로 우리는 서번트 리더십을 제시했다. 그 리더는 감정을 '관리'하지 않았고, 관계를 '조정'하지 않았다.

그러나 서번트 리더는 기다리고, 듣고, 사과하고, 설명하며, 관계의 회복을 행동으로 보여주었다. 그리고 우리는 보았다. 그 한 사람의 행동이 팀의 분위기를 바꾸고, 그 분위기가 문화가 되며, 그 문화가 제도를 통해 조직의 구조로 이어지는 과정을. 우리는 여기서 멈출 수도 있었다. 하지만 한 가지 질문은 여전히 남는다.

"좋은 리더가 떠난 후에도, 그 문화는 유지될 수 있는가?"

우리는 그 질문 앞에서 다시 구조를 보게 된다. 아무리 훌륭한 리더십도, 그것이 개인의 신념에 머물고 조직의 시스템으로 이어지지 않는다면 언젠가는 지치고, 무너지고, 잊히고 만다. 그래서 우리는 다시 묻는다. "조직은 어떤 구조를 가져야, 좋은 행동이 지속될 수 있는가?", "감정회복과 신뢰가 한 사람을 넘어 시스템으로 뿌리내리려면, 우리는 무엇을 설계해야 하는가?"

그 해답은 '일(Job)'이라는 조직의 가장 깊은 구조 안에 있다. 사람은 관계에서 회복되지만, 일의 방식이 그 회복을 지탱한다. 좋은 리더가 있어도, 의미 없는 과업, 반복되는 루틴, 통제된 흐름 속에서는 몰입은 다시 무너진다. 결국, 리더십이 씨앗이라면, 일의 구조는 그 씨앗이 자랄 수 있는 토양이다.

이제 우리는 다음 장에서 직무설계(Job Design)라는 틀 안에서, 그 구조를 어떻게 설계할 수 있을지를 본격적으로 살펴볼 것이다. 그 중심에는 두 가지 전략이 있다.

- **Job Crafting: 일의 경계를 스스로 재구성하며, 감정과 의미를 회복하는 실천**
- **I-deals: 조직과 구성원이 함께 일의 조건을 조율하는 상호 협력적 설계**

이 전략들은 구성원에게 말로만 "중요하다"고 하지 않고, 구조적으로 "당신을 배려하고 있다"고 증명하는 방식이다. 좋은 행동은 시작이다. 그러나 그 행동이 조직의 일상이 되려면, 그 문화는 구조로 남아야 한다. "좋은 행동은 설계될 수 있다."

이제 우리는 회복의 리더십이 자리를 틀 수 있는 구조, 몰입의 회복이 뿌리내릴 수 있는 일의 틀을 만들기 위한 다음 여정을 시작한다.

PART

4

일은 감정을 담을 수 있는가?
- Job Crafting의 전략

감정회복 그 이후 – 일은 어떻게 변해야 하는가?

서번트 리더십은 분명히 회복의 시작이었다. 공감과 경청, 사과와 기다림의 반복은 얼어붙은 감정을 녹였고, 감정이 회복되자 관계가 살아났으며, 팀은 다시 움직이기 시작했다. 하지만 우리는 안다. 좋은 리더가 있어도, 그 감정을 지켜줄 구조가 없으면 회복은 오래가지 않는다. 서번트 리더가 심은 신뢰와 회복의 씨앗이 자라기 위해서는, 그 씨앗이 뿌리내릴 수 있는 토양, 곧 일의 구조가 필요하다. 이 장에서는 이제 다음 질문을 던진다.

- **"좋은 감정은 어떻게 구조로 살아남을 수 있을까?"**
- **"리더가 떠나도, 감정회복은 어떻게 지속될 수 있을까?"**
- **"우리가 설계해야 할 조직의 토양은 어디에 있는가?"**

그 해답은 직무설계(Job Design)라는 구조적 접근 속에 있다. 그리고 그 직무설계는, 단지 일을 나누고 조직하는 것이 아니라, 감정을 살릴 수 있는 틀, 몰입을 회복할 수 있는 환경, 신뢰가 소진되지 않는 시스템이어야 한다. 이제 우리는 서번트 리더십의 실천이 구조 속에서 지속될 수 있도록 만드는 방법, 그리고 감정이 무너지지 않는 일의 방식을 Job Crafting과 I-deals라는 전략을 통해 살펴보게 될 것이다.

1. 우리는 무엇을 해왔는가? – 서번트 리더십의 회복 실천

지속적으로 하는 말이지만 이 책은 한 가지 질문에서 시작했다. "직원은 왜 조직에서 감정적으로 멀어지고, 유지적 몰입 상태에 머무르게 되는가?"

그 해답은 조직 내 반복되는 불공정성의 경험과, 그에 따라 조직에 대한 몰입의 질이 점차 낮아지는 흐름 속에 있었다. "정서적 몰입 → 규범적 몰입 → 유지적 몰입"(표면적으로는 남아 있지만, 실제로는 떠나 있는 상태이다)

그 유지적 몰입이 깊어질수록, 직원은 표면적으로는 조직에 남아 있지만, 실제로는 떠나 있는 사람, 즉 우리가 말하는 '심리적 사직자'의 상태로 이행하게 된다. 이 흐름은 누군가의 나약함 때문이 아니라, 조직이 구성원의 감정과 의미를 지지하지 못한 구조적 한계의 결과였다.

이에 대한 첫 번째 실천적 해답으로, 우리는 서번트 리더십을 살펴보았다. 서번트 리더는 감정을 다룰 줄 아는 리더였다. 자신의 철학을 말로 설득하기보다는, 행동으로 관계를 회복하는 사람이었다. 우리는 10가지 실천원칙을 통해 그것이 철학도, 이론도, 전략도 될 수 있음을 보았다. 그리고 한 사람의 반복된 행동이 어떻게 팀의 분위기, 조직의 문화, 구조적 제도로 전환될 수 있는가를 추적해왔다.

2. 그러나 여전히 남는 질문 – 리더십만으로 충분한가?

좋은 리더가 있었던 시절이 있다. 그때는 분위기가 달랐고, 사람들도 달랐고, 일하는 방식조차 달라 보였다. 회의는 살아 있었고, 팀원들 얼굴에는 생기가 돌았다.
서로를 기다려주었고, 믿어주었고, 조용하지만 단단한 신뢰가 흐르고 있었다. 하지만 시간이 흘러 리더가 떠나고 나면, 우리는 어느 순간 이런 말을 듣게 된다.
"그분 있을 땐 참 좋았는데…", "그때는 진짜 팀이 살아 있었는데…" 그리고 문득 질문 하나가 남는다. "좋은 리더십은, 과연 그 리더가 떠난 후에도 살아남을 수 있는가?"

이런 회고는 조직 곳곳에서 반복된다. 리더가 있을 땐 분위기가 달랐고, 사람들의 표정도 달랐고, 일에 대한 몰입도 확실히 달랐다. 그러나 그 리더가 떠난 뒤, 다시 돌아오는 건 고요한 침묵과 낯선 거리감이다. 그때의 생동감은 추억이 되고, 감정은 조용히 사라진다. 왜일까?

그 리더가 잘못한 것도, 직원들이 나빠진 것도 아니다. 문제는, 좋은 행동이 구조로 이어지지 않았다는 데 있다. 리더십이 개인의 감정과 태도에 머물렀을 때, 그것은 일시적 변화는 만들 수 있어도 지속 가능한 문화는 만들 수 없다. 훌륭한 행동이 '신념'에만 기댈 때, 그것은 '감동'은 줄 수 있지만, '반복'되기는 어렵다. 많은 리더는 좋은 의도를 갖고 움직인다. 경청하고, 공감하고, 기다리며, 존중하려 애쓴다. 그 노력은 팀을 바꾸고, 회복을 이끈다. 그러나 그 감정이 오롯이 한 사람의 리더십에 기대어 있을 때, 그 사람이 떠나는 순간, 함께 사라지는 것이다.

우리는 앞서 제도화 이론(Institutional Theory)을 통해 이 흐름을 구조적으로 확인했다. 문화는 단지 분위기가 아니다. 문화는 반복되는 행동이 타인에게 인식되고, 학습되고, 규범화되는 과정을 통해 형성된다. 그리고 그것이 제도와 구조로 설계되었을 때, 비로소 사람에 의존하지 않고 유지될 수 있다. 말하자면, 진짜 문화는 누가 해도 비슷한 반응이 나오는 구조적 기대다. "이 팀에서는 이렇게 행동하는 게 당연하다"는 인식, "이 회사에서는 이런 방식이 존중된다"는 무언의 약속이 구성원에게 공유될 때, 비로소 문화는 지속 가능한 힘이 된다.

리더가 할 수 있는 일은 이 구조의 첫 움직임을 만들어주는 것이다. 그러나 그 움직임이 조직의 습관으로, 제도로, 구조로 옮겨가지 않으면 좋은 리더십은 결국 한 사람의 기억으로 남고 만다. 그래서 우리는 질문을 바꿔야 한다. "좋은 리더십은 어디에서 멈추고, 구조는 어디에서부터 시작되어야 하는가?", "무엇을 설계해야, 리더가 바뀌어도 그 감정은 유지될 수 있는가?", "감정의 회복은 가능하다. 하지만 그 감정을 어떻게 지속 가능하게 만들 수 있는가?"

이 질문은 조직을 '좋게 만들기 위한 노력'을 넘어, 좋은 상태가 '유지되도록 설계하는 노력'으로 옮겨가야 한다는 요청이다. 그리고 그 해답은 어디 멀리 있는 것이 아니다. 그것은 사람 바깥이 아니라, 사람이 매일 가장 오래 머무는 공간, 가장 자주 좌절하고, 가장 자주 성장하며, 가장 깊이 몰입하는 공간, 바로 '일(Job)'의 현장 속에 있다.

3. 구조는 어디에 있는가? - 일, 감정, 유지적 몰입의 현장

조직 안에서 구성원이 가장 오랜 시간을 보내는 공간, 가장 많은 정서적 반응을 경험하는 공간, 그리고 가장 반복적으로 좌절하거나 성취를 느끼는 공간은 어디일까? 그 답은 단순하고 명확하다. 바로 '일(Job)'이다.

직원은 하루의 대부분을 책상 앞에서 보내고, 그 시간 동안의 경험은 단지 '업무 수행'만이 아니라 자신이 어떤 존재로 여겨지고 있는지에 대한 정서적 신호를 끊임없이 받아들인다. 보고서를 작성하며 "이건 왜 해야 하지?"라는 생각이 들고, 회의 시간의 발언이 무시당하면 "나는 중요하지 않구나"라는 감정을 느낀다. 상사의 말 한마디보다 더 큰 영향을 주는 것은, 반복되는 일의 흐름 속에서 무의식적으로 체화되는 감정의 구조다.

리더십은 '어떻게 대할 것인가?'라는 질문에 대한 해답을 제공한다. 반면 직무설계는 '어떤 구조 속에서 일하게 할 것인가?'라는 질문을 던진다. 감정은 관계에서 회복되지만, 그 관계가 유지되기 위해서는 반드시 그 관계를 지탱할 수 있는 '일의 방식'이 함께 설계되어야 한다. 즉, 감정회복의 지속성은 '관계의 질'만큼이나 일의 구조에 달려 있다. 리더가 아무리 공감하고 배려해도, 그 다음 날 아침에 구성원이 맞이하는 업무가 기계적으로 반복되고, 자율성 없이 지시만 따르며, 성과는 강조되지만 의미는 배제되어 있다면, 그 감정은 다시 빠르게 소모된다.

더 중요한 사실은, 이러한 구조가 직원을 '정서적 몰입'에서 '유지적 몰입'으로 이동시키는 핵심 메커니즘이라는 점이다. 일은 반복되지만 의미가 없다. 성과는 끊임없이 요구되지만 스스로 결정할 여지는 없다. 내가 이 일에 어떤 가치를 더하고 있는지, 내가 어떤 역할로 성장하고 있는지에 대한 피드백은 없다. 이때 직원은 점점 머무를 수밖에 없는 이유만을 떠올리게 된다. "지금 당장 그만둘 순 없지.", "다른 데 간다고 나아질까?", "생활은 유지해야 하니까."

그 마음은 더 이상 신뢰에 기반한 몰입이 아니라, 불안에 기반한 생존적 잔류, 즉 유지적 몰입(Continuance Commitment)이다. 겉으로는 여전히 조직에 있지만, 내면의 감정은 점점 닫혀가고, 마음은 천천히 조직으로부터 멀어진다. 눈에 띄는 불만은 없지만, 에너지도, 기대도, 미래도 없다.

그래서 우리는 말해야 한다. 좋은 리더십이 진짜 뿌리내릴 수 있으려면, 그 토양은 바로 '일의 구조'여야 한다. 회복된 감정이 조직에 남으려면, 그 감정이 반복적으로 깎여 나가지 않는 업무설계가 필요하다. 일이 단지 '성과를 내기 위한 수단'이 아니라, 감정이 머물고, 의미가 되살아나고, 몰입이 다시 싹트는 공간이 되도록,

그 자체가 회복적인 환경으로 다시 설계되어야 한다. 좋은 리더가 한 말보다 더 오래 남는 것은, 일이 주는 경험이다. 그 경험이 감정을 복원시키지 못할 때, 리더십의 의미도 조직문화도 지속되기 어렵다.

4. 리더십은 씨앗, 구조는 토양이다 – 회복 이후의 다음 과제

좋은 리더십은 회복의 출발점이 될 수 있다. 한 사람의 경청, 공감, 기다림은 무너졌던 관계를 다시 잇고, 닫혔던 마음을 다시 열게 만든다. 하지만 조직에서 감정의 회복은 시작일 뿐,

전부가 아니다.

많은 조직이 여기서 멈춘다. 리더 한 사람의 변화에 기대고, 그의 헌신에 몰입의 회복을 맡긴다. 그러나 시간이 지나면 그 감정은 다시 소모되기 시작한다. 왜냐하면, 관계를 회복시킨 그 감정이 지속될 수 있는 구조, 즉 일의 방식과 환경이 따라오지 않기 때문이다. 서번트 리더십이 일으킨 회복의 감정이 어떻게 다시 침묵으로 돌아가는가를 보여주는 실제 사례에서 이야기를 시작해보자.

4.1 감정은 살아났지만, 구조는 그대로였다 – 왜 회복은 반복되지 못하는가?

"정말 최선을 다했어요. 들어주고, 기다려주고, 공감하고… 그런데 어느 순간, 팀이 다시 조용해지더라고요. 예전으로 돌아간 것 같았어요."

한 서번트 리더의 말이다. 그는 구성원 한 사람 한 사람을 진심으로 대했고, 그들의 감정을 이해하려 애썼다. 팀은 살아났고, 구성원들은 더 활기차게 회의에 참여했으며, 서로의 일에 관심을 가지기 시작했다. 리더의 행동은 신뢰를 회복했고, 정서적 몰입의 불씨를 되살려놓았다. 그러나 몇 달이 지나자 이상한 낌새가 다시 나타났다. 팀원들의 표정이 굳어갔고, 보고는 의무가 되었으며, 회의는 다시 조용해졌다. 리더는 여전히 그 자리에 있었고, 오히려 더 많이 애쓰고 있었지만, 팀은 다시 무거워졌다. 왜일까?

이유는 간단했다. 감정은 회복되었지만, 일의 구조는 아무것도 바뀌지 않았기 때문이다. 업무는 여전히 반복적이었고, 자율성은 없었으며, 피드백은 형식적이었다. 한 직원은 이렇게 말했다.

"팀장님은 진짜 좋았어요. 처음엔 너무 감사했죠. 저를 믿어주시고 기다려주셨고… 그런데 일이 똑같다 보니 그냥 기계가 된 느낌이 들었어요. 아무리 따뜻한 말이 오가도, 그건 몇 시간만이고, 나머지 8시간은 혼자 싸우는 거잖아요."

이런 고백은 단지 한 팀의 문제가 아니다. 많은 조직에서 서번트 리더십은 회복의 신호탄이 되지만, 그 불씨가 오래가지 못하고 꺼지는 현상은 반복된다. 감정은 관계에서 회복되지만, 그 관계가 매일 반복되는 업무 속에서 깎여 나갈 때, 회복은 다시 침묵으로 되돌아간다.

4.1.1 감정은 관계에서 시작되지만, 구조 없이는 유지되지 않는다.

이러한 반복은 단지 개인의 기분 변화나 피로감 때문이 아니다. 조직심리학은 이를 구조적 문제로 해석한다. 다음의 연구들은 이 흐름을 이론적으로 뒷받침한다.

- Lilius et al.(2008)는 공감적 리더십(compassionate leadership)이 구성원의 감정회복과 조직에 대한 신뢰 회복에 긍정적인 영향을 미친다고 밝혔다. 리더의 따뜻한 개입과 진정성 있는 경청은 일시적으로 무너졌던 관계를 회복시키고, 소진된 감정을 일으켜 세우는 역할을 한다. 그러나 그 회복은 일의 구조와 연결되지 않으면 금세 다시 소진된다는 것이 여러 실증연구의 공통된 메시지다.

- Demerouti et al.(2001)의 JD-R 모델에 따르면, 반복적이고 통제적인 직무구조는 구성원의 감정 에너지를 빠르게 소진시키며, 이는 번아웃으로 이어진다. 감정이 회복되더라도 직무에서 자율성과 자원이 제공되지 않는다면 몰입은 유지되지 못하고 다시 무너질 수 있다. 이때 필요한 것은 감정회복을 구조로 이어주는 전략이다.

- Grant(2007)는 구성원이 자신의 일이 타인에게 긍정적인 영향을 줄 수 있다고 인식할 때, 정서적 몰입(affective commitment)이 높아진다고 보고했다. 반면, 일이 조직의 목적과 단절되어 있다고 느끼면, 아무리 리더와 관계가 좋아도 몰입은 유지되지 않는다. 이는 감정회복 이후에도 일의 의미를 구성원이 스스로 재구성하는 과정이 필요하다는 점을 시사한다. 이러한 필요를 구조화한 것이 바로 Job Crafting이다.

- Wrzesniewski & Dutton(2001)은 Job Crafting을 통해 구성원이 자신의 업무의 의미와 경계를 자율적으로 재설계함으로써 정체성과 몰입을 회복할 수 있음을 밝혔다. Job Crafting은 단지 과업의 수정이 아니라, 조직이 회복된 감정을 지탱하기 위한 구조를 제공하는 실천전략이다. 이러한 관계는 서번트 리더십의 효과 조건에서도 확인된다.

- Hunter et al.(2013)은 서번트 리더십이 초기 신뢰 형성에는 효과적이지만, 직무 자율성과 성장 기회가 결여된 조직에서는 그 효과가 단기적으로 끝난다는 점을 실증적으로 제시했다.

- van Dierendonck et al.(2014)는 서번트 리더십이 몰입을 지속시키기 위해서는 구성원의 내적 자율성과 직무 재량권이 함께 주어져야 하며, 그렇지 않으면 리더십의 감정적 효과는 점차 사라진다고 경고했다.

- Hoch et al.(2018)도 서번트 리더십의 효과는 조직 문화, 직무설계, 성과 체계 등 맥락적 요소에 따라 크게 달라진다. 구조가 뒷받침되지 않으면 회복 효과는 제한적이다.

이 모든 연구는 하나의 메시지를 향한다. "리더는 감정을 살릴 수 있지만, 감정을 지키는 것은 구조의 몫이다." 좋은 리더십은 감정회복의 시작점이 될 수 있다. 그러나 그 회복이 지속되려면, 매일 마주하는 '일'이라는 구조가 그것을 지지해주어야 한다. 그렇지 않으면, 감정은 다시 메마르고, 몰입은 다시 유지적 몰입이라는 생존적 상태로 퇴행하게 된다.

4.1.2 질문은 이제 이렇게 바뀌어야 한다

서번트 리더십은 "어떻게 사람을 대할 것인가?"에 대한 훌륭한 답이었다. 그러나 이제 조직은 그 다음 질문을 던져야 한다. "좋은 리더십이 작동할 수 있는 구조는 어떻게 설계되어야 하는가?", "회복된 감정은 어디에 담겨야 지켜질 수 있는가?", "사람을 바꾸는 것을 넘어, 일을 바꾼다는 것은 무엇을 의미하는가?"

감정은 배려로 회복되지만, 그 배려가 오래가기 위해서는 일이 달라져야 한다. 좋은 리더가 아무리 경청하고 공감하더라도, 구성원이 맞이하는 업무가 반복적이고 의미 없으며 자율성이 없다면, 그 감정은 다시 소진된다. 이제 우리는 사람을 바꾸는 실천을 넘어, 일을 바꾸는 구조 설계로 나아가야 한다. 그 해답이 바로 다음에서 다룰 Job Crafting과 i-deals, 즉 감정을 구조로 옮기는 두 가지 전략이다.

4.2 구조 설계의 실천 전략: Job Crafting과 i-deals

이제 조직은 구성원의 회복과 몰입을 말이 아닌 구조로 증명해야 할 때다. 감정을 회복시킨 리더십이 다시 소모되지 않기 위해서는, 그 감정을 지켜줄 구조가 필요하다. 그리고 그 구조를 설계하는 핵심적인 전략이 바로 Job Crafting과 개별적 근무조건(i-deals)이다. 그렇다면 수많은 직무설계 전략 중, 왜 하필 이 두 가지일까? 그 이유는 분명하다. 이 두 전략은 단지 효율을 높이기 위한 기술이 아니라, '감정을 회복할 수 있는 구조'를 만드는 데 최적화된 방식이기 때문이다.

전통적인 직무설계는 Top-down 방식으로, "어떤 일을 누가, 어떻게 효율적으로 수행할 것인가?"에 초점을 맞춘다. 예를 들어 Hackman과 Oldham의 직무특성이론(Job Characteristics Theory, 1976)은 기술 다양성, 과업 정체성, 과업 중요성, 자율성, 피드백 등을 강조하며, '잘 설계된 일'이 동기를 유발한다고 보았다. 하지만 이 접근은 어디까지나 조직이 설계하고, 구성원은 적응하는 구조였다.

반면, Job Crafting과 i-deals는 Bottom-up 방식이다. 구성원이 자기 손으로 일의 의미를 재구성하거나, 조직과의 협의를 통해 일의 조건을 재조정하는 구조 설계다. 즉, '주어진 틀 안에서의 동기'가 아니라, '내가 직접 만드는 의미' 속에서 몰입을 회복하는 감정 중심의 설계다.

• Job Crafting은 구성원이 자신의 업무를 재해석하고, 관계를 재구성하며, 일을 통해 자기 존재를 회복하는 전략이다. 이는 단순한 업무조정이 아니라, 정체성과 의미 회복의 실천이다.

• i-deals는 구성원의 삶의 리듬과 개인적 필요를 반영해, 조직과 협의 하에 근무시간, 과업 비중, 역할 범위 등을 유연하게 조정하는 구조 설계다. 이는 배려가 아니라, 존중에 기반한 합의다.

Job Crafting은 개인의 내면으로부터의 변화를 이끌고, i-deals는 관계와 제도를 통해 외부로부터의 조건을 바꾼다. 이 두 전략은 조직이 구성원에게 말로만 "당신이 중요하다"고 말하는 것이 아니라, 구조적으로 "우리는 당신을 고려하고 있다"는 메시지를 전하는 방법이다. 그 결과, 구성원은 머무는 이유를 생계나 책임이 아니라, 존중받고 연결된다는 감정에서 찾게 된다. 하지만 이 전략들이 효과적으로 작동하려면, 구성원이 스스로 바꿀 수 있다는 믿음을 가질 수 있는 환경이 전제되어야 한다. 그 환경은 리더의 태도에서 출발한다. 서번트 리더의 경청, 공감, 존중은 구성원이 변화할 수 있는 안전지대를 만든다. Job Crafting과 i-deals는 구성원이 주체가 되어 자신의 일을 재구성하는 방식이지만, 그 주체성을 허용해주는 조직문화와 리더십 없이는 실행되기 어렵다.

"회복은 시혜가 아니다. 몰입은 동기 이전에 환경이다. 또한 그 환경은 리더의 태도와 조직의 구조가 함께 만들어가야 하는 시스템이다. 감정을 되살리는 일은 행동에서 시작되지만, 감정을 지켜주는 일은 설계에서 완성된다."

일은 바꿀 수 있을까? –
Job Crafting, 감정회복의 시작

좋은 리더십은 감정을 회복시킨다. 하지만 회복된 감정이 일의 구조 속에서 유지되지 않으면, 그 감정은 다시 사라진다. 한때는 공감과 경청이 있었고, 팀 안에는 따뜻한 에너지가 돌았다. 그러나 업무는 여전히 같았고, 보고방식도 그대로였고, 의미 없는 회의는 계속되었다. 결국 사람들은 기대를 접고, 다시 무표정해진다. 감정은 관계에서 시작되지만, 몰입은 구조 속에서 유지된다. 리더가 감정을 살렸다면, 그 감정을 유지할 수 있는 구조가 필요하다. 감정을 담을 수 있는 일, 감정을 허락하는 업무방식, 감정을 지켜주는 자율성이 있어야 회복은 지속된다. 우리는 이렇게 물어야 한다. "좋은 감정이 있었던 그 순간 이후, 일은 어떻게 달라졌는가?"

이 장은 그 질문에 대한 실천적 응답이다. 조직이 정해준 일의 틀 안에서, 나만의 방식으로 의미를 되찾는 일. Job Crafting은 '일을 다시 내 것'으로 만드는 회복의 첫걸음이며, 감정의 회복이 단지 순간이 아니라 지속 가능한 변화로 이어지기 위한 구조적 해답이다.

1. 일은 왜 반복될수록 감정을 소진시키는가?
감정 소진과 몰입의 붕괴 경로

직무란 원래 '기술적으로 정해진 것'이었다. 위에서 정하고, 아래는 따랐다. 하지만 현대의 일은 더 이상 기술적으로만 작동하지 않는다. 협업, 창의성, 정체성, 의미 같은 요소가 결합되어야 지속 가능한 몰입이 가능하다. 그러나 많은 조직은 여전히 '지시된 구조' 속에서 '몰입'을 요구한다. 그 결과, 일은 반복되고 사람은 지친다. 몰입은 점점 감정의 언어에서 멀어지고, 생존의 언어로 바뀌어 간다.

이러한 반복과 통제의 구조는 단지 업무의 문제만이 아니다. 많은 구성원은 자신이 정당한 평가를 받지 못하고, 일에 대한 설명 없이 지시만 받으며, 일관성 없는 업무배치를 경험하면서 '공정하지 않다'는 인식을 점차 강하게 느끼게 된다. 이는 단순한 피로감이 아니라, 조직 공정성의 침해로 인한 감정적 상처이며, 그 불공정함이 반복될수록 신뢰는 무너지고 감정은 소진된다. 이런 경험이 누적될수록, 조직에 대한 신뢰는 무너지고, 일은 점점 '나의 일'이 아니라 '그저 해야 하는 일'로 변해간다.

유지적 몰입은 바로 이런 순간에 발생한다. 감정은 사라졌고, 조직에 대한 애정도 줄어들었지만, 책임감이나 생계 때문에 떠나지 못한다. 말하자면 '조직에 남아 있지만, 이미 감정적으로는 떠나 있는 사람'이다. 그 중심에는 항상, 공정하지 않다는 인식과 감정이 소진된 일 구조가 함께 있다. 반복되는 지시, 무의미한 과업, 일관되지 않은 평가와 배분. 이 모든 요소는 감정을 소진시키고, 감정이 빠져나간 자리에 '의무'와 '체념'만 남긴다. 이는 유지적 몰입의 전형적인 징후다. 감정이 떠난 일은, 몸만 남은 조직원을 만들어낸다. 더 깊이 들여다보면, 이는 단순한 직무피로가 아니다. 감정의 사라짐은 정체성의 붕괴다. '내가 왜 여기 있는가?'에 답하지 못하는 상태, 그것이 유지적 몰입의 본질이다. 많은 직원이 말한다. "왜 이 일을 해야 하는지 모르겠어요. 그냥 시키니까 하는 거죠." 이 말 속에는 단지 피로만이 아니라, 감정의 박탈과 정체성의 침식이 담겨 있다. 일은 감정을 묻지 않고, 지시는 설명을 생략하며, 결과는 기준 없이 판단된다. 그 안에서 구성원은 더 이상 주체가 아니다.

조직 공정성 이론으로 보면 이는 단순한 업무 스트레스가 아니다. 일관되지 않은 과업배정은 분배 공정성 침해, 설명 없는 지시는 절차 공정성 침해, 무시된 피드백은 상호작용 공정성의 결여다. 이런 상황이 반복되면 구성원은 감정적으로 무력해지고, 점차 '내가 선택할 수 있는 여지는 없다'는 인식을 갖게 된다. 이는 자기결정이론(Self-Determination Theory)에서 말하는 '자율성의 상실' 상태로 이어지며, 구성원은 외재적 동기에만 의존한 채 수동적인 역할 수행자로 전락한다. 이런 상태에서는 감정이 무너지고, 에너지가 고갈되며, 결국 '존재하지만 몰입하지 않는 사람'으로 남게 된다. 감정의 이탈은 갑자기 일어나지 않는다. 처음엔 의무감으로 시작된다. "그래도 내가 맡은 일이니까." 그러다 어느 순간, 결정권 없는 반복적 지시에 무력감을 느끼게 되고, 점차 의견을 내지 않게 되며, 마침내는 "말해봤자 바뀌지 않아"라는 체념으로 굳어진다. 감정은 점차 닫히고, 에너지는 고갈되며, 자신이 조직의 일부라는 느낌은 점점 사라진다.

그렇다. 그뿐이 아니다. 이는 결과적으로 심리적 안전감 또한 무너지게 한다. '말하지 않는다'는 것은 의견이 없어서가 아니라, 말해도 안전하지 않다는 신호다. 구성원은 판단을 멈추고 방어를 시작한다. 관계는 단절되고, 일은 멀어진다. 감정은 빠져나가고, 남는 것은 반복과 체념뿐이다. 그렇게 감정이 무너진 자리에는 더 이상 몰입이 남을 수 없다. 감정이 사라진 일터에서 몰입은 시작되지 않는다. 사라진 감정은 더 나은 성과나 보상이 아니라, 공정한 대우와 나다운 선택에서 살아난다. 결국, 우리가 회복해야 할 것은 "일의 방식이 아니라 일을 대하는 내 감정이며, 조직이 바꿔야 할 것은 업무배치가 아니라 감정을 다루는 구조"다.

Job Crafting은 그 회복을, 누군가 대신해주는 구조가 아닌 내가 다시 감정을 회복할 수 있는 틀로서 제안한다. 그래서 우리는 다시 질문해야 한다. "감정이 사라진 이 일에서, 나는 어떻게 나를 회복할 수 있을까?" 이 질문은 단지 일의 효율성을 높이기 위한 것이 아니라, 나의 감정을 다시 연결하기 위한 실천의 시작이다. 그리고 그 해답의 실마리는, 누군가에게 정해진 일이 아니라, 나 스스로 다시 정의하는 일, 바로 Job Crafting이라는 회복의 방식에서 찾을 수 있다.

2. Job Crafting이란 무엇인가? - 의미와 주도성의 회복

Job Crafting은 앞에서 제시한 질문에 대한 개인의 주도적 응답이다. 감정이 소진된 업무환경에서 자신을 다시 회복하기 위한 방식으로, 구성원이 스스로 업무의 의미를 재해석하고, 관계를 새롭게 정립하며, 일의 방식을 조정해 나가는 과정이다. 이 개념은 단지 효율성을 높이는 수단이 아니라, 감정적 회복과 존재감의 회복이라는 본질적 목표를 가진다. Job Crafting은 크게 두 가지 이론적 흐름으로 정의된다. 이 두 이론은 지역적으로도 차이를 보인다. Wrzesniewski와 Dutton의 접근은 주로 미국을 중심으로 한 영미권에서 연구가 활발히 이루어졌으며, '일의 의미'와 '정체성 회복'이라는 심리적 요소에 초점을 맞춘다. 이는 개인주의적 문화, 자아실현을 중시하는 조직환경에서 자연스럽게 등장한 접근이다. 반면, Tims와 Bakker의 관점은 유럽, 특히 네덜란드를 중심으로 발전하였으며, 직무요구와 자원의 균형을 통해 에너지와 몰입을 조절하려는 구조적 접근에 가깝다. 이 모델은 안정된 고용환경과 제도적 스트레스 관리가 잘 갖춰진 유럽의 노동 맥락과 잘 어울린다. 즉, Wrzesniewski와 Dutton은 '내가 누구인가?'에 집중했고, Tims와 Bakker는 '내가 어떻게 지탱할 것인가?'를 물었다. 하나는 정체성의 회복에, 다른 하나는 에너지의 관리에 방점을 둔다.

그리고 우리는 지금, 이 두 접근이 동시에 요구되는 한국적 맥락에 놓여 있다. 이는 단순히 문화 차이의 문제가 아니라, Job Crafting이라는 개념이 한국이라는 새로운 조직 현실 속에서 어떤 식으로 작동하고 적용되어야 하는지를 묻는 질문이기도 하다. 서구에서 발전한 이론들이 한국에 그대로 이식되기보다는, 한국 고유의 조직문화, 심리적 특성, 리더십 구조 속에서 어떻게 조화롭게 실천될 수 있는지를 고민할 필요가 있다. 비교적 강한 위계구조와 빠른 업무속도, 동시에 높아진 자율성과 의미추구 욕구가 공존하는 한국의 조직문화에서는 일의 '의미 회복'과 '에너지 조절'이라는 두 축이 함께 고려되어야 한다. 그러므로 이 두 모델은 단순한 이론 비교를 넘어 한국 조직에서의 Job Crafting 실천을 위한 상호 보완적 기반이 된다. 특히 한국의 조직문화에서는 이러한 두 가지 Job Crafting 접근이 모두 필요한 상황이다.

빠른 변화 속도, 높은 업무강도, 강한 위계구조와 같은 전통적 요소와 더불어, 최근에는 개인의 자율성과 의미 추구 욕구 또한 급격히 확장되고 있다. 많은 구성원들이 반복적이고 통제적인 구조 속에서 감정을 소진하지만, 동시에 스스로 일의 의미를 되찾고 싶어 하며, 작은 실천으로 변화를 시도하려는 흐름도 존재한다. 실제로, 감정노동이 심한 서비스 직종에서는 Wrzesniewski와 Dutton의 인지적 Job Crafting이, 생산성과 효율성이 중시되는 산업현장에서는 Tims와 Bakker의 JD-R 기반 Job Crafting이 각기 다르게 실천되고 있다. 또한 일부 조직에서는 이 둘을 통합한 새로운 시도가 등장하고 있다. 따라서 이론적 이해에 앞서, 우리는 이 두 접근이 한국 조직 현실 속에서 어떻게 작동할 수 있으며, 어떤 방식으로 조화를 이룰 수 있는지를 함께 살펴볼 필요가 있다. 이처럼 한국의 조직문화는 감정회복과 구조 설계를 동시에 요구하고 있다.

이제부터는 이러한 흐름을 이론적으로 뒷받침하고 있는 두 가지 Job Crafting 접근, 즉 Wrzesniewski & Dutton의 인지 중심 모델과 Tims & Bakker의 JD-R 기반 모델을 구체적으로 살펴본다. 이후 이론이 실제 현장에서 어떻게 실천되고 있는지는 다음 절의 사례를 통해 확인할 수 있을 것이다.

먼저, Job Crafting 개념을 처음 제안한 Wrzesniewski와 Dutton(2001)의 접근부터 살펴보자. 이들은 Job Crafting을 "개인이 자신의 일을 심리적으로 재구성함으로써 정체성과 연결시키는 행위"로 정의하였다. 다시 말해, 구성원이 '지시받은 일'을 그대로 수행하는 데 그치지 않고, 그 일을 자신만의 방식으로 해석하고 재구성해 나가는 과정을 의미한다. 예를 들어, 반복적인 문서작업을 단순한 기록이 아닌 '조직의 방향성을 정리하는 전략적 행위'로 받아들이거나, 매일 반복되는 고객응대 업무를 '고객의 하루를 바꾸는 의미 있는 소통'이라고 여기는 태도 전환이 이에 해당된다.

이러한 Job Crafting이 일어나는 내면의 흐름에 대해, Wrzesniewski와 Dutton은 세 가지 동기에서 출발한다고 보았다. 첫째는 통제감과 의미를 되찾고 싶은 마음이다(Need for control and meaning). 감정이 지친 사람은 일이 자신을 끌고 간다고 느낀다. 그래서 '이건 내가 선택한 일이야', '이 일은 나에게 의미가 있어'라고 말할 수 있기를 바란다. 둘째는 자기 긍정을 회복하고 싶은 마음이다(Need for a positive self-image). 단지 월급을 받기 위해서가 아니라, '나는 이 일을 잘하고 있어', '나는 이 일 안에서 괜찮은 사람이야'라는 감정을 느끼고 싶어진다.

셋째는 사람들과 다시 연결되고 싶은 마음이다(Need for human connection). 혼자 고립된 채 일하다 보면 자신이 점점 흐려진다. 그래서 누군가와 함께하고, 그 안에서 다시 살아 있음을 확인받고 싶어진다. 이러한 마음은 단지 성격의 차이가 아니라, 감정이 소진되고 관계가 끊기고 스스로를 잃어버린 사람들이 품는 자연스러운 회복의 신호다. 그리고 바로 그 지점에서, 사람들은 조용히 자신의 일을 바꾸려는 시도를 시작한다. 그것이 바로 Job Crafting이다. Wrzesniewski와 Dutton은 이 Job Crafting이 구체적으로 세 가지 방식으로 나타난다고 보았다.

- **과업(Task) crafting**: 자신이 수행하는 일의 수, 범위, 방식 등을 조정하는 것이다. 예컨대, 디자인 엔지니어가 프로젝트 완수의 효율성을 높이기 위해 기존과는 다른 시간 구조나 접근방식을 스스로 설계해보는 행위는, 그를 단순한 수행자가 아니라 '업무의 설계자'로 자리매김하게 만든다.

- **관계(Relational) crafting**: 일하면서 맺는 관계의 경계를 스스로 재구성하는 것이다. 비슷한 문제의식을 가진 동료들과 협업을 자청하거나, 자신에게 긍정적 영향을 주는 사람과의 관계를 강화함으로써, '나를 지지하는 관계망'을 직접 설계하는 것이다.

- **인지(Cognitive) crafting**: 자신이 하는 일의 목적과 의미를 다시 해석하는 것이다. 예를 들어, 간호사가 자신의 역할을 단순한 의료 보조가 아니라 환자의 삶 전체를 돌보는 보호자라고 받아들이는 인식의 전환이 이에 해당된다.

이 세 가지 방식은 직무의 경계를 물리적으로 또는 심리적으로 다시 그리는 행위이며, 구성원은 그 안에 자신을 담을 수 있다는 느낌을 회복하게 된다. Wrzesniewski와 Dutton은 이러한 과정을 통해 구성원이 "일을 통해 나를 표현한다"는 감각, 즉 정체성의 회복(identity reclaiming)이 가능해진다고 보았다. 결국 Job Crafting은 단지 일의 변경이 아니라, 자신의 존재를 다시 확인하는 내면적 설계 행위이며, 감정회복의 실질적 경로로 작동할 수 있다.

Job Crafting의 또 다른 이론적 기반은 Tims와 Bakker(2010, 2011)가 제안한 JD-R(직무요구-자원) 모형이다. 이들은 Job Crafting을 단지 '심리적 의미부여'의 과정으로 보지 않았다. 대신, 개인이 실제로 일의 구조자체를 바꾸는 능동적 조정 행위로 정의했다. 이 모델은 구성원이 직무 속에서 느끼는 과도한 직무요구(Job Demands)와 자원 부족(Job Resources) 간의 불균형을 인식하고, 그것을 조율하려는 일련의 시도들이 바로 Job Crafting이라고 설명한다. 핵심은, 구성원이 일상 업무 속에서 자신과 업무 사이의 불일치(P-J Misalignment)를 감지하는 순간이다. Tims & Bakker(2010)는 이렇게 설명한다.

"Job crafting refers to the changes that employees make to balance their job demands and job resources with their personal abilities and needs."

즉, 구성원은 자신의 역량(abilities)이나 욕구(needs)가 현재의 업무요구와 어긋난다고 느낄 때, 그 틈을 메우기 위한 심리적·구조적 조정에 나선다. 이는 단순히 피로를 줄이기 위한 행동이 아니다. 일을 다시 내게 맞게 만드는 실천이며, 조직 안에서 '나'를 잃지 않기 위한 회복의 시작점이다. Tims et al.(2012)은 이러한 조정 행동이 불일치(misfit) 경험에서 비롯된다고 강조한다.

"Job crafting is initiated when employees experience a misfit between their job characteristics and their own preferences or abilities."

이처럼 Job Crafting은 감정이 소진되기 전에, 자기 일에 대한 정체성과 자율성을 회복하려는 시도로 나타난다. 이 조정은 보통 세 가지 방식으로 전개된다. 첫째, 직무요구를 줄이는 시도(예: 반복 업무의 간소화), 둘째, 직무자원을 늘리는 시도(예: 피드백 요청, 협업 구조 설계), 셋째, 도전적 과제를 스스로 추가하는 방식(예: 새로운 프로젝트 제안)이다. 이처럼 JD-R 기반 Job Crafting은 단지 감정적으로 의미를 부여하는 것이 아니라, 직무의 내용, 흐름, 상호작용 방식 자체를 바꾸는 구조적 실천이라는 점에서 그 의의가 크다.

더불어 이 모델은 Crafting이 발생하려면 개인 특성과 직무 특성이 상호작용해야 한다고 본다. 자율성이 보장된 직무, 반복성이 낮은 업무일수록 Job Crafting은 활발히 일어나며, 자기효능감, 성장욕구, 자율지향성 같은 심리적 특성이 그 행동을 촉진하는 핵심 요인으로 작동한다. 결과적으로, 이러한 Crafting은 직무 몰입, 회복탄력성, 조직 적응감, 직무만족을 높이는 긍정적 효과로 이어진다.

결국 이 두 가지 관점은 서로 다른 경로로 하나의 목적에 닿는다. Wrzesniewski와 Dutton은 '내가 누구인가?'에 집중했고, Tims와 Bakker는 '내가 어떻게 지탱할 것인가?'를 물었다. 그리고 그 둘의 교차점에서, Job Crafting은 단순한 업무 조정이 아닌 감정회복의 전략으로 자리 잡는다.

반복되는 과업 안에서도 자신만의 방식을 만들어내고, 의미 없는 일 안에서도 작은 가치를 찾아내는 과정. 그것이 바로 Job Crafting이다. 이 개념은 구성원의 정체성, 자율성, 의미에 대한 욕구를 반영한다. 업무를 단순히 수행하는 것이 아니라, 그것을 통해 '나'를 표현하고, '내 일'로 받아들일 수 있는 심리적 기반을 만드는 것이다. 이때 회복되는 것은 업무가 아니라, 나 자신이다. Job Crafting은 자기회복의 방식이면서도 조직회복의 단초가 된다. "구성원이 감정을 회복해야 몰입이 살아나고, 몰입이 있어야 조직이 살아난다."

3. 감정이 사라진 하루 – 어느 직장인의 이야기

아침 9시. 출근길 지하철 안, 문득 스스로에게 묻는다. "나는 왜 아직 이 회사에 다니고 있지?" 억울한 일도 줄었고, 리더는 전보다 공감하려고 노력한다. 목소리를 들으려는 시도도 있다. 하지만 회의는 여전히 낯설고, 보고서는 말없이 쓰여진다. 감정은 덜 상처받는데, 마음은 여전히 멀다. 더 이상 사람(리더)의 문제가 아닌 것 같다. 어쩌면 지금은, 일이 문제인지도 모른다. 문득 민경이 떠오른다. 민경은 이번에 새로 입사한 경력직이었다. 입사한 지 얼마 되지 않았지만, 어느 회의에서 그녀가 낸 보고서를 본 순간 나는 멈칫했다. 내용이 특별해서가 아니었다. 구조는 비슷했고, 정보도 익숙했다. 그런데 그 안엔 무언가가 담겨 있었다. 작은 표 하나, 짧은 제안 문장 하나. 그건 누군가에게 보여주기 위한 포장보다, 이 조직이 더 나아지기를 바라는 진심처럼 느껴졌다. 그 순간 문득 예전의 내가 떠올랐다. 나도 처음 입사했을 땐 그랬다. "내가 이 일에 어떤 기여를 할 수 있을까?"를 고민했고, 보고서 하나에도 의미를 담으려 했다. 그런데 지금의 나는, 그저 오류 없는 문서와 침묵의 회의만 반복하고 있다. 나는 점점 이 일에서 지워지고 있었다.

사실 많은 직장인에게 이 장면은 낯설지 않다. 억울함은 줄었지만, 반복되는 하루는 여전히 견디기 어렵다. 지시는 존재하지만 의미는 사라졌고, 회의는 이어지지만 감정은 흐르지 않는다. 우리는 매일 같은 문서, 같은 회의, 같은 사람을 마주하며 감정을 점점 지운다. 그게 어른이 되는 일이라고 믿으며, 일에 순응한다. 하지만 그런 하루 속에서도 어떤 장면은 이상하게 오래 남는다. 그때 깨달았다. 내가 겪고 있는 건 단순한 무기력이나 번아웃이 아니라, 일과 나 사이의 어긋남이었다.

Wrzesniewski와 Dutton(2001)은 이런 상태를 정체성–직무 불일치(misalignment)라고 설명한다. 사람은 이 불일치를 인식하는 순간, 그 틈을 메우기 위한 심리적 동기를 갖게 된다. 그 동기는 업무의 내용(task), 관계(relational), 의미에 대한 인식(cognitive)의 세 가지 경계를 바꾸는 실천으로 이어진다. 이를 우리는 Job Crafting이라 부른다.

민경은 그것을 의도하지 않았을지 모른다. 하지만 그녀의 정서적 몰입은, 오래된 나를 조용히 흔들어놓았다. 물론, 그녀도 시간이 지나면 달라질 수 있다. 감정만으로는 오래 버티기 어렵다는 걸, 나 역시 겪어봤으니까. 그래서 더 분명해졌다. 몰입은 감정에서 시작될 수 있지만, 끝까지 살아남기 위해선 구조가 필요하다는 사실이. 나는 그날 이후 처음으로 내 보고서에 내 생각을 담기 시작했다. 틀리지 않는 보고서가 아니라, 다시 '내가 낸 보고서'를 써보고 싶었다. 누구에게 보이기 위한 것이 아니라, 나에게 확인받기 위한 실천이었다. "나는 아직 여기 있다"는 감정을 다시 느껴보기 위해.

Job Crafting은 그렇게 시작된다. 거창한 혁신이 아니라, 작지만 낯선 감정의 움직임. 그 조용한 흔들림이 다시 나를 일 속에 불러들이는 신호가 된다. 그리고 그 움직임은 몰입을 회복하기 위한 가장 실천적인 경로가 된다. 우리는 그 회복의 첫걸음을 구조적으로 이해하고, 실제로 어떻게 실행될 수 있을지를 살펴보고자 한다. Job Crafting은 개념 이전에 실천이고, 용어 이전에 몸의 반응이다. 누군가는 일의 반복 속에서 감정이 점점 사라지고 있음을 감지하고, 누군가는 여전히 이 일이 나의 것이기를 바라는 마음에서 조용히 변화를 시작한다.

그 실천은 크게 세 가지 기반에서 나타난다. 첫 번째는 Wrzesniewski와 Dutton의 접근으로, 구성원이 과업(Task), 관계(Relational), 인지(Cognitive)의 경계를 스스로 재구성하여 일에 다시 의미를 부여하고 정체성을 회복하려는 방식이다. 이 접근은 '나는 이 일을 왜 하는가?'라는 내면의 물음에 스스로 답을 찾기 위한 정서적 실천이다. 두 번째는 Tims와 Bakker의 JD–R 기반 모델로, 구성원이 직무요구(Job Demands)와 직무자원(Job Resources) 간의 균형을 맞추기 위해 일의 구조 자체를 능동적으로 조정하는 전략이다. 이는 감정이 무너지기 전에 지속 가능성을 확보하기 위한 구조적 실천이다. 그리고 세 번째는, 이 두 접근을 동시에 실천하는 복합형 Job Crafting이다. 감정의 회복과 구조의 설계를 함께 시도함으로써, 몰입의 시작과 지속을 동시에 만들어내는 방식이다. 특히 한국의 조직문화에서는 이 복합형 접근이 더욱 현실적인 전략으로 작동한다. 수직적 위계, 빠른 업무속도, 반복되는 형식과 보고 문화는 여전히 강력하지만, 동시에 구성원들은 자율성과 의미를 갈망한다. 하나는 감정을 회복하고 싶고, 다른 하나는 오래 버틸 수 있는 구조를 원한다. 이처럼 한국의 일터는 정체성의 회복과 구조의 지지가 동시에 요구되는 공간이다. 그래서 Job Crafting은 어느 하나의 방식만으로는 부족하다. 감정을 되살리는 의미 중심의 전환과 지속 가능성을 설계하는 자원 중심의 조정이 함께 이루어질 때, 회복은 지속되고 실천은 제도가 된다.

그렇다면 이론을 넘어, 실제 일터에서는 이러한 Job Crafting이 어떻게 실행되고 있을까? 누군가는 회의 시간의 목적을 되묻고, 누군가는 보고서의 흐름을 새롭게 설계하며, 또 누군가는 전체 업무 구조를 바꾸는 협상을 시도한다. 그들은 모두 스스로의 감정을 회복하기 위해, 자신의 자리를 지워지지 않기 위해, 작지만 단단한 실천을 시작한 사람들이었다. 지금부터 소개할 세 가지 이야기에는, 우리가 바꿀 수 있는 일과 바꿔야 하는 감정이 무엇인지에 대한 단서가 담겨 있다. 이제, 그 회복의 이야기를 따라가 보자.

4. 직무를 다시 그린 사람들 – 감정회복은 실천에서 시작된다.

감정이 무너지는 이유는 하나지만, 회복의 방식은 사람마다 다르다. 누군가는 무의미한 반복 속에서 자신을 잃어가고, 누군가는 감정을 지키기 위해 기대를 접으며 일과 거리를 둔다. 그리고 또 누군가는, 같은 현실 속에서도 조용히 질문을 던진다. "지금 이 일을, 내가 조금 다르게 해볼 수는 없을까?", "지금 이 자리를, 내가 지킬 이유는 없을까?" Job Crafting은 바로 그 질문에서 시작된다. 이론은 직무의 경계를 다시 그리라고 말한다. 하지만 현실의 조직에서 회복을 시도한 사람들은 단지 경계를 바꾼 것이 아니라, 의미, 구조, 감정을 함께 재설계했다.

- **첫 번째 사례는 인지 중심 Job Crafting이다.**

반복되고 소외된 업무에 '회복'이라는 의미를 입힌 한 병원 청소부의 이야기로, 정체성과 감정회복의 심리적 전환이 어떻게 시작되는지를 보여준다.

- **두 번째 사례는 JD-R 모델 기반의 자원 중심 Job Crafting이다.**

예측 불가능한 협업과 비효율 속에서, 일의 흐름과 자원을 스스로 재설계한 생산기획 담당자의 경험을 통해, 구조 설계가 감정회복의 기반이 될 수 있음을 보여준다.

- **세 번째 사례는 심리 기반과 구조 기반의 통합형 Job Crafting이다.**

감정노동으로 지쳐가던 고객센터 상담사가 일의 의미, 동료 관계, 시스템 구조를 동시에 재설계하며, 정체성과 효율을 함께 회복해낸 과정을 담고 있다.

이들의 경험은 Job Crafting이 단지 이상적인 이론이 아니라, 지금 여기의 무기력과 소진

속에서도 작게 시작할 수 있는 회복의 언어임을 보여준다. 그리고 그 시작은 언제나 한 가지 질문에서 출발한다.

"나는 지금의 일을, 어떻게 다시 나의 일로 만들 수 있을까?"

4.1 직무를 다시 그린 사람들 : "나는 회복을 돕는 사람입니다" – 병원 청소부, 일의 의미를 다시 그리다

그녀는 대형 병원의 청소부로 일하고 있었다. 하루에도 수십 개의 병실을 오가며, 침대 옆 바닥을 닦고, 쓰레기를 비우고, 창문을 정리하는 일이 그의 일상이었다. 처음 몇 달은 견딜 만했다. 하지만 시간이 지나며 이 일에 '감정'은 점점 사라졌다. 환자나 보호자와 눈을 마주칠 일도 없고, 고생한다는 말 한마디 들을 기회도 드물었다. "나는 그냥 존재하지 않는 사람 같았어요." 그녀는 그렇게 말했다. 그러던 어느 날, 중환자실 복도를 지나던 중, 한 환자의 보호자가 그녀에게 작게 인사했다.

"고맙습니다. 덕분에 이 공간이 참 안정돼 보여요." 순간 그녀는 멈췄다. '내가 단지 바닥을 닦는 것이 아니었구나'라는 생각이 처음으로 들었다. 그날 이후, 그녀는 일을 대하는 태도와 시선을 완전히 바꾸기 시작했다.

● 인지적 전환(Cognitive Crafting)

그녀는 자신이 '단순히 청소하는 사람'이 아니라, 환자의 회복을 돕는 환경을 설계하는 사람이라고 받아들이기 시작했다. 병실 바닥을 닦는 행위는 위생관리 이상의 의미였다. 그것은 불안한 환자와 가족에게 '안심할 수 있는 공간'을 제공하는 심리적 회복의 기반이라는 인식이었다. 이전까지는 일의 목적이 '오염제거'였다면, 이제는 '심리적 안정감 제공'으로 재 정의된 것이다.

● 과업의 재설계(Task Crafting)

이 인식의 변화는 그녀의 행동을 바꿔놓았다. 그녀는 다음과 같은 변화를 시도했다. 청소 순서를 변경했다. 집중 치료실부터 먼저 돌고, 덜 급한 구역은 나중에 했다. 물건 배치도 조정했다. 환자의 손이 자주 닿는 부분은 먼저 닦고, 창가 쪽은 햇빛이 들어올 수 있도록 열어 두었다. 장비와 세제 선택도 바꾸었다. 자극적인 냄새 대신, 향이 없는 저 자극 세제로 교체했다. 그녀의 모든 움직임은 '환자의 회복'을 중심에 둔 정서적 설계로 변해갔다.

● 관계의 재조정(Relational Crafting)

일의 의미와 방식이 달라지자, 동료나 환자와의 관계도 자연스럽게 바뀌었다. 환자에게는 무표정으로 지나치기보다 "오늘은 기분이 좀 어떠세요?"하고 가볍게 말을 걸었다. 간호사와도 "혹시 이 방은 환자 상태가 어떤가요? 조심할 부분이 있을까요?"라고 물으며 협업적 소통을 시작했다. 자신이 병원의 '치유 동선'을 설계하는 팀원이라는 자각은, 조직에서의 소외감을 줄이고 몰입감을 회복하는 자원이 되었다.

● 정서 회복의 경로

그녀는 말한다. "전에는 매일이 지옥 같았어요. '왜 이걸 해야 하지?', '나를 청소부라고 비웃는 건가?'란 생각뿐이었죠. 근데 지금은요, 이 공간이 환자에게 어떤 영향을 줄지 생각하면서 움직여요. 제가 만드는 공간이 누군가의 하루를 바꾼다고 믿으니까, 제 하루도 달라졌어요."

이처럼 그녀의 Job Crafting은 단순한 업무조정이 아니라, 정체성과 감정의 회복, 그리고 몰입의 회복 경로였다. 사례는 Job Crafting이 단지 자율성의 표현이 아니라, 조직 속 감정 회복의 실질적 경로가 될 수 있음을 보여준다. 그 시작은 대단한 전략이 아닌 하나의 인식에서 출발했다. "내가 단지 청소하는 사람이 아니라, 회복을 설계하는 사람이라면?"이라는 이 작은 질문이 일의 방식을 바꾸었고, 그 변화는 일을 둘러싼 사람과의 관계, 그리고 자신에 대한 감정까지 회복시키는 여정으로 이어졌다.

4.2 직무를 다시 그린 사람들 : "나는 그냥 반복하는 사람이 아닙니다" — 생산기획 담당자, 자원을 늘리고 장애물을 덜다

그는 중견 제조업체의 생산기획팀에서 일하는 대리였다. 매일 수십 개의 생산계획을 작성하고 부서 간 납기 일정을 조율하는 일이 일상이었다. 하지만 그 일상은 반복과 피로, 예측 불가능한 돌발 상황 속에서 지쳐만 갔다. "계획은 매일 틀어지고, 그때마다 탓은 내 몫이었어요. 내가 통제할 수 있는 게 하나도 없었죠."

그러던 어느 날, 야간 생산 클레임으로 긴급 대응한 뒤, 그는 책상 앞에 앉아 스스로에게 물었다. "내가 이 일의 흐름을 바꿀 수는 없을까?" 그 질문이 일의 구조를 다시 설계하게 되는 출발점이었다.

● 구조적 직무자원의 증대(Increasing Structural Job Resources)

그는 먼저 기획 작업의 자동화에 착수했다. 매일 엑셀로 수동 입력하던 생산량과 재고 계산을 매크로와 함수 기반 템플릿으로 재설계해 반복 작업을 줄였다. 이후에는 납기 예측 템플릿을 따로 만들어, 실시간 재고, 발주 리드타임, 비계획 정지 등의 변수를 반영할 수 있게 했다. 단순히 '하던 일을 빠르게'가 아니라, '일의 흐름 자체를 바꾸는 설계'였다. 그는 말한다. "작업 속도보다 중요한 건 흐름을 읽는 감각이더라고요. 이걸 하니까 계획이 아니라 전략을 짜는 느낌이 들어요."

● 사회적 직무자원의 증대(Increasing Social Job Resources)

그는 '계획대로 되지 않는 이유'가 협업 부족이라는 사실을 인지하고, 먼저 생산, 물류, 품질팀과의 비공식 대화 채널을 열었다. 점심시간이나 퇴근 후 잠깐씩이라도 현장과 교류하며 사전정보와 리스크를 공유하는 습관을 들였다. 또한, 팀 위키 페이지를 직접 만들어, 납기지연 원인이나 공정별 우선순위 등을 시각화하고 팀원들과 공유했다. 이 과정에서 팀장과의 신뢰도 높아졌다. 그의 말이다. "이제는 누구도 '왜 또 틀렸냐?'고 묻지 않아요. '이건 왜 이렇게 바꿨는지?' 물어봐요. 설명할 수 있는 자원이 제게 생긴 거죠."

● 도전적 직무요구의 증대(Increasing Challenging Job Demands)

그는 기획에서 정책제안 역할로 자신의 영역을 넓혀갔다. 3년치 생산 데이터를 기반으로 품목별 납기 이탈요인을 분석했고, 이를 바탕으로 '단기 납기 대응전략 보고서'를 스스로 작성해 팀장에게 제출했다. 이후에는 일부 회의에 참관하여 공급망 리스크 논의에도 참여하게 되었고, 단순 계획자가 아닌 전략기획 파트너로서 정체성을 확장해나갔다. "예전에는 생산표한 줄이 틀리면 가슴이 덜컥했는데, 지금은 그 줄이 왜 틀리는지를 내가 설명할 수 있어요. 그게 제 몰입을 다시 살렸어요."

● 방해적 직무요구의 감소(Decreasing Hindering Job Demands)

그는 스스로를 소진시키던 요인들을 명확히 구분했다. 가장 먼저 줄인 건 불필요한 회의와 반복 질문이었다. 이를 위해 그는 '납기조정 FAQ'와 '예외발생 프로세스' 문서를 만들어 팀 내에 공유했고, 긴급 요청이나 예외 상황에 대비해 주간 생산 리스크 브리핑을 간략히 정리해두었다. 불확실성과 정보의 단절이 주던 스트레스를 정보 설계와 예측 시스템으로 줄여낸 것이다. 그는 말한다. "이젠 일에 덜 휘둘려요. 예전엔 일이 저를 통제했는데, 지금은 제가 일을 통제해요."

● 정서 회복의 경로

그는 더 이상 '지시받는 계획 수립자'가 아니라, '흐름을 예측하고 조율하는 설계자'였다. 업무를 구조적으로 설계하고, 협업의 통로를 넓히고, 도전과제에 스스로 뛰어들며, 장애요인을 제거하는 과정은 단순한 효율성 개선이 아니었다. 그는 심리적 주도감을 되찾았고, 그 과정에서 소진되던 감정이 몰입의 에너지로 전환되었다. 그리고 그 회복은 이렇게 말할 수 있다. "일이 바뀌었어요. 아니, 일을 대하는 제가 바뀌었어요."

4.3 감정과 구조를 함께 바꾼 사람 : "나는 시스템을 바꾸며, 나 자신도 회복했다" – 쇼핑몰 고객센터 상담사, 말로만 '감정노동자'가 아니기 위해

그녀는 중형 온라인 쇼핑몰의 고객센터 상담사였다. 전화기 너머로 들려오는 짜증, 불만, 비난에 하루에도 수십 번씩 감정을 소모해야 했다. "감정이 무기처럼 느껴졌어요. 아무리 친절하게 답해도, 반말하고 소리치면… 그냥 제가 쓰레기처럼 느껴졌어요." 그러던 어느 날, 팀 리더가 점심시간에 건넨 한마디가 그녀의 생각을 바꿨다. "오늘은 고객이 당신의 태도 덕분에 마지막엔 웃고 끊었대요." 그 순간, 그녀는 스스로에게 질문했다. "혹시 나는 단순한 응대자가 아니라, 누군가의 하루를 바꾸는 사람일 수도 있지 않을까?"

● 감정 기반의 인지적 전환, 과업과 관계의 회복

그녀는 자신을 불만을 처리하는 사람이 아니라, 고객의 감정곡선을 조율하는 안내자로 새롭게 인식하기 시작했다. 이전엔 고객의 화를 피하는 데 급급했다면, 이제는 고객이 어떤 감정으로 전화를 걸었고, 어떤 상태로 전화를 끊기를 바라는지를 고민했다. 이 인식변화는 행동으로 이어졌다. 스크립트를 완전히 외워 말하던 응대에서 벗어나, 고객 유형별 '공감우선–정보우선–사과우선 전략'을 스스로 구분했다. 동료들과 함께 매일 한 건씩 감정적으로 어려웠던 사례를 공유하며, '정서대응 매뉴얼'을 자발적으로 만들기 시작했다. 상호 협업이 부족했던 상담팀 내에서는, 서로의 감정 상태를 묻고 교대 타이밍을 유연하게 조정하는 '감정리듬 공유' 습관이 생겼다. → 고객을 단순한 '민원인'이 아니라, 감정 곡선을 조율할 대상자로 인식(인지적 Crafting)

- → 고객 유형별로 스크립트를 수정, 정리하고 응대전략을 자율적으로 구분(과업 Crafting)
- → 동료와 어려운 감정 사례를 공유하며 '정서 대응 매뉴얼' 제작(사회적 직무자원 증가)
- → 교대 타이밍 조정 등으로 팀 내 감정 리듬 공유 문화 조성(관계 Crafting + 사회적 직무자원 증가)

● 구조 기반의 JD-R 전략 → 자원의 증대와 요구의 조정

하지만 감정회복만으로는 해결되지 않는 것이 있었다. 상담 시스템 자체가 너무 낡아 자주 멈췄고, 매번 고객정보를 다시 입력해야 했다. 감정회복은커녕, 작업구조 자체가 스트레스의 원인이었다. 그래서 그녀는 리더에게 프로그램 기능개선 제안서를 제출했다. 그리고 지속적인 설득을 통해 리더는 그 제안을 받아들였고 문제를 개선할 수 있었다. 동시에 고객민원 중 반복 항목 상위 10개를 추출해 자동응답 FAQ 템플릿을 직접 만들었다. 상담 전 고객 정보를 자동으로 불러오도록 하는 CRM 연동 시스템을 IT팀에 제안해, 작업 시간을 하루 평균 40분 단축할 수 있었다. 이로 인해 팀 전체의 감정 피로도가 줄었고, 주간 불만 건수도 감소했다.

그녀는 더 이상 "왜 이러세요?"를 반복하지 않고, "어떻게 도와드릴까요?"를 설계할 수 있는 사람이 되었다.

→ 시스템 개선, CRM 연동, 템플릿 설계(구조적 직무자원 증대)
→ 동료 공유, 리더 설득, IT팀 협업(사회적 직무자원 증대)
→ 반복 민원 자동화, 불필요한 입력 제거(방해적 직무요구 감소)
→ 시스템 제안, 감정 설계자로의 역할 전환(도전적 직무요구 증가)

● **정서와 구조가 함께 바뀔 때, 진짜 회복이 시작된다**

그녀의 Job Crafting은 정체성의 회복과 작업구조의 재설계를 함께 품고 있었다. 단지 감정회복으로 끝나지 않았고, 단지 시스템 효율화도 아니었다. "예전엔 저라는 사람이 사라지는 느낌이었어요. 근데 지금은 제 일에 제 감정도 있고, 제 의견도 있어요. 감정노동이 아니라 감정 설계예요."

이 사례는 우리에게 보여준다. 감정에서 출발한 변화가 구조적 설계를 만나야, 비로소 몰입은 지속 가능해지고, 구조의 변화가 감정적 의미를 품어야, 진정한 정체성과 존재감의 회복이 일어난다.

5. 위에서 주어지는 설계 vs 스스로 만드는 구조

기존의 직무설계는 대부분 위에서 아래로 주어졌다. 업무는 세분화되었고, 절차는 매뉴얼화 되었으며, 기준은 명확히 규정되었다. 구성원은 그 틀 안에서 배정된 역할을 수행하는 것이 주된 책임이었다. 이와 같은 구조는 산업화 시대의 효율성과 표준화를 극대화하는 데에는 매우 유용했지만, 동시에 자율성과 의미의 발견에는 취약한 틀이었다. 그런데 몰입은 틀 안에 주어지는 것이 아니라, 자신이 그 틀을 해석하고 확장해 나갈 때 형성된다.

Job Crafting은 이 고정된 구조를 뒤집는다. 직무는 더 이상 '설계되어 내려오는 것'이 아니라, 구성원이 주도적으로 함께 만들어가는 것이라는 철학적 전환이 Job Crafting의 핵심이다. 이는 '지시'에서 '참여'로, '분장'에서 '형성'으로, '따름'에서 '만듦'으로의 관점 변화다. 즉, 일에 대한 관점 자체가 타자 중심에서 자기 중심의 주체적 의미 부여로 이동하는 것이다.

Tims와 Bakker(2010)는 이 개념을 JD-R 모델에 접목하여 세 가지 주요 전략을 제시했는데, 그 중 하나가 바로 '구조적 자원의 증가'이다. 이는 자율성, 학습기회, 성장 가능성, 기술 개발과 같은 자원을 스스로 늘리는 것을 뜻한다. 기존에는 리더나 조직이 제공해야만 가능한 것이라 여겨졌던 자원을, 구성원이 먼저 요청하고, 탐색하고, 실험함으로써 자율적으로 확장하는 것이다. 예컨대, 반복적이고 정형화된 업무를 수행하던 한 직원이 스스로 새로운 개선 프로젝트를 기획하고, 필요한 학습을 요청하여 역량을 키우는 방식이 이에 해당한다. 그는 더 이상 업무를 '받는 사람'이 아니라, 업무를 '다시 쓰는 사람'이 되는 것이다.

특히 감정적으로 회복된 구성원은 이러한 전환에 더욱 민감하게 반응한다. 감정의 단절이 회복되고, 조직에 대한 신뢰가 일정 부분 회복된 구성원은 자신의 일에 새로운 시선으로 접근하게 된다. 단순한 역할 수행자에서 벗어나, 일에 의미를 부여하고, 자신의 강점을 녹여내며, 몰입을 회복하려는 내적 시도를 시작하는 것이다. 이는 감정회복이 단지 관계의 문제만이 아니라, 일 자체에 대한 해석의 전환으로 이어질 수 있음을 보여주는 지점이다. 이러한 접근은 단지 업무를 재배치하거나 편성하는 것을 넘어선다. 그것은 감정과 의미, 그리고 주체성의 재설계다. 구성원이 자신의 강점에 따라 업무를 재조정하고, 자율성을 요청하며, 자신이 가장 몰입할 수 있는 방식으로 일할 수 있도록 허용한다면, 조직은 몰입의 회복뿐 아니라 창의성과 혁신까지 동시에 기대할 수 있다.

물론 이러한 전환은 쉬운 일이 아니다. 관리자와 조직은 여전히 위계적 통제와 표준화된 기준 속에서 업무를 바라보기 때문이다. 하지만 몰입은 위에서 주어지는 지시가 아닌, 아래로부터 솟아오르는 의미의 발견을 통해 회복된다. 오늘날의 직무설계는 더 이상 '효율적인 나눔'이 아니라, '의미 있는 연결과 재구성의 과정'이 되어야 한다. Job Crafting은 직무 자체의 설계를 바꾸기보다는, 그 직무를 바라보는 심리적, 정서적 관점을 변화시키는 과정이다. 감정이 회복된 구성원에게 '몰입'은 새롭게 발견되는 것이며, 조직은 이 창조적 행위를 억제하지 말고 유도해야 할 대상으로 바라보아야 한다.

6. 감정회복의 첫 걸음, Job Crafting

많은 직장인이 말한다. "이 일, 내가 원한 게 아니었어요. 그냥 배정됐고, 그냥 해왔을 뿐이에요." 그러나 Job Crafting은 그 말 이후의 여정을 시작한다. '남이 준 일'을 '내가 만든 일'로 바꾸는 시도, 바로 거기서 감정은 회복되고, 존재감은 다시 깨어난다. 감정은 행동을 변화시키는 에너지의 시작점이다. Job Crafting은 그 감정의 회복이 일의 의미를 다시 쓰게 만들고, 그 의미가 다시 행동을 다르게 만든다. 이 작은 '재구성'은 감정의 회복, 정체성의 회복, 그리고 몰입의 회복으로 이어진다. 그 변화는 아주 작게 시작될 수 있다. 이메일을 다르게 쓰는 방식, 회의 발언 순서를 바꾸는 습관, 고객에게 전하는 말 한마디를 바꾸는 일. 이 작은 '재구성'이 감정의 회복, 정체성의 회복, 그리고 몰입의 회복으로 이어진다.

예를 들어, 한 고객센터 직원은 불만 처리 전화에서 "정책상 어렵습니다" 대신 "제가 확인해보겠습니다"라고 응답을 바꾼 뒤, 고객과의 관계뿐 아니라 본인의 감정 피로도 줄어들었다고 말했다. 작은 언어의 변화가 일의 의미를 바꾼 것이다. 이것이 단지 개인의 심리적 만족을 위한 과정이 아니라는 점에서, Job Crafting은 조직몰입의 전략적 기초가 된다.

Job Crafting은 거창한 변화가 아니다. 하지만 아주 작은 변화를 가능하게 한다. '다시 생각하는 것', '조금 다르게 시도해보는 것', '이 일을 내가 선택한 방식으로 바라보는 것'. 그 모든 사소한 재구성이 바로 감정의 복원이며, 몰입의 복원이다. 중요한 것은, 이 변화가 위에서 내려온 지시에 의해서가 아니라, 구성원이 스스로 주도적으로 만들어간다는 점이다. 그 주도성이 감정회복의 촉매제이며, 의미의 연결 고리다. 그리고 이 과정은 리더의 허용과 공간 제공 없이는 불가능하다. Job Crafting은 구성원이 혼자 만들어가는 것이 아니라, 리더가 믿고 지지해주는 환경 안에서 가능해지는 감정적 재설계다. 리더는 직원에게 정답을 내려주는 존재가 아니다. 정답을 시도해볼 수 있는 심리적 안전감을 조성하고, 그 여정을 함께 걸어주는 촉진자다. 서번트 리더십의 핵심은 단지 공간을 허용하는 것을 넘어, 의미를 함께 구성하고 주도성을 격려하는 실천적 리더십에 있다.

이제 우리는 다음 장에서, 그 '작은 변화'들이 어떻게 만들어지고 확장되는지를 살펴볼 것이다. 과업, 관계, 인식이라는 틀 안에서, 그리고 감정과 에너지의 흐름이라는 관점에서, Job Crafting이 어떻게 '나의 일'을 '다시 살아있는 일'로 바꾸는지를 함께 들여다볼 것이다. 그렇게 감정이 회복되고 나면, 일은 다시 살아있는 일이 된다. 그리고 그 살아있는 일은, 다시 살아있는 사람을 만든다.

Job Crafting은 어떻게 작동하는가?
– 감정회복의 전략, 정체성 회복의 길

오늘날 조직의 구성원들은 과업 중심의 반복 업무와 정체성의 단절 속에서 점점 더 깊은 감정적 소진을 경험하고 있다. 특히 직무가 개인의 자율성과 의미를 반영하지 못할 때, 몰입은 급격히 약화되며 구성원은 '그저 일하는 사람'이 되어버린다.

이 장에서는 이러한 감정 단절의 배경을 진단하고, 일에 대한 주도성과 심리적 소유감을 회복하기 위한 핵심 전략으로서 Job Crafting을 살펴본다.

Job Crafting은 단순히 직무를 바꾸는 행위가 아니다. 그것은 '일이 다시 살아있게 되는' 회복의 과정이며, 구성원이 자신과 일을 새롭게 연결하는 정체성의 재설계다. 본 장은 Job Crafting의 심리적 작동원리, 실천방식, 조직적 조건을 구조화하여 다루고, 이를 통해 몰입이 어떻게 되살아날 수 있는지를 설명하고자 한다.

1. 일은 누구의 것인가? – 스스로 재구성한다는 것의 의미

일은 단지 생계를 위한 수단일까? 아니면 나를 말해주는 방식일까?

많은 사람들이 하루의 대부분을 직장에서 보낸다. 그러나 그 시간 속에서 자신의 존재를 온전히 느끼는 사람은 드물다. "일을 하고 있지만, 이 일이 나와 무슨 관련이 있는지 모르겠다"는 말은 오늘날 직장인들의 가장 깊은 고백이기도 하다. 일이 반복될수록 감정은 무뎌지고, 감정이 사라질수록 일은 더 이상 '내 것'이 아닌 듯 느껴진다. 몰입은 의미로부터 나오며, 의미는 정체성과 연결되어 있다. 그렇다면 우리는 다시 이렇게 묻지 않을 수 없다. "지금 내가 하는 이 일은, 과연 누구의 것인가?" 이 물음은 단지 개인의 정체성만이 아니라, 조직의 지속 가능성과도 연결되는 질문이다. 이제 우리는 그 답을 'Job Crafting'에서 찾고자 한다.

1.1 일은 살아있지 않았다

그날 저녁, 그는 오랜만에 야근을 마치고 사무실을 나섰다. 낯선 공기가 어깨를 스쳤지만, 마음은 여전히 무감각했다. 성과는 나쁘지 않았고, 동료들과의 갈등도 없었다. 그런데도 그는, 설명할 수 없는 공허감을 품은 채 걸었다. "이 일이 정말 내가 원하는 일이었을까?" "나는 여기에 왜, 아직 있는 걸까?" 그는 문득, 몇 년 전 입사 면접 때 했던 말을 떠올렸다. "저는 이 회사에서 의미 있는 가치를 만들고 싶습니다."

그 말은 진심이었다. 그러나 지금의 그는, 그 의미가 어디에 있었는지조차 기억나지 않았다. 어느새 '일'은 더 이상 살아있는 것이 아니었다. 그것은 주어지는 일이었고, 요구되는 역할이었으며, 반복되는 과제였다. 몰입은 사라지고, 책임만이 남아 있었다. 하지만, 정말 그것뿐일까?

직무가 더 이상 자율성과 정체성을 반영하지 못할 때, 직원은 감정적으로 업무에서 이탈하게 된다. 하지만 이 감정의 이탈은 단지 일의 반복성과 피로 때문만은 아니다. 그는 이미 수차례 회의에서 자신의 의견이 반영되지 않는 경험을 했다. 성과 기준은 예고 없이 바뀌었고, 상사는 왜 그 평가가 내려졌는지 설명하지 않았다. 동료들 간의 역할분배 또한 일관되지 않았다. 그는 점점 확신하게 되었다. "조직은 내 말에 관심이 없다. 나는 그저 일하는 사람일 뿐이다."

이러한 감정은 단순한 정서적 피로가 아니라, 조직이 자신을 공정하게 대우하지 않는다는 인식으로 이어졌다. 그리고 이 인식은 몰입의 붕괴, 심리적 거리 형성, 그리고 '유지적 몰입'이라는 감정의 냉각지대로 이어진다. 정체성의 상실은 무력감과 정서적 고립을 낳는다. 이는 직무수행의 질적 저하로 연결되며, 장기적으로는 이직의도를 높이는 핵심 요인이 된다.

1.2 '일이 다시 내 것이 되는 것'이라는 회복

몰입이 회복되기 위해서는 단순히 감정을 추스르는 수준을 넘어, 개인이 자신의 일에 대해 다시금 통제할 수 있다는 감각, 그리고 그 일과 자신 사이에 정체성과 연관성을 느낄 수 있어야 한다. 이러한 정체성과 통제감은 '이 일은 내 일이다'라는 감정적 확신으로 이어지며, 몰입의 질을 결정짓는 중요한 심리적 기반이 된다. 따라서 몰입의 회복은 단지 감정의 복원이 아니라, 직무에 대한 통제감과 정체성 회복을 포함한다. 이 과정에서 Job Crafting은 개인이 자신의 업무를 자율적으로 재구성함으로써 일에 다시 심리적 소유감을 부여하는 전략으로 작동한다. 특히 Wrzesniewski와 Dutton은 일의 재해석과 자율적 조정을 통해 개인이 업무에 의미를 재부여할 수 있다고 보았다.

개인이 일에서 의미를 잃게 되는 주요 원인 중 하나는, 자신이 그 일의 주체가 아니라는 인식 때문이다. 통제력과 주도성이 사라질 때, 일은 타인이 부여한 과제가 되고, 이는 곧 감정의 소진으로 이어지기 쉽다. 이러한 관점에서 볼 때, 일의 주체성 상실은 감정의 소진으로 이어지며, Job Crafting은 개인의 심리적 회복과 몰입 재구성을 위한 핵심 도구가 될 수 있다.

2. 감정회복인가, 역량의 전략인가? – Job Crafting의 작동원리

몰입은 사라지지 않는다. 단지, 길을 잃을 뿐이다. 많은 직장인이 말한다. "일이 너무 힘들다"는 말보다 "왜 하는지 모르겠다"는 말을 더 자주 꺼낸다. 하루 8시간 이상 일하면서도, 그 일이 더 이상 자신과 연결되어 있지 않다고 느낄 때, 감정은 점점 사라지고, 몰입은 멀어진다. 이때 조직은 보통 '역량 향상'이나 '성과 제고'를 해결책으로 제시한다. 그러나 그런 전략은 대부분 감정의 회복과는 거리가 멀다. 몰입이란 단지 능력을 잘 발휘하는 상태가 아니라, 그 능력이 '나의 것'처럼 느껴질 때 비로소 살아나는 감정이다. 그래서 필요한 것이 Job Crafting이다. 그것은 단순히 일을 바꾸는 기술이 아니라, 다시 '내 일'이라 느낄 수 있게 만드는 감정회복의 실마리이기 때문이다. 감정은 관계에서 깨어나지만, 일 속에서 지속된다.

공감과 위로로 되살아난 감정도, 그 감정을 담을 수 있는 일의 구조가 없다면 다시 사라지고 만다. 그래서 우리는, '일을 나답게 바꾸는 과정'이 어떻게 감정의 지속으로 이어지는지를 이해할 필요가 있다. 우리는 이제, 그 작동 원리를 살펴보려 한다.

2.1 살아있는 일은 다시 살아있는 나를 만든다

그는 말이 많지 않았다. 언제나 묵묵히 맡은 일을 끝냈고, 팀장은 그를 '안정적인 직원'이라 평가했다. 그는 흔들리지 않았고, 특별한 불만도 드러내지 않았다. 그러나 어느 순간부터 그는 유난히 지쳐 보이기 시작했다. 일이 많아서가 아니었다. 오히려 매일 반복되는 일상에서 감정이 점점 빠져나가고 있다는 느낌이 들었다. 보고서를 쓰고, 메일을 확인하고, 회의에 참석하고… 모든 일은 습관처럼 흘러갔지만, 그 안에 '나'는 점점 사라지고 있었다.

그날 회의는 예정에 없던 방향으로 흘러갔다. 정리된 안건이 끝나자, 거래처 팀장이 갑자기 말했다. "요즘 우리 팀 보고서가 자꾸 부딪힙니다. 정리는 잘 되어 있는데, 고객 반응은 별로예요. 그쪽 팀이라면, 이 문제를 어떻게 풀겠습니까?"

잠깐의 침묵이 흘렀다. 나도 모르게 손이 떨렸다. 몇 달 전, 책장에서 우연히 꺼내 읽었던 한 논문이 떠올랐다. Job Crafting. '일을 다시 내 것으로 만드는 방법'에 대한 이야기였다. 그날 이후 나는 내 업무를 조금 다르게 바라보기 시작했지만, 누군가에게 그것을 설명해 본 적은 없었다. 그런데 지금, 그 기회가 찾아온 것이다. 나는 조심스럽게 말을 꺼냈다. "사실 저는 이 업무를 단순히 '보고서를 작성하는 일'로만 보지 않았습니다. 고객의 언어를 조직의 언어로, 또 조직의 의도를 고객에게 다시 번역하는 '언어 조정자'라고 생각했습니다."

그는 내 말을 가만히 들었다. "그래서 저는 표준형식보다는, 고객의 고민을 더 정제해서 담아내는 방식으로 바꾸고 싶었습니다. 물론, 그게 틀릴 수도 있지만… 그게 제 방식입니다." 잠시 정적이 흘렀고, 거래처 팀장이 고개를 끄덕였다. "그 방식, 한번 들어보고 싶네요."

그 순간, 나는 느꼈다. 내가 다시 일에 대해 말할 수 있게 되었다는 것, 그리고 그 일이 다시 나의 언어로 살아났다는 것. 그건 단순한 설명이 아니었다. 그건 나의 회복이자, 존재를 확인받는 순간이었다. 그 순간 그는 문득 깨달았다. 지금 내가 하고 있는 건 조직이 시킨 일이 아니라, 내가 만든 선택이었다. 누군가의 문제에 내가 직접 영향을 미치고 있다는 사실, 그것이 그를 오랜만에 '살아있는 사람'처럼 느끼게 했다. 더 많은 에너지가 들었지만, 그는 그 안에서 다시 몰입을 경험했다. 그때 그는 알게 되었다.

'힘든 일'과 '지치는 일'은 다르다는 것을. 힘든 일은 노력 끝에 감정이 살아나는 일이고, 지치는 일은 감정이 사라진 채 반복되는 일이었다. 몰입은 다시 그 일에 자신의 목소리를 얹는 순간에 시작된다는 것을, 그는 그 날 처음으로 깨달았다.

이 경험은 Job Crafting이 단지 직무 효율성의 문제가 아니라는 점을 분명히 보여준다. 그는 단지 새로운 일을 맡은 것이 아니라, 그 과정에서 자신의 판단이 작동하고, 감정이 되살아나는 순간을 경험했다. 그 일이 특별해서가 아니라, 그 안에서 '내가 주체로 존재한다'는 감각이 회복되었기 때문이었다. 즉, Job Crafting의 핵심은 단순히 '일의 내용'을 바꾸는 것이 아니라, 그 일을 둘러싼 감정적 관계와 정체성의 연결을 회복하는 것에 있다. 몰입은 단지 일이 재미있어서 생기는 것이 아니다. 그 일이 내가 선택하고, 내가 만든 의미로 작동할 때, 감정은 다시 그 일에 말을 건다. 그가 경험한 몰입의 회복은, 다음 세 가지 요소가 함께 작동할 때 가능했다.

- **자율성의 회복:** 누군가가 시켜서가 아니라, 내가 판단하고 결정했다는 경험

- **의미의 재구성**: 보고서라는 틀을 넘어, 누군가의 문제를 해결하고 있다는 실감
- **관계의 전환**: 전달자가 아닌 조율자, 받는 사람에서 만들어내는 사람으로의 전환

Job Crafting은 결국, 이러한 감정의 전환을 이끌어내는 회복의 실천 전략이다. 그것은 지쳐가는 일상 속에서, 구성원이 다시 스스로에게 묻는 질문이다. "이 일이, 지금도 내 일인가?" "나는 여전히 이 일에 말을 걸고 있는가?" 그리고 그 질문이 진심으로 돌아올 수 있을 때, 그 일은 다시 '살아 있는 일'이 된다.

2.2 몰입 회복의 심리 메커니즘

Job Crafting이 단순한 성과 전략을 넘어서 정서적 회복의 도구가 될 수 있는 이유는, 그 안에 다음과 같은 심리학 이론이 뿌리로 작용하고 있기 때문이다.

- **자기결정이론**: Deci와 Ryan(1985)은 인간은 자율성, 유능감, 관계성이라는 세 가지 기본 심리욕구가 충족될 때 내적 동기가 살아난다고 보았다. Job Crafting은 구성원이 자율적으로 직무를 조정하고, 자신의 역량을 반영하며, 일의 관계망을 재설계함으로써 이 세 가지 욕구를 동시에 자극한다.

- **정서적 사건이론**: Weiss와 Cropanzano(1996)는 일상의 작은 사건들이 정서적 변화를 만들고, 이는 직무만족이나 몰입, 이직과 같은 조직행동에 큰 영향을 준다고 설명했다. Job Crafting은 과업과 관계, 의미에 대한 작은 변화들을 통해 감정적 전환점을 만들어낸다.

- **심리적 계약이론**: Rousseau(1995)는 조직과 구성원 간의 비공식적 기대와 신뢰가 지켜질 때 몰입이 유지된다고 보았다. Job Crafting은 개인이 조직에 기대하는 가치를 스스로 조율하고, 그 간극을 채워가는 주체적 행위로 기능함으로써 심리적 계약을 복원하는 계기가 된다.

이 세 가지 이론은 각각의 경로에서 Job Crafting이 감정의 회복, 몰입의 재형성, 조직과의 재결합을 가능하게 한다는 점을 뒷받침해준다. Job Crafting이 작동하는 진정한 이유는 단지 직무를 조정하는 기술에 있지 않다. 그것은 자신이 하는 일 속에서 다시금 '내가 누구인가?'를 찾아가는 과정이기 때문이다. Wrzesniewski & Dutton(2001)은 이를 '정체성 기반의 재구성'이라고 불렀고, Berg et al.(2013)은 Job Crafting을 '자기표현의 수단'으로 해석했다.

과업을 재구성하는 순간, 나는 일의 주체가 된다. 관계를 재설계하는 순간, 나는 누구와 함께 성장하고 싶은지를 묻는다. 인식을 바꾸는 순간, 나는 일과 삶의 목적을 다시 연결한다. 이렇게 Job Crafting은 단순히 몰입을 회복하는 도구가 아니라, 자기효능감, 정체성, 정서적

에너지를 다시 되찾는 실천이다. 그리고 그 실천은, 다시 살아있는 사람을 만든다.

3. 작은 변화의 세 갈래 – 과업, 관계, 인식의 경계 다시 그리기

"이건 제 일이 아니에요."

많은 조직에서 반복되는 말이다. 누군가는 그 말을 무책임하다고 여긴다. 하지만 그 이면에는 '일에 대한 소외'라는 깊은 감정이 자리하고 있다. 구성원이 특정 업무를 거부하거나 거리감을 드러낼 때, 그 감정은 단순한 기피가 아니라, '나와 연결되지 않은 일', 즉 정체성을 잃은 노동에서 비롯된 것이다. 특히 설명되지 않은 역할, 일관성 없는 기준, 반영되지 않는 의견은 구성원으로 하여금 점점 일에 대한 감정적 소유감을 잃게 만든다. 이때 필요한 것은 단순한 직무변경이 아니라, 일의 경계를 다시 그리고, 감정을 다시 연결하는 작은 회복의 움직임이다. 바로 이 지점에서 Job Crafting은 개인의 정체성을 되찾는 가장 현실적이면서도 강력한 전략이 된다.

"그 일은 내 일이 아니었습니다." 이는 구성원이 직무에서 정체성을 상실하게 되는 전형적인 사례다. 하지만 단순히 기능 중심의 분업구조나 역할 제한 때문만은 아니다. 문제는, 그 역할이 '왜 그렇게 나누어졌는지?'에 대한 설명이 없었고, 직무 결과물에 대해 스스로 영향력을 행사할 수 없다는 경험이 반복되었다는 데 있다. 즉, "설명되지 않은 역할 배정", "의견이 반영되지 않는 업무 결정", "성과의 기준이 일관되지 않은 평가 과정"

직원으로 하여금 자신이 존중받지 못하고 있다는 감정, 즉 공정성 침해의 인식을 강화시킨다. 이러한 경험 속에서 구성원은 일에 대한 주인의식을 상실하고, '내 일이 아니다'라는 감정적 거리감 속에서 자발적 몰입을 멈추게 된다. 결국 이는 직무 회피, 무력감, 심리적 사직으로 이어질 수 있다. 일에 대한 소유감이 결여된 상태에서는 개인은 조직의 목표와 자신의 내적 동기를 연결 짓지 못하게 된다. 그 결과로 남는 것은, 과업 수행은 하지만 정체성 없이 일하는 사람, 즉 유지적 몰입의 전형적인 상태다.

3.1 Job Crafting – '나의 일'로 회복되는 세 가지 변화

Job Crafting은 Wrzesniewski와 Dutton(2001)이 제안한 개념으로, 구성원이 자신의 직무 경계를 자율적으로 조정함으로써 직무에 대한 주도성과 정체성을 회복하는 심리적 및 구조적 행동이다. 이는 개인이 자신의 직무를 단순히 수행하는 것이 아니라, 주체적으로 구성하는 방식으로 이해된다. Tims와 Bakker(2010)의 JD-R 모델 기반 정의와 달리, 본 장에서는 의미 중심 접근에 초점을 맞춘다.

- **과업 경계(Task Crafting)**: 직무 내용, 순서, 방식 등을 조정하여 수행 방식에 자율성을 부여한다. 반복적 보고서 작성에서 자동화를 도입하거나, 창의적 기획을 주도하는 방식 등이 해당된다. 이는 자기효능감 회복에 기여하며, 자신의 역량이 직무에 반영되고 있다는 감정을 촉진한다. 이러한 개념은 Wrzesniewski와 Dutton(2001)의 원래 정의에 기초하며, Petrou et al.(2012)은 도전적 업무 요구에 대한 자율적 조정이 몰입을 촉진한다고 보았다.

- **관계 경계(Relational Crafting)**: 협업 관계를 재구성하여 정서적 안정감과 지원 체계를 스스로 구축한다. 예를 들어, 업무에 의미를 부여하는 동료와의 교류를 늘리거나, 고객과 직접 소통하는 접점을 만들어가는 행동은 관계적 동기를 강화한다. 이는 심리적 안전감을 형성하고, 조직 내 연결감을 증진시킨다. Leana, Appelbaum, and Shevchuk(2009)은 이러한 관계 중심의 Job Crafting이 정서적 지원을 통한 몰입 강화에 긍정적 영향을 준다고 강조한다.

- **인지 경계(Cognitive Crafting)**: 동일한 과업에 대해 새로운 의미를 부여함으로써 직무와 정체성 간의 심리적 연계를 강화한다. 단순 반복 업무라도 '조직의 전략적 판단을 위한 데이터 기반 제공'으로 재해석하면, 일에 대한 주체적 의미 부여가 가능하다. Berg, Dutton, and Wrzesniewski(2013)는 인지적 재구성이 개인의 정체성과 일의 의미를 연결하는 강력한 도구라고 보았다.

이처럼 세 가지 경계 조정은 단순한 직무 조정이 아닌, Wrzesniewski et al.(2013)이 강조하듯 구성원의 감정적 자율성, 자기 결정성, 그리고 정체성 회복을 위한 실천적 수단으로 기능하며, 감정적 탈진 상태에서 조직 내 정서적 회복을 유도하는 구조적 기반을 제공한다.

3.2 구조 없는 변화는 지속되지 않는다 – C레벨의 촉진자 역할

Job Crafting은 구성원의 자발성과 주도성에서 출발하지만, 그 변화가 조직 내에서 지속되고 확장되기 위해서는 반드시 제도적 뒷받침이 필요하다. 특히 상위 관리자, 즉 C레벨의 리더십은 이러한 개인의 움직임이 조직 전반의 문화로 자리잡을 수 있도록 지원해야 한다. Fong et al.(2021)은 상사가 Job Crafting을 '이기적인 이탈'로 간주할 경우, 해당 시도는 몰입이 아니라 오히려 소외로 이어질 수 있다고 경고한다. 반대로 관리자와 조직이 이를 '책임 있는 주도성'으로 인식할 때, 직원은 더 큰 자율성과 창의성을 발휘하게 된다. 이는 구성원의 감정회복뿐 아니라 조직의 학습역량, 혁신성, 심지어는 리텐션 전략과도 깊이 연결된다. 따라서 Job Crafting은 개인의 선택만으로 완성되지 않는다. '감정의 회복'이라는 개인적 차원은 조직 내 '지속가능한 몰입 문화'로 제도화되어야 하며, 이를 위해 관리자와 C레벨의 리더는 다음과 같은 역할을 수행해야 한다.

- 새로운 시도를 수용하는 안전한 분위기 조성
- 직무 재구성을 장려하는 피드백 체계 운영
- 구성원 주도 실험을 조직 목표와 연결짓는 통합 구조 설계
- Job Crafting이 '팀 기여'로 인식되도록 문화적 리프레이밍

이러한 상위 리더십의 인식 전환과 구조적 지원 없이는, 아무리 탁월한 개인의 노력이라 해도 조직 내에서는 단절되거나 왜곡된 채 사라질 수 있다. 결국 Job Crafting은 혼자서 시작될 수 있지만, 끝까지 가기 위해서는 반드시 누군가가 "그 시도는 괜찮다"고 말해주는 구조적 언어가 필요하다.

4. 개인의 선택인가, 조직의 책임인가? – 두 개의 접근

Job Crafting은 누가 해야 하는가? 조직이 설계하지 못한 부분을 구성원이 직접 메우는 것이라면, 그것은 개인의 몫일까, 조직의 책임일까? 많은 직장인들이 반복된 업무 속에서 감정이 소진될 때, 스스로 업무의 경계를 다시 그리고, 일의 의미를 새롭게 해석하려는 시도를 한다. 바로 여기서 Job Crafting은 감정회복의 중요한 전략으로 작동한다. 하지만 이 변화는 얼마나 지속될 수 있을까? 개인이 혼자 감당해야 하는 회복은 너무 자주, 너무 쉽게 중단된다. 그리고 조직은 그 시도를 알아채지도 못한 채, "그는 변화에 소극적이었다"고 말한다. 그래서 Job Crafting은 과연 개인의 선택만으로 완성될 수 있는가? 아니면 조직이 나서야 할 책임인가?에 대한 설명이 필요하다.

4.1 개인중심 접근: 감정회복의 실천으로서의 Job Crafting

Job Crafting은 개인의 자율성과 선택에서 출발한다. 일상 업무를 스스로 재구성하고, 자신에게 맞는 방식으로 의미를 되찾으려는 시도는 감정회복의 핵심전략이자, 자기효능감 회복의 출발점이다. 구성원은 반복되는 과업 속에서 창의적 요소를 재구성하고, 불필요한 소진을 줄이는 방식으로 몰입을 다시 만들어낸다. 이러한 접근은 내면적 회복에 효과적이다. 특히 과업, 관계, 인식의 경계 재설계를 통해 개인은 일에 다시 의미를 부여하고, 심리적 소유감을

회복한다. 이는 감정적 거리감을 좁히고, 자발적인 몰입과 참여를 유도하는 핵심 동력으로 작용한다.

그러나 이러한 노력은 개인의 의지에 전적으로 의존할 경우, 지속성과 확장성에서 한계를 가진다. 감정회복이 개인의 책임으로만 전가될 경우, 오히려 조직은 변화에 무관심하거나 방관적인 태도를 취할 수 있다. 따라서 다음에서는 이러한 개인의 시도를 지지하고 제도화할 수 있는 조직 중심 전략이 필요함을 강조한다.

4.2 조직중심 접근: 제도적 토대 없는 변화는 사라진다

Job Crafting이 조직문화로 자리잡기 위해서는 관리자의 인식과 조직구조의 변형이 필수적이다. 단순히 개인에게 자율성을 부여한다고 해서 변화가 정착되는 것은 아니다. 조직은 다음과 같은 조건들을 충족시켜야 한다.

- **시간적 여유의 보장:** 여유 없는 일정은 새로운 시도의 가능성을 원천 차단한다. 구성원이 직무를 재구성할 수 있도록 업무 여유를 부여해야 한다.
- **심리적 안전감의 조성:** 새로운 시도에 대한 위협이 존재할 경우, Job Crafting은 회피되거나 숨겨진 행동이 된다. 구성원이 실패를 두려워하지 않고 자유롭게 움직일 수 있는 문화가 선행되어야 한다.
- **코칭 중심의 피드백 체계:** 결과 중심의 평가가 아니라, 과정 중심의 대화와 피드백이 필요하다. 관리자는 지시자가 아니라 촉진자로 기능해야 한다.
- **개별적 근무조건(I-deals)의 도입:** 구성원의 정체성과 삶에 맞는 유연한 직무 조건을 제시함으로써 직무설계의 맞춤화를 지원해야 한다.

Fong et al.(2021)은 Job Crafting이 리더에 의해 '이기적 일탈'로 인식될 경우, 조직 내에서 지속되기 어렵다고 강조한다. 반대로 이를 '조직 기여의 방식'으로 해석할 수 있는 구조가 마련되면, 개인의 시도는 곧 팀의 혁신으로 확장될 수 있다. 이러한 구조 전환은 관리자 차원을 넘어서, C레벨의 제도적 승인과 메시지를 필요로 한다.

4.3 병행 접근의 필요성: 혼자서 시작하지만 함께 완성된다

Job Crafting은 개인의 감정회복에서 시작되지만, 그 지속과 확산은 조직의 구조와 리더십에 달려 있다. 혼자서 시도한 변화는 동료의 공감, 상사의 인정, 조직의 구조적 허용을 통해 점차 문화가 된다. 따라서 효과적인 Job Crafting은 개인중심 접근과 조직중심 접근이 맞물릴 때 가장 강력한 효과를 발휘한다. 이는 단지 몰입의 회복뿐 아니라, 구성원의 정체성 강화, 팀의 창의성 제고, 조직의 회복탄력성 향상으로까지 이어진다. 궁극적으로 Job Crafting은 "일을 바꾸는 일"이 아니다. 그것은 "일과 나의 관계를 다시 설계하는 일"이며, 이를 통해 조직은 '몰입이 가능한 일터'로 재구성될 수 있다.

5. Job Crafting은 무엇을 바꾸는가? - 정리와 다음을 위한 질문

Job Crafting은 감정이 메마른 일터에서 구성원이 다시 의미를 찾기 위한 주체적 회복 전략이었다. 과업을 다시 그리고, 관계를 재편하며, 일의 의미를 새롭게 해석하는 실천은, 단지 '일하는 방식'을 바꾸는 것이 아니라 '일하는 나'를 되찾는 과정이었다. 바로 이 지점에서 정서적 몰입은 다시 살아나기 시작한다. 그러나 이제 우리는 다시 물어야 한다. 이 회복은 어디까지 가능한가? 그리고 어디까지가 개인의 몫이고, 어디서부터가 조직의 책임인가? 이번 절은 지금까지 다룬 Job Crafting의 회복 전략을 정리하고, 그 실천이 어떻게 조직 차원의 변화로 이어져야 하는지를 위한 문제제기로 마무리된다.

5.1 정서적 몰입 회복의 출발점

정서적 몰입은 단순히 일에 애착을 가지는 상태가 아니다. 그것은 자신의 감정과 가치, 정체성이 일과 깊이 연결된 상태를 의미한다. Job Crafting은 이러한 정서적 몰입 회복의 출발점이 된다. 반복되는 일상 속에서 감정이 메마르고 몰입이 사라졌을 때, 구성원이 스스로 "이건 내 일이야"라고 느끼게 만드는 회복의 지점이 바로 Job Crafting이다. 이때 회복은 단순한 태도의 변화가 아니라, 자기효능감의 회복, 감정 에너지의 재생산, 그리고 주도적 삶으로의 전환이라는 복합적 결과를 낳는다. 정서적 몰입은 조직성과에 긍정적 영향을 미치는 핵심 요소다. 감정적으로 몰입한 구성원은 창의성과 회복탄력성이 높고, 공동체와의 심리적 연결이 강하다. Job Crafting은 이 몰입의 기초를 다시 구축하며, 구성원 스스로가 주도적으로 감정의 회복을 선택할 수 있도록 만든다.

5.2 경계를 다시 긋는 세 가지 실천

Job Crafting은 단순한 태도 변화가 아닌, 실제 업무의 '경계'를 다시 설정하는 실천적 행위다. 과업(Task), 관계(Relation), 인식(Cognition)의 세 가지 차원에서 이루어지는 이 변화는 다음과 같은 정서적·심리적 회복을 촉진한다.

- **과업의 재구성**: 반복적이고 기계적인 과업을 스스로 의미 있게 구성하면서, 구성원은 자신이 일의 '기획자'이자 '책임자'임을 자각하게 된다. 이는 자기효능감을 회복시키고, 몰입의 심도를 깊게 만든다.
- **관계의 재편**: 의미 있는 사람들과의 협업을 주도적으로 선택함으로써, 구성원은 조직 내에서의 정서적 안전감을 구축하고, 소외나 고립의 감정을 줄일 수 있다.
- **의미의 전환**: 동일한 과업이라도, 그것이 조직에 미치는 영향이나 개인의 가치와의 연결점을 새롭게 정의함으로써, 구성원은 일에 대한 내적 동기와 정체성을 회복할 수 있다.

이 세 가지 경계 변화는 서로 독립적으로 작용하지 않는다. 하나의 실천은 다른 차원의 회복을 유도하며, 결과적으로 일에 대한 심리적 소유감과 몰입을 입체적으로 재형성하게 한다.

5.3 혼자서는 끝까지 가지 못한다

Job Crafting은 개인의 감정회복과 몰입의 재구성을 위한 강력한 실천 전략이지만, 그 시작과 지속을 혼자의 힘만으로 감당하기는 어렵다. 특히 조직이 개인의 자율적 시도를 지원하지 않거나, 상사가 이를 '이기적 일탈'로 간주할 경우, Job Crafting은 정서적 고립이나 소외로 이어질 수 있다.

Fong et al.(2021)은 구성원의 Job Crafting이 조직 기여로 인식될 때, 그 효과가 극대화된다고 강조한다. Wrzesniewski와 Dutton(2001)의 연구도 이를 뒷받침하며, 구성원의 자율적 행위가 조직의 공식적 틀 안에서 수용될 때 정체성과 몰입의 회복이 본격화됨을 보여준다. 따라서 Job Crafting의 실천은 개인의 선택과 조직의 승인이 교차하는 지점에서 비로소 문화로 자리잡을 수 있다. 이를 위해서는 상사의 인정, 동료의 공감, 제도적 보장, 그리고 무엇보다 C레벨의 전략적 승인과 철학적 신뢰가 필요하다. 혼자 시작한 변화는 함께할 때, 조직 전체의 회복 동력으로 확장된다.

5.4 다음 장으로: 살아있는 일, 살아있는 조직

이제 우리는 다시 질문해야 한다. 단지 개인이 감정을 회복하는 것만으로 충분한가? 살아있는 일은 살아있는 조직을 만들어야 한다. 다음 장에서는 Job Crafting을 가능하게 만드는 조직문화와 제도적 구조, 특히 직무설계의 전환에 대해 살펴볼 것이다. Job Crafting은 변화의 씨앗일 뿐이다. 그 씨앗이 조직 전체에 뿌리내리기 위해서는, 문화를 바꾸고 제도를 설계하는 구체적 전략이 필요하다. 그러나 이 변화는 단지 구조의 전환에 그치지 않는다. 진정한 몰입의 회복은, 일 속에서 '내가 누구인가'를 다시 찾는 일이며, '존재감'을 회복하는 과정이다. 다음 장에서는 Job Crafting이 어떻게 개인의 정체성과 깊이 있는 감정회복으로 이어지는지를 살펴볼 것이다.

정체성과 의미의 회복 – Job Crafting, 일 속에서 나를 다시 찾는 실천

정체성은 단지 직책이나 역할을 의미하지 않는다. 그것은 "나는 누구이고, 이 일이 나에게 어떤 의미를 지니는가?"에 대한 심리적 설명이다. 조직 안에서 구성원의 정체성은 끊임없이 구성되고 재해석되지만, 그 정체성이 자신의 감정이나 가치와 멀어질 때 우리는 이를 '정체성 소외'라 부른다. 이는 단순한 역할 불만을 넘어서, 나 자신에 대한 해석이 현재의 일과 더 이상 연결되지 않는 상태다.

몰입의 변화는 이 정체성 소외와 깊이 연결되어 있다. 정서적 몰입은 자신의 정체성과 직무가 조화를 이룰 때 생기고, 규범적 몰입은 일이 공동체적 의미와 만날 때 강화된다. 반면, 유지적 몰입은 "이 일이 더 이상 나를 설명하지 않는다"는 인식이 깊어질 때 나타난다. 이 장에서는 다음과 같은 질문에 답하고자 한다:

- 정체성 소외는 왜 발생하는가?
- 왜 어떤 일은 나를 살아있게 만들고, 어떤 일은 나를 지우는가?
- 정체성을 회복하기 위해 우리는 무엇을 어떻게 바꿀 수 있는가?

앞선 17장에서 우리는 Job Crafting의 두 가지 이론적 접근, Wrzesniewski와 Dutton의 직무경계 변화 모델과 Tims와 Bakker의 JD-R 기반 전략을 살펴보았다. 이 장에서는 그 이론적 틀을 '정체성 회복'이라는 관점에서 다시 조명하고, 특히 한국 조직 현실에서의 적용 가능성에 초점을 맞춰 구성원의 심리적 회복 경로를 탐색하고자 한다. 이를 위해 우리는 먼저 정체성 소외가 어떻게 발생하는지를 짚고, 몰입의 질적 변화가 정체성 손상과 어떤 관계에 있는지를 분석할 것이다. 이어서 Job Crafting이 구성원의 정체성을 어떻게 회복할 수 있는지에 대한 이론적 기반과 실증연구를 소개하고, 마지막으로 개인과 조직이 실천할 수 있는 회복 전략을 제안한다. 감정의 회복이 몰입의 시작이라면, 정체성의 회복은 몰입의 지속을 가능하게 한다. Job Crafting은 단지 일을 바꾸는 기술이 아니라, 다시 일에 나를 비추고, '살아있는 일'을 만들어가는 정체성의 거울이다. 이 장은 그 실천을 위한 안내서가 될 것이다.

1. 정체성 소외의 징후 – '이 일은 더 이상 나를 말해주지 않는다.'

우리는 지금까지 Job Crafting의 이론적 기반을 중심으로 감정회복의 전략을 살펴보았다. 하지만 일터에서의 감정회복은 단지 기분의 문제가 아니라, '내가 누구인가?' 라는 정체성의 회복과 깊게 맞닿아 있다. 이 절에서는 바로 그 지점에서 출발하고자 한다. 정체성은 일에 대한 해석이자, 내가 어떤 존재로 일 속에 살아가고 있는가에 대한 자기 인식이다. 하지만 조직 안에서 공정성이 무너지고, 몰입이 약화되면, 우리는 자신이 수행하는 일이 더 이상 '나를 말해주지 않는다' 는 감각에 직면하게 된다. 이것이 정체성 소외의 시작이다. 이제 우리는 그 단절이 어떻게 시작되는지를, 감정의 흐름이 정체성의 붕괴로 이어지는 과정을 통해 구체적으로 들여다볼 것이다.

1.1 공정성이 무너지면, 감정은 정체성을 잃는다

공정성의 침해는 감정만 상하게 하지 않는다. 그것은 나를 나답게 만들어주던 설명력을 무너뜨린다. 처음에는 평가가 불투명하게 느껴졌고, 다음엔 중요한 결정에서 배제되었다. 이후에는 타인의 기준에 맞춰 일해야 했다. 그렇게 시간이 흐르면서, 마음은 점점 멀어지고, 남아있는 것은 단지 책임감이었다. 몰입은 더 이상 정서적이지 않았다. "몰입은 변한다". 정서적 몰입은 내가 조직 안에 살아 있다고 느낄 때 발생한다. 그러나 불공정이 반복되면, 구성원은 점차 감정을 거두고, 의미를 거두고, 기대를 거둔다. 남는 것은 책임감, 불안, 대안의 부재 같은 감정들이다. 이때의 몰입은 더 이상 '함께하고 싶은 마음'이 아니라 '그만둘 수 없는 조건'이 된다. 이 상태가 바로 유지적 몰입, 혹은 심리적 사직이다. 그리고 그 이후, 남는 것이 있다. 바로 정체성의 단절감이다. 더 이상 이일은 나를 설명하지 못하고, 나도 이 일을 설명할 수 없다. 그것이 바로 "정체성 소외다"

1.2 정체성 소외는 몰입의 질적 붕괴다

"보고서를 쓰면서 내 이름을 지우고 있었어요."

3년 차 기획팀 직원 민영은 예전엔 누구보다 기획안 작성과 발표에 열정적이었다. 동료들은 그의 아이디어를 '민영답다'고 평가했고, 그는 그 말이 자랑스러웠다. 하지만 팀장이 바뀌고 나서 상황은 달라졌다. "기획보다 실행", "개성보다 일관성"을 강조하는 팀장의 스타일은 민영의 강점을 인정하지 않았고, 반복되는 수정 지시에 결국 그는 색을 감췄다. 아이디어는 줄었고, 회의 발언도 줄었다. "그냥 시키는 대로만 하면 편해요. 사실, 보고서에 이름 넣는 것도 이제 꺼려져요." 성과는 나쁘지 않았다. 하지만 퇴근길마다 피로는 깊었다. 그는 점점 자기 자신을 잃어가는 기분이었다. '이 일이 왜 이렇게 공허하게 느껴질까?'

민영의 사례는 단순한 권태가 아니다. 그것은 정체성 소외의 징후다. 몰입은 줄어들었고, 감정은 말라가며, 의미는 사라졌다. 그러나 무엇보다 중요한 것은 그가 더 이상 자기 자신을 일 속에서 발견하지 못한다는 점이다.

이전 장에서 우리는 공정성 침해가 몰입의 변화를 유도하고, 그 결과로 유지적 몰입이라는 감정적 단절 상태가 나타나는 과정을 살펴보았다. 그런데 그것이 끝이 아니다. 그 뒤에 남는 감정은 단순한 회의감이 아니라, "이 일이 나를 말해주지 않는다"는 실존적 단절이다. 바로 그것이 "정체성 소외"다.

1.3. 정체성 소외란 무엇인가?

정체성 소외는 다음과 같은 세 가지 징후로 나타난다.

- **개인-직무 불일치:** 내가 중요하게 여기는 가치와 실제 수행업무의 괴리가 발생한다. 이로 인해 '내가 왜 이 일을 하는가?'에 대한 설명력이 약화된다.

- **역할 주체성 상실:** 의사결정에서 배제되고, 자율성이 줄어든다. 이로 인해 자신이 단지 지시를 따르는 사람, 즉 수동적 존재로 전락하게 된다.

- **감정적 연결의 소멸:** 내가 하는 일이 단지 '그저 일'로만 느껴지고, 감정은 그 일에 더 이상 참여하지 않는다. 일상은 계속되지만, 마음은 더 이상 함께하지 않는다.

이 상태는 단순한 직무 불만이나 감정 소진과는 다르다. 그것은 "나는 누구인가?"라는 질문 앞에서, 자기 해석의 언어를 잃어버린 상태, 즉 정체성의 공백이다. 여기서 끊긴 것은 조직과의 연결만이 아니다. 일터에서의 나, 그리고 나 자신과의 연결조차도 흐릿해진다. 그렇기에 이 단절은 일시적인 감정의 흔들림이 아니라, 깊은 내면의 균열로 다가온다. 정체성 소외는 단지 감정의 문제도, 일시적 권태도 아니다. 그것은 오랫동안 '일'이라는 공간 안에서 자신을 설명해온 사람들이, 더 이상 그 안에서 자신을 볼 수 없게 되는 순간에 찾아오는 해체의 경험이다. 그렇다면 이 현상은 단지 주관적인 느낌에 불과할까? 실제로 다양한 조직심리학 연구들은 정체성 소외를 구성원의 존재감 해체라는 구조적 결과로 접근하고 있으며, 다음은 이를 직접적으로 다룬 대표적인 이론과 실증연구들이다.

1.4 정체성 소외를 직접적으로 다룬 주요 연구들

정체성 소외는 감정 단절을 넘어, 직무 해석과 자아 개념의 붕괴로 이어지는 깊은 심리적 단절이다. 이는 단순히 직무만족이 낮은 상태가 아니라, 자신이 누구인지에 대한 설명력이 약화되고, 일이 더 이상 자기를 말해주지 않는 상태다. 이러한 정체성 소외를 구조적·심리적 현상으로 규명한 주요 연구들은 다음과 같다.

- Pratt & Ashforth(2003), "Fostering meaningfulness in working and at work."

이 연구는 일의 의미감이 정체성 형성에 결정적인 역할을 한다는 점을 강조한다. 예를 들어, 병원 청소부가 단순히 "바닥을 닦는 사람"이 아니라, "환자가 쾌적하게 회복할 수 있는 공간을 만드는 사람"으로 스스로를 정의할 수 있을 때, 그 직무는 단순한 노동을 넘어 '정체성을 실현하는 장(場)'이 된다. 그러나 반대로, 직무가 반복적이고, 관리자가 그 의미를 인정하지 않으며, 구성원 스스로 해석할 수 있는 기회도 차단된다면, 그 일은 "의미 없음"으로 굳어지고, 정체성은 마모되기 시작한다.

- Kreiner, Hollensbe & Sheep (2006), "Balancing borders and bridges: Identity work in the workplace."

이 연구는 개인의 정체성과 직장 내 역할이 충돌할 때 발생하는 '정체성 혼란'을 분석한다. 예를 들어, 공동체 의식이 강하고 협력을 중시하는 사람이 성과주의적이고 경쟁 중심적인 팀에 배치되면, 그 사람은 "나는 이 조직의 문화와 어울리지 않는다"는 심리적 부적합을 느낀다. 이 부적합이 반복되면, 그는 점점 '이 일은 나와 상관없다'는 거리두기 해석을 하게 되며, 결국 직무와 자아가 분리되고, 일과 나 사이의 감정적 끈이 끊긴다.

- Wrzesniewski & Dutton (2001), "Crafting a job: Revisioning employees as active crafters of their work."

이 연구는 사람들이 스스로의 직무를 해석하며 자아를 구성한다는 점에 주목한다. 즉, 같은 일을 하더라도 어떤 사람은 그것을 '소명'으로, 어떤 사람은 '수단'으로 해석하며 정체성의 질이 달라진다. 문제는 조직이 이 직무해석의 권리를 빼앗을 때 생긴다. 예를 들어, 한 상담원이 내담자와 정서적 관계를 형성하는 데 가치를 두고 일했지만, 조직은 효율성과 통계 수치만을 강조하며, 상담시간 제한, 스크립트 통일 등을 강요한다면? 상담원은 "나는 누군가를 돕는 사람이 아니라, 번호표를 처리하는 사람일 뿐이야"라는 정체성 붕괴의 감각에 빠지게 된다.

이들 연구는 공통적으로 말한다. 정체성 소외는 업무내용 자체보다도, 그 업무에 대해 '나는 누구인가?'를 해석할 기회가 조직 안에서 사라질 때 발생한다. 그것은 일이라는 장면에서 자신을 비춰보는 거울이 더 이상 작동하지 않을 때, "일을 하되 나를 느끼지 못하는 상태"로 구성원을 이끈다. 그리고 그 상태는, 몰입의 상실보다 훨씬 더 근본적인 존재의 위기를 동반한다.

1.5 몰입의 붕괴, 그리고 정체성의 해체

정체성 소외는 어느 날 갑자기 찾아오는 감정이 아니다. 그 이전에는 반드시 감정의 철수, 의미의 희미함, 그리고 해석의 무력함이 존재한다. 그것은 대부분 공정성 침해로부터 시작되며, 구성원이 더 이상 자기 일을 자신의 언어로 설명할 수 없을 때 몰입은 질적으로 변질된다. 아래의 연구는 그러한 몰입 붕괴의 심리적 전환을 보여주는 대표적인 것으로, 그 내용을 바탕으로 구성할 수 있는 전형적 사례를 정리하였다.

- Meyer & Allen(1997), "Three-component model of organizational commitment."

이 연구는 조직몰입을 정서적, 규범적, 유지적 몰입의 세 가지로 구분하며, 그 중 정서적 몰입이 약화될수록 상대적으로 유지적 몰입이 강화되는 전이 현상이 나타난다고 설명한다. 즉, 감정적 애착이 줄어들면 구성원은 '떠나고 싶지만 떠날 수 없는 상태'에 머물게 되며, 몰입의 질은 생존과 조건 중심으로 변질된다.

- Colquitt et al.(2001), "Justice at the millennium: A meta-analytic review of 25 years of organizational justice research."

Colquitt 등은 절차적 및 상호작용 공정성이 정서적 몰입과 가장 높은 상관관계를 지닌다는 점을 대규모 메타분석을 통해 증명했다. 이는 불공정한 의사결정 과정과 상사의 일방적 소통이 구성원의 감정적 거리두기를 유도하고, 몰입의 기반을 약화시킨다는 점을 시사한다.

- Kira & Balkin (2014), "Interactions between work and identities: Thriving, withering, or redefining the self?"

　Kira와 Balkin은 직무 자율성과 의미 해석의 기회가 박탈된 조직 구조에서 정체성 위축 현상이 발생한다고 보았다. 이는 구성원이 자기 일을 통해 자아를 구성할 수 없게 될 때, 몰입은 단지 행동적 잔류가 아니라 심리적 이탈로 전환된다는 것을 뜻한다.

　이 모든 흐름은 앞서 다룬 민영의 사례와도 맞닿아 있다. 보고서에 자신의 이름을 넣고 싶지 않았던 민영은, 성과는 냈지만 정체성은 지워진 채 조직에 남아 있었다. 그는 더 이상 자기 자신을 일 속에서 볼 수 없었다. 바로 이것이 정체성 손상의 진짜 얼굴이며, 몰입이 붕괴될 때 가장 마지막으로 사라지는 것이 '나'라는 감각이다. 정서적 몰입이 사라지고, 유지적 몰입만 남게 되면, 일은 점점 공허해진다. 이 공허함은 성과나 기술의 문제가 아니라, 존재의 문제다. 공정성 침해가 몰입을 무너뜨리고, 몰입의 붕괴가 정체성을 손상시킨다. 그렇다면, 회복의 출발점은 무엇이어야 하는가?

　단순한 감정 위로가 아니라, 다시 나를 일 안에서 발견하게 해주는 실천이 필요하다. 그렇다면 회복의 출발점은 무엇이어야 하는가? 그 첫 실마리는 '일을 다시 해석하는 권리', 바로 Job Crafting에서 시작된다.

　이제 우리는 공정성과 몰입, 회복의 리더십을 넘어, 구성원 한 사람 한 사람의 내면으로 들어가려 한다. '나는 왜 이 일을 하고 있는가?' '이 일은 나를 얼마나 말해주고 있는가?' 정체성의 질문은 감정보다 더 깊고, 몰입보다 더 내밀한 문제다. 그래서 이 장에서는 사례를 더 가까이, 감정을 더 깊이 들여다보고자 한다. 그것은 단지 이해를 위한 설명이 아니라, 공감에서 출발해 회복에 도달하기 위한 설계다.

2. 몰입과 정체성의 관계 – 감정적 연결이 끊길 때 생기는 변화

　앞서 우리는 정체성 소외라는 현상이 단순한 감정 문제를 넘어, 직무와 자아 사이의 근본적인 단절에서 비롯된다는 사실을 살펴보았다. 보고서에 이름을 넣고 싶지 않던 민영의 이야기처럼, 그 단절은 어느 날 갑자기 발생하는 것이 아니라, 감정의 철수와 의미 해석의 실패가 반복되는 과정에서 서서히 진행된다. 그런데 이 정체성의 침식은 왜 항상 '몰입'의 변화로 나타나는가? 왜 감정은 먼저 떠나고, 책임감만 남는 상태로 사람은 남겨지는가?

　그 해답은 몰입이 단지 조직에 대한 태도가 아니라, '나와 이 일 사이의 관계'를 구성하는 심리적 기제이기 때문이다. 몰입은 자아와 직무 사이에 형성된 감정적 연결이며, 그 연결이 약화될 때, 구성원은 점차 스스로를 조직 안에서 설명할 수 없게 된다. 몰입의 붕괴는 곧 정체성의 해체를 예고하는 신호이며, 몰입의 유형에 따라 구성원의 내면에서 벌어지는 해석과 감정의 흐름은 근본적으로 달라진다.

이제 우리는 '몰입'이라는 개념을 중심으로, 그것이 어떻게 정체성과 연결되고, 어떤 방식으로 무너지는지를 살펴보고자 한다. 그리고 그 분석의 시작은 가장 근원적인 몰입, 즉 정서적 몰입의 의미부터 다시 점검하는 데서 출발해야 한다.

2.1. 몰입은 '감정적 자기 존재감'이다

몰입은 단지 조직에 대한 충성이나 애착을 의미하지 않는다. 그것은 "내가 이 일 안에 살아 있다"는 감정, 즉 구성원이 자신의 정체성과 직무 사이에 맺는 감정적 연결의 질을 뜻한다. 조직심리학에서 정서적 몰입은 구성원이 조직의 가치와 목표에 자발적으로 공감하고, 스스로 그 일부라고 느낄 때 발생한다. 이 상태는 단순한 동기부여가 아니라, 자기 존재가 일이라는 장면 속에서 긍정적으로 설명될 수 있을 때 형성되는 심리적 상태이다.

Meyer와 Allen(1997)은 이러한 몰입을 세 가지 유형으로 구분하며, 그 중 정서적 몰입은 구성원이 자발적으로 조직에 애착을 가지는 상태라고 설명한다. 이들은 몰입을 정서적, 규범적, 유지적 몰입으로 나누고, 정서적 몰입이야말로 개인의 감정과 신념이 조직의 정체성과 연결되어 있는 상태라고 보았다. 이 몰입은 단순한 소속감이 아닌, "이 일은 나를 말해준다"는 심리적 존재감이며, 일과 자아 사이의 깊은 감정적 일치에서 비롯된다. Pratt & Ashforth(2003) 역시 의미 기반의 정체성 형성이 몰입에 결정적인 역할을 한다고 강조한다. 직무가 개인에게 의미를 줄 수 있을 때, 그것은 곧 자기 정체성의 거울이자 강화 기제로 작동하게 된다. 즉, 정서적 몰입은 내가 조직 안에 살아 있음을 스스로 느끼는 상태이며, 그 감정은 곧 정체성의 심리적 표현이다.

2.2. 몰입이 사라지면, 자아 해석의 기반도 흔들린다

문제는 이 감정적 연결이 약화되기 시작할 때다. 반복되는 공정성 침해나 상사의 불신, 또는 조직의 의미부여 실패는 구성원으로 하여금 감정을 철수하게 만든다. 그리고 이 감정의 철수는 단순한 무기력이나 냉소로 끝나지 않는다. 구성원은 더 이상 '내가 왜 여기에 있는가?'를 설명할 언어를 잃기 시작한다. 이는 '일이 그저 일이 되는' 상태이며, 몰입이 기능을 잃고, 직무에 대한 자기 해석 권한마저 약화되는 심리적 전조다.

Wrzesniewski & Dutton(2001)은 직무를 해석할 권한이 구성원에게 있을 때, 그것은 '소명'으로 기능하며 자기 정체성의 강화로 이어지지만, 조직이 그 해석의 자율성을 박탈할 경우 정체성의 침식이 시작된다고 주장한다. 이 해석권의 상실은 단지 동기 저하로 끝나지 않고, 구성원이 자기 존재를 설명할 언어 자체를 상실하는 구조적 위험으로 이어진다. 이때의 감정은 단순한 피로나 지루함이 아니다. 그것은 일에 의미를 부여하던 능력의 상실이며, 결국은 자기 자신을 말할 수 있는 문장을 잃어버리는 일이다. 몰입의 붕괴는 그래서 단순한 에너지 고갈이 아니라, '정체성의 침식'이라는 본질적 문제로 귀결된다.

2.3. 유지적 몰입은 '정체성 정지 상태'다

이러한 과정을 통해 구성원은 점차 유지적 몰입의 상태로 진입하게 된다. Meyer & Allen(1997)은 유지적 몰입을 "조직을 떠나면 손해이기 때문에 남는 상태"로 정의하면서, 이는 정서적 몰입과 달리 감정적 유대가 철수된 상태에서 발생하는 수동적 잔류라고 설명한다. 감정은 사라졌고, 자발성은 약화되었으며, 남은 것은 책임감, 생존, 그리고 조건적 판단뿐이다. 이때 중요한 것은, 유지적 몰입이 단순한 태도의 문제가 아니라, 정체성의 기능이 멈춘 상태라는 점이다. 구성원은 자율성을 느끼지 못하고, 직무는 더 이상 '나'를 반영하지 않는다. 자신이 누구인지에 대한 해석은 점점 얕아지고, 조직 안의 경험은 반복적인 행동만 남는다. Kira와 Balkin(2014)도 직무 자율성과 의미 해석의 기회가 제한된 환경에서, 구성원은 직무로부터 정체성을 구성하지 못하고, 결국 내면적 정체성 침묵 상태에 놓이게 된다고 지적한다. 그 결과, 구성원은 그저 조직에 '존재하는 사람'일 뿐, 더 이상 '살아 있는 사람'은 아니다. 자기 직무에 대해 해석하지 않게 되고, 결국 자신이 누구인지조차 설명하지 않게 된다. 존재는 있지만, 의미는 없는 상태. 이것이 바로 "정체성 소외(identity estrangement)"의 문턱이다.

2.4. 몰입의 질적 변화는 결국 정체성 해체로 이어진다

몰입은 단지 감정의 문제가 아니다. 그것은 개인이 자신의 일을 통해 자신을 어떻게 해석하고 이해하는가에 대한 자기 설명의 권한과 연결된 문제다. 몰입이 무너지면 구성원은 일에 대해 말할 수 있는 언어를 잃고, 자기 자신을 해석할 수 있는 기반도 함께 흔들리게 된다.

Wrzesniewski와 Dutton(2001)은 직무 해석권이 조직이 아닌 구성원에게 있어야, 그 일이 정체성의 일부로 기능할 수 있다고 말한다. 그러나 해석의 기회를 박탈당하면, 구성원은 직무로부터 자아를 구성할 수 없고, 정체성은 기능을 정지하게 된다. Kira & Balkin(2014) 또한 이를 구조적으로 설명한다. 그들은 조직 구조가 자율성과 의미 해석의 가능성을 차단할 때, 구성원은 자아–직무 일치를 상실하고, 자신의 존재를 외부조건에 맞춰 단순히 '조정'하는 상태에 놓이게 된다고 말한다. 이 상태는 단지 몰입의 감소가 아니라, 존재의 해석 방식이 해체되는 근본적 변화다.

몰입의 질이 바뀌면, 그것은 감정의 흐름만이 아니라 존재의 맥락 전체가 바뀐다는 뜻이다. 그리고 이 변화는 구성원이 더 이상 "나는 누구인가"라는 질문을 유지할 수 없게 만드는 방향으로 흐른다. 이것이 바로 몰입의 붕괴가 정체성 해체로 이어지는 이유다.

2.5 몰입의 변화는 단지 동기의 약화가 아니다

몰입의 변화는 단순히 동기가 줄어드는 문제가 아니다. 그것은 구성원이 "나는 누구인가?"라는 질문에 더 이상 대답할 수 없게 되는 정체성의 침식 과정이다. 정서적 몰입은 단지 조직을 좋아하는 상태가 아니라, 일을 통해 자아를 정당화하고 강화하는 구조였다. 그것이 사라질 때 구성원은 생존을 위해 남아 있지만, 존재하지 않는 상태로 전락한다.

Meyer & Allen(1997)이 말한 유지적 몰입은 그런 의미에서 단지 남아 있는 것이 아니라, 의미가 빠진 채 남겨진 상태다. 이는 감정이 떠난 껍질이며, 그 껍질 안에서 정체성은 더 이상 기능하지 않는다. 우리가 주목해야 할 것은 몰입이 아니라 몰입이 지키고 있었던 자아감각, 즉 정체성이다. 이제 우리는 정체성의 손상에 머무르지 않고, 그것을 회복하기 위한 실천으로 향할 차례다. 3절에서는 Job Crafting이 정체성을 어떻게 되찾아줄 수 있는가에 대한 이론적 가능성을 본격적으로 살펴볼 것이다.

3. Job Crafting의 정체성 회복 전략 – '일을 통해 나를 다시 말하기'

앞선 18장에서 우리는 Job Crafting이 어떻게 구성원의 감정과 에너지를 회복시키는지를 살펴보았다. 구성원은 반복과 피로로 메말랐던 일상 속에서, 과업, 관계, 인지의 경계를 재설계하고(Task · Relational · Cognitive Crafting), 직무자원을 스스로 조정하는(JD–R 기반) 실천을 통해 감정 에너지를 되살릴 수 있었다. 이처럼 Job Crafting은 감정회복의 전략으로 작동했고, 이는 자기효능감, 자율성, 의미의 회복으로 이어졌다. 분명 회복은 시작되었다.

그러나 이제 질문은 더 깊어진다. 감정이 돌아온 지금, 나는 이 조직 안에서 어떤 존재인가? 성과는 내지만, 그 일이 나를 설명하지 못할 때, 관계는 있지만 소속감을 느끼지 못할 때, 구성원은 또 다시 고립을 경험한다. 이것이 바로 정체성 소외의 감정, 그리고 몰입의 단절이 시작되는 지점이다. 이제 우리는 Job Crafting을 단지 감정회복의 전략이 아닌, 조직정체성 회복의 실천도구로 확장해 보려 한다. 감정이 회복되지 않으면 정체성 회복은 불가능하며, 정체성 회복 없이는 정서적 몰입 또한 회복되지 않는다. Job Crafting은 바로 이 두 단계 – 감정의 회복과 존재의 회복 – 을 연결하는 전략이며, 조직의 응답과 구조적 지원 없이는 결코 완성되지 않는다. Job Crafting이 어떻게 개인 정체성 회복을 넘어, 조직정체성 회복의 길로 이어지는지를 살펴본다. 그리고 이 연결이 어떻게 떨어진 몰입도를 다시 되살리는지를 조명할 것이다.

3.1 정체성 회복의 네 단계 – '다시 나를 일에 담는 과정'

18장에서 우리는 Job Crafting을 통해 구성원이 감정을 회복하고, 일의 의미를 새롭게 정의하며, 자신을 다시 일에 담아내는 개인 정체성의 회복 과정을 살펴보았다. 그러나 회복은 여기서 끝나지 않는다. 많은 구성원이 감정도 돌아왔고, 일에도 의미를 되찾았지만, 여전히 한 가지 질문 앞에 멈춰선다. "나는 이 일을 바꿨는데, 왜 여전히 이 일이 나의 일 같지 않은가?" "성과는 있는데, 왜 이 일이 조직 안에서 나를 설명해주지 못하는가?" 이 감정은 단순한 피로나 미완의 성과가 아니라,

'정체성 소외'의 신호다. 즉, 나의 변화가 조직 안에서 받아들여지지 않을 때, 내가 만든 일, 내가 회복한 감정은 조직 속에서 떠 있는 상태가 된다. 정체성은 나 혼자 세우는 게 아니다. 내가 재설계한 일과 역할이 조직의 언어로 받아들여지고, 공동의 실천으로 연결될 때에야, 진정한 회복은 완성된다.

이제 우리는 Job Crafting을 통한 정체성 회복의 다음 여정, 즉, 조직 안에 나를 다시 심는 과정을 설명하고자 한다. 이 회복은 개인적 변화에서 시작하지만, 그 변화가 조직 안에서 승인되고 실현될 때, 비로소 조직정체성의 회복으로 이어진다.

우리는 이 흐름을 네 단계로 나누어 정리하고자 한다. 이는 Wrzesniewski & Dutton(2001)의 Job Crafting 개념에 기반하되, 직원이 느끼는 조직지원인식(Perceived Organizational Support)을 핵심 조건으로 포함함으로써, 개인과 조직의 단절을 다시 연결하는 실천의 경로

를 제시한다.

- **1단계: 정체성 소외의 자각 – 일은 바뀌었지만, 나는 여전히 떠 있다**

구성원은 Job Crafting을 통해 감정을 회복하고, 일의 구조와 의미를 재설계했지만, 어느 순간 한 가지 불일치에 직면하게 된다. "나는 바뀌었는데, 왜 이 조직은 나를 여전히 예전 방식으로만 바라보는가?" "이 일은 바뀌었지만, 조직 안에서 내 존재는 여전히 설명되지 않는다." 이 감정은 단순한 업무피로나 공허함이 아니다. 그것은 조직 안에서의 자기 설명의 부재를 감지하는 일종의 감정적 민감성이다. 구성원은 보고서에 이름이 오르는 것을 주저하고, 회의에서 말하지만 반영되지 않으며, 성과는 있지만, 그 성과가 '내 일'로 받아들여지지 않는 단절을 느낀다. 이때 자각은 다음과 같은 심리적 구조로 이루어진다. "감정회복 → 업무 재설계 → 조직 반응의 부재 → 관계적 단절 인식" 즉, '개인의 변화'와 '조직의 인식' 사이에 틈이 존재함을 스스로 깨닫게 되는 것이다. 이것이 바로 '정체성 소외의 자각'이다. 조직이 나의 회복을 받아들이지 않을 때, 구성원은 '정체성 소외'의 상태, 즉 내가 만든 나의 일이 조직 안에서는 나를 설명하지 못하는 상태를 경험한다.

- **2단계: 의미의 재탐색 – 나의 언어로, 이 일을 다시 묻다**

정체성 소외를 자각한 구성원은 깨닫는다. 감정은 회복되었지만, 여전히 일이 나를 지치게 만들고, 일의 의미는 흐릿하다. 이제 필요한 것은 '이 일이 지금의 나에게 어떤 의미를 주는가?'를 다시 묻는 과정이다. 이 단계는 Wrzesniewski & Dutton(2001)의 Cognitive Crafting과, Tims & Bakker(2010)가 제시한 Job Demands-Resources 모델 기반 Job Crafting이 교차하는 지점이다. 구성원은 다음과 같은 질문 앞에 서게 된다. "지금 이 일은 나의 가치와 연결되어 있는가?"

"내가 감정은 회복했지만, 이 일은 여전히 과도한 요구를 하고 있는 건 아닐까?"

"내가 가진 자원은 이 일을 감당할 만큼 충분한가?"

JD-R 모델은 직무를 감정적으로 회복하기 위해서도 '요구(Demands)'와 '자원(Resources)'의 균형 조정이 필요하다고 설명한다. 이때 Job Crafting은 그 균형을 스스로 설계하는 전략이 된다. 즉, 이 단계는 단순한 '의미 찾기'가 아니라, 내가 감정을 회복한 지금, 이 일은 여전히 나를 살아 있게 만드는가? 라는 질문을 던지고, 자원-요구의 재구조화를 통해 나만의 의미 체계를 다시 세우는 심리적 조율 과정이다.

- **3단계: 역할의 재설계와 승인 — 개인의 변화가 조직의 언어가 될 때**

Job Crafting을 통해 감정을 회복하고, 일의 의미를 새롭게 탐색한 구성원은 이제 '일' 자체를 다시 그리기 시작한다. 역할의 우선순위를 바꾸고, 관계의 흐름을 재조정하며, 일에 대한 인식의 틀을 바꾼다. 그러나 여기에는 결정적인 조건이 있다. 이 변화가 조직 안에서 승인되어야 한다는 점이다. 조직이 구성원의 변화를 인지하고, 그 재설계된 역할을 공식·비공식적으로 인정하지 않는다면, 그 Crafting은 결국 '개인적 실천'에 머물고 만다. 이는 다시 소외의 시작점으로 되돌아갈 수 있다. 이 지점에서 핵심적으로 작동하는 심리적 메커니즘이 바로 조직지원인식(Perceived Organizational Support)이다. 즉, 구성원은 다음과 같은 질문에 대해 '예'라고 느껴야 한다. "내가 바꾼 일, 이 역할을 조직도 나의 역할로 받아들이는가?" "이 변화가 조직 전체에 기여하는 일로 여겨지는가?" "조직은 나의 Crafting을 인정하고 지원하고 있는가?" 이때 리더의 피드백, 동료의 수용, 실무 시스템의 유연성이 그 '승인'의 실질적 조건이 된다. 즉, 이 단계에서 Job Crafting은 더 이상 '개인의 일'을 바꾸는 일이 아니라, 조직 안에서 '공동의 역할'을 재설계하는 과정으로 확장된다. 그리고 이 확장은 단순히 동의를 받는 것이 아니라, 구성원이 "내가 만든 일이 조직 안에서 말이 되고 있다"는 존재 확인의 감각, 조직정체성의 회복으로 이어진다.

- **4단계: 구성원이 스스로 Crafting한 역할과 일의 의미가 조직의 승인과 지지를 통해 받아들여졌다면, 그다음에는 그 변화가 공동의 실천으로 자리 잡아야 한다.**

이 단계는 더 이상 개인이 혼자 애쓰는 것이 아니다. 이제 구성원과 조직이 함께 묻는다. "우리는 이 일을 어떻게 정의하고 싶은가?" "이 일이 너의 일이자, 우리의 일이 되기 위해 무엇이 필요한가?" 바로 이 질문 속에서 정체성의 상호구성(Co-construction of Identity)이 시작된다. 즉, 일에 대한 의미와 역할이 구성원의 내면에서만 머무는 것이 아니라, 조직의 제도, 언어, 문화 속에 구체적인 형태로 녹아들게 되는 것이다. 이때 나타나는 변화는 단순한 실무개선이 아니라, 개인의 정체성이 조직 속에서 반복되고 공유되는 구조로 정착되는 정체성의 제도화(Identity Institutionalization)다.

정체성의 제도화란, 구성원이 새롭게 구성한 역할과 의미가 조직 안에서 예외적 사례가 아닌 공식적 질서로 내면화되는 과정을 말한다. 즉, 개인의 감정과 의미 부여가 공동의 규범과 제도로 굳어지면서, 조직은 구성원의 변화를 기반으로 스스로를 재 정의하게 된다. 이 과정은 다음과 같은 경계의 재구조화를 통해 드러난다.

- **과업 경계(Task):** 내가 스스로 바꾼 업무방식이 팀의 새로운 운영규칙으로 정착된다. 예외적 시도였던 '나만의 방법'이 조직의 표준절차가 되는 과정이다.
- **관계 경계(Relational):** 내가 주도한 협업방식이 조직의 공식적인 관계운영원칙으로 자

리 잡는다. 정서적 안정감을 주는 상호작용이 하나의 문화적 기대가 된다.

- **인지 경계(Cognitive):** 내가 부여한 일의 의미가 조직이 말하는 미션, 가치, 비전의 언어로 확장된다. "이 일이 내 일이다"라는 고백이 "이 일이 우리의 일이다"라는 합의로 이어진다.

이러한 경계의 재구성은 조직 안에서 정체성이 단지 '개인의 것'이 아니라, '공동체 안에서 승인된 언어와 실천'으로 바뀌는 순간이며, 바로 이 지점에서 정체성 회복의 여정은 완성된다.

3.2 민영의 이야기, 다시 읽기 – 감정의 회복에서 정체성의 회복까지

3년 차 고객센터 상담사 민영은 한때 일에 자부심이 컸다. 고객응대 흐름을 누구보다 빠르게 파악했고, 매뉴얼 이상의 경험치를 동료들과 나누는 일에 보람을 느꼈다. 하지만 시스템은 낡았고, 피드백은 없었으며, '감정노동'이라는 말조차 조롱처럼 들리던 환경 속에서 그녀는 점점 조용해졌다. 말보다는 체념이 많아졌고, 질문보다는 '그냥 하던 대로'가 일상이 되었다. 그러던 어느 날, 그녀는 자신이 개인적으로 정리해둔 고객응대 노트를 우연히 후배가 복사해 가는 모습을 보았다. "선배, 이거 진짜 좋아요. 저도 이렇게 해볼게요." 그 짧은 말이, 낡은 감정의 틈을 비집고 들어왔다. '내가 만든 게 누군가에게 도움이 되다니…'

민영은 작지만 자신이 할 수 있는 변화부터 다시 시작해보기로 결심했다. 그녀는 고객유형을 직접 분류하고, 자주 묻는 질문에 맞춘 응대 템플릿을 만들어 동료들과 공유했다. 반복 민원항목을 표준화하고, 자주 쓰는 표현을 정리해 공유 폴더에 올렸다. 이는 누구의 지시도 아닌, 그녀 스스로 시작한 변화였다. 감정회복은 그 작은 Job Crafting에서 시작되었다. 이후 민영은 점차 감정 에너지를 되찾았고, 자신이 만든 자료를 동료들과 나누며 팀 내에서의 역할감도 회복해갔다. 동료들은 다시 그녀의 이름을 부르며 자료를 요청했고, 리더는 어느 회의에서 "민영씨가 정리한 내용이 업무효율에 큰 도움이 됐다"고 언급했다. 성과는 뚜렷했고, 동료들과의 관계도 회복되었지만, 민영은 여전히 마음속에 하나의 질문을 품고 있었다. "내가 만든 이 일이 왜 조직 안에서는 나를 설명해주지 못할까?" 감정은 회복되었지만, '이 일이 내 일 같지 않다'는 이상한 공허감이 그녀를 붙들고 있었다. 자신이 만든 변화가 실제로 팀에 도움이 되었고, 인정도 받았지만, 여전히 그 일은 민영에게 "내가 만든 일이지만, 나를 말해주진 않는다"는 모순된 거리감을 안겨주었다.

그 순간, 민영은 깨달았다. 감정의 회복만으로는 충분하지 않다는 것을. 지금 그녀에게 필요한 것은, 그 일이 단지 '도움이 되는 일'이 아니라, '나의 정체성을 담고 있는 일'이 되는 것이었다. 바로 이 지점에서 우리는 다시 민영의 이야기를 읽어야 한다. 이번에는 '감정회복'이 아닌 '정체성 회복'의 관점에서. 아직 그녀는 그 회복의 끝에 도달하지 못했다. 그러나 우리는 알고 있다. 정체성은 우연히 회복되는 것이 아니라, 의도된 실천을 통해 구성되는 것이라는 것을. 그렇다면 정체성 회복은 어떤 흐름을 통해 가능해질 수 있을까? 다음은 민영의 이야기를 바탕으로 정리한, 정체성 회복을 위한 네 단계의 심리적 실천이다.

- **1단계 – 감정의 회복: "나는 여기에 있다"**

민영은 후배의 말과 동료의 인정 속에서 다시 자신의 감정을 회복하기 시작했다. 소진되었던 감정 에너지가 자율적 Crafting을 통해 되살아났고, 이 일은 점차 "내가 하는 일"이라는 소속감을 회복하게 했다.

- **2단계 – 의미의 재정의: "나는 왜 이 일을 하는가?"**

그녀는 템플릿을 만들며 자신이 단순히 응대하는 사람이 아니라, 정보를 구조화하고 동료의 감정을 덜어주는 사람이라는 역할을 새롭게 정의하기 시작했다. 일의 목적이 바뀐 것은 아니지만, 그 목적을 바라보는 관점이 바뀌고 있었다.

- **3단계 – 역할의 수용: "이 일이 나를 설명할 수 있는가"**

감정노동자라는 모호한 직무범위를 넘어, 민영은 자신을 '고객경험을 설계하는 전문가'로 바라보려 노력한다. 하지만 여전히 그 역할은 조직 안에서 완전히 수용된 것이 아니다. 지금 그녀가 직면한 과제는, 자신이 만든 의미를 조직 역시 공식적으로 받아들일 수 있도록 연결해 나가는 일이다.

- **4단계 – 정체성의 제도화: "이제 이것은 나만의 일이 아니라, 우리의 일이다"**

민영이 만든 템플릿과 유형 분류 방식은 점차 팀 내 운영기준으로 확산되고 있다. 만약 이 변화가 신입교육 자료나 표준운영 체계로 자리 잡는다면, 그녀의 역할과 의미는 더 이상 개인의 시도에 머물지 않고, 조직의 제도 속에서 정체성을 설명해주는 언어가 될 수 있을 것이다.

이때 나타나는 정체성 회복의 구조는 아래와 같은 흐름으로 설명할 수 있다.

- **과업 경계(Task):** 민영이 조정한 업무방식이 팀의 운영규칙으로 정착된다.
- **관계 경계(Relational):** 그녀가 만든 협업 템플릿이 팀의 기본 응대 흐름이 된다.
- **인지 경계(Cognitive):** 민영이 붙인 '고객감정 설계자'라는 정체성이 조직의 직무 언어 속에 반영된다.

민영의 이야기는 말해준다. 감정을 회복한다고 해서 정체성까지 저절로 회복되는 것은 아니다. 하지만 그 감정회복이 일의 의미를 다시 묻고, 그 의미가 조직과 연결되었을 때, 우리는 다시 말할 수 있다. "이 일이 곧 나를 말해준다." 그때, 우리는 진짜 회복에 도달한다.

3.3 Job Crafting과 정체성 회복의 이론적 연결 – '일을 다시 그리며, 나를 다시 정의하다'

민영의 회복은 단지 우연한 변화가 아니었다. 그것은 무너졌던 감정을 스스로 회복한 뒤, 그 감정을 다시 '정체성의 언어'로 옮겨가는 과정이었다. 성과는 있었고, 관계도 회복되었지만, 그녀는 여전히 "내가 만든 이 일이 왜 나를 설명해주지 못하는가?"라는 물음 앞에 서 있었다. 그 물음에 답하려는 시도, 바로 그것이 Job Crafting이었다. 그리고 그 시도는 단지 일의 변화가 아니라, 자기 존재를 다시 정의하려는 '정체성 회복'의 전략이었다. 이 절에서는 그 전략의 이론적 기반을 정리하고자 한다.

3.1.1 정체성은 일에서 만들어진다

Wrzesniewski와 Dutton(2001)은 Job Crafting을 "일의 경계를 스스로 재구성하는 것"이라고 정의하였다. 이 중에서도 인지적(Cognitive) Crafting은 개인이 자신의 일을 어떻게 해석하느냐, 그리고 그 해석을 통해 어떤 자아를 형성하느냐를 결정짓는 핵심 요소로 강조되었다. 그들은 다음과 같이 말한다. "사람이 하는 일은 곧 그 사람의 정체성이 된다." 즉, 일은 단지 노동이 아니라 정체성 형성의 무대이며, 자기 서사의 일부이다. 민영 역시 반복되는 보고업무를 단순한 '보고용 문서 작성'이 아니라, '정보 흐름을 정리하고 설계하는 전략적 커뮤니케이션'으로 재해석하기 시작했다. 그 해석은 곧 그녀 스스로를 '조직 내 설계자'로 정의하게 만들었고, 그 순간 그녀의 정체성은 다시 구축되기 시작했다.

3.1.2 조직정체성 회복과의 연결

정체성은 개인의 내면에서 끝나는 것이 아니다. 우리는 "내가 누구인가?"를 말할 때 동시에 "나는 어디에 속해 있는가?"를 말하게 된다. Pratt, Rockmann & Kaufmann(2006)은 "일에 깊이 몰입한 사람일수록 자신을 조직의 일부로 인식하며, 조직의 정체성을 자신의 일부로 받아들인다"고 설명한다. 그러나 반대로 정체성 소외가 발생하면, 구성원은 자신과 조직 사이의 일치감을 상실하게 된다. 이들은 "이 일이 정말 내 일인가?", "나는 이 조직에 필요한 존재인가?"라는 질문 앞에서 멈추게 된다. 바로 이 지점에서 Job Crafting은 단순한 감정회복을 넘어, 정체성을 다시 조직 안에 위치시키기 위한 자기 주도적 전략으로 작동한다. 민영이 자신의 업무방식을 스스로 설계하고, 그 설계가 조직에 기여하는 방식과 의미를 다시 인식했을 때, 그녀는 조직 안에서의 '자신의 자리'를 다시 찾아냈다. 보고서에 이름을 다시 올릴 수 있었던 이유는, 일이 나를 설명할 수 있게 되었기 때문이다.

3.2 실증연구의 뒷받침 – 감정에서 정체성으로, 회복은 혼자 오지 않는다

Job Crafting은 단순한 일의 조정이 아니다. 그것은 무너진 감정을 복원하고, 흐릿해진 존재감을 다시 선명하게 만들며, 자신이 누구인지, 어디에 속해 있는지를 새롭게 정의하려는 자기 주도적 시도다. 이 회복은 크게 두 단계로 나눌 수 있다.

하나는 개인 차원의 감정회복과 자기효능감의 재구성, 그리고 다른 하나는 조직 내에서의 정체성 일치 경험, 즉 '이 일이 내 일이며, 나는 이 조직에 속해 있다'는 감각의 회복이다. 그리고 이 두 가지 경로는 다양한 실증연구들에 의해 뒷받침되고 있다. 먼저, 개인 내면의 회복 차원에서 Petrou et al.(2015)의 연구는 Job Crafting 행동이 활발한 직원일수록 자기효능감과 역할 명확성이 높다는 결과를 보여준다. 자신의 업무를 재조정하고 주도적으로 관리한 이들은, 일에 대한 피로보다 오히려 심리적 에너지를 더 많이 경험했다. Tims, Bakker & Derks(2013) 역시 Job Demands-Resources 이론을 통해, Job Crafting이 정서적 소진을 낮추고 활력을 증진시킨다고 설명한다. 감정 에너지를 되살리고, 스스로를 다시 유능한 존재로 인식하게 만드는 것 – 이 과정이 Job Crafting을 통해 이루어졌다는 것이다.

Slemp & Vella-Brodrick(2013)의 연구에서도 Job Crafting은 긍정 정서와 삶의 만족감을 높이는 데 중요한 역할을 했다. 이들은 일상에서 통제감을 회복함으로써 스스로를 '무력한 노동자'가 아닌 '선택하는 인간'으로 다시 인식할 수 있었다.

그러나 진짜 회복은 여기서 끝나지 않는다. 정체성 회복, 즉 '나는 이 조직의 일원이다'라는 감각은, 단순히 스스로 느끼는 것만으로는 완성되지 않는다. Berg, Dutton & Wrzesniewski(2013)는 병원 청소부들을 대상으로 한 연구에서 이 점을 인상 깊게 보여준다. 일부 청소부들은 자신의 일을 단순한 정리 정돈이 아닌, 환자의 회복을 위한 '치유의 공간을 만드는 일'로 재해석했다. 그 결과 그들은 자신의 역할이 병원의 본질적 사명과 연결되어 있다고 느꼈고, 이는 곧 조직정체성과 자신의 정체성이 일치하는 경험으로 이어졌다. Lu et al.(2014)도 Job Crafting이 직무 의미감을 높이고, 조직몰입을 매개로 정체성 회복에 긍정적인 영향을 준다고 밝혔다. Bruning & Campion(2018)은 Job Crafting이 본질적으로 '정체성 기반의 행동'임을 강조하며, 자신이 조직의 가치와 연결되어 있다고 느낄 때 Crafting은 더욱 깊은 몰입으로 이어진다고 보았다.

그런데 여기서 반드시 짚고 넘어가야 할 점이 있다. 개인의 감정회복은 Job Crafting을 통해서 스스로 회복할 수 있지만, 조직 내 정체성 회복은 개인의 노력만으로 회복될 수 있는 것은 아니다. 직무의 의미를 어떻게 재해석하든, 그것이 조직 안에서 인정받고 수용되지 않는다면, 그 회복은 개인 안에만 머물 뿐이다. 아무리 내가 이 일을 가치 있다고 느껴도, 조직이 나의 변화를 알아채지 못하거나 무시한다면 나는 여전히 '외부자'로 머물 수밖에 없다. Job Crafting이 만일 조직의 승인과 수용 없이는 정체성 회복이라는 구조적 회복으로 이어질 수 없다.

조직은 그 변화에 반응해야 한다. 리더가 응답하고, 팀이 지지하며, 제도와 문화가 열린 구조를 만들어야 비로소 구성원은 자신의 재설계를 '조직 안의 일'로 받아들일 수 있다. Job Crafting은 개인의 선택에서 시작되지만, 그 선택이 조직 안에서 의미를 가질 때, 그것은 정체성의 회복이 되고, 관계의 회복이 되며, 진짜 몰입의 재시작이 된다.

우리가 앞서 본 민영의 사례에서도 이 구조는 뚜렷하게 드러난다. 그녀는 스스로 일을 다시 설계하고, 감정의 에너지를 되살렸지만, 진정한 조직 내 정체성 회복이 가능했던 이유는 그 변화가 동료의 수용, 리더의 인정을 통한 팀의 변화로 이어졌기 때문이다. 민영은 혼자 바뀐 것이 아니라, 조직과 함께 다시 연결되었고, 그 연결이 정체성 회복의 기반이 되었다. 감정은 자기 안에서 회복될 수 있지만, 정체성은 반드시 관계 속에서 회복된다. 그리고 그때 비로소 우리는 '이 일이 내 일인가?'라는 질문에 '그렇다'고 말할 수 있는 자리에 도달하게 된다.

4. 정체성 회복 이후, 조직이 해야 할 일 – '회복은 지속될 수 있는가?'

Job Crafting을 통해 감정은 회복되고, 정체성은 다시 연결된다. 구성원은 더 이상 그저 일하는 사람이 아니라, 자신이 만든 일 속에서 자신을 발견하는 사람이 된다. 그러나 여기서 중요한 질문이 남는다. "그 회복은 지속될 수 있는가?" 민영이 만든 변화는 우연히 시작되었고, 동료와 리더의 반응 덕분에 정체성의 언어로 자리 잡을 수 있었다. 하지만 만약 그 반응이 없었다면? 혹은 리더가 바뀌고 시스템이 다시 과거로 회귀한다면? 그 회복은 또다시 무너질 수 있다. 정체성은 회복될 수 있지만, 그것을 '지키는 구조'가 없다면 회복은 오래가지 않는다.

바로 이 지점에서, 조직의 역할이 결정적으로 중요해진다. 회복은 개인의 용기로 시작되지만, 그 회복이 지속되기 위해서는 조직이 제도와 문화로 그것을 지지해야 한다. 구성원의 Job Crafting이 반복되는 협업구조와 운영원칙으로 자리 잡고, 개인의 정체성 해석이 조직의 미션, 가치, 직무언어 속에 반영될 때 비로소 회복은 '일시적 반등'이 아니라 '조직적 내재화'로 이어진다.

조직이 해야 할 일은 단순히 구성원을 응원하는 것이 아니다. 그들의 Crafting을 관찰하고, 기록하고, 함께 언어화하며, 그것이 팀의 관행과 제도의 일부가 되도록 돕는 것이다. 그래야만 정체성 회복은 반복되는 실천이 되고, 몰입은 특정인의 감정이 아니라 조직 전체의 분위기가 될 수 있다. 다시 말해, 정체성 회복의 끝은 혼자의 일이 아니다. 그것은 언제나 관계의 회복, 문화의 반영, 제도의 수용으로 완성된다. 이제 조직은 스스로에게 물어야 한다. "우리 안의 회복은, 얼마나 오래 살아남을 수 있는가?" 그리고 그 질문은 다음 장으로 이어진다.

일은 어떻게 제도가 되는가? –
Job Crafting의 문화적 내재화

남아 있지만 떠나 있는 사람들 – 유지적 몰입, 심리적 사직, 정체성 소외

그는 매일 아침 출근하고, 맡은 업무를 수행한다. 하지만, 더 이상 그 일에 있지 않다. 말도 줄었고, 질문도 사라졌다. "요즘 일 어때요?"라는 질문에 그는 이렇게 대답한다. "그냥… 하고 있어요."

유지적 몰입은 단순히 직장을 떠나지 못하는 상태가 아니다. 그것은 이미 마음이 떠났지만, 여러 이유로 물리적으로만 남아 있는 상태이며, 더 깊게 보면 이는 심리적 사직이자, 정체성의 소외다. 즉, "나는 누구인가?"에 대한 해석과 "내가 하는 일은 무엇인가?" 사이의 단절이다. 이 책은 이러한 단절을 정서적 몰입의 회복으로 해결하고자 했다. 그 실마리는 Job Crafting, 즉 '일을 스스로 재구성하려는 작은 실천'이었다. "이 회복의 실천을, 어떻게 조직 안에 뿌리내릴 수 있을까?" 다음에 이어지는 글속에서 이에 대한 답을 찾을 수 있다.

1. 변화는 개인에서 시작되지만, 조직이 키워야 한다.

"매뉴얼대로만 하라는 팀장이 부담스럽긴 했지만, 그래도 한번 해보고 싶었어요. 고객한테 직접 전화해서 피드백을 받았죠. 그게 오히려 고객 만족도를 높였고, 제 자신도 뿌듯했어요. 그런데 이상하게 그다음부터는, 다시 예전으로 돌아가게 되더라고요."

그는 일주일에 한 번, 고객의 목소리를 직접 듣는 루틴을 만들었다. 보고서 한 줄이 아니라, 사람의 이야기를 듣고 싶어서였다. 사내 시스템 상 마케팅 팀이 담당하는 일이었지만, 그는 자신의 업무가 더 의미 있어지기를 바라는 마음에 시도해본 것이었다. 하지만 그 시도는 오

래가지 않았다. 업무보고 후 팀장이 한 마디 던졌다. "그건 마케팅 팀 일이지. 우리 영역은 아니잖아." 그의 루틴은 그날로 멈췄고, 다시는 그 시도를 누구에게도 말하지 않았다. 그는 침묵했고, 조직은 아무 일도 없었다는 듯 돌아갔다. 그러나 그 순간, 한 사람의 회복 시도는 조직 안에서 사라졌다.

이 사례는 단순히 직무범위를 벗어난 행동을 시도했다는 이야기가 아니다. 그는 자신의 일을 재해석했고, 사람과 연결했으며, 스스로 과업의 질을 높이고자 했다. 이때 그는 동시에 네 가지 Job Crafting을 실천한 것이다.

첫째, 과업 경계(Task Crafting), 고객응대 프로세스를 일부 직접 수행하며 업무 방식 자체를 조정했다. 둘째, 관계 경계(Relational Crafting), 고객과의 직접 접촉을 통해, 내부 부서가 아닌 외부와의 관계망을 확대했고, 셋째, 인지 경계(Cognitive Crafting), '이 일은 단순한 보고가 아니라, 고객을 위한 연결'이라는 의미 재해석을 했다. 마지막으로, 도전적 직무요구(Challenging Job Demands), 고객 데이터를 스스로 수집하고 분석하며, 기존 역할 범위를 넘어서는 도전 과제를 자발적으로 창출한 것이다.

그는 이 변화를 통해 단순히 성과를 높이려 한 것이 아니다. 그는 자신의 일이 '살아 있는 일'이 되기를 바랐고, 자신이 그 일 안에서 '살아 있는 사람'이 되기를 원했던 것이다. 그러나 조직은 응답하지 않았다 – 왜 변화는 사라지는가?

문제는, 이러한 변화를 조직이 '승인하지 않았다는 점'이다. 상사의 무심한 반응은 그가 감정적으로 단절되는 계기가 되었고, 이후 그는 그 어떤 Crafting도 시도하지 않게 되었다. 이는 Wrzesniewski & Dutton(2001)의 Job Crafting 이론에서 지적했던 것처럼, Job Crafting은 개인의 자발성에 뿌리를 두고 있지만, 그 지속 가능성은 조직의 피드백 구조에 달려 있다. 조직이 이를 '정해진 틀을 벗어난 일탈'로 해석할 경우, 구성원은 자신의 노력을 무의미하게 여기게 되고, 몰입은 더욱 약화된다. 또한 Tims와 Bakker(2010)의 JD-R 기반 Job Crafting 역시, 구성원이 도전과업을 설계할 수 있도록 리더가 지지하고 자원을 제공할 때, 몰입도와 정체성 회복효과는 극대화된다. 반면에, 조직이 침묵하거나 무시할 경우 Job Crafting은 불안정한 시도로 끝나고 만다.

한국의 조직문화는 형식과 경계가 강하다. 자율적 시도는 환영받기보다 '계획되지 않은 행동', '선 넘은 행동'으로 인식되기 쉽다. 상명하복의 위계질서, 모호한 평가기준, 과업중심의 경직된 역할구분은 구성원의 자발적 Crafting을 오히려 '불필요한 일탈'로 몰아간다. 이는 단순히 실패에 대한 두려움 때문이 아니다. 더 본질적인 문제는 '실패를 허용하지 않는 구조'다. 예상과 다른 결과가 나왔을 때, 그것이 학습이 아닌 실책으로 간주되고, 직원이 시도보다 체면과 평가를 먼저 계산해야 하는 환경에서는 어떤 Job Crafting도 쉽게 싹을 틔우기 어렵다.

- **상명하복 구조:** 위에서 내려온 지시는 수정할 수 없다는 인식이 여전하며, 실무자가 일에 대한 주도권을 갖기 어렵다.
- **과업중심의 역할 고착화:** 직무 기술서(Job Description)는 조직운영의 효율성을 위해 존재하지만, 그것이 '정체성의 틀'로 작동하는 순간 Job Crafting은 '규칙 위반'이 된다.
- **심리적 안전감의 부재:** 구성원은 "내가 틀리면 어떻게 하지?", "상사가 싫어하면 어떡하지?"라는 불안 속에 놓여 있다. 질문은 줄고, 도전은 사라진다.

이 모든 요소는 Job Crafting을 정서적으로 위험한 행동, 평가를 망칠 수 있는 모험으로 만들어버린다. 하지만 우리는 이제 안다. Job Crafting은 단순한 일탈이 아니다. 그것은 '감정적 단절을 회복하기 위한 자기 주도적 실천'이며, '구성원이 조직과 자신의 일을 다시 연결하려는 정체성 기반의 회복전략'이다. 그렇기에 이 시도는 결코 혼자서 지속될 수 없다. 개인의 실천이 조직 안에 뿌리내리기 위해서는 반드시 정서적 지지와 구조적 수용이 함께해야 한다. 그리고 그 응답은 리더의 한마디, 제도의 한 조각에서 시작된다. 즉, 리더가 "좋은 시도야"라고 말할 수 있는 용기, 조직이 "우리는 그 도전을 기다리고 있다"고 말할 수 있는 체계, 구성원이 "일을 바꾸는 것이 곧 나를 되찾는 일"이라고 믿을 수 있는 문화이다. 바로 이것이 Job Crafting이 개인의 실천으로만 끝나지 않고, 조직의 회복 전략이 되기 위한 최소한의 조건이며, 서번트 리더십과 조직 제도화가 필요한 이유다.

여기서 말하려는 핵심질문은 분명하다. "개인의 회복 시도가 조직 안에서 살아남을 수 있을까?", "리더는 구성원의 Crafting을 지켜볼 수 있을까?", "조직은 그것을 제도와 문화로 바꿀 수 있을까?", "실패를 두려워하지 않도록 환경을 조성할 수 있을까?". 이 질문들은 단지 개인의 '용기'를 요구하는 것이 아니다. 오히려 중요한 것은 그 용기가 조직 안에서 "어떻게 해석되고, 어떻게 반영되며, 어떻게 확산되는가?"이다.

Job Crafting은 혼자하는 실험이지만, 지속되는 실천은 함께 해석될 때 가능해진다. 리더가 그것을 '일탈'이 아니라 '가능성'으로 본다면, 그 순간부터 구성원은 몰래하는 행동에서 자신있게 하는 변화로 나아갈 수 있다. "그런 시도 좋다.", "이걸 다음 프로젝트에 녹여보자.", "이 실험을 팀 회의에서 공유해보자." 이런 말들은 단순한 지지 이상이다. 그것은 실천이 조직 내 정서적 기억으로 저장되도록 돕는 해석 행위다. Edmondson(1999)이 말한 '심리적 안전감'은 바로 이런 조직적 응답을 통해 만들어진다.

리더와 동료의 해석은 구성원 개인의 '심리적 해석 틀'을 바꾼다. 내가 시도한 것이 비록 완벽하진 않았지만, 조직이 "좋은 실험이었다"고 말해줄 때, 그 경험은 감정적 보상으로 전환된다. 이 축적이 바로 문화다. 작은 실천이 조직의 자산이 되려면 다음이 필요하다. 즉, "1회성 격려가 아니라, 반복되는 인정", "비공식적 칭찬이 아니라, 공식적 공유", "구성원 간의 공감이 아니라, 제도적 수용"이다.

'작은 실천'이 실패로 끝날 수도 있다. 그러나 그 실패조차 조직이 "배움의 과정"으로 받아들일 수 있을 때, 구성원은 다음 Crafting을 시도할 수 있는 정서적 에너지를 회복하게 된다. 따라서 제도는 정답을 정하는 시스템이 아니라, "시도할 수 있는 환경을 보장하는 장치"가 되어야 한다. 즉, "실험을 공유하는 공식 채널", "실패한 경험도 축적되는 피드백 시스템", "의미 있는 Crafting을 보상 언어로 번역하는 평가 기준" 등이다.

중요한 것은 실험이 아니라, 그 실험을 조직이 어떻게 기억하느냐. 한 사람이 했던 작은 시도가 팀의 대화로, 조직의 기준으로, 시스템의 일부로 남을 때, 그 실천은 더 이상 사라지지 않는다. 그렇게 Job Crafting은 '사람의 실천'에서 '조직의 자산'으로 전환된다. 그리고 이 전환이 일어날 수 있는 가장 중요한 조건은, '기억하는 조직', '반응하는 리더', '버텨주는 제도'다. Job Crafting은 시도 자체가 중요한 것이 아니라, 그 시도가 '기억되고, 해석되고, 확산되는 과정' 속에서 비로소 조직의 자산이 된다. 그 과정이 작동할 때, 변화는 감정의 회복을 넘어 문화의 탄생으로 이어진다.

2. 서번트 리더십은 Job Crafting의 토양이다

"가만히 듣고, 고개만 끄덕였을 뿐인데… 그게 그렇게 힘이 될 줄 몰랐어요."

그녀는 보고서를 내며 말했다. "제가 이번에 고객응답 데이터를 분류해봤어요. 꼭 해보고 싶었거든요." 상사는 보고서를 넘겨보다가, 한참을 말없이 듣고 있다가, 이렇게 말했다. "좋은 시도야. 다음에는 네가 주도해도 괜찮겠다."

그 말은 그날 하루를 바꾸었고, 그녀의 태도를 바꾸었으며, 그 팀의 '보고 문화' 자체를 바꾸었다. 그녀는 이후, 팀원들과 함께 직접 데이터를 모으고, 분석하고, 고객과의 대화를 팀 회의에서 공유하는 팀 리추얼을 만들었다. 누군가는 '작은 변화'라 할지도 모르지만, 그 안에서 그녀는 이렇게 말했다. "일이 다시 살아 있는 것 같았어요."

Job Crafting은 개인의 실천에서 시작된다. 하지만 그것이 지속되고 확장되기 위해선, 반드시 리더의 정서적 지원(emotional support)이 필요하다. 여기서 '지원'이란 단순한 권한 위임이나 자율성의 허용이 아니다. 서번트 리더십이 빛을 발하는 지점은, 구성원이 자기 일을 주도하려는 시도를 감정적으로 뒷받침하는 것이다. 이때 중요한 것은 '지시'나 '통제'가 아니라, 관심과 신뢰, 인정과 기다림이다. 정서적 지원은 구체적 언어로 전달되며, 이런 언어는 감정의 촉매역할을 한다. "괜찮아, 잘했어.", "다음엔 더 잘 될 거야.", "좋은 시도였어. 계속 해봐." 이런 말은 단순한 위로나 칭찬이 아니다. 그것은 구성원이 자신의 경험을 가치 있는 것으로 해석하도록 돕는 심리적 번역기다. 특히 실패 이후 리더가 던지는 한 마디는, 구성원이 "계속할 것인가, 멈출 것인가?"를 결정짓는 가장 중요한 순간이다.

심리학적으로, 감정은 인지보다 먼저 움직인다. 사람은 이성적으로 "좋은 시도였다"를 분석하기보다, 먼저 "상사가 나를 믿어준다"는 감정으로 용기를 회복한다. 즉, 정서적 지원은 행동의 연료다. 그러므로 Job Crafting은 하나의 실험인 것이다. 그리고 실험은 늘 성공하지 않는다. 그때 리더가 보여주는 반응이 조직의 '학습 능력'을 결정한다. 성공했을 때의 칭찬보다 실패했을 때의 지지가 다음 도전을 결정짓는다. 실패한 시도를 감정적으로 끌어안아주는 리더는, 그 사람만 살리는 것이 아니라, 팀 전체의 심리적 안전감을 만든다.

리더의 반복되는 정서적 지지는 문화가 되는 것이다. "인정해주는 말 한마디, 다음 시도에 대한 여백의 부여, 실패했을 때도 "잘했어"라고 말해주는 포용력, 이런 작고 반복되는 반응들이, 직원으로 하여금 다시 시도하게 만들고, 스스로 일에 대한 자긍심과 정체성을 회복하게 만든다. Edmondson(1999)이 말한 심리적 안전감(psychological safety)은 단지 팀 분위기의 문제가 아니라, 개인의 실험이 지속될 수 있도록 뒷받침하는 관계의 구조다. 그리고 그 구조는 리더의 말과 행동에서 비롯된다. 결국 정서적 지원은 감정을 살리는 일이자, 실험을 보호하는 일이며, Job Crafting을 일시적 시도가 아니라 지속 가능한 문화로 확산시키는 첫 번째 조건이다.

Job Crafting이 리더십과 연결되는 이유는 단순하다. 리더는 구성원의 작은 행동이 조직 안에서 '살아남을 수 있는가?'를 결정하는 최초의 해석자이기 때문이다. 서번트 리더십은 단순히 '지원'하는 리더가 아니라, '지속 가능한 Crafting 생태계'를 조성하는 리더다. 그런데 이 리더십이 왜 Job Crafting에 특히 효과적인가? 이것은 단지 좋은 리더가 있어서가 아니라, 조직심리학의 여러 이론들이 서번트 리더십이 Crafting을 지속 가능하게 만드는 구조를 설명해주기 때문이다. 다음의 이론들은 그 연결성을 구체적으로 뒷받침한다.

● **정서적 사건이론:** 조직 내 긍정적 정서 경험은 행동의 변화를 유도한다. 리더의 공감과 인정은 긍정적 정서사건(Affective Event)이 되어 Job Crafting의 '감정적 촉매' 역할을 한다.

- **자기결정이론:** 자율성, 유능감, 관계성은 동기와 몰입의 핵심이다. 서번트 리더는 자율적 행동을 지지하고, 정서적 유대를 강화하며, 구성원이 유능감을 회복할 수 있도록 돕는다.
- **JD-R 모델:** Job Crafting의 실행은 리더가 '자원(Resource)'을 얼마나 제공하느냐에 달려 있다. 서번트 리더는 정서적 자원(공감, 지지)과 구조적 자원(시간, 기회) 모두를 제공할 수 있는 최적의 리더 유형이다.

리더가 구성원의 시도에 어떻게 반응하는가는 단지 한 사람의 경험으로 끝나지 않는다. 그 반응은 팀 전체, 조직 전체의 문화적 기준과 기대치를 형성하기 때문이다. "우리 팀에서는 시도해도 괜찮다.", "실패해도 나를 탓하지 않는다.", "정해진 방식이 아니어도, 리더가 진심으로 이해해준다." 이러한 믿음은 조직문화의 '공식 매뉴얼'이 아니라, 리더의 반복되는 행동을 통해 구성원의 마음에 정서적 문장으로 각인된다. 조직 내 구성원은 리더의 말을 믿지 않는다. 그들이 믿는 것은 리더가 평소에 어떻게 반응해 왔는가?이다. 서번트 리더는 말로만 '자율성'을 강조하고, 실제로는 보고양식 하나까지 지시하지 않는다. 오히려 구성원의 시도가 실험으로 이어지도록, 감정적·시간적 공간을 만들어준다. "창의적인 시도 좋아요.", "왜 그 방식으로 했어요?" 이 둘이 어긋나는 순간, 조직은 '이중 언어'를 가진 공간이 되고, 그 안에서 Job Crafting은 위험한 선택으로 퇴색된다. 그렇다. 진정한 혁신은 보고서나 캠페인이 아니라, 리더의 평소 태도에서 시작된다. 리더가 회의 중, 예상치 못한 아이디어를 비난 대신 탐색할 때, 프로젝트 실패 후에도 "좋은 시도였어"라고 감정을 먼저 다독일 때, 구성원이 한 실험을 조직 전체가 참고하고 확산할 수 있도록 격려할 때, 그 순간, 구성원은 "아, 우리 조직은 정말 변화할 준비가 되어 있구나"라는 메시지를 받게 된다.

Job Crafting은 조직 안에서 행동으로 말할 수 있어야 한다. 리더가 지켜보는 태도, 칭찬하는 눈빛, 의미를 묻는 질문 하나하나가 구성원에게는 "이 시도를 해도 괜찮구나"라는 신호가 된다. 반면, 무반응, 무관심, 책임 회피는 구성원의 Crafting을 '미등록 감정'으로 만들어버린다. 아무도 주목하지 않는 실험은 곧 사라지고, 혁신은 회의실 구호로만 남는다. 조직의 언어는 말이 아니다. "반응이다. 행동이다. 기억이다." 그리고 그 언어를 가장 먼저, 그리고 가장 반복적으로 말하는 사람은 바로 리더다. 모든 리더가 혁신을 '만들어야' 하는 것은 아니다. 진짜 중요한 리더의 역할은, 누군가가 시작한 변화를 꺼뜨리지 않는 것이다. Job Crafting은 구성원의 내면에서 시작되는 실천이다. 그것은 외부의 지시나 통제 없이 이루어지는, 자기 주도적 변화의 시도다. 하지만 이 시도는 리더의 반응에 따라 생명을 얻기도 하고, 혹은 아무 소리 없이 꺼지기도 한다.

Job Crafting은 완벽한 시도일 수 없다. 처음은 서툴고, 결과도 예측할 수 없다. 그런데 리더가 처음부터 "이건 왜 이렇게 했어?", "효과는 있었어?"라고 묻는다면, 그 시도는 '성과평가'가 되어버리고, 구성원은 의도보다 결과에 집중하게 된다. 리더는 모든 해답을 줄 필요가 없다. 다만, 구성원이 던진 작은 질문, "이렇게 해도 될까요? 이 방식이 나은 것 같아요, 조금 바꿔보고 싶어요."에 대해 즉시 반응하지 않고, 일단 기다려주는 용기가 필요하다. Job Crafting은 성과보다 감정이 먼저 작동하는 변화이기 때문이다.

모든 팀에는 '혼자 해보는 사람이 있고, 눈치보다 멈추는 사람이 있고, 바라만 보는 사람'이 있다. 그 가운데에서 가장 중요한 존재는, 그 시도를 꺼뜨리지 않는 리더다. 그는 구성원의 감정이 식지 않도록 지켜보고, 필요하면 조용히 지지하며, 나중에 그 시도를 '잘 기억했다는 듯' 칭찬할 줄 아는 사람이다. 그런 리더가 있는 팀에서 Job Crafting은 개인의 일회성 행동이 아니라, 공동의 실천이 되고, 팀의 문화가 된다.

지시하고 도와주는 건 쉬울 수 있다. 그러나 진짜 어려운 건 결과가 나오지 않아도, 그 과정을 존중하는 일이다. '아직 뭔가 달라지지 않아도, 실패했어도, 팀장이 보기엔 비효율적'이라 해도 "네가 그 일을 네 방식대로 바꿔보려 했던 거, 난 안다." 그 한 마디는 구성원에게 잊히지 않는다. 그 말은 단지 격려가 아니다. 그건 정체성의 회복을 인정받았다는 감정적 사건이다. 그리고 그 사건은 몰입의 불씨가 된다. Job Crafting은 혼자 할 수 있는 일이 아니다. 그 시도를 지켜봐 주는 리더, 기억해주는 리더, 꺾지 않는 리더가 있을 때 변화는 일회성이 아니라, 조직문화가 된다.

3. 제도화는 어떻게 가능한가? – 조직 차원의 설계 전략

"이건 네가 잘못한 게 아니야.
우리 조직이 아직 너를 제대로 담을 준비가 안 되어 있었던 거야."

그 말은 작은 회의실에서, 인사 담당자가 퇴사 직전의 한 직원에게 한 마지막 말이었다. 그녀는 시도했다. 일을 바꾸려 했고, 사람과 연결되려 했다. 하지만 시스템도, 평가도, 리더도 그녀의 노력을 보지 못했다. 그녀는 떠났고, 조직은 그 자리를 '충원'이라는 말로 메웠다. 그러나 진짜 빠져나간 건 하나의 가능성이었고, 하나의 문화였다. 개인의 노력은 변화의 씨앗이다. 리더의 지지는 성장의 토양이다. 그리고 제도는 그 변화를 지속시키는 기후와 환경이다. 개인의 Job Crafting은 언제나 작게 시작된다. 혼자 바꾸는 보고서, 바꿔보려는 회의 방식, 관계를 새롭게 시도하려는 용기. 하지만 그 시도가 반복되지 못하고 사라지는 이유는 단순하지 않다. 조직이 그것을 인정하지도, 기억하지도, 확산시키지도 않기 때문이다.

'좋은 시도'는 조직이 기억해줘야 한다. 그 기억의 체계가 바로 제도다. 즉, Job Crafting이 한 개인의 성실한 실험으로 끝나지 않기 위해선, 조직이 그것을 제도적 언어로 번역할 수 있어야 한다. "공식화된 피드백 루트, 반복 가능한 실행구조, 평가 및 인정의 기제", 이런 구조가 있어야 구성원은 "한 번 해본 일"을 "다시 해볼 수 있는 일"로 느낀다. 즉, 제도는 단순한 허용이 아니라, 지속의 조건이다.

자유롭게 하라는 말만으로는 부족하다. 조직은 행동으로 말해야 한다. "지금 시도해도 괜찮다"는 공식적 인정, "그런 행동이 우리에게 필요하다"는 보상적 수용, "우리는 그 변화를 지켜보고 있다"는 피드백 제공. 이런 신호가 반복되어야 구성원은 감정적으로 안전한 공간에서 몰입과 실험, Crafting을 자신의 것으로 받아들인다. 문화는 말이 아니라 행동의 반복에서 비롯된다. 그리고 반복은 제도가 뒷받침할 때만 가능하다. "리더가 지지하고, 동료가 응원하고, 제도가 축적할 때", 그 작은 시도는 팀의 학습이 되고, 조직의 기준이 되고, 궁극적으로는 '이 조직에서 일한다는 것의 의미'로 굳어진다. Job Crafting은 자율이라는 이름의 방임이 아니다. 그것은 개인의 회복 시도를 조직이 어떻게 제도적 신호로 응답하느냐에 따라 문화로 이어질 수도, 사라질 수도 있는 살아 있는 실천이다.

Job Crafting이 문화로 정착되기 위해서는, 그 변화의 시도가 조직 내부 시스템에 구조적으로 담길 수 있는 장치가 필요하다. 단지 "자율성을 보장하자"는 선언으로는 충분하지 않다. 중요한 것은 구성원이 직접 경험할 수 있는 제도적 신호와 실천 장치다. 다음에서 제시하는 네 가지 조직설계 전략은, 구성원의 Job Crafting을 일시적인 실험이 아닌, 조직 전체의 학습 시스템으로 전환시키기 위한 구조적 기반이다. 이 전략들은 각각 정체성의 성찰, 작은 시도의 실행, 공정한 인정, 리더십의 내재화라는 관점에서 설계되었으며, 조직이 구성원의 변화를 어떻게 응답하고 지속시킬 것인가에 대한 구체적인 해법이 된다.

1) Job Reflection 제도화 – 스스로의 일을 다시 묻는 시간

- 구성원 각자가 연 1~2회 자신의 일, 관계, 의미를 돌아보는 정례 프로그램 운영
- "당신의 일이 당신에게 어떤 의미인가?"를 묻는 구조화된 대화
- 단순한 만족도 조사나 피드백이 아닌, 정체성과 몰입의 상태를 점검하는 시간

심리적 계약이론 관점에서, 이는 구성원과 조직 간의 기대를 재확인하고 재설정하는 기회가 된다.

2) '작은 실험' 제도화 – 실험이 문화가 되도록

- 팀 단위로 실행 가능한 작은 Job Crafting 프로젝트 공모
- 업무 방식의 재설계, 협업 구조의 수정, 고객 응대의 창의적 개선 등 실패해도 인정받는 구조가 핵심

Edmondson의 심리적 안전감 개념에 따르면, 실패가 '배움'으로 해석되는 환경이 도전적 행동을 가능하게 한다.

3) 평가 및 보상구조의 유연화 – '정답이 아니라, 방향'을 인정하는 제도

- 성과기준을 단일지표가 아닌, Crafting을 통한 역량·의미·기여도 복합평가로 전환
- 창의성, 주도성, 팀 기여, 문제해결 방식 등을 보상의 언어로 번역

Leventhal의 절차 공정성 이론에 따라, 기준의 일관성과 참여성을 높이는 방식으로 설계해야 한다.

4) HRM과 리더십 개발의 통합 – 구조가 감정을 받쳐주는 설계

- 리더십 교육에서 "구성원의 Job Crafting을 촉진하는 법" 포함
- 인사평가, 피드백, 경력개발제도와 Job Crafting의 철학을 연결

사회교환이론(Blau, 1964)에 따르면, 조직이 먼저 심리적 유연성을 제공할 때 구성원은 자발성과 몰입이라는 심리적 반대급부로 반응한다.

"일은 혼자 바꿀 수 없다. 그러나, 조직이 함께하면 계속 바꿀 수 있다."

이 문장은 Job Crafting의 본질을 가장 단순하면서도 명확하게 보여준다. Job Crafting은 단지 개인의 일시적인 도전이나 변화를 향한 열정이 아니다. 그것은 조직이 구성원의 감정과 정체성에 어떻게 응답하는가를 보여주는, 조직문화의 방향을 결정짓는 행위적 선언이다. 구성원은 자율적으로 일의 의미를 재해석하고, 관계를 다시 맺으며, 새로운 과업을 설계할 수 있다. 하지만 그 변화가 지속 가능하기 위해서는, 그 시도를 조직이 어떻게 받아들이고, 어떻게 기억하며, 어떻게 제도와 문화로 확장하는지가 결정적이다. 조직이 "그런 시도를 기다리고 있었다"는 메시지를 줄 때, 리더가 "네 방식대로 해보라"고 여백을 줄 때, 동료가 "그건 너다운 방식이야"라고 공감할 때, Job Crafting은 단절된 감정을 회복시키고, 역할에 붙어 있던 무의미한 껍질을 벗겨내며, 일과 사람 사이의 관계를 다시 살아 있는 것으로 만든다. 결국 Job Crafting은 일을 바꾸는 행위가 아니라, 일과 나 사이의 관계를 다시 짓는 실천이며, 그 실천이 반복될 수 있도록 지켜보는 조직의 태도 자체가 문화가 되는 순간 그 조직은 진짜 '살아 있는 조직'으로 거듭난다. Job Crafting은 개인이 던진 작지만 진심 어린 질문에 조직이 어떻게 응답하는지를 보여주는 문화적 언어이며, 그 응답이 조직 전체를 변화시키는 정

서적·제도적 전환점이다.

'몰입하라'는 말은 쉽다. 하지만 몰입이 가능하도록 환경을 만드는 일은 전적으로 조직의 책임이다. Job Crafting은 결코 개인의 열정이나 역량만으로 유지되지 않는다. 그것은 반복적으로 꺼지는 감정을 다시 붙잡는 일이고, 혼자선 지치기 쉬운 감정의 실험이다. 따라서 조직은 구성원의 시도를 '무언가로 보아야 하며, 기억해야 하며, 구조화'해야 한다. 이때 조직이 구성원의 노력을 단지 '특이한 행동'으로 보는 것이 아니라, "가능성의 시작"으로 해석하고, 그 시도를 제도와 문화로 확장할 수 있는 여지를 열어줄 때, Job Crafting은 비로소 개인의 일이 아닌, 조직 전체의 성장 실천이 된다. 제도란 규칙을 위한 틀이 아니다. 가능성이 숨 쉴 수 있는 공간이며, 시도를 멈추지 않아도 되는 감정의 지지대다. 리더의 언어와 조직의 구조가 함께 말할 수 있어야 한다. "당신이 바꾸고 싶은 그 마음, 우리도 지켜보고 있습니다."

그 말이 들리는 조직, 그 구조가 작동하는 조직에서만, Job Crafting은 진짜 문화가 될 수 있다. 그렇게 시작된 작은 실천이 어떻게 구성원의 감정을 회복시키고, 다시 조직 전체의 문화를 바꾸는 회복의 전략으로 확장되는지를 살펴보고자 한다.

4. 작은 변화가 만든 큰 전환 – 살아있는 일, 살아있는 조직

"그렇게 일하니까, 내가 다시 나 같았어요."

아무도 시키지 않았다. 그는 어느 날 문득, 팀의 내부 보고서를 동료들이 더 쉽게 이해할 수 있도록 시각화하기 시작했다. 처음엔 아무 말도 없었다. 그러나 다음 분기, 팀장은 그에게 발표를 맡겼고, 그의 방식은 이후 팀 전체의 보고방식 자체를 바꾸는 기준이 되었다. 그는 말했다. "그때 처음으로, 이 일이 다시 내 일 같았어요."

Job Crafting은 보고서 형식을 바꾸는 기술이 아니다. 그것은 "이 일은 왜 존재하는가?", "나는 왜 이 일을 하는가?"라는 존재적 질문에 대한 정서적 응답이다. 그 안에는 정체성 회복, 감정의 복원, 의미의 재구성이 담겨 있다. 그리고 그 응답은, 구성원 한 명이 아니라, 팀 전체의 문화를 바꾸고 조직 전체의 에너지를 재 점화시킨다. 하나의 Job Crafting은 하나의 조직 문화적 기준이 된다. 한 사람의 변화는 작게 시작되지만, 그것이 인정받을 때, 공유될 때, 조직이 그것을 받아들일 때, 그 변화는 '새로운 표준'이 된다. Job Crafting이 지속될 수 있는 조직에서는 다음과 같은 변화가 나타난다.

- **팀원들 사이의 대화가 늘어난다.** "그거 괜찮다. 나도 한번 바꿔봐야지."

- **감정의 표현이 자유로워진다.** "요즘 일하면서 좀 힘든데, 이 방식이 나한테 맞는 것 같아."
- **일에 대한 인식이 달라진다.** "나는 단순히 과제를 수행하는 사람이 아니라, 일을 더 나답게 만들 수 있는 사람이다."

이런 변화들이 반복되면, 그 조직은 어느새 심리적으로 안전하고, 몰입이 가능하며, 변화가 자연스러운 조직이 되어있다. Job Crafting은 결국 사람을 회복한다.

이 책의 출발점은 하나의 질문이었다. "왜 우리는 정서적 몰입에서 유지적 몰입으로, 그리고 결국 심리적 사직에 이르게 되는가?" 그리고 Job Crafting은 이에 대한 하나의 대답이었다. 단절된 감정을 다시 연결하고, 분리된 정체성을 다시 통합하며, 의미를 상실한 일에 다시 숨을 불어넣는 것. 그것이 바로 Job Crafting이다. 그리고 그 회복의 과정은, 단지 일을 바꾸는 것이 아니라, 나를 회복하는 것이며, 그 회복이 이어질 때, 우리는 더 이상 일을 '견디는' 존재가 아니라, 일을 '살아가는' 사람이 된다.

Job Crafting은 거창한 혁신이 아니다. 그것은 매뉴얼을 벗어난 사소한 시도, 스스로에게 던지는 작고 조용한 질문, 그리고 "이 일이 내게 어떤 의미인가"를 다시 찾으려는 진심에서 시작된다. 그러나 그 작은 변화가 끝까지 살아남을 때, 조직 전체는 다시 살아난다. "일이 다시 살아있고, 사람이 다시 연결되어 있으며, 몰입이 다시 가능해진다." 이것이 바로 Job Crafting의 진짜 힘이다. 그것은 개인이 회복되고, 관계가 복원되고, 조직이 다시 감정을 품을 수 있는 문화의 순환 고리다. 그리고 그 문화는, 작은 변화를 꺼뜨리지 않은 리더, 작은 실천을 제도로 품은 조직, 작은 시도를 이어간 동료들에 의해 만들어진다. Job Crafting은 변화의 기술이 아니라, 회복의 언어다. 그 언어가 조직 안에 말처럼 남고, 행동처럼 퍼질 때, 우리는 일을 통해 사람을 회복하고, 사람을 통해 조직을 다시 살아 있게 할 수 있다.

이제 조직은 구성원의 작은 시도 앞에서 다시 묻고 응답해야 한다. "당신의 그 변화, 우리는 기억하고 있습니다." 이것이 진짜 Job Crafting이다. 단순한 실험이 아니라, 감정과 정체성과 관계를 회복하는 문화의 실천. 그 회복이 이어질 때, 조직은 더 이상 관리되는 시스템이 아니라, 사람이 숨 쉬는 공동체가 된다. 그리고 그 회복은, 거창한 시스템에서 시작되지 않았다. 아주 작게, 말없이 그러나 진심으로 자신의 일을 바꾸려 했던 사람들로부터 시작되었다. 다음 장에서는, 우리 주변에서 Job Crafting을 실천한 사람들의 이야기를 따라가 보려한다. 그들은 어떻게 일의 경계를 다시 그렸고, 감정을 되찾았으며, 조직 안에 작은 문화의 흔적을 남겼는가?

우리 주변의 Job Crafter들
– 작지만 진심 어린 실천

일하고 있지만, 일 속에 내가 없다. 매일 같은 자리에 앉지만, 나를 설명할 언어는 점점 사라진다. 우리는 이 책에서 하나의 명제를 따라왔다.

"유지적 몰입 = 심리적 사직 = 정체성 소외."

이것은 단지 개념의 나열이 아니다. 이는 오늘날 수많은 직장인이 겪고 있는 내면의 침묵, 감정의 단절, 의미의 상실을 세 개의 언어로 설명한 것이다. 유지적 몰입은 감정은 떠났지만, 조건 때문에 머물러야 하는 상태다. 그 상태가 지속되면 우리는 일을 하면서도 마음은 이미 떠나 있는 심리적 사직에 이르게 된다. 그리고 그 깊은 내면에서는, "내가 누구인지?", "내가 이 일을 왜 하는지?"에 대한 해석이 끊긴다. 그것이 바로 정체성의 소외다. 이 단절은 스스로 사라지지 않는다. 어떤 조직은 이를 '성과저하'로만 읽고, 어떤 리더는 이를 '근성부족'이나 '의지의 문제'로 해석한다. 그러나 우리는 그것이 감정과 의미, 정체성의 단절로부터 비롯된 심리적 경보임을 말해왔다. 그래서 우리는 다음과 같은 회복 전략을 제안했다. 감정과 관계의 회복에는 서번트 리더십이, 의미와 정체성의 회복에는 Job Crafting이 필요하다고. 그리고 이 장은 그 Job Crafting이 실제로 어떻게 작동하는지를 보여주는 장이다. 즉, 이론이나 제도 이전에, 한 사람이 자기의 일을 다시 받아들이고 재구성했던 이야기, 그 작은 실천에서 시작된 회복의 순간을 따라가 보려 한다.

이제 우리는 세 명의 Job Crafter를 소개하려 한다. 성직자의 자리를 내려놓고, 사람을 먼저 선택한 한 신앙인, 위계와 시스템 속에서도 자신의 방식으로 몰입을 회복해낸 한 CEO, 절망의 공간에서조차 일의 의미를 재설계한 한 영화 속 인물.

이들은 모두 스스로에게 물었다. "나는 누구인가?", "내가 하는 일은 나에게 어떤 의미인가?" 그리고 그 질문을 스스로 다시 답해나갔다. 누구도 그들에게 '일을 바꾸라'고 말하지 않았지만, 그들은 조용히, 그러나 단단하게 일과 자기 자신 사이의 끊어진 연결을 다시 이어 냈다. 이 장은 그 연결의 실천, Job Crafting의 살아 있는 얼굴을 담는다.

1. 존재로 직무를 다시 그린 Job Crafter – 김수환 추기경

"하느님보다 먼저, 당신 곁에 있던 사람이 되겠습니다."

이 말은 단지 한 번의 발언이 아니라, 김수환 추기경이 평생을 두고 실천해온 신념의 요약 문이었다. 그는 '사제'라는 직분을, 사람의 고통에 응답하는 자리로 받아들였고, 하느님의 뜻은 무엇보다 먼저 사람 곁에서부터 시작되는 것이라 믿었다.

1969년, 그는 한국 가톨릭 역사상 최초의 추기경이 되었다. 모두가 위계와 상징의 정점이 라 여겼던 자리에 올라섰지만, 그는 그 순간부터 오히려 자신의 정체성을 다시 질문하기 시 작했다. "나는 누구인가, 내가 하는 이 일은 어떤 의미인가?" 이 물음은 단지 개인의 내면 성찰이 아니었다. 그것은 제도적 직무의 경계를 다시 그리는 조용한 실천의 시작이었다.

1971년 성탄 자정미사. 전국에 생중계되던 강론에서 그는 박정희 정권의 장기집권 시도를 정면으로 비판했다. "양심을 말하지 못하는 신앙은 죽은 것입니다." 방송은 돌연 중단되었 고, 사회는 크게 흔들렸다. 그러나 그는 흔들리지 않았다. 그날 밤, 그는 성직자가 아니라, 한 사람의 양심으로 선 존재였다. 그의 말은 교리보다 앞섰고, 제도보다 깊었으며, 두려움보다 따뜻했다. 그의 실천은 그 순간에 멈추지 않았다. 그는 서울의 빈민가에 들어가 함께 밥을 나 누었고, 외로운 이들의 삶과 고통을 자신의 미사보다 먼저 생각했다. 누군가 '왜 사형수에게 답장을 하느냐' 묻는 편지에도 그는 짧게 적었다. "하느님은 당신을 사랑하십니다." 그 문 장은 법이나 교리보다 따뜻했고, 침묵과 고통 속에 놓인 이들에게 손을 내미는 실존적 응답 이었다. 5·18 광주항쟁 이후, 그는 주저 없이 유가족을 찾아가 눈물로 위로했고, 1987년 6 월 항쟁 당시에는 거리의 시민 곁에 함께 섰다. 그리고 삶의 마지막 순간, 그는 자신의 몸마 저 시신 기증이라는 방식으로 공동체에 내어놓았다. 그는 말로만 헌신하지 않았고, 죽음 이 후까지 자신의 직무를 사랑의 선택지로 확장시켰다.

그에게 있어 Job Crafting은 누군가에게 위임된 사명이 아니었다. 그것은 직무의 틀 안에 서 존재의 의미를 다시 설계하는 일상이자 실천이었다. 그는 과업의 범위를 바꾸었고, 관계 의 구조를 재 정의했으며, 직무에 대한 인식을 근본에서 다시 해석했다. 추기경이란 이름보다 먼저, 그는 인간을 향한 직무의 본질을 되물었고, 신앙은 결국 사람을 위한 것이어야 한다는 믿음으로 자신의 정체성을 새롭게 새겨 넣었다.

그의 변화는 거창하지 않았다. 오히려 조용하고 일상적이었다. 그러나 그 조용한 재구성은, 제도에 머물러 있던 정체성을 사람의 얼굴을 향하는 감정의 실천으로 전환시켰다. 성탄 미사에서의 발언은 단지 시대에 맞선 정치적 표현이 아니었다. 그것은 자신이 수행하는 직무를 통해 존재를 다시 쓰는 사람의 선언이었다. 그의 변화는 혼자만의 것이 아니었다. 그가 일의 의미를 다시 정의하고, 정체성을 다시 세운 그 순간부터, 그가 머문 자리와 조직, 공동체 역시 서서히 달라지기 시작했다. 말이 달라지고, 관계가 바뀌고, 공간의 의미가 다시 쓰였다. 그가 한 사람의 이름으로 선택한 행동은, 곧 한 조직이 감정을 회복하고, 사람을 향해 나아가는 실천으로 이어지게 만들었다.

이 변화는 하루아침에 일어난 것이 아니었다. 그는 자기 안에서부터 경계를 다시 그리고, 조금씩, 그러나 끈질기게 일의 구조를 바꿔나갔다. 그 실천의 구체적인 과정은, 우리가 지금 말하는 Job Crafting의 세 가지 경계 변화(Task, Relational, Cognitive)와 정확히 맞닿아 있다.

● 사제의 일상을 다시 설계하다 – 과업(Task) Crafting

김수환 추기경은 '사제의 일'이란 무엇인지, 조용히 그러나 끈질기게 되물었다.

그에게 미사와 설교, 성사의 집전은 사제로서의 중심적인 사명이었지만, 그것만으로는 충분하지 않았다. 그는 늘 스스로에게 물었다. "지금 가장 고통받는 사람에게, 내가 할 수 있는 일은 무엇인가?"

이 물음은 그가 수행하던 일의 방향을 서서히 바꾸기 시작했다. 그는 성당 안에만 머물지 않았고, 강론대 위에서만 말하지 않았다. 쪽방촌을 찾았고, 노숙인 무료급식소에 앉았으며, 격리된 이들과 함께 밥을 지었다. 그는 종교적 권위를 앞세우기보다 사람 곁에 서고자 했다. "아저씨"라고 불리는 것이 더 좋다고 말했던 그는, 성직보다 '사람'으로 불리는 관계 속에서 존재의 의미를 찾았다. 그가 자주 남긴 말이 있다. "서로에게 밥이 되어주십시오."

이 말은 단순한 은유가 아니었다. 그는 실제로 밥을 나누는 사람이었고, 허기진 이들의 삶에 먼저 응답하는 존재였다. 그의 직무는 점차 '의례'보다 '공감'에 가까워졌고, 공식적 사명보다 비공식적 실천의 자리로 이동했다.

1987년 6월 항쟁 당시, 명동성당에 시민들이 피신해 있었을 때, 경찰이 성당에 진입하려 하자 그는 단호히 말했다. "경찰이 성당에 들어오면, 제일 먼저 나를 밟고 지나가십시오."

그에게 성직자의 '일'은 예배의 틀 안에서만 이뤄지는 것이 아니었다. 사람의 삶 한가운데에서, 고통의 현장에서, 함께 있어주는 것 또한 '사명의 실천'이었다.

그의 Job Crafting은 단순히 '과업을 바꾸는 행위'가 아니었다. 정해진 틀을 벗어나기보다, 그 틀의 '방향'을 사람에게로 돌리는 행위였다. 기존의 직무를 버린 것이 아니라, 그 직무를 통해 누구를 향할 것인가를 바꾸었다. 그의 선택은 단지 개인적 감동을 남긴 사건이 아니었다. 그가 수행한 직무의 방식은, '교회는 무엇을 일이라 부를 것인가?'라는 질문을 남겼고, 성직자의 과업에 대한 정서적 기준을 다시 쓰는 출발점이 되었다. 그에게 '하느님의 뜻을 따르는 일'과 '사람 곁에 머무는 일'은 다르지 않았다. 그 믿음은 그의 실천이 되었고, 그의 실천은 곧 새로운 과업의 정의가 되었다.

● 사제의 관계를 다시 설계하다 — 관계(Relational) Crafting

김수환 추기경은 "누구와 관계를 맺을 것인가?"보다 어떻게 관계를 맺을 것인가를 더 깊이 고민한 사람이었다. 그의 관계 맺기는 일방적이지 않았고, 단지 종교 지도자로서의 영향력을 행사하려는 것도 아니었다. 그는 늘 먼저 다가갔고, 먼저 앉았으며, 먼저 들으려 했다. 자신을 '하느님의 대변자'로 내세우기보다, 한 사람의 인간으로 옆에 서는 관계를 추구했다. 그는 사제라는 이유로 '위에 서야 한다.'고 생각하지 않았다. "내가 가진 신분과 직분이 상대에게 벽이 된다면, 그건 참된 관계가 아닙니다." 그의 관계방식은 수직에서 수평으로, 권위에서 경청으로 옮겨갔다. 그래서 사람들은 그를 "추기경님"이라기보다, "아버지" 혹은 "이웃"처럼 느꼈다.

그는 특별히 믿지 않는 이들, 교회 밖의 사람들, 죄인과 낙인찍힌 이들, 그리고 끝내 말없이 떠나간 이들 곁에 머무는 것을 중요하게 여겼다. 어떤 사형수에게도 그는 끝까지 편지를 보내며, 말을 걸고, 손을 내밀었다. 그 편지에는 종교적 교리는 거의 없었다. 그 대신 이렇게 적혀 있었다. "하느님은 당신을 사랑하십니다. 나는 당신을 기다리겠습니다."

이 문장은 그가 맺고자 했던 관계의 방식, 즉 심판이 아닌 기다림, 구원보다 우선된 존중을 보여준다. 그의 관계 맺기 방식은 단지 인간적인 친절을 넘어, 조직 전체의 정체성과도 맞닿아 있었다. 그가 그렇게 한 사람과 관계를 맺을 때, 교회라는 조직은 그 사람을 다시 보기 시작했고, 그가 거리에서 눈을 맞출 때, 성당의 문턱은 낮아졌으며, 그가 이름을 불러줄 때, 사람들은 스스로를 다시 사람으로 느꼈다.

그에게 관계란 사랑의 대상이 아니라, 정체성의 방식이었다. "내가 누구와 함께하느냐"는 질문은 곧 "나는 누구인가?"라는 질문과 같았고, 그는 그 답을 강론이 아니라 관계를 통해 써 내려갔다.

그의 Job Crafting은 그렇게, '관계의 우선순위'를 재구성하는 방식으로 이루어졌다. 사제라는 자리를 떠난 것이 아니라, 그 자리를 사람과 더 가까워질 수 있는 구조로 조용히 바꾼 것이었다. 그리고 그 변화는 한 개인의 따뜻함을 넘어, 교회가 사람을 기억하고 응답하는 방식 전체를 바꿔 놓는 일로 이어졌다.

● 의미를 다시 붙잡다 – 인지(Cognitive) Crafting

김수환 추기경에게 있어 '사제란 어떤 존재인가?', 그리고 '사제의 일은 무엇을 위한 것인가?'라는 질문은 단 한 번의 성찰이 아니라, 평생을 두고 다시 써 내려간 고민이었다. 그는 직무의 외형보다, 그 안에 담긴 존재의 의미를 더 깊이 들여다보았다. 사제란 미사를 집전하고, 성사를 행하고, 말씀을 선포하는 사람일까? 그는 그렇게 정의되지 않았다. 오히려 그는 이렇게 되물었다. "이 일이 지금 이 사람에게 어떤 의미가 되어야 하는가?"

그에게 성직은 제도의 틀을 따르는 신분이 아니라, 사람을 위한 길, 고통에 응답하는 실천, 그리고 자신을 타인에게 건네는 존재 방식이었다. 그는 종종 신앙은 하느님을 사랑하는 것이지만, 그 사랑은 사람 곁에 머무는 것으로 증명되어야 한다고 말했다. 이 말은, 단지 교리 해석이 아니라, '일의 의미를 어떻게 받아들이는가?'에 대한 인식 전환이었다. 그래서 그는 사제의 역할을 단순히 '종교적 기능'이 아니라

'인간 존재의 회복을 돕는 구조'로 보았다. 밥을 짓고, 편지를 쓰고, 무명인의 눈을 바라보는 그 모든 일이 하느님의 뜻을 따르는 일이며, 그 자체가 사목적 실천이라고 그는 생각했다.

그의 인지적 재해석은 곧 '일이란 무엇을 위한 것인가?', 그리고 '일 속에서 나는 누구인가'를 다시 쓰는 작업이었다. 그에게 사제란, 하느님의 이름으로 인간을 판단하는 존재가 아니라, 인간의 얼굴 속에서 하느님의 뜻을 읽어내려는 존재였다. 이 인식이 바로 그가 선택한 Crafting이었다. 그의 인식전환은 자신만의 내면 변화에 그치지 않았다. 그가 말한 것보다 더 많은 것을 행동으로 해석했기에, 사람들은 그를 통해 사제의 의미를 다시 보기 시작했다. 그가 존재를 해석하는 방식이 바뀌었고, 그 존재 방식이 조직 전체가 일의 의미를 바라보는 관점까지 흔들어 놓았다.

Job Crafting의 가장 깊은 층위는 결국 이 인식의 재구성에 있다. 정해진 일을 어떻게 받아들이고, 그 일속에서 나를 누구로 정의할 것인가? 김수환 추기경은 여기에 응답한 사람이다. 그는 '일'을 바꾸지 않았다. 대신 '그 일이 가진 의미'를 바꾸었다. 그 변화는 조용했지만, 사람을 보고, 사람을 믿고, 사람 곁에 머물겠다는 선언이었다.

● 정체성과 의미의 재설계 – 존재지향형 Job Crafting

김수환 추기경은 Wrzesniewski와 Dutton(2001)이 말한 Job Crafting의 세 가지 경계, 즉 과업의 재정의(Task), 관계의 재설계(Relational), 인식의 전환(Cognitive)을 모두 실천한 인물이었다. 그는 단지 직무를 '잘' 수행한 사람이 아니라, 그 일이 무엇이어야 하는가, 그 일을 통해 나는 누구인가를 끊임없이 되물었던 사람이었다.

그에게 '사제'란 미사를 집전하고 성사를 수행하는 직책을 넘어서, "지금 가장 아픈 사람 곁에 머무는 존재 방식"이었다. 그는 직무의 틀을 넓히는 것을 넘어서, 그 틀 안에 담긴 존재의 철학을 새롭게 구성해 나갔다. 그가 반복해서 던진 질문은 단순하지만 깊었다. "나는 누구인가?", "내가 하는 이 일은 어떤 의미인가?"

그리고 그 질문은 이론적 사유가 아니라, 사람의 얼굴, 사람의 고통, 사람의 삶 안에서 답을 찾으려는 실천으로 이어졌다. 그는 제도의 틀에 머물지 않았다. 성직이라는 체계 속에서도 감정이 소외되고, 정체성이 마모될 수 있음을 누구보다 잘 알았다. 그러나 그는 그 제도를 거부하지 않았다. 오히려 그 틀 안에서 직무의 의미를 스스로 재구성하고, 자율적 의미부여(Self-Determination)를 통해 감정적 응답을 존재적 실천으로 전환해 나갔다.

그는 한 강연에서 이렇게 말했다. "나는 성직자가 되기 이전에, 사람이 되고 싶었습니다." (2003년, 평신도사도직단체협의회 강연). 이 말은 단지 겸손의 표현이 아니었다. 직무와 존재 사이의 긴장, 그리고 그 사이에서 감정과 정체성이 어떻게 회복될 수 있는가에 대한 깊은 통찰이었다. 그에게 Job Crafting은 단순한 직무조정이 아니었다. 정체성 소외로부터의 자기 회복, 그리고 존재의 몰입을 되찾기 위한 조용한 감정의 실천이었다. 그가 해낸 것은 단지 과업의 조정이 아니라, 직무를 통해 자신의 존재를 다시 써 내려간 일이다. 그의 Crafting은 직무의 경계를 넘어, 존재의 방향을 다시 그리고, 조직의 감정을 다시 깨어나게 한 실천이었다. 그 실천은 조용했기에, 더욱 깊었다. 그리고 그 깊이는, 우리 모두가 일과 존재 사이에서 다시 물어야 할 질문을 남겼다.

● 일은 직책이 아니라 존재 방식이다 – 조직을 바꾼 Job Crafting

김수환 추기경은 직책으로서의 '추기경'보다, 사람으로서의 '김수환'이 누구인가를 먼저 고민했던 Job Crafter였다. 그는 제도의 테두리에 머물지 않았다. 오히려 그 경계를 조용히 다시 그으며, "신부의 일은 결국 사람을 향해야 한다."는 존재적 해석을 직무의 방식으로 구체화해 나갔다. 그의 Job Crafting은 이렇게 말하는 듯했다. "일을 바꾸는 것은 결국, 내가 누구인지를 다시 묻는 과정입니다."

그의 실천은 단지 개인적 회복에 머물지 않았다. 그가 새롭게 정의한 직무의 방향과 관계 맺기 방식은 곧 공동체의 문화가 되었고, 그가 감정으로 응답했던 장면들은 조직의 기억 속에 행동의 기준으로 남았다. 그가 보여준 Job Crafting은 한 사람의 정체성 재설계에 머무르지 않고, 직무 전체의 감정적 방향을 바꾸는 리더십의 실천이었다. 그는 후배 성직자들에게 "사람 곁으로 다가가는 길"을 남겼고, 신자들의 기억 속에는 한 마디 말, 한 번의 눈 맞춤, 그리고 함께 나눈 밥 한 끼가 이렇게 남았다. "아, 일은 이렇게도 할 수 있구나."

그는 자신의 직무만을 바꾼 것이 아니라, 그 직무가 속한 조직의 정체성과 문화, 그리고 사람을 대하는 감정의 언어를 다시 쓴 사람이었다. 누군가에게 그는 위대한 종교 지도자였지만, 많은 이들에게는 그저 "함께 밥을 먹어준 사람", 그 곁에 앉아주었던 존재로 기억된다. 그의 존재 방식은 곧 일의 방식이 되었고, 그 일의 방식은 다시 조직이 감정을 회복하는 구조와 문화로 확산되었다.

그의 Job Crafting은 증명했다. 한 사람이 자기 일을 다시 정의할 때, 그 변화는 공동체 전체가 스스로를 다시 이해하는 길이 될 수 있다. 이것이 바로 Job Crafting이 개인을 넘어 조직의 문화를 바꾸는 방식이다.

2. 자원을 스스로 확장한 현장 CEO
– 아이에스동서(주) 배기문 대표이사

"누가 주지 않으면, 스스로 만드는 수밖에 없었습니다."

2000년, 매출 180억 원, 직원 45명. 지역 기반의 작은 건설사에 입사한 한 신입사원이 있었다. 그에게 주어진 환경은 열악했다. 자원은 부족했고, 일의 기준은 모호했다. 반복되는 세무조사, 장시간의 보고회의, 불명확한 의사결정 구조는 그에게 지속적인 직무요구(Job Demands)로 다가왔다. 그러나 그는 이를 견디거나 회피하지 않았다. 직무환경을 다시 설계했고, 필요한 자원을 스스로 만들어냈다. 특히 반복되는 세무조사는 그에게 고정된 스트레스가 아니라, 학습의 기회이자 구조개선의 단서였다. 남들은 회피하고 싶어 하던 조사과정에서 그는 회계기준의 미비점, 재무 흐름의 병목구간, 리스크 대응의 후진성을 발견했고, 이를 바탕으로 회계 체계와 보고 시스템을 재설계하는 실천의 토대를 마련했다.

JD-R 모델의 관점에서 보면, 이것은 '방해적 직무요구'를 '자기 주도적 학습 자원'으로 전환한 대표적 Crafting 행동이었다. 그는 직무요구를 수용 가능한 수준으로 재구조화하면서 동시에 자원을 체계적으로 확장해갔다. 보고체계를 단순화하고, 결과 중심의 실무 시스템을 도입했으며, 회계와 세무 역량을 독학으로 쌓고, 부산대학교와 건국대학교 MBA 과정을 거치며 실무 중심의 전략적 관점을 확립했다. 이 배움은 단지 이력을 위한 과정이 아니었다. 문제해결을 위한 지식자산 확보, 자율적 의사결정 기반 마련, 구조적 효율의 구현이라는 실천적 목표를 위한 설계였다. 그가 설계한 변화는 가시적인 결과로 이어졌다. 탁상 행정 중심이었던 업무체계는 실무중심 구조로 바뀌었고, 보고서 작성시간은 절반 이하로 줄었으며, 구성원의 업무 피로도도 눈에 띄게 감소했다. 그는 단순히 일을 잘한 것이 아니라, 일의 방식 자체를 바꾸며, 몰입과 성과를 동시에 설계한 사람이었다.

그리고 24년 뒤, 그가 함께 변화시킨 이 조직은 2024년 연결 기준 매출 1조 5,146억 원, 영업이익 1,737억 원, 시가총액 약 6,600억 원의 종합 디벨로퍼가 되어 있었다. 그는 자금담당 이사와 상무를 거쳐 CEO에 올랐다. 그러나 이 모든 직책 이전에 그는, 일의 경계를 스스로 조정해 온 Job Crafter였다. 그의 실천은 말이 아니라 구조였고, 통제가 아니라 신뢰를 통해 조직의 문화를 바꾸는 기반이 되었다. 그는 자원이 부족한 환경에서 지식자산, 업무 시스템, 심리적 자율성이라는 세 가지 자원을 스스로 설계해냈고, 동시에 반복되는 세무조사, 불명확한 기준, 과도한 보고체계 같은 방해적 직무요구를 제거하거나 구조적으로 단순화했다. 또한 인수합병과 경영 위기 같은 도전적 요구는 능동적으로 수용하며 자신의 직무를 성장의 공간으로 전환했다. 이 모든 실천은 자원과 요구의 균형을 스스로 설계한 결과였고, 그 균형은 단지 개인의 성장을 넘어, 조직 전체의 몰입과 성과로 이어졌다. 이제, 그의 Job Crafting이 어떻게 JD-R 모델에 기반한 전략적 실천으로 작동했는지를 살펴보자.

● 구조적 자원을 스스로 설계하다 – 구조적 Job Resources의 확장

배기문 대표이사는 자원이 주어지기를 기다리지 않았다. 그는 필요한 역량은 스스로 배웠고, 일의 흐름은 스스로 바꾸었다. 회계와 세무는 현장과 실무에서 직접 부딪히며 익혔고, 부산대학교와 건국대학교 MBA 과정을 통해 경영의 원리를 체계적으로 정리했다. 이러한 지식자산은 단지 개인의 성장을 위한 도구가 아니라, '실무 – 관리 – 전략'을 연결하는 조직 내 경영 리터러시로 작동하기 시작했다.

그리고 그는 또 하나의 중요한 결단을 내렸다. 보고서 중심의 탁상 행정을 버리고, 문제해결 중심의 실무체계로 전환한 것이다. 회의보고 시간은 절반으로 줄었고, 실행 가능한 대안이 중심이 되는 의사결정 구조가 자리잡기 시작했다. 그의 선택은 단순한 효율화가 아니었다. 구조적 자원을 스스로 재설계한 Job Crafting의 정수였다. 하지만 이 변화는 그 개인에게만 머물지 않았다. 이후 조직 내에서는 불필요한 형식을 줄이고, 실행과 개선을 우선시하는 문화가 빠르게 자리잡기 시작했다. 보고를 위한 보고가 줄어들고, 일을 주도적으로 설계할 수 있다는 믿음이 구성원 전체로 확산되었다. 이것은 단순한 리더의 성과가 아니라, 한 사람이 설계한 구조가 조직 전체의 심리적 자원(Psychological Resources)을 넓히는 과정이었다.

배기문 대표이사는 자원을 받은 사람이 아니었다. 자원을 창조한 사람이었다. 그의 Job Crafting은 리더십으로 전환되었고, 그 리더십은 구성원에게 이렇게 말하는 듯했다.

"문제는 바뀌지 않아도, 문제를 대하는 구조는 바꿀 수 있다."

● 신뢰를 자원으로 바꾸다 – 사회적 Job Resources의 확장

그의 Job Crafting은 단지 업무의 틀을 바꾸는 데서 멈추지 않았다. 그는 사람과의 관계 속에서 자율성과 신뢰를 자원으로 전환해 나갔다. 그가 구성원들에게 자주 했던 말이 있다. "결정은 당신이, 책임은 내가." 이 말은 단순한 격려가 아니었다.

그것은 심리적 안전감(Psychological Safety)을 만들어내는 구조적 언어였고, 구성원이 스스로 판단하고 행동할 수 있는 심리적 기반을 설계한 리더십의 메시지였다. 심리적 안전감은 단지 불안을 줄이는 수준이 아니라, 구성원이 자신의 의견을 말하고, 실패를 두려워하지 않으며, 실행에 책임감을 갖고 몰입할 수 있도록 만드는 감정적 자원이었다. 그의 한마디는 곧 "당신은 보호받고 있다"는 신호였고, 그 신호는 자율성과 창의성, 실행력을 이끌어내는 동력으로 작동했다.

그는 보고를 줄이고 피드백을 늘렸으며, 지시 대신 질문을 던졌다. 이러한 변화는 조직 전반에 작은 파장을 일으켰다. 단절된 부서 간의 소통이 다시 연결되었고, 실무와 경영 간의 간극도 줄어들었다. 소통의 방식이 바뀌자, 감정의 흐름도 달라졌고, 관계는 회복되기 시작했다. 자율과 신뢰는 서로를 강화했고, 그 신뢰는 구성원 개개인의 심리적 에너지와 실행 역량을 끌어올리는 사회적 자원이 되었다.

그는 여기서 멈추지 않았다. 자신이 익힌 회계, 세무, 경영지식을 직접 콘텐츠로 정리해 내부에 공유했고, 반복적인 학습 기회를 스스로 설계해 조직에 제공했다.

이 실천은 단순한 친절이나 리더의 배려가 아니었다. 개인의 전문성을 넘어서, 그것을 조직 전체의 집단적 역량으로 전환시킨 구조적 Crafting이었다. 그가 쌓은 신뢰는 소속감을 넘어 '같이 성장할 수 있다'는 믿음으로 확장되었고, 그 믿음은 조직이 스스로 학습하고 회복할 수 있는 내재적 힘, 곧 사회적 자원이 되었다.

● 도전은 피하지 않았다 – 도전적 Job Demands의 수용

그가 감당한 일들 중에는 아무도 쉽게 떠맡으려 하지 않았던 일들이 있었다. 반복되는 세무조사와 내부감사, 조직구조 개편, 인수합병, 사업 확장 등 고위험 결정과 구조적 재정비는 대부분의 리더가 피하거나 미루고 싶어 하는 과업들이었다. 하지만 그는 그 도전들을 회피하지 않았다. 오히려 그것들을 학습의 기회, 성장의 자원으로 전환해냈다. 예컨대, 반복되는 세무조사에서 드러난 약점을 외면하지 않고, 회계 체계와 재무 흐름을 정밀하게 점검하고 재설계했다. 스트레스를 방어적 회피로 대응하는 대신, 구조적 개선으로 전환하는 전략적 감내를 선택한 것이다.

또한 그는 단기 성과에만 집중하지 않았다. 인수합병과 사업 확장이라는 불확실성이 높은 고위험 업무도 주도적으로 감당했다. 그 선택은 단지 공격적인 경영의 표현이 아니었다. 그는 그러한 도전 속에서 조직의 방향성과 무게 중심을 책임지는 리더의 역할을 실천했고, 자신의 직무를 위기 대응자가 아닌 미래 설계자의 위치로 재 정의했다. 그의 이러한 Job Crafting은 단순히 '힘든 일을 버텼다'는 수준이 아니었다. 그는 도전적 Job Demands를 정서적으로 수용하고, 인지적으로 해석하며, 구조적으로 흡수한 사람이었다. 압박과 불확실성이라는 요구를, 성장과 변화라는 기회로 해석했기에 가능한 일이었다.

이러한 실천은 조직 내부에도 분명한 영향을 남겼다. 사람들은 리더의 회피가 아닌 직면을 보며, 도전이 위협이 아니라 성장의 조건이 될 수 있다는 메시지를 받았다. 구성원들도 위기를 감정적으로 회피하기보다, 구조적으로 풀고, 의미를 찾는 방식으로 대응하려는 태도를 갖기 시작했다. 그는 증명했다. 도전은 부담이 아니라, 직무의 깊이를 바꾸는 또 하나의 자원이라는 것을. 그리고 그 자원은, 자신만의 성장을 넘어, 조직 전체가 감정적으로 단단해지는 심리적 기반이 되었다.

● 필요 없는 요구는 과감히 걷어냈다 – 방해적 Job Demands의 감소

그는 조직 안에 스며든 불필요한 업무 요구들, 즉 장시간 회의, 중복 보고, 모호한 평가 기준, 일방적 지시 같은 방해적 직무요구(Hindering Job Demands)를 누구보다 예민하게 감지했다. 이러한 요구들은 단지 업무의 비효율을 넘어, 구성원의 감정 에너지와 몰입을 끊임없이 소모시키는 감정적 장애물이었다. 그는 이 요구들을 단호히 제거해 나갔다. 기준은 명확하게 만들었고, 성과보다 과정 중심의 설계 철학으로 평가 기준을 전환했다. 회의는 줄었고, 보고는 단순해졌으며, 지시보다 이유 있는 요청이 조직 안에 퍼지기 시작했다.

그가 한 일은 단순한 '정리'가 아니었다. 그것은 몰입을 방해하는 구조를 해체하고, 감정과 자율이 살아 숨 쉬는 공간을 설계하는 Crafting의 과정이었다. 그가 만든 변화는 숫자보다 먼저 분위기에서 감지되었다. 불필요한 지시에 따른 눈치 보기와 방어적 행동이 줄어들었고, 회의에 소극적으로 앉아 있던 사람들이, 직접 문제를 제안하고 해결하려는 태도로 전환되었다. 보고 시간은 줄었고, 스트레스는 낮아졌으며, 구성원은 "해야 해서 하는 일"이 아니라, "해야 할 이유가 분명한 일"에 집중할 수 있게 되었다. 일의 무게가 가벼워진 것이 아니라, 방향이 또렷해졌기에 몰입할 수 있게 된 것이다.

그의 Job Crafting은 조직의 효율만을 높인 것이 아니었다. 그는 일의 방식 안에 감정을 담을 수 있는 공간을 마련했고, 그 감정은 곧 몰입의 에너지로 환원되는 구조가 되었다. 그가 보여준 변화는 이렇게 말한다. "줄이는 것이 아니라, 회복시키는 것입니다."

● **정체성을 품은 직무 재설계, 그리고 전이되는 문화**

배기문 대표이사가 다시 그린 일은 단지 업무의 성과를 위한 재설계가 아니었다. 그는 일과 삶의 경계에서 묻고 있었다. "나는 어떤 방식으로 일하고 싶은가?", "나는 이 안에서 어떤 사람이고 싶은가?"

그에게 Job Crafting은 '역할의 최적화'가 아니라, 존재에 대한 자기 정의의 과정이었다. 반복적이고 기계적인 보고를 덜어내고, 실무의 본질에 집중할 수 있는 구조를 만들어낸 것은, 단지 효율 때문만이 아니었다. 그것은 그가 '일을 어떻게 해석하는가?'를 보여주는 일이었고, 결국 자신이 누구인지를 표현하는 방식이었다. 그의 경로는 쉽지 않았다. 세무조사와 위기 상황이 반복되었고, 확신이 흔들리는 순간도 있었다. 하지만 그는 물러서지 않았다. 오히려 그 반복을 통해 자원을 쌓았고, 요구를 기회로 바꾸는 감각을 길렀다. 그리고 그 안에서 형성된 감정의 축적은, 단단한 직무 정체성으로 응결되었다.

그가 설계한 일은 곧 그 자신의 내면과 맞닿았고, 자율성과 책임, 신뢰와 명확성이라는 기준을 통해 조직과 연결되었다. 그러나 그 변화는 자신만의 성취로 멈추지 않았다. 그가 바꾼 것은 일의 방식만이 아니었다. 함께 일하는 사람들의 일에 대한 관점, 일을 대하는 태도, 그리고 조직에서의 자기 해석 방식까지도 바뀌기 시작했다. 보고서 대신 피드백이 오갔고, 판단보다 질문이 먼저였으며, 지시는 줄어들고 권한은 더해졌다. 어느 순간부터 그의 팀원들은 스스로 자원을 찾고, 불필요한 보고를 줄이며, '이 일이 내 일인가'를 묻기 시작했다. 그는 말로 리더십을 행사하지 않았다. 다만 조용히, 오랫동안, 그리고 일관되게 자신의 Job Crafting을 실천했을 뿐이다. 그러나 그 실천은 하나의 행동기준이 되었고, 그 기준은 조직이 '자율과 책임'이라는 원칙 안에서 자라나는 문화로 확장되었다.

이제 그는 혼자 실천하는 Job Crafter가 아니다. 그가 만든 흐름 속에서 또 다른 누군가가,

조용히 그리고 묵묵히 Job Crafting을 시작하고 있다. 그리고 그렇게 조직은, 자율적 정체성과 실행의 문화를 만들어가고 있다.

3. "자유는 마음 안에서 시작됩니다"
- 쇼생크 탈출의 앤디 듀프레인의 Job Crafting

"벽 안에 갇혀 있어도, 내 안의 자유만은 누구도 빼앗을 수 없습니다."

영화 〈쇼생크 탈출〉의 주인공 앤디 듀프레인은 한순간에 삶을 빼앗긴 인물이다. 억울한 누명을 쓰고 종신형을 선고받은 그는, 냉혹한 감옥 '쇼생크'에서 20년 가까운 시간을 보낸다. 그러나 그가 선택한 생존방식은 단순한 인내가 아니었다. 앤디는 감옥이라는 제한된 환경 안에서 스스로 '일의 의미를 재 정의하고(Task Crafting), 관계를 새로 맺으며(Relational Crafting), 존재의 정체성을 회복하고(Cognitive Crafting)', 더 나아가 도서관 운영을 위한 자원 확보, 교육활동 등 자신이 활용할 수 있는 자원을 적극적으로 확장해나갔다(JD-R 기반 자원 Crafting). 때로는 감정적 소진과 무력감을 줄이기 위해 '일상의 부담을 조절하고, 불합리한 요구에 거리를 두는 방식(Job Demands 조절)'으로 생존 전략을 세우기도 했다.

그는 탈옥 이전에 이미 '자유로운 인간'이 되어 있었다. 이 영화는 단지 교도소를 배경으로 한 드라마가 아니다. 정체성 소외 속에서 자신의 일을 스스로 Crafting 해낸 사람, 구조적 제약 속에서도 자신의 자원과 요구를 재구성한 복합형 Job Crafter의 이야기다.

앤디는 Wrzesniewski & Dutton(2001)의 관점에서 보면 과업(Task), 관계(Relational), 인지(Cognitive)의 경계를 모두 바꾼 사람이다. 동시에 Tims & Bakker(2010)의 JD-R 모델 관점에서도 스스로 자원을 창출하고, 도전적 요구를 재구성하며, 감정적 에너지를 회복해낸 인물이다. 즉, 그는 Job Crafting의 두 가지 모델을 통합적으로 실천한 복합형 Job Crafter였다.

● 과업(Task)을 다시 정의하다 – '도서관 사서'에서 '교육 개혁가'로

앤디 듀프레인이 처음 맡은 업무는 잡일에 가까웠다. 먼지를 뒤집어쓴 책장을 정리하고, 파손된 책을 꿰매는 단순 반복의 노동. 감옥이라는 폐쇄공간에서 일은 '시간을 죽이는 도구'일 뿐, 의미를 기대하긴 어려운 환경이었다. 하지만 앤디는 그 시간을 죽이지 않았다. 오히려 그 안에 새로운 삶의 설계도를 담았다. 그는 도서정리를 단지 '관리'가 아니라 '가능성의 확장'으로 보기 시작했다. 감옥 안에 갇힌 사람들에게 책이란 무엇이 될 수 있을까? 이 질문은 그에게 과업 재정의의 시발점이었다. 앤디는 밖으로 편지를 쓰기 시작한다. 주마다 한 통. 도서기부를 요청하고, 교육예산을 청원하며, 감옥 안에도 '읽고 생각할 권리'가 있음을 주장했다. 수년간의 거절과 무시 속에서도 그는 멈추지 않았고, 마침내 책이 도착하기 시작했다. 낡은 창고 같던 공간은 어느새 감옥 도서관으로 변모했고, 그는 단지 '사서'가 아니라, 배움과 회복의 장(場)을 설계한 교육 개혁가가 되었다. 앤디는 여기서 단순한 업무(Task)를 스스로의 정체성과 연결된 사명으로 Crafting 했다.

Wrzesniewski & Dutton(2001)의 Job Crafting 개념에서 말하는 과업 경계(Task Boundary)의 재구성을 정교하게 실천한 것이다. 그는 주어진 일을 따르되, 그 안에서 의미를 만들었고, 타인의 삶까지 영향을 미치는 구조로 재설계했다. 노동은 반복되었지만, 그 노동이 만드는 '세계'는 매일 새로워졌다. 그는 감옥이라는 가장 닫힌 공간에서 '일의 경계는 지정된 것이 아니라, 발견되는 것'임을 증명한 Job Crafter였다.

● 관계(Relation)를 다시 설계하다 – 소외된 인간관계에서, 감정적 공동체로

처음 앤디가 쇼생크에 들어왔을 때, 그는 단단한 벽 같은 사람이었다. 낯설고 고립되었고, 어떤 말에도 쉽게 마음을 열지 않았다. 그러나 그건 감정이 없어서가 아니라, 감정을 나눌 관계가 없었기 때문이다. 감옥은 구조적으로 관계를 단절시킨다. 고립은 일상이며, 감정은 약점으로 취급된다. '말하지 않는 것'이 살아남는 법이자 인간관계의 기본 규칙이다. 하지만 앤디는 이 관계 규칙에 천천히, 그러나 꾸준히 변화를 주기 시작한다. 그는 자신이 가진 능력 – 세금신고, 법률 서류 작성, 은행계좌 운용 등을 통해 동료 수감자들에게 다가간다. 처음엔 '쓸모있는 사람'으로 존재했지만, 이내 '감정을 건네는 사람'으로 자리 잡는다. 레드와의 관계는 그 상징적 전환점이었다. "희망은 위험한 것이야"라는 레드의 냉소 앞에서, 앤디는 "아니, 희망은 우리 안에 있는 유일한 자유야"라고 조용히 답한다.

그는 감옥 안의 감정 없는 관계를 '정서적 공동체'로 바꾸는 관계적 Job Crafting을 실행한 셈이다. 친구를 위해 음악 방송을 틀고, 함께 책을 읽고, 시험 준비를 돕는 등의 행동은 그 자체로 감정의 설계였다. 그는 사람들 사이에 있던 '기능적 관계'를 '공명하는 관계'로 바꿨고, 이것은 단지 우정이 아니라 조직문화의 전환이었다.

이러한 관계적 재설계는 Wrzesniewski와 Dutton이 말한 관계 경계(Relational Boundary)의 재구성에 정확히 부합한다. 조직심리학적으로 보면 이는 사회적 정체성의 회복 과정이자, 감정의 회복이 관계를 통해 확산되는 전형적 사례다. 앤디는 냉소가 지배하는 공간에서, 희망을 전염시키는 인간관계의 디자이너가 되었다.

● 인지(Cognition)를 전환하다 – 감옥을 '형벌의 공간'이 아닌 '삶의 무대'로

앤디가 처한 현실은 누구보다도 가혹했다. 그는 아내의 배신과 이중 살인이라는 누명, 부조리한 사법 체계, 그리고 수십 년의 무기징역이라는 형벌 앞에 놓였다. 감옥은 단지 신체를 가두는 곳이 아니라, 사람의 '의미'를 지워내는 장소였다. 하지만 그곳에서 앤디는 의미를 회복했다. 아니, 의미를 '다시 쓰기' 시작했다. 그는 감옥을 '끝'이 아니라 '내 삶의 또 다른 무대'로 보기 시작했다. 매일 돌을 깎았고, 음악을 틀었고, 책장을 정리했다. 이 행동은 외부로 보기에 단순했지만, 앤디에게는 자기 존재를 지켜내는 인지적 Job Crafting이었다. 감옥의 일상이 "죽지 않기 위한 삶"이라면, 그는 그 속에서 "살아내기 위한 삶"을 만들어갔다.

그가 가장 자주 했던 말 중 하나는 이것이다. "Get busy living, or get busy dying."(살기 위해 바쁘든지, 아니면 죽기 위해 바쁘든지). 이 문장은 앤디가 감옥 안에서 수행한 인지적 Job Crafting을 집약적으로 보여준다. 그는 감옥이라는 맥락을 수동적 생존의 장소로 보지 않고, 의미 해석의 공간으로 전환했다. 이는 Wrzesniewski & Dutton(2001)이 말한 인지경계(Cognitive Boundary) 재구성의 핵심이다. 조직심리학적으로 이는 '역기능적 조직문화에서의 정체성 회복'을 뜻한다. 일의 의미를 조직이 줄 수 없다면, 구성원이 그 의미를 스스로 찾아야 한다. 앤디는 감정이 마모되고 자아가 침묵하는 공간 안에서 자기 정체성의 언어를 지워버리지 않은 사람이었다. 그리고 바로 그 인식이, 그의 탈옥보다 더 위대한 '회복'이었다.

● 구조를 Crafting하다 − 자원을 만들고, 요구를 조절하다

앤디 듀프레인은 감옥이라는 자원의 사각지대, 심리적 고립의 공간에서 자신만의 방식으로 자원을 만들어내고 요구를 조절하는 Job Crafting을 실행했다. 처음엔 연필 한 자루조차 허락되지 않았고, 일상의 대부분은 먼지를 털고, 돌을 고르고, 명령에 따르는 것으로 채워졌다. 하지만 앤디는 스스로 '구조'를 바꾸었다.

그는 책을 얻기 위해 6년간 매주 편지를 썼고, 끝내 수천 권의 장서를 확보했다. 교육 자금을 유치하고, 공간을 정비하며, 감옥 내 도서관이라는 새로운 '자원 시스템'을 구축했다. 이는 단순히 물리적 자원을 만드는 것을 넘어, 수감자들의 정서와 몰입을 지탱하는 심리적 자원으로 작용했다. 동시에 앤디는 감옥 내에서 부과되는 도전적 Job Demands−반복적인 수감업무, 감시와 위협, 시간의 정지감−을 스스로 재해석하며 감정적 탈진 없이 소화해냈다. 그가 벌인 음악 방송 사건은 단순한 '규칙 위반'이 아닌, '공동 감정 자원의 창조'였다. 그 순간만큼은 모두가 인간으로서의 존엄과 자유를 다시 느낄 수 있었고, 이는 조직 내 몰입 회복과도 같은 역할을 했다. 그의 실천은 단지 탁월함의 문제가 아니다. 그것은 절망을 견디는 방식, 의미를 설계하는 방식, 그리고 무엇보다 자신을 보존하는 방식이었다. 자율성은 앤디에게 주어진 것이 아니라, 직접 만들어낸 것이었고, 그 자율성은 매일의 선택과 태도 속에서 자라났다. 앤디는 구조적 자원(Structural Job Resources)을 만들고, 도전적 요구(Challenging Job Demands)를 감정적으로 전환하며, 감옥이라는 폐쇄 구조 안에서도 삶의 통제권을 잃지 않았다.

이러한 JD-R 기반의 통합적 Job Crafting은 결국 그를 감목이라는 조직 안의 '살아 있는 존재'로 남게 했다. 그는 감옥이라는 조직 속에서 단순히 버티는 것이 아니라, 살아내는 방식을 선택했다. 그리고 그 선택은, 오늘날 몰입을 잃고 있는 많은 직장인들에게 하나의 회복 모델이 된다.

● 정체성을 품은 재설계, 그리고 감옥 너머로 전이된 회복의 문화

앤디는 극단적 정체성 소외의 상태에 처해 있었다. '무기수', '살인범', '번호로 불리는 존재'라는 낙인은 그의 과거를 지우고, 현재를 고정하며, 미래를 막는 이름이었다. 감옥이라는 공간은 단지 물리적 구속이 아니라, 존재의 의미를 부정당하는 심리적 감옥이었다. 그러나 앤디는 그 주어진 정체성을 받아들이지 않았다.

그는 매일 반복되는 일상 속에서 '스스로 일의 의미를 재 정의하고(Task Crafting), 동료들과의 관계를 재구성하며(Relational Crafting), 자신에 대한 관점을 전환(Cognitive Crafting)'했다. 동시에 그는 단지 마음을 바꾼 것만이 아니라, 도서관 운영, 교육 확대, 외부 자원 확보 등 구체적인 행동을 통해 자신의 일에 필요한 자원을 스스로 만들어냈다(Job Resources 확대). 또한 감옥 내의 부당한 요구나 위험한 상황에서는 '자신을 보호하고 요구 수준을 조절하는 전략(Job Demands 조정)'도 병행했다.

이러한 경계 조정형 Job Crafting과 JD-R 기반 구조 조정형 Job Crafting의 복합적 활용은 앤디가 단지 심리적으로 버텨낸 것이 아니라, 존재를 재구성하며 정체성을 회복한 실천이라는 점에서 중요하다. 이는 선택적 자기계발이 아니라, 존엄을 지키기 위한 자기구원의 방식이었다. 앤디는 말했다. "Hope is a good thing, maybe the best of things. And no good thing ever dies."(희망은 좋은 것이고, 어쩌면 가장 좋은 것일지도 몰라. 그리고 좋은 것은 절대 사라지지 않아).

그의 Job Crafting은 말이 아니라 행동의 언어였다. 그는 희망을 말로 외치지 않았다. 매일 한 통의 편지를 쓰고, 낡은 책을 정리하고, 동료 수감자에게 지식을 나누는 소소한 실천 속에, 그는 희망을 담았다. 그리고 이 희망은 도서관이라는 공간 안에, 정체성이 숨 쉬는 장소로 구체화되었다.

그의 변화는 주변에도 전염되었다. 학습이 시작되었고, 공동체가 살아났고, 감정이 회복되었다. 앤디의 Job Crafting은 단지 정체성을 지킨 것이 아니라, 감옥 안의 '조직' 전체를 바꾸는 방향으로 작동했다.

그의 실천은 Wrzesniewski & Dutton의 경계 변화 접근과 Tims & Bakker의 JD-R 구조 조정 접근이 어떻게 하나로 결합될 수 있는지를 상징적으로 보여준다. 특히 과업과 관계, 인지의 변화를 주도하면서도 자원을 스스로 창출하고, 요구수준을 능동적으로 조정한 앤디의 방식은, 지시가 아닌 자율과 주도성에 기반한 복합형 Job Crafting의 전형이다. 이 두 가지 접근의 혼합은 단지 영화 속 이야기로 머무르지 않는다. 지속적인 과업요구와 낮은 자율성, 관계중심의 문화가 혼재된 한국 조직에서, 내면의 정체성과 외부의 구조를 동시에 Crafting 하는 복합형 실천은 더욱 절실하다. 앤디 듀프레인의 Job Crafting은 한국적 조직에서 '나를 지키며 일하는 법'의 하나의 답을 제시한다. 그는 감옥을 탈출한 것이 아니라, 자신을 감옥 안에서 지켜낸 사람이다. 그리고 그 실천은 이렇게 말한다. "살아 있는 일은, 나를 포기하지 않는 실천에서 시작된다."

4. 살아 있는 사람의 일, 살아 있는 조직의 가능성

"그냥… 하고 있어요."

그 말은 단순한 무기력함이 아니라, 자기 일이 더 이상 '나의 이야기'가 아니게 되었을 때 나오는 절망의 언어다. 우리는 이 책 전반에서 하나의 연결고리를 반복해서 이야기해왔다. 바로 "유지적 몰입 = 심리적 사직 = 정체성 소외"라는 조직심리의 등식이다. 이 세 가지는 서로 다른 개념처럼 보일 수 있지만, 실제로는 감정적·존재론적 이탈의 한 흐름 위에 놓여 있다. 유지적 몰입은 조직에 남긴 했지만, 더 이상 정서적으로 반응하지 않는 상태다. 이직은 하지 않지만, 그저 남아 있는 이유가 '외부의 손실'이나 '리스크 회피'에 기반할 때, 사람은 더 이상 자신의 감정이나 가치로 일하지 않는다. 그 상태가 길어지면 심리적 사직으로 이행된다. 말은 줄고, 질문은 사라지고, 아이디어는 멈춘다. 업무는 계속되지만, 더 이상 조직에 감정적으로 참여하지 않으며, 내가 있어도 없어도 상관없는 사람처럼 행동하게 된다. 그리고 그 끝에는 정체성 소외가 자리 잡는다. '이 일은 더 이상 나를 말해주지 않는다'는 감각. 과거에는 자부심을 느꼈던 일이 이제는 자신을 지우는 도구가 된 느낌. '나는 누구인가?'라는 질문에, '적어도 이 일은 아니다'라고 대답하게 되는 상태다. 이 흐름은 단순한 직무 불만이나 태도 저하가 아니다. 그것은 몰입이 해체되는 과정이며, 무엇보다 일과 존재 사이의 연결이 끊어지는 심리적 해체 과정이다.

"Job Crafting은 정체성 소외에 대한 감정적 응답이다."

이 책은 단순히 몰입을 회복하자는 제안이 아니다. 우리가 말한 Job Crafting은 단순한 직무조정 기술도 아니다. 그것은 정체성 소외라는 감정적 위기에 대한 존재적 해석이자 실천이다. 김수환 추기경은 자신의 직무를 '성직'이 아닌 '사람과 함께 있음'으로 재해석했다. 앤디 듀프레인은 감옥이라는 가장 제한된 구조 속에서, 관계와 해석을 바꾸며 "나는 누구인가?"라는 질문에 끝까지 응답했다. 그리고 배기문 대표이사는 주어진 자원이 거의 없던 현실에서 스스로 자원을 만들어내고, 제도를 설계하며, 일을 통해 자신의 존재를 증명해냈다. 이들은 모두 자신이 하는 일을 새롭게 다시 만들었다. 그렇기에 그들은 조직 안에서 살아 있는 사람, 그리고 다른 사람을 살리는 사람이 될 수 있었다. Job Crafting은 이렇다. '과업을 바꿨기 때문에 살아난 게 아니다. 관계를 새로 맺었기 때문에 감정이 복원된 것도 아니다.' 그들이 '일의 의미'를 자기 존재로 다시 연결했기 때문에, 몰입이 다시 살아났고, 정체성이 복원되었으며, 무너졌던 감정이 다시 일어설 수 있었던 것이다.

유지적 몰입의 탈출구는 '의미 회복'이다. 유지적 몰입은 지속 가능하지 않다. 그 상태가 길어지면, 감정은 사라지고, 관계는 단절되며, 결국 조직은 살아 있지만 죽은 존재들로 채워진다. 그 악순환의 고리를 끊기 위해 필요한 것은 제도적 개입 이전에 '의미의 복원'이다. Job Crafting은 그 복원의 시작점이다. 그것은 다음과 같은 감정적 질문에서 출발한다. "내가 지금 하고 있는 이 일은 누구의 일인가?"

"이 일이 나를 설명해주는가, 아니면 지워버리고 있는가?" "나는 이 안에서 살아 있는가, 아니면 버티고 있는가?"

조직은 누가 살아 있는지를 기억해야 한다. Job Crafting은 혼자서는 끝까지 갈 수 없다. 누군가가 그 시도를 기억해주고, 해석해주고, 지지해줄 때, 그 실천은 조직 안에서 지속 가능한 감정이 된다. 그래서 리더십이 필요하고, 제도가 필요하고, 문화가 필요하다. 그러나 그 시작은 결국 한 사람의 작은 질문이다. '그 질문을 던질 수 있도록 만드는 것, 그 질문을 포기하지 않도록 곁에서 기다리는 것, 그 질문이 조직을 바꿀 수 있다는 걸 믿어주는 것,' 바로 이것이 살아 있는 조직의 조건이다.

우리는 지금 어디쯤 와 있는가?

Job Crafting은 기술이 아니라 감정의 회복 장치다. 그것은 "일을 잘하게 만드는 도구"가 아니라, "나를 다시 살아 있게 하는 실천"이다. 우리는 이 책의 시작에서 물었다. "왜 우리는 정서적 몰입에서 유지적 몰입으로, 그리고 결국 심리적 사직에 이르게 되는가?" 그리고 이제, 우리는 이렇게 답할 수 있다.

"그 단절은 회복될 수 있다. 그 회복은 의미의 재구성에서 시작된다.

그리고 그 회복의 실천이 바로 Job Crafting이다."

그리고 이제, 우리는 한 걸음 더 나아가려 한다. 지금보다 더 깊이 연결되고, 더 온전히 살아 있기 위해서는 '일의 의미'를 넘어 '일의 조건'도 함께 다시 설계되어야 한다. 바로 그 지점에서, 개별적 근무조건(I-deals)의 이야기가 시작된다.

PART
5

조건이 아니라 관계다
-I-deals와 협상의 심리학

조건이 아니라 관계다 – 개별적 근무조건, 일과 나를 다시 잇는 협상

조직은 구성원의 정서적 몰입과 지속 가능한 참여(engagement)를 안정적으로 확보하는 데 점점 더 어려움을 겪고 있다. 성과중심의 인사관리, 형식화된 공정성 기준, 제도화된 규범은 관리효율을 높이는 데 기여해왔지만, 동시에 구성원 개인의 감정, 정체성, 자율성은 점차 조직의 담론 구조 바깥으로 밀려나고 있다. 그 결과, 구성원들은 "이 일이 나와 무슨 상관이 있는가?"라는 질문을 반복하게 되며, 이는 점진적으로 유지적 몰입의 고착, 정체성의 소외, 심리적 사직이라는 결과로 이어진다. 이러한 현상은 단순히 세대나 시대 흐름의 문제가 아니다. 오늘날 직무는 점점 더 정형화되고, 업무방식은 자동화되며, 일은 누구에게나 동일한 양식으로 부여되는 경향이 짙어지고 있다. 그러나 구성원은 획일적인 직무 안에 동일하게 존재하지 않는다. 이때 주목해야 할 개념이 바로 '개인–직무 부적합(Person–Job Misfit ; P–J Misfit)'다. 이는 구성원의 가치관, 흥미, 능력, 자율성 등이 현재 맡은 직무의 특성과 충돌하거나 일치하지 않는 상태를 의미한다. 특히 최근 연구들은, 이러한 Misfit이 단지 개인의 특성이나 업무내용의 불일치 때문만이 아니라, 조직으로부터 반복적으로 경험한 공정성 침해가 누적된 결과로도 나타날 수 있음을 시사하고 있다. 불공정한 평가, 경직된 절차, 무시당하는 관계는 결국 직무자체를 '나와 맞지 않는 것'으로 느끼게 만든다. 즉, '유지적 몰입 = 심리적 사직 = 정체성 소외'라는 연쇄는 단순히 조직의 문제가 아니라, '내가 맡은 일'이 더 이상 '나를 말해주지 않는 상태', 즉 'P–J Misfit'이라는 구조적 원인에서 비롯된다. 이 단절을 회복하기 위해 우리는 이제 조건이 아닌, "직무와 나 사이의 관계"를 다시 설계해야 한다. 그 중심에 있는 것이 바로 '개별적 근무조건(Idiosyncratic Deals; I–deals)'이다. I–deals는 구성원과 조직이 협의하여 조정하는 개인화된 일의 조건이며, 이는 단순한 혜택이 아니라, 감정의 회복과 정체성의 연결, 그리고 몰입의 지속을 가능하게 하는 심리적 계약의 재구성이다.

이 장에서는 먼저 오늘날 직무와 개인 사이의 부조화 현상이 어떻게 심리적 사직으로 이어지는지를 살펴본다. 그 후, 직무를 개인에게 맞추는 것의 이론적 정당성과 실천 필요성을 밝히고, I-deals가 어떻게 P-J Misfit을 조율하며 감정과 정체성을 회복하는 도구로 작동하는지를 세 가지 유형을 통해 설명한다. 마지막으로, I-deals가 단순한 협상이 아닌 정체성의 회복과 몰입의 지속을 위한 심리적 계약의 진화된 형태임을 강조하고자 한다.

1. 더 이상 이 일이 나를 말해주지 않는다 - P-J Misfit의 시대

서울 강남의 한 IT기업. 이직률이 높은 업계 특성상 팀원 대부분이 경력직이었다. 'A 대리'는 입사 초기, 누구보다 적극적이었다. 업무분석, 일정기획, 고객대응까지 도맡으며 팀의 허리 역할을 자처했다. 특히 문제해결 아이디어를 제안하고, 팀의 방향성을 설계하는 데 자부심이 컸다. 하지만 조직이 최근 일정을 가속화하며 모든 프로젝트를 기능중심의 반복 개발로 전환하자, A 대리의 업무도 매뉴얼화 된 작업 중심으로 재편되었다. 과거의 주도적 기획과 창의적 문제해결은 사라졌고, 그는 정해진 기능을 구현하는 코드작업에만 몰두하게 되었다.

"사실… 지금 하는 일에 더 이상 저 자신이 없어요. 예전엔 뭘 제안하든 '좋다'며 맡겨주셨잖아요. 근데 요즘은 그냥 주어진 기능 구현만 하고 끝내요. 제가 왜 이 일을 하는지 잘 모르겠어요."

그는 서서히 지금 하는 업무에 대한 흥미도 잃고, 그 일에서 느끼던 가치도 흐릿해지고 있음을 느끼고 있었다. 그렇다고 해서 당장 이직을 고민하는 것은 아니었다. 성과도 일정 수준 유지되고 있었고, 겉보기에는 별다른 문제가 없어 보였다. 하지만 더 이상 '이 일은 나의 일'이라고 말할 수는 없었다. 그 일은 그저 주어진 과제일 뿐, 더 이상 자신을 설명해주는 일이 아니었다. 그는 '번아웃'도 '부적응'도 아니었다. 오히려 업무에 익숙했고, 동료들과 갈등도 없었다. 문제는 그가 일에 대해 말할 언어를 잃어버렸다는 것, 즉 일과 자기 자신이 연결되지 않는 상태에 있다는 사실이었다.

그의 강점(Skills)은 조직의 기대와 어긋났고, 그의 흥미(Interests)는 더 이상 일과 연결되지 않았으며, 그의 신념(Values)은 반복 작업 속에서 서서히 무너졌다. 이처럼 개인의 역량과 관심, 가치가 직무설계와 어긋나는 상태를 우리는 '개인-직무 부적합(Person-Job Misfit;

P-J Misfit)'이라 부른다. 이는 단순히 "일이 재미없다"는 감정적 차원을 넘어, 일 속에서 자신의 존재 의미를 찾지 못하는 정체성의 단절로 이어진다. 그리고 이 단절이 반복되면, 구성원은 조직에 남아 있으면서도 내면에서는 이탈한 상태, 즉 심리적 사직의 구조에 진입하게 된다.

이 침묵은 단순히 리더가 부족하거나, 일이 고되기 때문이 아니다. 그보다 근본적인 이유는, 일이 더 이상 '나'와 연결되어 있지 않기 때문이다. 이는 최근 조직심리학에서 주목받는 개념인 'P-J Misfit'로 설명된다. P-J Misfit은 직무가 개인의 자율성, 흥미, 가치관과 부합하지 않을 때 발생하는 심리적 충돌 상태다. 이는 흔히 말하는 '직무 불만족'이나 '역량 미스매치'와는 다르다. 이 상태에서 직원은 단지 불편함이나 피로를 호소하는 것이 아니라, 자신의 정체성과 일이 분리되었다는 감각을 경험한다. 즉, '이 일이 더 이상 나를 설명하지 않는다'는 자각이 몰입의 붕괴로 이어진다. 이는 감정노동이 많은 서비스직, 창의성이 요구되는 기획·개발직, 혹은 자율성이 중요한 중간관리자 직군에서 특히 자주 나타난다.

최근 연구들은, 이러한 '일이 나와 맞지 않는다'는 인식(P-J Misfit)이 단지 직무내용이나 업무유형의 문제가 아니라, 직무를 통해 조직이 자신을 어떻게 대우해왔는지에 대한 해석적 결과로도 발생한다고 말한다(Kristof-Brown et al., 2005; Colquitt et al., 2013). 예컨대 반복된 불공정한 평가, 일방적 배치, 무시당한 관계경험은 구성원으로 하여금 자율성과 의미를 잃어버린 채, 주어진 일에 자신을 투영할 수 없다는 감정을 갖게 만든다. 이는 단순한 불만이 아니라, 조직이 내게 어떻게 행동해왔는가에 대한 심리적 응답이며, 결국 심리적 사직 혹은 유지적 몰입으로 전환되는 구조적 계기가 된다. 일과 자기 정체성 사이의 연결이 약해지면, 구성원은 '그 일은 나와 상관없는 것'이라는 감정을 가지게 된다. 일은 여전히 존재하지만, 그 일에 감정을 투자할 이유가 사라지는 것이다. 정서적 몰입은 희미해지고, 책임감은 관성처럼 유지된다. 이때 구성원은 스스로를 보호하기 위해 감정을 절제하거나, 의견을 줄이기 시작한다. "왜 이렇게 느끼는지" 설명하는 대신, 침묵으로 거리를 둔다. 즉, 몰입의 감정적 끈이 끊어질 때, 가장 먼저 나타나는 변화는 말의 사라짐이다.

이렇게 정서적 몰입이 무너지면 구성원은 더 이상 일에서 의미를 찾지 않는다. 몰입은 관계에서 시작되지만, 정체성에서 유지된다. 이 연결이 끊기는 순간, 직원은 일에 대해 말하지 않게 된다. 이것이 침묵의 시작이다. 침묵은 무관심이 아니라, 정체성의 상실에 대한 방어기제다. 자신의 일이 무의미해졌을 때, 구성원은 외부 평가에 자신을 맞추거나, 최소한의 책임만 수행하게 된다. 이른바 '유지적 몰입(Continuance Commitment)으로의 전환이 이루어지는 순간이다.

실제로 최근의 조직심리학 연구들은, 조직이 개인을 어떻게 대우하는가에 대한 공정성 인식이 구성원에게 직무의 의미를 부여하거나 박탈할 수 있다고 말한다. 불공정한 절차나 무시당한 상호작용 경험은 개인에게 소외감, 통제 상실, 인정의 결핍 같은 감정을 유발하며, 이는 직무자체를 '나와 맞지 않는 것'으로 재해석하게 만든다(Weiss & Cropanzano, 1996; Colquitt et al., 2013). 예컨대 '정서적 사건이론'에 따르면, 조직 내 반복되는 부정적 경험은 직무몰입의 구조 자체를 변화시킨다. Colquitt 등의 연구는 상호작용 공정성이 낮은 환경에서 구성원이 일을 단순한 '지시수행'으로 받아들이며, 결과적으로 직무의미를 상실하는 경향이 커진다고 밝혔다. 이는 Zhang, Liao & Martocchio(2011)의 연구에서도 확인된다.

한편, 'P-E Fit(Person-Environment Fit, 개인-환경 적합이론)'은 개인이 조직에서 느끼는 '일의 적합성'이 단지 개인 역량의 문제가 아니라, 직무, 조직문화, 상사와의 관계 같은 환경 요소와의 조화 속에서 결정된다고 본다(Kristof-Brown et al., 2005; Edwards & Shipp, 2007). 이 관점에서 보면, P-J Misfit은 단순한 배치 실패가 아니라, 조직 환경이 주는 메시지에 대한 심리적 해석이자, 공정성 인식과 자율성 경험이 얽힌 정체성의 반응이다. 즉, P-J Misfit은 어떤 일이 주어졌는가보다, 그 일을 통해 조직이 나를 어떻게 취급하고 있는가에 대한 해석의 결과일 수 있다.

또한, 심리적 계약위반에 관한 연구는 불공정한 대우가 구성원에게 배신감과 소외감을 유발하며, 이는 "지금의 일은 내가 원했던 일이 아니다"라는 감정으로 이어질 수 있음을 보여준다(Morrison & Robinson, 1997). 이처럼 P-J Misfit은 단지 직무 기술서의 문제가 아니라, 공정성 인식이 만든 감정적 해석의 결과이며, 결국 심리적 사직 또는 유지적 몰입의 서막이 된다.

이제 우리는 'P-J Misfit(개인-직무 부적합)'이 단순한 배치의 문제가 아니라, 조직 내 반복된 경험이 구성원에게 남긴 정체성의 균열이라는 점을 확인할 수 있다. 직무는 더 이상 단순한 역할이나 책임이 아니다. 그것은 조직이 구성원에게 전하는 '당신은 이런 존재다'라는 메시지의 집합체다. 그리고 그 메시지가 자율성과 의미, 성장 가능성을 박탈할 때, 구성원은 "이 일이 더 이상 나를 말해주지 않는다."는 인식, 즉 정체성과 일의 분리를 경험하게 된다. 이것이 바로 P-J Misfit이며, 그 결과는 흔히 말하는 직무 불만족이나 단순한 이탈의 문제가 아니다. 그것은 구성원이 더 이상 자신의 일을 '자신의 언어로 설명할 수 없는 상태', 즉 '심리적 사직(Psychological Resignation)'의 시작이다.

여기서 중요한 점은, 이 감정의 단절은 직무 자체만의 문제가 아니라는 사실이다. 그 바탕에는 조직으로부터 경험한 공정성 침해, 관계의 소외, 설명되지 않은 결정들이 있다. 다시 말해, 구성원이 '이 일이 나와 맞지 않는다.'고 느끼는 순간은, 종종 그 일이 조직 안에서 자신이 어떻게 대우받아 왔는지를 반영하는 거울이기도 하다.

P-J Misfit은 업무의 기술적 부조화가 아니라, 공정성 인식의 심리적 귀결이다. 몰입은 관계에서 시작되지만, 정체성에서 지속된다고 여러 번 말해왔다. 그리고 정체성이 단절된 순간, 그 일은 더 이상 살아있는 일이 아니다. 살아있지 않은 일은 감정 없는 노동이 되고, 감정 없는 노동은 조직을 서서히 침묵시킨다. 우리는 이를 '유지적 몰입(Continuance Commitment)'이라 부르며, 겉으로는 정상적으로 일하고 있지만, 내면은 이미 떠난 상태를 뜻한다. 따라서 이 문제는 단순히 복지제도를 늘리거나, 직무를 재배치하거나, 성과급을 조정하는 방식으로는 결코 해결되지 않는다. 문제는 조건이 아니라 관계다. '그 사람이 왜 그 일을 해야 하는가?, 그 일이 그 사람에게 어떤 의미가 있는가?'에 대한 심리적 계약의 질문이 다시 던져져야 한다.

그 질문의 재구성은 곧 회복의 시작이며, 그 회복은 직무와 정체성, 조직과 개인 사이의 균열을 다시 잇는 실천적 전략을 필요로 한다. 그리고 그 전략의 중심에 있는 것이 바로 'I-deals(개별적 근무조건)'이다. 이제 우리는 I-deals가 어떻게 이 단절을 회복하고, 직무와 감정, 정체성을 다시 연결하는 도구로 작동하는지를 살펴보고자 한다.

2. 일과 나를 잇는 새로운 조건 – 개별적 근무조건의 개념

그는 항상 퇴근 후 한 시간은 팀원들을 위한 시간을 따로 비워두었다. 하지만 이 시간은 단순한 회식도, 보고를 위한 면담도 아니었다. 그는 이 시간을 "서로 다른 사정과 욕구를 함께 설계하는 시간"이라고 불렀다.

팀원 A는 두 아이를 키우는 워킹맘이다. 매일 6시 이후에는 아이를 어린이집에서 꼭 데려와야 했기에, 늦은 회의는 큰 부담이었다. 그는 팀 회의 시간을 오전으로 바꾸고, 보고서 마감도 A가 집중할 수 있는 시간대에 맞춰 조정했다. A는 "회사에서 일하는 게 아니라, 내가 일하는 삶을 회사가 도와주는 것 같았다"고 말했다. 반면, 팀원 B는 최근 입사한 경력직으로, 업무에는 익숙했지만 "일이 고인 느낌"을 호소했다. 그는 B에게 외부강의 수강을 제안했고, 그 시간이 근무시간 일부와 겹치더라도 "조직의 성장이 구성원의 성장 위에 있다는 철학"을 기준으로 허용했다. 이 모든 조건은 공식규정에 없었지만, 일방적 시혜나 개인적 배려도 아니었다. 그것은 '서로를 위한 협의', 즉 일과 삶, 성장과 책임, 회사와 개인 사이의 균형점을 찾기 위한 심리적 계약이었다.

그가 실천한 것은 단지 '배려'가 아니었다. 그것은 개별적 근무조건, 다시 말해 I-deals (Idiosyncratic Deals)였다. I-deals란 구성원 개개인의 삶의 맥락, 욕구, 정체성, 강점에 맞추어 상사 또는 조직과 협의하여 조율한 맞춤형 근무조건을 말한다. 이는 획일적인 기준이 아니라, 공정한 다름을 실현하는 새로운 방식의 심리적 계약이자 관계적 조율의 실천이다. I-deals는 단순한 특혜가 아니다. 그것은 구성원이 자신의 일에 다시 몰입할 수 있도록, 조직이 구성원과 함께 '일의 재정의'를 시도하는 과정이며, 그 시도는 공정성과 신뢰를 전제로 한 서로 간의 협상의 언어로 작동한다.

앞서 살펴본 것처럼, I-deals는 단순히 누군가를 배려하거나 편의를 봐주는 일이 아니다. 그것은 구성원이 자신의 삶의 조건과 업무 정체성을 연결할 수 있도록, 조직이 직무와 관계를 재설계하는 실천적 장치다. 하지만 현실에서는 다음과 같은 질문이 따라붙는다. "이런 맞춤 조건이 과연 공정할 수 있을까?" "누구에게, 어떤 기준으로 적용해야 조직의 질서가 유지될 수 있을까?"

I-deals가 진정한 몰입 회복과 조직 신뢰의 회복 전략으로 기능하려면, 그 작동 방식과 적용 기준이 분명하고, 신뢰 가능한 관계 속에서 이루어져야 한다. 그렇다면 I-deals가 구체적으로 어떻게 조율되고 작동하는지를 세 가지 차원, '과업, 시간, 성장'을 중심으로 살펴보자.

2.1 과업 조율형 I-deals(Task I-deals) '일의 방식에서 나를 회복하다'

어떤 사람은 다양한 업무를 병렬적으로 처리할 때 에너지를 얻고, 또 다른 사람은 하나의 일에 깊이 몰입할 때 자신의 역량을 발휘한다. 과업 조율형 I-deals는 이러한 일하는 방식의 차이를 존중하는 맞춤 조건이다. 예컨대 한 연구자는 오전 시간에 집중력이 높고, 창의적 아이디어가 가장 잘 떠오른다고 한다. 그에게는 단순 반복 업무를 오후로 옮기고, 오전은 연구 설계나 전략기획처럼 몰입이 필요한 작업에 집중하도록 근무조건을 조율했다. 이는 구성원이 자신의 리듬에 따라 가장 몰입할 수 있는 방식으로 일할 수 있도록 돕는 심리적 조정이다. 또 다른 경우, 고객응대 업무에 불편함을 느끼던 분석 담당자는 외부 대면 대신 데이터 시각화 보고서를 맡게 되었고, 결과적으로 팀의 업무효율도 높아졌다. 직무내용 자체는 크게 달라지지 않았지만, 구성원이 '자신에게 맞는 방식'으로 일할 수 있다는 확신은 몰입과 만족감을 동시에 높였다.

과업 조율형 I-deals는 자기결정이론(Self-Determination Theory)에서 말하는 핵심 심리 욕구인 자율성과 유능감을 회복할 수 있도록 돕는다. 사람은 자신이 주도적으로 일할 수 있을 때, 비로소 자신이 '일의 주체'라고 느낀다. 그리고 그 '주체감'은 단순한 자유가 아니라, "이 일은 나의 일이다"라는 일의 재소유감으로 이어진다. 이 재소유감은 단지 감정적 만족에 그치지 않는다. 구성원은 자신이 조율한 과업에 더 높은 책임감을 느끼고, 과업에 내재된 문제를 내 일처럼 해결하려는 태도를 갖게 된다. 이는 몰입뿐 아니라 자기주도성, 창의성, 지속 가능성이라는 심리적 자산을 함께 불러온다. 결국 과업 조율형 I-deals는 업무 재배치 이상의 효과를 가진다. 그것은 '일의 주체로서 다시 설 수 있도록 도와주는 몰입 회복의 심리 구조'이자, 정체성과 연결된 업무 몰입을 실현하는 실천 전략이다.

2.2 시간 유연형 I-deals(Flexibility I-deals) '삶의 리듬과 일의 리듬을 맞추다'

시간 유연형 I-deals는 일하는 시간과 방식에 있어 구성원 개인의 삶의 맥락을 고려하는 협의 조건이다. 육아, 간병, 건강, 학업 등 삶의 다양한 변곡점 앞에서 구성원은 종종 조직을 떠날 수밖에 없는 선택을 강요받는다. 그러나 시간 유연형 I-deals는 정규 근무 외에도 몰입 가능한 방식이 존재함을 전제로 설계된다. 예를 들어 한 구성원은 암 투병 중에도 오전 3시간만 집중해 근무하는 조건으로 조직과 협의했고, 업무성과는 오히려 예전보다 안정적이었다. 또 다른 구성원은 어린 자녀의 하원 시간에 맞춰 하루 1시간 빠른 퇴근을 허용 받았고, 그 시간에 대한 유연성은 조직에 대한 충성도와 소속감으로 되돌아왔다. 이러한 조정은 구성원에게 "나는 이해받고 있다"는 심리적 안전감을 제공하며, 이는 단지 '편의'를 넘어 관계적 신뢰감과 심리적 계약의 복원이라는 더 깊은 효과를 만들어낸다. 심리적 안전감은 몰입의 전제이며, 몰입은 유지보다 훨씬 강한 정체성 기반의 헌신으로 이어진다.

시간 유연형 I-deals는 심리적 안전감(Psychological Safety) 이론과 깊은 관련이 있다. Amy Edmondson이 제안한 이 개념은, 구성원이 자신을 솔직하게 드러내도 위협받지 않는다고 느낄 때, 팀에 더욱 몰입하고 창의적으로 기여할 수 있다는 점을 강조한다. 삶의 리듬을 존중받는 경험은 단지 편의 제공을 넘어, "나는 여전히 이 조직의 구성원이다"라는 소속감과 인정의 감각을 회복시킨다. 또한 이는 사회교환이론(Social Exchange Theory)의 관점에서도 설명된다. 조직이 구성원의 상황에 민감하게 반응할 때, 구성원은 이를 '관계적 신뢰'로 해석하고 자신의 헌신과 책임으로 응답하려는 경향을 보인다. 즉, 시간 유연형 I-deals는 몰리적 시간의 조정이 아니라, 관계적 신뢰, 상호존중, 감정적 안전의 복원이라는 정서적 질서 회복이다. 그 회복 위에야 비로소 지속 가능한 몰입이 가능해진다.

2.3 성장 중심형 I-deals(Developmental I-deals) '조직의 성장을 개인의 성장 위에 놓다'

모든 구성원이 동일한 속도로 성장하지는 않는다. 성장 중심형 I-deals는 구성원의 관심사, 경력목표, 배움의 욕구에 따라 조직이 그에게 허용하는 자율적 성장조건을 말한다. 한 개발 자가 말했다. "외부 강의를 들으러 나가는 시간은 업무공백이 아니라, 나를 더 유능하게 만드는 시간입니다."

조직은 그 시간을 '일하지 않는 시간'이 아니라 '회복과 확장'의 시간으로 인정했다. 그리고 그 인정은 구성원으로 하여금 "이 조직은 나를 믿는다"는 신뢰감을 형성하게 만들었다. 또 다른 사례로, 한 중간관리자는 사내 프로젝트와 무관한 사회혁신 프로그램에 일정 시간 참여할 수 있도록 승인받았다. 조직은 이를 단순한 외부활동이 아닌, 기업의 사회적 책임 (CSR: Corporate Social Responsibility) 차원에서 받아들였다. 그 경험은 곧 조직 내부의 CSR 프로젝트로 전환되었고, 개인의 성장과 사회적 기여가 조직의 가치로 통합되는 구조로 이어졌다.

성장 중심형 I-deals는 단순한 교육지원이 아니다. 그것은 구성원이 자신의 미래와 조직의 미래를 함께 설계할 수 있도록 하는 조건이며, 그 설계과정 자체가 몰입과 연결감을 회복하는 심리적 주도성의 회복 경로가 된다. 성장 중심형 I-deals는 목표설정 이론(Goal Setting Theory, Locke & Latham)의 핵심 원칙과 맞닿아 있다. 이 이론은 도전적이고 구체적인 목표를 설정할수록 성과와 몰입이 향상된다는 조직심리학의 대표 이론 중 하나로, 특히 구성원이 자신이 직접 설정한 목표에 대해 책임감을 가질 때 동기부여 효과가 가장 강력하다고 본다. 사람은 스스로 설정한 도전적이고 명확한 목표를 향할 때 몰입 수준이 높아지고, 그 목표에 대한 자기 주도성이 클수록 심리적 보상도 커진다. 사람은 스스로 설정한 도전적이고 명확한 목표를 향할 때 몰입 수준이 높아지고, 그 목표에 대한 자기 주도성이 클수록 심리적 보상도 커진다.

성장 I-deals는 이러한 목표에 대한 '조직의 허용'이자 '정체성 확장'의 기회다. 또한 심리적 계약 이론(Psychological Contract Theory)의 관점에서도 조직이 구성원의 경력 목표와 학습 욕구를 인정하고 지원할 때, 구성원은 "이 조직은 나의 미래를 함께 설계한다."는 감정적 신뢰를 갖게 된다. 이 신뢰는 단순한 이직 방지 효과를 넘어, 정체성과 조직 간 장기적 동맹 관계로 작동한다. 결국 성장 중심형 I-deals는 구성원의 욕구를 지원하는 '특혜'가 아니라, 조직의 미래를 구성원과 공동 설계하는 파트너십의 시작이며, 몰입은 바로 그 '공동 설계'의 감정에서 피어난다.

I-deals는 단지 근무조건을 유연하게 조정하는 편의적 제안이 아니다. 그것은 정체성이 단절된 일터에서, 구성원이 다시 일에 몰입할 수 있도록 돕는 심리적 회복 장치다.

- **과업 조율형(Task Crafting I-deals)**은 일의 방식 자체를 조정함으로써 자율성과 유능감을 회복하고, 구성원이 '일의 주체'로 다시 서게 만든다.
- **시간 유연형(Flexibility I-deals)**은 삶의 리듬을 고려한 시간 조정과 근무 방식의 협의를 통해 심리적 안전감과 소속감을 복원한다.
- **성장 중심형(Developmental I-deals)**은 구성원의 학습과 경력 성장을 지원함으로써 조직과 개인의 미래를 함께 설계하는 감정적 계약을 되살린다.

이 세 가지 경로는 각각 다르지만, 그 끝은 모두 "이 일이 다시 나를 말해주게 되는 순간"을 회복하려는 전략이다. 그리고 그 회복은 단지 개인의 문제가 아니라, 지속 가능한 조직을 만드는 가장 본질적인 기초공사다.

2.4 I-deals의 유형별 실제 사례 – 조직 안의 조율 실험

I-deals는 개념상 '맞춤형 근무조건'이라 정의되지만, 실제 조직에서는 단순한 배려나 특혜가 아닌, 조직과 구성원 간의 신뢰, 이해, 조정 과정을 거쳐 실행되는 조율의 실험이다. 다음으로는 앞서 소개한 세 가지 유형(Task, Flexibility, Developmental)을 중심으로 현장의 생생한 사례와 협상 과정, 그리고 그 변화의 결과를 정리하고자 한다.

- **과업형 I-deals – "일의 방향을 다시 내 쪽으로"**

한 제조업체의 브랜드 마케팅팀에서 일하던 B 대리는 콘텐츠 전략 수립보다 단순 채널운영 업무에 치중되면서 점점 흥미를 잃었다. 회의 중 그는 팀장에게 제안했다. "운영보다 기획에 더 집중할 수 있게 조정해 주신다면, 캠페인 효과도 높아질 것 같습니다." 처음 팀장은 단기 업무공백을 걱정했지만, B 대리는 업무분담 안을 직접 설계해 동료들과의 협조 체계를 제시했다. 결국 팀장은 그의 강점을 고려해 실무 일부를 분산했고, B 대리는 메인 캠페인 기획자로 전환되었다. 그 결과 캠페인 반응률은 이전보다 2배 이상 향상되었고, B 대리는 "다시 일에 의미가 생겼다"고 말했다.

과업형 I-deals는 업무의 '재배치'가 아니라 '재정렬'이다. 구성원이 자신의 강점과 몰입 포인트를 중심으로 일의 방식과 초점을 재설계할 수 있도록 리더가 조율해야 한다. 몰입 회복은 '일을 나의 언어로 다시 말할 수 있을 때' 시작된다.

● 유연형 I-deals – "시간이 바뀌니 삶이 돌아왔다"

C 연구원은 어린 자녀의 양육 부담으로 인해 업무 집중력이 급격히 저하되고 있었다. 면담에서 그는 팀장에게 말했다. "오전 집중 근무형태로 전환하고, 오후는 재택으로 바꿀 수 있을까요? 업무 일정엔 지장 없도록 조율하겠습니다." 팀장은 협업과 회의 가능성을 검토한 뒤, 월별 성과 확인을 전제로 이 제안을 수용했다. 조정 후 C 연구원은 업무성과가 오히려 향상되었고, 회의 참여율과 피드백 반영 속도도 개선되었다.

유연형 I-deals는 단순히 '시간을 줄이거나 옮기는 조치'가 아니라, 구성원의 삶과 일 사이의 균형을 재 조율하는 신뢰 기반 협상이다. 시간의 여유는 곧 자아의 복원이며, 이는 곧 몰입의 지속성으로 전환된다. 리더는 성과중심 시야를 버리지 않되, 구성원의 리듬에 유연하게 반응할 수 있어야 한다.

● 성장형 I-deals – "나의 가능성을 다시 설계하다"

D 과장은 10년차지만 승진에 대한 동기도, 새로운 목표도 없었다. 인사 면담에서 그는 조심스럽게 말했다. "기획 업무에 흥미가 있었는데, 배울 기회가 없었습니다. 다른 부서 프로젝트에 참여해보고 싶습니다." HR은 이를 수용해 D 과장을 신 사업팀 TFT에 단기 투입시켰고, 그 경험은 그의 자기인식에 큰 전환을 가져왔다. 6개월 후 그는 스스로 신사업 기획직에 내부 전보를 신청했다. 그는 말했다. "오랜만에 내 안에 살아있는 가능성을 본 것 같습니다."

성장형 I-deals는 당장의 실적이 아니라, 미래의 정체성 자산을 위한 투자다. 조직은 구성원이 '무엇을 잘하느냐?' 보다 '무엇을 성장시키고 싶어 하느냐?'에 귀 기울여야 한다. 몰입은 결국 정체성과 미래에 대한 감정적 연대감에서 시작된다.

이 세 가지 사례는 모두 다른 조직, 다른 방식, 다른 조건 속에서 조율되었지만, 하나의 공통된 메시지를 담고 있다. 몰입은 제도나 보상에서 오는 것이 아니라, "나와 이 일이 어떤 관계인가?"라는 질문에 조직이 응답하는 방식에서 회복된다. I-deals는 그 응답을 가능하게 하는 심리적 대화의 구조이자, 관계적 설계의 언어다. 그리고 그것은 단지 개인의 유연성을 위한 도구가 아니라, 조직이 지속 가능한 몰입과 신뢰를 구축하기 위한 실천적 전략이다.

그렇다면 이러한 I-deals가 모든 조직에서 가능한 것일까? 어떤 조건이 갖춰져야 하고, 어떤 저항과 왜곡 가능성이 존재하는가? 이어 I-deals의 실행 조건, 조직 내 제도화 가능성, 그리고 리더십의 역할에 대해 분석해보고자 한다.

3. 조직은 왜 일괄적으로 관리하는가? '제도와 개인화의 긴장'

조직은 왜 여전히 '개인화'를 꺼릴까? 그 이유는 분명하다. 표준화는 효율성과 공정성을 동시에 확보할 수 있는 가장 손쉬운 장치이기 때문이다. 모두에게 동일한 조건을 제공하면 불만은 줄고, 운영의 복잡성도 감소한다. 특히 인사평가, 승진, 보상 시스템은 제도중심의 '형식적 공정성'을 추구하기에 적합하다. 그러나 이 공정성은 어디까지나 '표면적' 공정성이다. 모두에게 같게 대하는 것이 반드시 '공정하게' 대하는 것은 아니기 때문이다. 동일한 기준은 관리의 효율성을 높일 수는 있어도, 개인이 일을 통해 느끼는 의미나 감정의 차이를 반영하지는 못한다.

성과중심의 제도는 '얼마나 잘했는가?'만을 따질 뿐, '왜 이 일을 하는가?', '이 일이 그사람에게 어떤 의미인가?'는 묻지 않는다. 결국 제도는 불공정하지는 않지만, 몰입을 회복시키지도 못한다. 조직은 구성원의 정체성과 감정을 대변하지 못한 채, 잔류(유지적 몰입)만을 확보하게 된다. 이것이 우리가 말하는 '공정성의 역설'이다. 표준화된 제도가 오히려 몰입의 회복을 방해하고, 진짜 공정성 – 즉, 개인의 맥락을 고려한 관계 기반의 공정성 – 을 가리게된다. 진짜 회복은 똑같이 대우하는 데서가 아니라, 다르게 이해하고 존중하는 데서 시작된다.

조직에서 '개인화'는 종종 '특혜'로 오해된다. 그래서 관리자들은 개별적 요청이나 개별적 근무조건(I-deals)을 수용하는 데 조심스러워진다. 공정성에 대한 반감, 즉 "왜 저 사람만 혜택을 받는가?"라는 조직 내부의 시선이 부담이 되기 때문이다. 모두에게 똑같이 적용되는 기준이야말로 공정하다는 믿음은 여전히 강력하다.

그러나 최근의 조직심리학은 이러한 믿음에 근본적인 의문을 제기한다. Colquitt(2001)는 공정성의 구성요소 중 하나로 정보공정성(Informational Justice)을 제안하며, 결정에 대한 충분한 설명과 납득 가능한 이유 제공이 공정성 인식에 핵심적임을 강조했다. 이후 연구들은 이러한 설명의 정당성을 상황적 정의(Situational Justification)의 개념으로 확장해 다루기도 했다. 즉, 그는 공정성이 단순한 결과의 동일성에서 비롯되는 것이 아니라, 맥락에 대한 설명과 납득 가능한 사유를 바탕으로 판단되어야 한다고 강조한다. 결과적으로, 공정성이란 동일하게 대우하는 것이 아니라, 각자가 처한 맥락에 정당하게 반응하는 것이다. 이러한 관점에서 I-deals는 불공정한 특혜가 아니다. 오히려 그것은 "맥락적으로 정당한 차별화", 즉 공정성과 개인의 다양성을 동시에 고려하는 전략으로 이해되어야 한다. 아이를 돌봐야 하는 직원, 만성 질환으로 정기적인 병원 진료가 필요한 직원, 창의적 몰입을 위해 특정 근무시간대를 선호하는 직원 등은 모두 다른 맥락을 가지고 있다. 이들을 동일한 방식으로 다루는 것이 오히려 '비공정'일 수 있다.

'공정한 차별화(fair differentiation)'는 결국 '결과의 동일함'이 아니라, '기준의 일관성 속에서의 다양성 수용'이다. 기준은 같되, 그 기준을 어떻게 적용할 것인지는 개인의 맥락에 따라 조정할 수 있어야 한다. 그리고 이때 중요한 것은 관리자와의 신뢰, 설명의 투명성, 그리고 조직 구성원 사이의 납득 가능성이다. 바로 이 지점에서 I-deals는 단순한 제도가 아니라 감정의 회복 장치이자, 조직과 개인 사이의 신뢰의 언어가 된다. 즉, 구성원이 "나는 단지 숫자가 아니라, 나의 삶과 사정이 고려되는 존재"임을 느끼는 순간, 정체성은 다시 회복되며 몰입의 가능성도 열린다.

4. 조직의 저항, 그리고 실패하는 I-deals – 실천의 리스크를 넘어

개별적 근무조건(I-deals)은 오늘날 조직이 직면한 가장 중요한 과제 중 하나다. 표준화된 제도와 규칙만으로는 더 이상 구성원의 다양성과 정체성을 담아낼 수 없다는 인식 아래, I-deals는 몰입 회복과 인재 유지의 핵심 전략으로 주목받아왔다. 이론적으로 I-deals는 '개인의 정체성과 조직의 유연성'을 연결하는 가교 역할을 한다. 구성원은 자신의 삶과 일 사이의 균형을 조율할 수 있고, 조직은 개인의 몰입을 통해 성과를 기대할 수 있기 때문이다.

실제로 Rousseau et al.(2006)은 I-deals가 직무만족과 조직몰입을 높이는 효과적인 전략이라고 보고했다. 그러나 이 효과는 단지 내용의 유익함이 아니라, 협상의 과정과 맥락이 공정하다고 인식될 때에만 유의미하게 나타난다. 여기서 문제가 발생한다. 현실에서는 여전히 많은 조직이 I-deals를 '특혜'로 간주하거나, 관리자 입장에서는 '관리 리스크'로 여긴다. 일부 기업은 제도를 도입했지만, 실제 운영과정에서는 불만과 불신, 형평성 논란이 발생하며 기대했던 효과를 얻지 못하는 경우가 적지 않다.

이러한 실패는 I-deals 자체의 문제가 아니다. I-deals는 '잘못된 것'이 아니라, '잘못 실행된 것'일 가능성이 높다. Liao, Liu & Loi(2010)는 I-deals의 성과효과가 상사와의 관계 질(LMX)과 협상 과정의 절차 공정성에 의해 크게 달라진다고 보았다. 특히 협상의 내용보다 '어떻게 협상되었는가?'가 직원의 인식과 반응을 결정한다는 점을 강조한다. 또한, Hornung et al.(2014)은 I-deals 실행 시 가장 큰 리스크로 '상대적 박탈감'과 '형평성 붕괴'를 지적한다. 협상 기회가 누구에게는 주어지고, 누구에게는 주어지지 않았다는 인식은 조직 내 신뢰를 약화시키며, 결과적으로 I-deals가 분열과 긴장의 기제로 작용하게 만든다. 이때 구성원은 협상 그 자체보다 '조직이 나를 어떻게 대했는가?'에 더 민감하게 반응한다. 마지막으로, Ng & Feldman(2010)은 I-deals가 성공하기 위해선 제도 자체보다도 조직 문화적 기반, 특히 심리적 안전감이 선행되어야 한다고 주장한다. 즉, "이야기해도 되는 환경", "요구가 받아들여질 수 있다는 믿음"이 없다면, I-deals는 불신을 증폭시키는 실패한 시도로 전락할 수 있다.

결국 중요한 것은, I-deals의 실패가 제도의 결함 때문이 아니라, 공정성과 조율 사이의 설계와 실행의 미비에 있다는 점이다. I-deals가 조직에 뿌리내리기 위해서는, 제도 이전에 문화와 인식, 실행원칙에 대한 설계가 선행되어야 한다. 특히, 협상이 '이해받고 존중받는 과정'으로 인식되었을 때, I-deals는 특혜가 아니라 회복의 전략으로 기능하게 된다. 그것은 단순한 제도의 문제가 아니라, 리더의 태도, 조직의 구조, 그리고 구성원의 자기 이해와 맞닿아 있다.

● 리더의 조율 역량 부족 – "조율 없는 유연성은 차별로 보인다"

한 기업에서 A직원은 유연근무를 허용받았다. 같은 팀의 B직원도 비슷한 사정이 있었지만, 그의 요청은 거절되었다. 이유를 묻자 팀장은 "A는 믿을 수 있는 사람이니까"라고 답했다. 하지만 공식 기준도, 설명도 없었다. 시간이 흐르자 팀 내에서는 "팀장 마음에 들면 혜택을 받는다."는 말이 돌았고, B는 결국 퇴사를 결심했다.

이는 조율의 유연성이 아닌 리더의 편의성으로 인식될 때 발생하는 전형적인 갈등이다. I-deals는 본래 개별화된 몰입 회복의 도구이지만, 기준 없는 수용은 오히려 팀 내 상호작용 공정성(interactional justice)을 훼손한다. 구성원은 '왜 나는 안 되는가?'보다, '왜 저 사람은 되는가?'에 민감하게 반응하며, 이 의문이 풀리지 않을 경우, 그것은 단순 불만이 아닌 신뢰 붕괴와 소속감 저하로 이어진다. 실제로 Nauta et al.(2013)의 연구에서 I-deals의 성공 여부가 리더의 커뮤니케이션 방식과 설명력에 크게 좌우된다는 사실을 실증적으로 보여주었다. 즉, 리더가 "왜 이 조율이 정당했는지"를 명확히 말하지 못하면, 그 유연성은 곧 선별적 혜택으로 전락하고 만다. 결국, I-deals는 단순한 제도가 아니라 리더십의 민감한 시험대다. 기준 없는 배려는 배려가 아니라 차별로 보인다. 그 조율을 둘러싼 '신뢰의 언어'가 준비되어 있을 때만, I-deals는 의미를 갖는다.

● 조직 차원의 가이드라인 부재 – "조직은 허용했지만, 기준은 없었다"

한 기업은 새로운 HR 정책으로 '개별 유연협상'을 장려한다고 발표했다. 하지만 팀장들은 어디까지 허용 가능한지 명확히 알지 못했다. 어떤 팀에서는 매주 재택이 가능했고, 다른 팀에서는 단 하루의 유연근무도 거절되었다. 사내 게시판에는 "운이 좋으면 누군 되고, 아니면 마는 거지"라는 냉소가 퍼졌고, 구성원 간 신뢰는 점점 흔들리기 시작했다.

조직이 I-deals를 허용한다고 해서, 실행이 자동으로 공정해지는 것은 아니다. 리더가 유연하게 대처할 수 있으려면, 그 유연성을 뒷받침할 명확한 기준과 제도적 안내가 필요하다. 하지만 이러한 가이드라인 없이 I-deals가 선언만 되고 실행의 몫이 전적으로 팀장에게 맡겨지면, 결국 "책임은 위에서, 불신은 아래에서" 쌓이는 구조가 된다. Fayri Özsungur(2024)는 I-deals의 어두운 측면(Dark Sides of I-deals)을 분석하며, 특히 이러한 개인화된 협상방식이 불평등, 경쟁, 소외, 노동 착취, 조직 내 엘리트화를 심화시킬 수 있다고 지적한다. 이러한 분석은 구조화되지 않은 I-deals 실행이 조직 전체에 부정적 결과를 초래할 수 있다는 점을 시사한다. I-deals는 의도가 좋아도, 실행이 불일치하면 오히려 조직문화의 균열을 만들 수 있다. 구성원은 이를 통해 '유연한 조직'이 아니라, '기준 없는 조직'이라는 인식을 갖게 되고, 이는 조직 전체의 심리적 안전감과 신뢰를 저해한다. I-deals는 단지 '허용여부'가 아니라, '어떤 방식으로 일관되게 운영할 것인가?'에 대한 조직의 철학과 구조적 태도가 전제되어야 한다.

● 구성원의 자기이해 부족 – "일이 아닌, 나 자신과의 협상이다"

C직원은 "일이 재미없다"며 다른 프로젝트를 요청했다. 상사는 그를 전략기획팀으로 이동시켰지만, 그는 그 업무에서도 곧 지쳐 회피적인 태도를 보였다. 결국 몇 달 뒤 그는 "그냥 내가 뭘 원하는지 모르겠다."며 조직을 떠났다.

I-deals는 구성원이 조직에 요청할 수 있는 협상 권한이다. 그러나 그것이 진정한 효과를 발휘하려면, 단순한 불만 해소가 아니라 자기 이해와 정체성에 기반한 요청이어야 한다. Wrzesniewski & Dutton(2001)은 직무를 재구성하는 행위는 자기 정체성과 일의 의미를 연결하는 과정이라고 보았다. 이러한 관점에서 보면, I-deals 역시 "무엇이 싫은가?"가 아니라 "나는 어떤 방식으로 일에서 의미를 느끼는 사람인가?"에 대한 탐색이어야 한다. 단지 현재의 감정 피로만을 이유로 제안된 I-deals는 조율이 아니라 회피나 회전문 이동에 그치게 될

가능성이 높다. 실제로 Ng & Feldman(2010)은 I-deals가 조직 몰입과 성과에 긍정적인 영향을 미치기 위해서는, 그 요청이 개인의 역량과 직무맥락에 잘 부합해야 함을 강조했다. 자기이해 없이 이뤄지는 I-deals는 실현되더라도 정체성 회복이라는 진짜 효과를 남기지 못한다.

5. 관계로서의 조건, 회복으로서의 협상 – I-deals의 실천 전략

지금까지 우리는 I-deals를 단순한 유연근무나 복지 차원이 아닌, 구성원의 정체성을 회복하고 관계를 다시 잇는 감정의 언어로 다루어왔다. 이제 마지막 질문은 이것이다. "그 회복의 언어는 어떻게 현실 속에서 작동할 수 있을까?", "개인의 협상은 어떻게 조직의 변화로 이어질 수 있을까?"

I-deals가 진정한 회복의 전략이 되기 위해서는, 몇 가지 중요한 전제가 필요하다. 신뢰없는 조직에서의 조율은 오히려 차별이 되고, 안전감 없는 팀에서의 요청은 침묵으로 사라진다. 또한 기준 없이 허용되는 유연성은 혜택이 아니라 혼란이 된다. 따라서 이 절에서는 I-deals가 신뢰의 대화로 작동하고, 공정한 구조로 내재화되며, 조직의 회복 전략으로 자리잡기 위한 실천 조건과 전략을 구체적으로 제시하고자 한다. 핵심은 이 한 문장으로 요약된다. "I-deals는 조건을 바꾸는 일이 아니라, 관계를 회복하는 일이다."

I-deals는 단순한 HR 툴이나 유연근무 장치가 아니다. 그것은 구성원과 리더 간의 신뢰 관계를 기반으로 한, 정서적 회복장치이며, 정체성 조율의 대화다. 우리는 종종 I-deals를 "무엇을 얼마나 줄 것인가?"라는 거래의 언어로 오해한다. 그러나 진정한 I-deals는 "어떻게 함께 일의 의미를 다시 찾아갈 것인가?"라는 관계의 언어에서 출발해야 한다. Morrison & Robinson(1997)은 심리적 계약위반이 구성원에게 배신감, 실망, 분노와 같은 감정적 반응을 불러일으키며, 이는 곧 조직에 대한 신뢰와 몰입의 붕괴로 이어진다고 설명한다. 이처럼 감정의 단절은 단순한 불만이 아니라, 기대와 현실 사이의 관계적 균열을 의미한다. 이러한 상황에서 조직이 획일적인 제도 적용이 아닌, 개인의 맥락에 맞춘 조율 가능성, 즉 I-deals를 통해 신뢰 회복의 단초를 제공할 수 있다면, 구성원은 '심리적 사직'이라는 내적 이탈 대신, '정체성 회복'이라는 관계적 참여를 선택할 가능성이 높아진다. I-deals는 그런 의미에서, 깨진 심리적 계약을 복원하는 감정적·구조적 재설계라고 할 수 있다. 그 협상의 시작은 이렇게 말하는 데서 출발한다. "너의 일이 네 이야기가 될 수 있게, 우리가 함께 바꿔보자."

5.1 실천 조건: 안전감, 신뢰, 리더의 조율 역량

I-deals는 아무에게나, 아무 방식으로나 작동하지 않는다. 그것이 회복의 언어로 기능하려면, 다음 세 가지 조직적 조건이 충족되어야 한다:

- **심리적 안전감(Edmondson, 1999)**: 구성원이 자신의 필요와 어려움을 두려움 없이 표현할 수 있는 분위기가 기본이다. I-deals는 감정을 공유하고 조율하는 과정이기에, 안전하지 않은 공간에서는 오히려 자신을 드러내는 것이 리스크가 된다.

- **신뢰 기반의 관계형성**: 리더와 구성원이 '평가'가 아닌 '대화'의 맥락에서 만날 수 있어야 한다. 조율은 결과가 아닌, 과정의 질과 투명성에서 정당성을 획득한다.

- **리더의 조정 및 설명 역량**: I-deals는 조직 전체에 영향을 미치는 협상이다. 리더는 단순히 한 사람의 요구를 들어주는 것이 아니라, 그것이 다른 구성원에게 어떤 의미로 해석될지를 함께 고려해야 한다. 공정한 I-deals는 전체를 보며 개인을 존중하는 리더십의 실천에서 가능해진다. 이러한 조건 아래에서의 I-deals는 더 이상 '특혜 협상'이 아니다. 그것은 조직이 구성원에게 전하는 회복의 메시지다. 즉, "우리는 너의 정체성과 몰입을 회복하는 데 관심이 있다"는 신뢰의 방식으로 작동한다.

5.2 조직 차원의 전략: 공정한 조율의 제도화

I-deals는 결코 한 리더의 성향이나 일시적 배려에 의존해서는 안 된다. 그렇지 않으면 구성원 사이에 형평성 논란이 발생하고, "되는 사람만 되는 조직"이라는 냉소가 쌓인다. 따라서 조직은 다음과 같은 전략을 통해 I-deals를 조직의 언어로 번역하고, 문화로 내재화해야 한다. 그러기 위해서는 아래의 3가지 조건이 선해되어야 한다.

- **공식적 가이드라인 제공**: 어떤 조건이 어떤 수준에서 조율 가능한지를 명확히 안내함으로써, 리더와 구성원 모두에게 실행 가능한 안전 프레임을 제공한다.

- **I-deals 사례의 공유와 확산**: 내부 성공사례를 구성원들과 공유하면, "나도 바꿔볼 수 있다"는 정체성 회복의 상상력이 조직 전체로 퍼져나간다.

- **리더십 교육과 피드백 체계 구축**: 리더에게는 '특혜를 주는 사람'이 아니라, 정당한 기준과 공정한 설명의 설계자라는 역할을 인식시켜야 한다. 이를 위해 철학적 이해와 구체적 도구를 제공하는 리더십 트레이닝이 필요하다.

이러한 제도화는 개별 조율을 개인의 생존전략이 아니라, 조직의 정체성과 회복 문화를 강화하는 전략으로 전환시킨다. 그리고 그것은 결국, '조건'을 넘어서 '관계'를 통해, 일과 나를 다시 연결하는 조직으로 나아가는 길이 된다.

5.3 조건이 아니라 관계다 — I-deals가 회복의 전략이 되기 위한 5가지 전제

- 형식적 공정성이 아니라 맥락적 정당성이 구성원의 신뢰를 만든다.

- 조율의 실패는 I-deals 자체 때문이 아니라, 기준과 신뢰의 부재에서 발생한다.

- I-deals는 특혜가 아니라 회복의 도구로 설계되어야 한다.

- 효과적인 I-deals는 심리적 안전감 + 조정 가능한 관계 + 리더의 조율 역량 위에서만 작동한다.

- 제도화란, I-deals를 조직의 언어와 문화로 해석하고 설계하는 과정이다

결국 일은 단지 수행해야 할 일이 아니라, 내가 누구인가를 다시 확인할 수 있는 거울이어야 한다. 그리고 그 거울을 다시 닦아내는 일이 바로 I-deals다. 그것은 조직이 구성원에게 전하는 작지만 진심 어린 질문이다. "지금의 이 일이, 너의 이야기가 되기를 바란다."

협상은 조건이 아니라 관계다 – I-deals의 심리적 기반

"그때, 왜 말하지 못했는가?"

그는 여전히 회사에 남아 있었다. 실적은 나쁘지 않았고, 동료와의 갈등도 없었다. 하지만 회의에서 그의 발언은 줄어들었고, 업무에 대한 제안도 사라졌다. 퇴근 후의 시간이 길어질수록, 그는 점점 회사와 멀어지고 있었다. 인사담당자가 마지막으로 물었다. "그때, 왜 말하지 않았나요? 이 일이 힘들다고. 바꿔보고 싶다고." 그는 잠시 침묵한 뒤, 말했다. "말해도 바뀌지 않을 거라 생각했어요. 그리고… 내가 그럴 자격이 있는지도 잘 모르겠더라고요."

'유연근무, 자율 좌석제, 근무시간 조정, 외부교육 참여 허용' 등 조직은 변화하고 있었다. I-deals는 공식제도로 선언되었고, "필요하면 말하라"는 메시지가 조직 안에 울려 퍼졌다. 하지만 그 말은, 누구에게나 같은 무게로 들리지 않았다. 누군가는 당당히 요청했다. "저는 아이 하원 시간이 있어서요. 회의 시간을 조정할 수 있을까요?" 또 다른 누군가는 혼잣말만 반복했다. "다른 사람도 힘든데, 내가 먼저 말해도 되나…?"

개별적 근무조건(I-deals)은 단지 제도를 도입한다고 작동하지 않는다. 그것은 구성원의 내면에서부터 비롯되는 정체성의 언어이며, 리더의 판단, 설명, 신뢰 설계라는 감정적 작업 위에서만 살아난다. 우리는 앞에서 I-deals를 개인의 삶과 직무를 다시 연결하는 회복의 협상으로 보았다. 이제는 묻고자 한다. '그 협상은 실제로 가능한가?', '왜 어떤 사람은 요청하고, 어떤 사람은 침묵하는가?', '리더는 어디까지 조율할 수 있고, 그 기준은 무엇이어야 하는가?', '공정성과 차별화는 어떻게 함께 갈 수 있는가?'

이 장은 그 질문에 대한 실천적 응답이다. I-deals는 선언이 아니라 조율의 언어이며, 그 언어는 감정, 신뢰, 설명력이라는 심리적 구조 위에만 존재할 수 있다. 따라서 이 장은 다음을 중심으로 다룬다.

- 왜 어떤 구성원은 요청하지 못하는가? – 심리적 자격감과 자기이해
- 왜 어떤 협상은 실패하는가? – 리더의 조율 역량과 설명력
- 차별 없는 맞춤화는 가능한가? – 공정성과 맥락적 정당성의 균형
- I-deals는 실험이 아니라, 회복의 설계다? – 실천을 위한 다섯 가지 조건

이제 회복은 감정의 철학이 아니라, 실행의 기술로 옮겨져야 한다. 우리는 그 기술을 '조율'이라 부르고, 그 시작은 이 질문에서 시작된다. "당신은 지금, 어떤 일을 다시 나답게 만들고 싶은가?"

이 장은 단순히 I-deals의 실무적 적용방안을 소개하는 것이 아니다. 우리는 지금까지 Job Crafting에서 '스스로 자신의 일을 회복하는 방식'을 살펴보았다면, 이번 장에서는 '타인과의 협상을 통해 나의 일을 되찾는 방식'을 본격적으로 다루려 한다. 하지만 이 협상은 거래가 아니다. 이 장에서 말하는 협상이란, 정체성과 감정, 신뢰를 되살리는 실천의 언어다. 따라서 협상 전략을 이해하기에 앞서 우리는 한 가지 질문부터 마주해야 한다. "어떻게 협상을 해야 하는가?"

1. 협상은 왜 실패하는가? – I-deals는 거래인가, 회복인가?

"어떤 협상은 시작조차 되지 못하고, 어떤 요청은 끝내 입 밖에 나오지 않는다."

우리는 이제, 그 이유를 들여다보려 한다.

서울의 한 대기업 인사팀. 3년차 마케터였던 민정은 팀장과의 면담 자리에서 말했다. "정확히 1년 전, 저는 마케팅 데이터 분석을 기반으로 고객경험 개선 프로젝트를 주도했어요. 프로젝트는 성공했고, 회사 매출에도 실질적인 영향을 줬죠. 그런데 최근에는 계속 단순 반복 업무만 맡고 있어요. 업무 재조정 요청을 드립니다." 팀장은 곧바로 대답하지 않았다. 한참 뒤, 그는 이렇게 말했다. "모두가 바빠요. 너만 특별하게 배려해줄 수는 없잖니." 민정은 말이 없었다. 자리를 떠나기 직전, 조용히 한마디를 남겼다. "그럼, 이 일은 이제 제 일이 아니에요."

그녀는 다음 날도 출근했고, 맡은 업무는 충실히 수행했다. 업무는 별다르지 않게 진행을 했다. 하지만 '이 일이 더 이상 나를 말해주지 않는다'는 생각은 그녀의 내면에 오래 남았다. 그리고 그 감정은 곧 심리적 사직, 유지적 몰입의 고착으로 이어졌다. 민정은 떠나지 않았지

만, 더 이상 '나의 일'을 하지 않았다. 그녀는 협상을 시도했지만, 조직은 그것을 개인적 욕구로 간주했고, 조정은 없었고, 설명도 없었다. 무엇보다, "내가 그럴 자격이 있는지 모르겠다"는 생각이 그녀의 마지막 감정으로 남았다.

이 사례는 단순한 협상의 실패가 아니다. 이것은 회복을 요청한 구성원이, 회복이 가능한 조직인지 아닌지를 판별하는 과정이자, 정체성과 몰입이 서서히 이탈하는 심리적 전환점이다. Morrison & Robinson(1997)은 심리적 계약위반이 발생할 때, 구성원은 협상보다는 침묵과 감정적 철수로 반응한다고 지적했다. 특히 자신의 요청이 조직 내에서 정당한 권리로 받아들여지지 않는다고 느낄 경우, '말할 수 있는 자격' 자체를 상실한 것처럼 행동한다. 그러나 이보다 더 근본적인 문제는, 구성원은 협상이 좌절된 순간보다 그 이전부터 이미 말을 아낀다. 말할 수 없는 분위기, 받아들여지지 않을 거라는 확신, 반복된 거절의 기억이 쌓이면서, 구성원은 점차 기대를 낮추고, 자신 안에 문제를 묻는다. 이때 중요한 것은, 구성원이 단지 I-deals를 요구하지 않는 것이 아니라, 그 요구 자체가 '허용되지 않는 감정'이 되었다는 사실이다. 결국 협상의 실패는 제도의 한계가 아니라, 이미 훼손된 감정적 안전감과 정당성 인식의 결과다. 우리는 지금까지 I-deals를 제도로서 정의해왔다. 하지만 실제로 구성원들이 I-deals를 요청하지 못하거나, 요청이 받아들여지지 않는 이유는 제도 부족이 아니라 심리적 조건의 부재에 있다.

- **말할 수 없게 만드는 심리적 자격감의 결핍**: Morrison & Robinson(1997)은 심리적 계약 위반이 기대와 현실의 불일치를 넘어서 배신감, 실망, 분노 등의 정서적 침해로 이어지고, 이는 구성원이 침묵을 선택하는 내부적 기제(e.g. acquiescent silence)를 강화한다고 설명한다.

- **공정성의 감정적 위계가 만든 침묵의 문화**: Tyler & Lind(1992)는 조직 구성원들이 단순한 결과보다 절차 본연에서 느껴지는 존중, 절차적 감정에 더 민감하게 반응한다고 지적하며, 이러한 감정 위계는 조직 내 침묵 문화를 강화할 수 있다.

- **리더의 설명력 부족과 조직의 기계적 반응**: Bies & Moag(1986)는 상호작용 공정성의 핵심 요소 중 하나로 '충분한 설명(explanation)'을 강조하며, 의사결정의 이유를 듣지 못한 구성원은 신뢰보다는 거절의 감정만을 기억하게 된다.

- **"내가 특별 대우를 요구하는 건 아닐까?"라는 자기검열**: 한국적 조직문화에서는 협상이 '이기적' 행동처럼 인식되는 경향이 있으며, 이는 Hofstede의 연구(1991)에서 제시된 높은 집단주의 문화의 내면화된 심리적 태도와 맞닿아 있다.

협상이란 반드시 조건이 맞아야만 가능한 것이 아니다. '말할 수 있어야' 협상이 시작된다. 그리고 그 말은 '요구'가 아니다.

"지금 이 일이, 다시 나의 이야기가 되기를 바란다."

그것은 누군가의 감정이 무너지기 직전, 겨우 꺼낸 말이며, 조직이 한 사람의 존재를 어떻게 기억하고 있는지를 묻는 정체성의 질문이다. 이 말은 혼자서는 살아날 수 없다. 이 말이 조직 안에서 '협상'이 되기 위해서는, 그 말을 받아들일 수 있는 심리적 안전감, 그 말을 귀하게 여길 수 있는 리더의 설명력, 그리고 그 말을 다른 구성원이 '불공정'이라 느끼지 않도록 조율할 수 있는 정서적 설계가 필요하다. 그래서 우리는 말한다. I-deals는 거래가 아니라 조율이며, 그 조율은 감정, 신뢰, 공정성, 맥락의 언어로만 이루어진다.

그래서 우리는 묻는다. 그 '작고 진심 어린 외침'이, 왜 조직 안에서는 종종 협상으로 이어지지 못하는가? 어떤 말은 받아들여지고, 어떤 말은 침묵 속에 사라지는 이유는 무엇인가? 그 차이를 만드는 것은 단지 상사의 의지나 분위기가 아니다. 그 말이 조직 안에서 '살 수 있는 심리적 조건'이 갖추어졌는가의 문제다. 우리는 이제, 그 조건을 구체적으로 살펴보려 한다. 다음 절에서, 이 진심 어린 요청이 협상으로 전환되기 위해 필요한 심리적·조직적 조건들을 본격적으로 살펴볼 것이다. 그것은 BATNA, 장기지향성, 절차 공정성, 감정, 신뢰, 리더의 설명력 같은 '전략적 조율의 심리적 기반'이다.

2. I-deals는 어떻게 살아나는가? – 협상의 심리적 기반

"그 말이 살 수 있는 조건은 무엇인가?"

민정은 분명히 말했다. 자신이 했던 일, 자신의 역할, 지금의 좌절, 그리고 바라는 변화까지. 그녀는 구체적이었고 정중했으며, 실현 가능한 조정을 제안했다. 그럼에도 불구하고, 그 말은 받아들여지지 않았다. 문제는 무엇이었을까? 조직이 그녀의 제안을 무시했기 때문일 수도 있다. 하지만 더 근본적인 이유는, 그 제안이 협상으로 '전환될 수 있는 조건'이 충족되지 않았기 때문이다. 협상이란 단지 말을 꺼내는 것이 아니라, 그 말이 신뢰받고, 판단되고, 받아들여질 수 있는 구조 안에 놓일 때에만 성립한다. 우리는 그것을 협상의 심리적 기반이라 부른다.

I-deals는 단순한 유연근무 요청이나 개인 사정 반영이 아니다. 그것은 한 사람이 자신의

정체성과 직무의 의미를 다시 연결하기 위해 조직과 나누는 감정적이고 실존적인 대화다. 그러나 그 대화가 실제로 '협상'이 되기 위해서는, 적어도 다음의 여섯 가지 조건이 충족되어야 한다.

- 협상의 대안이 있는가? - BATNA
- 장기적 관계를 상정하는가? - 장기지향성
- 절차는 신뢰받을 수 있는가? - 절차 공정성
- 감정은 존중되고 있는가? - 상호작용 공정성
- 리더는 설명할 준비가 되어 있는가? - 설명력
- 이 모든 것을 가능하게 하는 토양은 존재하는가? - 심리적 안전감

이제 이 절에서는 위의 조건들이 실제 협상에서 어떤 작용을 하는지, 그리고 그것이 어떻게 I-deals의 성패를 가르는가를 하나씩 구조적으로 살펴볼 것이다.

• 협상의 대안이 있는가? - BATNA

BATNA(Best Alternative to a Negotiated Agreement)란, 협상이 결렬되었을 때 협상자가 선택할 수 있는 최선의 대안을 의미한다. 이는 협상에서 가장 강력한 심리적 자산이며, "나는 이 협상에 전적으로 의존하지 않아도 된다"는 인식에서 오는 힘이다. Fisher & Ury(1981)는 BATNA를 협상력의 핵심으로 보며, 자신의 대안을 명확히 알고 있는 사람이 협상에서도 주도권을 갖는다고 설명한다. 그러나 조직 안에서 구성원이 BATNA를 가질 수 있는 경우는 흔치 않다. 대부분의 직원은 '이직'이 유일한 대안이지만, 그것은 현실적으로 부담스럽고 위험하다. 그래서 많은 협상이 시작조차 되지 않는다. 하지만 심리적 BATNA, 즉 "이 일을 바꾸지 않으면 나는 점점 나를 잃게 된다."는 자각이 있을 때, 진짜 협상이 시작된다. I-deals는 '특별한 혜택'이 아니라, 감정적 소진을 막기 위한 유일한 대안으로 인식되어야 한다. 구성원이 I-deals를 요청할 수 있으려면, 그 말 뒤에 실질적 혹은 정서적 BATNA가 있다는 것을 리더가 이해해야 한다.

• 관계를 지속할 의지가 있는가 - 장기지향성

장기지향성이란 당장의 이익보다 관계의 지속을 우선시하는 태도를 의미한다. 협상에서 이 지향이 높을수록, 분쟁보다는 조율을 선택한다. Ganesan(1994)의 연구에 따르면, 장기지향적 태도는 협상 시 문제해결 전략을 강화하고, 양 당사자 간 신뢰 수준을 높인다. 많은 조직에서 리더는 단기 성과중심의 사고에 갇혀 있다. "이번 프로젝트만 끝나면" "이번 분기만 넘

기면" 등과 같은 말은, I-deals 요청을 무시하거나 뒤로 미루게 만든다. 그러나 구성원은 지금 당장의 일이 자신의 장기 몰입에 어떤 영향을 미치는지를 훨씬 더 예민하게 느낀다. 리더가 장기지향성을 갖는다는 것은, 구성원이 I-deals를 요청하는 순간 당장의 비용이 아니라 미래의 관계를 본다는 의미다. 조직은 I-deals를 '이번만 봐주는 일'로 여기지 않고, 구성원을 위한 장기적 설계의 일부로 받아들여야 한다.

● 절차는 신뢰받을 수 있는가? – 절차 공정성

절차 공정성(procedural justice)은 의사결정의 과정이 공정했는지에 대한 인식이다. 결과보다 그 결과에 이르는 방식이 납득 가능한가가 핵심이다. Thibaut & Walker(1975)의 연구에 따르면, 사람들은 자신에게 불리한 결과라도 절차가 공정하면 그 결과를 수용할 가능성이 높다고 본다. I-deals가 불공정 논란에 휘말리는 이유 중 하나는, 그 요청이 어떤 절차를 거쳐 수용되었는지 모호하기 때문이다. 공식화되지 않은 협상은 "왜 저 사람만?", "무슨 기준으로?"라는 내부 불만을 키운다. I-deals를 조직 안에서 받아들일 수 있는 문화로 만들기 위해서는, 절차의 투명성과 일관성이 선행되어야 한다. 즉, 누가 요청할 수 있으며, 어떻게 검토되고, 어떤 기준으로 조정되는지를 명확히 해야 한다.

● 감정은 존중되고 있는가 – 상호작용 공정성

상호작용 공정성(interactional justice)이란 의사결정이 이뤄지는 과정에서 구성원이 존중받고, 정중하게 대우받았는지에 대한 인식이다. 단순히 무엇을 결정했느냐가 아니라, 그 과정을 누구와 어떻게 말하며 경험했는가가 핵심이다. Bies & Moag(1986)는 구성원이 결정 자체보다 그 결정이 전해지는 방식에서 더 큰 감정적 반응을 보인다고 밝혔다. 존중, 공감, 배려, 경청은 협상에서 신뢰 형성의 필수 요소다. 조직에서 I-deals 요청은 종종 '예외 요구', '귀찮은 제안'으로 여겨지기 쉽다. 리더가 반응을 미루거나 차가운 태도로 대응할 경우, 구성원은 결과보다도 '무시당했다'는 감정에 더 오래 상처받는다. I-deals가 협상으로 살아나기 위해선, 먼저 그 말이 감정적으로 받아들여질 수 있어야 한다. 요청은 기술적 검토 이전에 감정의 수용을 필요로 한다. 리더가 I-deals에 대해 "그럴 수도 있겠다."는 말을 건네는 순간, 협상은 시작된다.

● 리더는 설명할 준비가 되어 있는가 – 설명력

설명력은 리더가 결정에 대해 납득 가능한 이유를 말할 수 있는 능력이다. 협상은 합의의 기술이기도 하지만, 그 못지않게 '이해시키는 언어의 기술'이기도 하다. Colquitt et al.(2001)는 공정성 인식의 핵심 변수로 '해석가능성(interpretability)'을 강조하며, 결과가 납득되지 않는 이유는 설명이 없기 때문이라고 분석했다. 리더가 "이번엔 안 돼"라는 말만 반복하면, 구성원은 거절보다 이유 없음에 분노한다. 요청이 수용되지 않더라도, 그것이 합리적이고 정중하게 설명된다면 협상은 실패가 아니라 관계의 신뢰로 남는다. I-deals가 실현되지 않더라도, 그 이유가 구성원에게 공정하게 전달된다면 협상은 지속 가능해진다. 리더는 단지 판단자가 아니라 설명자여야 한다. 설명은 협상을 포기하지 않았다는 정서적 신호이자, 다음 가능성을 여는 언어다.

● 이 모든 것을 가능하게 하는 토양은 존재하는가 – 심리적 안전감

심리적 안전감(psychological safety)은 불이익 없이 자신의 생각과 감정을 표현할 수 있다는 믿음이다. 이것은 개인의 용기보다 조직의 분위기와 깊이 연결된다. Edmondson(1999)은 팀 학습과 혁신이 일어나기 위해 반드시 심리적 안전감이 전제되어야 한다고 강조했다. 말할 수 없는 조직에서는 배움도, 변화도, 회복도 일어나지 않는다. I-deals는 '기회'가 아니라 '위험'처럼 느껴질 수 있다. "괜히 문제 있는 사람처럼 보이지 않을까?", "다른 사람보다 이기적인 걸까?"라는 생각은 말을 삼키게 만든다. 조직이 I-deals를 제도화하더라도, 심리적 안전감이 없으면 협상은 침묵으로 귀결된다. "말해도 괜찮다"는 믿음이 있을 때만, 구성원은 자신의 일에 대해 다시 말을 꺼낼 수 있다. 즉, 심리적 안전감은 모든 협상 조건의 전제 조건이다.

"협상이 되기 위한 조건은 '감정+구조+관계'다." 협상이 되기 위한 조건은 단순한 기술이 아니다. 그것은 감정, 구조, 관계가 서로 맞물려 작동할 때만 가능하다. 말할 수 있어야 협상이 시작되고, 존중받아야 그 말이 설득력을 가지며, 공정하다고 느껴야 조율은 지속된다. I-deals는 제도만으로는 작동하지 않는다. 그것은 정서적 공감, 심리적 신뢰, 관계적 설계 위에서만 살아나는 협상이다. "구성원이 자신의 이야기를 꺼낼 수 있다고 느끼는가?", "리더는 그 말이 왜 지금 나왔는지를 이해할 감정적 준비가 되어 있는가?", "조직은 그 요청이 단절되지 않고 다음 협상으로 이어질 수 있도록 설계되어 있는가?"

이 질문에 '예'라고 답할 수 있어야 I-deals는 특혜가 아닌 회복의 언어, 이기심이 아닌 몰입의 기술로 기능할 수 있다. 협상이 작동하기 위해 필요한 것은 한 사람의 용기가 아니라, 그 용기가 무너지지 않도록 뒷받침하는 심리적 기반이다.

이 조건들이 현실에서 어떻게 무너지고, 그 실패가 구성원에게 어떤 감정적·조직적 손실로 이어지는지를 구체적인 유형과 사례로 해부해보자.

3. 그 협상은 왜 실패했는가? - 무너진 조건들의 해부

실패는 기술이 아니라 조건의 붕괴다. 우리는 흔히 협상이 실패하면 말한다.

"제안이 설득력이 없었다.", "리더가 단호했다.", "타이밍이 좋지 않았다."

하지만 협상의 실패는 단지 기술이나 의지의 문제가 아니다. 그보다 더 깊은 원인은, 그 말이 살아날 수 있는 조건이 처음부터 무너져 있었기 때문이다. 앞에서 살펴본 여섯 가지 심리적 기반, 'BATNA, 장기지향성, 절차 공정성, 상호작용 공정성, 설명력, 심리적 안전감' 중하나라도 무너진다면, 협상은 협상이 되지 못하고, 그 말은 침묵, 무시, 낙인, 왜곡의 형태로사라져버린다. 이 절에서는 그 '실패의 장면'을 되짚는다. 실제 조직사례와 연결하여, 어떤조건이 무너졌고, 그로 인해 어떤 감정적·심리적 반응이 나타났는지를 하나씩 해부할 것이다.

● 대안이 없는 협상 - BATNA 부재형

협상의 출발은 언제나 "이게 안 되면 나는 어떻게 할 수 있는가?"에서 시작된다. 그러나 많은 조직 구성원들은 현실적으로 대안을 갖고 있지 않다. 그 결과, 요청을 협상이라기보다 '애원'이나 '도움 요청'으로 표현하게 된다. 리더는 이 요청을 '절박함'이 아닌 '이기적 요구'로 인식할 수 있고, 구성원은 거절당했을 때 "이제 나에겐 선택지가 없다"는 무력감에 빠진다. 이것은 심리적 사직의 빠른 진입로다.

조직은 구성원이 내부적 BATNA를 가질 수 있도록 다양한 직무이동 경로와 성장 기회를 공식화해야 한다. 예를 들어, 사내 직무순환 제도, 프로젝트 기반 과업조정, 복귀 프로그램, 특별임무 위임체계 등은 '이 일이 전부가 아니다'는 감각을 만들어주며, 협상의 대안을 조직안에서 발견하게 한다. 리더는 요청에 앞서 "무엇이 이 요청을 하게 만들었는가?"라는 질문을 던져야 한다. 그 말의 절박함을 '이기적 요구'로 오해하지 않기 위해선, 그 요청의 맥락을 함께 해석하려는 리더의 언어가 필요하다. 그리고 가장 중요한 것은, 요청이 실패하더라도다음 시도가 가능하도록 만드는 신호다. 대안은 물리적 선택지만이 아니라, "그래도 나는 말할 수 있다"는 내면의 감정적 자산이기 때문이다.

● 이번만 넘기자는 회피 - 장기지향성 결여형

구성원은 장기적인 소진을 우려해 요청했지만, 리더는 "지금은 안 돼", "이번 프로젝트 끝나고 얘기하자"라고 회피한다. 이때 구성원은 "나는 중요한 사람이 아니구나."라는 느낌을받는다. 이 실패는 관계의 미래를 끊는다. 조직은 몰입을 잃고, 구성원은 '관계의 종결자'로써 상사를 인식하게 된다. 즉, 회피는 말보다 빠른 해고다.

조직은 단기 성과에만 집중하는 인사관리 시스템에서 벗어나, 관계의 지속 가능성을 고려한 평가기준을 설계해야 한다. 예를 들면, 지속적 협상기록, 리더의 관계유지 역량반영, 반복적 요청 처리의 질적 평가 등이 있다. 리더는 당장의 응답보다 중요한 것이 "우리는 이 관계를 이어갈 것인가?"라는 메시지임을 기억해야 한다. 비록 지금은 받아들이지 못하더라도, "언제 다시 이야기할 수 있을지?", "지금 왜 어렵고 무엇이 필요해서 그런지?"를 설명하는 언어는 관계를 미래로 연장시킨다. 장기지향성은 전략이 아니라 태도이며, 신뢰의 시간성이다. "지금은 안 돼"라는 말이 단절로 들리지 않게 하려면, 그 안에 다음을 위한 설계와 여운이 포함되어야 한다.

● 그 기준은 대체 뭔가요? – 절차 무시형

요청이 수용되거나 거절된 기준이 불투명하다면, 협상은 사적 편의로 왜곡된다.

"누구는 되고, 누구는 왜 안 되지?"라는 질문은 불신을 키운다. 구성원은 조직이 공정하지 않다고 느끼면, '공정성 침해→관계 단절→몰입 붕괴'로 이어진다. 이 불신은 리더 개인이 아니라 조직 시스템 전체에 대한 회의로 확산된다.

조직은 I-deals 요청과 검토를 위한 공식 절차와 기준을 문서화해야 한다. 이에는 '요청자격, 절차흐름, 평가요소, 의사결정 주체, 응답기한' 등이 포함되어야 하며, 특히 팀원 간 공정성 인식의 균형을 고려한 투명한 커뮤니케이션이 필수다. 리더는 요청을 받아들이거나 거절하는 순간, 결정 그 자체보다 '어떻게 그 결정에 이르렀는가?'를 설명해야 한다. 절차는 타인을 설득하기 위한 무기가 아니라, 모든 구성원이 납득 가능한 과정의 언어다. 정의로운 과정은 결과에 대한 감정적 수용을 가능케 하고, 절차적 공정성은 I-deals의 정당성을 보증하는 최소 조건이다.

● 말을 했는데, 마음은 들리지 않았다 – 감정 무시형

요청은 수용되지 않았을 뿐 아니라, 감정적으로도 존중받지 못한 채 끝났다. "그건 네 사정이잖아.", "다들 힘든데 왜 너만?"과 같은 경험은 구성원에게 '나는 존중받지 못하는 존재'라는 정체성 손상을 남긴다. 결국 그는 조직의 말은 듣되, 자신의 말은 하지 않게 된다.

조직은 요청을 기술적으로 처리하기 전에, 감정을 받아들이는 훈련과 문화를 갖춰야 한다. 이를 위해 리더 대상 감정 리터러시 교육, 피드백 응답 훈련, 심리적 공감 연습 세션 등이 필요하다. 리더는 협상 요청을 듣는 순간, 먼저 감정의 맥락을 받아들이는 말부터 해야 한다. "그동안 힘들었겠다.", "이 말을 꺼내기까지 고민이 많았을 거야.", "이 이야기를 나눠

쥐서 고마워." 이 한 줄의 말이 조직의 신뢰를 결정짓는 문장이 될 수 있다. 요청이 받아들여지지 않아도, 감정이 존중받는다면 관계는 무너지지 않는다.

● 설명이 없을 때, 남는 건 낙인뿐 – 설명력 결여형

협상은 거절될 수도 있다. 그러나 그 거절이 설명되지 않을 때, 구성원은 자신이 배제되었거나, 불이익을 받은 것처럼 인식한다. 설명 없는 거절은 정책적 판단이 아니라 개인적 낙인처럼 느껴진다. 이는 상사에 대한 신뢰 붕괴, 조직에 대한 방어적 태도로 이어진다.

조직은 거절이 발생했을 때 반드시 구성원이 이해할 수 있는 설명 체계를 설계해야 한다. 단순한 "업무상 어려움"이 아니라, 구체적 기준과 논리를 포함해 '이해 가능한 언어로 설명하는 시스템(문서, 회신, 구두 안내)'이 마련되어야 한다. 리더는 거절의 순간, "당신의 요청은 의미 있었고, 우리는 진지하게 검토했다. 다만 이번에는,"이라는 방식으로, '존중+투명+맥락'을 포함한 피드백을 제공해야 한다. 설명은 결과의 전달이 아니라, 관계를 유지하기 위한 말의 책임이다. 설명이 있을 때 구성원은 거절을 납득하지만, 설명이 없을 때 구성원은 자신을 부정당했다고 느낀다.

● 말할 수 없었던 그 시작 – 심리적 침묵형

협상의 실패 중 가장 보이지 않는 유형이 바로 심리적 안전감이다. 요청이 시작조차 되지 않았던 협상, 말하기 전에 포기한 시도들. 이는 조직의 리더는 인식조차 못하고 지나간다. 하지만 구성원은 이때 이미 심리적 사직과 동일한 경로에 들어선다. 자신을 표현할 수 없다고 느낀 순간, 그는 조직과 '정서적 단절'을 시작한다.

가장 중요한 것은 요청이 없었다는 사실이 문제가 아니라, 그 요청이 시작되지도 못했다는 것을 조직이 인식조차 못하는 데 있다. 조직은 구성원이 심리적 안전감 속에서 언제든지 I-deals를 요청할 수 있다는 메시지를 반복적으로 전달해야 한다. 이를 위해 리더의 정기적 개별 면담, 요청 유도 질문, 비공식 제안 채널이 필요하다. 리더는 "요청이 없었으니 문제없다"는 사고에서 벗어나야 한다. 침묵은 조용한 심리적 사직이며, 말하지 않는 직원일수록 이미 이탈하고 있을 가능성이 높다. 심리적 안전감은 사전 교육으로만 만들어지지 않는다. 그것은 '리더의 말과 표정, 팀의 분위기, 그리고 과거에 말한 사람이 어떻게 대우받았는가?'라는 기억의 집합이다.

실패는 기술이 아니라 기반의 붕괴다. 즉, 협상은 요청의 문제가 아니다. 그 요청이 살아남을 수 있는 기반, 즉 신뢰, 구조, 감정, 맥락의 총합이 조화롭게 작동할 때 비로소 의미를 가진다. 실패한 I-deals는 종종 '과한 요구'로 기억되지만, 그 말은 사실 '너무 늦게 말하게 된 말, 혹은 너무 빨리 단절된 말'인 경우가 대부분이다. 그리고 그것은 개인의 기술이나 용기의 부족이 아니라, 그 말을 살릴 수 없었던 조직의 분위기와 리더의 설계 부재에서 비롯된 결과다. 우리는 실패를 '과정의 교훈'으로 보아야 한다. 각 실패는 개인의 결핍이 아니라, 조직의 설계 부재가 만든 구조적 메시지다. 그리고 그 메시지는 조직과 리더에게 다음과 같이 되물어야 한다. "우리는 지금, 누군가의 말을 다시 살릴 수 있는가?", "그 실패가 다시 반복되지 않도록, 구조는 설계되었는가?", "말을 꺼낸 그 사람은, 끝까지 조직 안에서 살아남을 수 있었는가?"

실패는 분석으로 끝나지 않아야 한다. 그 실패는 결국 리더와 조직에게 "말이 다시 살아나도록 어떻게 설계할 것인가?"라는 실천의 설계도를 제공한다. 그 설계는 감정의 공감, 구조의 투명성, 언어의 책임, 그리고 관계에 대한 의지 위에서만 완성될 수 있다. 다음 절에서는, 바로 그 실천전략, "말이 다시 살아나기 위한 감정적, 조직적, 관계적 조건"들을 구체적으로 살펴보고자 한다. 회복은 이론이 아니라 구조이며, 기다림이 아니라 설계의 문제다

4. 실패 이후, 다시 연결하기 – 회복을 위한 세 가지 설계

실패는 끝이 아니라 구조를 바꾸는 시작이다. 어떤 말은 용기를 내어 건넸지만 받아들여지지 않았고, 어떤 말은 시작도 못 한 채 침묵 속에서 사라졌다. 그러나 말이 실패했다고 해서, 관계까지 실패하는 것은 아니다. 실패한 I-deals 협상은 오히려 조직과 리더에게 다음의 질문을 남긴다. "우리는 말할 수 있는 구조를 갖추고 있었는가?", "구성원의 요청이 공정하게 다뤄질 수 있었는가?", "그 거절은 이해될 수 있는 방식으로 전달되었는가?" "다음 요청이 가능하도록, 정서적 통로를 남겨두었는가?"

이 질문에 제대로 응답하지 않는다면, 실패는 단절로 이어진다. 그러나 이 질문에 정면으로 마주하고 설계로 응답할 수 있다면, 실패는 단절이 아니라 회복의 전환점이 된다. 회복이란 감정을 달래는 일이 아니라, 신뢰가 다시 흐를 수 있도록 구조와 관계를 다시 설계하는 작업이다. 이제 우리는 그 실천을 세 가지 방향에서 살펴보려 한다. 바로 감정의 복원, 구조의 복원, 관계의 재 정렬이다.

● 감정의 복원 – 신뢰를 회복하는 말의 언어

실패한 협상 이후, 구성원이 가장 먼저 무너지는 것은 '요청이 거절된 사실'이 아니라, 자신의 감정이 존중받지 않았다는 느낌이다. "내 말이 무시당했어.", "나는 중요하지 않구

나.", "이제 더 말하지 말자." 그 감정이 조직을 떠나게 만드는 것이 아니라, 일에 대한 연결감을 끊고, 다음 시도 자체를 접게 만든다. 이때 필요한 것은 사후 피드백 그 자체가 아니다. 필요한 것은 리더의 후속적 언어, 말의 생존을 보장하는 회복의 문장이다. 예를 들어, "그때 네 말이 충분히 검토되지 못한 것 같아.", "너의 제안이 진심이라는 걸 알아.", "지금은 어렵지만, 다시 이야기해볼 수 있어."

이 말들은 단지 친절한 말이 아니다. 그 말이 다음 시도로 이어질 수 있도록 감정을 다시 일으켜 세우는 신호다. 회복의 첫 단추는 기술이 아니라 감정의 존중이다. 말이 다시 살아나려면, 먼저 그 말이 외면당하지 않았다는 감정적 안전이 회복되어야 한다.

- ● **구조의 조정 – 절차적 설계의 정비**

회복은 감정만으로 완성되지 않는다. 많은 I-deals의 실패는 단순히 관계의 문제가 아니라, 절차의 부재, 구조의 결여에서 비롯된다. '누가 요청할 수 있으며, 어떤 기준으로 검토되고, 수용 또는 거절 후 어떤 절차가 따르는가?' 이 과정이 불투명하면, 어떤 말은 살아남고, 어떤 말은 조용히 사라진다. 그 순간 구성원은 자신이 말할 자격이 없는 존재라고 느끼기 시작한다. 따라서 조직은 다음과 같은 구조적 설계를 통해 회복을 가능하게 만들어야 한다. '요청을 위한 공식 경로 확보'(예: 정기 면담 일정 내 I-deals 섹션 포함, 비공식 제안 채널 운영 등), '검토 기준의 가시화'(단기성과, 팀 밸런스, 직무 적합성, 리더 재량의 합리적 한계 등) '수용 여부에 대한 피드백 체계 구축'(문서 · 구두를 통한 설명 책임, 피드백 후 향후 재요청 가능성 안내 등)

이러한 절차는 단순한 행정적 수단이 아니다. 구성원이 "나는 이 조직 안에서 말할 수 있는 사람이다"라는 정체성을 회복하도록 돕는 구조의 언어다. 절차가 명확해질 때, 말은 살아남는다. 그리고 살아남은 말은 결국 다음 신뢰로 연결된다.

- ● **관계의 재 정렬 – 리더의 '조율자 역할' 강화**

I-deals의 회복은 리더 한 사람의 말에서 시작될 수 있다. 리더는 요청을 '판단'하는 존재가 아니라, '조율'하는 사람이어야 한다. 판단은 옳고 그름을 가르는 것이고 조율은 서로의 사정을 들여다보는 것이다. 그리고 조율은 "거절하되 관계는 지키는 기술"이기도 하다. 리더가 다음과 같은 세 가지 태도를 가질 때, 회복은 비로소 시작된다. 첫째, 듣기다. 말이 나오기까지의 감정을 짐작하고, "이 말이 왜 지금 나왔는가?"를 해석하려는 태도로 예를 들면, "요즘 많이 힘들었지?", "이 말하기까지 고민 많았을 거야."와 같은 말이다. 두 번째는 설명하기로 수용이든 거절이든, 결정 그 자체보다 더 중요한 건 그것이 '어떻게 전달되는가?' 이다.

즉, "네 말은 중요했고, 진지하게 검토했다. 다만 지금은…"과 같은 말이다. 마지막으로, 기억하기로, 이는 한 번 나온 말은 끝이 아니다. 그 말을 '다음 협상의 출발점'으로 기억하는 힘이 리더의 정서적 책임성이다. 다음 달에도, 다음 평가에서도 "그때 네가 말했던 그 요청, 지금은 어떤 생각이야?"라고 물을 수 있어야 한다.

회복은 관계의 설계이며, 리더는 그 회복의 설계자가 되어야 한다. 조직은 리더에게 "응답자"가 아닌, "회복의 통역자" 역할을 부여해야 한다. 회복은 우연히 일어나지 않는다. 그것은 감정을 존중하는 언어, 절차를 명확히 하는 구조, 관계를 다시 여는 리더십 위에서만 일어난다. 말은 살아날 수 있다. 문제는 그 '말을 받아줄 수 있는 조직의 태도와 설계가 준비되어 있는가?'다. 실패는 다시 시작할 수 있는 두 번째 말로 설계되어야 한다.

5. 회복은 정서가 아니라 설계다

I-deals는 혜택이 아니라 회복의 언어다. 그 언어는 감정과 정체성, 그리고 신뢰의 조율을 통해 관계를 되살리는 실존적 협상이다. 그리고 이 협상은 조건의 조정 이전에, 반드시 '말할 수 있는 심리적 기반' 위에서만 작동한다.

우리는 이 장에서 협상이 실패하는 이유가 구성원의 역량부족 때문이 아니라, BATNA의 부재, 심리적 자격감의 결핍, 설명력과 공정성, 감정을 수용하는 구조의 부재 때문임을 살펴보았다. 특히 I-deals에서의 협상은 단지 제안이 아니다. 그것은 존재의 표현이며 정체성의 확인이다. 그리고 그 협상이 실패한다는 것은 요청이 거절된 것이 아니라, 그 말을 꺼낸 사람이 더 이상 이 조직에 자신을 놓을 수 없다고 느끼게 된다는 점에서 정체성의 단절을 의미한다. 따라서 I-deals는 기술이 아니라 심리적 · 정서적 설계의 문제이며, 그 설계는

- "나는 이 말을 꺼낼 수 있다"는 내면의 확신과
- **"나는 그 말을 들을 준비가 되어 있다" 는 리더의 태도에서 시작된다.**

회복은 감정을 달래는 따뜻함이 아니라, 말이 다시 살아날 수 있도록 신뢰의 흐름을 복원하고, 구조와 언어를 다시 설계하는 일이다. 회복은 관계의 재설계이며, 협상이 다시 시작될 수 있도록 만드는 실천의 구조다.

I-deals는 언제나 성공하지 않는다. 어떤 요청은 거절되고, 어떤 말은 애초에 꺼내지지 못한 채 사라진다. 그러나 말이 실패했다고 해서, 반드시 관계까지 무너지는 것은 아니다. 진짜 실패는 요청이 받아들여지지 않은 순간이 아니라, 그 말을 다시 꺼낼 수 없게 되었을 때 시작

된다. 회복은, 그 실패한 말의 끝에 "다시 말해도 괜찮다"는 가능성을 남겨두는 일이다. 그것은 감정을 달래는 따뜻함이 아니라, 신뢰가 다시 흐를 수 있도록 만드는 구조, 감정, 언어의 설계다. 즉, 진짜 I-deals는 거래의 언어가 아니라 회복의 언어인 것이다. 그리고 그 회복은 다음과 같은 질문에서 시작된다. "우리는 그 말을 다시 받아들일 수 있는 구조를 갖추고 있는가?", "그 말을 꺼낸 사람은, 여전히 이 안에 속할 수 있는가?"

그 말은 단순한 요청이 아니다. 그것은 일과 감정이 단절되지 않기를 바라는 마지막 연결의 말이다. 그러나 심리적 자격감의 결핍, 감정을 수용하지 않는 문화, 설명 없는 판단, 그리고 "말할 수 없다"는 분위기 앞에서 그 말은 협상이 되지 못한 채 침묵, 회피, 이탈로 바뀐다.

말이 다시 살아날 수 있는 조직, 그것이야말로 회복의 리더십이 존재하는 조직이다. 말은 조건 위에서 이루어지지 않는다. 말은 신뢰와 감정, 설명과 맥락이라는 보이지 않는 설계 위에서만 살아날 수 있다. 그리고 그 설계를 실천으로 바꾸는 사람, 그 사람이 바로 회복의 리더다.

I-deals, 가능성의 언어 –
심리적 계약을 다시 쓰다

"고정된 조건이라는 환상, 말하지 못한 관계의 벽"

반복되는 보고서, 복사하듯 지나가는 회의, 그리고 어느 날 문득 그는 이렇게 물었다. "이 일은 왜 바꿀 수 없나요?"

한 구성원이 조심스럽게 물었다. 그는 7년째 같은 부서에 머물고 있었다. 정해진 업무, 동일한 보고체계, 변하지 않는 평가기준 속에서 그는 자신의 역할이 더 이상 성장의 무대가 아니라, 소진의 공간이 되어버렸음을 느꼈다. 그리고 어느 날, 용기를 내어 관리자에게 제안했다. "지금 맡고있는 기획업무를 유지하되, 한 달에 한 번만 외부 교육을 듣는 시간을 허락해 줄 수 있나요? 그것이 제 일의 의미를 되찾는 데 큰 도움이 될 것 같습니다." 관리자는 처음엔 당황했다. "이렇게 질문하는 거, 전에 들어본 적이 없는데…" 그러나 결국 그는 동의했고, 그날 이후 그 구성원은 다시 '일에 연결된 사람'이 되어갔다.

대부분의 조직은 구성원에게 정해진 업무의 틀을 제공한다. '직무기술서(Job Description)'와 평가기준, 급여체계와 복지제도, 그리고 승진 루트에 이르기까지, 조직의 공식적 조건은 '평등한 관리'와 '객관적 기준'이라는 이름으로 표준화되어 있다. 하지만 구성원의 삶은 그렇게 단일하고, 표준적이지 않다. 누군가는 자율성이 필요하고, 또 누군가는 성장 기회나 시간적 유연함이 중요하다. 그러나 우리는 오랜 시간 동안 "그건 조직이 정해놓은 거야"라는 말에 익숙해져 왔다. "조직은 왜 바뀌지 않는가? 더 정확히 말하자면, 우리는 왜 바꿔보려 하지 않는가?"

어쩌면 조건의 문제가 아니라, 관계의 문제일지도 모른다. '말해도 될지 모르는 분위기, 요구를 제안이라기보다 이기적인 주장으로 인식하는 문화, 리더의 방어적 태도, 제도 밖 요청에 대한 조직의 불안.' 이런 요소들이 우리가 침묵을 선택하게 만든다. 그리고 침묵은 곧 감정의 단절과 유지적 몰입(=심리적 사직)으로 이어진다. 이 장에서는 이러한 침묵의 구조를 깨기 위한 실천전략으로 I-deals(개별적 근무조건)을 제안한다. 이는 단지 '유연근무나 재택근무' 같은 제도적 혜택이 아니라, 구성원이 스스로 리더와 협상해 자신만의 정체성과 조건을 다시 조율하는 관계적 행위다. I-deals는 협상에 따른 요구가 아니며, 특별대우가 아닌 감정회복의 언어다.

우리는 이 장에서 다음을 다룰 것이다. 왜 우리는 말하지 못했는가?, 협상이란 무엇인가, 그리고 그 실현 조건은 무엇인가?, I-deals는 일시적 혜택이 아니라 어떻게 정체성과 감정을 잇는가?, 조직은 어떻게 이 개인화된 조건을 제도화할 수 있는가? 그리고 마지막으로, 다음 장에서는 "우리 주변의 I-dealers"를 통해, 말하지 못했던 사람들이 어떻게 일과 삶을 다시 연결했는지를 살펴볼 것이다. 그 이야기를 통해 우리는 다시 묻는다. "지금의 일이, 과연 나를 말해주고 있는가?"

1. 우리는 협상할 수 있을까? – 고정된 조건이라는 신화

"그때 왜 말하지 않았나요?"

그는 회사를 떠나지 않았다. 그러나 어느 순간부터 회의에서의 발언은 줄어들었고, 제안도 사라졌다. 정시 퇴근 후에도 메신저를 보던 그가, 이제는 퇴근 시간 5분 전이면 가방을 싼다. 팀원들의 안건에도 최소한의 반응만 보인다. 그는 여전히 자리에 있고, 성과는 나쁘지 않다. 하지만 누구보다 먼저 회사와 정서적으로 멀어졌다.

"말해도 바뀌지 않을 거라 생각했어요. 그리고⋯ 내가 그런 말을 해도 되는 사람인지, 모르겠더라고요."

이 말은 단순한 체념이 아니다. 그것은 오랜 시간에 걸쳐 형성된 감정적 학습의 결과다. 바로, "조건은 말해봐야 소용없다"는 믿음. 이 믿음은 '한 번의 거절, 한 번의 무응답, 한 번의 무시'에서 시작되지만, 그것이 반복되면서 하나의 '감정적 규범'이 되어버린다. 처음에는 조심스럽게 건넨 제안이었지만, 돌아온 반응은 "지금은 어려워", "다른 사람도 참고 있어", "그건 원칙에 어긋나"였다. 그 순간 구성원은 비로소 배운다. "아, 말해도 달라지지 않는구나." 그리고 그 학습은 점점 단단해진다. 다음엔 말하지 않는다. 말해봐야 고치기 어려운 구조 속에서, 말하는 것 자체가 위험해지기 때문이다. 이렇게 형성된 믿음은 점차 하나의 조직 신화로 굳어진다. 바로 '고정된 조건의 신화'다.

이 신화는 단순히 규정이나 규칙에서 나오는 것이 아니다. 그것은 구성원이 조직 안에서 반복적으로 겪은 '무응답의 경험'에서 비롯된다. 변화가 가능하다는 언어는 있었지만, 실제 변화는 일어나지 않았고, 오히려 '말한 사람'만 남게 되었다. 그래서 구성원은 더 이상 시도하지 않는다. 이유는 단순하다. 변화하지 않는 시스템보다 더 구성원을 지치게 하는 것은, 변화할 수 있다는 희망이 거듭 꺾일 때 느끼는 무력감이기 때문이다.

1.1 고정된 조건이라는 조직의 언어

Bandura(1997)는 자기효능감이 낮은 개인일수록 도전을 회피하고 자기표현을 제한하는 경향이 있다고 지적했다. 이는 구성원이 자신의 요구를 정당하게 말할 권한이 없다고 느끼는 현상과도 맞닿아 있다.

그는 회사를 떠나지 않았다. 그러나 이미 마음은 떠났다. '이 일이 나에게 어떤 의미가 있는가?'를 묻던 시기는 지나고, 이제는 '더 이상 기대하지 말자'는 감정만이 남았다. 이 감정의 바탕에는 하나의 신화가 자리 잡고 있다. 바로 '조건은 고정되어 있고, 바꿀 수 없다'는 조직문화 속의 무언의 전제다. 구성원들은 이를 통해 학습한다. '말해도 바뀌지 않는다, 애쓴다고 달라지는 건 없다, 굳이 나설 필요는 없다…' 이 말들은 개인의 내면에서 반복되며, 하나의 감정적 규범이 된다. 이 신화는 세 가지 층위에서 작동한다.

- **제도적 고정성의 환상**

"우리 조직은 시스템이 워낙 단단해."와 같은 표준화된 인사제도, 엄격한 평가 기준, 정해진 역할 배분은 마치 움직일 수 없는 벽처럼 여겨진다. 하지만 그 벽은 정말로 움직이지 않는 것일까?

- **심리적 자격의 결핍**

"내가 이런 걸 말해도 되는 사람일까?"라는 사고 속에 구성원은 자율과 표현의 권한을 스스로 제한한다. 직급, 연차, 인맥 등. 보이지 않는 위계질서는 구성원으로 하여금 말하기 전에 먼저 '되묻게' 한다. "내가 그럴 자격이 있는가?"

- **과거 경험의 누적된 실패**

"예전에 한 번 말했는데 무시당했지."라는 과거의 무응답, 무관심, 무력한 시도는 구성원에게 말하지 않는 쪽이 더 안전하다는 메시지를 준다. 이 학습은 심리적 침묵을 낳고, 구성원은 점점 '협상할 수 없는 존재'로 스스로를 규정하게 된다. 이러한 신화는 실재하지 않는 장벽이다. 하지만 그 장벽이 감정 속에 존재하는 한, 구성원은 변화의 문을 두드리지 않는다.

"조건은 정해져 있어." 이 말은 사실이 아니라, 감정이다. 그리고 그 감정이야말로 협상의 가장 강력한 적이다. 많은 조직은 '평등'과 '공정성'을 이유로 조건의 변경을 꺼린다. 누구에게나 동일한 시간, 동일한 보고체계, 동일한 평가기준을 적용하는 것이 관리자 입장에서는 가장 효율적인 방법이기 때문이다. 일괄적인 인사제도는 운영 편의성과 형식적 공정성을 동시에 확보할 수 있는 제도적 장치다. 그러나 여기엔 중요한 전제가 있다. 구성원 모두가 동일한 정체성과 삶의 맥락을 가지고 있을 것이라는 '암묵적 가정' 하지만 현실은 그렇지 않다.

어떤 이는 자녀 양육으로 인해 근무시간의 유연성이 필요하고, 어떤 이는 직무에 의미를 부여하기 위해 프로젝트 변경을 요청하고 싶어 한다. 또 어떤 이는 자신의 경력개발을 위해 외부교육이나 내부전환 기회를 찾고 있다. 이런 요청들은 하나같이 '공식 제도' 바깥에 있다. 그리고 많은 경우, 구성원은 그 요청을 '협상'이 아닌 '불만'으로 받아들일까 봐 침묵한다. 그렇게 침묵은 관계를 잠식하고, 관계의 단절은 유지적 몰입으로 이어진다.

1.2 침묵은 정서적 이탈의 언어다

Amy Edmondson의 심리적 안전감(Psychological Safety) 개념은 이 지점을 날카롭게 짚는다. 구성원이 자신의 생각, 감정, 제안을 자유롭게 말할 수 있다고 느끼지 못하면, 조직 안에는 '침묵의 규범(silence norm)'이 자리를 잡는다. 이 규범은 '말할 수 있음'과 '말해도 괜찮음' 사이의 간극에서 태어난다. 겉으로는 의견을 말해도 된다고 하지만, 실질적으로는 아무것도 바뀌지 않는 조직, 그것이 침묵을 낳는 토양이다. 침묵은 처음에는 신중함으로 위장되지만, 이내 무관심으로 변모한다. 그리고 이 무관심은 정체성과 감정, 몰입의 기반을 서서히 침식시킨다. 침묵은 다음과 같은 조직 언어로 표출된다.

- **"원래 다 그렇게 해왔어요."**

과거의 방식이 현재의 질문을 무력화한다. 질문은 변화를 향한 신호지만, 이 언어는 그것을 불온한 예외로 규정한다. 이러한 분위기는 새로운 아이디어가 무시되거나 환영받지 않는 조직에서 자주 나타나며, 결과적으로 구성원은 자신을 보호하기 위해 침묵을 선택한다. Milliken, Morrison, & Hewlin(2003)은 구성원이 과거의 무시 경험을 통해 "말해도 소용없다"는 감정적 학습을 하게 된다고 지적한다.

"조직 내에서 부정적인 피드백을 회피하려는 경향은 구성원들이 문제를 제기하지 않도록 만들며, 이는 조직 침묵을 강화하는 요인이 된다."

- **"그건 인사팀에 문의해야 해요."**

책임의 전가다. 표면적으로는 절차를 따르지만, 실제로는 감정의 책임을 회피한다. 이는 구성원에게 "이건 내가 다룰 일이 아니다"라는 무언의 메시지를 전달하며, 감정의 표현은 어디에도 도달하지 못한다. Bogosian & Stefanchin(2018)은 이러한 침묵이 조직 내 지식 공유를 방해하며, 혁신을 저해한다고 경고한다.

"직원 침묵은 중요한 업무 관련 정보를 의도적으로 보류하는 것으로, 이는 지식 이전을 방해하고 조직의 경쟁력을 약화시킨다."

- **"다른 사람도 똑같은 조건인데요?"**

비교의 논리는 개별 맥락을 지우고, 차이를 문제화한다. 공정성의 탈을 쓴 획일화의 언어다. 모두에게 같은 조건을 적용하는 것은 '형식적 공정성'은 될 수 있으나, '맥락적 공정성'을 지우는 결과로 이어진다. Ahmadian et al.(2023)의 연구는 조직침묵이 신뢰와 몰입을 약화시키고, 결국 구성원의 정서적 거리감을 키운다고 분석한다.

"조직 침묵은 조직 신뢰와 헌신에 부정적인 영향을 미치며, 이는 구성원들이 자신의 의견을 표현하지 않도록 만든다."(Ahmadian, et al., 2023).

- **"요즘 분위기에서 그런 요구는 좀…"**

분위기라는 모호한 기준은 현재 감정의 존재 자체를 조직에서 추방시킨다. 감정은 '민감한 것'이 되고, 결국 '하지 말아야 할 것'이 된다. Saeidipour et al.(2021)의 연구는 조직 내 침묵 문화가 단순한 불평의 억압이 아니라, 직장 괴롭힘(mobbing)을 강화하며, 이는 높은 이직의도를 유발한다고 분석한다. 조직침묵이 이직의도에 미치는 직접효과는 다소 약했지만, 괴롭힘을 매개로 하는 간접 효과는 매우 강하게 나타났다. 즉, 구성원이 자신의 의견을 표현하지 않게 만드는 침묵적 환경은, 단순한 무언의 억압을 넘어 괴롭힘이 조직문화에 내재되고, 이는 다시 몰입 붕괴와 이탈로 이어지는 악순환을 낳는다.

이러한 언어들은 모두 하나의 공통된 메시지를 담고 있다. "정체성과 감정에 대한 무응답" 무응답은 단순히 말을 듣지 않는 것이 아니라, 그 사람의 존재 자체를 보류하는 것이다. 그리고 이 무응답은 침묵을 낳고, 침묵은 다음과 같은 심리적 전환을 일으킨다. "내가 괜히 민폐인가?", "이런 건 그냥 참는 게 낫겠지.", "말해도 달라지는 건 없어."

이러한 감정은 말하지 않음을 정당화하고, 그 침묵은 곧 정서적 이탈(emotional detachment)로 이어진다. 몸은 회사에 있지만, 마음은 이미 물러서 있다. "나는 더 이상 이 조직에서 의미있는 존재가 아니다."라는 감정은 유지적 몰입을 고착시키고, 결국 심리적 사직의 출발점이 된다. 침묵은 문제의 부재가 아니라, 감정의 단절이다. 조직은 그 침묵 속에서 몰입이 사라지는 소리를 듣지 못한다.

1.3 협상이란 특권이 아니다

많은 구성원이 "협상"이라는 말을 꺼리는 이유는 그것이 '특권'이나 '배려', 혹은 누군가를 '귀찮게 하는 일'처럼 느껴지기 때문이다. "누구는 되고, 누구는 안 되는 거 아냐?", "그런 말 꺼내면 눈치 보이지 않을까?" 이런 생각들은 협상이 조직 내에서 예외적인 일이고, 어떤 특별한 자격이 있어야만 가능한 것처럼 느껴지게 만든다. 그러나 협상은 특권이 아니다. 그것은 정체성 회복의 언어이며, I-deals는 내가 나로서 일할 수 있도록 조직과 새롭게 맺는 약속이다. 이 개념은 단순히 개인의 이익을 위한 조건협상이 아니라, 일과 정체성 사이의 단절을 회복하기 위한 실천이다.

Wrzesniewski와 Dutton(2001)은 구성원이 스스로 직무의 경계를 재구성(Job Crafting)함으로써 자신의 일에 더 큰 의미를 부여하고, 일과 자아 사이의 연결을 강화할 수 있다고 설명했다. 또한 Rousseau와 Kim(2006)은 구성원이 조직과 맺는 개별적 협상(I-deals)이 단지 조건의 문제가 아니라, 역할의 재 정의와 자율성, 정서적 소속의 회복과 밀접하게 연결된다고 분석했다. 즉, 협상은 '무엇을 바꿀 수 있는가?'를 묻는 행위가 아니라, "나는 누구이고, 이 일이 나에게 어떤 의미인가?"를 다시 묻는 감정적 실천인 것이다.

일반적인 유연근무 요청이 단지 '시간이나 장소를 조정해 달라'는 실용적 편의요청에 그친다면, I-deals로서의 협상은 '내가 어떤 사람으로 일하고 싶은지, 이 일이 어떤 방식으로 내 삶과 맞닿아야 하는지?'를 함께 설계하는 과정이다. 여기서 구성원은 더 이상 '배려를 요청하는 존재'가 아니라, 자신의 일을 다시 살아있는 것으로 만들고자 하는 주체적 설계자가 된다. 이러한 대화는 조직이 구성원을 한 사람의 맥락있는 존재로 바라보는 출발점이며, 심리적 안전감을 기반으로 신뢰를 쌓아가는 실제적 과정이다. 협상은 단순한 유연근무 요청이 아니라, "이 일이 나에게 어떤 의미인가?"를 되찾기 위한 대화의 시작이다. 그리고 그 대화는, 떠나지 않고도 이탈했던 마음을 되돌리는 첫 걸음이 된다.

1.4 "조건"이 아니라 "관계"를 바꿔야 한다

이제는 조직이 '조건'을 절대적 기준이 아닌, 협상 가능한 영역으로 다시 해석해야 할 때다. 그리고 그 해석의 중심에는 '제도'가 아닌 '관계'가 있어야 한다. 많은 조직은 표준화된 제도를 통해 효율성과 공정성을 확보하려 한다. 그러나 모든 조건을 동일하게 적용한다고 해서, 모든 구성원이 같은 몰입과 의미를 경험하는 것은 아니다. 문제는 '기준' 그 자체가 아니라, 그 기준을 어떻게 마주하고 응답하느냐의 태도에 있다. 리더는 구성원의 요청에 대해 "왜 지금 이 말을 꺼내는가?"를 진심으로 물어야 하며, 조직은 그 요청에 "그럴 수도 있다"는 감정적 여백을 줄 수 있어야 한다. 이는 단순한 태도의 문제가 아니다.

Edmondson(1999)은 심리적 안전감(Psychological Safety)이 조직 내 학습과 변화의 출발점이며, 리더의 반응이 위협적이거나 무관심할 때, 구성원은 자신의 요청을 '정체성 표현'이 아닌 '위험 감수'로 받아들이게 된다고 지적한다. 그 결과는 종종 침묵과 정서적 이탈로 이어진다. 또한 Rousseau와 Kim(2006)은 I-deals가 구성원에게 자율성과 정체성 표현의 기회를 제공하며, 특히 리더와의 신뢰 관계가 존재할 때 그 효과가 극대화된다고 밝혔다. 이는 I-deals가 단지 '혜택'이나 '예외적 조정'이 아니라, 관계적 맥락 속에서 작동하는 감정적 계약임을 시사한다. 따라서 I-deals는 제도의 파괴가 아니다. 그것은 조직과 구성원이 서로를 다시 이해하고, 정체성과 감정, 역할과 존재를 다시 연결하려는 시도다.

형식적으로는 근무시간, 업무방식, 평가구조를 조정하는 일이지만, 본질적으로는 "당신이 이 안에서 누구로 존재할 수 있는가?"를 함께 고민하는 관계의 재구성이다. 이것은 정서적 몰입이 단절된 시대에, 조직이 다시 감정을 회복하고 사람을 중심으로 설계되기 위한 가장 작고도 실제적인 실천이다. I-deals는 조건을 바꾸는 것이 아니라, 관계를 다시 짓는 일이다. 그리고 그 관계 안에서, 우리는 다시 '일을 통해 나를 말할 수 있는 사람'이 된다. 이어 I-deals의 유형과 구조, 실행조건을 이론적으로 분석할 것이다. 그러나 그 전에, 다음 질문을 조용히 던지고 싶다. "당신은 마지막으로, 무엇을 바꾸고 싶다고 말했는가?, 그리고 그 말은⋯ 받아들여졌는가?"

2. I-deals란 무엇인가? – 표준화된 제도를 넘는 개인화의 방식

"구성원이 다시 조직과 연결되기 위한 방법은 무엇인가?"

그 답 중 하나가 바로 I-deals, 즉 개별적 근무조건 협상이다. 이것은 단지 제도의 틈새를 파고드는 예외적 제안이 아니라, 관계와 정체성을 회복하기 위한 작고도 강력한 전략이다. I-deals는 구성원이 자신의 일과 삶, 감정과 역할 사이의 단절을 조직 안에서 조율하려는 실천이다. 단순한 복지 혜택이나 편의 제공이 아니라, 개인이 다시 '일을 나의 것으로' 회복하기 위해 조직과 맺는 심리적 재계약인 셈이다. 이러한 I-deals는 구성원에게 단순한 업무조정 이상의 의미를 갖는다. 그것은 "나는 누구이고, 이 일이 나에게 어떤 의미를 가지는가?"라는 물음에 조직 차원에서 응답하는 방식이기도 하다. I-deals는 단지 어떤 내용을 조율하는가에 따라 나뉘는 것이 아니라, 그것이 시도되는 시점에 따라도 구성원에게 전혀 다른 의미와 효과를 준다.

누군가는 입사 초기부터 I-deals를 제안하고 협의해 자율성을 확보하는 반면, 또 다른 누군가는 정체성 위기나 심리적 사직의 경계에서 비로소 이 협상을 시도한다. 다시 말해, I-deals는 구성원이 자신의 정체성과 조직의 조건을 조율해가는 시간의 전략이기도 하다. 다음의 세 가지 시기는 특히 주목할 만하다.

- **예방적 I-deals**: 입사 초, 배치 전후, 승진 시기 등 '전환의 순간'에서 자신의 일-삶 조건을 미리 조율함으로써 정체성의 지속을 위한 협상
- **회복적 I-deals**: 감정소진, 정체성 소외, 심리적 사직의 전조 단계에서 감정과 의미를 되찾기 위한 협상
- **발전적 I-deals**: 성숙기, 정체성이 안정된 이후 새로운 목표를 세우기 위한 성장 기반 협상

따라서 조직은 단지 I-deals의 '내용'만을 평가할 것이 아니라, 그 요청이 '왜 지금 등장했는가?, 어떤 삶의 흐름 속에서 제안된 것인가?'에 더 깊이 귀 기울일 필요가 있다. 즉, I-deals는 구성원이 조직의 표준적인 근무조건이나 역할구조를 넘어서, 상사와의 직접적 협상을 통해 자신에게 맞는 업무조건이나 성장기회를 만들어가는 방식이다. 이는 단순한 복지 혜택이 아니라, 개인의 정체성과 삶의 맥락이 반영된 '관계 기반의 계약'이다. Rousseau(2005)는 이를 "심리적 계약의 재설계"라고 표현하며, 구성원의 몰입과 성장을 동시에 이끄는 전략적 장치로 설명한다.

2.1 I-deals의 세 가지 유형

I-deals는 단순히 근무조건을 바꾸는 도구가 아니다. 그것은 구성원이 자신의 정체성, 감정, 경력, 생활 맥락을 고려하여 조직과 새롭게 맺는 '관계기반의 심리적 계약'이다. 이러한 I-deals는 조율의 대상에 따라 크게 세 가지 유형으로 나뉜다. 이 분류는 단순한 행정적 구분이 아니라, 각기 다른 심리적 욕구와 정체성 회복의 방식을 반영한다. 그리고 각 유형은 구성원이 일을 통해 어떤 삶을 꿈꾸고 있는가를 조직이 이해하는 단서가 된다.

- **개발형 I-deals(Developmental I-deals)**

개발형 I-deals는 미래 지향적인 성장기회와 자기계발을 중심으로 한 조율이다. 외부교육 참여, 직무순환, 멘토링 프로그램, 프로젝트 리더 경험 등 구성원이 자신의 전문성, 경력 비전, 성취 감각을 조직 안에서 실현할 수 있도록 설계된다. 이 유형은 특히 고성과자나

핵심인재의 유지에 전략적으로 활용된다. 구성원이 단순히 현재의 역할에 머무르지 않고, 조직 안에서 자신의 장기적 성장경로를 발견할 수 있을 때 몰입은 강화되고 이직률은 현저히 낮아진다. 이 유형은 자기결정이론(Self-Determination Theory)에서 말하는 '유능감(competence)' 욕구와 직접적으로 연결된다. 즉, 구성원이 "나는 더 성장할 수 있다", "내가 하는 일이 나를 키운다."는 경험을 할 때, 그들의 몰입은 단기성과가 아니라 지속가능한 내재적 동기로 전환된다. 즉, 개발형 I-deals는 "나의 가능성을 조직 안에서 증명하고 싶은" 사람들의 협상이다.

- **유연형 I-deals(Flexibility I-deals)**

유연형 I-deals는 시간, 장소, 근무방식에 있어 조정을 통해, 구성원이 일과 삶의 균형을 유지하고 개인 생활과 역할 충돌을 최소화할 수 있도록 설계된다. 재택근무, 시차 출퇴근제, 주4일제, 단축근무, 파트타임, 탄력근무제가 대표적이다. 이 유형은 특히 생애주기, 돌봄 책임, 건강상태, 세대 특성 등에 따라 수요가 커지며, 조직의 포용성과 유연성의 수준을 측정하는 지표가 되기도 한다. 심리학적으로는 자원보존이론(COR: Conservation of Resources Theory)과 깊은 연관이 있다. 유연성은 구성원이 갖고 있는 정서적·인지적 자원을 보존하게 해주고, 이는 역할 갈등(role conflict)과 소진(burnout)을 줄이며, 몰입의 지속을 가능하게 한다. 특히 MZ세대를 포함한 젊은 세대일수록 "성과중심의 강도 높은 업무"보다는 지속 가능한 워라밸 기반의 몰입을 중시하며, 이들의 심리적 요구에 대한 응답으로도 작용한다. 이와 같은 유연형 I-deals는 "일도 하고 싶고, 삶도 지키고 싶은" 사람들의 협상이다.

- **정체성형 I-deals(Identity-based I-deals)**

정체성형 I-deals는 자신의 내면적 가치와 감정, 역할 인식이 현재 직무와 맞지 않을 때, 이를 조정하여 일과 정체성의 일치를 회복하려는 협상이다. 이 유형은 단순히 업무량을 줄이는 것이 아니라, "이 일이 나에게 어떤 의미를 가지는가?"를 되묻는 깊은 질문에서 출발한다. 예를 들어 반복적이고 비인격적인 업무를 줄이고, 공헌감을 느낄 수 있는 프로젝트나 창의적 기획업무로의 전환을 제안하는 식이다. 혹은 감정노동이 심한 고객응대를 줄이고, 보다 심리적으로 안정적인 백오피스 역할을 요청하는 방식으로 나타날 수도 있다. 이 I-deals는 정체성이론(Identity Theory)과 의미중심 접근(Meaning-Centered Work)에 뿌리를 두고 있다. 구성원이 자신의 가치와 역할을 일과 연결할 때, 진정한 몰입과 장기적 헌신이 가능해진다. 이 유형은 심리적 사직, 정체성 소외, 감정적 단절을 겪고 있는 구성원들에게 "나는 왜 이 일을 하는가?", "나는 이 안에서 누구인가?"라는 질문에 다시 답을 찾게 해준다. 결국, 정체성형 I-deals는 "이 일이 다시 나를 말해주길 바라는" 사람들의 협상이다.

2.2 Job Crafting과의 차이와 유사점

Job Crafting과 I-deals는 모두 "내 일이 나를 말해주지 못한다."는 정체성 단절의 감정에 응답하기 위해 구성원이 취할 수 있는 대표적인 회복 전략이다. 그러나 두 전략은 작동방식, 관계구조, 제도적 관여 수준에서 본질적으로 다르다.

Job Crafting은 구성원이 자신의 손으로 직무의 경계를 재구성하는 하향식 변화이다. 과업 (Task), 관계(Relational), 인지(Cognitive) 경계를 스스로 조정함으로써, 직무와 자신의 내면을 다시 연결하려는 내적 조정의 실천이다. 예를 들어, 고객응대 업무를 하던 직원이 반복되는 불만 대응에 감정 소진을 느낄 때, 직접 '고객 피드백 개선 프로젝트'를 제안하거나, 더 의미 있는 상호작용 방식을 모색하는 것이다. 이는 공식적인 협상 없이 자기 주도적으로 시작된 감정회복 행위다.

반면 I-deals는 상사와의 직접 협상을 통해 근무조건, 역할, 성장 기회를 조정하는 방식이다. 이는 상향식 조정, 즉 제도나 제도 밖 영역까지 포함하는 관계기반 협상이며, 자기 조정이 아닌 관계 회복을 통한 정체성의 복원 전략이다. 예컨대 한 팀원이 "현재의 프로젝트는 내 역량과 방향성과 맞지 않다"며 다른 과제 전환이나 시간 조율을 제안하고, 상사가 이에 응답하여 조정이 이뤄지는 것이 대표적이다. 이는 단순한 '배려'나 '예외 조치'가 아니라, 심리적 계약의 재설계다. 두 전략은 서로 다르지만, 동시에 상호 보완적이며 다음의 공통 목표를 갖는다.

- **몰입 회복**: 감정의 단절을 줄이고, 다시 '내 일'로 느끼게 만든다.
- **정체성 연결**: 내가 누구인지, 왜 이 일을 하는지를 다시 해석하게 돕는다.
- **에너지 보호**: 감정 노동이나 역할 갈등으로부터 소진을 방지한다.

실제로 Wrzesniewski & Dutton(2001)은 Job Crafting의 효과가 리더의 지지, 조직문화, 제도적 수용성에 따라 현저히 달라진다고 밝혔다. 이는 Job Crafting조차도 I-deals적 구조 즉, 심리적 안전감과 리더의 관계성 없이 지속될 수 없음을 시사한다. 결론적으로 Job Crafting은 '스스로 되찾는 일'이라면, I-deals는 '함께 회복하는 관계'다. 두 전략은 감정 회복과 정체성 연결이라는 측면에서 오늘날 조직의 핵심 리더십 자산이 되어야 한다.

2.3 "이 일은 더 이상 나를 말해주지 않는다."

많은 구성원이 느끼는 이 감정은 단순한 직무불만의 표현이 아니다. 그것은 더 깊은 내면에서, "이 일은 더 이상 나를 말해주지 않는다."는 정체성의 단절이자, 몰입이 천천히 해체되어 가는 심리적 경험이다. 처음엔 분명히 의미가 있었다. "이 일이 나를 성장시킬 거야", "내가 가진 것을 여기서 펼칠 수 있어", "이 조직에 내가 필요하다는 느낌이 들어"….

하지만 시간이 지날수록, 역할은 고정되고, 대화는 지시로 변하며, 의미는 목표달성의 수단으로 축소되었다. 그리고 어느 순간, 일은 '그저 해내야 하는 것'이 되었다. 그 과정에서 무언가가 조용히 무너진다. 바로 '나'와 '일' 사이의 연결 고리. 이 연결이 약해질수록, 우리는 더 많이 피로하고, 더 빨리 지치며, 더 자주 "이게 정말 내가 하고 싶은 일이 맞나?"를 묻게 된다. 이러한 단절은 결국 '적합도'의 붕괴로 설명될 수 있다. 바로 P-J Fit(Person-Job Fit), 즉 개인의 가치, 능력, 흥미가 현재 직무와 얼마나 일치하느냐는 정렬의 문제다. 이 적합도가 무너지면, 구성원은 일에서 자신을 더 이상 발견할 수 없게 된다. 그리고 그때부터 시작되는 감정의 흐름은 "정체성 소외→감정소진→심리적 사직→유지적 몰입"으로 변하게 된다.

정서적 몰입은 서서히 꺼지고, 책임감과 체념만이 남는다. 의욕은 줄고, 창의성은 마르고, 회의에서의 침묵은 늘어난다. 책상 앞에 앉아 있지만, 마음은 이미 자리에서 떠나 있다. 많은 구성원이 느끼는 이 흐름은 결코 개인의 의지 부족이나 회피 성향 때문이 아니다. 그것은 일과 나 사이의 정서적 계약이 무너졌다는 징후다. 더 이상 일이 나를 반영하지 않고, 나도 일을 통해 나를 설명할 수 없게 될 때, 우리는 일과 감정 사이의 연결을 끊는다. 이때 필요한 것은 단순한 재배치나 보상의 조정이 아니라, "일을 나의 언어로 다시 말할 수 있도록 도와주는 심리적 개입", 바로 I-deals 같은 정체성 회복의 전략이다.

우리는 종종 "일이 나와 맞지 않는다."고 말하지만, 그 말은 단순한 불만의 표현이 아니다. 그것은 심리적 정렬의 붕괴, 즉 'P-J Fit의 약화'라는 깊은 내적 경험을 반영한다. P-J Fit 은 개인의 가치관, 흥미, 역량이 현재 수행 중인 직무와 얼마나 일치하느냐를 의미한다. 이 적합도가 높을수록 우리는 일을 통해 자신을 표현하고, 성장하며, 소속감을 느낀다. 그러나 이 정렬이 무너질 때, 일은 더 이상 나를 설명해주지 않는다. 나와 일 사이의 관계는 점점 느슨해지고, 일의 의미는 기능적 수행으로 축소된다. 그 결과, 다음과 같은 심리적 흐름이 나타난다. "정체성 소외 → 감정소진 → 심리적 사직 → 유지적 몰입"

이 흐름은 단절된 P-J Fit이 만들어내는 몰입의 질적 전환이다. 일은 여전히 매일같이 반복되지만, 그 안에는 나의 정체성도, 감정도 없다. 과거에는 성장을 꿈꿨고, 팀의 목표에 나를 겹쳐보기도 했으며, 성과를 내는 순간 자부심을 느끼기도 했다. 하지만 이제는 다르다. 업무는 남아 있고, 나도 그 자리에 있지만, 그 일은 더 이상 나를 설명하지 않는다. 우리는 책상 앞에 앉아 있지만, 마음은 점점 멀어지고 있다. 일의 의미는 사라지고, '해야 할 일'만이 남는다. 질문은 줄고, 제안은 사라지며, 보고서는 빠르게 복사되지만 대화는 천천히 말라간다. 그렇게 조직은 출근은 하지만 내면은 떠난 사람들, '물리적으로는 존재하지만 심리적으로는 부재한 상태'의 구성원들을 마주하게 된다. 그들은 떠난 것이 아니다. 오히려 남아 있는 쪽이다. 그러나 그 남음은 소속이 아니라 체념, 책임감이 아니라 생존 전략의 결과다. 겉보기에는 큰 문제가 없어 보이지만, 조직은 점점 열정 없이 작동하는 엔진, 의미 없이 반복되는 성과, 창의성 없는 협업으로 채워진다. P-J Fit이 무너질 때 몰입은 단순히 '감소'하는 것이 아니다. 그것은 형태를 바꿔, 정서적 이탈과 심리적 사직이라는 더 조용하고 깊은 위기로 전환된다.

몰입은 단순히 일에 집중하는 상태가 아니다. 그것은 '이 일이 나를 말해주고 있다'는 감정, 즉 일과 정체성이 서로 맞닿아 있다는 내면의 확신에서 비롯된다. 그러나 이 연결이 약해지기 시작하면, 몰입은 조용히, 그러나 분명하게 그 형태를 바꾼다. 처음에는 정서적 몰입이 흔들린다. 과거엔 보고서 하나를 쓰더라도 "이건 내 방식으로 말하는 거야"라는 감정이 있었다. 하지만 이제는 형식이 중요해졌고, 내 목소리는 필요 없다는 신호를 반복해서 받는다. 점차 감정은 자리를 지키지만, 의미는 자리를 뜬다. 다음 단계는 규범적 책임감이 남는 시기다. "그래도 내가 해야 하니까", "팀에 피해를 줄 순 없으니까"… 이런 생각으로 버티는 단계다. 하지만 이 책임감은 나를 움직이는 연료가 아니라, 소진을 연장하는 마지막 동력이다.

조직은 성실해 보이는 구성원을 보지만, 그 안에서 일어나는 감정적 균열은 눈치 채지 못한다. 그리고 어느 순간, 남은 감정마저 조용히 꺼진다. 회의에서 손을 들지 않고, 피드백을 줄이는 습관이 생기고, 퇴근 후에는 어떤 업무 이야기도 꺼내고 싶지 않아진다. 그 사람은 여전히 회사에 있고, KPI도 달성하고 있지만, 더 이상 그 자리에 자기 자신은 없다. 이것이 바로 심리적 사직(quiet quitting)이다. 책임을 다하지만, 마음은 닫힌다. 몸은 출근하지만, 감정은 출근하지 않는다. 이 조용한 이탈은 무책임함의 결과가 아니다. 오히려 정체성의 붕괴를 감정으로 감당해낸 이들이 선택한 마지막 생존 전략이다. 그리고 이 침묵은 때때로, 가장 위험한 징후가 된다. 왜냐하면 아무도 소리 내지 않기 때문에, 조직은 그것을 몰입 저하로 보지 않고, 태도의 변화나 성과 편차 정도로만 해석하기 때문이다.

몰입의 단절은 단순히 일하기 싫어진 상태가 아니다. 그것은 "이 일이 나를 더 이상 말해주지 않는다."는 정체성의 단절이며, 감정적 소진을 동반한 관계의 해체다. 이러한 단절은 어떤 보상이나 업무 조정만으로는 회복되지 않는다. 이 지점에서 필요한 것은, 일과 나 사이의 관계를 다시 말할 수 있도록 도와주는 정서적 개입이자 심리적 재구성이다. 그 전략이 바로 I-deals다. I-deals는 구성원이 자신의 정체성, 가치, 상황을 반영해 일과의 관계를 새롭게 정의하는 협의의 구조다. 기존의 인사제도는 '직무'를 먼저 정해놓고, 구성원을 그 틀에 맞추려 했다. 하지만 I-deals는 그 반대 방향에서 출발한다. 사람의 삶, 감정, 맥락에서 출발해, 그에 따라 직무를 조정하고 협의하고 새로 구성한다. 이 협상은 단지 스케줄 조정이나 업무 재배치에 그치지 않는다. 그것은 다음과 같은 근본적 복원을 겨냥한다.

● 역할 회복 – 무너진 P-J Fit의 정렬 재설계

I-deals는 구성원이 자신의 가치와 흥미, 역량이 다시 일에 반영될 수 있는 구조를 만들도록 돕는다. 예를 들어, 고객응대에서 소진된 직원이 비슷한 성과를 낼 수 있는 백오피스 업무로 이동하거나, 연구에 더 적합한 구성원이 보고업무에서 벗어나는 것처럼, 역할과 사람의 재 매칭이 이뤄진다. 이는 기존 직무의 '대체'가 아니라, 구성원에게 "나는 다시 내 방식으로 일하고 있다"는 경험을 주는 P-J Fit의 회복 과정이다.

● 감정회복 – 사라진 감정선 다시 잇기

I-deals는 감정의 소진을 공식적으로 말할 수 있는 언어를 제공한다. 많은 조직에서 감정은 '관리의 대상'이 아니라 '숨겨야 할 요소'로 여겨지지만, I-deals는 정반대다. 이 협상은 감정을 기반으로 설계된다. "이 일이 나를 지치게 만든 이유가 무엇이었는가?", "어떻게 하면 내가 감정적으로 다시 연결될 수 있는가?". 이러한 질문을 조직이 듣고 응답하는 순간, 일은 다시 감정적으로 안전한 공간이 된다.

● 몰입 회복 – 체류에서 참여로

I-deals는 단지 남아 있게 만드는 장치가 아니다. 그것은 구성원이 다시 자발적으로 일에 참여하고 의미를 부여할 수 있게 만드는 통로다. 이때의 몰입은 단순한 복귀가 아니라, 정체성과 감정이 함께 돌아오는 형태다. 일이 '나를 닮아간다'는 경험은 곧, 나도 다시 그 일을 향해 다가가고 싶다는 욕구를 낳는다. 결국, I-deals는 일과 사람 사이에 끊어졌던 정체성의 끈을 다시 매듭짓는 과정이다. 그것은 개인에게는 회복의 계기이고, 조직에게는 몰입의 재건을 위한 실천 전략이다. 그리고 이 회복은 거창하지 않다. 단지 "어떻게 하고 싶은가요?", "요즘 어떤 부분이 힘든가요?"라는 작은 질문과 경청의 태도로부터 시작된다. 그 작은 대화가, 무너졌던 정체성의 구조를 다시 세우는 첫 벽돌이 된다.

몰입이 무너지는 순간, 구성원은 조직에 조용히 묻는다. "이 일은 여전히 나와 관련이 있습니까?", "나는 여기서 어떤 존재입니까?", "당신은 나를 하나의 사람으로 보고 있습니까?"이 질문은 단순한 요청이 아니다. 그것은 흔들리는 정체성에서 비롯된 감정의 언어이며, 조직이 나를 기능이 아닌 존재로 인정하고 있는지를 확인하려는 존중의 시험대다. 하지만 많은 조직은 이 신호에 반응하지 않는다. 혹은 다음과 같은 말로 무력화한다. "요즘 다 힘들잖아.", "그건 개인 문제 아닐까?", "기준을 흔들 순 없어. 모두가 똑같아야지."

이 말들은 겉으로 보기엔 합리적이고 공정한 듯하지만, 그 속에는 정체성에 대한 응답의 부재가 숨어 있다. 그 결과, 구성원은 서서히 입을 닫고, 질문을 멈춘다. 의견은 줄어들고, 제안은 사라지며, 심리적 거리는 점점 멀어져간다. 조직은 여전히 그 사람을 '존재하는 사람'으로 보지만, 그 사람은 이미 마음속으로 조직을 '떠난 관계'로 정리한다. 그리고 이 침묵은, 때때로 가장 오래 지속된다. 이러한 상황에서 I-deals는 작지만 결정적인 회복의 언어다. I-deals는 제도를 바꾸지 않는다. 조직의 철학이나 구조를 송두리째 흔들지도 않는다. 하지만 단 한 가지를 가능하게 한다. 즉 "당신의 이야기를 들을 준비가 되어 있다"는 신호이다. 그 신호는 이렇게 시작된다. "요즘 이 역할이 당신에게 맞지 않는 이유가 있을까요?", "최근에 이 일을 하면서 어떤 감정이 드셨나요?", "혹시, 지금보다 더 잘 맞는 방식이나 방향이 있을까요?"

이 질문들은 작다. 하지만 그 작음이 오히려 구성원을 안심시킨다. 이제 그는 느낄 수 있다. "내가 여전히 말할 수 있는 존재", "이 조직은 나를 이해하려고 노력하고 있다"는 감정적 연결. 그것만으로도 정체성과 역할 사이에 끊어졌던 고리는 다시 연결되기 시작한다. 그리고 그때부터, 일은 단순히 해내야 하는 일이 아니라, '내가 다시 살아 있는 사람으로 참여하는 장(場)'이 된다.

3. 관계는 말할 수 있어야 한다 – 감정과 협상의 연결

"그때 왜 말하지 않았는가?" 이 질문은 단순한 후회의 표현이 아니다. 그것은 조직이 구성원에게 감정을 표현할 권리와 공간을 주었는가를 묻는 질문이다. 많은 구성원들은 협상의 기술이 부족한 것이 아니라, 자신이 그런 말을 해도 되는 사람인지 모르겠다는 감정에서 침묵을 택한다. 실제로 구성원들의 침묵은 기술적 무능보다는 심리적 억압에 가깝다. 그 침묵은 종종 다음과 같은 내면의 언어로 나타난다.

"이건 그냥 내가 감수해야 할 일이다.", "다른 사람도 참고 있으니 나도 말하면 안 된다.", "내가 이걸 요구하는 건 이기적인 것 아닐까?"

이러한 감정은 구성원으로 하여금 자신의 정체성과 감정을 조직에 말하지 못하게 만들고, 결국 몰입을 단절시키는 심리적 사직으로 이어진다. 중요한 것은, 이 침묵은 단지 언어의 부재가 아니라 '관계적 허가의 부재'라는 점이다. 조직이 구성원에게 "이야기해도 괜찮다"고 말해주지 않는다면, 아무리 제도가 있어도 구성원은 말하지 않는다.

Amy Edmondson의 '심리적 안전감' 개념은 이 문제를 설명하는 데 유효하다. 그녀는 심리적 안전감을 "개인이 처벌이나 비난에 대한 두려움 없이 자신을 드러낼 수 있다고 느끼는 집단 내의 공유된 믿음"이라고 정의한다. 이 정의는 단순한 감정 표현을 넘어, 존재 자체에 대한 허용감을 말한다. 심리적 안전감이 부족한 조직에서는 협상이 '기술의 문제'가 아니라 '존재의 문제'가 된다. 구성원은 "이 문제를 꺼냈다가 불이익을 받는 것은 아닐까?", "감정을 드러내는 내가 너무 민감한 것 아닐까?"라고 스스로 검열하게 된다. 이 검열은 협상 자체의 출현을 막는다.

말하지 못하는 조직에서는 협상도 사라진다. 이는 곧 I-deals의 실현 가능성을 구조적으로 낮춘다. I-deals는 제안에서 시작되며, 제안은 감정에서 나온다. 그런데 그 감정을 말할 수 없다면 협상은 애초에 열리지 않는다. 이 절의 핵심은 바로 여기에 있다. 협상을 위해서는 우선, 감정이 존재해도 된다는 심리적 공간이 먼저 마련되어야 한다.

I-deals 협상의 본질은 '요구(demand)가 아니라 공유(shared understanding)'다. 구성원이 일에 대해 "이건 나에게 맞지 않아요.", "이 방식은 저를 더 잘 살릴 수 있어요"라고 말할 수 있을 때, 그것은 조건협상이 아닌 관계회복의 언어다. 이런 협상의 출발점은 단순한 조건 제안이 아니라, 감정과 정체성의 자기표현(self-expression)이다. "내가 누구이고, 어떻게 일하고 싶은가?"에 대한 설명이야말로 협상의 진짜 내용이다. 그러므로 리더와 조직은 구성원에게 다음과 같은 정서적 권한을 먼저 부여해야 한다. "지금 힘들다고 말해도 괜찮습니다.", "이 방식이 나에게 맞지 않는다고 말할 수 있습니다.", "당신의 감정은 이 조직에서 중요한 정보입니다."

이러한 메시지를 보내는 것만으로도, 협상의 문은 조용히 열리기 시작한다. 이전까지는 불편하거나 민감해서 꺼내지 못했던 감정들이, 이제는 '말해도 되는 것'이라는 인식 속에서 드러난다. 이때 구성원은 감정을 '숨겨야 할 문제'가 아니라, '설명해도 괜찮은 맥락'으로 재인식하게 된다. 그리고 바로 이 지점에서 협상은 시작된다. 진정한 I-deals는 어떤 조건을 얻기 위한 기술이 아니라, 자신의 정체성과 감정을 조직 안에서 다시 설명하고, 그것을 존중받을 수 있다는 확신에서 비롯된다. 말할 수 있어야 조율이 가능하고, 감정을 공유할 수 있어야 신뢰가 쌓인다. 협상은 그래서 화법보다 분위기에서 자란다. 그리고 그 분위기는 "우리는 당신의 감정을 받아들일 준비가 되어 있다"는 작고 반복적인 메시지로부터 만들어진다.

감정을 말할 수 있는 조직에는 몇 가지 구조적 조건이 필요하다. 감정은 '개인의 성향'으로

만 다뤄져서는 안 되며, 조직차원에서 표현 가능한 구조를 설계해야 한다. 대표적인 전략은 다음과 같다.

- **감정 커뮤니케이션 루틴화**: 팀 미팅에서 감정 점검 질문("요즘 일하면서 어떤 감정이 드셨나요?")을 포함해 구성원의 상태를 묻는 루틴을 형성한다.
- **리더의 정서적 자각 훈련**: 리더가 자신의 감정을 인식하고, 타인의 감정에 응답할 수 있도록 감정 리터러시(EQ) 교육을 실시한다.
- **감정표현 채널의 분산화**: HR, 동료 피어 코칭, 사내 커뮤니티 등 다양한 감정 표현 창구를 마련해 한 곳에 감정이 집중되지 않도록 한다.
- **공정한 피드백 구조**: 감정 표현이 평가나 승진에 불리하게 작용하지 않도록 '공정성 기반의 피드백 룰'을 명시하고 공유한다.

이러한 제도들은 구성원에게 '말해도 괜찮다'는 심리적 메시지를 전달하며, 협상을 갈등이 아닌 성장의 장으로 전환시킨다. 단순한 규정이나 매뉴얼의 존재만으로는 충분하지 않다. 구성원이 실제로 자신의 감정을 표현할 수 있다고 믿게 만들려면, 그 제도가 감정의 언어로 살아 있어야 한다. 즉, 제도는 선언이 아니라 관계 안에서 작동해야 한다. 회의 시간에 한 번 던지는 질문보다 중요한 것은, 리더가 그 감정에 어떻게 반응하느냐이다. 눈을 맞추고, 말을 끊지 않고 들어주며, "그럴 수 있어요"라고 말하는 리더의 태도 속에서 구성원은 "아, 정말 괜찮구나."라는 신호를 받는다.

또한 일상 속 반복된 대화에서 감정표현이 자연스럽게 드러나야 한다. 회복의 커뮤니케이션이란 특별한 행사나 교육이 아니라, 매일의 인사와 질문, 피드백과 공감 속에 녹아있는 것이다. 이럴 때 협상은 의외로 큰 변화가 아닌, 작은 감정의 설명에서 시작되는 일상적 회복행위가 된다. 결국 감정을 말할 수 있는 조직은, 제도가 아니라 사람이 먼저 움직이는 조직이다. 그리고 그 움직임이 누적될 때, 협상은 조직문화로 자리 잡는다.

협상은 말할 수 있을 때에만 가능하다. I-deals는 단순한 요구의 리스트가 아니다. 그것은 감정과 의미가 담긴, 정체성을 회복하려는 심리적 제안이다. 그리고 그 감정은 조직이 '존중해 줄 것'이라는 신뢰 없이는 결코 드러나지 않는다. 오늘날 많은 조직이 제도적 문은 열어두었다고 말한다. 그러나 구성원은 여전히 침묵하고 있다. 그 이유는 단순하다. 형식적 허용과 감정적 허용은 다르기 때문이다. "요구해도 좋다"는 규정이 있어도, "말해도 괜찮다"는 분위기가 없다면 구성원은 여전히 침묵 속에 머물 수밖에 없다. 감정을 말하는 것은 단지 감정을 표현하는 일이 아니다. 그것은 "나는 여기서 어떤 존재인가?"를 다시 묻는 일이다. 그리고 그 물음은 협상의 핵심을 바꾼다. 협상은 조건을 바꾸는 대화가 아니라, 관계를 회복하는 과정이 된다. 그 과정의 출발점은 구성원이 감정을 표현할 수 있다는 확신이며, 그 확신은 리더의 응답과 조직문화의 반복된 메시지에서 비롯된다.

협상은 결국 하나의 분위기에서 자란다. 말을 꺼냈을 때 누군가가 고개를 끄덕여주고, 그 말의 이면에 있는 감정을 이해하려고 노력하는 태도, 그 순간들이 쌓여야 비로소 협상은 문화가 된다. 말할 수 있어야 바꿀 수 있다. 들어줄 수 있어야 함께 바뀐다. I-deals의 출발은 제도가 아니라 감정이다. 감정을 말할 수 있을 때, 협상은 시작된다. 그리고 그 감정을 들을 수 있는 리더와 조직만이 협상을 문화로 만들 수 있다

4. 조직을 바꾸는 작은 협상 – 제도화와 문화적 조건

"말할 수 있었던 감정은, 관계가 되었고, 그 관계는 제안이 되었다."

그리고 이제 우리는 질문을 바꿔야 한다. "이 제안이 계속 가능하려면, 조직은 무엇을 해야 하는가?"

I-deals는 단순히 한 번의 유연근무 요청이나 직무전환이 아니라고 했다. 그것은 구성원이 자신의 감정을 다시 조직에 연결하고, 조직이 그 감정에 응답할 수 있는 신뢰 구조를 만드는 실천이다. 이 실천이 일회성으로 끝나지 않기 위해서는, 조직은 그 관계의 움직임을 제도화하고, 문화화해야 한다. 즉, 감정이 개인의 언어로만 머무르지 않고, 공식적 언어와 구조 속에 살아 있도록 만드는 설계가 필요하다. 감정은 표현에서 멈추지 않고, 구조로 이어질 때 진짜 회복을 만든다. 그렇다면 무엇이 그 구조를 가능하게 할까? 우리는 네 가지 조건을 중심으로 그 실마리를 찾아보려 한다. 첫째, 구성원이 안심하고 제안할 수 있도록 '공식화된 가능성'이 제도 안에 마련되어야 한다. 둘째, 그 제안이 신뢰받는 절차를 통해 공정하게 다루어져야 한다. 셋째, 실패한 제안도 다음 기회를 열어주는 조직의 분위기가 있어야 한다. 넷째, 그 모든 조건 위에 감정을 말할 수 있는 문화가 깔려 있어야 한다. I-deals는 더 이상 조용한 부탁이 아니라, 조직이 감정을 다루는 방식이며, 신뢰를 설계하는 방법이다. 이제부터 이 네 가지 조건을 중심으로, 그 구조적 가능성을 하나씩 살펴본다.

4.1 제도화 전략 — 공식화된 가능성 만들기

조직은 이제 응답해야 한다. 단지 "말해도 괜찮다"고 말하는 것을 넘어, "말했을 때 실제로

변화가 일어나는가?"라는 질문에 답해야 한다. 많은 조직에서 I-deals는 '은근히 허용되지만, 명시되지 않는 관행'으로 존재한다. 이러한 애매함은 구성원에게 다음과 같은 메시지를 준다. "이건 공식적인 권리가 아니라, 운 좋게 통과된 예외일 뿐이다."

결국 구성원은 스스로에게 묻는다. "이번엔 됐지만, 다음에도 말해도 될까?", "이건 나만 가능했던 걸까?", "이걸 말했다고 평가에 불이익은 없을까?" 이러한 불확실성은 곧 침묵으로, 침묵은 관계 단절과 몰입 하락으로 이어진다. 따라서 I-deals가 조직 안에서 정당한 협상의 틀로 자리 잡기 위해서는, 그 가능성이 '명시적 제도'로 보장되어야 한다. 문은 열려 있었다. 그러나 아무도 들어가지 않았다. 그것은 '열린 문'이 아니라, '들어가기 두려운 문'이었다. 공식화란 단지 문서로 적는 것을 넘어, "조직이 이것을 책임 있게 다루고 있다"는 제도적 약속을 의미한다. 이제 우리는 그 약속을 실현하기 위한 구체적 전략들을 살펴본다. 즉, 작은 협상이 조직의 언어가 되고, 그 언어가 제도의 문장으로 이어지기 위한 조건들이다.

● 명시적 정책화 – 협상을 허용하는 조직의 선언

I-deals를 제도화하기 위한 출발점은 '공식적 허용'의 선언이다. 즉, I-deals를 허용한다는 조직 철학을 사내 규정과 HR 운영방침에 명시적으로 포함시키는 것이다.

'협상은 금기시되지 않는다.'는 메시지를 제도에 반영함으로써, 구성원은 "이야기해도 되는가?"라는 불확실한 질문에 명확한 답을 얻게 된다. 이런 정책적 선언은 단순한 문서화가 아니다. 공식 문서에 적혀 있다는 사실은 구성원에게 '권리가 보장되었다'는 심리적 신호로 작용하며, 협상에 대한 심리적 안전감을 높일 수 있다.

다만, I-deals의 정책화와 관련된 실증 연구는 아직 제한적이며, 이는 이론적 제안 또는 실제 사례보고 수준에서 주로 논의되고 있다.

● 정기적 커리어 대화의 제도화 – 감정을 제안으로 전환하는 통로

정기적인 커리어 대화는 I-deals의 가장 자연스러운 출발점이다. 구성원이 자신의 업무, 성장 가능성, 바라는 조건을 공식적으로 상사와 이야기할 수 있는 제도적 루틴은, 협상을 예외적 요청이 아닌 정상적 대화로 만든다. Rofcanin et al.(2016)는 I-deals가 정기적 리더-직원 간 커리어 대화를 통해 더 자주 이루어지며, 이는 구성원의 자율성과 심리적 소유감, 몰입 수준을 유의미하게 향상시킨다고 보고했다.

또한 career development conversation을 장려하는 조직은, 직무 만족도와 조직 잔류 의도가 높게 나타나는 경향이 있다는 결과도 확인되었다. 이러한 대화는 단지 감정을 토로하는 자리가 아니라, 요구를 구조화하고, 관계 속에서 재조정하는 통로로 작동한다.

● 승인 절차의 일관성과 투명화 – 공정성을 뒷받침하는 구조

I-deals는 필연적으로 '차별적 조건'을 포함하기에, 승인 절차의 일관성과 기준의 명확성이 제도 신뢰의 핵심이 된다. Hornung, Rousseau & Glaser(2009)는 실증 연구를 통해 다음과 같이 밝혔다. 구성원은 동일한 요구에 대해 리더마다 다른 반응을 보일 경우, 이를 공정하지 않은 예외 적용으로 인식하고, 협상시도 자체를 포기하는 경향을 보인다. 반면, 일관된 승인기준과 명확한 절차가 마련된 조직에서는, 협상 자체에 대한 신뢰가 형성되며, I-deals는 편법이 아닌 제도로 기능하게 된다. 공정성과 신뢰는 말이 아닌 절차와 구조에서 비롯된다.

● 사례기록과 데이터화 – 학습하는 조직의 전략 자산화

I-deals가 조직에 축적되기 위해선, 사례를 기록하고 데이터를 분석하는 체계가 필요하다. 단편적이고 개인화된 요청이 아니라, HR 시스템에서 학습 가능한 전략 자산으로 기능해야 한다. 실제로 Hornung et al.(2014)의 후속 연구는, I-deals 협상사례를 공유하고 분석하는 조직이 그렇지 않은 조직보다 직무 몰입과 자율성 지각이 더 높다고 보고했다. 또한 Rofcanin et al.(2018)은 팀 단위에서 I-deals 실행 데이터를 수집하고 분석한 결과, 성과 향상 및 이직률 감소와의 상관관계를 발견했다. 데이터 기반의 접근은 I-deals를 '운에 따라 허용되는 특혜'에서 '성과를 낳는 제도'로 전환시키는 출발점이다.

I-deals는 더 이상 개인의 '요청'이 아니라, 조직의 정체성과 문화, 구조의 반영이어야 한다. 공식화된 정책, 정기적 대화 루틴, 공정한 승인 구조, 학습 가능한 데이터 시스템. 이 네 가지 설계는 I-deals가 신뢰할 수 있는 제도로 자리 잡기 위한 최소한의 기반이다. 말할 수 있는 권리는 구조 안에서 보장될 때, 비로소 그 말을 할 수 있게 된다.

4.2 문화적 조건 – 협상 가능한 분위기 만들기

제도가 문을 열어준다 해도, 그 문 앞에서 말을 꺼낼 수 있는 분위기가 없다면 협상은 시작되지 않는다. 공식적으로 "협상이 가능하다"고 말하는 조직에서도, 구성원은 스스로 묻는다. "하지만 정말 내가 말해도 괜찮을까?", "괜히 튀는 사람으로 보이진 않을까?", "이 말을 꺼내는 순간, 나에 대한 평가가 달라지는 건 아닐까?"

이처럼 I-deals의 실현 가능성은 단지 제도에 의해 결정되지 않는다. 협상 가능한 분위기, 다시 말해 말해도 안전하다고 느낄 수 있는 문화적 기반이 함께 구축되어야 한다. 바로 그 '분위기'를 만들기 위한 핵심전략을 소개한다. 이 전략들은 구성원에게 단지 제도적 권한이 아니라 심리적 허용과 정서적 공간을 제공하는 문화적 기초가 된다.

- **실패에 대한 낙인제거**: I-deals는 항상 수용될 수 없다. 그러나 중요한 것은 '거절의 방식'이다. 거절이 곧 '요청한 너의 문제가 있다'는 낙인이 되면, 다음 협상은 일어나지 않는다. 조직은 I-deals 거절을 실패가 아닌 과정의 일부로 인식해야 하며, 이를 관리자 교육에 포함시켜야 한다. 감정적 소통은 종종 "아니요, 하지만…"으로도 충분히 이어질 수 있다. Edmondson(1999)은 실패에 대한 낙인을 줄이는 조직일수록, 구성원이 더 적극적으로 아이디어를 제안하고 실수를 학습기회로 전환하며, 결과적으로 팀 학습과 혁신이 촉진된다고 보고했다. 즉, 심리적 안전감이 높은 팀에서는 실수 자체가 배신이나 위협이 아니라, 성장과 협업의 자원이 된다. 이러한 문화는 단순한 포용이 아니라, 지속가능한 혁신과 회복탄력성의 핵심 조건으로 작동한다.

- **성공 사례의 공유**: "실제로 협상이 성사되었고, 그로 인해 업무 몰입이나 성과가 향상되었다"는 이야기는 I-deals의 존재 가능성을 상징적으로 드러낸다. 사내 뉴스레터, 타운홀 미팅(Town Hall Meeting), 포스터 등을 통해 이 사례를 구성원들과 공유함으로써, 조직 전체에 '말해도 되는 조직'이라는 메시지를 확산시킬 수 있다. Zhou & George(2001)의 연구에 따르면, 긍정적 사례의 공유는 창의성뿐 아니라 자기효능감과 직무 내 몰입을 증가시키는 직접적 요인으로 작용한다. 성공적 I-deals 사례가 공개될수록 "말해도 되는 분위기"는 넓어지고, 구성원은 '주체적 재설계자'로 변화한다.

- **심리적 안전감의 조직적 확산**: 심리적 안전감은 개인이 스스로 키우는 것이 아니라, 조직이 구조적으로 보장해야 하는 분위기다. 관리자 교육, 팀 심리안전 진단 도구, 리더-구성원 1:1 피드백 루틴 등을 통해 상사-팀원 간의 감정적 거리를 좁히는 것이 필요하다. 이는 결국 협상 이전에 필요한 '관계적 기초체력'이다. Carmeli, Brueller & Dutton(2009)은 심리적 안전감이 높은 조직일수록 협업과 정보공유의 질이 높고, 구성원 간의 관계적 연결이 정서적 몰입과 성과로 이어진다고 설명한다. 특히 팀 리더의 정서적 반응과 1:1 피드백 루틴은 신뢰를 제도처럼 작동시키는 문화 장치다.

- **리더십 철학의 정립**: I-deals는 철저히 관계기반의 제도다. 따라서 리더가 어떤 인간관을 갖고 있는지에 따라 실현 가능성이 극명하게 갈린다. '사람은 성장할 수 있다', '구성원의 감정은 조직 자산이다'라는 관점을 내면화한 리더십은 협상을 '양보'가 아니라 '공동설계'로 받아들이게 만든다. 정기적인 리더십 코칭과 리플렉션 프로그램은 이런 철학을 촉진하는 효과적 도구다. Rousseau & Fried(2001)는 리더의 인간관이 I-deals의 실현 가능성을 결정짓는 핵심 변수임을 강조하며, "사람은 고정된 자원이 아니라 성장 가능한 존재"라는 철학

이 있어야 협상이 '관대함'이 아닌 '책임 있는 공동설계'로 인식된다고 설명한다.

4.3 I-deals는 감정을 제도에 연결하는 언어다

I-deals는 단지 유연근무나 직무 재설계의 수단이 아니다. 그것은 감정이 제도를 만나는 지점, 예를 들어, 감정노동이 극심했던 콜센터 직원이 '전화응대 비율을 줄이고 후기 정리 역할로의 전환'을 제안해 받아들여졌을 때, 그 제안은 감정이 제도를 바꾼 사례가 된다. 정체성이 조직을 통해 말해지는 방식, 몰입이 회복되는 메커니즘이다. 조직이 이를 허용하고 제도화하며 문화로 확산시킬 때, 다음과 같은 변화가 가능해진다.

- **심리적 사직에서 회복의 관계로**
- **획일적 조건에서 정체성 맞춤형 설계로**
- **말하지 않는 조직에서 말할 수 있는 조직으로**

작은 협상은 관계의 전환을 이끌고, 관계는 감정회복을 통해 몰입으로 이어진다. 이 몰입은 다시 조직 전체의 활력으로 피드백 된다. 그리고 이것이 이 장이 말하고자 하는 최종 메시지다. I-deals는 새로운 제도를 만들지 않는다. 기존의 제도에 감정을 연결하고, 그 감정 속에서 다시 조직을 살아 있게 만든다.

I-deals는 거창하지 않다. 그러나 그것은 구성원이 다시 "이야기할 수 있게" 만들고, 조직이 다시 "귀 기울이기 시작하는" 관계 회복의 실천이자 문화설계의 시작이다. 결국, I-deals는 시스템을 바꾸는 것이 아니라, 조직이 인간을 존중하는 방식 자체를 재설계하는 일이다. 이 장에서 우리는 다음의 흐름을 따라왔다.

"협상이 감정에서 출발하고, 그 감정이 신뢰를 통해 제안으로 이어지며, 제안이 제도와 문화 속에서 가능성을 획득하고, 그 가능성이 몰입과 활력이라는 결과로 되돌아오는 과정"

중요한 건, I-deals는 새로운 제도를 만드는 것이 아니라, 기존의 제도에 정체성과 감정이라는 인간의 언어를 다시 연결한다는 점이다. 이것은 인간을 시스템에 맞추는 일이 아니라, 시스템이 사람에게 응답하기 시작하는 일이다. 그리고 그 응답의 첫 문장은 언제나 작다.

- **"무슨 생각이 있으신가요?"**
- **"요즘 일하면서 어떤 감정이 드셨나요?"**
- **"혹시 지금보다 더 잘할 수 있는 방식이 있나요?"**

작은 협상은 조직의 언어를 바꾼다. 그리고 그 언어가 바뀔 때, 조직은 살아 있는 존재가 된다.

우리 주변의 I-dealers – 말하지 못했던 사람들이, 다시 말하게 된 순간

"침묵의 한가운데, 그들은 여전히 일하고 있었다"

그들은 분명히 거기 있었다. 회의실에도 있었고, 팀 채팅방에도 있었고, 보고서 맨 아래에도 이름이 적혀 있었다. 출근했고, 지시를 따랐으며, 일정을 맞췄다. 지각은 드물었고, 결과는 무난했다. 그러나 말은 점점 줄어들었다. 아니, 정확히 말하면, 말할 수 없었다. 말해도 바뀌지 않을 것 같았고, 한 번 꺼낸 말은 되려 자신의 평판을 해치는 부메랑처럼 돌아올까 두려웠다. 그래서 그들은 더 이상 감정을 꺼내지 않았고, 자신을 설명하지 않는 방식으로 살아남았다. 그들은 조직의 침묵에 침묵으로 응답했다. 회의 시간엔 의견 대신 수긍이 있었고, 피드백 대신 묵인이 있었다. 자신을 드러내기보다, 일에 자신을 묻었다. 감정은 수면 아래로 가라앉았고, 질문은 기능으로 대체되었다. 그들의 하루는 성실했지만, 그 속엔 자신이 없었다.

"이 일이 나를 설명해주던 시절이 있었다"

많은 구성원이 그렇게 회상한다. 처음에는 일이 곧 나였고, 내가 쓰는 기획서 한 줄, 고객과의 대화 한 마디에도 내 언어가 묻어 있었다. 보고서에 내 손 글씨를 얹고, 회의에서 내 생각을 보탰고, 퇴근길에는 '오늘도 잘 해냈다'는 기분이 들던 시절이 있었다. 그러나 어느 순간, 일은 숫자로 환산되었고, 대화는 결과 중심으로 정리되었으며, '왜 이 일을 하는가?'는 사라지고, '언제까지 해낼 수 있는가?'만 남았다. 정체성은 서서히 업무의 그늘 속에 가라앉았다. 몰입은 '하고 싶어서'가 아니라, '해야 하니까'로 바뀌었고, 그들은 몸은 있었지만 마음은 떠나 있는 사람들이 되었다. 그들은 떠나지 않았다. 사직서를 내지도 않았고, 이직을 고민하는 티도 내지 않았다. 그러나 그들의 언어는 멈췄다. 더 이상 질문하지 않았고, 설명하지 않았고, 기대하지 않았다. 그들은 조용히, 그러나 분명히 심리적 사직자가 되었다. 책상에 앉아 있지만, 마음은 업무 밖 어딘가를 헤매고 있었다.

"조직은 들으려 하지 않았다"

조직은 말이 없는 사람을 편하다 여겼다. 갈등을 만들지 않고, 문제를 제기하지 않으며, 늘 묵묵히 자신의 역할을 해내는 사람. 그들은 조직 안에서 '관리하기 쉬운 사람', 혹은 '성실한 인재'로 불렸다. 성과는 안정적이고, 평가에는 늘 '조용한 성실함'이라는 말이 따라붙었다. 그러나 조직은 알지 못했다. 그 침묵의 이면에 얼마나 많은 포기와 체념이 눌려 있는지. '의욕을 접은 마음', '요청을 삼킨 태도' 그리고 언젠가부터 스스로를 지우며 적응한 하루들. 그들은 단지 말하지 않은 것이 아니라, 말하지 않기로 결심한 사람들이었다. 처음엔 한두 번이었다. 제안하려다 말았고, 회의 중 반짝 떠오른 아이디어를 끝내 입 밖에 내지 않았다. 그러다 어느 순간, 말하는 것 자체가 부담이 되고, 말하는 자신이 낯설어졌다. 조직은 수치로 보이는 문제만 대응하고, 제기된 요청에만 반응한다. 문제가 없다고 판단하는 건, 문제가 '보이지 않기 때문'이 아니라, 문제가 '말해지지 않기 때문'일 수 있다는 사실을 간과한다. 진짜 신호는, 말하지 않는 사람의 침묵 안에 들어 있다. 말하지 않는 사람들은, 이해받고 싶은 마음보다 실망하고 싶지 않은 마음이 더 커졌고, 변화를 기대하기보다, 상처받지 않으려는 감정이 더 깊어졌다. 그래서 어느 순간부터는 자신조차 스스로에게 말을 걸지 않게 되었다. "지금 이 역할이 힘들다고 해도 바뀌지 않겠지.", "말하면 귀찮은 사람 될 거야.", "그냥 참고 지나가자."

그 문장들이 마음속에서 반복되며, 감정은 결을 잃고, 정체성은 흐려졌다. 이 침묵이 길어질수록, 조직은 살아있는 사람을 잃는다. 보고서는 올라오지만, 제안은 사라지고, 성과는 남지만, 감정은 없다. 동료는 함께 있지만, 관계는 존재하지 않는다. 그때부터 조직은 움직이는 기계처럼 돌아간다. 정해진 시간에 회의가 열리고, KPI는 보고서에 찍힌다. 하지만 그 안엔 의미도, 에너지 흐름도, 사람 사이의 온기도 없다. 조직은 그렇게 살아 있는 공간에서 반응하는 시스템으로 변해간다. 그리고 그 변화를 가장 먼저 체감하는 건, 항상 가장 조용한 사람들이다.

"다시 말을 시작한 사람들"

그럼에도 불구하고, 어떤 사람들은 어느 날 조용히 말을 꺼내기 시작했다. 크게 말하지 않았다. 회의 시간에 손을 들지도 않았고, 인사팀에 장문의 메일을 보낸 것도 아니었다. 그저, 잠깐의 대화 틈에서 작게 내뱉은 한 문장. "요즘 이 역할이 저한테 좀 벅찬 것 같아요.", "이 프로젝트보다는, 저 일 쪽이 저다운 느낌이에요.", "지금 하는 방식보다, 이렇게 해보는 건 어떨까요?"

그 말은 요청이자 설명이었다. 하지만 더 깊은 층위에서는, 자신의 감정과 정체성을 다시 이 일 안에 넣고 싶다는 신호였다. "나는 아직 살아 있고, 이 일을 단지 '버티는 것'이 아니라 '살아내는 일'로 만들고 싶다"는 아주 조심스럽고도 절박한 이야기다. 그들은 회사를 떠나고 싶었던 것이 아니라, 일과 다시 연결되고 싶었던 것이다. 정해진 조건을 뒤엎으려 했던 것이 아니라, 자신이 그 일 안에 다시 의미 있게 존재하고 싶었던 것이다. 그들의 말은 거래가 아니라, 존재를 다시 묻는 감정의 제안이었다. 조건을 바꾸려는 것이 아니라, 자신이 이 일 안에 다시 존재하고 싶다는 고백이었다. 하지만 누군가가 말을 시작하려면, 단지 용기만으로는 부족하다. 말이 다시 나오기 위해선, 말할 수 있는 토양이 필요하다. 그것은 거창한 제도도, 대단한 보상도 아니다. 우리가 흔히 지나치는, 작지만 중요한 관계의 틈이다. 예를 들어, 내가 이 말을 꺼냈을 때 거절당해도 견딜 수 있는 다른 길이 있다는 믿음이 필요하다. 때로 그것은, '꼭 이 일을 하지 않아도 된다.'는 가능성, 즉 심리적 BATNA다. 또 하나의 조건은 이 관계를 계속 가꾸고 싶다는 의지다. 나도 이 조직 안에 머물고 싶고, 조직도 나를 함께하고 싶은 사람으로 본다는, 그 최소한의 신호, 이 믿음은 단발적 거래가 아닌 함께 살아가려는 장기적 태도 위에서 가능하다. 말을 꺼내려면 그 과정이 공정하다는 확신도 필요하다. 누구는 되고, 누구는 안 되는 일이 아니라, 원칙과 기준이 있고, 적어도 나의 말이 '과정 안에 포함된다.'는 믿음. 그런 공정한 절차의 느낌이 없다면, 말은 시작도 되지 않는다. 그리고 그 말을 꺼낼 때, 내가 존중받고 있다는 감정이 전달되어야 한다. 아무리 정당한 설명이라도, 무시당하거나 가볍게 여겨지면 그 순간부터 말은 감정의 상처로 돌아온다. 말을 말로만 듣는 게 아니라, 감정의 무게를 함께 들어주는 상호작용의 품격이 필요하다. 또한, 말은 설명으로 이어져야 한다. 안 된다는 말을 들어도, 왜 안 되는지, 왜 다른 방식을 택해야 하는지를 들을 수 있다면 그 '설명력'은 단순한 거절이 아니라 관계의 연속성이 된다. 설명 없는 거절은 단절이고, 설명이 있는 거절은 협상이다. 그리고 마지막으로, 내가 말해도 불이익을 받지 않을 거라는 조용한 믿음, 즉 심리적 안전감이 있어야 한다. 그건 말로 보장되는 것이 아니라, 말하지 않아도 느껴지는 분위기로부터 만들어진다. 그것이 바로 협상의 진짜 전제다.

"협상의 본질은 조건이 아니라 관계다"

우리는 종종 '협상'이라는 단어를 들으면 성과와 보상, 책임과 권한 같은 교환을 떠올린다. 그래서 협상은 '거래'의 언어, '계약'의 기술처럼 여겨진다. 하지만 진짜 협상은, 관계를 복원하는 언어다. I-deals는 그런 협상을 가능하게 하는 틈이다. 그 틈은 구조의 구멍이 아니라, 사람이 말을 걸 수 있는 공간이다. 그 공간 안에서 사람은 다시 묻는다. "이 일이 나에게 어떤 의미인가요?", "나는 여전히 이 안에서 살아 있는 존재인가요?", "이 역할 안에 내 감정과 가능성은 남아 있나요?"

이 질문들은 성과와 효율을 측정하는 조직 시스템에서는 불편한 문장일 수 있다. 하지만 그 불편함을 견디지 않으면, 조직은 어느 순간 '감정 없는 효율'과, '사람 없는 성과'로 채워지게 된다. I-deals는 구조를 바꾸는 대혁신이 아니다. 오히려 그것은 사람이 스스로를 설명할 수 있게 해주는 구조의 유연성이고, 조직이 사람에게 귀를 기울일 수 있다는 약속의 언어다. 협상이 조건을 바꾸는 일이 아니라 사람을 다시 연결하는 일일 때, 조직은 살아 있는 생태계가 된다.

"이제 그들의 이야기를 따라가려 한다"

누군가는 목소리로, 누군가는 선택으로, 누군가는 침묵 속 선언으로 협상을 시작했다. 이 장은 그런 사람들의 이야기다. 계약 조건을 유리하게 바꾼 사람들, 성과 협상을 잘한 사람들이 아니다. 이들은 정체성과 감정을 다시 꺼내려 했던 사람들이다. 남겨진 자리에서 자신을 다시 말하고, 묻혀 있던 언어를 꺼내어 일과 삶 사이의 끊어진 연결을 복원하려 한 사람들이다. 우리는 몇 가지 사례를 통해 이 이야기를 따라가려 한다.

● 안중근 의사: 나를 말하기 위해 싸웠던 사람

그는 어떤 제도도 정체성을 인정하지 않던 시대에 살았다. 그는 감정과 철학, 존재와 행동을 통합한 언어로 일과 정체성을 가장 고결하게 연결한 인물이었다. 그의 I-deals는 조건이 아닌 존재 전체의 선언이었다.

● 『머니볼』의 빌리 빈: 규칙을 다시 쓴 사람

그는 실패한 선수였고, 외면받는 방식의 지휘자였다. 그러나 그는 남아 있었다. 그리고 말했다. "이기는 방식이 틀렸다면, 우리가 게임의 룰을 바꾸자." 그의 선택은 전통에 대한 반항이 아니라, 정체성 회복을 위한 구조의 전환이었다. 그는 조직과의 협상을 통해 일의 방식을 바꿨고, 결국 몰입과 존재감을 회복했다.

● 우리가 목격한 작은 요청들: 우리는 조직 안에서 수많은 요청들을 보아왔다. 누군가는 아이 돌봄을 이유로 재택을 요청했고, 또 누군가는 감정소진으로 인해 프로젝트 전환을 원했다. 그들은 한 번도 제도를 바꾸려 한 적이 없었다. 단지 자신을 다시 설명할 기회를 요청했을 뿐이었다. 그 장면들은 우리 모두가 목격한, 말하고 싶었던 이들의 풍경이다.

이제 우리는 이 세 가지의 이야기 속에서 "협상의 본질은 조건이 아니라, 말할 수 있는 존재가 되는 것"이라는 진실을 마주하게 될 것이다. 이들은 우리에게 말한다. "일은 조건이 아니다. 일은 관계다." 그리고 말할 수 있을 때, 우리는 다시 연결될 수 있다.

1. 나를 말하기 위해 싸웠던 사람 – 안중근, 존재론적 I-dealer

그는 말할 수 없는 시대에 살았다. 감정을 드러내는 것이 허락되지 않았고, 신념을 말하는 것이 생명을 위협하던 시절이었다. 누구도 정체성을 묻지 않았고, 일은 명령으로 주어졌으며, 침묵은 미덕이라 불렸다. 그러나 그는 그 모든 조건을 넘어서, 오히려 그 부재의 한복판에서 스스로를 말하기 시작했다.

1909년 10월 26일, 하얼빈. 이토 히로부미가 총에 맞아 쓰러졌을 때, 사람들은 그것을 단순한 저격 사건이라 불렀다. 하지만 안중근에게 그것은 단지 한 인물을 쓰러뜨린 일이 아니었다. 그것은 시대의 침묵을 깨뜨리고, 말할 수 없었던 사람들의 정체성을 '행동'이라는 방식으로 말해낸, 하나의 존재 선언이었다. 그는 총을 쏜 것이 아니라, 질문을 던졌다.

- **"나는 누구인가?"**
- **"이 시대 속에서 나는 어떤 존재로 남고 싶은가?"**

그는 말로 답할 수 없었기에, 자신의 삶 전체를 문장 삼아 조직과 국가, 역사를 향해 던졌다. 그가 선택한 방식은 협상이나 타협이 아닌, 정체성을 지우려 했던 구조에 대한 전면적인 거부이자 재 정의였다. 그는 재판정에서 이렇게 말했다. "나는 조국의 독립을 위하여 이토를 죽였다." 그리고 유언에서는 이렇게 말했다. "내가 대한 독립을 위해 몸 바쳐 죽는 것이 죽는 것이 아니라, 오히려 사는 것이다." 그는 자신의 행동을 단순한 복수나 격정의 표출이 아닌, 삶의 정체성과 사명의 진술로 이해했다. 그의 말과 행위는 이렇게 말하고 있었다. "나는 이 일을 통해, 내가 누구인지 말하겠다."

1.1 존재론적 I-dealer로서 안중근 – 여섯 조건의 관점에서

안중근은 협상을 하지 않았다. 그러나 그는 협상의 본질, 곧 "존재를 다시 묻는 감정의 요청"을 자신의 삶 전체로 실현한 인물이었다. 우리가 지금까지 말해온 I-deals(개별적 근무조건)는 단순한 업무조정이나 혜택협상이 아니다. 그것은 결국, "일이 나를 말해주지 못할 때, 나는 이 일을 통해 다시 나를 말하고자 한다"는 존재의 선언이다.

안중근은 '협상'이라는 언어조차 허락되지 않던 시대에, 말이 아닌 행동과 생애 전체로 자신을 증명했다. 그것은 어떤 조건이나 절차 없이 이루어진, 삶 전체로 말하는 실존적 협상이었다. 그는 감정의 요청을 침묵하지 않았고, 존재를 회피하지 않았다. 오히려 감정과 신념, 정체성을 통합한 실천을 통해, 자기 존재를 세계에 발화한 것이다.

이러한 실존적 요청이 오늘날 조직 안에서 실현되기 위해서는, 다음의 여섯 가지 심리적·관계적 조건이 함께 작동해야 한다. 즉, BATNA(협상의 대안), 장기지향성(지속적 관점), 절차 공정성, 상호작용 공정성, 설명력(요청의 타당성), 심리적 안전감이다. 이 여섯 조건은 단순한 협상 기술이 아니다. 그것은 존재를 말할 수 있는 정서적 발판이며, 감정이 침묵에 갇히지 않도록 하는 구조적 기반이다. 이 중 단 하나라도 무너지면, 요청은 제도로 전환되지 못하고 감정은 다시 침묵하게 된다. 그래서 우리는 이 여섯 조건을, I-deals가 실현 가능한 제도로 작동하기 위한 심리적·관계적 토대로 다시 주목하고자 한다.

그 첫 번째 사례로, 우리는 협상이라는 말조차 허락되지 않았던 시대에, 삶으로 그것을 완성해낸 존재, 안중근을 만난다.

● BATNA – 그는 대안을 갖지 않았다, 그러나 그 자리에 존재를 올려놓았다

협상의 출발은 "이게 안 되면 나는 어떻게 할 수 있는가?"라는 물음에서 시작된다. 그러나 안중근에게는 그런 선택지가 없었다. 그는 이토를 저격하기 전 이미 죽음을 각오했고, 실제로 유서도 준비해두었다. 그에게 '실패'는 곧 '죽음'이었고, 살아남아 다른 길을 찾는 BATNA는 존재하지 않았다. 하지만 그는 그 공백을 존재로 채웠다. 살아남기 위한 계산이 아니라, 죽음을 통해 오히려 자기를 증명하는 명제를 세운 것이다. 그가 택한 것은 살아남는 협상이 아니라, 존재를 걸고 말하는 실존적 선택이었다. 아무것도 얻을 수 없는 테이블 위에, 그는 자신의 신념, 철학, 그리고 목숨을 올려놓았다. 이것이야말로 우리가 말하는 협상의 본질, '자신을 걸고 무언가를 말하는 것'의 가장 극단적인 형태다.

● 장기지향성 – 그는 개인의 죽음을 공동체의 미래로 연결했다

그의 총성이 울렸던 그날은 격정적인 분노의 순간이 아니었다. 그는 오랜 시간 준비했고, 전략을 세웠고, 행동의 결과를 모두 예상했다. 중요한 건, 그가 죽음을 미래로 연결했다는 점이다. 그는 유언에서 말했다. "한국이 독립되거든 내 유해를 고국에 묻어 달라."

이 말은 단순한 감상이 아니다. 그의 행위가 역사의 한 장면이 아니라, 미래의 시작이어야 한다는 설계였다. 안중근은 지금 이 한 걸음이, 다음 세대에게 어떻게 읽힐지를 생각했다. 그는 단순히 누군가를 제거한 것이 아니라, 역사의 좌표 위에 자기 존재를 새기려 했고, 그 자리가 후대에게 정체성과 신념의 방향이 되기를 원했다. 개인의 죽음을 공동체의 내일로 확장한 장기지향적 실천, 이것이 그를 단순한 행동가가 아닌 사상가로 남게 했다.

● 절차 공정성 – 불가능한 절차 속에서도 그는 '정당함'을 요청했다

그가 받았던 재판은 진정한 법적 절차가 아니었다. 그것은 일제가 만든 정치적 형식과 공개

처벌의 무대였다. 그러나 그는 그 안에서도 싸웠다. 통역을 요구하고, 진술서를 작성하고, 증거 제시를 요구했다. 그가 진짜 원한 것은 무죄가 아니라 정당하게 말할 권리였다. 그는 그 재판이 왜곡되어 있다는 걸 알았지만, 그 안에서 조차 절차라는 틀을 파괴하지 않고, 정당성의 최소 조건을 요구했다. 이것은 "네가 만든 무대라 해도, 나는 내 이야기를 여기서 끝까지 말 하겠다"는 의지의 표현이었다. 오늘날 우리가 말하는 절차 공정성은 형식이 아니라 말할 기회의 존재다. 안중근은 아무도 들으려 하지 않는 법정에서조차 자신의 정당성을 증명하려 했던 사람이었다.

● 상호작용 공정성 – 아무도 그를 존중하지 않았지만, 그는 자기 자신을 존중했다

그는 피고석에 섰지만, 자세를 낮추지 않았다. 고개를 숙이지 않았고, 심문에도 흔들리지 않았다. 오히려 그는 법정이라는 공간을 자신의 메시지를 전하는 강단처럼 사용했다.

"이토는 동양 평화를 깨뜨린 자이며, 조선의 자주권을 유린한 자다."

"나는 일본인을 미워하지 않는다. 이토를 죽인 이유는 명확하다."

그는 누구도 자신을 존중해주지 않는 자리에서, 자기 자신에 대한 존엄을 스스로 지켜냈다. 그는 말할 수 없는 구조 속에서도 자신의 감정을 외면하지 않았고, 스스로의 철학을 말로 지켜냈다. 이것은 단지 '강한 사람'의 표현이 아니다. 상호작용 공정성이 부재한 상황에서도, 감정과 신념을 포기하지 않는 실천이었다. 그는 우리가 오늘 조직에서 말하는 '감정노동의 역설'을 미리 보여준 인물이었다. '존중받지 못해도, 내 감정은 나의 것이다'라는 태도. 그는 그 감정을 조직(식민체제)에게 빼앗기지 않았다.

● 설명력 – 그는 말을 넘어서 삶 전체로 해석했다

사람들은 그에게 물었다. "왜 이토를 죽였는가?" 그는 말로 답했다. 그러나 그 말은 단순한 논리나 계획이 아니었다. 그의 언어는 '정의', '자주', '평화', '동양공영' 같은 철학의 언어였다. 그가 남긴 『동양평화론』은 단순한 정당화 문서가 아니다. 그는 이 한 번의 사건을 넘어서, 삶 전체의 철학을 글로 번역하려 한 사람이었다. 그는 명분을 만들지 않았다. 그는 자신의 해석을 남겼다. 이 차이는 크다. 해석은 설명보다 오래간다. 그는 사람들에게 '이유'를 전달한 것이 아니라, '이 삶을 어떻게 읽을 것인가?'를 남겼다. 오늘날 우리가 I-deals를 협상이라 말할 때, 단순한 타당성 이상의 '정체성 서사'를 어떻게 설계할 것인가라는 물음을, 그는 100년 전 이미 제기했다.

● 심리적 안전감 – 없었기에, 그는 존재 전체로 말해야 했다

말하면 죽는 시대였다. 생각을 표현하면 고문당하고, 이름을 드러내면 사형당했다. 그런 시대에 그는 모든 걸 알고 있었다. 그럼에도 그는 말했다. 그리고 글을 썼다. 그리고 총을 들었다. 그에게 심리적 안전감은 한 줄기도 없었다. 그 공간은 완전히 무너져 있었지만, 그는 그 부재의 자리에서 새로운 공간을 만들었다. 그가 만든 공간은 심리적 공간이 아니라, 존재 전체를 통해 확보된 공간이었다. 그것은 말로 요청하는 협상이 아니었다. 그것은 말할 수 없는 시대에, 존재를 통해 요청하는 침묵의 반역이었다. 그는 안전함이 없는 시대에, 말이 아닌 존재 자체로 감정을 지키는 방법을 선택했다. 오늘 우리가 조직 안에서 말할 수 있는 자유를 말할 때, 그는 그 자유조차 없는 곳에서 만들어낸 최초의 협상자였다.

그는, 존재 전체로 협상했다

안중근은 하나의 I-dealer였다. 말할 수 없는 시대에 말했고, 요청할 수 없는 조건에서 요청했으며, 협상이 불가능한 구조에서 존재 전체로 협상했다. 그는 단지 조건을 바꾸려 한 것이 아니라, 조건 자체를 뒤흔드는 방식으로 정체성을 재 정의했다. 그의 BATNA는 죽음이었고, 그의 장기지향성은 독립 이후까지 뻗어 있었으며, 그는 무너진 절차 속에서도 정당함을 요청했고, 존중받지 못한 법정에서 자기 자신을 존중했으며, 말의 설명력을 넘어 삶으로 해석을 남겼고, 심리적 안전감이 부재한 시대에 존재 자체로 안전을 만들어냈다. 그는 이 모든 조건을, 조직이 아닌 '자기 존재'로 구현했다. 그렇기에 그는 협상을 하지 않았지만, 우리가 말하는 I-deals의 본질, "나는 이 일을 통해 다시 나를 말 하겠다"는 실존적 협상의 원형이 되었다.

오늘날 조직 안에서의 I-deals는 더 이상 특별한 혜택의 문제가 아니다. 그것은 나의 일, 나의 말, 나의 삶이 어떤 방식으로 존중받고 구조화될 수 있는가의 문제다. 안중근의 사례는 우리에게 묻는다. "지금 당신의 조직은, 구성원이 존재를 말할 수 있는 조건을 가지고 있는가?"

1.2 학문적 성찰 – 존재로 협상을 시도한 사람, 조직심리학은 어떻게 해석하는가?

안중근은 조직도 없고 직무도 없는 상황에서, 자신이 누구인지를 말하기 위해 생을 건 선택을 했다. 어떤 외적 보상도, 절차적 정당성도, 안전한 공간도 부재한 상태에서 그는 자신의 존재 전체를 '요청' 그 자체로 만든 사람이다. 이러한 실존적 협상은 오늘날의 조직심리학 이론을 통해서도 충분히 해석 가능하며, 오히려 이론의 경계를 확장하는 사례가 된다.

● 자기결정이론(Self-Determination Theory)

Deci와 Ryan(1985)이 정립한 자기결정이론은 인간의 동기를 자율성, 유능감, 관계성이라는 세 가지 심리적 욕구에 기반해 설명한다. 대부분의 직무환경에서는 외적보상이나 조건이 동기의 중요한 요소로 작용한다. 그러나 안중근에게는 그 어떤 보상도 없었다. 오히려 모든 외적조건이 생명을 위협하는 형태로 작동하고 있었다. 그럼에도 불구하고 그는 행동했다. 이는 SDT가 말하는 내적 동기의 가장 극단적인 형태다. 그는 자기 행위의 원인을 스스로에게서 찾았고, 그것을 멈출 수 없는 자율적 행위로 실천했다. 그의 몰입은 조직이 제공한 것도, 타인의 인정에서 비롯된 것도 아니다. 그것은 존재의 근거를 자기 안에서 찾은 내적 자기결정의 상징적 사례였다. 오늘날 조직에서 구성원이 자율성을 느끼지 못하면 동기는 쉽게 소진된다. 반대로, 안중근의 삶은 자율성 그 자체가 삶의 동력이 될 수 있음을 보여주는 강력한 증거다.

● 정체성 작업(identity work)

안중근의 선택은 정치적 저항이자 민족적 실천이었다. 그러나 그것은 그에 그치지 않았다. 그는 단지 외부의 억압에 반응한 것이 아니라, '나는 누구인가?', '나는 어떤 존재로 기억되길 원하는가?'라는 내면의 질문에 응답하고자 했다. Alvesson과 Sveningsson(2003)이 말한 정체성 작업이란, 개인이 자기 자신을 정의하고 구성하는 심리적·행위적 실천이다. 이 관점에서 보면, 안중근의 행동은 저항의 정치가 아니라 존재의 정치였다. 그는 시대의 침묵 속에서 자신의 정체성을 행동으로 구성했고, 단지 '이토를 제거한 사람'이 아니라 '말할 수 없던 이들의 존재를 말한 사람'으로 자신을 새롭게 만들어갔다.

조직에서는 이 정체성 작업이 직무, 직위, 평가, 타인의 피드백 등을 통해 형성되곤 한다. 그러나 안중근은 그 어떤 제도적 직무도 부여받지 못한 상황에서 스스로 자신의 정체성을 설계하고, 그에 걸맞은 행동을 구성했다. 그는 자신을 '의사(義士)'라 불렀고, '평화운동가'로 인식했으며, '정의의 전달자'로 존재를 실현했다. 그것은 단지 선언이 아니라, 수많은 글과 행동, 유언과 철학으로 구현된 능동적 정체성 구성의 과정이었다. 이러한 정체성 작업은 오늘날 조직 구성원이 "나는 이 일을 통해 누구인가?", "이 직무는 나를 어떻게 정의하는가?"를 고민할 때 매우 유사한 심리 메커니즘을 따른다. 안중근은 조직의 틀 없이도 자신의 일과 존재를 직접 연결했던 대표적 '정체성 노동자'였다고 볼 수 있다.

● 심리적 계약 이론(Psychological Contract Theory)

Rousseau(1989)에 의해 발전된 심리적 계약이론은, 구성원과 조직 사이의 비공식적 기대와 의무의 상호인식을 설명한다. 조직은 때로 명문화되지 않은 약속을 통해 구성원의 몰입을 유도하지만, 그 기대가 무너질 때 구성원은 실망, 배신감, 단절을 경험하게 된다. 안중근에게는 그러한 계약이 애초부터 존재하지 않았다고 볼 수도 있다. 그러나 다른 한편으론, 그는 스스로 조국과의 심리적 계약을 설정한 인물이었다. 나라가 자신에게 아무것도 주지 않아도, 그는 말 한다 "나는 나라의 의무를 다했을 뿐이다."

이것은 '국가가 나에게 해주었는가?'라는 기준이 아닌, '내가 나와 맺은 약속에 충실했는가?'라는 기준에서 스스로를 규정한 것이다. 즉, 그는 조직(국가)에 대한 배신감이 아니라, 그 배신을 넘어선 새로운 계약을 제안하는 존재였다. 그의 총성과 유서는 단절의 표현이 아니라, 새로운 사회계약의 제안이었다. 이는 오늘날 조직에서도, 심리적 계약이 무너졌을 때 구성원이 단순히 이직하거나 분노하는 것을 넘어, 스스로 새로운 관계방식을 설계할 수 있는 가능성을 보여준다.

1.3 안중근이 남긴 질문, 오늘 우리가 던져야 할 질문

안중근은 존재론적 I-dealer였다. 그는 조직이 정체성을 지워가던 시대에, 자신의 존재와 일을 하나로 묶어낸 사람이다. 그에게 일은 생계를 위한 수단이 아니었다. 그에게 감정은 단순한 반응이 아니었다. 그에게 '일'은 선언이었다. 그에게 '감정'은 실천이었다. 조직과 제도가 침묵을 미덕으로 만들던 시대, 그는 자기 존재를 말하는 방식으로 침묵을 부수었고, 말할 수 없는 자리에서 '말할 수 있는 나'를 창조해냈다. 그가 남긴 총성과 언어는 폭력이 아니라 정체성의 외침이었다. 그의 행위는 복수도, 영웅주의도 아닌, "나는 누구인가?"라는 질문을 세상에 던지는 실존적 언어였다. 그리고 그는 100년 전, 역사라는 법정 한가운데에서 지금 우리의 일터를 향해 묻고 있다.

- **나는 지금, 이 일을 통해 나를 말하고 있는가?**
- **조직은 나의 말할 권리를 존중하고 있는가?**
- **내가 감정을 담은 요청이, 존재의 협상으로 받아들여지고 있는가?**

그는 그 질문을 피하지 않았고, 삶 전체를 걸고 그 질문에 답했다. 이제는 우리의 차례다. 정체성이 소외되고, 감정이 평가되고, 침묵이 살아남는 방식이 되어버린 오늘, 우리는 다시 그 질문 앞에 선다. "나는 지금, 이 일을 통해 나를 말하고 있는가?"

그는 100년 전의 일터에서 오늘의 우리에게 말을 걸고 있다. 우리가 그 물음에 응답할 수 있다면, 그의 삶은 과거가 아니라 지금 우리의 일 안에서 다시 살아나는 철학이 될 것이다.

2. 규칙을 다시 쓰다 - 『머니볼』의 빌리 빈, 시스템 전환형 I-dealer

'빌리 빈은 협상 테이블에 앉았다. 그러나 그는 전통적인 룰을 그대로 따르지 않았다.'

I-deals, 즉 개별적 근무조건은 단지 '협상할 수 있는 권리'가 있다고 해서 성립되지 않는다. 그것이 실제로 조직 안에서 제도처럼 작동하기 위해서는 두 가지 조건이 필요하다. 하나는 감정이 지워지지 않는 설계의 의도, 그리고 또 하나는 기존의 질서를 무너뜨리지 않고도, 그 안에 균열을 만드는 전략의 언어다. 안중근이 존재를 말하기 위해 협상의 언어를 초월했다면, 빌리 빈은 기존 제도의 문법 안에서 새로운 말을 만들었다. 그는 협상의 구조를 깨지 않았다. 오히려 그 구조 안에 숨겨진 불균형을 드러내고, 기존의 숫자를 새롭게 해석함으로써 '공정성'이라는 가치를 다시 발명해냈다.

우리가 이 절에서 주목하고자 하는 I-dealer는 특정인을 위한 예외 조건을 넘어, 조직 전체의 룰과 문법을 '공정하게 전환'하는 설계자다. 이러한 시스템 전환형 I-dealer는 단순한 실행자나 피해자의 목소리로는 설명되지 않는다. 그는 조직의 자원을 다시 배치하고, 기준을 다시 서술하고, 감정이 묻지 않는 룰을 다시 제안하는 사람이다. 이것은 혁명이 아니다. 설계의 전환이다. 그리고 이러한 전환의 원리를 가장 선명하게 보여주는 사례가 있다. 메이저 리그의 작은 구단을 이끌던 한 단장은 자원도, 명성도, 전통도 없이 기존의 룰을 해체하지 않고도 새로운 언어로 조직을 다시 설계했다. 이제부터 우리는 그가 어떻게 이 전환을 실천해 갔는지를 여섯 가지 심리적·관계적 조건의 관점에서 따라가려 한다. 빌리 빈. 그는 단지 팀을 운영한 것이 아니라, 감정과 공정성이 묻지 않는 시스템을 다시 설계한 사람이다.

2.1 시스템 전환형 I-dealer로서 빌리 빈 – 여섯 조건의 관점에서

빌리 빈은 떠나지 않았다. 그러나 그는 남는 방식부터 바꾸기로 했다. 더 큰 연봉, 더 안정적인 구단, 더 익숙한 시스템으로의 이적은 그에게 언제든 가능한 선택지였다. 그러나 그는 오히려 모든 안정적 선택을 뒤로한 채, 가장 낡고 비효율적인 체계 안에 머물기로 결정했다. 왜냐하면 그가 바꾸고자 한 것은 단지 팀의 성적이 아니라, 그 성적을 만들어내는 방식이었기 때문이다.

그는 전통적인 야구 산업의 오래된 통념 – 선수는 '외모와 촉으로 판단된다.', '스카우터의 눈이 진실이다' – 을 정면으로 의심했다. 그리고 그 통념이 만들어낸 구조가, 비주류 선수들을 어떻게 배제하고 있었는지를 꿰뚫어보았다. 선수의 능력이 아니라 배경과 이미지, 그리고 감(感)에 의해 커리어가 결정되던 시대. 그는 그 시대에 "이 방식은 틀렸다"고 말한 사람이었다. 하지만 빌리 빈은 단지 이의를 제기하는 데서 멈추지 않았다. 그는 그 이의를 체계로 만들고, 체계를 조직 안에서 실험하려 했다. '스스로를 말할 수 없는 선수들'의 데이터를 모아, 그들을 '실패한 선수'가 아닌 '제대로 보지 못한 재능'으로 재구성하려 했다. 그리고 그 믿음을 팀 전체의 전략으로 만들어냈다. 그는 조직을 떠나지 않고, 그 조직이 작동하는 방식을 뒤흔드는 방식으로 협상을 설계한 시스템 전환형 I-dealer였다.

그가 한 일은 단지 승률을 높이는 것이 아니었다. 그것은 '지금의 방식으로는 더 이상 나를, 우리를 설명할 수 없다'는 선언이자, 새로운 규칙을 통해 존재를 다시 말하고자 한 조직 차원의 정체성 재설계였다. 우리가 지금까지 말해온 I-deals가 "한 사람의 존재를 회복하기 위한 협상"이었다면, 빌리 빈의 I-deals는 "조직이 존재를 회복하기 위한 구조"에 가까웠다. 그가 꺼낸 제안은 보상이나 지위의 문제가 아니라, 정의의 문제였다. 그리고 그 정의를 조직 안에서 실현하기 위해 그는 여섯 가지 심리적·관계적 조건을 정교하게 조율했다. 즉, BATNA(협상의 대안), 장기지향성(지속적 관점), 절차 공정성, 상호작용 공정성, 설명력(요청의 타당성), 심리적 안전감이다. 이 여섯 조건은 그의 전략이 실패하지 않도록 만든 '보이지 않는 설계도'였다. 이 중 하나라도 무너졌다면, 그는 단지 고집 센 단장으로 남았을 것이다. 그러나 그 조건들이 작동했기에, 그의 실험은 팀을 바꿨고, 결국 산업 전체를 다시 말하게 만들었다.

● BATNA – 그는 떠나는 대신, 체계를 바꾸는 길을 택했다

빌리 빈에게는 분명한 대안이 있었다. 그는 더 큰 구단으로 이적할 수도 있었고, 기존의 전통적인 스카우팅 방식에 다시 편입될 수도 있었다. 누구보다 빠르게 이 체계의 한계와 불합리를 감지한 사람이었기에, 오히려 이탈할 명분과 여건도 충분했다. 그러나 그는 남았다. 머무르되, 남는 방식을 바꾸기 위해서였다. 그는 구단주의 제안을 거절했고, 승률이 보장되지 않는 시스템 개혁을 스스로 선택했다. 그는 협상 테이블에 자신이 가진 안전한 미래를 올리는 대신, 리그 전체의 질서를 뒤흔드는 대안을 꺼내들었다. 그의 BATNA는 회피가 아니라, 변화를 직접 설계하는 도전이었다. '안정 대신 변화, 생존 대신 재구성', 그것이 그의 전략이었다.

● 장기지향성 – 그는 시즌이 아니라, 시스템을 바꾸려 했다

야구는 기록의 스포츠이지만, 당시의 기록은 감각과 직관의 언어로 포장되어 있었다. "스윙이 예쁘다", "자세가 좋다", "눈빛이 살아 있다." 빌리 빈은 이 흐릿한 언어를 거부했다. 그리고 수치를 언어로 바꿔 다시 야구를 해석했다. 그의 실험은 느렸다. 초반의 성적은 오히려 조롱거리가 되었고, 내부조차 불신했다. 하지만 그는 흔들리지 않았다. 그의 목표는 한 시즌의 승리가 아니었다. 그는 한 구단의 미래가 아니라, 야구 전체의 룰을 다시 쓰는 것을 꿈꿨다. "우리는 이기려는 것이 아니라, 이기는 방식을 바꾸려는 것이다." 그의 눈은 늘 시즌 이후를 보고 있었다. 단기성과를 위한 조급한 선택이 아니라, 지속 가능한 이기는 구조를 설계하는 '장기지향성', 그것이 빌리 빈의 진짜 승부였다.

● 절차 공정성 – 그는 시스템의 껍질은 유지하되, 내용을 다시 썼다

그는 리그의 규칙을 바꾸지 않았다. 계약 양식도, 로스터 구성 방식도 바꾸지 않았다. 그러나 그는 그 안에서 작동하는 공정성의 기준을 완전히 뒤집었다. 기존 스카우터들이 말하던 추상적 평가기준을 걷어내고, '출루율', '점수 기여도' 같은 수치 기반의 합리적 평가 방식을 도입했다. 즉, 외형이나 배경, 선수 출신 같은 '주관적 스펙'이 아닌 데이터라는 객관 기준을 통해 기회를 배분했다. 그는 절차의 형식은 지키되, 내용을 분석과 근거의 언어로 교체함으로써, 스스로 절차 공정성을 회복한 혁신 설계자였다.

● 상호작용 공정성 – 그는 존중받지 못했지만, 설득을 포기하지 않았다

코치진은 그의 방식에 반발했고, 언론은 그를 냉소적으로 비꼬았으며, 프런트는 이해하지 못했다. 그럼에도 그는 회피하거나 고압적으로 반응하지 않았다. 대신 숫자와 설명, 그리고 반복된 설득으로 대응했다. 그는 감정의 언어를 지우지 않으면서, 감정을 억압하지도 않았다. 상대방의 세계관을 무시하지 않되, 그 너머의 가능성을 끊임없이 보여주었다. 동의를 강요하지 않았고, 지지를 강요하지도 않았다. 다만 그는 말할 수 있는 시간을 확보했고, 존중받지 못하는 자리에서조차 타인을 존중하며 스스로의 방식으로 설득을 지속했다. 이것은 단지 전략이 아니라, 공정한 상호작용에 대한 끈질긴 태도였다.

● 설명력 – 그는 논리로 이기려 하지 않았고, 룰을 다시 제안했다

"그는 못생겼어요.", "눈이 작아요.", "폼이 이상해요." 이유 같지 않은 이유로 외면 받던 선수들, 그러나 빌리 빈의 세계 안에서는 그들이 합리적 평가기준 안에서 가치를 획득한 존재로 다시 태어났다. 그는 기존의 언어로 설명하지 않았다. 기존의 언어로는 말할 수 없던 존재들을 위해, 기준 자체를 재 정의한 새로운 해석의 언어를 만든 것이다. 그의 설명은 단순한 논리적 설득이 아니라, 기회의 구조를 다시 설계하는 철학적 선언이었다. 그는 "왜 이 선수가 좋은가?"를 설명한 것이 아니라, "이 선수가 왜 지금껏 평가받지 못했는가?"를 해석하고자 했다.

● 심리적 안전감 – 외부의 안전이 없을 때, 그는 자기 확신으로 설계했다

그의 방식은 보장된 미래가 아니었다. 실패하면 조롱을 감수해야 했고, 실험이 틀리면 다시는 리그에서 기회를 얻지 못할지도 몰랐다. 누구도 그에게 "괜찮다"고 말해주지 않았고, 의견을 말해도 받아들여질 거란 확신도 없었다. 그가 선택한 환경은 심리적 안전감이 부재한 공간이었다. 그러나 그는 그 결핍을 두려워하지 않았다. 외부의 허용이나 인정이 없더라도,

그는 스스로에 대한 신념과 판단 기준을 가지고 있었다. 감정을 억누르기보다 설계에 몰입했고, 저항을 피하기보다 반복적 설득을 선택했다. 그에게 필요한 안전은 외부로부터의 보장이 아니라, 내가 옳은 방향으로 가고 있다는 내면의 확신이었다. 그는 안전한 분위기를 요구하기보다, 내적 기준에 기반한 심리적 안정감으로 위기를 돌파한 사람이었다.

그는, 시스템을 협상의 언어로 바꾸었다

빌리 빈 역시 I-dealer였다. 그는 떠나지 않았다. 대신, 남아서 구조를 바꾸었다. 대안이 있었고, 실패의 위험도 분명했지만, 그는 안전을 선택하지 않았다. 기존 방식에 순응하지도 않았고, 감정적으로 충돌하지도 않았다. 그는 데이터와 구조, 그리고 해석의 언어로 야구라는 조직을 다시 설계했다. 그의 BATNA는 이탈이 아니라 도전이었고, 그의 장기지향성은 한 시즌이 아닌 미래의 룰을 향해 있었다. 절차 공정성은 형식을 유지하되 내용을 바꾸는 방식으로, 상호작용 공정성은 감정을 억압하지 않고 설득을 포기하지 않는 방식으로 구현됐다. 그는 기준을 새롭게 만들며 설명력을 확보했고, 불확실한 현실 속에서도 내면의 확신으로 심리적 안정감을 구축했다. 그는 이 모든 조건을 감정이 아니라 분석과 설계의 언어로 구현했다. 그래서 그는 단지 협상을 잘한 사람이 아니라, 협상의 구조자체를 바꾼 시스템 전환형 I-dealer였다.

오늘날 조직 안에서의 I-deals는 더 이상 '누구에게 무엇을 해줄 수 있는가'의 문제가 아니다. 그것은 '지금 이 시스템이 정당한가, 미래에도 유효한가?' 라는 질문을 던질 수 있는가의 문제다. 빌리 빈의 사례는 우리에게 되묻는다. "지금 당신의 조직은, 기존의 방식을 질문하고 바꿀 수 있는 구조를 열어두고 있는가?"

2.2 학문적 성찰 – 그는 무엇을 설계했는가, 조직심리학은 어떻게 해석하는가?

빌리 빈은 제도를 바꾸지 않았다. 그는 제도 안의 의미체계를 바꾸었고, 그 결과 조직이 사람을 대하는 방식, 평가하는 기준, 기회를 배분하는 방식이 달라졌다. 이는 조직심리학에서 말하는 정체성, 동기, 계약, 자원 설계, 신뢰의 원리를 새롭게 해석하는 전환형 사례다.

● 심리적 계약이론(Psychological Contract Theory)

전통적 야구 조직은 외모, 관습, 학력, '감' 같은 비공식적 기준에 따라 선수를 평가했다. 이 또한 하나의 심리적 계약이었다. "좋은 인상과 명문대 이력이 좋은 선수를 만든다."는 암묵적 기대가 시스템을 지배하고 있었다. 빌리 빈은 이 편향된 심리적 계약을 의도적으로 무시했고, 출루율, 점수 기여도 같은 정량적 성과기준을 중심으로 새로운 심리적 계약 구조를 설계했다. 그는 "누가 대우받아야 하는가?"라는 질문에 기존 조직의 기대를 해체하고, 정당하고 투명한 평가기준에 기초한 계약의 재구성을 시도한 인물이었다.

● 자기결정이론(Self-Determination Theory)

그는 외부의 인정보다, 자신이 설정한 원칙과 기준에 따라 움직였다. 스카우터의 말보다 출루율을, 전통보다 데이터를 믿었다. 이는 자율성에 기초한 내적동기 실현의 전형적 사례이며, 결정권자 스스로가 자기설계자로 행동한 SDT의 응용형이라 할 수 있다.

● JD-R 모델(Job Demands-Resources Model)

빌리 빈은 자금과 자원이 턱없이 부족한 팀의 단장이었다. 그러나 그는 그 제약을 단순히 견디거나 우회하지 않았다. 오히려 그 제약 조건을 직무설계의 전제로 삼아, 구단의 요구와 자원의 균형 구조 자체를 바꿨다. JD-R 모델의 관점에서 보면, 그는 '요구(Job Demands)'를 단순히 성적이나 계약 성과로 좁게 보지 않았다. 전통적 스카우팅, 선수 연봉, 관습적 계약기준 같은 불필요하게 과중한 요구를 과감히 걷어냈다. 동시에 그는 '자원(Job Resources)'의 개념도 새롭게 정의했다. 타 구단이 무시했던 선수들의 세부 기록, OBP(출루율), 장타력과 같은 비정형 데이터 자원을 전략적 도구로 전환했고, 이를 통해 새로운 방식의 팀 구성을 시도했다.

그의 접근은 단순한 비용절감이 아니었다. 그것은 '누구에게 어떤 자원을 어떻게 배분할 것인가?'에 대한 전략적 질문이었고, 기존 요구와 자원의 정의 자체를 바꾸는 실천이었다. 그는 팀의 승률을 높인 것이 아니라, 팀이 작동하는 구조자체를 재설계했다. JD-R 모델이 말하는 '자원-요구 간 균형을 통한 몰입과 성과의 극대화'가, 이토록 실천적으로 구현된 예는 드물다. 그가 한 일은 야구의 규칙을 바꾼 것이 아니라, 그 규칙을 통해 말해지지 않던 '숨겨진 재능'의 존재 방식을 되묻는 일이었다.

● 정체성 작업(Identity Work)

빌리 빈은 단지 데이터를 해석한 전략가가 아니었다. 그는 '야구선수란 어떤 사람인가?'라는 정의 자체를 다시 쓴 사람이었다. 전통적 스카우팅 체계에서 선수의 정체성은 키, 외모, 스윙폼, 출신학교, 말투 등 '보이는 것'으로 형성되었다. 이 기준에서 벗어난 선수는 아무리 기록이 좋아도 "팀에 어울리지 않는다."는 이유로 소외되었다. 빌리 빈은 바로 이 고정된 정체성 서사를 뒤집었다.

Alvesson과 Sveningsson(2003)은 정체성 작업을 개인이 '나는 누구인가?'라는 질문에 지속적으로 답하고 구성해 나가는 심리적·상징적 실천으로 설명한다. 빌리 빈은 이 과정을 조직 차원에서 실현한 셈이었다. 그는 "누가 야구선수인가?"라는 질문을 "어떤 기준으로 우리는 누군가의 존재를 인정하고 배제하는가?"라는 더 근본적인 물음으로 확장했다. 그 결과, 기존 체계에서는 목소리를 낼 수 없던 선수들이 팀의 중심으로 떠올랐고, 그들은 단순히 기회를 얻은 것이 아니라, 존재로서 인정받는 경험을 하게 되었다. 이러한 정체성 회복은 곧바로 자존감의 회복, 팀에 대한 의미감, 그리고 몰입의 강화로 이어졌다. 선수들은 더 이상 '기회의 끝에 선 사람들'이 아니라, '정의된 방식 밖에서도 자신의 가치를 증명할 수 있는 사람들'로서 팀에 참여하게 된 것이다. 빌리 빈은 이 과정을 통해 선수들의 자기정체성, 조직 내 위치, 성과를 바라보는 태도 자체를 바꾸었고, 그들의 정체성 작업을 리더의 실천을 통해 가능하게 한 대표적인 사례로 남게 되었다.

● 사회교환이론(Social Exchange Theory)

빌리 빈 이전의 메이저리그는 명확한 근거보다는 관계와 감각, 인맥에 따라 선수가 평가되고 기회가 주어지는 세계였다. 선수 선발은 종종 "그는 좋은 가정 출신이다", "예전부터 눈에 띄던 선수다"와 같은 모호한 인상적 평가에 기반했고, 이는 구성원들에게 조직이 불공정하고 예측 불가능한 공간이라는 인식을 심어주었다.

사회교환이론(Blau, 1964)은 인간이 신뢰와 호혜성에 기초하여 장기적 관계 속에서 자원을 교환하려는 경향이 있다고 설명한다. 그러나 이 이론이 작동하기 위해서는 한 가지 전제가 필요하다. 바로, 상대방이 "합리적이고 일관된 교환 파트너"로 인식되어야 한다는 점이다. 빌리 빈은 바로 이 전제를 조직 차원에서 실현한 인물이었다. 그는 스카우팅과 평가에서 주관적 인상이나 개인적 연줄 대신, 정량적 성과지표와 예측 가능한 판단기준을 도입했다. 누구든 일정한 성과(OBP, 장타율 등)를 보여주면 기회를 얻을 수 있고, 그 근거는 투명하게 공개되었다. 이는 선수들로 하여금 "이 조직은 나를 주관적으로 판단하지 않는다.", "기회를 얻는 방식이 명확하다"고 느끼게 만들었고, 자연스럽게 조직에 대한 신뢰가 형성되었다.

이 신뢰는 단기성과 중심의 거래관계를 넘어, 장기적 상호작용과 몰입의 기반이 되는 사회교환적 관계로 확장되었다. 선수들은 단지 계약조건이 좋아서 머문 것이 아니라, 이 조직이 나를 공정하게 평가하고, 내가 줄 수 있는 가치를 존중해준다는 믿음 속에서 팀에 머물렀다. 결국 빌리 빈은 단지 운영방식을 바꾼 것이 아니라, 조직을 '신뢰할 수 있는 파트너'로 재정의함으로써 사회교환의 기반을 복원한 리더였다.

빌리 빈은 단지 데이터를 활용한 사람이 아니었다. 그는 숫자를 통해 조직의 룰, 그리고 인간을 바라보는 방식 자체를 다시 정의한 전략가였다. 그의 혁신은 단순한 효율화가 아니었다. 그것은 사람이 사람을 평가하는 기준, 그리고 누구에게 기회를 줄 것인가, 누구의 존엄을 인정할 것인가에 대한 질문을 데이터의 언어로 다시 던진 일이었다. 그가 만들어낸 변화는 어느 날 갑자기 도약한 것이 아니었다. 그것은 조직 안에서 누군가의 제안이 존중받고, 과정이 설명되며, 실패가 문책되지 않고, 기준이 공정하며, 그 모든 실험이 '말해도 되는 분위기'에서 가능했던 일이다. 다시 말해, 그의 I-deals는 심리적·관계적 조건이 작동했기 때문에 실현될 수 있었다.

그 조건들은 단지 협상의 기술이 아니다. 그것은 신뢰의 구조요, 감정이 작동할 수 있는 안전지대다. 누구도 말하지 못했던 방식으로, 누구도 보지 못한 가능성을 꺼내기 위해, 그는 그 조건 하나하나를 구성해냈다. 빌리 빈은 '남다른 감각'을 가진 리더가 아니었다. 오히려 그는 '모두가 기회를 가질 수 있는 조건'을 만든 리더였다. 그리고 그 조건 위에서 사람들은 다시 자신의 존재를 말할 수 있게 되었다.

2.3 시스템을 다시 묻는 질문 – 빌리 빈이 남긴 조건

빌리 빈은 시스템 전환형 I-dealer였다. 그는 누구나 따라야 한다고 믿었던 룰을 다시 읽었고, 누구도 의심하지 않았던 기준을 다시 해석했다. 조직의 질서를 파괴하지 않으면서도, 그 질서 안에 있던 왜곡을 수정하려 했다. 그에게 협상이란 단지 더 나은 조건을 얻기 위한 절차가 아니었다. 공정하지 않았던 조직의 문법을 다시 설계하는 감정적 실천이었다. 그는 숫자라는 언어를 빌렸지만, 사실은 사람을 위한 기준을 만들고자 했던 리더였다. 그의 방식은 격렬하지 않았고, 선언적이지도 않았다. 그러나 그 조용한 재설계는 사람이 보이지 않던 조직 안에 사람을 다시 드러나게 한 실천이었다. 이제 그는 우리에게 질문한다. "나는 지금, 내 조직의 기준을 납득하고 있는가?, 우리가 따르고 있는 룰은 누구의 감정과 기준을 반영하고 있는가?, 지금의 시스템은 공정한가, 아니면 그저 익숙한가?"

그는 말하지 않는다. 다만 묻는다. "이 방식이 정말 최선이라고, 당신은 확신하는가?" 그리고 우리 역시, 다시 묻게 된다. "나는 지금, 이 조직의 문법 안에서 나를 설계하고 있는가?, 아니면, 누군가가 만든 룰 안에 내 감정을 숨긴 채 따라가고 있는가?"

3. 우리 주변의 작은 요청들 – 현실 협상형 I-dealer들

안중근 의사는 말할 수 없던 시대에, 말 대신 자신의 삶을 협상의 언어로 사용한 사람이었다. 그는 감정을 감추지 않았고, 그것을 실천으로 바꾸었으며, 그 실천은 단지 한 사람의 삶을 넘어, 지금 우리의 일터에 묵직한 질문 하나를 남긴다. "나는 지금, 이 일을 통해 나를 말하고 있는가?"

그 질문은 깊다. 그리고 그만큼 멀게 느껴진다. 현실의 일터는 그렇게 장엄하지 않다. 우리에게는 총성도 없고, 선언도 없다. 있다면, 이따금 솟아오르는 불편한 감정들이다. 말을 꺼내기 전에 망설이게 되는 회의시간. 계속 반복되는 불공정한 업무배분. 가정과 일이 부딪히는 그날의 아침. 그 순간, 우리는 말한다. "참자. 이 정도는 괜찮아." 혹은, 아무 말 없이 팀장의 눈치를 살핀다. 심지어, 그날 밤 퇴근길에 '내가 예민한 건가?'라는 생각마저 해본다. 하지만 정말 그런 걸까? 말하지 못하는 것이 미덕일까, 아니면 침묵이라는 퇴사일까?

이어지는 내용은 그 부분에 관한 것이다. 감정을 참는 대신, 그 감정을 요청의 언어로 바꿔보려 했던 사람들의 이야기. 이들은 시스템을 바꾸지도 않았고, 조직을 혁신하지도 않았다. 다만 자신의 감정을 조금 덜 상하기 위해, 작은 요청을 해본 사람들이다. 그 요청은 때론 받아들여졌고, 때론 거절되었지만, 그들에게 남은 것은 단 하나였다. "나는 나를 지키기 위해 말해봤다."

당신이라면, 어떻게 했을까? "회의시간이 너무 이르다고 느낄 때, 늘 당신에게만 돌아오는 반복된 일에 지칠 때, 가정의 사정으로 하루만 재택근무가 필요할 때" 그때, 당신은 말할 수 있었는가? 혹은 말할 수 있었다면, 어떤 방식으로 했을까? 이 장에서 우리는 세 가지 흔한 문제를 마주한다. '회의 시간', '업무 배분', '재택근무'

이 문제들을 통해 우리는 작은 협상의 구조를 들여다본다. 그리고 이 요청이 실제로 어떻게 작동했는지, 그 안에서 어떤 감정이 회복되었고, 무엇이 회복되지 않았는지를 함께 본다. 모든 사례는 동일한 여섯 조건으로 분석된다. "BATNA, 장기지향성, 절차 공정성, 상호작용 공정성, 설명력, 심리적 안전감". 그리고 각각의 사례에는 조직심리학의 이론들을 연결해, '감정 → 요청 → 회복 → 정체성 회복'이라는 흐름을 구성해본다.

우리가 살펴볼 이야기는 특별하지 않다. 그저 우리 옆자리에 있는 동료, 나 자신, 그리고 여러분의 이야기일 수도 있다. 다만 그 이야기들은, 이렇게 말하고 있다. "작은 요청이지만, 그 요청은 나를 다시 보게 했다."

이제, 첫 번째 장면으로 들어가자. "이 회의는 나에게 너무 빠르다." 그는 어떤 감정을 품고 있었고, 어떻게 그것을 말했으며, 그 요청은 무엇을 회복했는가?

3.1 "이 회의는 나를 지우고 있었다."− 제도의 본질을 회복한 작은 협상

정희에게 월요일 아침 8시는 단지 하루의 시작이 아니었다. 주말 내내 쌓인 피로, 아이 돌봄, 밀린 집안일을 마무리한 뒤, 다시 새벽같이 준비해 출근해야 하는 날. 정규근무는 9시부터였지만, 이 회의 하나 때문에 그녀는 매주 월요일 1시간 일찍 사무실에 나왔다. 회의를 위한 출근. 하지만 문제는 시간만이 아니었다. 그 회의는 누구를 위한 것이었을까?

피곤한 몸보다 더 고단한 것은, 그렇게 일찍 나와 앉아 있는 그 시간이 무엇을 위한 시간인지 알 수 없다는 감정이었다. 회의는 회의답지 않았고, 참여는 있었지만 의미는 없었으며, 그녀는 그 60분이 단순한 업무가 아니라, 자신이 지워지는 느낌과 반복하는 시간이라는 사실에 점점 더 깊은 허무함을 느끼고 있었다. 출근 자체가 문제였던 것이 아니라, 그 시간이 자기 존재를 설명해주지 못한다는 감정, 그것이 진짜 피로였다. 그리고 그 감정은 매주 똑같이 반복되는 풍경 속에서 더욱 분명해졌다. 팀장은 별다른 설명 없이 진행했고, 팀원들은 서로 눈도 마주치지 않은 채 자리에 앉았다. 질문은 없었고, 제안도 없었으며, 회의록에는 회장이 보고받고 싶어 하는 정리된 형식만 반복됐다. 모두가 알고 있었다. 이 회의는 문제를 풀기 위한 자리가 아니라, 문제가 해결되고 있다는 '형식'을 보여주기 위한 자리라는 것을.

정희는 그날 회의가 끝난 뒤 한참을 자리에 앉아 있었다. 아무도 질문하지 않고, 아무도 논의하지 않으며, 모두가 빠르게 자리를 뜨는 풍경을 바라보며 생각했다.

"우리는 지금, 무슨 문제를 풀고 있는 걸까?" 그리고 이어진 또 하나의 질문. "이 회의를 왜 하고 있는 걸까?"

그 질문은 단지 회의가 지루하다는 불만이 아니라, 그 안에서 스스로가 점점 무의미해지고 있다는 인식에서 비롯된 것이었다. 회의는 회의답지 않았고, 일은 일처럼 느껴지지 않았다. 정희는 더 이상 견딜 수 없었다. 이대로는 안 된다고 생각했다. 그렇다고 회의를 없애자고 말할 수는 없었다. 보고는 필요했고, 조직의 규칙은 존재하며, 팀장도 그 책임 아래 있었다. 그녀는 알고 있었다. 이 구조를 모두가 알고 있었지만, 아무도 건드리지 않는다는 것을. 그래서 정희는 조심스럽게 현실적인 접점을 찾아보기로 했다. "출근시간은 유지하되, 회의는 30분 늦추는 것."

그 30분은 구성원들에게는 준비할 수 있는 여유였고, 팀장에게는 어쩌면 회의의 본래 목적을 돌아보게 만들 수 있는 틈이었으며, 조직에게는 문제해결의 본질을 다시 꺼내볼 수 있는 작은 균열이었다. 그녀가 찾은 것은 유일한 타협이 아니라, 현실 속에서 제안할 수 있는 최선의 대안이자, 조직과 개인 모두에게 열 수 있는 협상의 문이었다. 정희는 이 제안을 통해, 단지 자신의 고단함을 말한 것이 아니라 '이 일이 나에게, 그리고 우리 모두에게 어떤 의미를 가져야 하는가?'를 물어보고 싶었다. 다음 날 아침, 정희는 팀장을 찾아가 조심스럽게 말했다.

"혹시 월요일 회의, 격주에 한 번만이라도 30분 늦춰볼 수 있을까요? 그게 현실적으로 가장 작은 변화지만, 다들 숨 쉴 틈은 생기지 않을까 싶어서요. 회의가 정말 필요한 시간이라면, 그 시간을 더 잘 준비하고, 더 잘 쓸 수 있으면 좋겠다는 생각이 들어서요."

8시에 회의를 하는 이유는 분명하다. 9시부터 본격적인 근무를 시작하기 전, 주요 안건을 정리하고 공유하자는 목적. 효율성과 집중력이라는 이름 아래, 이 회의는 그동안 정당화되어 왔다. 하지만 정희는 점점 의문을 품기 시작했다. "우리는 정말 그 시간에, 문제를 해결하고 있었을까?"

회의는 본래 문제를 정의하고, 해결책을 찾기 위한 장치다. 그러나 구성원이 감정적으로 준비되지 않은 시간, 몰입할 수 없는 상태에서 진행되는 회의는 그 본래의 목적을 달성할 수 없다. 이 회의의 문제는 단지 '일찍 시작한다.'는 것이 아니었다.

'모두가 알고 있지만 말하지 않는 비효율, 그 누구도 질문하지 않는 회의 형식, 그리고 아무도 피드백하지 않는 정보 전달의 일방성'

정희는 어느 순간 깨달았다. 이 회의는 더 이상 '문제를 푸는 시간'이 아니라, '문제가 없는 것처럼 보이게 만드는 시간'이 되어 있었다. 형식은 유지되지만, 그 형식이 더 이상 기능하지 않는 순간. 회의는 회의의 본질을 잃고 있었다. 이 회의는, 더 이상 회의가 아니었다.

정희의 제안은 조용했지만, 그 울림은 작지 않았다. 팀장은 처음에 잠시 멈칫했지만, 곧 고개를 끄덕였다. 몇 주 뒤부터 월요일 회의는 격주로, 오전 8시 30분에 진행되기 시작했다. 그 30분은 단순한 시간 조정이 아니었다. 그것은 조직 안에서 누군가 말할 수 있다는 것, 그리고 그 말이 현실을 조금씩 바꿀 수 있다는 가능성을 보여준 일이었다. 그 변화는 우연이 아니었다. 정희의 요청은 단지 개인적 편의를 위한 것이 아니라, I-deals의 6가지 실행 조건을 충족한 '작은 협상'이었기 때문이었다.

3.1.1 이건 단순한 요청이 아니다 – '작은 협상'의 여섯 조건을 어떻게 충족했는가?

정희의 요청은 단지 '조금 덜 피곤한 월요일'을 위한 제안이 아니었다. 그것은 "이대로는 안 된다"는 내면의 분명한 경계선에서 출발한 실천이었고, 누군가는 말해야만 하는 침묵의 틈을 겨우겨우 통과해 나온, 작지만 분명한 '협상'이었다. 누구도 문제를 말하지 않는 자리에서, 그녀는 가장 말하기 어려운 방식으로 – 공격하지 않으면서도 회피하지 않는 방식으로

– 현실을 조금씩 움직이고자 했다.

그 협상이 효과를 가질 수 있었던 이유는 단지 팀장의 수용성 때문이 아니었다. 그 요청이 감정에 치우치지 않았고, 조직의 질서를 무시하지 않았으며, 무엇보다도 다음의 여섯 조건을 충실히 따르고 있었기 때문이다. 정희는 말 그대로 '개별적 근무조건'이라는 이름 없이, 그 핵심 원리를 직관적으로 실천한 협상자였다.

● BATNA – 최선의 대안은 침묵하지 않는 것이었다.

BATNA는 협상이 성사되지 않을 경우 내가 선택할 수 있는 가장 현실적인 대안을 뜻한다. 그러나 정희에게 협상의 실패는, 단순히 회의가 30분 일찍 계속되는 문제가 아니었다. 그녀는 이미 수 개월간 회의에 참석하며 의미 없이 반복되는 아침을 견디고 있었고, 그 회의가 더 이상 문제해결의 자리가 아니며, 그저 존재 확인을 위한 형식적 절차로 굳어졌다는 것을 체감하고 있었다. 그러나 누구도 문제를 제기하지 않았다. 모두가 알고 있었지만 말하지 않았고, 그녀 역시 점점 말을 아끼게 되었다. 질문하지 않는 조직, 감정 없는 회의, 의미 없는 피로. 그 상황에서 그녀가 스스로에게 물었다. "계속 이렇게 견디는 것이 정말 최선일까?", "이 회의를 견딜 수는 있겠지만, 나는 이대로 괜찮은가?"

정희는 알고 있었다. 이대로라면 그녀는 점점 더 심리적 사직 상태에 가까워질 것이고, 회의에 참여하면서도 아무 의미를 느끼지 못한 채 '떠나지 못한 사람'으로 고착될 가능성이 높다는 것을. 그래서 그녀가 찾은 BATNA는, 이 구조 안에서 침묵하지 않는 것이었다. 그리고 조심스럽게 말을 꺼낸 것이다. "회의시간이 아침 8시인 건 알겠습니다. 하지만 그 시간이 정말 필요한 시간이라면, 우리가 그 시간을 '회의답게' 쓸 수 있도록 조정할 수는 없을까요?"

이 말은 단지 '늦게 출근하고 싶다'는 편의 요청이 아니라, 지금 구조를 바꾸지 않으면 회복될 수 없다는 내면의 결단이자, 스스로를 지키기 위한 정중하고 전략적인 대안 제시였다. 만약 그 제안이 거절되었다면? 그녀는 다시 그 자리에 앉아, 질문 없는 회의, 감정 없는 참석, 그리고 몰입 없는 조직생활로 돌아가야 했을 것이다. 그녀는 알고 있었다. 이 협상의 실패는 단지 회의시간이 아니라, 자신의 정체성과 조직몰입 전체를 잃는 것이라는 사실을. 정희에게 있어서, 침묵하지 않고 문제를 조심스럽게 제안한 그 순간이 가장 현실적인 회복의 기회이자, 그녀가 선택할 수 있는 최선의 대안이었다.

● 장기지향성 – 단기 피로해소가 아닌, 회의 본연의 목적회복

I-deals가 지속 가능하려면, 그 요청이 단지 순간의 불편함을 피하려는 것이 아니라 일의 방식과 조직의 구조를 더 나은 방향으로 전환시키려는 장기적 시선 위에 있어야 한다. 정희

의 요청은 단순히 "아침이 피곤하니까 늦춰 달라"는 말이 아니었다. 그녀는 이미 알고 있었다. 회의가 본래 문제를 해결하기 위한 장치였다는 것. 그리고 지금의 회의는 그 기능을 잃어버린 채, 형식만을 반복하는 일상적 의례로 굳어져 있다는 것을. 그래서 그녀는 질문했다.

"이 회의가 정말 필요하다면, 어떻게 해야 제 역할을 다할 수 있을까요?"

그 질문은 단기적 편의를 구하는 것이 아니라, 제도 그 자체의 목적을 되묻는 질문이었다. 그리고 그 질문을 회피하지 않고, '격주로 30분 늦추자'는 작고, 실행 가능한 제안으로 구체화했다. 그녀는 단지 시간을 늦추자는 게 아니었다. 그 30분이 구성원에게는 회의를 준비할 여유였고, 팀장에게는 회의의 목적을 재정비할 틈이었으며, 조직에게는 '우리가 정말 문제를 해결하고 있는가?'를 되돌아볼 수 있는 균열이었다. 이 협상은 시간조정이 아니라, 회의의 기능을 회복하기 위한 구조적 요청이자, 조직의 장기적 건강성을 위한 제안이었다.

● 절차 공정성 – 조직 안의 질서를 존중한 조심스러운 제안

절차 공정성은 단지 '무엇을 말했는가?'보다 '어떻게 말했는가?', '어디까지 고려했는가?'를 묻는 차원이다. 요청의 내용이 아무리 타당하더라도, 그 방식이 일방적이거나, 기존 질서를 무시한 것이면 조직은 받아들이기 어렵다. 정희는 이 점을 정확히 알고 있었다. 그녀는 팀장의 리더십을 존중했고, 기존 운영방식에 대한 직접적인 비판은 하지 않았다. 대신, 업무 부담을 최소화할 수 있는 선에서, 현재 제도의 취지를 훼손하지 않는 방식으로 작고 현실적인 조정을 제안했다. "격주로 30분 늦춰보면 어떨까요?", "보고가 필요한 건 알지만, 그 시간을 더 잘 준비하면 더 나은 회의가 될 수 있을 것 같아요."

그 말은 권한을 넘보는 것이 아니라, 팀장에게 검토와 판단의 여지를 남겨둔 설계된 요청이었다. 그녀는 일방적으로 '이건 바꿔야 한다.'고 주장하지 않았다. 대신 팀장도 받아들일 수 있는 구조 속에서, 자신이 요청하는 변화가 어떻게 공정한 과정 안에서 실행 가능할지를 충분히 고려했다. 이 협상은 감정적 항의가 아니라, 질서를 존중하는 협의의 구조 안에서 제안된 공정한 요청이었다.

● 상호작용 공정성 – 문제를 말하는 방식은 곧 조직의 감정을 바꾼다

상호작용 공정성은 요청을 전달하는 과정에서 상호 존중이 이루어졌는가, 즉 말의 방식과 분위기가 관계를 어떻게 만들었는가를 중심으로 본다. 정희는 어떤 비난도 하지 않았다. 회의가 의미 없다고 단정하지 않았고, 누구를 지목해서 책임을 묻지도 않았다. 대신 그녀는 자신이 왜 이 말을 꺼내게 되었는지를 조심스럽게 설명했고, 그 말이 누구에게도 상처가 되지 않도록 부드럽고 단단하게 표현했다. "저도 이 회의가 필요하다는 건 알고 있어요. 그래서 이 시간을 더 의미 있게 만들 수 있으면 좋겠다는 생각이 들었습니다."

그녀의 말은 문제를 지적하는 것이 아니라, 함께 더 나은 조건을 만들자는 초대였다. 그 존중의 태도는 팀장을 방어적으로 만들지 않았다. 오히려 "나도 그렇게 생각하고 있었는데…"라는 말을 이끌어내는 계기가 되었고, 조직 안에 '이제 말해도 되는 분위기'를 만들었다. 상호작용 공정성은 말의 방식에서 시작되며, 그 방식은 조직의 정서적 온도를 바꾼다. 정희는 그 말을 할 수 있는 온도를 조절하는 사람으로 기능했다.

● 설명력 – 감정이 아니라 구조로 설득하다

I-deals의 요청이 받아들여지기 위해서는 그 제안이 누구나 납득할 수 있을 만큼 구조적이고 명료해야 한다. 즉, 단지 "불편해요, 힘들어요."가 아니라, "이 문제가 왜 반복되고 있는가?", "이 변화가 어떤 원리를 통해 효과를 낼 수 있는가?"를 말할 수 있어야 한다. 정희는 회의의 본래 목적이 문제해결임에도, 지금은 그 목적이 흐려졌다는 점을 정확히 짚었다. 그리고 단지 고단함 때문이 아니라, 감정적으로 몰입되지 않은 상태에서의 회의가 구조적으로 비효율적이라는 사실을 조리있게 설명했다. 그녀는 이렇게 말한 셈이었다. "회의는 문제를 해결하기 위해 존재합니다. 하지만 지금 우리는 원인을 찾는 것이 아니라, 정리만 하고 있어요. 30분의 조정은 구성원에게는 준비의 여유가 되고, 그 시간 동안 회의 본연의 기능을 회복할 수 있을 거예요"

그 설명은 동료들도, 팀장도 고개를 끄덕이게 만든 언어였다. 정희는 감정에 호소하지 않고, 합리적 구조에 기초한 설득의 말을 한 것이다. 이 설명력은 요청을 '개인적 욕구'가 아니라 '공동의 과제해결을 위한 전략적 제안'으로 전환시켜 주었다.

● 심리적 안전감 – 말할 수 있다는 신호가 그녀를 움직이게 했다

정희가 이 제안을 할 수 있었다는 사실 그 자체가 조직 안에 최소한의 심리적 안전감이 형성되어 있었음을 의미한다. 그리고 그것은 어떤 규정이나 제도가 아니라, 사람들의 미세한 변화와 분위기에서부터 출발한 것이다. 그녀는 예전보다 조금 유연해진 팀장의 반응을 느꼈고, 최근 몇 달 사이 동료들 사이에서 의견을 나누는 횟수가 늘어난 것도 알고 있었다. 어쩌면 이 요청을 하지 않았더라면 아무도 몰랐을 변화들. 그러나 그녀는 "지금이라면 말해도 되겠다."는 작은 확신을 갖고 조심스럽게 문을 열었다. 심리적 안전감은 제도가 아니라 사람이 만든다. 그리고 그걸 확인한 사람이 먼저 말을 꺼내면, 다음 사람도 말을 할 수 있게 된다. 정희가 먼저 말했기 때문에, 조직 안에는 그 말에 귀 기울일 준비가 된 사람들이 있다는 것이 드러났고, 그 변화는 말할 수 있는 문화의 출발점이 되었다.

정희의 요청은 단순한 시간조정이 아니었다. 그것은 구성원이 침묵하지 않고 구조를 조율할 수 있다는 가능성의 증명이었다. 그녀는 비난하지 않으면서도 문제를 제기했고, 감정에 매몰되지 않으면서도 감정을 존중했다. 그리고 여섯 가지 조건을 통해, 개인의 작은 제안이 조직 전체의 감정과 구조를 되묻는 계기가 될 수 있음을 보여주었다. 이 사례는 우리에게 말한다. 회복은 거창한 개혁이 아니라, 의미를 되찾고자 하는 작고 단단한 실천에서 시작된다고. 그리고 그 실천은 '말할 수 있는 분위기' 속에서, 조심스럽지만 분명한 언어로, 관계를 해치지 않는 방식으로 이루어질 때, 조직은 변화의 첫 걸음을 내딛게 된다고.

3.1.2 학습적 고찰 – 정희의 협상, 무엇을 말해주는가?

정희는 조직을 떠나지 않았다. 그리고 조직을 고발하지도 않았다. 그녀는 무언가를 '받기 위한' 협상이 아니라, 조직과 자신의 일에 의미를 다시 묻기 위한 실천을 선택했다. 그 조용한 제안은 단지 회의시간을 조정한 것이 아니라, 조직 안에서 '정체성'을 회복할 수 있는 가능성이 협상을 통해 열릴 수 있다는 사실을 보여주었다. 이 사례는 다양한 조직심리학 이론의 관점에서 의미 있는 통찰을 제공한다.

- **● 심리적 계약 이론(Rousseau, 1989)**

정희는 조직과 맺은 명시적 계약을 어기지 않았다. 그녀는 정해진 시간에 출근했고, 맡은 역할도 충실히 수행했다. 그러나 그녀는 점점 더 깊이 느끼고 있었다. 조직이 기대하는 '참여'는 있지만, 그 참여 속에서 자신이 기대하는 '의미'는 사라졌다는 것. 그녀가 회의 시간을 조심스럽게 조정하자고 제안한 이유는 단순한 피로 때문이 아니었다. 그것은 '지켜야 할 것들은 지켰지만, 기대했던 감정은 돌아오지 않는' 불균형을 회복하려는 시도였다. 즉, 명시적 계약은 이행되었지만, 심리적 계약은 깨진 상태였던 것이다.

정희의 제안은 이 단절을 되돌리기 위한 조용하고 정중한 감정적 협상이었고, 공식계약 아래 감춰진 상호기대의 균형을 다시 맞추려는 실천이었다. 심리적 계약 이론에서 말하는 기대의 재 정렬과 신뢰의 복원이라는 관점에서 보면, 이는 감정적으로도, 조직적으로도 높은 적합성을 가진 회복 행동이었다.

- **● 사회교환 이론(Blau, 1964)**

정희는 어떤 보상도 요구하지 않았다. 그녀가 바란 것은 더 많은 휴식이나 근무 단축이 아니었다. 단지, 준비할 수 있는 시간을 조금만 허락해달라는 제안이었다. "회의가 정말 중요하다면, 그 시간을 더 잘 준비할 수 있게 해주세요." 그녀의 말은 조직으로부터 무언가를 얻기 위한 요청이 아니라, 조직이 더 잘 작동할 수 있는 조건을 함께 만들자는 '기여의 언어'였다.

이러한 접근은 사회교환 이론의 핵심구조를 충실히 따른다. 정희는 자신의 신뢰와 정중함을 걸고 조심스럽게 제안했고, 조직은 그것을 수용함으로써 일방적인 지시와 순응이 아닌, 호혜적 상호작용이 가능한 관계를 형성하기 시작했다. 그 과정은 단순히 회의시간을 조정하는 기술적 행위가 아니라, 상호 신뢰와 감정적 고려를 기반으로 한 관계적 협상이었다. 사회교환 이론이 말하듯, 이런 상호성은 단기적 보상을 넘어서, 지속 가능한 신뢰와 몰입을 만들어내는 심리적 자산이 된다. 정희의 제안은 작았지만, 그 결과는 크고 조용하게 조직의 공기를 바꾸고 있었다.

● 조직정체성이론(Pratt, Rockmann & Kaufmann, 2006)

조직정체성이론은 구성원이 자신의 일을 조직의 일로 받아들이고, 조직의 정체성을 자신의 일부로 통합할 때 높은 몰입과 의미감을 경험한다고 본다. 그러나 반대로, 그 연결감이 단절될 경우 '나는 왜 이 일을 해야 하는가?', '이 회의가 내 일인가?'라는 질문 앞에서 멈추게 된다. 정희는 바로 그 단절의 지점에서, 회의라는 구조를 통해 조직과 자신의 관계를 다시 묻고, 그 의미를 회복하려 했다. 그녀의 제안은 시간조정이 아니라, 정체성 회복을 위한 협상이었고, 조직 안에서 다시 자신을 위치시키려는 존재의 움직임이었다. 이 사례는 정체성 소외를 감정이 아닌 실천으로 회복해낸 전형적 과정이며, 구성원의 목소리가 단지 의견이 아니라 정체성의 표현이라는 점을 보여준다.

● 자기결정이론(Deci & Ryan, 1985)

정희는 조직에 무언가를 요구하지 않았다. 대신 자신이 일에 어떻게 참여하고 싶은지를 조심스럽게 표현한 것이었다. 그녀는 누군가의 지시에 따라 움직이는 사람이 아니라, 스스로 판단하고 몰입할 수 있는 사람이길 바랐다. 하지만 매주 반복되는 무의미한 회의는 그런 자기인식을 점점 지워버리고 있었다. 앉아있는 것 자체가 일이 되어버린 그 구조 속에서, 그녀는 점점 '일을 하고 있는 내가 아니라, 일에 머물러 있는 나'를 느껴야 했다.

자기결정이론에 따르면, 인간은 자율성, 유능감, 관계성이라는 세 가지 심리적 욕구가 충족될 때 진정한 몰입을 경험한다고 한다. 정희의 제안은 바로 그 중에서도 자율성과 유능감이 무너진 순간에 그것을 회복하려는 조용한 실천이었다. 그녀는 누군가의 허락이 아닌 스스로의 판단으로 조건을 설계했고, 단지 회의시간을 바꾸려 한 것이 아니라, 일의 구조와 참여의 방식을 의미 있게 만들고자 했다. 이 제안은 상급자의 요청이 아니라, 내면에서 비롯된 동기, 즉 자기 결정적 동기에서 나온 것이었다. 스스로 의미를 부여하고, 변화를 제안하고, 자신의 몰입 조건을 설계하려는 움직임. 정희의 행동은 크지 않았지만, 감정의 소외를 자율성의 회복으로 전환한 실천이었다.

- **직무요구-자원 모델(Bakker & Demerouti, 2007)**

8시 회의는 정희에게 방해적 직무요구(hindrance demands)로 작용했다. 몰입을 떨어뜨리고, 감정적 자원을 소진시키는 요소였다. 그러나 그녀는 회의를 없애자는 대신, 시간과 방식의 조정을 통해 감정적 에너지의 회복이 가능하도록 제안했다. 이 제안은 개인이 자율적으로 직무환경을 조정하여 자원을 확보하고, 요구를 완화하는 전형적인 JD-R 기반 전략이었다. 정희는 조직의 구조를 무너뜨리지 않고, '요구를 조정하고 자원을 회복하는 방법'을 설계한 Job Crafter형 I-dealer였다.

정희는 큰 목소리를 낸 것이 아니라, 낮은 목소리로 현실을 바꾸는 힘을 보여준 사람이었다. 그녀의 협상은 기술이 아니라, 관찰과 질문, 구조의 감각에서 비롯된 설계행위였다. 이 사례는 우리에게 이렇게 말한다. "말하지 않으면, 바뀌지 않는다." 단지 말하는 것이 아니라, 조직과 관계 안에서 '어떻게' 말하는가가 중요하다. 협상은 감정의 표현이 아니라, 구조를 회복하는 언어다. 정희는 그 언어를, 가장 작고 현실적인 방식으로 시작한 사람이다. 그리고 그녀의 움직임은, 지금 우리에게도 가능한 실천이다.

정희의 사례는 단지 하나의 '잘된 제안'이 아니라, 감정, 의미, 구조, 관계라는 심리적 요소들이 어떻게 협상을 통해 복원될 수 있는지를 종합적으로 보여준다. 그녀는 심리적 계약의 균열을 인식했고, 조직정체성의 단절을 회복하려 했으며, 자율성과 유능감을 스스로 설계했고, 감정소진의 구조를 조정했다. 이 모든 것은 보상을 얻기 위한 것이 아니라, 더 깊이 일에 연결되고자 하는 내적 동기에서 비롯된 실천이었다. 우리가 이 사례에서 배울 수 있는 핵심은 명확하다. 협상은 감정을 표현하는 기술이 아니라, 조직과 나 사이의 관계를 조율하는 언어다. 그리고 그 언어는 이론이 아니라 매일의 구조와 감정, 의미에 반응하는 감각에서 비롯된다. 정희의 사례는 '작은 협상'이 어떻게 큰 몰입과 변화를 만들어낼 수 있는지를 보여주는 실제적 교과서다.

3.1.3 정희 사례 – 현실 협상형 I-dealer의 출현

정희는 단지 회의시간을 조금 조정하고 싶었다. 하지만 그녀의 제안은, 단순한 편의 요청이 아니었다. 그것은 무너진 몰입을 되묻는 시도였고, 조직이 자신에게 기대하게 했던 참여와 존중의 약속이 지켜지고 있는지를 조심스럽게 확인하려는 회복의 언어였다. 그녀가 요청한 변화는 크지 않았다. 30분의 시간조정, 격주의 운영 방식, 회의 목적에 대한 질문. 그러나 그 조정은 그녀 자신의 감정 에너지를 다시 움직이게 했고, 동시에 조직에게는 기능을 잃은 제도의 본질을 다시 묻게 했다. 정희는 이 조용한 협상을 통해 'BATNA, 장기지향성, 절차공정성, 상호작용공정성, 설명력, 심리적 안전감'이라는 I-deals의 여섯 가지 실행조건을 충실히 구현해냈고, 그 과정은 심리적 계약 이론, 사회교환 이론, 자기결정 이론 등 조직심리학의 다양한 이론으로도 설명될 수 있는 회복의 실천이었다.

이처럼 I-deals는 종종 사소하게 시작된다. 하지만 그것은 자기회복을 위한 실천이며, 때로는 관계를 다시 열고, 제도의 숨겨진 균열을 드러내며, 조직문화를 조정하는 계기가 되기도 한다. 그녀는 조직을 바꾸려 한 것이 아니었다. 단지 나를 잃지 않기 위해, 다시 말해보기로 한 것이다. 그리고 그 말 한마디는, 조직 전체가 더 나은 방식으로 작동할 수 있다는 가능성을 조용히 열어주었다.

이제 우리는 이 사례를 통해 조직 내 변화는 어디서 시작되는가, 작은 협상이 어떤 전략적 의미를 지니는가, 그리고 우리는 어떤 실천을 설계할 수 있는가를 살펴보려 한다.

정희의 사례는 우리에게 조직 내에서 변화가 어떻게 시작되는지를 섬세하게 보여준다. 그녀는 제도를 정면으로 부정하거나 감정적으로 저항하지 않았다. 대신 현실을 관찰했고, 그 안에서 가장 작은 변화로 가장 근본적인 질문을 던지는 방식을 선택했다. 무엇보다 이 사례가 보여주는 가장 중요한 전략적 의미는 다음과 같다.

- 조직 내 문제는 늘 드러나 있는 것이 아니라, 반복되는 일상 속에서 서서히 침묵을 만들어낸다. 정희는 회의라는 형식을 통해 '문제해결의 자리'가 '형식유지를 위한 절차'로 전락하고 있음을 감지했다. 이러한 감지는 단순한 불만이 아닌, 조직 구조의 기능상실을 정확히 읽어내는 안목에서 비롯되었다.

- 그녀의 행동은 단지 감정의 표현이 아니라, 구조를 조정하는 전략적 개입이었다. 정희는 누군가에게 불편을 주지 않으면서도, 조직이 회피하고 있던 질문을 던졌고, 그 질문은 제도적 회복의 실마리를 만들어냈다.

- 정희의 제안이 받아들여질 수 있었던 핵심은, 그것이 조직과 개인 모두에게 실질적 이득을 줄 수 있는 현실적인 조건을 담고 있었기 때문이다. 그녀는 출근시간이라는 규칙을 어기지 않으면서, 회의의 본래 기능을 되찾고자 했고, 그 방식은 조직의 질서를 흔들지 않고도 몰입과 효율을 회복하는 대안이 될 수 있었다.

이 사례는 "협상은 거창한 변화를 요구하는 기술이 아니라, 의미를 회복하려는 언어"임을 보여준다. 조직과 구성원의 관계는 고정된 것이 아니며, 누군가가 조심스럽게 건네는 말 한 마디가 협상의 문을 열고, 문화를 바꾸는 시작점이 될 수 있다. 정희의 30분 요청은, 그렇게 작지만 결정적인 균열이었다.

정희 사례는 다음의 내용으로 말할 수 있다.

- 협상은 큰 것을 바꾸는 게 아니라, 작은 것을 조정해 구조를 질문하는 것이다.
- 조직이 형식에 갇혀 있다면, 기능을 회복하는 방식으로 조용히 개입할 수 있다.
- 불평이 아니라, 상호이해 가능한 근거를 설계해야 조직은 움직인다.
- "말해도 된다"는 분위기는 협상의 전제이며, 이를 감지하는 감각이 리더십이다.
- I-deals는 특혜가 아니라, 관계 안에서 만들어지는 '맞춤형 회복 전략'이다.

정희는 떠나지 않았다. 대신, 조직에 조용히 말을 걸었다. 그리고 그 말은, 제도를 다시 일처럼 작동하게 만드는 작은 회복의 시작이었다.

3.2 나는 왜 아무것도 결정하지 못하는가? – 전략업무 요청, 조직 안에서 사라진 나를 되찾기 위한 조용한 협상

그날 회의는 평소와 조금 달랐다. 시간이 30분 늦춰졌고, 분위기도 조금 느슨했다. 하지만 내용은 여전히 같았다. 보고는 반복됐고, 문제는 형식적으로만 언급됐고, 해결방안은 늘 그렇듯 '유사시 매뉴얼 준수'였다. 나는 늘 그랬듯이 회의실에 앉아 조용히 노트북을 열었다. 그리고 회의내용을 받아 적었다. 누가 어떤 말을 했는지, 어떤 문장이 강조됐는지, 언제까지 무엇을 제출해야 하는지를 정리했다. 그리고 문득, 내 맞은편에 앉아 있는 정희를 바라보게 되었다. 그녀는 아무 말 없이 앉아 있었지만, 지난주 그녀가 팀장에게 한 말이 자꾸 떠올랐다. "회의가 정말 필요한 시간이라면, 그 시간을 더 잘 준비하고, 더 잘 쓸 수 있으면 좋겠어요." 그 말은 이상하게, 지금까지 내가 회의에서 했던 모든 기록을 뒤흔들었다.

나는 전략기획자였다. 시장분석, 리스크 진단, 사업방향 설정. 조직의 문제를 구조적으로 이해하고, 그에 맞는 실행전략을 설계하는 사람. 그게 나의 역할이었고, 처음에는 정말 그 일에 몰입할 수 있었다. 하지만 어느 순간부터, 나는 회의정리와 문서 정돈, 행동지침 요약이 전부인 하루를 보내고 있었다. 누가 어떤 말을 했고, 어떤 문장을 강조했는지 정리한 보고서를 매주 제출했고, 그 보고서 속에는 내 생각도, 내 질문도, 내 전략도 없었다. 나는 기획자였지만, 더 이상 기획하지 않았다. 그건 단지 일이 줄어든 것도, 일이 바뀐 것도 아니었다. 그건 정체성의 소외였다. 나는 아직 그 자리에 있었지만, 점점 스스로를 '기획자'라고 부를 수 없게 되어가고 있었다. 처음엔 그저 무덤덤했다. 그러다 점점 말이 줄었고, 제안도 줄었고, 회의에서는 아무 말 없이 고개만 끄덕였다. 그건 심리적 사직이었다. 몸은 남아 있었지만, 마음은 떠나고 있었다. 하지만 나는 회사를 그만둘 수 없었다. "이직의 불안, 익숙한 환경, 보장된 급여." 그렇다. 이 때문이다.

그 모든 것들이 나를 붙잡았고, 결국 나는 떠나지 못해서 남아 있는 사람이 되었다. "유지적 몰입" 그게 지금의 내 상태였다. 몰입은 있었지만, 그것은 더 이상 '몰입'이 아니었다. 그건 체념이었고, 버팀이었고, 조직에 순응하면서도 마음은 계속 무너져 내리는 감각이었다. 그러던 중, 정희가 말했다. '회의를 30분 늦추자고, 회의가 회의다워지길 바란다고, 더 잘 준비하고, 더 잘 회의하고 싶다고.'

그 말은 아주 조심스럽고 현실적인 제안이었지만, 나는 그 안에서 어떤 확실한 울림을 느꼈다. "맞아. 나도 알고 있었어. 이 회의는 아무 문제도 해결하지 않고 있다는 걸."

나는 회의록을 정리하면서도, "그 안에 질문이 없다는 것, 원인이 분석되지 않고 있다는 것, 대응방안이 반복되지만 효과가 없다는 것"을 누구보다 잘 알고 있었다. 그럼에도 말하지 않았다. 그냥 조직이 원하는 대로 따랐다. 그리고 그렇게, 나는 점점 내 능력과 나를 분리시키고 있었다. 한마디로 조직이 나를 대하는 방식이 바로 '우도할계(牛刀割鷄) – 소 잡는 칼을 들고 매주 닭 목만 따고 있었다 – 인 것이다.

내 능력은 그대로였지만, 조직은 나에게 '정리'만을 요구했고, 나는 점점 '정리하는 사람'이 되어가고 있었다. 그 순간, 나는 결심했다. 정희가 회의시간을 바꾼 것처럼, 나도 보고서의 형식을 바꾸겠다고 말해보자. 단지 양식을 바꾸는 것이 아니다. 그건 내가 다시 기획자라는 이름으로 조직에 문제를 제안하는 일이었다. 그리고 그 제안은, 나의 회복이자, 조직의 회복을 위한 최선의 대안이 될 수 있을지도 모른다. "나는 정희의 질문에 대답하고 싶어졌다. 그녀가 구조를 건드렸다면, 나는 그 구조 안의 내용을 바꿔보겠다고 말하고 싶어졌다." "이건 단지 개인의 도전이 아니라, 나와 조직이 함께 살아날 수 있는 작은 기회의 시작이었다."

회의가 끝난 뒤, 나는 몇 분간 자리에 그대로 앉아 있었다. 정희는 이미 자리를 떠났고, 팀원들도 하나둘 나가고 있었다. 회의는 끝났지만, 내 안의 어떤 감정은 아직 떠나지 못한 채 머물러 있었다. 나는 화면을 보았다. 오늘 회의 정리 문서의 제목을 입력하다 말고, 키보드를 멈췄다. 다시 이 회의를 요약만 해도 되는 걸까? 정말, 이대로 또 '보고서'로만 넘겨도 괜찮은 걸까? 그 순간 나는 깨달았다. 나는 한 번도 이 회의에서 문제를 묻지 않았다. 언제나 '사건'을 기록했고, '지침'을 정리했으며, '다음에 하지 말 것'을 적었다. 그러나 그 "문제의 원인이 무엇인지, 그 구조가 어떻게 반복되고 있었는지, 그게 정말 해결된 적이 있는지?"는 단 한 번도 생각하지 않았다. 그건 두려움이기도 했고, 어쩌면 순응이기도 했다. 조직은 내게 '말하지 않아도 괜찮다'고 했고, 나는 어느 순간부터 정말 아무 말도 하지 않게 되었다.

그날 오후, 나는 인사팀장을 찾아갔다. 처음에는 문 앞에서 몇 분을 서성였다. '이 말을 꺼내도 괜찮을까? 지금 이 시스템에 도전하는 말처럼 들리진 않을까?' 하지만 더는 미룰 수 없었다. 나는 조용히 말했다. "팀장님, 다음 회의 보고는… 이번에는 조금 다르게 작성해도 괜찮을까요?" 팀장은 고개를 들었다. "다르게? 어떻게 말인가요?" 나는 한숨을 쉬고 말했다. "기존 방식은 회의 발언 요약과 행동지침 정리였잖아요. 이번엔 그 대신, '원인이 무엇인가?, 왜 이 문제가 반복되는가?, 무엇을 해결 대상으로 삼아야 하는가?'를 중심으로 기획자 관점에서 정리해보고 싶습니다." 팀장은 잠시 말이 없었다. 그 침묵 속에서, 나는 내 안의 소리를 정리했다. "전 기획자로 입사했습니다. 하지만 어느 순간부터 '기획을 하지 않는 사람'이 되어 있었어요. 보고서를 정리하면서도, 그 안에 나라는 사람은 점점 사라지고 있었고요." 그리고 마지막으로, 나는 천천히, 그러나 분명하게 말했다. "지금 이 제안은 단지 보고 양식을 바꾸겠다는 것이 아니라, 다시 기획자답게 일하고 싶다는 제안입니다. 그리고 그게, 저에게도, 조직에도 필요한 변화일 수 있다고 생각합니다."

그 말은 작았지만, 내 안에서는 큰 울림이었다. 나는 지금 나의 회복을 요청하고 있었고, 그 회복이 곧 조직의 회복이 될 수 있다는 가능성을 조심스레 열어보는 중이었다. 정희는 회의의 형식을 흔들었고, 나는 이제 회의의 내용을 다시 묻고자 한다. "이건 나의 회복이자, 조직의 구조를 되묻는 질문이었다. 정희의 작은 균열이 내 안의 침묵을 흔들었고, 나는 그 침묵 끝에서 다시 말하고 싶어졌다."

3.2.1 문제를 되묻는 작은 협상 – I-deals의 6가지 조건

그의 제안은 조용했지만, 그 속에는 자기회복과 조직변화라는 두 가지 명제가 함께 담겨 있었다. 그는 단지 보고방식의 전환을 요청한 것이 아니었다. 그건 자신이 누구인지를 회복하고 싶다는 존재의 회복요청이었고, 조직이 마주하지 않고 있던 문제해결의 구조를 다시 설계하자는 협상이었다. 그가 말한 것은 문제를 '적는 것'이 아니라, 문제를 '묻는 것'에서부터 다시 시작하자는 제안이었다. 그 협상이 받아들여졌다는 사실보다 더 중요한 것은, 그 요청이 I-deals의 실행조건을 정확히 충족하고 있었다는 점이다. 이 사례에서 6가지 조건이 어떻게 활용이 되었는지 구체적으로 알아본다.

• BATNA – 최선의 대안은 내가 다시 나로 돌아가는 것

협상 이론에서 BATNA는 "협상이 실패했을 때 선택할 수 있는 최선의 대안"을 뜻한다. 그러나 지금 내 상황에서의 BATNA는 단순한 대비책이 아니라, '이 침묵 속에서 나를 다시 찾을 수 있는 유일한 출구'를 묻는 질문이었다. 나는 선택할 수 있었다. 보고서를 계속 쓰며 조용히 남아 있을 수도 있었고, 회사를 떠나는 극단을 선택할 수도 있었다. 그러나 그 어느 쪽에서도 나는 회복되지 않았다. 그래서 내가 찾은 최선의 대안은, "말하는 것"이었다. "내가 해보겠습니다."

이 말은 단지 역할을 바꾸자는 제안이 아니라, 정체성을 회복하기 위한 나만의 BATNA였고, 조직에도 새로운 방향을 제시할 수 있는 대안이었다. 만약 이 요청이 거절된다면? 나는 다시 정리자로 돌아가겠지만, 그건 곧 기획자라는 내 정체성이 사라지는 것이었고, 조직 역시 또 한 명의 심리적 사직자를 품는 결과일 것이다. 이 협상이 실패했을 때, 남는 것은 회복이 아닌 침묵의 고착뿐이었다. 그리고 그것은 나에게도, 조직에게도 최악의 대안이었다.

• 장기지향성 – 순간의 배려가 아니라 구조를 바꾸는 시작

I-deals가 효과적이기 위해서는 일시적 양보나 일회성 배려가 아니라, 장기적 관점에서 의미와 지속 가능성을 갖춘 요청이어야 한다. 즉, 이 협상이 "지금 불편해서 잠깐 바꿔주세요"가 아니라, "앞으로 우리가 함께 일하는 방식 자체를 바꾸는 제안"이어야 한다. 그는 단지 회의보고 한 번만 다르게 쓰고 싶었던 게 아니었다. 그는 회의의 구조를 문제 중심으로 전환하는 방식, 즉 '정리'가 아니라 '해결'을 위한 회의로의 패러다임 전환을 제안한 것이었다. 그가 요청한 것은, 이번 한 번의 보고서가 아니라 앞으로 기획자라는 역할로서 계속해서 문제를 정의하고 전략을 설계하고 싶다는 선언이었다. 그 요청에는 자신의 미래 직무와 정체성의 방향성, 그리고 조직의 문제해결 시스템 전환에 대한 제안이 함께 담겨 있었다. 이 협상은 순간의 편의를 위한 것이 아니라, 조직의 사고방식과 그의 존재방식 모두를 바꾸기 위한 지속 가능한 출발점이었다.

• 절차 공정성 – 요청은 정당하고, 방식은 합리적이어야 한다

절차 공정성이란, 요청이 받아들여지든 거절되든, 그 요청이 '정당한 절차와 방식'을 통해 제기되는 것을 의미한다. 설득력 있는 근거, 누구에게나 적용 가능한 기준, 그리고 감정이 아닌 논리 기반의 소통이 핵심이다. 그는 자신의 감정을 앞세우지 않았다. 회사의 지침을 비난하지도 않았고, 기존 회의구조를 부정하거나 감정적으로 대응하지도 않았다. 대신 그는 회의에서 반복되고 있는 무의미한 보고의 구조, 문제를 정의하지 않는 회의 문화, 실행지침만 남는 시스템의 비효율을 조용히, 그러나 분명하게 설명했다. 그리고 그 대안으로 기획자 관점의 '문제분석-해결설계-보고 재구성'의 프로세스를 제시했다. 그의 요청은 감정이 아니라 구조였고, 불만이 아니라 대안이었다. 그래서 그 요청은 거부할 수 없는 '공정한 문제제기'가 되었다.

● 상호작용 공정성 – 존중하는 방식으로 말할 때 변화는 시작된다

상호작용 공정성은 요청의 방식이 상대방을 존중하는 태도 위에서 있느냐를 묻는다. 공격하거나 몰아세우거나, 무례하거나 일방적일 때 그 어떤 요청도 협상이 될 수 없다. 그는 팀장을 비난하지 않았다. 그저 자신이 느낀 문제의식과 정체성의 혼란을 솔직하고 조심스럽게 꺼냈다. 그리고 말끝마다, "제가 감히 말씀드리는 이유는…" "이게 팀장님 입장에선 부담일 수 있다는 것을 알고 있습니다."라는 존중의 전제를 먼저 깔았다. 그는 팀장의 리더십을 공격하지 않았고, 조직을 나쁘게 말하지도 않았다. 다만 그 안에서 자신이 서있는 위치와, 그 위치가 어떻게 무너지고 있는지를 이야기했다. 그 조용한 말투와 존중의 태도가, 이 협상을 대립이 아니라 '함께 바꿔보자는 제안'으로 만든 것이다.

● 설명력 – 이 변화는 무엇을 바꾸는가?

어떤 요청이 받아들여지기 위해서는 그 요청이 조직에 무엇을 바꾸고, 무엇을 더 좋게 만들 수 있는지를 설명할 수 있어야 한다. 즉, "이게 왜 필요한가?"에 대한 설득력이 필요하다. 그는 단순히 "기획자로서 일하고 싶다"고 말한 게 아니었다. 그는 이 회의 구조가 왜 반복 문제를 방치하고 있는지, 왜 기존 보고서가 형식만을 남기고 있는지, 왜 이 조직에 실질적 문제해결 시스템이 필요한지를 설명했다. 그리고 자신이 제안하는 방식이 기존 회의구조에 어떤 대안이 될 수 있는지를 구체적으로 풀어냈다. 이 변화는 문제를 묻게 한다. 이 변화는 행동지침이 아니라 전략을 만든다. 이 변화는 보고서가 아니라 해결 로드맵을 남긴다. 그는 단지 자리를 요청한 것이 아니라, 그 자리가 조직에 어떤 가치를 더할 수 있는지를 설명한 것이다.

● 심리적 안전감 – 그가 입을 열 수 있었던 진짜 이유

I-deals 협상이 성사되려면, 그 요청이 '말해도 되는 분위기' 안에서 나와야 한다. 그게 바로 심리적 안전감이다. 말할 수 있어야, 변화도 시작된다. 그는 몇 달 동안 침묵했다. 회의가 문제를 다루지 않는다는 걸 알고 있었고, 자신의 보고서가 점점 무의미해지고 있다는 것도 알았다. 그러나 말하지 않았다. '말하면 거절당할까 봐', '말하면 귀찮은 사람으로 보일까 봐.'

그가 말을 꺼낼 수 있었던 건, 정희가 먼저 말했기 때문이었다. 정희는 회의시간에 대해 조심스럽게 문제를 제기했고, 그것이 받아들여지는 걸 그는 지켜봤다. 그 순간, 그는 깨달았다. "아, 말해도 되는구나.", "누군가 말했기 때문에, 나도 말할 수 있게 된 거구나."

정희는 회의의 형식을 바꿨고, 그는 회의의 내용을 바꾸겠다고 말할 수 있게 되었다. 심리적 안전감은 구조로 오는 것이 아니라, 먼저 말한 한 사람에서 시작된다. 그리고 그 울림이 또 다른 사람을 움직인다. "나는 문제를 말했고, 그 말은 나를 회복시켰으며, 조직에게도 문제를 직면하게 하는 기회를 만들었다. 이것이 I-deals의 진짜 힘이다. 말하는 사람이 늘어날수록, 조직은 회복될 수 있다."

3.2.2 학습적 고찰 – 말하지 않는 조직, 사라지는 정체성

이번 사례는 단순한 보고방식의 전환을 넘어, 심리적 사직과 유지적 몰입의 전환점에서 벌어진 '작은 협상'의 의미를 보여준다. 그는 조직이 요구하는 형식에 따라 자신을 지워가던 상태에서, 정체성 회복의 시도로서 I-deals를 활용했다. 여기에는 조직행동론, 조직심리학, 협상이론 등에서 배울 수 있는 몇 가지 이론적 통찰이 담겨 있다.

- **자기결정이론(Self-Determination Theory)**

자기결정이론은 인간의 동기가 자율성, 유능감, 관계성의 충족 여부에 따라 변화한다고 본다. 이 사례에서 구성원은 조직의 표면적 요청에 응하면서도, 자신의 핵심역할(기획자)과 심리적 정체성이 충족되지 않는 상태에 놓여 있었다. 이는 자율성의 침해이자, 역할-정체성 불일치에서 비롯된 내적 동기의 소진이었다. 그가 문제를 말함으로써 회복하고자 한 것은 단지 과업내용이 아니라 "내가 누구인가?"라는 정체성의 자기 결정권이었다.

- **정서적 사건이론(Affective Events Theory)**

정서적 사건이론은 직장 내에서 발생하는 감정적 사건이 구성원의 태도, 동기, 행동에 직접적인 영향을 미친다고 본다. 이 사례에서 구성원이 경험한 반복적인 회의(문제를 회피하는 형식적 발언, 실질 전략 없는 보고, 누구와도 연결되지 않는 침묵의 공간)는 단순한 업무절차가 아니었다. 그것은 매주 반복되는, 심리적 사직을 심화시키는 감정적 사건의 누적이었다. 그러나 어느 날, 그 일상의 균열이 생겼다. 동료 정희의 조심스러운 제안은 바로 그 감정의 축적을 깨뜨리는 작은 사건이자 정체성의 촉매였다. "회의의 목적을 다시 생각해볼 수 없을까요?"

그 말 한마디는 누구도 직접적으로 언급하지 않았던 무기력의 본질을 건드렸고, 그 역시 더 이상 침묵할 수 없게 되었다. 그는 결국 입을 열었고, 제안했다. 이 감정의 반응은 일시적 분노가 아니었다. 정서적 사건이 인지로 이어지고, 인지가 실천으로 전환된 구조적 회복의 시작이었다. 그의 제안은 단지 감정을 표현한 것이 아니라, 감정을 기점으로 행동을 바꾸고 구조를 설계하려는 움직임이었다. 이처럼 정서의 흐름은 조직에서 단절로 향할 수도 있지만, 누군가의 균열로 회복의 계기가 될 수도 있다.

● 직무요구–자원 모형(JD–R Model)

Tims & Bakker(2010)에 따르면, Job Crafting 또는 I-deals와 같은 개입은 '직무자원(Job Resources)'을 회복하거나 확장함으로써 직무 스트레스를 완화시킨다. 이 사례에서 그는 단지 문서정리에 그치는 역할이 아니라, 문제를 재정의하고 전략을 설계하는 직무자원의 확장을 시도했다. 그 요청은 새로운 자원의 확보이자, 정체성을 회복하기 위한 직무 재구성 전략으로 해석할 수 있다.

● 심리적 계약이론(Psychological Contract Theory)

Rousseau(1989)에 따르면, 구성원은 조직과의 암묵적 기대 속에서 자신만의 계약을 형성한다. 이 기획자는 처음 입사할 때 조직과 '전략을 설계하는 역할'이라는 심리적 계약을 맺었다. 그러나 시간이 지날수록 그 계약은 무효화 되었고, 그는 말 없이 그 단절을 받아들였다. 이 협상은 그 침묵을 깨고, 파기된 심리적 계약을 스스로 다시 체결하려는 시도였다. 그 제안은 단지 보고 방식의 전환이 아니라, 심리적 계약의 복원이었다.

● 조직시민행동(Organizational Citizenship Behavior)

I-deals는 종종 '개인을 위한 이기적 협상'으로 오해된다. 그러나 이 사례는 정반대의 가치를 보여준다. 그는 자신의 몰입 회복만을 원한 것이 아니라, 조직이 문제를 다시 바라보고, 전략기획이라는 본래 기능을 회복하길 바랐다. 그의 제안은 회의의 방향을 다시 잡는 것이었고, 그 안에는 문제해결을 향한 구조설계, 의미 있는 토론의 공간회복, 전략적 사고의 복원이 담겨 있었다. 이러한 실천은 Bateman & Organ(1983)이 말한 조직시민행동(OCB)의 전형적 예시다. 즉, 공식적인 역할 밖에서도 자발적으로 조직의 건강성과 목적에 기여하는 행동이다.

그는 단지 '편한 조건'을 원한 것이 아니었다. 그는 조직의 방향이 무너지고 있다는 사실을 읽었고, 그 회복을 위해 자신의 관점, 전문성, 정체성을 동원해 실천에 나섰다. 이러한 I-deals는 개인을 위한 것이 아니라, 조직을 위해 기꺼이 말하는 시민적 실천이 될 수 있다는 사실을 보여준다.

이 사례는 단지 개인의 요구를 넘어, 심리적 사직에서 정체성 회복으로 이어지는 구조적 전환이었다. 그가 요청한 I-deals는 조직에 대한 저항이 아니라, 조직과 다시 관계 맺고자 하는 복원적 제안이었고, 이는 결국 개인과 조직이 함께 살아나는 출구가 될 수 있다는 가능성을 열어주었다. 그럼 좀 더 구체적으로 이번 사례를 정리해보자.

3.2.3 우도할계 사례 – 사라진 정체성을 되찾기 위한 조용한 협상

이제 우리는 이 사례를 통해 조직 내 변화는 어디서 시작되는가, 작고 조용한 협상이 어떤 전략적 의미를 지니는가, 그리고 우리는 어떤 실천을 설계할 수 있는지를 함께 살펴보려 한다. 이 사례의 주인공은 거창한 개혁을 외치지 않았다. 누군가를 비판하거나 기존 체계를 뒤엎지도 않았다. 그는 그저, 자신이 점점 '기획자'가 아니라 '정리자'로 전락하고 있다는 사실을 조용히 인식했고, 그 감각을 바탕으로 아주 작은 제안을 조직에 건넸다. 그 제안은 단지 보고서의 양식을 바꾸겠다는 말이 아니었다. 그것은 자신을 회복하겠다는 선언이었고, 동시에 조직의 기능을 되묻는 협상이었다. 그는 조직이 만든 침묵의 구조를 벗어나기 위해, 감정이 아닌 구조로 말하기 시작했다. 자신이 맡은 일이 단지 문서정리와 지침요약으로 축소되고 있음을 자각했지만, 그는 불만을 쏟아내는 대신, 문제를 재 정의하고 전략을 제안하는 방식으로 조직에 개입했다. 무엇보다도, 이 협상이 받아들여질 수 있었던 핵심은, 그 제안이 조직과 개인 모두에게 의미 있는 변화를 가져올 수 있다는 구조적 설득력을 갖고 있었기 때문이다.

그는 팀장을 탓하지 않았다. 대신, 자신의 정체성이 사라지고 있음을 담담하게 이야기했고, "다시 기획자로서 이 일을 하고 싶다"는 진심을 꺼냈다. 이 말은 조직에도 새로운 가능성을 보여주는 말이었다. 문제를 보고를 위한 자료가 아니라, 문제를 해결하겠다는 태도, 형식의 반복이 아니라 기능의 회복을 제안하겠다는 선언. 이처럼 말은 작지만, 그 파장은 깊다. 그리고 이 조용한 협상은 다음과 같은 전략적 통찰을 우리에게 남긴다.

- 조직의 문제는 늘 드러나 있는 것이 아니라, 반복되는 형식과 침묵 속에 감춰져 있다.
- 역할의 축소는 정체성의 침식이며, 그 회복은 단지 감정이 아니라 구조를 바꾸는 전략적 개입에서 시작된다.
- 협상은 이득을 요구하는 기술이 아니라, 의미를 회복하려는 언어다.
- 침묵을 흔드는 말은 큰소리가 아니라, 현실 안에서 가능한 제안을 품고 있어야 한다.
- 조직은 감정보다 구조에 반응하고, 불평보다 대안에 귀를 기울인다.
- I-deals는 특혜가 아니라, 존재를 회복하기 위한 맞춤형 제안이다.
- 그리고 변화는, 단 한 사람이 말하는 순간 시작될 수 있다.

이 사례가 우리에게 보여주는 것은, 변화는 늘 거창한 개혁에서 시작되는 것이 아니라는 점이다. 오히려 변화는, 침묵을 감지하고, 현실을 이해하며, 거기서 가장 작지만 핵심적인 균열을 만들어내는 '말'에서 비롯된다. 그는 조직을 나가지 않았다. 대신 조직 안에서 자신이 사라지는 것을 멈추기 위해, 아주 작은 협상을 시도했다. 그리고 그 협상은 회복의 언어가 되었고, 다시 기획자로 살아가고자 하는 사람의 존재 선언이 되었다.

그렇다면 우리는 무엇을 할 수 있을까? 이 사례는 단지 한 사람의 회복 이야기로 끝나지 않는다. 그것은 지금 조직 안에서 '말하지 못한 채 사라지고 있는 사람들'이 어떻게 다시 자신의 이름으로 말할 수 있을지를 알려주는 하나의 실천지침이기도 하다. 다음의 원칙은 이 사례에서 우리가 실질적으로 배울 수 있는 행동의 출발점이다.

- 정체성은 직책이 아니라, "내가 왜 이 일을 하는가?"라는 질문에서 시작된다.
- 협상이란 바꾸는 것이 아니라, 회복하는 것이다.
- 불만이 아니라 대안을 제안하라.
- 작은 균열로도 구조는 흔들린다.
- I-deals는 특권이 아니라, 관계 기반의 회복 장치다.
- 무엇보다, 말하는 사람이 많아질수록 조직은 회복될 수 있다.

누군가의 시작이, 그 사소해 보이는 시작이 조직에서의 큰 변화로 혹은 얕아지는 정체성의 회복으로 이루어 질 수 있는 것이다.

3.3 프로젝트 베이스의 재설계 – 문용, 떠나려던 전략가의 조용한 복귀

문용은 전략기획실 팀장이다. 입사 12년 차, 위기 때마다 회사를 지탱했던 전략가였다. 회생이 불가능하다는 평가를 받던 해외 법인 구조조정 전략을 혼자 완성했고, 신사업 진출 시에는 실행 로드맵을 직접 설계해 연매출 30%를 끌어올렸다. "결정은 위에서 하지만, 방향은 문용이 잡는다."는 말이 사내에 돌 정도였다. 그는 누구보다 몰입했고, 누구보다 많은 것을 해냈다. 그러나 어느 순간부터, 자신이 그 모든 장면 속에 없다는 걸 느끼기 시작했다. 성과는 쌓였고 회의는 그의 언어로 마무리되었지만, 가족과의 약속은 해마다 연기되었고, 친구들의 연락은 점점 줄었다.

퇴근길의 풍경도, 주말의 시간도 모두 다음 보고서를 준비하는 공간이었다. 그는 몇 번이나 고민했다. "휴직을 내볼까?" "한두 달 쉬면 괜찮아지지 않을까?" 하지만 쉽게 결심할 수 없었다. "지쳤다"는 말 한마디로, 지금까지 쌓아온 신뢰가 무너질 수도 있다는 생각이 들었다. 그리고 잠시 쉰다고 해서, 다시 제대로 일할 수 있을지도 의문이었다. 그는 결국 인정했다. 이 방식으로는, 더는 나를 지킬 수 없다. 그리고 조용히 결심했다. "이 일이 나빠서가 아니라, 이 방식이 나를 지운다면, 나는 멈춰야 한다."

문용의 사직 의사는 전략본부장에게 곧바로 전달되었다. 그리고 그 시점은 절묘하게도 새로운 전략 프로젝트가 막 출범하는 때였다. 복수의 부서와 이해관계자가 얽힌 복잡한 과업. 실행계획과 내부 조정, 외부 리스크 관리까지 총괄할 사람이 필요했다. 본부장은 머뭇거렸다. 문용은 이 모든 조건을 충족할 수 있는, 어쩌면 유일한 인물이었다. 조직은 고민에 들어갔다. 성공 가능성을 위해선 그가 필요했고, 그를 붙잡기 위해선 일의 방식을 바꾸는 것 외엔 방법이 없었다. 결국 인사팀과 전략본부는 한 가지 원칙을 세웠다. '성과는 요구하되, 방식은 전권을 위임한다.'

며칠 뒤, 전략본부장이 문용을 다시 불렀다. 그는 더 이상 "돌아와 달라"고 말하지 않았다. 대신 이렇게 제안했다. "이번 프로젝트, 당신 이름으로 시작해주셨으면 합니다. 출퇴근은 중요하지 않습니다. 회의도, 보고도 최소화하겠습니다. 다만, 정해진 기한 내에 결과만 제시해주세요. 전권을 드릴 테니, 당신 방식으로 이 일을 완성해주십시오."

문용은 잠시 말이 없었다. 조직이 이렇게까지 형식을 내려놓고 일을 다시 설계해보자고 말한 건 처음이었다. 그 제안은 단순한 재택근무가 아니었다. 일하는 방식의 재구성, 그리고 신뢰 기반의 프로젝트 위임이었다.

문용은 제안을 수락했다. 단, 몇 가지 조건을 덧붙였다.

- 프로젝트는 자율적으로 운영하되, 주 1회 정기 보고, 월말 점검회의 진행
- 최종 완료 보고까지는 일정에 맞춰 수행할 것
- 실시간 회의나 메시지 요청은 사전 협의 없이 진행하지 않으며, ***비동기 피드백 체계를 원칙으로 할 것**
- 최종 기한은 반드시 지키고, 결과물은 독립된 책임 하에 제출할 것

그는 더 이상 밤새지 않았다. 아이와 함께 아침 산책을 마친 뒤, 바다 근처의 조용한 서재에 앉아 전략 문서를 다듬었다. 주중에는 팀과 협업을 이어가되, 금요일은 방해받지 않는 깊은 몰입의 시간으로 확보했다. 그날만큼은 삶의 리듬을 되찾고, 그 위에서 전략의 방향을 다시 그려나갔다. 한때는 자신을 지워야만 가능했던 일이, 이제는 자기다운 삶의 중심에서 다시 시작되고 있었다. 성과는 줄지 않았다. 오히려 그는 더 깊이 몰입했고, 더 빠르게 설계했다. 결과는 명확했다. 프로젝트는 예정보다 일주일 먼저 완료되었고, 그가 제출한 전략문서는 곧장 이사회 안건으로 채택되었다.

* 비동기 피드백 체계란, 실시간 회의나 호출 없이 메신저, 협업툴, 문서 코멘트, 이메일 등을 활용하

여 사전에 정한 시간과 방식에 따라 피드백을 주고받는 협업 구조를 말한다. 문용은 이를 통해 집중이 필요한 시간에는 방해받지 않고 일에 몰입할 수 있었고, 팀은 필요한 정보를 명확하게 공유받을 수 있었다. 이 방식은 자율성과 책임을 동시에 확보하는 신뢰 기반 업무 운영의 실제적 예였다.

3.3.1 개인과 조직의 교차점 – I-deals의 6가지 실행 조건

이 협상은 문용의 '떠남의 신호'와 조직의 '머물 수 있는 구조'가 교차하는 지점에서 시작되었다. 표면적으로는 문용의 사직서가 출발점이었지만, 실질적인 협상의 제안자는 조직이었다. 조직은 그를 설득하려 하지 않았고, 대신 일의 방식을 바꾸는 제안을 내놓았다. 문용은 그것을 수락하며 몇 가지 운영 조건을 덧붙였다. 결국 이 I-deals는, 조직이 주도적으로 협상 구조를 설계했고, 문용이 그 틀 안에서 새로운 몰입의 경로를 만든 공동 설계의 사례였다.

이러한 형태의 I-deals는 다수의 연구에서도 확인된 바 있다. Hornung, Rousseau, & Glaser(2008)는 상사가 구성원에게 능동적으로 I-deals를 제안하는 경우, 구성원의 몰입과 성과에 긍정적인 영향을 미친다고 보고했다. 특히 고성과자나 이탈 가능성이 있는 인재에 대해 조직이 선제적으로 '개별적 조건'을 협상수단으로 활용하는 것은, 단지 예외가 아니라 전략적 유지관리 방식으로 간주될 수 있다는 점을 강조한다. 또한 Ng & Feldman(2010)은 조직이 I-deals를 성과와 연계된 설계도구로 사용할 수 있으며, 그 과정에서 직무의 재설계, 근무시간 조정, 자율성 부여가 중요한 협상 항목으로 작용한다고 분석했다. 이처럼 문용의 사례는 구성원의 '떠남의 신호'에 응답해 조직이 주도적으로 협상구조를 설계한 전형적인 전략적 I-deals 사례로, I-deals의 실행 주체가 반드시 개인일 필요는 없다는 점을 잘 보여준다. 이제, 조직이 제안하고 문용이 수용한 이 구조가 어떻게 I-deals의 6가지 실행 조건을 충족했는지를, '개인과 조직의 교차시점'에서 하나씩 확인해보자.

● BATNA – 위기의 징후, 구조의 제안으로 답하다

조직은 문용의 사직서를 단순한 이탈 통보가 아니라, 구조적 위기의 징후로 받아들였다. 전략기획의 중추였던 문용이 입을 다물고, 야근을 줄이고, 회의에서 발언을 줄여가던 그 변화는, 이미 오래전부터 서서히 나타나고 있던 심리적 이탈의 신호였다. 그리고 마침내 사직서가 올라왔다. 조직은 깨달았다. 이 협상은 이제 '조건 조정'의 문제가 아니라, 방식 자체에 대한 질문이라는 것을. 게다가 당시는 새로운 전략 프로젝트가 출범을 앞두고 있었다. 여러 부서의 이해관계가 얽히고 외부 리스크 관리까지 필요한 고난이도 과업이었다. 그 프로젝트를 안정적으로 설계하고 조율할 수 있는 인물은 문용 외에는 찾기 어려웠다. 조직은 선택의 기로에 섰다. "그를 잃고 기존 구조를 유지할 것인가, 혹은 그가 머물 수 있는 구조를 새로 만들 것인가."

이 질문은 곧 조직의 BATNA를 시험하는 순간이었다. 협상이 결렬되었을 때 실행할 수 있는 최선의 대안이 없다면, 협상의 판을 바꿔야 한다. 조직은 그것을 받아들였다. 문용을 단지 설득하거나 위로할 수는 없었다. 대신 일 자체의 방식을 바꾸는 구조적 제안만이 남은 선택이었다. 그 제안은 전례 없었다. 출퇴근과 회의, 실시간 보고의 형식을 모두 내려놓고, 전권을 위임하되, 기한 내 성과를 제시해달라는 구조. 책임은 분명하지만 방법은 자율인 일 방식. 조직은 문용이 제안하지 않았음에도, 그가 머물 수 있는 조건을 스스로 상상하고 실행했다. 이것은 단순한 배려나 예외가 아니라, 조직이 위기의 징후에 전략적으로 응답한 협상의 설계였다. 이처럼 이 사례는 I-deals가 반드시 개인의 요청으로만 시작되는 것이 아님을 보여준다. 때로는 조직이 먼저 변화의 구조를 제안해야 할 때가 있다. 그것이, 조직이 감지한 위기에 답하는 유일한 방식이라면.

● 장기지향성 – 회복 없는 지속은 없다

조직은 문용의 이탈이 단지 피로 누적이나 일시적 번아웃 때문이 아님을 빠르게 감지했다. 그는 휴직을 요청하지 않았고, 감정적으로 폭발하지도 않았다. 대신, 점점 말수가 줄고, 보고서 제출이 지연되며, 더 이상 야근하지 않는 방식으로 조용히 스스로를 철수시키고 있었다. 이는 단기회복으로 해결될 문제가 아니라, 일을 지속할 수 없는 구조 그 자체에 대한 경고였다.

조직은 이 변화의 본질을 놓치지 않았다. '쉬고 나면 다시 회복될 것'이라는 단순한 위로가 아니라, '지금 이 일의 방식으로는, 그는 더는 자신을 지킬 수 없다'는 사실을 인식했다. 그래서 조직은 전략을 바꾸었다. 일시적 보상이 아니라, 지속 가능한 몰입 구조를 설계하기 시작했다. 그 구조는 기존의 시간중심 운영방식을 넘어, 에너지와 리듬 중심의 설계였다. 문용에게 제안된 조건은 다음과 같았다.

- 금요일은 회의나 연락이 없는 깊은 몰입의 날로 지정
- 회의는 비동기 체계로 운영
- 출퇴근 자율, 업무 주도권은 전면 위임
- 결과물 제출 기한과 품질 기준은 명확히 유지

이것은 단순한 편의가 아니라, 문용이 일을 '계속할 수 있도록' 만드는 구조적 설계였다. 조직의 입장에서도 이 제안은 실험이자 결단이었다. 기존 리더십과 관리 관행의 관점에서 보면, 이는 통제를 내려놓는 일이었다. 하지만 조직은 생각했다.

"그가 다시 몰입할 수 있는 조건을 만들지 않는다면, 이 프로젝트는 과연 성공할 수 있을까?" 결국 본부장은 회의에서 이렇게 말했다. "지금 필요한 건, 단기 대체자가 아니라 장기

설계자입니다." 그 한마디는 명확한 메시지였다. 문용이 지속 가능해야, 조직도 지속 가능하다는 것. 이 사례는 I-deals가 단지 개인의 요청이 아니라, 조직이 스스로를 회복 가능하게 만드는 전략적 질문이 될 수 있음을 보여준다. '한 사람의 지속 가능성'은 곧, '조직의 지속 가능성'을 설계하는 일이기 때문이다.

● 절차 공정성 – 신뢰는 새로운 형식에서 시작된다

문용의 사직서를 받아든 후, 조직은 기존의 업무절차가 그에게 어떤 방식으로 작용했는지를 되짚어보았다. 출근시간 만 고정된 불특정한 퇴근, 실시간 보고, 반복되는 회의와 정형화된 피드백. 이러한 일률적 절차는 조직 입장에서는 공정성과 효율의 도구였지만, 문용에게는 몰입을 방해하고 회복을 차단하는 경직된 틀이었다. 조직은 그 틀을 지키는 것이 아니라, 새롭게 설계하는 것이 필요하다는 판단에 도달했다. 그래서 기존의 '모두에게 동일한 방식'을 유지하는 대신, 문용이 책임질 수 있고, 몰입할 수 있는 절차를 새로 만들었다.

그 절차는 다음과 같은 요소로 구성되었다. 예를 들어, '주 1회 정기보고(직접 대면 없이 문서나 자료 중심으로), 월말 점검회의(결과기준 확인), 출퇴근 시간과 근무 공간의 자율성, 실시간 회의·연락은 최소화, 비동기 피드백 원칙 적용', 이러한 구조는 단순한 파격이 아니었다. 오히려 예측 가능성과 자율성, 책임의 균형이 명확하게 재설계된 새로운 '절차'였다. 즉, 절차를 무너뜨린 것이 아니라, 몰입 가능한 절차로 교체한 것이었다. 이 방식은 조직 내부에서도 처음에는 낯설었다. 일부에서는 "문용에게만 특혜를 주는 것이 아니냐."는 반응도 있었지만, 곧 인사팀과 본부는 이 변화의 본질을 설명하며 의견을 모았다. "이건 특혜가 아니라, 새로운 방식의 합의입니다. 절차 공정성이란, 모두에게 똑같이 시키는 것이 아니라, 각자가 책임질 수 있는 방식으로 절차를 설계하는 것입니다." 이 말은 그 순간 조직에 중요한 인식 전환을 가져왔다. 공정성은 동일성에서 오는 것이 아니라, 몰입과 책임이 가능하도록 조건을 조율하는 운영원칙에서 오는 것임을. 절차는 다시 신뢰가 되었다. 그리고 신뢰는, 문용의 몰입을 다시 가능하게 했다.

● 상호작용 공정성 – 권위보다 대화가 먼저였다

문용의 사직의사는 단순한 인사이동이 아니었다. 그는 감정을 드러내지도, 비난을 하거나 명확한 요구를 하지도 않았다. 하지만 조직은 그 침묵 속에서, '이제 이 방식으로는 더는 일할 수 없다'는 신호를 읽어냈다. 보통의 경우, 리더는 이직의사에 설득이나 타협으로 대응한다. 하지만 이때 조직이 선택한 방식은 달랐다. 전략본부장은 회유도 지시도 아닌, 경청을 먼저 꺼내들었다.

문용에게 묻고자 했다. "무슨 일이 있었습니까?" "왜 지금, 이 방식이 맞지 않다고 느끼셨는지요?" 이 대화는 단지 감정수습을 위한 소통이 아니었다. 그는 문용이 자신의 언어로 자신의 일에 대해 말할 수 있도록 기다렸다. 그리고 문용은 차분히 말했다. "성과는 계속 나왔습니다. 하지만 어느 순간부터, 제가 점점 사라지는 기분이 들었어요. 보고서를 마치고 나면 아이는 잠들어 있었고, 주말마다 약속은 밀렸고, 회사엔 늘 있었는데, 제 삶에 저는 없었습니다." 이 말은 단순한 피로가 아니라, 존재의 단절감이었다.

조직은 그 말을 기억했고, 바로 반응하지 않았다. 대신, 그가 말한 내용의 깊이를 충분히 소화하고, 며칠 뒤 인사팀과 함께 문용을 다시 만났다. 그 자리에서 본부장은 이렇게 말했다. "이번 프로젝트, 당신 방식으로 시작해주셨으면 합니다. 어떻게 일할지는, 당신이 먼저 말해주세요." 이 말은 돌아오라는 요청이 아니었다. 그건 권위를 내려놓고 건넨 신뢰의 제안이자, 문용의 경험과 목소리를 조직설계의 일부로 받아들이겠다는 선언이었다.

이 상호작용은 회복의 방향을 바꾸었다. 문용은 그 대화 속에서 자신의 판단과 의도를 말할 수 있었고, 조직은 그 말을 명분이나 요청이 아닌, 존재의 언어로 받아들이고 제도화할 준비를 했다. 상호작용 공정성이란 단지 말할 기회를 주는 것이 아니다. 그 말이 머물 수 있는 공간, 그리고 그 말이 반영될 수 있는 구조를 만드는 것이다. 문용과 조직 사이의 이 대화는 설득보다 강했고, 정책보다 더 깊었다.

● 설명력 – 납득 가능한 설계는 설득을 낳는다

조직은 문용을 붙잡기 위해 감정에 호소하지 않았다. 대신 문용에게 물었다. "당신이 이 일을 계속할 수 있으려면, 어떤 조건이 필요합니까?" 그리고 문용은 감정이 아닌 설계도로 답했다. 그는 단지 "힘들다"고 말하지 않았다. 그 대신 '출퇴근 시간의 유연화, 비동기 협업, 주간 보고 주기, 집중시간 확보' 등의 자신이 왜, 무엇을 바꾸어야 하는지를 하나하나 항목별로 제시했다. 그 제안은 단순한 요청이 아니라, 실행 가능한 일의 재구조화 방안이었고, 기존 시스템 안에서도 조직 전체를 혼란스럽게 만들지 않도록 협업과 책임의 기준을 함께 포함하고 있었다.

조직은 이 설계를 감정적 호소가 아닌, 이성적 설득이 가능한 논리로 받아들였다.

처음엔 "특혜 아닌가?"라는 내부 우려도 있었지만, 곧 인사팀과 전략본부는 문용의 제안이 '성과, 예측가능성, 책임성' 모두를 갖춘 운영 모델임을 확인하게 되었다. 특히 중요했던 것은, 문용이 제안한 방식이 '편한 방식'이 아니라 "이 방식이 아니면 성과를 낼 수 없다"는 책임 기반의 구조였다는 점이다. 그 설명 안에는 '회복을 위해 일에서 빠지겠다.'는 태도가 아닌, "계속하기 위해 어떻게 바꿔야 하는가?"라는 철저히 미래지향적 의도가 담겨 있었다. 이처럼 설명력이란 단순히 잘 말하는 능력이 아니다. 상대가 이해하고 납득할 수 있는 구조를 설계하고, 그 구조 안에서 책임을 공유하겠다는 태도다. 문용의 설명은 요청이 아니라 설계제안이었고, 조직은 그 설계가 논리적이고 실행 가능하다고 판단했기 때문에 그 제안을 받아들였다. 결국 이 협상은 설득이 아니라 납득의 과정이었다. 그리고 납득은 관계를 설계로 연결시키는 가장 단단한 다리가 되었다.

● 심리적 안전감 – 실험할 수 있는 구조가 몰입을 만든다.

문용은 알고 있었다. 이번 협상이 받아들여지더라도, 이 방식이 실패하면 모든 것이 끝날 수 있다는 사실을. 성과가 기대에 미치지 못하면, 이 실험은 단지 '한 사람을 위한 특별대우'로 남고, 조직은 다시 이전 방식으로 돌아갈 수도 있었다. 그래서 그는 성과 기한을 엄수하겠다고 말했고, 책임을 명확히 하고, 팀과의 협업도 주기적으로 체크하겠다고 약속했다. 그러나 그가 진짜로 원했던 것은 실패하더라도 버텨낼 수 있는 구조, 몰입이 방해받지 않는 시간, 그리고 실험할 수 있는 공간이었다. 그에겐 "실패해도 괜찮다"는 말보다, "방해받지 않고 몰입할 수 있는 리듬을 허락해 달라"는 구조적 보장이 더 필요했다. 그래서 회의는 줄이고, 실시간 호출은 없애고, 비동기 협업과 집중 루틴을 설계한 것이다.

조직도 처음엔 불안했다. "정말 이 방식이 가능할까?", "다른 팀원들과 형평성 문제가 생기진 않을까?", "성과가 떨어지면 어떻게 하지?" 하지만 조직은 곧 한 가지 사실을 인정하게 된다. 기존 방식이 이미 그를 떠나게 만들고 있었다는 것. 계속해서 동일한 구조를 유지한다면, 다음은 또 다른 문용이 떠날지도 모른다는 예감. 그래서 본부장은 조용히 말했다. "이건 문용을 위한 조건이 아니라, 우리가 변화할 수 있는지를 시험하는 조건입니다." 그 말은 곧, 조직이 자신을 통제 주체가 아니라 학습하는 시스템으로 전환하고 있다는 의미였다. 이 실험은 성공했다. 문용은 몰입했고, 성과는 오히려 앞당겨졌고, 조직은 새로운 가능성을 경험했다. 그 결과, 이번 협상은 예외가 아니게 되었다. 심리적 안전감은 단지 마음을 편하게 해주는 배려가 아니라, 몰입이 가능하도록 설계된 구조적 신뢰였다. 문용은 그 신뢰 위에서 다시 자신을 회복했고, 조직은 그 실험을 통해 한 사람의 회복이 제도가 될 수 있음을 확인했다.

이 실험은 다행히 성공했다. 문용은 몰입했고, 성과는 오히려 앞당겨졌으며, 조직은 새로운 가능성을 경험했다. 그러나 중요한 건, 이 실험이 성공했기 때문에 의미 있는 것만은 아니라는 점이다. 만약 실패했더라도, 조직은 알아야 한다. 즉, "이 방식이 실패했다면, 문용의 문제가 아니라, 우리가 이 방식을 충분히 뒷받침할 구조를 갖추지 못한 것은 아니었는가?"라는 부분이다. I-deals는 언제나 성공만을 보장하지 않는다. 그러나 회복을 위한 실험을 허용하지 않는 조직은 결국 그 누구도 다시는 제안하지 않게 만든다. 중요한 것은 완벽한 결과가 아니라, 그 제안을 할 수 있는 심리적 기반, 실패해도 괜찮다는 구조적 허용, 그리고 그 실패를 다음 설계로 전환하려는 조직의 태도다. 물론 이번 사례는 그 실패를 실제로 경험하진 않았다. 하지만 이 실험은 하나의 질문을 남긴다. "이 방식이 실패했다면, 우리는 끝까지 함께 설계할 수 있었을까?" 그 질문에 명확히 답할 수 있다면, 이 실험은 단지 성공이 아니라, 조직이 '안전하게 실패할 수 있는 시스템'을 만들기 시작했다는 신호가 된다.

3.3.2 학습적 고찰 – 신뢰가 먼저일까, 성과가 먼저일까?

이번 사례는 단순한 근무 형태의 전환이 아니라, 몰입과 회복의 조건을 조직이 새롭게 설계하고, 그 구조 안에서 일과 정체성, 성과와 신뢰를 동시에 복원한 협상의 과정이었다. 조직의 제안은 형식파괴가 아닌, '존재 조건을 다시 묻는 시도'였고, 문용의 수용은 '특혜'가 아닌, '책임 기반의 설계참여'였다. 이 과정은 개인과 조직 모두에게 깊은 심리적, 제도적, 관계적 의미를 남긴다. 다음은 이를 뒷받침하는 주요 이론적 해석이다.

■ 개인의 시점 – 회복은 권리가 아니라, 구조다

● 자기결정이론(Self-Determination Theory)

문용은 스스로에게 엄격한 사람이었다. 조직이 요구하지 않아도 전략을 먼저 설계했고, 결과를 만들기 위해 자신의 삶을 유예하는 방식으로 일해 왔다. 그러나 그 과정에서 점점 자율성은 통제가 되고, 관계는 고립이 되며, 유능감 조차 소진으로 이어졌다. 그는 '성과는 냈지만, 존재는 지워지는' 경험을 반복하며 내면의 동기를 잃어갔다. 이 협상은 그런 구조를 재설계하려는 시도였다. 문용은 더 많은 권한을 요구한 것이 아니라, 자신의 시간을 조율하고, 감정의 경계를 지킬 수 있는 구조를 요청했다. 그리고 그 요청은 새로운 방식의 자율성과 책임을 가능하게 했다. 이 협상은 자율성이라는 감정적 권리를, 운영 가능한 틀로 전환한 실천이었다.

● 정체성 이론(Identity Theory)

정체성 이론에 따르면, 조직 안에서 개인이 수행하는 역할은 단순한 직무가 아니라 '나는 누구인가?'에 대한 인식과 연결된 정체성의 표현이다. 하지만 역할에 깊이 몰입한 나머지, 삶의 다른 영역이 희생되고, 자아가 점차 소멸되는 순간이 온다. 이는 역할과 정체성의 일치가 무너지는 것이 아니라, 정체성이 과도하게 하나의 역할에 흡수되어 자신을 잃는 상태다. 문용은 누구보다 헌신적으로 일했던 전략기획자였다. 법인을 살리고, 신사업을 설계하고, 위기를 기회로 바꾸는 데 앞장섰다. 조직 안에서의 존재감은 컸고, 그의 이름은 전략 그 자체와 같았다.

그러나 어느 순간, 문용은 그 모든 장면 속에 '나 자신이 없다'는 감각을 자주 마주하게 된다. 성과는 남았지만, 가족과의 약속은 해마다 미뤄졌고, 친구의 이름이 휴대폰에 뜨는 일도 드물어졌다. 퇴근길도, 주말도, 모두 다음 보고서를 준비하는 시간이었다. 그는 몰입의 대가로 존재를 잃어가고 있었다. Kreiner, Hollensbe, & Sheep(2006)은 직무에 대한 과잉몰입이 개인의 삶과 정체성 경계를 침범할 때, 오히려 그 직무가 자아를 고갈시키는 정체성 소진(identity strain)의 원인이 될 수 있다고 말한다. 특히 '일 중심의 동일화'가 지속되면, 개인은 자신이 일에 잠식당하고 있다는 정서적 탈정체화(disidentification)를 경험하게 된다.

문용이 결심한 사직은 단순한 피로의 표현이 아니었다. 그는 이 방식으로는 더는 나를 지킬 수 없다는 사실을 스스로 인정한 것이다. 그에게 사직은 일이 싫어서가 아니라, 일 속에서 자신이 사라졌다는 자각에 대한 응답이었다. 조직은 그 신호를 놓치지 않았다. 성과를 위한 단기복귀 요청이 아니라, 그가 스스로의 존재를 다시 설계할 수 있는 조건을 제안했다. "전권을 드리겠습니다. 회의도, 보고도 최소화하겠습니다. 기한 내 결과만 제시해주세요. 당신 방식으로 이 일을 완성해주십시오."

그 제안은 단지 유연근무가 아니었다. 삶의 리듬을 회복하고, 존재의 주도권을 되찾을 수 있도록 설계된 I-deals였다. 문용은 이 제안을 수락했다. 단, 몇 가지 조건을 덧붙였다. 주 1회의 비동기 점검, 실시간 소통 제한, 몰입시간 확보, 일정의 독립적 책임 등. 그는 더 이상 밤을 새우지 않았다. 아이와 함께 산책을 하고, 바다 근처 서재에서 조용히 전략을 다듬었다. 성과는 줄지 않았다. 오히려 더 정교하고 빨랐다. 그리고 그는 마침내 깨달았다. 자신을 지우지 않고도 조직에 기여할 수 있는 방식은 가능하다는 것을.

● 심리적 계약이론(Psychological Contract Theory)

문용은 누구보다 조직을 믿었다. 위기 때마다 앞장섰고, 말하지 않아도 방향을 제시했으며, 조직은 그를 신뢰했다. 그 신뢰는 계약으로 명시되지 않았지만, 오랜 시간 동안 성실히 작동해온 심리적 약속이었다. 그러나 문제는 조직이 그 약속을 어겼기 때문이 아니라, 문용 스스로 그 기대에 끝없이 응답하다가 지쳐버렸다는 데 있었다. 그의 퇴사는 신뢰의 붕괴가 아니라, 신뢰를 지나치게 감당해온 개인의 한계에서 비롯된 조용한 후퇴였다.

Coyle-Shapiro & Conway(2005)의 연구에 따르면, 심리적 계약이 깨졌기 때문에가 아니라, 계약을 일방적으로 수행해온 구성원이 탈진 상태에 이르렀을 때, 그 계약은 더 이상 유지될 수 없다고 느끼게 된다고 한다. 문용이 그만두려 한 이유도 정확히 그런 맥락이었다. 계약은 여전히 존재했지만, 감당할 수 없어진 것이었다. 그러나 흥미로운 것은, 조직의 제안이 그 계약을 해체하지 않고 오히려 더 분명히 드러냈다는 점이다. "성과는 요청하되, 방식은 전적으로 당신에게 맡기겠습니다." 이 제안은 단지 업무조건이 아니라, '우리는 여전히 당신을 신뢰한다.'는 메시지를 명시화한 심리적 계약의 재확인이었다.

Bal et al.(2013)은, 이처럼 I-deals를 통해 조직이 구성원에 대한 기대를 명확히 표현할 때, 구성원은 오히려 조직과의 심리적 유대를 더 강하게 인식하고, 그 관계 속에서 몰입과 성과를 회복할 가능성이 높아진다고 보고했다. 문용은 바로 그 지점에서 응답했다. 자신을 지우지 않아도 되는 조건, 몰입과 회복이 공존할 수 있는 구조 속에서 그는 다시 움직였고, 성과는 더욱 명확해졌다. 그는 떠났던 게 아니라, 이제 다시 '자기다운 방식'으로 일하기 시작한 것이다.

- **직무요구-자원 모형(Job Demands-Resources Model)**

문용은 탁월한 전략가였지만, 그에게 주어진 구조는 그것을 뒷받침하지 못했다. 실시간 피드백, 반복되는 보고, 많은 책임에 비해 결정권한은 적은 구조 속에서 그는 점차 에너지를 소진해갔다. 과중한 업무요구(Job Demands) 대비, 자율성·회복시간·정서적 지지 같은 직무자원(Job Resources)은 부족했다. 그는 일 자체에 지친 것이 아니라, 그 일을 수행하는 '방식'에 고갈되고 있었던 것이다. 결국 그는 퇴사를 결심했지만, 조직은 오히려 그 시점에서 새로운 제안을 내놓았다. 회의시간, 보고방식, 업무설계 전반에 대한 조정 가능성을 열어준 이 제안은, 단순한 배려가 아닌 새로운 직무자원(Resource)으로 작동했다. 권한의 부여, 시간의 재설계, 실험 실패에 대한 안전장치 등은 그에게 심리적 회복공간을 마련해주었고, 이로 인해 그는 다시 몰입할 수 있었다.

이러한 과정은 Bakker & Demerouti(2007)가 말한 JD-R 모형의 핵심원리와 맞닿아 있다. 이들은 높은 직무요구가 번아웃을 유발하지만, 적절한 자원이 제공되면 몰입은 회복될 수 있다고 보았다. 실제로 Xanthopoulou et al.(2009)의 연구에서도 자율성과 상사 지지가 높은 경우, 높은 직무요구에도 불구하고 몰입이 유지되거나 회복됨이 확인되었다. 문용이 경험한 변화는 바로 그 이론의 실제 구현이었고, 이로 인해 그는 '퇴사 직전의 고성과자'에서 '몰입을 설계하는 전략가'로 전환될 수 있었다.

- ■ **조직의 시점 - 절차는 형식이 아니라, 신뢰다**
- **절차 공정성 이론(Procedural Justice Theory)**

문용의 과도한 업무몰입은 일정과 관계, 감정까지 잠식하고 있었다. 그 변화를 조직은 먼저 감지했다. 성과는 유지됐지만, 사람이 보이지 않는다는 것. 그래서 조직이 먼저 제안했다. "당신의 시간을 당신이 설계해보라"고.

이 제안은 단순한 유연근무 권한이 아니었다. 그것은 절차의 본질을 되묻는 조직의 질문이었다. 조직은 동일한 절차만을 공정성의 기준으로 삼는 방식을 버리고, '맥락에 맞는 조정 가능성' 자체를 하나의 공정한 운영 원칙으로 수용했다. 결과보다 과정을, 통제보다 조율을 택한 조직의 응답은 절차 공정성을 형식이 아닌 관계의 구조로 재해석한 실험이었다.

● 심리적 안전감(Psychological Safety)

문용에게 주어진 기회는 단순한 근무방식의 조정이 아니었다. 그것은 실패의 가능성까지 포용하는 '실험의 공간'이었다. 조직은 먼저 '당신의 시간과 업무를 스스로 조정해보라'고 제안했으며, 그 제안은 성과를 강제하거나 결과만을 평가하려는 접근이 아니었다. 실패에 대한 구체적 보장은 없었지만, 조직의 제안 자체가 '정답'보다 '과정'을 중시한 것이었기에, 문용은 그 실험이 단순한 업무방식 변경이 아니라 신뢰 기반의 회복 시도라고 받아들일 수 있었다. 이처럼 심리적 안전감은 말보다 구조로 전달되며, 조직은 바로 그 구조를 먼저 설계했다.

● 제도화 이론(Institutional Theory)

Scott(2001)은 조직의 제도는 단지 규칙이 아니라 문화적 인식과 정당성의 총체라고 말한다. 이번 사례에서 문용에게 제안된 근무방식은 단발성 조치가 아니었다. 조직은 그의 과거 성과와 업무성향을 고려해, 새로운 방식의 일 수행이 필요하다는 진단을 먼저 내렸고, 이를 제도로 실험하고자 했다. 이 과정에서 중요한 것은 '예외를 허용한 것'이 아니라, 그 예외를 조직의 철학에 기초하여 '가능한 선택지'로 여겼다는 점이다. 문용이 선택한 자율적 시간조정, 비동기 보고, 집중 루틴은 제도 바깥의 돌발행위가 아니라, 제도 안에서 허용된 실험이었다. 조직은 이 실험이 일회성으로 끝나지 않도록 피드백을 공유하고, 적용 가능성을 검토하는 구조까지 함께 설계했다. 이는 개인의 요청을 조직이 수용한 것이 아니라, 조직이 먼저 가능성을 제안하고, 그것을 제도로 확장하려는 시도였다.

● 상호작용 공정성 이론(Interactional Justice)

이번 사례에서 가장 인상적인 지점은 '제안의 방식'이었다. 조직은 문용에게 변화를 요구하지 않았다. 대신 이렇게 물었다. "당신이 더 잘 일할 수 있는 방식이 있다면, 그것을 함께 설계해보자." 이 질문은 단지 소통이 아니라, 깊은 존중과 신뢰의 표현이었다. 문용은 평가받는 입장이 아니라, 공동 설계자로 참여했고, 그 관계성 속에서 자신의 일과 삶을 재구성할 수 있었다. 이때 중요했던 것은 '어떻게 말했는가?'였다. 조직은 계획을 통보하지 않았고, 그의 언어를 경청하고, 판단 없이 수용했다. 이 상호작용의 질이 협상을 가능하게 만든 심리적 조건이었고, 문용이 그 변화를 '수용'이 아닌 '참여'로 인식할 수 있게 한 결정적 요인이었다.

문용의 협상은 권한을 더 달라는 요청이 아니라, 존재의 경계를 지키기 위한 구조의 제안이었다. 그는 단지 자신의 시간과 에너지를 보호하고 싶었던 것이 아니라, 자신이 누구이며 어떤 방식으로 일하고 싶은지를 조직 안에서 다시 말할 수 있는 공간을 필요로 했다. 그리고 조직은 그 말을 '이상'으로 여기지 않고, 현실 가능한 실험으로 수용했다. 이 협상이 가능했던 것은 두 가지 조건 덕분이다. 하나는 문용의 '실행 가능한 설계'였고, 다른 하나는 조직의 '수용 가능한 구조'였다. 성과를 통해 존재를 증명해야 했던 문용은, 이제 구조를 통해 신뢰를 나누는 사람으로 전환되었고, 조직은 그 전환을 통제가 아닌 조율의 구조로 설계했다. 이 협상은 감정의 회복이 아니라, 신뢰의 언어로 설계된 정체성과 관계의 재구축 과정이었다.

3.3.3 회복을 설계한 조직 – 협상은 말이 아니라 구조다

많은 사람들은 협상을 '무언가를 얻어내기 위한 설득'으로 생각한다. 그러나 문용의 사례는 그 전제를 바꿔 놓는다. 그는 감정을 호소하지 않았고, 특별한 권리를 요구하지도 않았다. 대신 자신의 업무와 시간, 에너지의 흐름을 지킬 수 있는 구조가 필요하다는 사실을, 사직서라는 조용한 방식으로 표현했다. 그리고 놀라운 것은, 조직이 그 신호를 두려워하지 않았다는 점이다.

우리는 이 사례를 통해 협상이 단지 말의 기술이 아니라, 조직과 개인이 함께 설계하는 신뢰의 구조임을 확인하게 된다. 문용은 어느 날 갑자기 무너진 것이 아니었다. 성과는 계속 냈고, 전략도 여전히 그가 주도하고 있었다. 하지만 점점 삶이 사라졌고, 관계는 멀어졌으며, 그는 '일을 하고 있음에도 존재하지 않는 느낌'을 품게 되었다. 그 침묵의 감각 끝에서, 그는 조용히 사직서를 냈다. 그 선택은 회피가 아니었다. 그는 이렇게 말하고 있었던 것이다. "이 일이 나빠서가 아니라, 이 방식이 나를 지운다면, 나는 멈춰야 합니다."

조직은 설득하지 않았다. 대신, "당신이 이 일을 계속할 수 있으려면, 어떤 방식이 필요합니까?"라는 질문을 던졌다. 회복의 제안은 조직이 먼저 시작한 것이었고, 그 제안을 실질적인 구조로 구체화한 것은 문용이었다. 그는 자율적 시간운영, 비동기 보고, 집중 루틴을 포함한 프로젝트 운영 조건을 설계했고, 조직은 그 설계를 감정이 아닌 실행 가능한 실험으로 받아들였다.

이 협상은 단지 일의 방식이 아니라, 정체성과 신뢰를 복원하는 새로운 구조의 시작이었다. 그리고 그 구조 안에서 문용은 다시 일에 몰입할 수 있었고, 조직은 그 실험을 통해 통제보다 신뢰가 강력한 운영 원칙이 될 수 있다는 사실을 확인하게 되었다. 이 사례가 남긴 전략적 통찰은 명확하다.

- 협상은 특혜를 위한 요청이 아니라, 일과 삶 사이에서 나를 회복하려는 구조의 제안이다.

- 정체성의 회복은 감정의 표현이 아니라, 몰입할 수 있는 방식의 재설계에서 시작된다.
- 조직은 감정보다 실험에 응답하고, 해석보다 구조에 반응한다.
- 설득은 판단을 부르고, 설계는 수용을 가능하게 만든다.
- 신뢰는 실패하지 않는 사람에게 주어지는 것이 아니라, 실패를 감당할 준비가 되어 있을 때 만들어진다.
- I-deals는 사적 편의가 아니라, 공적 회복을 위한 제도적 실험이다.
- 그리고 변화는, 가장 조용한 한 사람의 제안에서 시작될 수 있다.

문용은 떠나지 않았다. 대신, 그는 자신을 잃지 않기 위해 조직 안에서 다시 살아갈 수 있는 구조를 그려냈다. 그 설계는 감정의 호소가 아니라, 몰입의 리듬을 회복하기 위한 실천이었고, 조직은 그 제안을 받아들여, 통제보다 신뢰를 선택하는 방식으로 전환했다.

그렇다면 우리는 무엇을 할 수 있을까? 이 사례는 단지 한 명의 복귀가 아니라, 지금도 일 안에서 점점 자신이 사라지고 있다고 느끼는 사람들에게 필요한 질문은 다음과 같다. "지금 당신이 지켜야 할 일의 방식은 무엇인가?", "지금 당신이 회복해야 할 관계는 누구인가?", 그리고 "그 모든 회복을 가능하게 할 조건은 무엇인가?"

이 사례가 남긴 실천적 지침은 다음과 같다.
- 회복은 감정이 아니라 구조에서 시작된다.
- 협상은 이득을 얻기 위한 도구가 아니라, 존재를 회복하기 위한 언어다.
- 대안은 작을수록 실행 가능하고, 작을수록 조직을 더 크게 흔든다.
- 정체성은 직책이 아니라, 나다움을 설명할 수 있는 방식에서 비롯된다.
- I-deals는 편의를 구하는 것이 아니라, 몰입을 설계하는 방법이다.
- 신뢰는 동의보다 설계에서 생기며, 실패를 감당할 수 있을 때 진짜로 시작된다.
- 그리고 결국, 조직은 제안하는 사람보다, 그 제안을 받아들이는 방식으로 변화한다.

4. 말할 수 있는 조직, 회복할 수 있는 문화

그들은 말하지 않았다. 혹은, 말할 수 없었다. 자신의 자리에서 묵묵히 일했고, 회의에 참석했으며, 보고서를 제출했다. 그러나 그들의 말은 점점 짧아졌고, 감정은 드러나지 않았으며, 존재는 점차 희미해져 갔다. 그렇게 말이 줄고 감정이 사라지는 침묵 속에서, 그들은 점점 자신에게 묻기 시작했다. "나는 지금 무엇을 위해 이 일을 반복하고 있는가?", "이 일은 여전히 내 존재를 담을 수 있는가?"

그 질문은 단지 감정의 문제가 아니라, 일의 방식, 참여의 의미, 관계의 자리를 다시 되묻는 것이었다. 그리고 그 물음은 조용한 실천으로 이어졌다. 정희는 회의시간의 의미를 되물었고, 상훈은 보고방식의 목적을 재설계했으며, 문용은 일의 구조 전체를 다시 짜는 가능성을 제안했다. 그들은 협상을 시작한 것이 아니었다. 다만 '말할 수 있는 조건'을 조심스럽게 찾아 나선 것뿐이었다. 그들의 말은 감정이 아니라 구조였고, 불만이 아니라 질문이었으며, 변화를 요구한 것이 아니라 회복을 요청한 것이었다. 그들은 조직에 무엇인가를 요구한 것이 아니라, 자기 자신이 누구인지 다시 말하고자 했다. 처음엔 작은 요청이었다. 30분의 회의시간 조정, 보고방식의 전환, 출퇴근의 유연성. 하지만 그 요청은 단순한 근무조건이 아니었다. 그것은 정체성을 복원할 수 있는 최소 단위의 실천이었다. 그리고 이 실천은 조직과 개인 사이에 잊혀졌던 '관계'를 다시 호명하는 일이었다.

I-deals는 하나의 제안이지만, 동시에 대화의 문법을 바꾸는 새로운 언어였다. 그 안에는 "나는 왜 이 일을 해야 하는가?"라는 개인의 질문 "우리는 어떻게 이들과 함께 일할 수 있는가?"라는 조직의 질문이 맞물려 있었다. 그리고 이 조용한 균열은, 조직이 당연하게 여겨온 절차와 공정성, 제도의 전제들을 다시 묻게 만들었다. 중요한 것은 이 협상들 '특별한 사람들'이 만들어낸 이례적인 사례가 아니라는 점이다. 정희, 상훈, 문용은 모두 현실에 존재하는 평범한 구성원이었고, 그들의 제안은 누구나 시도할 수 있는 회복의 언어였다. 그들의 요청이 받아들여졌다는 사실보다 더 중요한 것은, 그 요청이 조직의 구조를 조금씩 바꾸기 시작했다는 사실이다. 그들의 말은 사람을 살렸고, 그 말을 들은 조직은 스스로의 방식 또한 돌아보기 시작했다. 조직은 누군가의 침묵에 안도해서는 안 된다. 말하지 않는 것은 무해한 것이 아니라, 회복을 포기한 상태이며, 정체성을 숨긴 몰입의 상실이기 때문이다.

이 장이 말하고자 한 것은 단순한 협상의 기술이 아니다. 그것은 존재의 언어로 조직을 다시 말하는 방식, 그리고 감정의 소진을 견디는 것이 아니라 다시 말하고 다시 연결되는 회복의 전략이다. 우리가 주목해야 할 것은, 회의 시간 30분이 아니라 그 30분을 조정하기 위해 던진 질문이다. 보고방식의 재설계가 아니라, '왜 이 보고가 필요한가?'라는 근본을 되짚는 용기다. 출퇴근 유연성이 아니라, 그 시간 속에 잊고 있던 자기 정체성을 되찾고자 했던 시도다. 결국 I-deals는 특별한 사람'이 조직을 바꾸는 방식이 아니라, '평범한 사람'이 자신의 정체성, 언어, 역할, 시간을 회복함으로써 조직을 조용히, 그러나 근본적으로 움직이는 방식이다. 그리고 지금, 그 가능성은 당신에게도 열려 있다.

PART

6

회복 이후,
실천의 삶으로

지금 여기서, 무엇을 바꿀 것인가?
– 회복을 위한 실천 지침서

책을 덮기 전에, 우리는 다시 돌아와야 한다. 처음 그 질문으로. "나는 왜 이 일을 하고 있는가?", "이 일이 나를 말해주고 있는가?" 이 책은 단지 공정성 이론을 해설하거나, 리더십이나 직무설계 도구를 소개하려던 책이 아니다. 이 책이 말하고자 했던 것은 단 하나였다. **"감정은 사라질 수 있지만, 관계는 다시 설계될 수 있다."** 그리고 그 회복은 '말할 수 있음'에서 시작된다는 사실이다. 우리는 정서적 몰입으로 시작된 관계가 어떻게 조직의 불공정 속에서 깨지고, 떠날 수 없어 남은 '유지적 몰입'으로 변하는지를 살펴보았다. 겉으로는 성실하게 남아 있지만, 내면은 떠나버린 상태. 그것이 바로 이 책이 처음부터 경고하고자 했던 심리적 사직이었다. "직무는 유지되었지만, 의미는 끊긴 상태", "성과는 보이지만, 정체성은 사라진 상태", 그 위험한 몰입의 틈을 메우기 위해 우리는 공정성 회복, 서번트 리더십, Job Crafting, 그리고 I-deals를 탐색해왔다. 그 여정에서 우리는 리더의 경청, 직원의 조용한 요청, 시스템 바깥에서 피어난 가능성의 언어를 함께 보았다. 이제 책의 마지막에 다다른 지금, 우리는 다시 되묻는다. "그럼 나는, 지금 여기서 무엇을 바꿀 수 있는가?"

이 질문에 답하기 위해, 이 장은 아주 구체적인 실천항목들을 제안하려 한다. 그것은 규범이 아니고, 의무도 아니며, 어떤 이상주의적 구호도 아니다. 지금 당신이 일하고 있는 그 자리에서 시작할 수 있는 변화, 즉. '말하지 못했던 것을 다시 말하게 하고, 지워진 나를 다시 회복하고, 잊고 있던 관계를 다시 설계하는 '다음 걸음'이다.'

1. 회복은 어디서 시작되는가? - 감정, 구조, 그리고 실천

그런데 어느 순간부터 뭔가가 조금씩 달라졌다. 일은 열심히 했지만, 돌아오는 보상은 늘 비슷했고, 더 많이 노력해도 결과는 바뀌지 않았다. 누군가는 결과보다 사람이었고, 누군가는 사람보다 결과였다. 그 경계는 늘 흐릿했고, 어떤 기준이 적용되는지는 당사자가 되기 전까지는 알 수 없었다. 회의는 있었지만, 말은 이미 정해진 순서대로만 흐르고 있었고, 결정은 공론을 거쳤지만, 결론은 처음부터 알고 있는 사람이 있었다. 목소리는 들리는 듯했지만, 반영되지 않았고, 절차는 공정한 척했지만, 실제로는 형식만 남은 공연 같았다.

내가 말을 꺼냈을 때, 분위기가 미묘하게 달라졌다. 정확한 반박은 없었지만, 표정 하나, 말투 하나가 내 용기를 지웠다. 그들은 틀리지 않았지만, 나는 틀린 사람이 된 것 같았다. 그리고 언젠가부터, 내가 느꼈던 불편함과 억울함을 말할 기회조차 사라졌다. 무언가 잘못되었음을 알았지만, 그걸 바로잡기엔 너무 늦었거나, 이미 아무도 듣지 않는 듯했다. 무언가가 틀어졌을 때, 그걸 회복하려는 사람은 없었다. 그저 시간이 지나면 잊히는 문제처럼, 그저 다시 예전처럼 행동하면 아무 일도 없었던 것처럼, 상처는 감춰졌고, 관계는 조용히 무너졌다. 그래도 난 남아 있었다. 해야 할 일은 했고, 결과도 만들었고, 지각도 하지 않았다. 그런데 언젠가부터 이런 생각이 들기 시작했다. "나는 왜 이 일을 하고 있는 거지?", "이 일이 정말 나를 말해주고 있는 걸까?"

그리고 그때 알게 되었다. 내가 지금 '유지적 몰입'이라는 상태에 있다는 것을. 떠나지는 않았지만, 더 이상 머물고 있지도 않은 상태. 형식적으로는 일하고 있지만, 내 정체성과 감정은 그 일에서 점점 멀어지고 있었던 상태였다.

이 책은 바로 그 지점에서 시작되었다. 유지적 몰입은 단지 떠날 수 없기에 남은 몰입이고, 그 상태는 곧 심리적 사직, 그리고 정체성 소외로 이어지는 '정지된 관계'다. 우리는 그 관계를 회복하기 위한 여정을 함께 걸어왔다. 공정성의 회복, 서번트 리더십, Job Crafting, 그리고 I-deals. 이제 그 긴 여정의 끝에서, 한 가지 질문 앞에 서 있다. "그럼 나는, 지금 무엇부터 바꿔야 할까?"

회복은 누가 대신해주는 일이 아니다. 말하고, 듣고, 조정하고, 요청하는 작은 실천의 반복에서 시작된다. 이 장은 바로 그 실천의 항목들을 정리하려 한다. 그 실천은 새로운 프로그램이 아닌, 일상의 리듬 속에서 말하고 듣는 방식의 전환이다. 지금 이 자리에서, 오늘 할 수 있는 변화의 목록이다. "그동안 우리는 무엇을 놓쳤고, 지금 우리는 무엇을 바꿀 수 있는가?"

2. 회복의 리듬, 실천의 조직문화로

이제 우리는 회복의 감정이 어떻게 '실천의 조직문화'로 확장되는지를 살펴보려 한다. 말 한마디, 질문 하나, 응답의 리듬처럼 사소해 보이는 행동들이 사실은 조직 내 감정의 구조를 결정짓는다. 회복은 어느 날 갑자기 일어나지 않는다. 그것은 리더의 언어에서 시작되어, 구성원의 행동으로 이어지는 반복적인 실천의 결과다. 이제 회복이 어떻게 조직 안에 문화로 자리 잡을 수 있는지를 세 가지 관점 – 리추얼, 서번트 리더십, Job Crafting – 을 통해 구체적으로 살펴본다.

2.1 회복은 '한 번의 말'이 아니라 '반복되는 리듬'이다

회복은 한 번의 말, 한 번의 위로, 한 번의 변화로 일어나지 않는다. 회복은 리듬에서 시작된다. 그리고 그 리듬을 만들어주는 것이 바로 리더의 역할이다. 최근 조직심리학과 HR 분야에서는 이 반복적 리듬을 'Ritual'이라 부른다. Ritual은 단순한 습관이 아니다. 그것은 조직이 감정을 구조 속에 포함시키는 방식이며, 일상 속에 안전지대를 심는 심리적 장치다.

- **즉흥적인 공감이 아니라, 모두가 아는 정해진 감정의 순서**
- **한 번의 말 걸기가 아니라, 매주 반복되는 질문**

예컨대, 어떤 팀에서는 매주 회의가 시작되기 전 다음과 같은 질문을 던진다.

"이번 주에 가장 힘들었던 순간은 무엇이었나요?" 이 질문은 해결을 위한 것이 아니다. 반응보다 경청이, 피드백보다 이해가 중요한 순간이다. 그리고 회의가 끝날 즈음에는 다시 한 문장을 요청한다. "오늘 회의에서 인상 깊었던 점 한 가지씩 나눠볼까요?"

이 단순한 흐름은 '말할 수 있다'는 신호가 되어, 조직 분위기를 바꾼다. 감정은 회피할 것이 아니라, 흐르게 해야 할 대상이다. 그리고 그 흐름은 리더가 만들어낸다. 이러한 반복 구조가 중요한 이유는 예측 가능성 속에서 안정감을 주기 때문이다. Amy Edmondson은 '심리적 안전감'을 "실패나 비판의 두려움 없이 행동할 수 있는 환경"이라고 정의했다. 반복되는 질문, 정해진 말의 순서, 공감을 유도하는 폐회 멘트는 구성원에게 "이 공간은 안전하다"는 리듬을 학습시킨다. 결국 Ritual은 말의 기술이 아니라, 감정을 순환시키는 구조다. 리더는 그 구조의 설계자이며, 회복은 그 리듬 속에서 자란다.

2.2 서번트 리더십은 철학이 아니라 '일상의 언어'다

서번트 리더십은 거창한 철학이 아니다. 그것은 하루의 태도, 말투, 반응 속에 녹아든다. 위에서 끌어당기는 리더가 아니라, 아래에서 받쳐주는 리더가 되어야 한다. 그리고 그 받침은 거대한 행동이 아니라, 일상의 짧은 언어로 시작된다. 예를 들어, 한 리더는 일상 업무에 대해 이렇게 묻는다. "이 일이 당신에게 어떤 의미였나요?", "불편했던 점이 있다면 무엇이었나요?", "다시 한다면 어떤 방식으로 해보고 싶으신가요?"

이런 질문은 성과를 묻는 것이 아니라 경험을 묻는 질문이다. 그 자체로 리더는 구성원의 일과 감정을 함께 존중하고 있음을 보여준다. 그리고 실수에 대해서도 평가가 아니라 성장을 유도하는 말이 필요하다. "다음엔 더 잘하자." 보다는, "이번 시도에서 좋았던 점은 무엇이었나요?"

이렇게 물을 때, 감정은 닫히지 않고 연결된다. 리더는 문제를 지적하는 사람이 아니라, 실험을 동행하는 사람이어야 한다. 로버트 그린리프는 서번트 리더십을 "먼저 섬기고자 하는 마음에서 시작되는 리더십"이라 정의했다. 그 철학은 구성원의 성장과 회복을 우선하는 태도이며, 리더가 앞서 말하는 것이 아니라 먼저 들어주는 존재가 되는 데서 출발한다. 이런 리더가 있을 때, 구성원은 일에 감정을 담을 수 있다. 그리고 감정을 담을 수 있을 때, 일은 더 이상 과제가 아니라 관계가 된다.

2.3 Job Crafting은 혼자 하는 게 아니다 – '해도 괜찮다'는 신호

많은 리더는 Job Crafting을 직원이 자율적으로 만들어가는 개인 실천으로만 이해한다. 하지만 실은 그 반대다. 자율은 허용 없이는 작동하지 않는다. 자율적으로 보이는 행동일지라도, 그 시작에는 늘 '이렇게 해도 되는가?'라는 질문이 전제된다. 이 질문에 대해 '괜찮다'는 신호를 보내주는 존재가 바로 리더다.

Job Crafting은 혼자 몰래 시작할 수는 있어도, 조직 안에서 지속되기 위해서는 반드시 리더의 묵인, 허용, 분위기, 그리고 신호가 필요하다. 리더가 직접 도와주지 않더라도, 그가 묵묵히 지켜봐주는 것만으로도 직원에게는 강력한 자율의 신호가 된다. 이러한 주장에는 최근 Job Crafting 이론의 변화가 이론적 근거가 된다. 초기에는 Wrzesniewski와 Dutton(2001)이 제시한 대로 '개인이 주도적으로 자신의 업무를 조정하는 창발적 행위'로 설명되었지만, 최근 연구들은 이 자율조정이 조직 구조와 리더의 분위기 속에서 촉진되거나 억제된다는 점에 주목하고 있다.

Tims와 Bakker(2010)의 Job Demands-Resources(JD-R) 기반 Job Crafting 연구는 이를 대표한다. 이들은 구성원이 직무요구(Job Demands)를 줄이고, 자원(Job Resources)을 늘리는 방식으로 Job Crafting을 실천한다고 보았다. 그런데 이 과정은 단지 개인의 의지만으로 가능한 일이 아니다. 구조적으로 허용되지 않는 조직, 리더가 과도하게 통제하는 문화에서는 Job Crafting이 실현되기 어렵다.

또한, Amy Edmondson의 '심리적 안전감'(Psychological Safety) 이론 역시 이를 뒷받침한다. 구성원이 실패나 평가에 대한 두려움 없이 말하고 행동할 수 있는 팀 분위기, 그것이 바로 Job Crafting의 출발점이다. 안전하다고 느끼지 않으면 누구도 감히 자신의 업무를 스스로 조정할 수 없다. 결국 Job Crafting은 자율의 문제이기 이전에 '허용된 자율성(permitted autonomy)'의 문제다. 그리고 이 허용은 제도나 메뉴얼에 있는 것이 아니라, 리더의 말투, 리액션, 표정, 그리고 아무 말 없이 넘겨준 그 순간의 공기 속에 있다.

그렇다면, 리더는 어떻게 이러한 '허용된 자율성'을 만들어줄 수 있을까? 정답은 거창한 프로그램이나 제도에 있지 않다. 때로는 짧은 말 한마디, 조용한 지지의 눈빛, 루틴을 넘길 수 있는 묵인의 태도가 직원에게 가장 큰 구조가 된다. 예를 들어 이런 말이다. "한번 시도해보시고, 결과를 함께 봐요."

이 짧은 문장은 정체성 회복의 시발점이 된다. 그리고 그 시도에 실패가 따를 수도 있다. 그러나 그때 리더는 실패를 비난하는 대신, 용기를 인정해야 한다. "잘 안 됐지만, 시도한 과정은 의미 있었어요."

이것이 바로 심리적 안전감이며, 이는 Job Crafting의 절대적 전제다. 또한 물리적 조건도 중요하다. 업무의 시간과 방식에 유연성을 부여해야 한다. "이번 업무는 원하는 방식으로 구성해보세요." "이 루틴은 꼭 따르지 않아도 괜찮아요."

그렇게 만들어지는 구조적 자율성이 감정의 회복을 가능케 한다. 결국 Job Crafting은 새로운 일을 시작하는 게 아니다. 지금 하고 있는 일을 다시 말할 수 있게 되는 회복의 실천이다. 그리고 그 말의 시작은 언제나 "말해도 된다."는 분위기에서 비롯된다. 누군가 조심스럽게 경계를 바꾸려 할 때, 리더는 묻지 않고 기다려주는 사람이 되어야 한다. 결과를 평가하는 대신, 그 시도 자체를 인정해주는 사람. Job Crafting은 '혼자 잘하는 사람'을 만드는 전략이 아니다. 오히려 '함께 버티는 조직'을 만들어가는 관계적 행위다. 직원이 직무를 다시 설계할 수 있을 때, 조직은 구성원을 다시 신뢰할 수 있게 된다. 그렇게 만들어진 허용의 공간속에서, 일은 다시 감정과 연결된다.

3. 직원을 위한 실천항목 - 다시 일속에서 나를 설계하기

Job Crafting은 결국 자기 자신에게 묻는 질문에서 출발한다. 누가 시켜서가 아니라, 스스로 다시 일에 의미를 부여하고자 할 때, 우리는 다음과 같은 질문들 앞에 서게 된다. "지금 내 일에서 내가 선택할 수 있는 일은 무엇인가?", "내가 가장 몰입했던 순간은 언제였는가?", "그 순간을 더 자주 만들기 위해 지금 어떤 시도를 할 수 있을까?"

이 질문들은 거창한 결심이 아니라, 아주 작은 자율성에서 시작된다. 내가 스스로 선택할 수 있는 과업이 있다는 감각, 예전의 몰입을 떠올리며 다시 그것을 설계할 수 있다는 가능성. 이 감각은 '해야 하니까 하는 일'이 아니라, '하고 싶어서 다시 구성하는 일'로 나를 이끈다. Job Crafting은 바로 그 순간을 조직 안에 다시 불러오는 회복의 전략이다. 그렇다면 구체적으로, 나는 무엇을 바꿀 수 있을까?

Tims와 Bakker의 JD-R 모델에 기초한 Job Crafting에 따르면, 직무를 구성하는 요소를 '자원(Resources)'과 '요구(Demands)'라는 두 가지 축으로 구분했다. 그중 자원은 직무 몰입과 정체성 회복의 핵심 동력이며, 다음과 같이 네 가지 방향에서 실천할 수 있다:

- **사회적 자원(Social Resources):**

상사, 동료, 팀으로부터 받는 심리적·실무적 지원을 말한다. 피드백, 정서적 지지, 협력 경험 등은 "내가 조직 안에서 연결돼 있다"는 감각을 만든다. 이 감각은 관계적 소외에서의 회복을 가능하게 해준다.

- **구조적 자원(Structural Resources):**

일을 스스로 설계할 수 있는 권한과 여유, 결정 재량, 자율성을 뜻한다. 일의 흐름을 일부라도 내가 조절할 수 있다는 경험은 '이 일이 내 것이다'라는 주인의식과 정체성 감각을 회복시키는 데 핵심적이다. 구조적 자원은 내가 일의 흐름, 순서, 방식 등을 조정할 수 있다는 감각이며, 그 감각은 자율성과 주인의식을 회복하는 핵심 기반이다.

- **도전적 요구(Challenging Demands):**

약간 어렵지만 성장을 유도하는 업무 과제나 프로젝트를 말한다. 적절한 긴장과 학습 가능성은 '나는 발전 중이다'라는 내적 확신을 준다. 이러한 요구는 스트레스를 유발하는 방해적 요구와는 달리, 몰입과 의미를 회복하는 긍정적 자극으로 작동한다.

- **방해적 요구(Hindering Demands):**

반복적이고 불필요한 절차, 정보 과부하, 의미 없는 규칙 등. 몰입을 방해하는 요소들을 말한다. 이를 줄이는 것은 감정을 보존하고 집중을 회복하는 출발점이다.

이 네 가지 자원과 요구는 단지 개념이 아니다. 실제로 내가 일하는 방식, 사람을 대하는 태도, 일에 반응하는 감정을 조정하고 회복하기 위한 구체적 실천의 기준이다. 지금부터는 그 실천이 어떤 방식으로 가능할 수 있는지를 하나씩 짚어보려 한다.

● 사회적 자원 늘리기

일은 혼자 할 때보다 함께할 때 살아난다. 동료에게 먼저 피드백을 요청하거나, 누군가의 시도를 칭찬해주는 작은 말이 '나는 혼자가 아니다'라는 감각을 만든다. 그 감각은 조직 안에서 '존재한다.'는 감정을 회복시킨다.

● 구조적 자원 늘리기

몰입은 자율성에서 비롯된다. 작게는 아침의 루틴을 스스로 설계하고, 크게는 업무의 양식이나 흐름을 제안하는 것부터 시작된다. 이런 구조적 권한의 경험이 누적될 때, 업무는 타인의 지시가 아닌 나의 계획으로 바뀐다. 주인의식은 바로 그 흐름 속에서 자란다.

● 도전적 요구 늘리기

우리는 너무 오래 안전지대에 머물렀다. 성장이 멈춘 상태는 곧 정체성의 침전이다. 때로는 스스로 손을 들어 새 프로젝트에 참여하거나, 조금 어려운 과업을 요청해보는 것이 필요하다. 일이 주는 긴장감은 자기효능감을 되살리는 촉매가 된다.

● 방해적 요구 줄이기

몰입은 의지만으로 되지 않는다. 의미 있는 일조차 불필요한 알림과 반복된 절차에 묻히면 사라진다. 무의미한 보고서를 줄이자고 제안하고, 집중을 방해하는 회의 구조를 개선하며, 일정 시간만큼은 방해받지 않는 루틴을 확보하는 것이 몰입의 전제 조건이 된다.

그리고 여기서 한 걸음 더 나아가보자. Job Crafting은 혼자 실천할 수 있지만, 그 변화가 더 강력해지는 순간은 작은 I-deals 제안과 만날 때다. 정식절차가 아닌 '작은 요청'의 방식으로, 나의 일과 방식, 리듬, 필요에 대해 말할 수 있을 때, 그 변화는 나만을 위한 것이 아니라, 조직도 수용할 수 있는 공동의 구조로 나아간다. 이때 도움이 되는 도구가 있다. '한 장짜리 제안서'를 써보는 것. 지금 바꾸고 싶은 일의 방식, 그 변화가 나에게 주는 의미, 조직에 주는 이득, 그리고 동료에게도 동일하게 적용될 수 있는 조건을 짧게 정리해보는 것만으로도, 그 변화는 단순한 바람이 아니라 실현 가능한 협상이 된다. 물론, 그 제안이 받아들여지기 위해서는 몇 가지 조건이 필요하다. I-deals의 회복적 협상 조건은 다음 여섯 가지로 정리할 수 있다.

- BATNA – 내부대안이 있는가?

단지 거절당할 것이 두려워 제안하는 것이 아니라, 조정이 안 될 경우를 고려한 현실적 대안이 있는가?

- **장기지향성 – 단기편의를 넘어서 있는가?**

피로 회피가 아니라, 일의 구조적 회복을 위한 제안인가?

- **절차공정성 – 상대의 역할을 존중했는가?**

말하는 방식, 타이밍, 언어가 존중 기반 위에 있는가?

- **상호작용공정성 – 비난이 아니라 제안으로 말했는가?**

조직을 공격하는 대신, 함께 고민하자고 말했는가?

- **설명력 – 모두가 납득할 수 있는 이유인가?**

동료가 듣고도 고개를 끄덕일 수 있는 근거인가?

- **심리적 안전감 – 지금 말해도 괜찮은 분위기인가?**

조직과 리더가 보낸 신호, 말할 수 있는 타이밍이 조성되었는가?

이 여섯 가지는 단지 협상의 기술이 아니다. 그것은 관계를 무너뜨리지 않으면서도 자기감정을 회복하고, 조직 안에서 정체성을 다시 설계할 수 있는 실천의 조건들이다. 결국 Job Crafting은 나를 바꾸는 일이지만, 나를 바꾼다는 것은 곧 조직과 나의 관계를 다시 짜는 일이기도 하다. 그래서 회복은 혼자 시작할 수 있지만, 함께 설계될 때에야 지속 가능해진다.

4. 문화로 확산되기 위한 실천항목 – 제도 이전에, 일상의 조건부터

모든 변화는 처음엔 작다. 한 사람의 말투, 한 회의의 질문, 한 업무의 조정으로 시작된다. 그러나 그 변화가 반복되고, 조직 안에 스며들기 시작할 때 그것은 어느새 '문화'라는 이름으로 자리 잡는다. 조직문화는 선언으로 만들어지지 않는다. 회복의 문화 또한 마찬가지다. 회복은 말의 리더십에서 시작되지만, 실천의 일상성으로 확산되어야 지속된다. 그러므로 지금 우리가 할 수 있는 일은 회복이 하나의 리더십 메시지에 그치지 않도록, 그 메시지가 사람들의 일상 속에서 반복되도록 돕는 것이다. 이를 위해 필요한 실천은 다음과 같다.

- **정례화된 감정질문을 조직문화의 루틴으로 만드는 것이다**

1회성 공감은 조직에 흔적을 남기지 못한다. 매주, 또는 매월, 회의의 시작이나 끝에서 구성원이 감정에 대해 말할 수 있는 예측 가능한 질문을 던지는 것, 그것이 가장 단단한 시작이다. "이번 주에 가장 힘들었던 순간은 무엇이었나요?", "요즘 일하면서 마음에 남았던 순간이 있으셨나요?"

이러한 질문은 답변의 정답을 요구하지 않는다. 그저 감정을 언어로 만들어도 괜찮다는 신호일 뿐이다. 그리고 그 신호가 반복될 때, 구성원은 말하기 시작한다. 감정은 말할 수 있을 때 회복된다.

● 실패를 드러내도 되는 분위기, 즉 실패를 학습의 언어로 말할 수 있는 구조가 필요하다

예를 들어 프로젝트 회고 시간에 "가장 잘한 점은 무엇이었나요?", "가장 아쉬웠던 점은 무엇이었고, 다음엔 어떻게 바꾸고 싶으신가요?"라는 질문을 함께 던질 수 있다. 그 말 한 줄이, 구성원에게 "실패는 말할 수 있는 것이다"라는 경험을 만든다. 그리고 리더는 이때 평가자의 자리에 있지 않아야 한다. 함께 되묻고, 함께 실험하는 사람으로 자리해야 한다. 회복은 판단이 아니라 동행으로 만들어진다.

● 감정표현을 허용하는 회의 분위기를 설계해야 한다

"이 일에 기뻤다", "이 방식이 조금 힘들었다."라는 말이 나올 수 있는 회의는 그 자체로 조직의 온도를 조절하는 장치다. 사무적 언어만 허용되는 공간은 구성원의 존재를 서서히 지워버린다. 특히 관리자급 이상은 업무를 넘는 정서적 리액션에 스스로 열려 있어야 한다. 감정이 오간다고 해서 생산성이 떨어지는 것이 아니다. 오히려 감정을 억압할수록 몰입은 무너지고, 심리적 사직은 조용히 확산된다.

● 모든 실천의 핵심은 제도 이전에 '허용의 조건'을 만드는 것이다

'무언가를 바꿔도 괜찮다는 분위기, 요청하고 말해도 된다는 신호', 그 허용이 없는 조직에서 아무리 좋은 프로그램을 도입해도 그것은 떠 있는 구름처럼 흩어지고 만다. 조직문화는 슬로건이 아니라, 말할 수 있는 공간의 축적이다. 하루하루의 반복 속에 감정을 담는 구조가 있을 때, 그때 비로소 회복은 개인의 실천을 넘어 조직의 문화로 확산된다. 결국 변화는 거창한 제도 이전에, 작은 허용의 조건에서 시작된다. 그리고 그 조건은 우리가 매일 반복하는 말과 행동, 그 안에 담긴 리더의 감각과 관계의 리듬 속에서 만들어진다.

5. 사소한 시작 – 가야할 길을 이미 알고 있다

우리는 이제 알고 있다. 몰입은 기다린다고 돌아오지 않는다. 그것은 누군가가 대신 회복시켜주는 것도 아니고, 무엇을 해야 할지 정해진 답이 있는 것도 아니다. 몰입은, 다시 말할 수 있는 분위기에서 시작된다. 그리고 그 시작은 아주 작은 말, 작은 제안, 작은 연결에서 비롯된다. 그 시작은 리더의 한 문장일 수 있다. 예를 들어,

- 이번 일, 당신에게 어떤 의미였나요?"라고 묻는 것.
- "그 방식도 괜찮을 것 같네요. 한번 시도해보시죠."라고 허용해주는 것.
- 혹은 "그건 왜 그렇게 해야 한다고 생각하세요?"가 아니라, "다른 방식이 더 나을 수도 있겠네요."라는 열린 태도.

이런 문장들은 직원의 감정을 복원시키고, 일에 자율성을 부여하며, 관계의 신뢰를 다시 세우는 작지만 결정적인 회복의 언어가 된다. 또한 회복은 직원의 작은 제안에서 시작되기도 한다.

- "지금 방식이 조금 비효율적인데, 바꿔보면 어떨까요?"
- "이 업무는 제가 한번 다른 방식으로 맡아보고 싶어요."
- "회의 시간, 조금 늦춰도 괜찮을까요?"

이러한 제안은 단순히 일의 조건을 바꾸자는 것이 아니다. 그것은 자신이 일 속에서 다시 살아 있고자 하는 사람의 용기 있는 신호다. 정체성을 회복하려는 작고 조심스러운, 그러나 절실한 몸짓이다. 그리고 마지막으로, 진짜 회복은 조직 안에서 되살아나는 관계의 감각으로부터 비롯된다.

누군가의 실패 앞에서 "이번엔 안 됐지만, 시도한 마음이 고맙습니다."라고 말할 수 있는 동료, 말을 꺼낸 사람에게 "그 문제, 아무도 몰랐던 건데 말해줘서 고마워요."라고 반응하는 상사, "이건 누구의 잘못이 아니라, 우리가 같이 맞춰가야 하는 일이네요."라고 말할 수 있는 팀. 이런 관계의 언어는 몰입을 다시 가능하게 만드는 감정의 리듬이자, 조직이 회복되고 있다는 징후다. 이 책이 제안한 실천항목들은 단지 행동 목록이 아니다. 그것은 감정을 회복하고, 관계를 복원하며, 몰입을 문화로 바꾸기 위한 리듬의 설계도다.

지금 여기서, 우리는 다시 시작할 수 있다.

에필로그
나는 이 일을 통해, 내가 누구인지를 다시 묻는다

오후 6시 30분, 회의를 마치고 나오는 길, 습관처럼 컴퓨터를 끈다. 그리고 문득 스스로에게 묻는다. "오늘 나는, 어떤 일을 한 걸까?"

처음 이 조직에 들어왔을 때는 모든 게 새로웠다. 아이디어를 내고, 밤을 새워 프로젝트를 준비하면서도, '내가 여기에 있다는 느낌'이 분명했다. 그땐 일하는 이유를 묻지 않아도 알 수 있었다. 설명할 수 없지만 확실한, 어떤 소속감이 있었다. 하지만 어느 날부터인가, 회의는 말할 수 있는 공간이 아니라 말을 아껴야 하는 시간이 되었고, 보고서는 설득이 아닌 형식이 되었으며, 출근은 기대가 아니라 습관이 되었다. 그래도 떠나진 않았다. 그저 "지금은 때가 아니야", "나가서 뭘 하지?" 같은 말들로 스스로를 달래며 남았다.

누구보다 열심히 일했지만, 내가 한 일이 누구에게 어떻게 쓰였는지 모른 채 하루를 마쳤고, 이젠 '하고 싶은 일'이 아니라 '해야 하는 일'을 하며 하루를 넘긴다. 감정은 줄고, 책임감은 남았으며, 처음 가졌던 기대 대신 익숙함과 체념만이 자리 잡았다. 그리고 어느 순간, 나는 '일을 하고 있는 사람'이 아니라 '그 자리에 앉아 있는 사람'이 되어 있었다. 그 변화는 갑작스럽지 않았다. 천천히, 아주 서서히 감정이 줄고, 생각이 멈추고, 나라는 사람도 함께 희미해졌다.

하지만 나는 안다. 이 변화는 나 혼자 만든 것이 아니었다. 보고도 모른 척하는 불공정, 말해도 바뀌지 않는 시스템, 그 안에서 다치지 않기 위해 감정을 접는 일들. 조직은 말하지 않는다. "당신이 지금 어떤 상태인지", "당신이 언제부터 조용해졌는지". 하지만 나는 느낀다. 내가 더 이상 이 일을 통해 나를 설명하지 못하고 있다는 것을.

나는 몰입이 줄어드는 과정을 내 안에서 직접 경험했고, 그보다 더 아프게는 동료들이 하나둘 그렇게 변해가는 모습을 지켜보았다. 처음엔 누구나 열정적이었다. 주도적으로 일했고, 아이디어를 내고, 팀을 이끌던 사람들이 점점 말을 줄이고, 책임만 떠안고, 결국 "그냥 시키는 일만 하자"는 쪽으로 돌아섰다.

그 변화의 원인은 단순히 일이 많아서도, 개인이 나약해서도 아니었다. 그건 작고 반복된 불공정에서 비롯되었다. 일의 분배는 균형을 잃었고, 절차는 설명되지 않았으며, 관계는 경청 없이 끊겼다. 그리고 무엇보다, 잘못된 것을 말할 수 없는 분위기 속에서 사람들은 자기감정을 접고, 존재감을 거두었다.

나는 그것을 심리적 사직, 혹은 유지적 몰입이라 부른다. 성과는 내고 있지만 마음은 떠난 상태, 조직에 있으나 스스로를 지우는 상태. 그리고 이 상태는 생각보다 더 흔하며, 생각보다 더 조직을 망가뜨린다.

이 책은 그 침묵을 말하고 싶어서 시작되었다. 조직에 남아 있지만, 이미 마음은 떠난 사람들의 이야기를, '성과'라는 수치로 판단하기 전에, 그 안에 어떤 감정의 균열이 있었는지를 함께 들여다보고 싶었다.

이 책은 한마디로 말하면, '몰입은 회복될 수 있는가?'에 대한 나의 응답이다. 나는 믿는다. 공정성이 회복될 수 있다면, 관계가 다시 연결될 수 있다면, 사람은 다시 자신을 회복하고, 일을 통해 의미를 찾을 수 있다고. 그 회복의 실마리는 거창한 전략이 아니다. 서번트 리더의 '한 문장', Job Crafting이라는 직원의 '작은 주도성', 그리고 I-deals라는 '관계기반 협상'에서 시작된다. 이 책은 그 회복의 여정을 따라간다. 조직 공정성이 무너졌을 때 사람은 어떤 심리적 단계를 겪는지, 그리고 그것이 어떻게 몰입도를 변화시키며, 끝내 '심리적 사직'이라는 조용한 이탈로 이어지는지를 연구와 사례, 경험을 바탕으로 기록했다. 그리고 그 흐름을 되돌릴 수 있는 전략들을 이론적 타당성과 실제 적용 가능성 속에서 제시하고자 했다. 조직이 다시 정서적 에너지를 회복하려면, 리더도, 구성원도, 시스템도 함께 바뀌어야 한다. 이 책은 그 '함께' 바뀌는 방법에 대한 실천 안내서다. 이 책은 다음과 같은 당신을 위한 것이다.

- **아무도 나를 알아보지 않지만, 그럼에도 일하고 있는 사람**
- **성과는 내고 있지만, 어느 순간 더 이상 기뻐하지 않는 사람**
- **"그냥 버티자"는 말로 하루를 시작하고 끝내는 사람**
- **말하고 싶지만, "말해도 바뀌지 않을 거야"라고 스스로를 막는 사람**
- **그리고, 지금 이 일을 통해 내가 누구인지를 잃고 있다고 느끼는 사람**

당신이 겪고 있는 그 '낮은 불만족', 그 '작은 이탈', 그 '미묘한 체념'이 결코 작거나 사소한 일이 아니라는 것을 이 책은 말하고 싶다.

우리는 바꿀 수 있다. 거대한 제도가 아니라, 작은 제안에서부터. 그리고 그 제안은 조직을 위한 것이 아니라, 무엇보다 당신 자신을 위한 것이다.

이 책은 여기서 끝나지만, 당신의 질문은 지금부터 시작될 수 있다. "나는 이 일을 통해, 내가 누구인지 말하고 있는가?", 그리고, "내가 그 말을 다시 시작하려면, 무엇부터 바꿔야 하는가?"

당신의 한 문장, 당신의 작은 제안, 당신의 오늘 회의에서의 마지막 질문. 그것이 회복의 시작이 될 수 있다.

참고문헌

Adams, J. S. (1965). Inequity in social exchange. In L. Berkowitz (Ed.), *Advances in Experimental Social Psychology* (Vol. 2, pp. 267-299). Academic Press.

Albert, S., & Whetten, D. A. (1985). Organizational identity. *Research in Organizational Behavior, 7*, 263-295.

Allen, N. J., & Meyer, J. P. (1990). The measurement and antecedents of affective, continuance and normative commitment to the organization. *Journal of Occupational Psychology, 63*, 1-18.

Ambrose, M. L., & Schminke, M. (2009). The role of overall justice judgments in organizational justice research. *Journal of Applied Psychology, 94*, 491-500.

Ashforth, B. E., & Mael, F. (1989). Social identity theory and the organization. *Academy of Management Review, 14*, 20-39.

Bakker, A. B., & Demerouti, E. (2007). The Job Demands-Resources model: State of the art. *Journal of Managerial Psychology, 22*, 309-328.

Bakker, A. B., Tims, M., & Derks, D. (2012). Proactive personality and job performance: The role of job crafting and work engagement. *Human Relations, 65*, 1359-1378.

Bandura, A. (1977). *Social learning theory*. Prentice-Hall.

Bandura, A. (1986). *Social foundations of thought and action: A social cognitive theory*. Prentice-Hall.

Becker, H. S. (1960). Notes on the concept of commitment. *American Journal of Sociology, 66*, 32-40.

Berg, J. M., Wrzesniewski, A., & Dutton, J. E. (2010). Perceiving and responding to challenges in job crafting at different ranks. *Journal of Organizational Behavior, 31*, 158-186.

Bies, R. J., & Moag, J. S. (1986). Interactional justice: Communication criteria of fairness. In R. J. Lewicki, B. H. Sheppard, & M. H. Bazerman (Eds.), *Research on Negotiation in Organizations* (Vol. 1, pp. 43-55). JAI Press.

Blau, P. M. (1964). *Exchange and power in social life*. Wiley.

Bruning, P. F., & Campion, M. A. (2018). A role-resource approach-avoidance model of job crafting. *Academy of Management Journal, 61*, 499-522.

Chang, C.-H., Jiang, J., & Riley, P. (2021). Continuance commitment and identity alienation. *Journal of Organizational Behavior, 42*, 411–427.

Cohen, A. (2007). Commitment before and after: An evaluation and reconceptualization of organizational commitment. *Human Resource Management Review, 17*, 336–354.

Cohen-Charash, Y., & Spector, P. E. (2001). The role of justice in organizations: A meta-analysis. *Journal of Applied Psychology, 86*, 278–324.

Colquitt, J. A. (2001). On the dimensionality of organizational justice: Construct validation of a measure. *Journal of Applied Psychology, 86*, 386–400.

Colquitt, J. A., Conlon, D. E., Wesson, M. J., Porter, C. O., & Ng, K. Y. (2001). Justice at the millennium: A meta-analytic review of 25 years of organizational justice research. *Journal of Applied Psychology, 86*, 425–445.

Colquitt, J. A., Scott, B. A., Rodell, J. B., Long, D. M., Zapata, C., Conlon, D. E., & Wesson, M. J. (2013). Justice at the millennium, a decade later. *Journal of Applied Psychology, 98*, 199–236.

Conway, N., & Briner, R. B. (2005). *Understanding psychological contracts at work*. Oxford University Press.

Cropanzano, R., & Mitchell, M. S. (2005). Social exchange theory: An interdisciplinary review. *Journal of Management, 31*, 874–900.

Deci, E. L., & Ryan, R. M. (1985). *Intrinsic motivation and self-determination in human behavior*. Springer.

Demerouti, E., Bakker, A. B., Nachreiner, F., & Schaufeli, W. B. (2001). The Job Demands-Resources model of burnout. *Journal of Applied Psychology, 86*, 499–512.

De Vos, A., & Meganck, A. (2009). What HR managers do versus what employees value. *Personnel Review, 38*, 26–46.

Edmondson, A. (1999). Psychological safety and learning behavior in work teams. *Administrative Science Quarterly, 44*, 350–383.

Ehrhart, M. G. (2004). Leadership and procedural justice climate as antecedents of unit-level OCB. *Personnel Psychology, 57*, 61–94.

Eva, N., Robin, M., Sendjaya, S., van Dierendonck, D., & Liden, R. C. (2019). Servant leadership: A systematic review and call for future research. *The Leadership Quarterly, 30*, 111–132.

Festinger, L. (1954). A theory of social comparison processes. *Human Relations, 7*,

117−140.

Folger, R., & Cropanzano, R. (1998). *Organizational justice and human resource management*. Sage.

Folger, R., & Konovsky, M. A. (1989). Effects of procedural and distributive justice on reactions to pay raise decisions. *Academy of Management Journal, 32*, 115−130.

Gagné, M., & Deci, E. L. (2005). Self−determination theory and work motivation. *Journal of Organizational Behavior, 26*, 331−362.

Gellatly, I. R., Meyer, J. P., & Luchak, A. A. (2006). Combined effects of the three commitment components. *Journal of Vocational Behavior, 69*, 601−617.

Greenberg, J. (1990). Organizational justice: Yesterday, today, and tomorrow. *Journal of Management, 16*, 399−432.

Greenleaf, R. K. (1977). *Servant leadership: A journey into the nature of legitimate power and greatness*. Paulist Press.

Hornung, S., Rousseau, D. M., & Glaser, J. (2008). Creating flexible work arrangements through idiosyncratic deals. *Journal of Applied Psychology, 93*, 655−664.

Hornung, S., Rousseau, D. M., Glaser, J., Angerer, P., & Weigl, M. (2010). Beyond top−down and bottom−up work redesign. *Journal of Vocational Behavior, 76*, 280−290.

Hornung, S., Rousseau, D. M., Glaser, J., Angerer, P., & Weigl, M. (2014). Customizing job content through idiosyncratic deals. *Journal of Organizational Behavior, 35*, 697−715.

Hunter, E. M., Neubert, M. J., Perry, S. J., Witt, L. A., Penney, L. M., & Weinberger, E. (2013). Servant leaders inspire servant followers. *The Leadership Quarterly, 24*, 316−331.

Jaros, S. J., Jermier, J. M., Koehler, J. W., & Sincich, T. (1993). Effects of continuance, affective, and moral commitment. *Journal of Applied Psychology, 78*, 718−724.

Korsgaard, M. A., Schweiger, D. M., & Sapienza, H. J. (1995). Building commitment and trust in strategic decision−making teams: The role of procedural justice. *Academy of Management Journal, 38*, 60−84.

Leana, C., Appelbaum, E., & Shevchuk, I. (2009). Work process and quality of care in early childhood education: The role of job crafting. *Academy of Management Journal, 52*, 1169−1192.

Leventhal, G. S. (1980). What should be done with equity theory? In K. J. Gergen, M. S.

Greenberg, & R. H. Willis (Eds.), *Social Exchange: Advances in Theory and Research* (pp. 27–55). Springer.

Lichtenthaler, P. W., & Fischbach, A. (2019). A meta-analysis on promotion- and prevention-focused job crafting. *European Journal of Work and Organizational Psychology, 28*, 30–50.

Liden, R. C., Wayne, S. J., Zhao, H., & Henderson, D. (2008). Servant leadership: Development of a multidimensional measure. *The Leadership Quarterly, 19*, 161–177.

Lind, E. A., & Tyler, T. R. (1988). *The social psychology of procedural justice*. Springer.

Locke, E. A., & Latham, G. P. (1990). *A theory of goal setting and task performance*. Prentice-Hall.

Mathieu, J. E., & Zajac, D. M. (1990). A review and meta-analysis of organizational commitment. *Psychological Bulletin, 108*, 171–194.

Meyer, J. P., & Allen, N. J. (1991). A three-component conceptualization of organizational commitment. *Human Resource Management Review, 1*, 61–89.

Meyer, J. P., & Allen, N. J. (1997). *Commitment in the workplace: Theory, research, and application*. Sage.

Meyer, J. P., & Herscovitch, L. (2001). Commitment in the workplace: Toward a general model. *Human Resource Management Review, 11*, 299–326.

Meyer, J. P., & Maltin, E. R. (2010). Employee commitment and well-being: A critical review. *Journal of Vocational Behavior, 77*, 323–337.

Meyer, J. P., & Morin, A. J. S. (2016). A person-centered approach to commitment. *Journal of Organizational Behavior, 37*, 584–612.

Meyer, J. P., Stanley, D. J., Herscovitch, L., & Topolnytsky, L. (2002). Affective, continuance, and normative commitment: A meta-analysis. *Journal of Vocational Behavior, 61*, 20–52.

Meyer, J. P., Stanley, L. J., & Vandenberghe, C. (2022). Rethinking continuance commitment. *Journal of Applied Psychology, 107*, 589–604.

Morrison, E. W., & Milliken, F. J. (2000). Organizational silence. *Academy of Management Review, 25*, 706–725.

Morrison, E. W., & Robinson, S. L. (1997). When employees feel betrayed: A model of psychological contract violation. *Academy of Management Review, 22*, 226–256.

Mowday, R. T., Porter, L. W., & Steers, R. M. (1982). *Employee-organization linkages*.

Academic Press.

Mowday, R. T., Steers, R. M., & Porter, L. W. (1979). The measurement of organizational commitment. *Journal of Vocational Behavior, 14*, 224–247.

Ng, T. W. H., Eby, L. T., Sorensen, K. L., & Feldman, D. C. (2005). Predictors of objective and subjective career success: A meta–analysis. *Personnel Psychology, 58*, 367–408.

Organ, D. W. (1988). *Organizational citizenship behavior: The good soldier syndrome.* Lexington Books.

Petrou, P., Demerouti, E., Peeters, M. C. W., Schaufeli, W. B., & Hetland, J. (2012). Crafting a job on a daily basis. *Journal of Organizational Behavior, 33*, 1120–1141.

Pratt, M. G. (1998). To be or not to be? Central questions in organizational identity. In D. A. Whetten & P. C. Godfrey (Eds.), *Identity in Organizations* (pp. 171–207). Sage.

Riketta, M. (2002). Attitudinal organizational commitment and job performance: A meta–analysis. *Journal of Organizational Behavior, 23*, 257–266.

Rousseau, D. M. (1995). *Psychological contracts in organizations: Understanding written and unwritten agreements.* Sage.

Rousseau, D. M. (2005). *I–deals: Idiosyncratic deals employees bargain for themselves.* M. E. Sharpe.

Rousseau, D. M., Ho, V. T., & Greenberg, J. (2006). I–deals: Idiosyncratic terms in employment relationships. *Academy of Management Review, 31*, 977–994.

Rousseau, D. M., Hornung, S., & Kim, T. G. (2009). Idiosyncratic deals: Timing, content, and the employment relationship. *Journal of Vocational Behavior, 74*, 338–348.

Rudolph, C. W., Katz, I. M., Lavigne, K. N., & Zacher, H. (2017). Job crafting: A meta–analysis. *Journal of Vocational Behavior, 102*, 112–138.

Ryan, R. M., & Deci, E. L. (2000). Self–determination theory and the facilitation of intrinsic motivation and well–being. *American Psychologist, 55*, 68–78.

Schaufeli, W. B., & Bakker, A. B. (2004). Job demands, job resources, and their relationship with burnout and engagement. *Journal of Organizational Behavior, 25*, 293–315.

Shapiro, D. L., Buttner, E. H., & Barry, B. (1994). Explanations: What factors enhance their perceived adequacy? *Organizational Behavior and Human Decision Processes, 58*, 346–378.

Skarlicki, D. P., & Folger, R. (1997). Retaliation in the workplace: The roles of distributive, procedural, and interactional justice. *Journal of Applied Psychology, 82*, 434–443.

Somers, M. J. (2010). Patterns of commitment to groups. *Journal of Organizational Behavior, 31*, 704–723.

Stinglhamber, F., Marique, G., Caesens, G., Desmette, D., Hansez, I., Hanin, D., & Bertrand, F. (2015). Employees' organizational identification and affective commitment: A cross–lagged panel study. *Journal of Vocational Behavior, 91*, 74–88.

Tajfel, H., & Turner, J. C. (1986). The social identity theory of intergroup behavior. In S. Worchel & W. G. Austin (Eds.), *Psychology of Intergroup Relations* (pp. 7–24). Nelson–Hall.

Thibaut, J., & Walker, L. (1975). *Procedural justice: A psychological analysis*. Erlbaum.

Tims, M., & Bakker, A. B. (2010). Job crafting: Towards a new model of individual job redesign. *South African Journal of Industrial Psychology, 36*, 1–9.

Tims, M., Bakker, A. B., & Derks, D. (2012). Development and validation of the Job Crafting Scale. *Journal of Vocational Behavior, 80*, 173–186.

Tims, M., Bakker, A. B., & Derks, D. (2013). The impact of job crafting on job demands, resources, and well–being. *Journal of Occupational Health Psychology, 18*, 230–240.

Tyler, T. R., & Blader, S. L. (2003). The group engagement model. *Personality and Social Psychology Review, 7*, 349–361.

van Dierendonck, D. (2011). Servant leadership: A review and synthesis. *Journal of Management, 37*, 1228–1261.

Vroom, V. H. (1964). *Work and motivation*. Wiley.

Weiss, H. M., & Cropanzano, R. (1996). Affective events theory: A theoretical discussion. *Research in Organizational Behavior, 18*, 1–74.

Wiener, Y. (1982). Commitment in organizations: A normative view. *Academy of Management Review, 7*, 418–428.

Wrzesniewski, A., & Dutton, J. E. (2001). Crafting a job: Revisioning employees as active crafters of their work. *Academy of Management Review, 26*, 179–201.

Zhang, F., & Parker, S. K. (2019). Reorienting job crafting research. *Annual Review of Organizational Psychology and Organizational Behavior, 6*, 173–201.

조직에서 모르는
유지적 몰입의 두 얼굴

인쇄일 | 2025년 10월 25일

발행일 | 2025년 10월 25일

지은이 | 최창국

펴낸곳 | 도서출판 조은

펴낸이 | 김화인

디자인 | 김진순

주소 | 서울시 중구 을지로20길 12 대성빌딩 405호

전화 | (02)2273-2408

팩스 | (02)2272-1391

출판등록 | 1995년 7월 5일 신고번호 제1995-000098호

ISBN | 979-11-94562-18-4

정가 | 22,000원